JN409567

# 글로벌 전자무역상무론

## Global e-Trade

이춘삼 / 이광범

# Preface 머리말

21세기에 접어들면서 인터넷의 급속한 보급은 전통적인 상거래방식에 일대 변혁을 가져오게 하였다.

국제무역에서도 인터넷을 기반으로 하는 상거래의 비중이 급속도로 확산되면서 새로운 패러다임이 형성되고 있다. 서류 없는(paperless) 무역거래방식은 가상공간(cyber space)상에 형성되어 있는 전자적 시장을 통하여 기존의 무역거래에서 물품을 매매하는 것과 동일한 또는 그 이상의 효과를 유발시키며 시·공간의 제약조건으로부터 탈피하여 국제간의 물품거래를 수행하고 향후 국제무역에서 주거래 패턴으로 자리잡아가고 있다. 이러한 서류 없는 무역거래방식은 기업간 거래로 구체화되면서 전자문서교환(EDI)을 통한 무역업무의 자동화와 인터넷을 이용한 국제상거래 등 새로운 무역거래패턴으로 정착되고 있다. 한국무역협회 연구자료에 따르면 2020년에는 전자무역이 전세계 무역량의 30%이상을 차지하고 e-Marketplace를 통해 이루어지는 세계 무역량도 매년 3~8배씩 폭발적으로 증가할 것으로 전망하고 있다.

이러한 관점에서 저자는 기존의 오프라인방식 위주의 국제상무저서의 내용을 과감하게 개편할 필요성을 절감하고 글로벌 전자무역을 실행하기 위해서 필요한 지식을 충분히 갖출 수 있도록 다음과 같이 본서의 편제를 구성하였다.

제Ⅰ편에서는 글로벌 전자무역의 일반론으로 전자무역의 개념 및 특징을 살펴보고, 전자무역 창업의 의미와 과정, 전자무역환경하의 무역마케팅의 변화 내용과 개략적인 전자무역절차에 대한 기본적인 이해를 할 수 있도록 서술하였다.

제Ⅱ편 글로벌 전자무역계약 상무에서는 무역계약의 본질과 종류, 계약의 당사자 등 계약의 기초개념을 살피고, 글로벌 전자무역계약의 체결과정과 무역계약서의 기본형태, 글로벌 물품매매계약의 주요 조항 및 INCOTERMS를 소개하였다.

제Ⅲ편에서는 글로벌 전자무역 운송을 다루었다. 무역거래에 있어 수출입화물의 운송의 중요성은 전자무역환경하에서도 여전히 중요하며, 그 관심사항은 적절한 운송수단의 선택과 운송서류일 것이다. 따라서 각각의 운송수단별 특징과 운송서류에 대한 이해 및 글로벌 전자무역환경하에서의 운송의 의의와 글로벌 물류에 대해 서술하였다.

제Ⅳ편 글로벌 전자무역 보험에서는 해상적하보험의 일반론과 수출보험에 대해서 살펴보고, 전자무역환경하의 적하보험과 수출보험의 운영 내용과 특징을 살펴보았다.

제Ⅴ편에서는 글로벌 전자무역 결제 일반으로 다양한 무역대금결제 방법과 신용장 그리고 전자무역결제시스템의 특성과 요건 및 내용을 살피고 글로벌 전자무역 결제시스템의 구축동향과 전자신용장에 대해 살펴보았다.

제Ⅵ편 글로벌 전자무역 통관시스템에서는 무역통관의 의의와 수출통관, 수입통관 각 절차별 주요 내용과 관세환급 등에 대해 살펴보았다.

마지막으로 제Ⅶ편에서는 무역거래과정에서 발생하는 다양한 무역클레임과 이의 해결방안 그리고 전자무역환경하의 분쟁의 특징과 On-line ADR에 대해 기술하였다.

본서는 경상대학 학생들이 전자상거래, 인터넷, 이를 활용한 전자무역을 체계적으로 학습할 수 있도록 구성되어 있을 뿐만 아니라 관세사, 국제무역사, 무역영어검정시험 등 무역전문가로서 국가경제발전과 국제무역의 증대에 이바지 할 수 있는 가능성을 열어주는 각종 무역관련 검정 수험생들에게도 좋은 수험준비서가 될 수 있도록 꾸며져 있다.

끝으로 본서의 집필을 권유하고 출간을 기꺼이 맡아주신 우용출판사 고종식 사장님께 감사를 드린다.

2006년 6월

저자 씀

# 목차 Contents

# Part Ⅲ 글로벌 전자무역 운송

# Part Ⅴ 글로벌 전자무역 결제

# *Part* I
# 글로벌 전자무역 일반

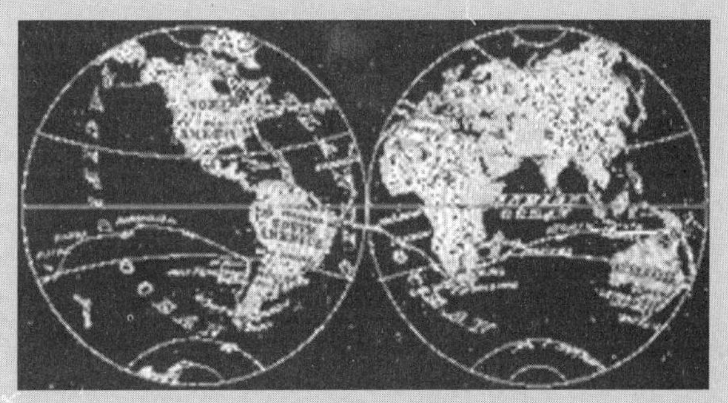

# Chapter 1 전자무역의 개관

## I 전자무역의 의의

### 1 전자무역의 개념

최근 전자무역이 자유무역 원칙을 내건 WTO체제하에서 국가 경쟁력 제고라는 명제와 결부되어 중요한 이슈로 부각되고 있다.

"전자무역" 이라 함은 무역의 전부 또는 일부가 컴퓨터 등 정보처리 능력을 가진 장치와 정보통신망을 이용하여 이루어지는 거래를 말한다.

전자무역은 재화 또는 서비스의 국가간 거래인 무역 행위의 본질적 업무를 인터넷을 포함한 IT수단을 활용하여 수행하는 무역활동을 말하며[1], 해외마케팅에서 대금

1) 전자무역과 전자거래의 관계는 전자무역이 인터넷 등의 정보통신망을 통해 무역 절차가 이루어지는 것을 말하며, 전자거래는 인터넷 등의 정보통신망을 통해 재화나 용역의 거래가 이루어지는 것을 말한다. 전자문서를 이용하여 인터넷 등의 정보통신망을 통해 재화와 용역을 거래한다는 것은 공통적이나, 전자거래는 국내 거래와 국경을 넘는 거래 모두가

결제까지의 무역 업무를 인터넷 등의 정보통신 수단을 이용하여 처리함으로써 보다 편리하고 신속하며 아울러 획기적인 비용 절감 효과를 얻을 수 있는 새로운 무역 패러다임을 의미한다.

【표 1-1】 전자무역개념관련 제규정

| 대외무역법 | |
|---|---|
| 제2조 제1호 | "무역" 이라 함은 물품과 대통령령이 정하는 용역 또는 전자적 형태의 무체물(이하 "물품 등"이라 한다) 의 수출·수입을 말한다. |
| 전자무역 촉진에 관한 법률<br>[전부개정 2005. 12. 23 법률 제7751호], 시행일 2006. 6. 24 | |
| 제2조 제1호 | "전자무역"이라 함은「대외무역법」제2조제1호의 규정에 의한 무역의 일부 또는 전부가 전자무역문서에 의하여 처리되는 거래를 말한다. |
| 제2조 제4호 | "전자무역문서"라 함은 전자무역에 사용되는「전자거래기본법」 제2조 제1호의 규정에 의한 전자문서를 말한다. |
| 전자거래기본법 | |
| 제2조의 제1호 | "전자문서"라 함은 정보처리시스템에 의하여 전자적 형태로 작성, 송신·수신 또는 저장된 정보를 말한다. |

전자무역은 단순히 무역 거래 방식을 전자적으로 전환하는 것뿐만 아니라, 국민경제 전반의 구조와 프로세스의 개혁을 수반하는 국민경제적 중요성을 내포하고 있다. 따라서 전자무역은 단순히 거래 방식의 변화가 아니라 전통 무역 산업을 포함한 국민경제 구조와 프로세스의 혁신을 포함하는 혁명적인 변화를 의미한다.

---

포함되나, 전자무역은 국경을 넘는 거래만 해당하고, 거래 절차가 아닌 외환·상역·통관절차가 포함되며, 증여에 의한 물품 등의 이동도 포함된다. '국경을 넘는 거래'인 경우 전자거래 및 전자무역 모두에 해당하나, 전자무역 촉진법이 전자거래기본법의 특별법에 해당하므로 우선적으로 적용된다.

## 2 전자무역의 거래대상

무역은 물품과 대통령령이 정하는 용역 또는 전자적 형태의 무체물(이하 "물품 등"이라 한다)의 수출·수입을 말한다.[2)]

물품은 외국환거래법에서 정하는 지급 수단·증권 및 채권을 화체한 서류 외의 동산을 말한다.[3)]

대통령령이 정하는 용역은 용역사업자의 제공 용역과 국내법 또는 조약의 보호 대상 권리의 양도, 전용실시권 설정 또는 통상실시권 허락 등으로 구분할 수 있다.[4)]

즉, 용역사업자가 제공하는 용역으로 경영 상담업, 법무 관련 서비스업, 회계 및 세무 관련 서비스업, 엔지니어링 서비스업, 디자인, 컴퓨터 시스템 설계 및 자문업, 문화산업진흥기본법 제2조 제1호의 규정에 의한 문화산업에 해당하는 업종, 그 밖에 지식기반용역 등 수출유망산업으로서 산업자원부장관이 정하여 고시하는 업종과 국내의 법령 또는 대한민국이 당사자인 조약에 의하여 보호되는 특허권·실용신안권·디자인권·상표권·저작권·저작인접권·프로그램저작권·반도체집적회로의 배치설계권의 양도, 전용실시권의 설정 또는 통상실시권의 허락을 말한다.

대통령령이 정하는 전자적 형태의 무체물은 소프트웨어산업진흥법 제2조 제1호의 규정에 의한 소프트웨어, 부호·문자·음성·음향·이미지·영상 등을 디지털 방식으로 제작하거나 처리한 자료 또는 정보 등으로서 산업자원부장관이 정하여 고시하는 것, 제1호 및 제2호의 집합체 기타 이와 유사한 전자적 형태의 무체물로서 산업자원부장관이 정하여 고시하는 것을 말한다.[5)]

---

2) 대외무역법 제2조 제1호.

3) 대외무역법 제2조 제2호.

4) 대외무역법시행령 제2조의 2.

5) 대외무역법시행령 제2조의 3.

한편, **수출**은

첫째, 매매·교환·임대차·사용대차·증여 등을 원인으로 국내에서 외국으로 물품을 이동하는 것(우리나라의 선박에 의하여 외국에서 채취 또는 포획한 광물 또는 수산물을 외국에 매도하는 것을 포함한다)과 유상으로 외국에서 외국으로 물품을 인도하는 것으로서 산업자원부장관이 정하여 고시하는 기준에 해당하는 것.

둘째, 외국환거래법 제3조 제1항 제12호의 규정에 의한 거주자(이하 "거주자"라 한다)의 동법 제3조 제1항 제13호의 규정에 의한 비거주자(이하 "비거주자"라 한다)에 대한 제2조의2의 규정에 의한 용역의 제공으로서 산업자원부장관이 정하여 고시하는 방법으로 제공하는 것.

셋째, 거주자의 비거주자에 대한 제2조의 3의 규정에 의한 전자적 형태의 무체물을 정보통신망을 통한 전송 그 밖에 산업자원부장관이 정하여 고시하는 방법으로 인도하는 것을 말한다.[6]

**수입**은

첫째, 매매·교환·임대차·사용대차·증여 등을 원인으로 외국으로부터 국내로 물품을 이동하는 것과 유상으로 외국에서 외국으로 물품을 인수하는 것으로서 산업자원부장관이 정하여 고시하는 기준에 해당하는 것.

둘째, 비거주자의 거주자에 대한 제2조의 2의 규정에 의한 용역의 제공으로서 산업자원부장관이 정하여 고시하는 방법으로 제공하는 것.

셋째, 비거주자의 거주자에 대한 제2조의 3의 규정에 의한 전자적 형태의 무체물을 정보통신망을 통한 전송 그 밖에 산업자원부장관이 정하여 고시하는 방법으로 인도하는 것을 말한다.[7]

따라서 전자무역은 물품, 용역, 전자적 형태의 무체물을 대상으로 무역의 전부 또는 일부가 컴퓨터 등 정보처리 능력을 가진 장치와 정보통신망을 이용하여 이루어지는 거래를 의미한다.

---

6) 대외무역법시행령 제2조 제3호.

7) 대외무역법시행령 제2조 제4호.

# 2 전자무역 시스템

## 1 전자무역의 주요수단

전자무역의 주요 수단으로는 전자우편, 메일링리스트, 유즈넷, 정보검색, 홈페이지와 FTP 소프트웨어, 일반 DB, 전문 DB, 거래 알선 사이트 등이 있으며 이것을 정리하면 다음과 같다.

첫째, 전자우편(e-mail)은 기존의 우편, 팩스, 전화 등의 역할을 대체하며, 언제 어디서나 신속정확하고 저렴하게 각종 정보, 서류 교환이 가능하고, 거래 상담 내역의 정리, 정보의 재전송 등 다양하고 편리한 기능이 있다.

둘째, 홈페이지는 무료 및 유료 홈페이지를 이용하며, 수정 관리를 위해서는 인터넷의 직접 이용뿐만 아니라 FTP 소프트웨어를 사용한다.

셋째, 검색엔진은 국내외 여러 개가 있으며, 바이어를 검색하기 위하여 검색엔진을 통하여 특정 지역의 바이어를 검색할 수 있다. 그리고 자사의 홈페이지를 해외 검색엔진에 홍보한다.

넷째, 메일링리스트는 유료 및 무료 사이트를 이용한다. 무료보다는 유료로 이용하는 것이 신뢰성을 증가시킨다.

다섯째, 전문 DB 활용은 바이어 리스트를 확보할 수 있을 뿐만 아니라 전자무역을 수행함에 있어 필요한 정보를 획득할 수 있다. 또한 추가적인 바이어를 지속적으로 업데이트 가능하며 다양한 DB 일대일 마케팅 실현, 각종 정보검색 및 자사 제품 홍보가 가능하다.

여섯째, 일반 DB를 활용하여 바이어 리스트 확보할 수 있다. 대표적으로 Yellow

Page 가 있다. 또한 일반 DB로써는 전시회 정보를 제공하는 사이트가 많다.

【그림 1-1】 일반 DB로써 Yellow Page 예 (www.yahoo.com)

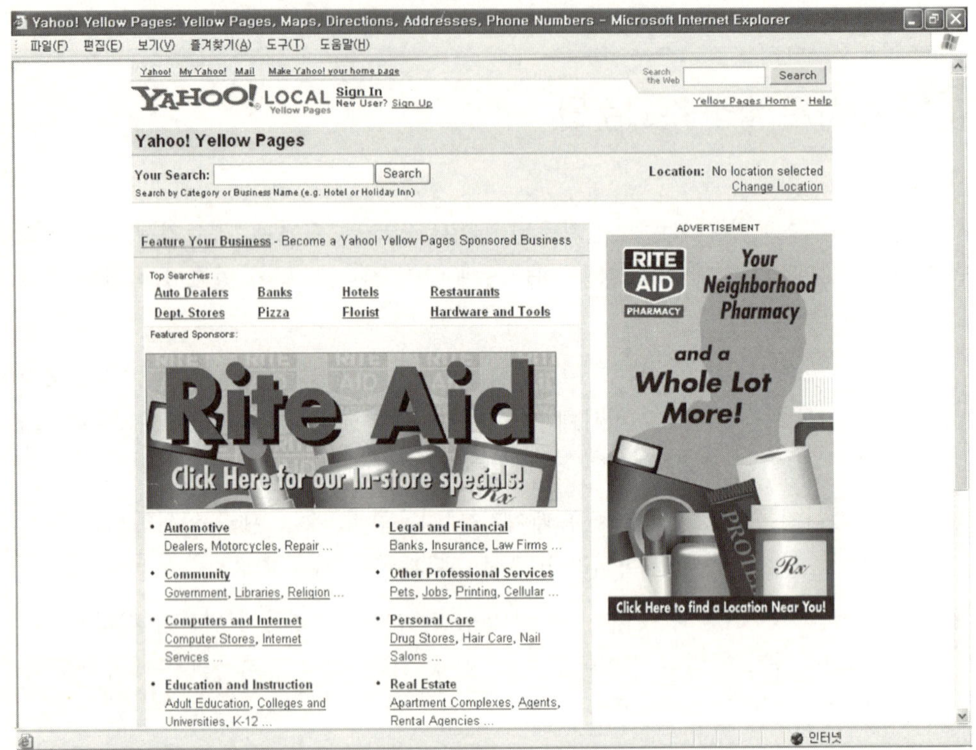


일곱째, 무역거래알선사이트를 이용하여 바이어 선정과 수출입 물품 홍보 등 다양한 하이퍼텍스트, 멀티미디어 정보를 제공받는다.

여덟째, 뉴스그룹(Usenet)을 이용하여 공통의 관심을 가진 사람들의 토론 게시판을 활용한다. 이를 통하여 실시간 표적시장 대상 직접 마케팅, 즉각적인 고객 반응을 확인한다.

# 2 무역자동화 시스템

## 1) 무역자동화의 의의

오늘날의 무역거래는 19세기에 생성·발전된 격지자간의 거래 형태에서 크게 벗어나지 못하고 있다. 선적서류의 매개에 의한 수출입 물품의 격지거래 형태로 운영되고 있는 무역거래는 화물의 인도와 정보의 전달(통신)에 의존하는 바가 크기 때문에, 통신과 운송의 발달이 무역거래 형태의 변천에 영향을 미치는 주요인이 된다.

즉, 무역의 규모가 증대됨에 따라 화물운송 수단의 대형화 및 고속화 시대를 맞게 되었다. 선박과 항공기의 대형화 및 고속화, 그리고 화물운송과 하역의 컨테이너화 및 기계화 등에 의한 화물운송 시스템의 발전은 여러 종류의 대량 화물의 고속 운송을 가능하게 하였다. 이와 같이 세계 화물 거래량의 증대와 운송 기간의 단축(화물 이동 기능의 고속화)은 한층 더 무역 절차의 간소화와 서류 작성 그리고 전송 및 처리의 신속화(서류 이동 기능의 고속화)를 요구하게 되었다. 더욱이 컴퓨터의 발달에 의하여 1970년대에 이르러 여러 선진국에 있어서 통관절차의 일부가 전산화되기에 이르렀다.

그 결과로서 현재 주요 무역국에 있어서는 수출입인허가 사무 절차가 전산화되었으며, 또 기업 내부에서는 물론 기업간, 그리고 여타 다른 업종간에 있어서도 사무 절차 전산화의 진전에 의해 무역 서류를 대체하여 데이터 통신에 의한 무역 정보의 신속·정확한 전송이 행하여지고 있다.

무역자동화(Trade Automation)란 종전처럼 사람이 서류를 직접 들고 은행, 수출입단체, 세관 등을 일일이 다니거나 우편, FAX 등을 통해 무역업무를 처리하는 대신에 새로운 정보기술인 전자문서 교환(Electronic Data Interchange : EDI) 방식에 의해 컴퓨터로 사무실에서 빠르고 간편하게 무역 업무를 처리하는 것을 말한다.

다시 말하면 수출입에 관련된 각종 행정 및 상거래 서류를 컴퓨터가 읽을 수 있는 표준화된 전자문서의 형태로 바꾸어 컴퓨터로 주고받음으로써 궁극적으로는 서류 없는 무역(Paperless trade)을 실현하는 것을 의미한다.

현재 무역 부문의 자동화는 국제 교역량의 증가 및 관련 분야의 전산화와 더불어 국제 교역의 필수 사항이 되었으며, EDI방식을 이용하지 않고서는 수출 상대국에 의해 불이익을 받게 될 정도로 국제 무역 환경은 급격하게 변화하고 있다.

이렇듯 무역거래 형태는 통신, 운송 등 다양한 제도와 더불어 발전된 것으로 새로운 무역거래에 관한 제도 및 절차를 발생시켰다.

### 2) EDI의 개념

EDI란 Electronic Data Interchange의 약자로 전자 문서 교환 방식이라고 한다. EDI는 컴퓨터와 통신 수단이 결합된 새로운 개념의 업무 처리 방식으로 기존의 서류 문서(paper documents)를 전자 문서(EDI message)로 대체하여 서류 없는 업무 처리를 가능하게 하는 것이다.

EDI는 서류의 작성만 컴퓨터로 하는 것이 아니라, 문서의 송부와 접수까지도 컴퓨터 통신에 의하여 하는 것이다. 지금까지는 서류를 송부하기 위해서 우편을 이용하거나, 직접 방문하여 전달했으나, EDI에서는 공중 통신망 또는 전용 통신망을 이용하여 전달할 수 있다. 또한 팩스와 같은 통신 수단에 의하여 문서를 발송할 경우 우편을 이용하지 않아도 되긴 하지만, 수신인이 접수된 문서를 활용하려면, 수신된 문서를 다시 컴퓨터에 입력하거나 발송인에게 여러 장을 작성하여 발송하도록 요청하여야 한다. 또한 기존의 업무처리 방식에 의하여 서류를 접수하고 기재되어 있는 정보를 수정하거나 새로운 정보를 추가하려면 다시 컴퓨터에 재입력하는 절차를 거쳐야만 한다.

그러나 EDI는 일반 전화선을 이용하여 문서를 송부할 수 있으므로 우체국을 이용하거나 상대방의 사무실을 직접 방문할 필요 없이 문서를 전달할 수 있으며, 수신된 정보를 활용하기 위하여 컴퓨터에 재입력할 필요 없이 수신된 그대로 변형하여 활용할 수 있다. 따라서 EDI는 컴퓨터에의 재입력(Rekeying, reentry) 과정을 생략할 수 있으므로 이러한 수고와 불편을 덜어 줄 수 있는 효율적인 업무 처리 방식이라고 할 수 있다.

즉, EDI는 전달하여야 할 정보를 종이에 기재하지 않고, 컴퓨터에서 문서로 작성한 후 컴퓨터 통신에 의하여 상대방의 컴퓨터 시스템에 직접 전달하며, 수작업에 의한 서명이나 날인 대신 전자서명을 함으로써 이러한 서류의 모든 기능을 성공적으로 이루어 낼 수 있다.

또한 EDI는 발신과 동시에 수신되기 때문에 정보의 전달에 시간적 차이가 없고 반복적이며 다량의 문서를 송수신할 때에 더욱 효율적일 뿐만 아니라 표준화된 자료를 이용하기 때문에 수신된 정보를 마음대로 활용할 수 있다.

무역에 EDI를 도입하게 되면 각종의 서류를 수(手)작업에 의하여 작성하는 대신 서류에 기재되는 모든 자료(Data element)들을 단 한번 입력하고 이 자료를 바탕으로 원하는 각종의 서류를 자동으로 작성할 수 있게 되며, 동시에 작성된 서류의 송수신이 인편을 통하지 않고 공중통신망 또는 전용통신망에 의해 이루어지게 된다. 또한 전송된 자료는 별도의 해석이나 추가 작업 없이 유관 기관들이 공동으로 이용하게 되므로 무역 업무의 자동화가 이루어지게 된다.

### 3) 전자문서

전자문서(Electronic document)는 우리가 일상적으로 생각하는 눈으로 확인하고 손으로 기재할 수 있는 문서와는 근본적으로 다르다. 전자문서는 컴퓨터가 인지할 수 있는 코드의 표준화된 배열이라고 할 수 있으며 무역에서 사용되는 전자문서는 무역업체와 관련 기관들이 공통으로 사용할 수 있는 표준화된 전자문서여야 한다. 그러나 전자문서를 우리의 언어로 작성할 수 없거나 작성된 내용을 확인할 수 없다면, 그러한 전자문서는 의미가 없기 때문에 우리가 사용하고 있는 언어를 이용하여 익숙한 형태로 만든 것이다.

무역에서는 일반 문서도 표준화된 양식을 사용하고 있으므로 당연히 전자문서도 표준화된 것이어야 한다. 표준화된 전자문서를 기존의 문서와 비교하면 다음과 같다.

문서의 표준화가 ① 무엇을, ② 어떠한 표현 방법을 이용하여, ③ 어느 위치에, ④

어떠한 간격을 두고 기술할 것인가를 결정하는 것으로 집약할 수 있는 반면, 전자문서의 표준화는 ① 무역정보(Data element)를, ② 어떠한 형태(문자, 숫자, 행수, 기호 등)로 코드화 하여, ③ 어떠한 순서로 배열할 것인가를 정하는 것이다.

전자문서는 다음과 같은 단계를 거쳐서 개발되고 있다.

첫째, 무역관계서류를 표준화하고

둘째, 무역관계서류에 기재되는 항목을 단계별로 분류한 후 이를 다시 정보 요소(Data element)로 세분하여 코드화 시키고,

셋째, 단계는 데이터를 국제교환규칙에 맞게 배열하며,

넷째, 단계는 우리가 작성한 문서는 코드로, 코드로 작성되어 있는 것은 우리에게 익숙한 형태의 문서로 재구성해 주는 것이다.

무역에서 사용되는 EDI는 개인적인 목적에서 일반적인 내용을 전달하기 위해 사용하는 것이 아니라, 우리나라 국가 전반에 걸쳐서, 더 크게는 세계적으로 통용되는 것이어야 하므로, 세계적으로 통일된 정형화된 전자 문서를 개발하여야 한다.

이를 위하여 UN에서는 국제적으로 통일된 EDI의 실현을 위해 전자 문서의 작성 방법에 대한 국제 규칙으로서 UN/EDIFACT라는 것을 제정하였다. UN/EDIFACT란 UN에서 만든 규칙으로서 EDI For Administration, Commerce and Transport의 약자로서 "행정, 상업 및 운송을 위한 전자 문서 교환 규칙"을 의미한다.

우리나라에서는 UN/EDIFACT를 근간으로 하여 국제적으로 통용될 수 있는 전자문서와 국내에서 통용될 수 있는 전자 문서를 개발하고 있다. 특히 국내에서 사용되는 전자문서는 한글화하여야 하므로 UN/EDIFACT를 기준으로 Korea EDIFACT 즉 KEDIFACT를 제정하고 이에 의거하여 무역은 물론 우리나라의 전 산업 분야에서 함께 사용할 수 있는 국내 문서를 개발하고 있다.

# 3 무역자동화 서비스

## 1) 무역자동화에 의한 무역업무 처리 체계

### (1) 무역 기관의 연결

무역자동화란 무역에 관련된 각종의 업무들이 별개의 독립된 업무 영역으로서 자신의 틀을 고수하는 것이 아니라 통합된 형태로서 관련 각 기관들과 유기적인 관계가 형성되어 정보의 원활한 유통에 의한 자료의 공유와 중요 자료의 비밀 유지가 동시에 충족될 때에 비로소 가능할 것이다. 이를 위하여 컴퓨터의 기능과 새로운 통신기법을 결합함으로써 인력과 시간과 비용이 많이 소요되는 수작업은 가능한 한 최소화시키고 업무의 신속성과 정확성을 높임으로써 무역의 원활을 기하여 국민경제의 활성화와 증진에 기여하는 것이 무역자동화의 목적이라고 할 수 있다.

무역자동화의 대상이 되는 업무는 수출업자와 수입업자 간의 매매 교섭에서 시작하여, 수출입 승인을 비롯하여 원산지 증명서, 소요량 증명서 및 각종의 추천서 등의 신청 및 발급 사무, 수출입 통관, 신용장 발행 등 각종의 은행 업무 및 대금의 결제, 운송 계약 및 선하증권의 발행, 보험 계약 및 보험증권의 발행, 상업 송장과 각종 증명서의 발급 신청 및 발행 그리고 이를 요청하는 기관에의 제출 등은 물론, 공장에의 생산개시, 창고에 대한 출하 명령 등 모든 업무가 그 대상이 된다.

【그림 1-2】 무역자동화와 관련된 업무

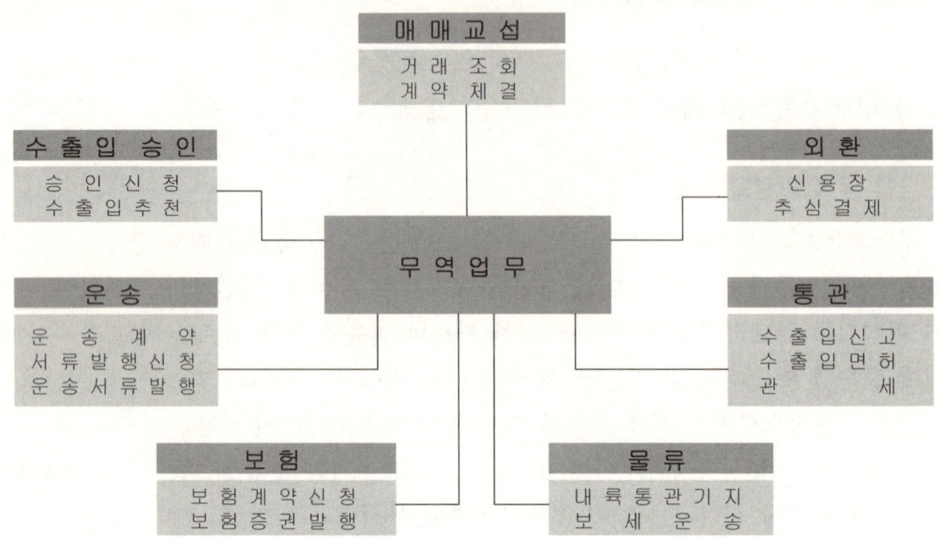


### (2) 무역 관련 기관의 연결

무역 업무들이 EDI에 의하여 유기적으로 연결되기 위해서는 모든 관련 기관들이 상호간에 접속되어야 한다. 그러나 관련 기관간의 직접 접속에는 다음과 같은 문제가 있기 때문에 무역 업무 자동화를 추진하는 전문 사업자를 중심으로 연결하게 된다.

첫째, 상호간의 통신의 편의성에 의한 것이다. 상대방의 문서를 받기 위하여 항상 대기할 수는 없으므로 제3자가 전자 문서의 전달을 위한 서비스를 제공하는 것이 효율적일 것이다.

둘째, 전산망 간의 접속 또는 업체와 타 전산망과의 접속에 필요한 전문적인 기술을 개별 기업이 보유하기는 어렵다는 것이다.

셋째, 정보의 안전성에 관한 문제이다. 개별 기업이 보관하고 있는 서류를 유관 기관에 제출하였을 경우, 해당 서류의 변조 가능성을 배제할 수 없다. 따라서 정보의 객관성을 인정받고 정보의 보안 유지를 위하여 공정한 제3자의 보관 및 제공에 의한 서비스를 이용하는 것이 필요하다.

넷째, 개별 기업이 자체적으로 통신 시설과 자료의 보관 처리를 위한 시스템을 갖추기 위해서는 대형 컴퓨터에 의한 시스템을 구축하고 고급 두뇌에 의한 전산 처리를 하는 등 대규모의 자본이 소요된다. 중소기업인 경우에는 자본 부족으로 인하여 자체적인 EDI를 구축하기 어려운 경우가 많으므로, 전산화에 소요되는 비용과 인력을 절감하고 전산 관리의 효율성을 기하기 위하여 전문 사업자의 자본과 인력을 활용할 필요가 있다.

다섯째, EDI의 표준은 합리적인 방향으로 개선되어 나갈 것이며 이에 적응하기 위해서는, 정보의 신속한 입수 및 이에 대응하기 위한 기술의 개발을 전문가에 의뢰하는 것이 효율적이다.

【그림 1-3】 무역 관련 기관 간의 연결

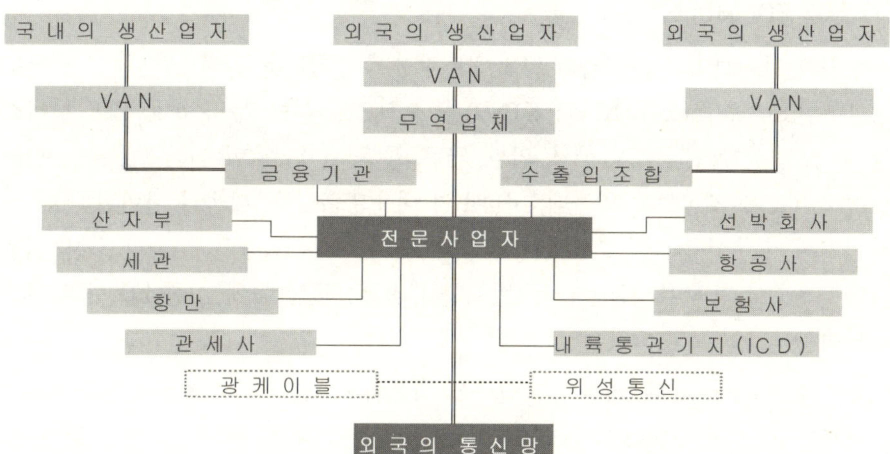


이와 같은 이유로 인하여 EDI를 실현하기 위해서는 무역자동화를 위한 전문 사업자를 중심으로 각 기관들이 연결되어야 할 필요가 있다. 이에 따라 우리나라에서는 무역

업무 자동화 사업자를 지정하고, 그 지정 사업자를 통하여 무역 업무 자동화를 시행하도록 하고 있다. 기업이 자체적으로 EDI를 실현하고자 할 때에는 이를 위한 시스템을 도입하고 각 부서를 공중 통신망을 임차하여 또는 전용회선으로 연결하면 된다.

무역 자동화에 가입한 모든 무역업체들이 외국의 생산업자 및 무역업체들과 무역 자동화 사업자를 통하여 통신을 할 수 있음은 물론이며, 이외에도 당사자 간의 직접 통신 또는 다른 부가가치통신망(Value Added Network : VAN)을 통한 통신으로 매매 교섭을 할 수 있다. 더 나아가서는 우리나라의 무역 자동화망과 외국의 무역 자동화망을 전용회선에 의하여 직접 연결하고, 국가 간의 협약에 의하여 상대 국가로부터 전자문서로 작성되어 전송된 자료를 적법한 자료로 인정하게 함으로써 전 세계적인 무역 자동화망을 구성하게 될 것이다.

## 2) 무역자동화 서비스 유형

### (1) 무역 EDI 서비스

무역과 관련하여 우리나라의 EDI 네트워크 추진현황을 살펴보면, 우선 한국무역정보통신(Korea Trade Network: KTNet)을 중심으로 하는 무역 부문 EDI 서비스를 들 수 있다. KTNet는 현재 상역, 외환, 금융, 통관, 운송, 보험 등의 5개 부분으로 나누어 서비스를 제공하고 있는데, 서비스의 내용은 수출입 활동과 관련된 제반 행정 관련 업무가 주류를 이루고 있으며 구체적으로는 수출입 승인, 수출입 추천, 신용장 발행 및 통지, 수출보세화물관리, 관세환급/내국신용장 등에 대한 EDI서비스로 구성되어 있다.

한편, KTNET(www.ktnet.com)은 인터넷을 이용하여 모든 무역 업무를 처리할 수 있는 무역포털사이트인 cTradeWorld를 구축하여 기존의 무역, 물류, 통관 자동화 서비스를 간편하게 웹상에서 처리할 수 있도록 구현하고 있다. 따라서 cTradeWorld를 통하여 무역의 전 업무를 단절 없이 처리할 수 있을 뿐만 아니라 무역통관정보 및 무료 웹메일 서비스까지 지원함으로써 보다 다양하고 신속한 정보 전달로 무역업무 처리의 효율을 극대화 할 수 있을 것이다.

【그림 1-4】 cTradeWord(www.ctradeworld.com)

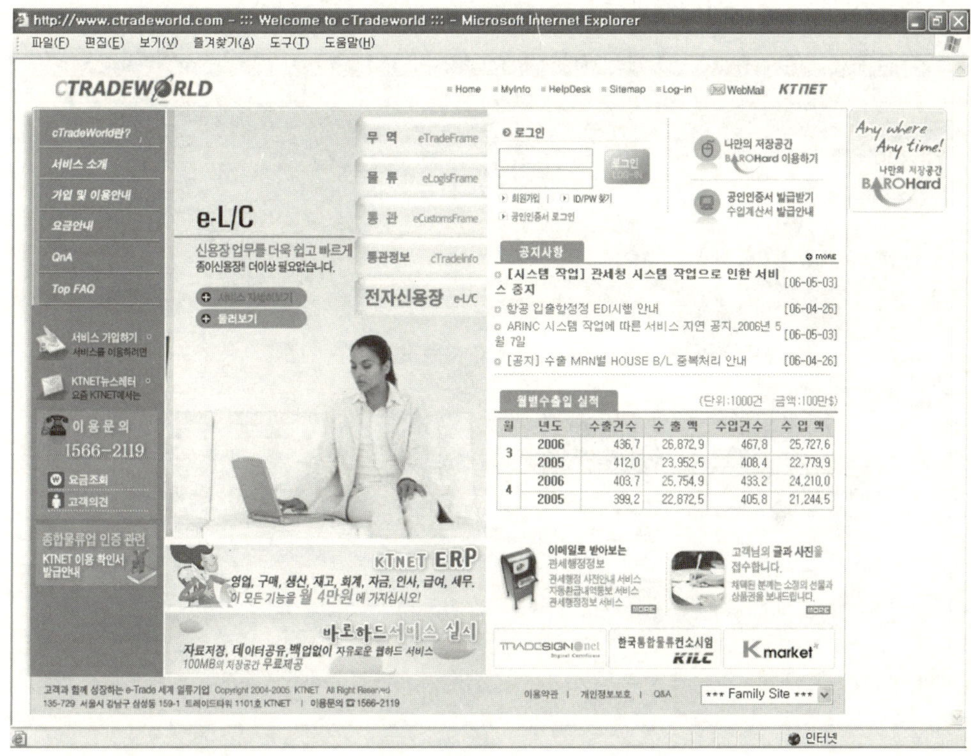


### (2) 통관 EDI 서비스

관세청이 주관하고 있는 통관 부문의 EDI는 관세 업무를 보세화물관리와 통관으로 나누어 개발되고 있다. 관세청은 행정전산망 제1차 사업의 일환으로 통관관리시스템(CCS)을 개발하여 항공화물 관리에 1991년부터 부분적으로 적용하여 왔으나, 해상수입화물의 통관과 화물감시 업무의 기본 계획을 1993년에 수립하고, 보세화물관리시스템, 통관자동화시스템을 본격적으로 시행하고 있다.

현재 관세청은 인터넷 통관포탈(potal.customs.go.kr) 사이트를 개설하여 수출통관, 수입통관, 관세환급 등의 인터넷 통관 서비스와 관련 정보를 제공하고 있다.

【그림 1-5】 관세청(www.customs.go.kr)

## (3) 물류 EDI 서비스

물류 부문에서의 EDI도입은 정부와 민간 업체가 공동으로 추진해 왔다. 그 결과 현재 한국물류정보통신(KL-Net : Korea Logistics Network)이 설립되어 물류 EDI네트워크의 구축이 본격적으로 이루어졌다. 즉, 물류산업의 효율적인 업무 처리와 국제 경쟁력 확보를 위하여 EDI를 도입한 물류정보시스템을 추진·구축하게 된 것이다. 물류 부문의 EDI도입은 EDI에 의한 정보교환, 데이터베이스 정보 제공, EDI에 의한 업무 절차의 간소화, 그리고 EDI형 전산 처리를 지원함으로써 보다 원활한 수출입 화물의 흐름을 가능하게 하는 시스템을 구축하는데 그 목적이 있다.

현재 KL-Net은 항만물류통합정보시스템(PLISM), 기업간 거래 데이터 교환 표준시스템(Web EDI), 항만운영정보시스템(Port-MIS), 선적자동화 시스템(ReXpis), 수출입화물종합관리 시스템(e-Trans) 등의 서비스를 웹을 통해 제공하고 있다.

【그림 1-6】 KL-Net(www.klnet.co.kr)의 주요 서비스

물류 부문의 EDI 도입은 수송 수단별로 해운, 철도, 공로, 항공 분야로 분류된다. 해운 부문의 EDI는 해양수산부의 PORT-MIS를 토대로 민간 운송 분야를 포함한 물류운송망 추진하여 1996년 4월부터는 PORT-MIS업무를 KL-Net과 연계하여 항만민원 사무처리절차를 의무적으로 EDI로 신고하도록 했다. 철도 부문의 EDI는 철도청의 철도운영정보시스템(KROIS)이 1995년 초고속 공공응용서비스과제로 선정되어 개발되었으며, 1996년 1월에 화물운송신청, 화차배분, 화물운송통지 등의 서비스를 제공하기 시작했다. 한편, 건설교통부에서는 육상, 해상, 항공을 통한 수출입 화물 및 국내 화물의 유통과 관련된 물류 활동을 효과적으로 지원하기 위해 수반되는 정보 흐름을 자동화하는 종합물류정보망을 1998년 3월 개발 완료하고 화물운송 및 보관, 운송알선 등 상용서비스를 제공하고 있다.

이와 같이 우리나라의 EDI네트워크는 각 부문의 EDI네트워크들이 하나의 종합네트워크체제로써 사용자들이 이용할 수 있도록 구축될 것이다. EDI의 활용 범위는 상역, 외환, 통관, 운송, 보험 부문 등 무역 전반에 걸쳐 모든 무역 업체와 관련 기관들의 업무를 전산처리하는 데까지 이르며, 신뢰성과 보안 및 안전성이 보장된 사용자 중심의 시스템 구축을 통해 이루어지고 있다. 현재 우리나라에서 제공되고 있는 업무를 분야별로 분류하면 다음과 같다.

첫째, 무역 부문으로 수출입 추천, 수출입 승인, 수출입 승인 사항 변경 신청과 변경 승인, 수출입 유효기간 연장 승인 신청 및 연장 승인, 외화획득용 원료 수입 신청 및 승인 상업송장, 포장명세서 등이 있다.

둘째, 외환 및 결제 부문에는 신용장 발행 신청 및 발행 응답, 신용장 발행 및 통지, 신용장 조건 변경 신청 및 응답 등이 포함되며 결제 업무에는 외화자금 이체와 수출환어음 매입 등이 있다.

셋째, 통관 부문은 수출입 신고 및 면허, 보세구역 반출입과 보세운송 등이 있다.

넷째, 보험 부문은 보험청약 및 보험증권 발행통지의 업무 등이 있다.

다섯째, 물류 부문은 선박의 선복요청 및 선하증권 발행통지, 선적 및 하역, 물류 정보의 교환 업무 등이 있다.

여섯째, 공통부문으로서 일반 응답과 접수 확인에 관한 것이다.

## 4 인터넷 EDI 서비스

### 1) 인터넷 EDI의 개념

EDI는 일반적으로 전화선을 사용하거나 전용선을 통하여 VAN에 연결하여야 하고 필요 소프트웨어를 구입하여야 하는 등 설치에 많은 투자가 필요하며 설치 후에도 같은 VAN으로 연결되어 동일한 EDI 프로토콜을 사용하는 기업 간에만 호환이 되는 등 범국가적 혹은 세계적 차원의 표준으로 설정하는데 어려움이 많다.[8] 그리고 단순히 인터넷을 이용한 상거래를 하는 경우에도 비용이 저렴하고 사용하기 편리한 반면 EDI에 비하여 보안성이 떨어지며, 정형문서를 사용하고 있지 않기 때문에 구조적인 업무의 자동처리가 이루어지지 않는다. 이로 인하여 기업 간의 전자상거래 실현에 근본적인 문제가 발생된다. 따라서 최근에는 인터넷과 같은 정보통신기술을 활용한 새로운 EDI유형이 개발되고 있다. 이 새로운 EDI는 개방형, 상호 대화형, 인터넷 EDI, XML/EDI로 발전되고 있다.

### 2) 인터넷 EDI의 유형

#### (1) 개방형(Open) EDI

공공의 표준을 사용하여 관련 당사자 누구나 정보를 공유하기 위한 것으로서, 거래 당사자 간의 일정한 합의에 의해 기업, 연구소, 행정기관 등 각종의 기관에서 다양한 형태의 정보와 업무에 공통으로 사용할 수 있다.

---

8) Christopher Anderson, "Electronic commerce survey", The Economist May 10th～16th, 1997.

### (2) 상호대화형(Interactive) EDI

실시간으로 처리하여야 할 업무에 적용할 수 있는 것으로서 항공, 해운, 육운 등 운송 분야에서의 예약, 화물정보 조회, 계좌 이체 및 조회 등의 금융 분야 및 행정기관의 민원 처리 시스템 등에서 활용할 수 있다.

### (3) 인터넷 EDI

EDI문서의 통신에 TCP/IP를 표준으로 하는 EDI로써 자체적인 네트워크 없이도 EDI를 구현할 수 있다는 장점을 가지고 있다. 인터넷 EDI는 VAN을 통해 송수신을 하는 대신 인터넷을 지원하는 EDI소프트웨어를 통해 EDI 거래를 처리하는 것으로, 기존의 VAN을 이용한 EDI보다 속도가 빠르고, 저렴하고 편리하게 사용할 수 있다. 그러나 공개된 TCP/IP를 이용하여 문서를 전송함으로써 문서의 분실과 허위 문서의 가능성이 높은 단점이 있다.

### (4) XML/EDI

1990년대 후반들어 불기 시작한 인터넷의 열풍과 Client/Server 정보기술의 발달, CALS와 같은 표준규격의 확산과 더불어 EDI 분야에도 전통적인 EDI방식에서 탈피하여 인터넷을 이용한 차세대 EDI의 실현에 대한 연구 개발이 선진 각국을 주축으로 진행되고 있다. 이는 중소기업에까지 확산 가능한 경제적이며, 개방된 구조의 EDI를 실현하자는 취지이다. 1998년 3월에 ISO8879인 SGML의 단순화된 버전인 XML (eXtensible Markup Language)이 국제적인 표준으로 채택된 후에는 이를 기반으로 XML/EDI의 연구 개발이 가속화 되고 있다.

XML/EDI는 데이터 전달에 초점을 둔 전통적인 EDI(VAN/EDI, HTML/EDI)의 범위를 확대하여 전자상거래에 필요한 프레임워크를 제공한다는 면에서 전통적인 EDI와 의미가 다르다.[9] 원래 전자상거래는 상품 전달을 통한 가치의 교환을 지원하는 데이터의 전자적 교환으로써 영업, 수배송, 물류, 수금, 세금처리, 생산 연계

---

9) MicroSoft, "XML Scenarios,"(http://msdn.microsoft.com/xml/scenario/inro.asp.

등의 광범위한 활동이 포함하므로 XML/EDI는 이러한 활동을 통합적으로 지원하는 데이터의 교환 방식 및 시스템 프레임워크를 의미하게 된다.

전통적인 방식의 EDI는 표준에 대한 정의가 부족하고 표준을 정의하기 위한 규정도 제대로 설정되어 있지 않았다. 또한 정보를 교환하고자 하는 외부 비즈니스 규칙에 맞춰 기업의 업무 프로세스들을 수정해야 한다거나 시스템 내부에도 많은 변화가 필요하므로 EDI 구현을 위해 상당한 리엔지니어링 비용이 들게 된다. 그러나 XML/EDI의 경우에는 유지 및 관리가 용이하며, 상호운용 측면에서 플랫폼이나 시스템의 내부적인 구조에 영향을 받지 않기 때문에 각 시스템에 맞는 변환 프로그램이 필요 없고, 상업적인 전자 문서에 대한 교환 표준을 제공한다.

또한 XML은 미리 정의된 XSL(eXtensible Style Language)과 DTD(Data Type Definition)를 이용해 문서의 내용 등을 검증하고 데이터를 변환할 수 있기 때문에 일반 전자 우편을 통해 보낼 경우 수신자는 XML 파일을 조회하거나 검색하고, DB로 입력하는 일련의 작업을 XSL이나 전용 소프트웨어를 이용해 자동적으로 수행할 수 있게 된다.

XML/EDI의 경우 XML 문서는 변환 과정을 통해 기존의 VAN/EDI와의 문서 송수신도 가능하다. XML/EDI 기술을 구현하기 위해서는 정보를 나타내는 데이터에 대한 집합을 구별하여 각 집합에 해당되는 EDI 메시지를 구성하기 위한 XML/DTD를 작성하게 된다. 따라서 XML/EDI 기술은 기존의 VAN을 이용한 EDI 형태의 거래 구조에서 웹을 통한 사용자 접근을 위해 XML을 이용한 데이터 전달 방식을 이용해 문서 처리에 사용되는 업무적인 절차를 DTD와 XSL을 통해 정의하게 되고 업무 수행을 위해 Java나 ActiveX 등을 이용해 처리할 수 있도록 해준다.

XML의 가장 큰 이점은 기업의 애플리케이션간 통합과 기업 간 정보교환의 가능성에 있다. 상품 정보에 대한 구조적인 태킹 방식을 통해 사람뿐만 아니라 기계도 이해할 수 있도록 태그의 의미를 유지하므로 구매자는 적절한 상품 정보를 획득하고 구매를 하게 된다. XML/EDI는 웹을 기반으로 널리 통용된 웹 브라우저를 사용하기 때문에 EDI에서 요구되는 모든 정보를 저비용으로도 교환할 수 있고 대기업뿐만 아니라 중소기업간 정보 교환의 폭도 넓힐 수 있다. XML을 기반으로 한 e-마켓플레이스를 통해 SCM, 카타로그 서버를 통합, 시장 참여자들에게 또 다른 거래 방식의 자동화된 EDI 프로세스를 제공한다.

【표 1-2】 VAN/EDI, HTML/EDI, XML/EDI의 비교

| 비교항목 | VAN/EDI | HTML/EDI | XML/EDI |
|---|---|---|---|
| 사용자 환경 | EDI전용 S/W | Web Browser | Web Browser |
| 네트워크 | X.25, PSTN | Internet(TCP/IP) | Internet(TCP/IP) |
| 확장성 | 고정적 | 어려움 | 뛰어남 |
| 상호호환성 | 나쁨 | 보통 | 뛰어남 |
| 사용 용이성 | 어려움 | 용이 | 용이 |
| 설치/유지비용 | 고가 | 저가 | 저가 |
| 신뢰성/안전성 | 높음 | 낮음 | 높음 |

EDI는 기업 간 또는 정부와 기업 간의 거래 및 정보 유통을 위하여 1980년대 후반부터 국가 효율성 증대와 경쟁력 강화 차원에서 도입되었다. 그러나 VAN/EDI와 HTML/EDI 등으로 발전하여 온 전통적 EDI의 경우, EDI S/W의 폐쇄성, 관련 법령 및 제도의 미비, 과다한 도입·운영비용 등으로 중소 규모의 기업에서 도입하기에는 부적절하였다. 이러한 문제점을 보완하고자 1990년대 후반부터 차세대 EDI에 대한 연구가 급속히 진행되어 왔으며, 최근 가장 현실적 대안으로 떠오른 것이 XML/EDI이다.

XML/EDI는 인터넷이라는 개방형 구조에 입각하여 B2B 전자상거래가 가능하도록 지원하기 때문에 수많은 중소기업들이 저렴한 구축/운영비용으로 참여가 가능하다는 장점을 지닌다.

XML 문서는 기존의 VAN/EDI나 HTML/EDI와의 문서 송수신이 가능하며, 기업의 애플리케이션간 통합과 기업간 정보교환이 용이하여 전자상거래를 중심으로 전개되는 기업협력 혹은 산업협력(e-Collaboration)이 가능하다는 것이다.

# 3 전자무역의 특징

전자무역은 기존의 전통적인 무역을 대체하고 있는 것이 아니라 단지 무역업무 처리 방식의 폭을 넓혀 주는 도구로써 인식되고 있다.[10] 즉, 인터넷을 통해 전 세계에 흩어져 있는 해외 바이어와 각종 상품 정보를 주고받으며 수출 계약을 체결하는 등 무역업무 전반에 걸쳐 인터넷을 이용하는 것이다. 시간과 거리의 제약 없이 전 세계의 수출입 업체, 제조업체, 소비자들이 인터넷을 통해서 직접 접촉을 할 수 있는 것을 말한다. 특히 해외 영업망이 없는 중소기업들이 내수 침체의 어려움을 헤쳐 나가는데 있어 전자무역은 계약 및 수출 절차 소요 시간의 단축과 수출에 따른 부대비용의 절감 등 여러 가지 이점이 있어 기업들로부터 각광을 받고 있다.

전자무역의 특징을 살펴보면 다음과 같다.

첫째, 해외시장이 단일화 된다. 즉, 국가별 또는 지역별로 독립적으로 운영되던 시장이 인터넷에 의해 단일 시장으로 통합된다. 즉 인터넷을 통해 마련된 가상공간에 접속한 이용자는 누구나 상품과 서비스를 거래할 수 있다. 따라서 인터넷의 가상공간에서는 대기업이나 다국적기업과 함께 창의적이고 진취적인 중소기업은 새로운 기회를 발견할 수 있다.

둘째, 거래 상품과 서비스의 가격이 단일화 또는 하락된다. 인터넷의 전문 정보검색엔진이나 각국의 정부, 기업, 개인의 웹사이트를 이용하여 특정 상품의 해외 시장조사가 용이해진다. 이때 그 특정 상품을 필요로 하는 기업과 소비자들 간에는 정보의 일정한 공개성으로 인해 시장경제 원리가 적용되어 합리적인 기준에 의해 상품과 서비스의 가격이 단일화 될 수 있다. 그리고 인터넷

10) 무역업무처리방식은 무역서식의 표준화(1960년대), 무역절차의 간소화(1970년대), 무역업무의 자동화(1980~90년대)를 거쳐 현재 무역업무의 사이버화(21세기)로 변화하여 오고 있다.

에서는 가장 경쟁력 있는 제품이나 서비스만이 생존하게 되어 가격 구조가 평준화되게 될 것이다.

또한 인터넷의 가상공간에서 거래가 이루어지기 때문에 누구나 무역을 자유롭게 할 수 있어 활발한 경쟁 체제가 도입되어 유통비용이 하락하고 결국 제품이나 서비스의 가격이 하락할 것이다.

셋째, 전 세계를 대상으로 한 마케팅 활동비용이 절감된다. 세계시장을 대상으로 한 마케팅 활동은 많은 비용을 발생시킨다. 그러나 인터넷을 이용해 문자와 그림은 물론, 음성과 동화상 등 보다 다양하고 효과적인 방법으로 제품과 서비스 그리고 기업 이미지를 최소의 비용으로 시간과 공간의 제약 없이 알릴 수 있게 되었다.

마지막으로, 거래처 발굴과 거래 정보의 획득이 용이하다. 기존에는 거래처를 발굴하기 위해 거래 알선 기관, 각국의 무역업체 총람, 제조업체 총람, 기업 연감 또는 해외로 배포되는 인쇄 매체나 현지의 광고 매체를 이용하였다. 또한 무역협회 등에서 주관하는 해외시장 개척단 또는 국제박람회나 전시회 등에 참가하여 거래처를 발굴해 왔다. 그러나 인터넷을 이용하면 각국의 정부와 무역 유관기관 그리고 개별 기업들의 웹사이트의 무역 관련 정보들을 정보 검색 엔진을 이용하여 손쉽게 찾을 수 있다.

특히 시장 및 지역 정보는 WTO, OECD 등과 같은 국제기구의 웹사이트에서 쉽게 얻을 수 있으며, 기업 및 상품에 관한 정보를 제공하는 세계적인 Trade Compass, 유럽의 국가와 기업 정보, 서비스 또는 상품별로 검색할 수 있는 Europages[11]와 CyberKOEX[12] 등에서 구할 수 있다.

이상에서 살펴본 바와 같이 전자무역은 전 세계적으로 통합된 단일 시장의 형성,

---

11) http://www.europages.com

12) http://www.cyberkoex.com

마케팅 측면에서 거래처 발굴 및 거래정보 획득을 쉽게 함으로써 신규 시장의 발견 가능성 증대, 중소기업의 세계시장 진출을 쉽게 하여 성장 가능성 증대, 기업 활동의 거래 비용 절감, 효율적인 고객관리 가능성 증대, 새로운 결제 시스템의 등장 등 기존의 무역 형태와 구별되는 몇 가지 경제적 효과를 통하여 21세기 국가 경쟁력을 좌우한다고 해도 과언이 아닐 정도로 그 파급효과가 크다.

# Chapter 2 전자무역의 창업

## I 전자무역무역과 창업

### 1 전자무역의 창업의 의미

전자무역은 물품과 용역 또는 전자적 형태의 무체물의 수출·수입 행위의 전부 또는 일부를 위임하거나 행하는 자로서 무역거래자에 의해 수행된다.[13)]

무역거래자라 함은 수출 또는 수입을 하는 자, 외국의 수입자 또는 수출업자의 위임을 받은 자 및 수출·수입을 위임하는 자등 물품 등의 수출·수입 행위의 전부 또는 일부를 위임하거나 행하는 자를 말한다.[14)]

이 때 기존의 무역이 전화와 팩스, 우편을 이용한 무역이라면 전자무역은 컴퓨터와 인터넷을 이용한 무역이라고 할 수 있다. 또한 시간적, 공간적 제약 없이 무역거래가 일어나는 것도 기존의 무역과 전자무역의 차이점 중의 하나이다. 제품을 알리기 위해

13) 대외무역법 제2조 제3호.

14) 대외무역법 제2조 제3호.

해외에 직접 나가야 했던 것을 이젠 컴퓨터를 이용해 인터넷에 신제품을 올려 누구든 실시간에 제품 안내를 볼 수 있게 한다.

전자무역은 컴퓨터 한 대만 있어도 시작할 수 있는 소호 창업이자 소자본 창업의 범주에 넣을 수 있다. 최근 가정이나 작은 사무실 등에서도 쉽게 연결 가능한 인터넷 전용선을 사용하여 신속한 서류 이동, 저렴한 비용으로 세계 어느 곳과도 정보를 주고받을 수 있기 때문에 창업을 준비하는 사람이라면 아주 매력적인 창업 소재이다.

기존의 무역 방식에서는 소규모의 영세무역 업체에게 국제전화나 국제팩스 사용료의 부담이 적지 않았지만 지금은 인터넷을 이용한 인터넷 폰이나 인터넷 팩스를 이용하거나 KTNet을 통한 전자문서교환(EDI)서비스를 이용하면 부담을 크게 줄일 수 있다. 많은 자금을 투자하여 해외시장을 개척할 수 없는 중소기업체에게는 전자무역이 정보화 시대에 살아남을 수 있는 길 중의 하나가 될 것이다.

## 2 전자무역창업의 유형

전자무역의 구현을 위한 창업은 단계적 접근이 가능하며, 먼저 일정한 수수료를 받고 회사나 제품을 해외에 홍보하고 각종 무역 관련 정보의 수집, 분석 및 잠재 거래선 발굴 등을 통해 국내 무역 업체가 잠재적인 해외 거래처와 국제거래가 성사될 수 있도록 일종의 무역거래 중개 내지 거래 알선 서비스를 제공하는 단계이다. 이러한 활동은 상대적으로 정보화가 뒤떨어진 국내 중소기업들을 대상으로 인터넷상에서의 수많은 국내외 거래 알선 사이트로부터 수집, 분석한 무역거래 정보를 제공하고 무역거래를 중개한다는 점에서 큰 위험부담이나 비용이 들지 않는다는 장점이 있다.

이러한 과정을 통하여 국제무역에 대한 경험 축적과 국내외 거래처를 확보한 후에 다음 단계에서는 정식으로 한국무역협회에 무역업 신고를 하고 자기 명의로 자기 책임 하에 물품을 수출 또는 수입을 할 수 있다. 그러나 국제간 정보교환 및 커뮤니케이션에 큰 장점을 가지는 인터넷을 활용한 비즈니스라는 측면과 국내 내수 경기가 침체 국면이라는 점을 감안할 때, 국내영업을 전제로 하는 수입보다는 해외 영업을 위주로 하는 수출을 하는 것이 바람직할 것이다.

마지막으로 수출을 통해 다져진 비즈니스 경험과 안정된 거래처 확보 등을 바탕으로 수출뿐만 아니라 수입도 취급하는 명실상부한 무역업체로서 다양한 국제비즈니스 활동을 전개하는 단계이다.

# 2 전자무역 창업과정

## 1 창업 예비 절차

【그림 1-7】 창업과정

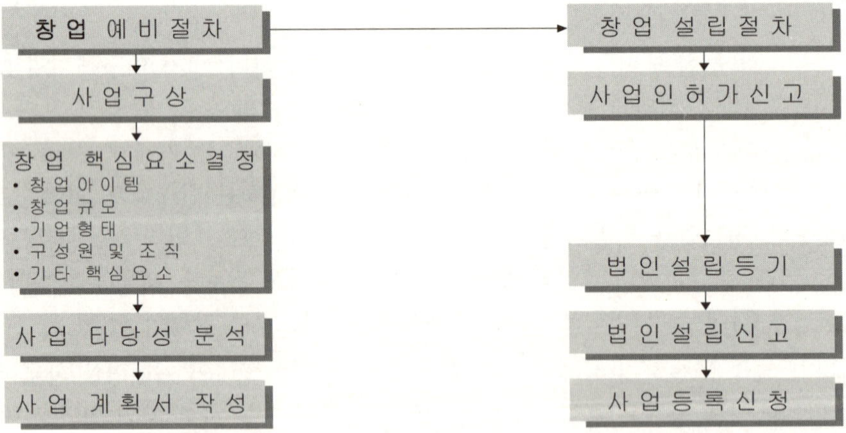

창업 예비 절차는 사업구상을 구체화하는 단계에서 시작된다. 사업구상은 각종 사업 아이디어를 내고 그 타당성을 따져 범위를 좁혀 나감으로써 유망하고 자신에게 적합한 사업

아이디어를 찾는 과정이다. 모든 아이디어가 사업화될 수 있는 것은 아니며, 또 스스로가 가진 자원이나 능력의 한계를 벗어나는 아이디어도 그다지 의미가 없다.

창업자 자신이 감당할 수 있는 범위 내에서 창업 규모, 기업 형태, 창업 멤버 등을 결정해야 하며, 이에 따라 소요 자금도 차이가 나게 된다. 그러나 어느 정도 기반과 자신이 생길 때까지는 법인기업보다는 개인기업 형태로 창업자 혼자서 모든 일을 처리하고 준비하는 것이 좋다([표1-3] 참조).

【표 1-3】 개인기업과 법인기업의 장·단점

| 장·단점 / 구분 | 장점 | 단점 |
|---|---|---|
| 개인기업 | 이윤을 기업주가 독점<br>설립용이<br>적은 자금소요<br>신속한 의사결정<br>영업상 비밀유지 가능<br>인적 관계 긴밀 | 기업주의 무한책임<br>기업 영속성 부족<br>자본조달 능력의 한계<br>경영 능력의 한계<br>납세상 불리 |
| 법인기업 | 대자본 조달용이<br>주주의 유한책임<br>주식의 양도·매입 자유<br>소유와 경영의 분리<br>높은 공신력 | 설립절차 복잡<br>대표자의 이윤축소<br>의사결정의 지연<br>주주간의 대립우려 |

이러한 창업 핵심 요소를 결정한 뒤에는 사업의 내용, 경영 방침, 노하우 및 기술력, 추정 손익계산서(시장성, 수익성, 소요 자금, 자금 조달 방법 등), 전문인력 수급, 서버 구입, 성장 가능성 등에 대해 컨설팅 업체나 회계사 등 외부 기관이나 제3자에게 사업 타당성 분석을 의뢰하는 것이 바람직하다.

전자무역을 위한 창업 과정은 일반적인 창업 과정과 큰 차이는 없지만, 사업 장소로서 인터넷 웹사이트를 구축하고 인터넷을 이용한 마케팅을 구사한다는 것이 두드러진 특징이라고 할 수 있다.

전자무역은 전 세계를 대상으로 하는 거래이기 때문에 특정 국가를 대상으로 고민해야 할 의미는 없다. 단지 전 세계적으로 어떠한 아이템이 전자무역에 적합한 아이템인가를 고려해야 한다. 이 때, 현재 만족되지 않는 욕구를 새로이 만족 시키는 제품서비스, 공급의 부족을 만족시키는 제품서비스, 유리한 조건 때문에 기존 상품과 성공적으로 경쟁할 수 있는 제품서비스 등을 고려할 수 있다. 모든 아이템이 전자무역의 대상이 될 수는 있겠지만 현재 주로 거래되는 아이템을 알아보는 것도 중요한 의미를 가진다.

## 2 창업 설립절차

### 1) 사업자 등록

사업구상, 창업 핵심요소 결정, 사업 타당성 분석 및 사업계획서 작성 등의 창업 예비 절차가 끝나면 사업자등록 및 무역업등록 등 본격적인 창업 설립 절차를 밟게 된다. 창업의 규모나 업종에 관계없이 모든 창업자는 사업을 시작한 날로부터 20일 안에 구비 서류를 갖추어 관할 세무서의 민원봉사실에 사업자등록을 신청하여 사업자등록증을 교부받아야 한다.[15)]

이러한 사업자 등록 신청시에는 먼저 상호를 확정하고, 업태를 결정해야 한다. 무역업을 하기 위한 업태로는 도·소매업(수출과 수입을 하는 업태)과 서비스업(무역대리업과 무역대행업을 할 수 있는 업태)이 있다.[16)]

---

15) 필요한 지참 서류로는 사업장에 대한 임대차계약서 또는 사업장 사용허가서, 본인 신분증, 인장 등을 가지고 가면 된다. 다른 지역에 별도의 사업장이 있는 경우에도 사업자 등록이 가능하다. 즉, 한 개인이 복수의 사업장을 가지고 있는 경우에는 별도의 사업자등록을 할 수 있다. 그러나 사업자등록을 할 때 굳이 별도의 사무실을 얻을 필요는 없다. 자신의 집 주소를 그대로 신고해도 무방하다.

16) 별일이 없는 한 2개를 동시에 신청해 두는 것이 편리하다. 이러한 업태가 분류되어 있는 업종

이때 연간 매출액이 4,800만원 이하이면 과세특례자, 1억 5천만원 미만이면 간이과세자, 그리고 1억 5천만원 이상인 경우에는 일반과세자로 등록신청을 해야 한다. 과세특례자나 간이과세자는 고객의 입장에서 볼 때 영세하여 지속적인 거래나 유지 보수가 어렵다고 인식될 뿐만 아니라 세금계산서 발행이 안 됨으로 부가가치세 환급이 곤란하다는 점 때문에 거래 상담시 불리할 수 있다. 따라서 가급적 일반과세자로 사업자등록을 하는 것이 바람직하다.

### 2) 무역업 고유번호 신청 및 부여

무역업 창업의 경우 대외무역법 제2조 1호의 규정에 의한 무역을 업으로 하고자 하는 자는 무역업고유번호를 한국무역협회에 신청해야 하며, 한국무역협회장은 접수 즉시 신청자에게 무역업고유번호를 부여하여야 한다.[17)]

무역업 고유번호 신청은 무역업고유번호부여(신청)서 1부(소정양식)와 사업자등록증 원본 1부를 구비하여 한국무역협회 본·지부에서 업체의 소재지와 관계없이 편리한 지역에서 신청 가능하다.

2000년에 무역업 신고 제도는 폐지되었더라도 무역협회 회원 가입은 여전히 필요하다.[18)] 약간의 비용 부담이 있겠지만 신뢰도 제고 차원에서 초기 창업자는 가입하는 것이 바람직하다. 무역협회의 무역전문사이트를 정규회원으로 이용하기 위해서는 무역업등록번호가 있어야 한다.[19)]

---

코드로는 도소매업 중 수출업은 519111이며, 산업용 재화 수입업은 519112, 기타 수입업은 519113이다. 그리고 서비스업으로서 수출 주선업은 749925이며 오퍼업은 749927이다. 이러한 업종코드는 사업자등록신청서 작성시에 필요한 내용이다. 인터넷 창업의 경우에는 'e업태'란에는 인터넷 창업의 특성상 부가통신 외에 필요에 따라 통신판매, 도소매, 무역업, 도서출판업 등 자신이 희망하는 사업을 기재하면 된다.

17) 산업자원부장관은 대외무역법시행령 제30조 및 제31조의 규정에 의한 전산관리체계의 개발·운영을 위하여 무역거래자별 무역업 고유번호를 부여할 수 있다. 무역거래자는 관세법 제241조 규정에 의한 수출(입)신고시 무역업고유번호를 수출(입)자 상호명과 함께 기재하여야 한다.

18) 대외무역법 개정시 경과규정(부칙 제2조)에 의해 2001년 1월 1일부터 무역업신고제는 폐지되었다.

## 3 창업준비 및 소요자금 조달

객관적인 사업타당성 분석이 끝나고 창업자 본인이 앞으로의 사업 전개에 대한 장단기적 사업계획서를 작성하고 난 후, 가급적이면 자신이 직접 창업비용을 마련하고 부족한 부분에 대하여 은행, 창업투자회사, 중소기업진흥공단 등으로부터 창업 자금을 융자받는 것이 바람직하다. 창업 자금을 전적으로 외부로부터 조달할 때 원리금 부담으로 인해 원만한 사업을 유지해 나가기가 힘들기 때문이다. 또한 거래 알선을 의뢰하는 고객을 확보하고 실제로 거래가 성사되어 그 대가로 일정한 수수료를 받기까지는 상당한 기간이 소요될 수 있음을 감안하여 운영 자금의 조달에도 신경을 써야 한다.

소요자금은 크게 고정자금과 운전자금으로 나누어 살펴 볼 수 있다([표 1-4] 참조). 고정자금은 사무실 확보, 컴퓨터 등 장비 설치, 인터넷 접속 등이 큰 몫을 차지하며, 운전자금은 먼저 1개월분을 추정하고 예상 현금 흐름에 따라 3~6개월 또는 1년분을 추정한다.

【표 1-4】 소요자금 추정을 위한 점검표

| 고 정 자 금 | | | 운 전 자 금 | | |
|---|---|---|---|---|---|
| 구분 | 항 목 | 금액 | 구분 | 항 목 | 금액 |
| A | 장비 | | A | 상품구입비 | |
| | - 컴퓨터 | | B | 판매비 및 일반 관리비 | |
| | - 프린터 | | | - 인건비(피고용자가 있을 경우) | |
| | - 컴퓨터 통신장비 | | | - 사무용품비 | |
| | - 복사기 | | | - 광고비 | |
| | - 통신 가입비 | | | - 전문가 자문비 | |
| | - 스캐너 | | | - 통신비(전화, 우편, 컴퓨터 통신) | |
| | - 소프트웨어 | | | - 간행물 구독료 | |
| | - 전화기 및 가입비 | | | - 단체회비 | |
| | - 기타 장비 | | | - 교통비 | |

19) 무역협회의 회원가입은 http://biz.kita.net 참조.

| | | | | | |
|---|---|---|---|---|---|
| B | 집기 및 장치 | | | - 임차료1(창고, 집기 등의 월세) | |
| | - 사무책걸상 | | | - 임차료2(사무실 월세) | |
| | - 캐비넷 | | | - 광열비 | |
| | - 간판 | | C | 기타 | |
| | - 선반 | | | | |
| | - 진열장 | | | | |
| | - 칸막이 | | | | |
| | - 조명 | | | | |
| C | 개수비 | | | | |
| D | 면허비 | | | | |
| E | 단체가입비 | | | | |
| F | 사무실 임차 보증금 | | | | |
| G | 창고 임차 보증금 | | | | |
| H | 기타 | | | | |
| 합계 | | | 합계 | | |
| * 총소요자금 = 고정자금 + 운전자금 + 창업준비 및 예비비 | | | | | |

## 4 웹사이트 구축과 활용

전자무역을 위한 창업 과정은 일반적인 창업 과정과 큰 차이는 없지만, 앞에서 살펴본 바와 같이 사업 장소로서 인터넷 웹사이트를 구축하고 인터넷을 이용한 마케팅을 구사한다는 것이 두드러진 특징이라고 할 수 있다. 따라서 웹사이트 구축과 이의 활용을 고려하여야 한다.

웹사이트의 구축은 먼저 홈페이지의 주소라고 할 수 있는 도메인 네임(Domain Name)을 결정한 후 마케팅 전략과 정보 기술이 효율적으로 조화를 이룰 수 있도록 홈페이지의 내용을 작성하고 실제로 제작하는 과정을 밟게 된다.

도메인 네임은 국제인터넷정보센터(InterNIC, http://www.internic.org), 한국인터넷정보센터(KRNIC, http://www.nic.or.kr) 등과 같은 지역별 비영리 망 관리 기관에 인터넷 상에서 온라인으로 등록신청을 하고 인터넷 주소를 부여받는다. 보통 미국은 기업의 경우 기업명 뒤에 com을 붙이고 한국의 경우 co.kr이 된다. 도메인 네임을 정할 때 com을 쓸 것인지 co.kr을 쓸 것인지를 결정하는 것도 중요하다. 한국을 상내로만 마케팅을 한다든지, 가장 한국적인 것을 팔기로 했다든지 그 외 특별한 이유가 없는 한 com을 쓰는 것도 고려해 볼 만하다.

한편 웹사이트의 제작은 창업자 스스로 만드는 방법과 외부 아웃소싱으로 만드는 방법으로 나누어 볼 수 있다. 적은 비용으로 홈페이지를 제작하기 위해서는 창업자나 파트너가 직접 만드는 것이 좋겠지만, 이것은 웹 디자이너, 웹 프로그래머, 웹 마케터 등의 능력을 모두 갖추고 있을 때 가능하다는 점에서 그리 쉬운 일이 아니다. 따라서 홈페이지 제작을 외부의 전문 업체에 맡기는 경우가 많은데, 이때 각 페이지별로 창업자의 마케팅 전략이 담긴 스토리 보드를 작성하고 이를 기초로 들어갈 주요 내용과 디자인, 연결될 각 사이트들을 미리 그려 두는 등 체크 포인트를 만들어 두는 것이 중요하다.

이러한 웹사이트의 설계는 표적시장에의 접근이 용이하고 갱신이나 조정이 쉬우며, 특이하고 전문화된 내용을 담고 있어야 한다. 또한 고객과 상호작용이 가능하도록 하고 그래픽과 텍스트를 잘 조화시켜야 한다. 그리고 제작 의뢰시 디자인의 일관성과 프로그램, 디자인 등에 대해 지속적인 유지보수 및 관리가 가능한가를 점검해야 한다.

다음으로 인터넷에 웹사이트를 갖기 위한 네트워크의 구축에는 자체 서버(server)를 갖거나 인터넷 서비스업체의 웹호스팅(web hosting)이나 웹하우징(web housing) 서비스를 이용하는 두 가지 방법이 있다. 자체 서버를 가진다는 것은 자기 집을 갖는다는 것과 같은 의미인데, 서버 컴퓨터와 소프트웨어, 전용선 및 이를 운용하고 관리할 전문인력이 필요하다. 인터넷을 잘 모르거나 대규모 사업이 아닌 경우 자신의 독립적인 서버를 비싼 비용을 들여 구축하기보다는 웹 호스팅이나 웹 하우징 서비스를 이용하는 것이 웹사이트 관리의 부담이나 초기 창업비용에 대한 부담을 줄일 수 있는 장점이 있다.

이러한 네트워크 구축 방법이 결정되면 제작 완료된 서버에 홈페이지를 올리고 이를 활용하기 위한 인터넷 접속을 해야 한다. 인터넷에 접속하기 위해서는 인터넷 서비스 제공 업체(Internet Service Provider : ISP)에 가입하여야 하는데, 이러한 ISP의 선택은 매우 중요하다.

어떤 종류의 기술 환경을 제공해 주는지, 속도는 얼마나 빠른지, 24시간 서비스가 가능한지, 제공되는 서비스와 비교하여 이용 요금은 적당한지, 웹사이트 방문 또는 접속 통계 등 부가서비스가 가능한지, 보안 유지는 철저히 되고 있는지, 업체 자체의 사회적, 업계 내 신용도는 어떤지 등을 고려하여야 한다.

# Chapter 3 전자무역마케팅

## 1 무역마케팅 전략의 변화

국제 무역거래는 해외 시장조사에서부터 출발한다. 해외 시장조사의 결과가 만족스러워야 현지에 있는 잠재 고객을 물색하고, 거래처를 선정할 수 있을 것이다.

국제 무역거래에 있어서 상품을 수출하고자 할 때는 우선 목표 시장(Target marketing)을 선정하고 진출 전략을 수립하는 것부터 시작해야 한다. 이러한 전략을 수립하기 위하여 수출 상품에 대한 해외 시장조사가 선행되어야 한다. 또한 무역거래를 성공적으로 수행하려면 거래 상대방에 대한 철저한 분석이 이루어져야 한다. 이러한 일련의 활동을 해외마케팅 또는 수출마케팅이라고 한다.[20]

해외시장에 대한 조사 분석은 기업의 자체적인 현지 기구 및 조직을 활용하거나 현지에 직접 방문하는 방식이 있다. 또 다른 방법은 거래 은행이나 무역협회, 무역투

---

20) 해외 마케팅은 그 원리에 있어 국내 마케팅과 동질성을 지니고 있지만, 후자는 국내 시장 지향임에 비추어 전자는 국제 시장 지향이라는 관점에서 독자적인 이질성을 갖고 있다. 즉, 해외 마케팅을 국내 마케팅과 분리하는 주된 요인은 그 대상 시장 환경이 서로 다르기 때문이다. 여기서 말하는 시장 환경(Market situation, Market circumstances)이란 시장을 형성하는 제반 상황과 조건 및 시장을 둘러싼 모든 환경인자를 말한다.

자진흥공사 등이 보유하고 있는 자료를 통해 조사하는 방식이 있다. 해외시장의 직접 조사방법이 가장 정확할 수 있으나 많은 비용과 시간이 소요된다는 점에서 비효율적이라고 할 수 있는 반면, 간접조사방법은 비용과 시간을 절약 할 수 있다는 이점에 비하여 정확성이 떨어진다는 단점이 있다.

그러나 전자무역을 하고자 하는 소호창업자나 중소기업체는 자신들의 상품을 인터넷에 홈페이지를 만들어 올리거나 무역거래알선사이트에 상품 카탈로그를 만들어 올림으로써 마케팅을 시작할 수 있다. 수출하고자 하는 상품을 미지의 잠재 바이어들에게 쉽게 알릴 수 있는 거래알선사이트를 이용하며, 특히 바이어와의 접촉도 전자우편(e-mail)을 통해 빠르게 진행할 수 있다. 또한 수출품 운송은 항공회사와 해운회사에서 운영하는 사이트를 방문하여 운송 일정이나 수출 물품의 운송에 대한 내용을 확인할 수 있으며 수출 화물의 운송을 대신해 줄 운송주선인에 대한 정보도 얻을 수 있다.

인터넷에 있는 자료를 무조건 믿을 수는 없지만, 기존의 문헌 조사에 비하여 많은 정보를 일시에 얻을 수 있으며, 정부 기관 등에서 나온 공신력 있는 자료를 함께 분석함으로써 효율성을 높여 나갈 수 있다. 인터넷을 통해서 얼마나 많은 정보를 구할 수 있는가 보다는 그 정보를 어떻게 정리·가공하여 유용한 나의 정보로 만드는가가 더욱 중요하다.

인터넷과 문헌을 통하여 객관적인 정보를 수집하여 분석한 후, 분석 결과를 바탕으로 세부 조사 대상을 선정하여 직접 조사에 들어가는 것이 가장 효율적일 것이다.

# 2 해외시장조사와 거래선발굴

## 1 해외시장조사 기법

해외 시장을 조사하는 기법은 다양하지만 무역 업체에서 손쉽게 접근할 수 있는 것이 수출입 통계분석이다. 특정 품목의 연도별, 국가별 수출입 실적을 분석하면 그 품목이 언제, 어느 국가에 수출이 되는지를 파악할 수 있다. 이렇게 파악된 국가를 대상으로 수출 마케팅을 시작하고 해당 국가의 품목별 바이어 리스트를 입수하여야 한다. 과거 이러한 마케팅 활동을 오프라인에서 수행하였으나 인터넷이 확산된 현재는 다양한 웹사이트를 활용하여 정보를 수집하고 가공하여 전략을 세우는 것이 가능하게 되었다. 이러한 리스트를 입수하는 방법으로는 웹사이트의 활용, CD-ROM 및 디렉토리 등을 참고하면 된다. 그러나 입수한 바이어가 전부 신뢰성 있는 바이어는 아니기 때문에 거래제의 단계에서 계약이행에 이르기까지 일목요연하게 해외 바이어를 철저히 관리해야 한다.

인터넷을 활용하여 수출 마케팅 활동을 한다고 할지라도 사전에 철저한 시장조사를 수행해야 하는 것은 변화가 없다는 점을 인식하는 것이 매우 중요하다.

## 2 거래선 발굴방법

국제무역의 현장에서 신뢰할 수 있는 거래선을 발굴하는 데에는 잠재 거래선에 대한 연락점 정보를 얻고 해당 업체의 신용도 조사, 거래조건 상담 등을 거쳐 정식 계약 체결까지 이루어지는 데에는 많은 시간, 비용, 그리고 노력이 들고 오랜 기간의 예비 접촉이 요구된다.

기존에는 한국무역협회(KITA), 대한무역투자진흥공사(KOTRA) 등 국내 무역진흥 기관의 거래알선실 또는 한국 주재 외국 대사관의 상무관실, 무역 유관 기관 등을 찾아가서 거래 희망 업체의 정보를 얻거나 이들 두 기관이 발행하는 일간무역, 해외시장 정보 등의 무역정보지를 통해 거래선을 발굴하고, 거래 상담은 국제팩스나 전화, 또는 국제우편으로 해 왔다.

또한 거래선을 발굴하기 위해서 해외 홍보용 카탈로그를 제작하여 예상 거래선에게 배포하거나 국내외 광고매체를 활용할 수 있다.

보다 적극적인 거래선 발굴 방법은 해외 전시회 및 박람회에 참가하는 방법이 있다. 이는 현지에서 직접 바이어와 상담을 통하기 때문에 가장 효과적인 방법이라고 할 수 있으나 비용과 시간적인 면에서 부담이 되는 것은 사실이다.[21)]

그러나 이제는 이러한 전통적인 거래선 발굴 방법에 의존할 필요가 없다. 현재 인터넷상에는 전 세계 기업 및 무역 업체에 대한 연락점 정보뿐만 아니라 재무 정보, 동향 정보, 특허 정보, 전시회 정보 등을 유료 또는 무료로 제공해 주는 전문 웹사이트들이 많다. 특히 일방적인 무역 정보의 제공 내지 검색에서 한 걸음 더 나아가 거래알선까지 해 주는 전문 웹사이트들이 등장하고 있어 이를 잘 활용하면 보다 효과적으로 거래선을 발굴할 수 있다.

## 3 거래선 신용조회

국제 무역거래는 수출업자와 수입업자가 떨어져 있어 직접적인 만남으로 협상을 하는 것이 아니라 팩스 또는 전자우편과 같은 통신수단을 이용하여 계약을 체결하게 된다. 또한 상호 교환하는 서류만으로 거래가 성사되므로 거래 상대방의 신용 조사는 매우 중요하다.

---

21) 따라서 전시회 참가는 철저한 준비와 접촉할 바이어의 명단을 갖고 상담일정을 수립하여 참가하여야 한다.

신용조회는 말 그대로 상대방의 전반적인 신용 상태에 대한 조회를 하는 것으로 필수적으로 해야 할 내용은 일반적으로 거래 상대방 기업의 Character와 Capital 및 Capacity를 들고 있는데 이를 신용도 측정 요소로 3C's라고 한다. 이외에도 거래조건(Condition), 담보능력(Collateral), 거래통화(Currency), 국가(Country) 등이 있다. 이러한 신용조회의 측정 요소 중 가장 중요한 것은 Character이다. 그 이유는 원거리 간의 매매인 국제무역은 무엇보다도 신용이 중시되어야 하기 때문이다. 무역에 있어서 Market Claim을 미연에 방지할 수 있도록 Character에 대한 면밀하고 철저한 조사 파악이 원활한 거래의 성취에 있어서 요체라 할 수 있다.

신용조회는 당사자 간에 직접하는 것이 아니다 객관적인 제3자의 조회 내용을 참조하여 판단하는 것이다. 수출업자와 수입업자는 상대방이 제공한 신용조회처 또는 자신이 알고 있는 공정한 기관이나 업체로서 상대방에 대하여 잘 알고 있는 제3자를 선정하여 신용조회를 의뢰하게 된다.

신용조회는 일반적으로 거래 상대방의 거래 은행을 통하여 하는 경우가 대부분이며, 상대국의 거래처 또는 상공회의소 등을 활용하기도 한다.[22] 조회처가 은행일 경우에는 Bank Reference(은행 신용조회처)라고 하며, 무역 유관 기관인 경우에는 Trade Reference(동업자 신용조회처)라고 한다.

거래의 중요성이 인정되거나 향후 무신용장 방식의 거래까지 허용할 것으로 예상되는 경우에는 전문적인 신용조사기관을 통하여 조사하는 것이 좋으며 해외의 국제 상업 흥신소 등에 신용조사를 의뢰할 수도 있다.

국내의 전문적인 신용조사기관으로는 수출보험공사(www.keic.or.kr), 신용보증기금(www.shinbo.co.kr), 대한무역투자진흥공사(www.kotra.or.kr) 등이 있는데 이들 기관에서는 무역 업체의 위탁 내용에 따라 유료 또는 무료로 신용조회 서비스를 실시하고 있다.

22) 거래은행이나 상공회의소 등을 통하여 신용조회를 할 경우에는 실질적인 내용 없이 형식적인 조사에 그칠 소지가 있다. 이 경우를 대비하여 기존에 잘 알고 있는 현지 업자를 통하여 조사하는 것이 바람직하다.

# 3 전자무역 거래알선

## 1 전자무역 거래알선의 개념

중소 무역 업체의 경우 인터넷으로 무역 정보를 검색하여 활용할 수 있는 정보화 환경을 갖추고 있지 못할 경우도 있을 뿐만 아니라 전문 인력도 부족한 것이 현실이다. 따라서 하루에도 수없이 쏟아지는 방대한 무역 정보를 체계적으로 수집, 분석하여 국내 무역 업체에게 제공하고, 특히 해외 수출을 희망하는 중소기업들을 대상으로 잠재적 거래처를 발굴 내지 거래알선이 필요하다.

전자무역 거래알선은 무역 업체가 인터넷을 이용하여 자사의 회사 정보 및 상품 정보를 전 세계 바이어에게 홍보하는 동시에 웹사이트에 등록되어 있는 오퍼 정보를 검색 또는 열람하여 거래선을 발굴하는 것을 의미한다. 이러한 기능을 지원하는 웹사이트를 거래알선 사이트(e-marketplace) 또는 무역 사이트라고 칭하며 최근 무역 유관 기관 및 개별 업체에서 다양한 사이트가 개발, 운영되고 있으므로 무역 업체는 이를 활용할 수 있다.[23)]

## 2 전자무역 거래알선의 활용

인터넷을 통하여 거래선을 발굴하려면 무역 업체는 우선 전자메일과 홈페이지를 보유하여야 한다. 이는 거래선을 발굴하는데 필수적인 요소이기 때문에 많은 웹사이트에서 무료로 제공하고 있다. 이러한 요소를 구비하여 거래선을 발굴하는데 구체적

23) 전자무역 거래알선 사이트는 오퍼정보 열람(View Trade, Leads), 오퍼정보검색(Search Trade Leads), 오퍼 등록(Post Trade leads), 상품 카탈로그 정보의 검색(View Products), 홈페이지 자동작성 시스템(My Homepage), 주문형 오퍼정보 수신(Trade Alerts) 거래오퍼 관리시스템(Manager Trade Leads)등의 기능을 제공한다.

으로는 먼저 홈페이지 또는 웹사이트의 구축을 통한 상품 홍보를 해야 하고 전자메일을 통한 거래제의 서신을 발송해야 한다.

또한 뉴스그룹 등 동호인 집단에 대하여 집중적으로 홍보할 뿐만 아니라 해외 유명 검색엔진에 홈페이지 주소를 등록하여 바이어를 유인하여야 한다. 한편 전자 카탈로그의 제작을 통항 홍보와 웹사이트의 상호 링크를 통한 홍보, 해외 유력 사이트와의 상호 무료광고 교환을 추진하고 세계 유력 거래알선 사이트도 검색하여야 한다.[24)]

【표 1-5】 전통적인 방법과 전자무역 거래알선의 비교

| 전통적인 방법 | 전자무역 거래알선 |
|---|---|
| 디렉토리 간행물 활용<br>CD-ROM 정보검색 | 전자 거래알선 사이트 오퍼정보 검색<br>온라인 웹디렉토리 검색 |
| 해외 홍보매체 광고<br>카탈로그 제작 및 배포 | 전자 카탈로그 제작<br>개별업체 홈페이지 제작 및 홍보 |
| 전시회 및 박람회 개최 | Cyber Fair 참가 |

24) 국내의 경우 ecKorea(http://www.eckorea.net), EC21(http://www.ec21.com), BuyKorea(http://www.buykorea.org), GlobizKorea.com(http://www.gobizkorea.com/) 등이 대표적인 거래알선 사이트들이다. 또한 해외의 대표적인 거래알선 사이트로는 세계무역센터협회(http://www.wtca.org), Trade Point USA(http://www.i-trade.com), Sellers-Buyers International(http://www.ace-uk.com), Trade Leads(http://www. tradeleads.com), Access Trade (http://www.access-trade.com), AsianNet (http://www.asiannet.com/bizupdates) 등을 들 수 있다.

# Chapter 4 전자무역 절차

## I 개요

전자무역의 절차는 수출의 경우, 우선 수출업자가 상품을 인터넷 가상공간에 전시를 하면 이를 구매하고자 하는 수입업자는 인터넷 전자우편으로 가격 상담 및 계약 체결을 하게 된다. 이때 물품은 일반 우편이나 택배로 발송하고 대금은 신용카드와 같은 전자화폐를 이용해 전자은행을 통해 결제한다. 따라서 고객과 기업간, 기업과 기업간에 이러한 전자무역 절차를 적용하기 시작하면서 국제 상거래에 큰 변화를 몰고 오고 있다. 물론 아직 수출입 업체의 신용이나 거래 내용의 보안 유지에 해결해야 할 문제가 남아 있지만, 이러한 문제는 신용 정보를 처리해 주는 인터넷 인증기관들이 차츰 발전해 가면서 해결될 것 이다.

이와 같은 상거래 패턴의 변화는 신용장을 이용한 전통적 수출입 절차와 비교하여 계약체결에서 대금결제에 이르는 과정의 상당 부분에서 절차상의 차이가 있다. 특히 매도인 및 매수인, 즉 거래의 직접적 당사자들이 담당하던 운송 및 보험 업무가 전문 운송인이 전담하게 되는 등 유통 채널의 많은 단계가 변모하였다. 또한 국제무역에서 대금결제는 전통적인 관점에서 본다면 은행 중심으로 이루어졌으나 전자상거래가 확산되면서 신용카드회사를 비롯한 전문 결제 기관들이 출현하여 담당하고 있다.

【그림 1-8】 전통적 거래절차와 전자상거래 비교

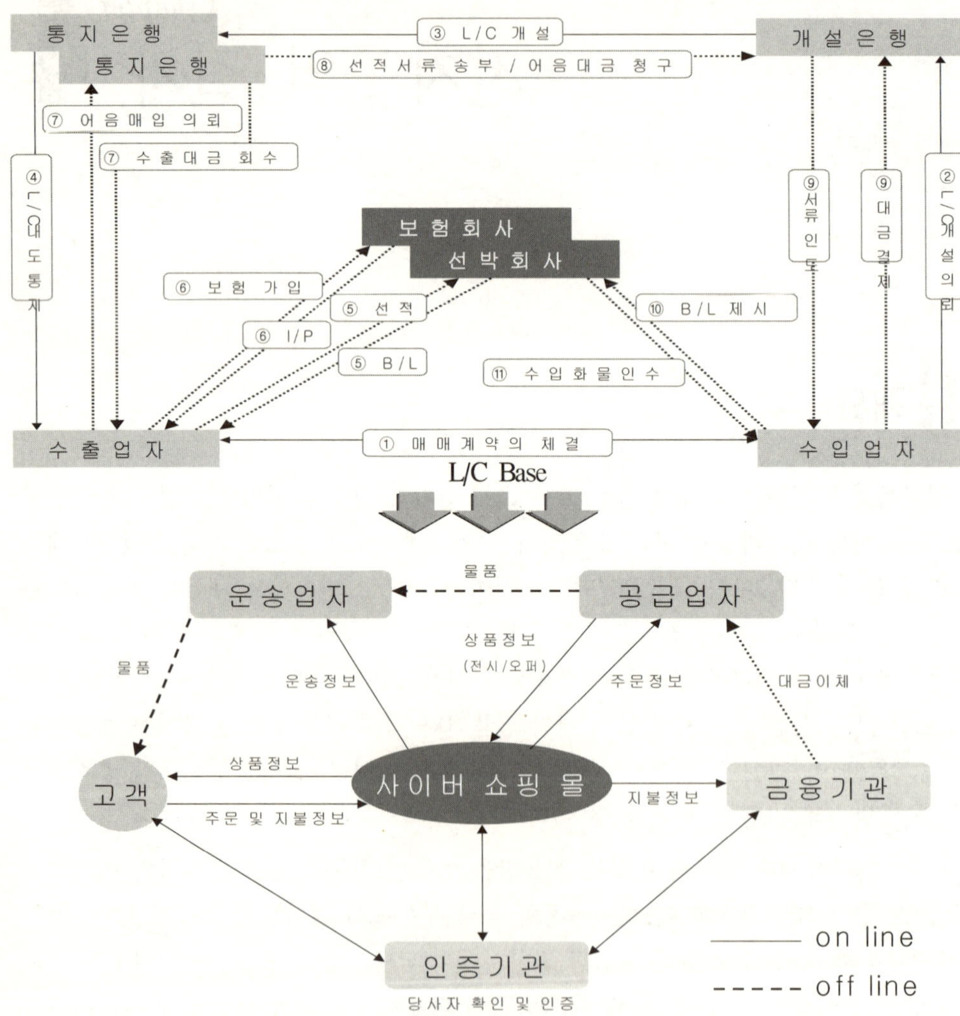


자료 : 이춘삼, 『국제상무론(전정판)』, 동성출판사, 2001, p.90

# 2 무역절차의 단계별 비교

일반적으로 국제무역이 이루어지는 일반적인 과정은 기능별로 크게 6가지로 분류할 수 있다. 먼저 시장이나 제품, 그리고 바이어에 대한 '정보수집 활동'과 기업과 제품을 알리려는 '광고마케팅 활동'이다. 다음에는 발굴된 바이어와의 거래조건 협의와 각종 절차를 밟기 위한 '의사교환 활동'이 있게 된다. 그리고 격지간에 있어서 상품공급에 대한 대가를 교환하는 '대금결제과정'과 상품을 수입업자에게 보내는 '물류운송과정'과 '사후관리 단계'가 있다.

전자무역의 경우 기존의 국제무역 구조와 비교해 볼 때 진행 순서에는 별다른 차이가 없다고 할지라도 방법이나 수단에는 큰 차이가 있게 된다.[25] 먼저 거래처를 발굴하거나 광고 마케팅 하는 방법이 크게 달라지게 되며, 상담 및 계약 체결을 위한 의사교환 방식도 기존과는 전혀 다르게 된다. 또한 대금결제도 무역카드 등 전혀 다른 수단이 이용되며, 상품의 운송이나 물류 역시 항공운송, 국제특송 등이 활발하게 이용되고 화물운송 과정도 인터넷상에서 화주가 직접 추적, 확인해 볼 수 있게 된다.

그러므로 향후에는 상품이나 서비스의 개발 단계에서부터 인터넷을 활용한 전 세계를 대상으로 한 광고 및 마케팅을 염두에 두어야 한다. 이와 함께 전자무역에 적합한 신제품의 개발과 함께 효과적인 주문처리, 고객관리 및 대금결제 등을 위한 내부체제를 갖추는 것이 필요하다.[26]

25) 문희철 · 심상렬, 「무역자동화와 EDI」, 무역경영사, 1998.

26) 권순범 외 4명, 「인터넷이 기업경영을 바꾼다」, 영진출판사, 1998, p.58.

【그림 1-9】 기존 무역거래와 전자무역 절차 비교

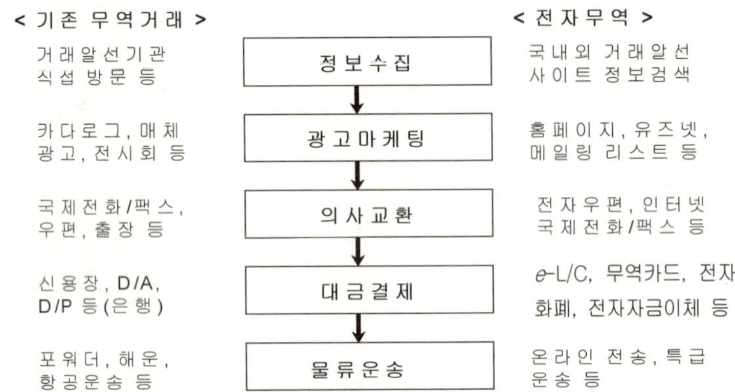


자료 : 심상렬, "국제무역에서의 전자상거래 구현사례 : KTNET", 「CALS/EC Korea '98 발표논문집」, 한국CALS/EC학회, 1998. 10

## 1 해외 홍보와 거래선발굴

수출업체 경우 인터넷상의 자사 홈페이지나 거래알선 사이트, 유즈넷, 메일링 리스트 등을 통해 자사 제품과 서비스에 대한 홍보를 할 수 있으며, 정보검색을 통해 국내 및 해외의 신제품이나 거래선에 대한 정보를 신속하게 입수할 수 있다. 회사와 상품에 대한 정보는 물론 오퍼 등록, 조회 등을 통한 거래처 발굴 등은 무료 또는 유료로 운영되는 국내 및 해외의 각종 무역거래알선 사이트를 이용하여 효과적으로 수행할 수 있다.

따라서 향후에는 인터넷을 통해 무역에 필요한 각종 정보를 검색하고 적극적으로 거래알선 사이트를 활용할 수 있는 능력과 함께 자신의 사업목적에 적합하게 정보를 가공하여 전략정보를 창출하는 능력이 보다 중요하게 되었다.

또한 전자우편, 인터넷팩스 및 인터넷폰 등을 이용하여 훨씬 저렴하고 효율적으로 거래 상담과 계약체결을 할 수 있다. 인터넷폰과 인터넷팩스를 이용할 경우 국가에 따라 다소 차이가 나기는 하나 평균해서 볼 때 국제통신 비용을 절반 이하로 줄일 수 있다.[27] 또한 접속 속도가 충분히 빠르다면 직접 만날 필요 없이 화상회의를 통해 거래 협상을 마무리 지을 수 있다.

【그림 1-10】 인터넷을 이용한 수출계약 체결과정

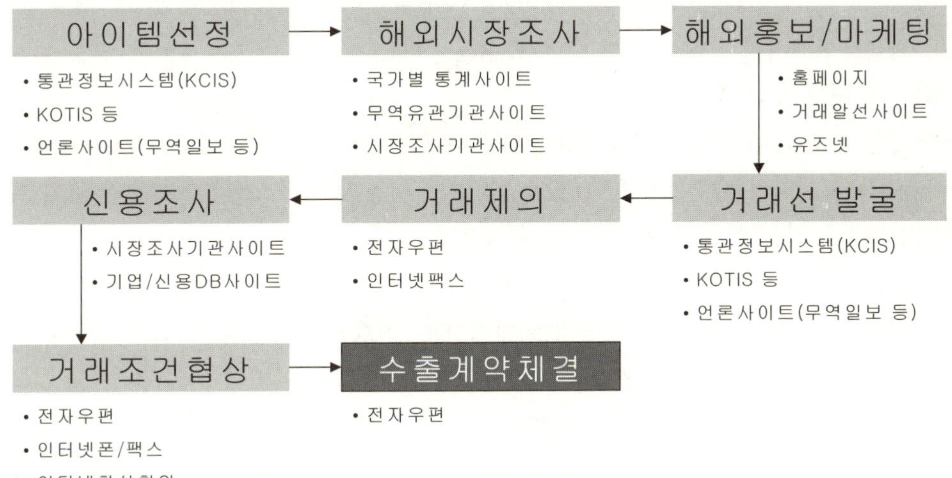


자료 : 심상렬, "산·학·관 협력을 통한 인터넷 무역 활성화 방안", 「통상정보연구」 제1권 제2호, 1999. 12. pp. 367~368.

---

27) 인터넷의 급속한 성장과 기술 발전에 힘입어 급속히 성장해 공중가입자전화망(Public Subscriber Telephone Network : PSTN) 등의 기존 전화 서비스를 보조하거나 대체해 나갈 것으로 예상되고 있는 인터넷폰은 PSTN 대신 인터넷 망을 이용하기 때문에 국제전화의 경우 현재 요금의 50%~80%까지 저렴하다는 장점을 가지고 있어 국내외적으로 많은 업체들이 시장에 진출하고 있고 경쟁도 치열해지고 있다. 그러나 패킷-교환망의 특성상 아직 음성 품질이 만족할 만한 수준에 이르지 못하고 있는 것이 단점으로 지적되고 있다.

## 2 대금결제와 물류운송

국제무역결제를 위한 신용장(L/C)제도가 무역카드(Trade Card) 등 전지결제 시스템의 개발 및 도입으로 그 존립 기반이 점차 위축되어 갈 것으로 예상되고 있다.

세계무역센터협회(WTCA)와 E.M. Warburg, Pincus & Co., GEIS, Marsh 등을 중심으로 추진되고 있는 무역카드 서비스[28]는 운송 중에 전매를 하지 않는 소규모 제품의 거래를 주된 대상으로 무역 대금의 결제 과정에서 신용장을 배제하고 EDI 국제표준을 이용한 계약의 체결, 계약 이행을 증명하는 서류의 제공, 그러한 서류의 일치 여부 점검, 대금 지급의 수권 지시 등을 수행한다.

물류운송의 경우에도 주문과 동시에 상품을 공급받고자 하는 소비자들의 욕구에 발맞춰 현지 생산, 현지 보관, 현지 배달이라는 상품 배송 시스템과 함께 지능형 운송시스템(Intelligent Transport System : ITS)이 구축되어 나갈 것이며, 이를 위한 인터넷의 활용도 활성화될 것으로 전망된다.

이제 무역 업체들은 인터넷상에서 자신이 보낸 긴급한 서류나 상품 견본이 상대방에게 전달되기까지의 전 과정을 인터넷상에서 추적해 볼 수 있다. 즉 Federal Express, UPS, DHL 등 국제 특송 서비스업체의 인터넷 홈페이지에 들어가서 접수 번호를 입력하면 현재 어떠한 배달 상태에 있는지를 즉시 알 수 있다.

이러한 화물 추적 시스템은 국제 특송에만 가능한 것이 아니다. 우리나라의 경우 1997년 10월 이후 세관에 대한 모든 수출입 신고와 보세화물 반출입 신고를 전자문서교환(EDI) 방식으로 처리하고 있다. 이에 따라 관세청의 통관정보시스템(KCIS)을 통해 무역 업체들은 인터넷상에서 품목별, 국가별, 업체별 무역통계는 물론 수출입

28) 1998년 미국의 수입업자 Avalon Products와 대만의 수출업자 Most-Brite간에 US$21,600 규모의 유모차 거래가 이루어졌으며, 우리나라의 경우 1999년 11월 8일 LG상사가 미국의 정보통신기기 제조업체인 퀀텀 및 아이오메가사와 정식 거래가 이루어졌다(한국경제신문, 1999. 11. 23).

신고 수리 여부 확인, 수입화물 추적 등을 할 수 있다.

또한 컨테이너 운송 업체에 화물을 맡긴 화주들도 인터넷상의 홈페이지에서 컨테이너 접수번호 입력 등을 통해 손쉽게 화물의 운송 상태를 파악할 수 있다. 따라서 이제 무역 업체들은 통관이나 화물운송과 관련한 업무의 불확실성을 줄이고 보다 신속하게 업무를 처리할 수 있게 되었다.

한편, Bolero Operations Ltd.(BOL)[29]에 의해 1994년 6월부터 추진되어 1999년 상반기에 시범 서비스를 개시한 볼레로 프로젝트(Bolero Project)는 선하증권(B/L)을 포함하여 무역서류 전반에 걸친 전자화를 추구하고 있어 향후 국제 거래에 커다란 변화를 초래할 것으로 보인다.

29) 국제은행간 대금결제기구(SWIFT)와 TT Club(Through Transport Club) 등이 출자하여 설립된 중립적 조직으로서, 1995년에 설립된 사용자 그룹인 Bolero 협회와 더불어 범세계적으로 무역 서류의 전자화를 통한 상업적 서비스를 추진하고 있다.

# 3 전자무역 수출절차

## 1 개요

전자무역 수출 절차는 국제 상인간의 거래이므로 국내거래보다는 그 절차나 실무 내용이 복잡하며 전문적인 면이 많다. 그러므로 수출업자(매도인)는 국내 무역관련 법규와 국제 상관습을 명확히 이해하여 수출 거래의 형태나 수출 절차의 각 단계에서 필요한 가장 적합한 법규 및 상관습을 선택하여 국제 거래에서 오는 상업적 위험을 제거하여야 한다. 일반적인 전자무역 수출 절차를 간단히 살펴보면 다음과 같다.

【그림 1-11】 전자무역 수출절차

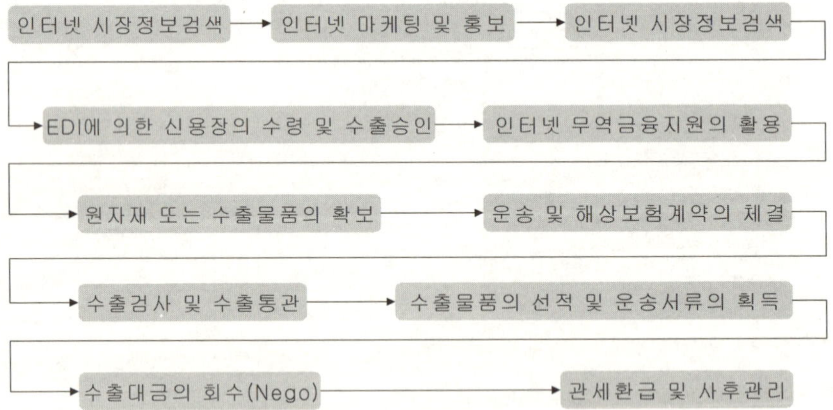

# 2 전자무역 수출절차

## 1) 수출계약의 체결

인터넷을 이용한 해외 시장조사를 거쳐 바이어를 물색하였다면 수출업자는 자신이 취급하고자 하는 물품에 대한 국내 무역관련 법규를 검토하여 수출의 허용 여부를 확인하여야 한다. 관세청사이트의 품목분류카달로그에 로그온하여 관련정보를 찾을 수 있다.

【그림1-12】 관세청 품목분류서비스(www.customs.go.kr)

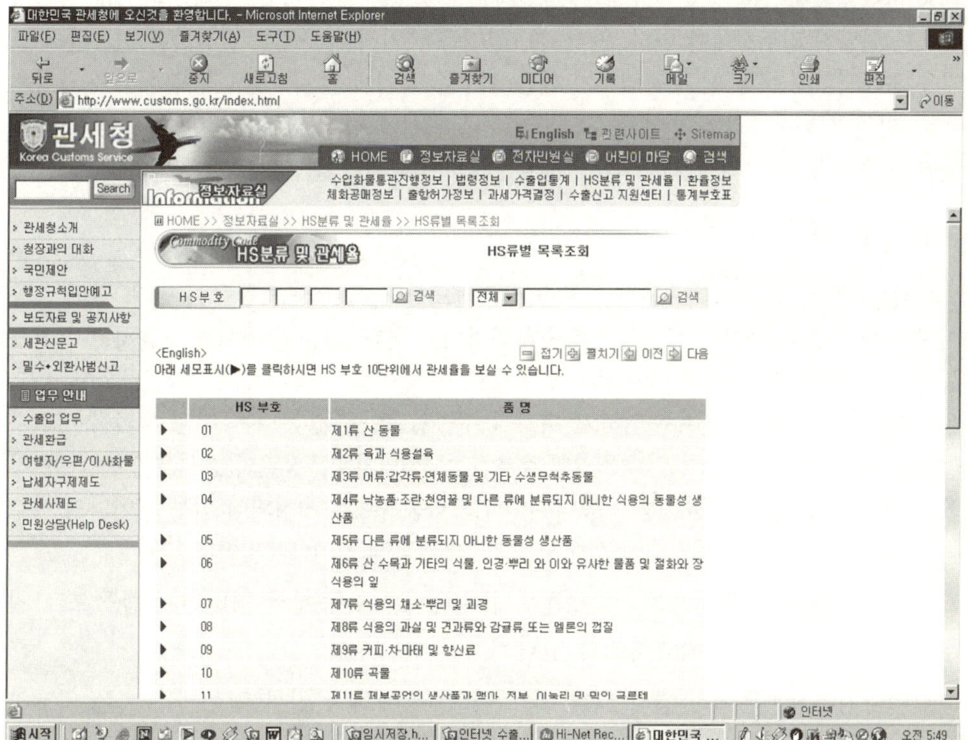

수출에 아무런 문제가 없다면 수출업자는 해당 바이어의 신용조사를 하여야 한다. 신용조사의 결과 신용에 별다른 하자가 없다면 수출 교섭 과정을 통하여 수출 계약을 체결하게 된다.

수출 계약이 체결되게 되면 무역계약의 조건에 따라 수입업자는 수출업자에게 신용장 등을 수출업자 앞으로 발행하고 신용장 등을 수취한 수출업자는 동 신용장이 계약 내용과 일치하는지 여부를 검토한 후 수출 물품을 계약조건 및 신용장 조건에 따라 수입자에게 인도하기 위해 수출 승인 등 수출 이행 절차를 진행하여야 한다.

### 2) 신용장의 검토

통지 은행에서 신용장을 수취한 수출업자는 신용장의 조건이 계약 내용과 일치하는지 여부를 면밀히 검토하여야 한다. 만일 수출환어음 매입시에 문제를 발견하고 신용장의 조건을 충족시키지 못할 땐 수출업자는 대금 회수를 적기에 할 수 없는 등 불이익을 당하게 된다. 만일 신용장상의 내용이 불분명하거나, 불확실한 점이 있다면 은행에 이를 조회·확인함과 동시에 지체 없이 개설 의뢰인(매수인, 바이어)에게 조건 변경을 요구하여야 한다.

### 3) 수출승인

아직도 몇 몇 물품에 대해서는 수출승인을 반드시 받아야 하는 품목이 있다. 당해 품목이 이전에 수출이 규제되었는지 사전에 확인하여야 한다. 이를 위해서는 수출하고자 하는 품목이 수출입공고 등에서 제한되는 품목으로 지정되었는지의 여부를 확인하여야 한다. 무역거래자가 물품 등을 수출입하기 위하여 수출입승인을 얻는다는 것은 예외적으로 수출입이 제한되어 있는 물품을 수출입할 수 있도록 산업자원부장관의 승인을 얻는 다는 것을 의미한다. 그러므로 개별 품목 등이 수출입제한품목으로 지정되어 있는 것인가의 여부를 확인하는 것은 수출입거래에 있어서 가장 기본적인 일이 될 것이다.

이를 위해서는 수출하고자 하는 품목이 수출입공고 등에서 제한되는 품목으로 지정되어 있는지 여부를 확인하여야 한다.

산업자원부장관은 수출입의 제한 및 절차 등에 관하여 정한 경우에는 이를 공고하여야 한다.[30] 따라서 수출입이 제한되는, 즉 수출입승인대상이 되는 물품 등은 산업자원부장관이 지정·고시한다.

산업자원부장관은 일반적인 수출입승인 대상물품은 수출입공고 및 수출입 별도 공고를 통하여 고시하며, 수출입승인 대상 물품이 전략물자인 경우에는 미리 중앙행정기관의 장과 협의하여 수출제한 및 수입증명서 발급에 관하여 공고하여야 하는데, 이를 전략물자수출입공고라 한다.[31]

그리고 수출입되는 개별 물품 등을 관장하는 관계 행정기관의 장이 수출입 요령을 제정 또는 개정하는 경우에, 산업자원부장관은 제출받은 당해 수출입 요령을 그 시행일 전에 통합하여 공고하여야 하는데 이를 통합공고라고 한다.

따라서 수출입승인 대상 물품의 품목별 관리는 산업자원부장관이 실시하는 수출입공고, 수출입 별도공고, 기타 개별법에 의한 제한 내용을 취합해서 공고하는 통합공고 등에 의하여 이루어진다. 이러한 고시 및 공고에서는 수출 쿼터에 따른 수량제한, 기타 품목별 수량·금액·규격 또는 지역 등의 제한을 할 수 있다.

산업자원부장관에 의하여 수출입제한품목으로 지정된 물품 등의 수출입의 경우에는 수출입승인을 얻은 경우에도 수출 또는 수입의 유효기간을 1년으로 한다. 다만, 산업자원부장관은 국내의 물가안정·수급조정·물품 등의 인도조건, 기타 거래상 특성에 따라 필요하다고 인정하는 경우에는 유효기간을 달리 정할 수 있다.

【표1-6】 수출입 품목별 관리 체계

| 구분 | 수출입공고 | 수출입 별도공고 | 통합공고 |
|---|---|---|---|
| 관리 기준 | HS제도[32]에 의한 개별 품목별 관리 | 특정 사안별 관리 | 대외무역법상 원산지 기준 품목별 관리 |
| 주요 특징 | - Negative List System<br>- 원칙자유·예외제한<br>- 품목분류는 HS Code<br>- 6단위 이하 품목 세분류는 | - 수출입공고에 대한 보완적 성격<br>- 수출자율지역 입주업체 등의 수출입 | - 산업자원부 장관에 의하여 통합공고<br>- 약사법, 식품위생법, 농약관리법, 식수관리법 등 50 |

30) 대외무역법 제14조 ⑤항.

31) 대외무역법시행령 제41조.

| | | | |
|---|---|---|---|
| | HSK | - 항공기 및 동 부분품의 수입<br>- 산업피해조사품목의 수입<br>- 통상정책상 필요한 물품 등의 수출입<br>• 통상 및 산업정책상 필요한 물품<br>• 주요 원자재의 안정적 확보, 국내물가안정 등 원활한 물자 수급 및 과학기술의 발전을 위하여 필요하다고 인정되는 물품 | 여 개의 개별법 수용<br>- 인간과 동식물의 안전·건강, 환경보호, 사회공서양속의 유지 등을 위하여 품질규제 및 형식승인 등을 득별 관리<br>- 무역거래와 무관한 공중도덕, 국가안보, 보건 등 경제외적 성격 |
| | 경제정책상의 목적 | | 경제외적 목적 |
| 운용 방식 | 승인면제 :<br>- 외화획득용 원료 등의 수입<br>- 별도공고 대상물품<br>- 수출입절차 간소화를 위한 물품 | | 적용배제 :<br>- 외화 획득용 원료·기재의 수입 물품<br>- 중계무역물품, 외국인인수수입물품, 외국인인도수출물품, 선(기)용품<br>- 대외무역법시행령 제27조에 의한 수출입승인면제물품<br>- 적용법령에서 요건확인 면제사유에 해당하는 경우 |
| | 수출입공고상의 요건 및 통합공고상의 요건 모두 충족해야 하는 이원화된 품목관리체계 구성 | | |

### 4) 무역금융

수출업자는 수출신용장(또는 내국신용장)을 근거로 무역어음을 발행하여 필요한 자금을 조달할 수 있다. 이는 수출업자의 자금 부담을 덜어 주고 수출을 촉진하기 위하

32) 1983년 6월 정식으로 채택되고 1988년 1월부터 실시된 HS(Harmonized Commodity Description and Coding System)방식은 체약국들에게 자국의 관세율표와 통계 품목표를 6단위 5,019소호까지는 HS품목분류방식에 일치시킬 의무를 부과하고 있다. 이러한 HS방식은 HS협약이 체결되기 전까지 SITC(Standard International Trade Classification)방식과 CCCN(Customs Cooperation Council Nomenclature)방식으로 이원화되어 있던 세목 분류를 통일하였으며, 무역통계의 비교·분석을 쉽게 하고 통상과 관련된 국제 협상에서 정확하고 비교 가능한 자료 수집을 가능하게 하였다는 평가를 받고 있다. 우리나라는 1988년 1월 동협약에 가입하여 HS방식에 따른 한국통일상품분류(Harmonized System of Korea : HSK)를 제정하여 시행하고 있다.

여 수출물품 제조를 위해 국내에서 물품을 구매할 경우 원자재구매자금, 수출물품 제조를 위해 물품을 수입할 경우 원자재 수입자금 및 제조·생산에 소요되는 자금으로 생산자금을 지원하는 제도이다.

한국수출입은행(www.koreaexim.go.kr)이 운영하는 사이트에 들어가면 수출입 무역에 필요한 자금대출, 지원제도, 대출조건 등 무역금융과 관련된 많은 정보를 찾을 수 있다. 이노넷(www.innonet.net)에서도 무역금융, 수출금융지원제도와 관련한 많은 정보를 찾을 수 있으며 기업은행(www.ibk.co.kr) 등에서도 무역금융과 무역어음에 관한 정보를 제공하고 있다.

【그림 1-13】 한국수출입은행(www.koreaexim.go.kr)

### 5) 수출물품의 확보

수출물품을 확보하는 방법은 수출물품의 구매와 원자재의 국내·외 조달을 통한 수출물품의 제조 등이 있다. 만일 물품이나 원자재를 국내에서 조달하고자 하는 경우에는 내국신용장에 의한 방법과 구매승인서에 의한 방법 등이 있다.

#### (1) 내국신용장 (Local Credit)

수출업자는 수출용 완제품이나 소요 원료를 공급하는 국내 생산업체 또는 유통업자와 물품공급계약을 체결하고 자신의 거래외국환은행을 통해 공급업자를 수익자로 하는 내국신용장을 개설, 당해 물품을 공급받게 된다.

#### (2) 구매승인서 (Purchase Order)

내국신용장의 개설이 어려운 상황에서 외화획득용 원료 및 완제품 구매를 원활히 하기 위하여 내국신용장에 준하여 발급하는 증서를 이용하는 방법이다. 수출지원금융제도를 이용하여 외화획득용 원자재를 조달하는 경우에는 원료의 양을 정확히 산출할 필요가 있다. 수출 촉진을 위해 수출용 원자재에 대하여는 대외무역법상 수입제한 품목일지라도 수입을 허용하고 있으며, 수입시 납부한 관세의 환급 및 원자재 금융등 지원책을 마련해 놓고 있다. 이와 같은 수출지원이 수출량에 따라 알맞게 이루어지도록 하려면 수출물품 생산에 꼭 필요한 양 만큼의 원자재에 대해서만 혜택을 주어야 하는데, 이러한 필요 원자재량의 계산과 관리를 위한 것이 소요량증명제도이다.

### 6) 운송계약의 체결

수출업자는 수출계약조건이나 신용장 등에서 정한 소정의 선적 기일 내에 물품을 선적하여야 하므로 선적기일내 선적(적재)이 가능한 운송회사와 운송계약을 체결하고 수출화물의 선적준비를 하여야 한다. 수출계약서에서 채택한 정형거래조건(Incoterms)인 FCA, FOB 조건일 경우에는 수입업자가 운송을 준비하여야 하지만, C.I.P, C.I.F. 조건일 경우에는 수출업자가 운송계약을 체결하여야 함은 물론 운송보험 또는 운송계약의 의무 부담과 운송의 종류 등은 채택한 정형거래조건과 밀접한 관련이 있으므로 이를 충분히 이해하여야 한다.

물품 선적 후 취득하는 운송서류는 신용장조건과 밀접한 관련이 있으므로 신용장상의 운송서류 조건을 면밀히 살펴보아야 한다. 물론 항공운송으로 매매계약을 체결한 경우에는 항공운송계약을 체결하여야 한다.

CLEARfreight(www.clearfreight.com)에서는 해상운송뿐만 아니라 항공운송에 대한 견적을 제공하고 있으며 운송관련 정보나 관련 사이트를 링크하여 무역운송과 관련한 다양한 정보를 제공하는 매우 유용한 사이트이다.

또한 한국복합운송협회에서 운영하는 KIFFA(www.kiffa.or.kr)에서도 해상 및 항공운송과 관련한 자료와 운송업체의 연락처를 제공하고 있어 유용한 정보를 찾을 수 있다.

### 7) 운송보험계약의 체결

운송보험계약체결의 의무부담 또한 채택한 정형거래조건에 따라 달라지게 된다. 계약상 정해진 정형거래조건에 따라 C.I.F., C.I.P. 계약으로 수출하는 경우에는 국내의 수출자가 적하보험을 부보하고 E.X.W., F.A.S., F.O.B., C.F.R. 등으로 수입하는 경우에는 국내의 수입자가 적하보험을 부보하여야 한다. 적하보험은 운송구간중에 발생하는 우연한 사고로 인하여 화주가 손해를 입는 경우 이를 보상하는 보험으로 C.I.F. 조건의 경우 수출업자는 보험회사에 해당 적하보험 가입을 요청하고 보험료를 지급하면 보험회사는 보험증권을 발행하게 된다. 그러나 복합운송에 자주 사용되는 C.I.P. 조건을 채택한 경우에도 해상구간 이외의 구간도 포함하는 운송보험계약을 수출업자가 체결하여야 한다.

적하보험의 부보시점은 수출의 경우 통상적으로 선적전에, 수입의 경우 신용장 개설 시점 등에서 부보하며, 적하보험 서류는 수출시 수출대금 네고(Nego)용 및 수입시 세관 통관용으로 사용한다. KTNET은 보험개발원과 전자우편시스템(Message Handling Systems : MHS)을 이용하여 무역업체와 보험사간의 적하보험 업무를 EDI 방식으로 서비스 중에 있다. 무역업체는 적하보험 청약서를 작성하여 보험회사에 EDI 방식으로 전송하게 되면, 보험회사는 내부업무 처리 후 보험증권 전자문서를 무역업체로 전송한다. 무역업체는 사전에 수령한 보험증권 양식(각 개별회사별로 약간의 차이가 있다)에 부보사항을 출력하여 보험증권으로 사용할 수 있다. 이를 통하여 빠르고 정확한 저하보험 청약이 가능하게 되었으며, 보험증권을 무역업체가 직접 출력하여 사용하므로 보험사의 증권 전달 시간이 절약되어 조기에 네고할 수 있다는 장점이 있다.

또한 적하보험을 취급하는 손해보험회사들이 자사의 웹사이트를 통해 제공하는 인터넷 적하보험 서비스를 통하여 적하보험 관련 업무지원 및 서비스를 온라인상으로 제공받을 수 있다.

### 8) 수출통관

수출통관절차는 수출시 반드시 이행하여야 할 법적 절차로서 수출물품을 세관검사를 받고자 하는 장소에 장치하고 세관에 수출신고를 필한 후, 필요한 세관수출검사를 거쳐 수출신고필증(Export permit : 수출면장)을 받아 당해 수출물품을 선박(또는 항공기)에 적재하게 된다. 현행 수출신고는 EDI 방식으로 이행하고 있으며, 내륙지의 세관(ICD에서도 가능)에서 통관절차를 거친 후 내륙운송을 한 후 선적을 할 수도 있다.

구체적으로 수출통관절차를 살펴보면, 수출자는 EDI, 팩스, 인편 등을 통하여 수출신고서류를 신고인(관세사 등)에게 전달하여 수출신고를 의뢰한다. 신고인은 수출신고서류를 참조하여 수출신고서를 작성한 후 EDI방식으로 세관에 전송한다. 세관시스템은 수신된 수출신고를 기계적, 논리적으로 검증하여 오류가 발생한 신고건에 대해서 오류통보 전자문서를 신고인에게 전송하고, 신고인은 오류사항 정정 후 동일 제출번호로 최초 전송과 동일하게 전송한다. 정상적으로 세관시스템 검증을 통과한 수출신고건은 세관 데이터베이스에 저장되며, 무서류방식(Paperless : P/L) 신고의 경우는 세관시스템에서 자동으로 수리통보를 신고인에게 전송한다. 신고인은 수리된 신고건에 대해서 수출신고필증을 출력하여 신고인의 확인도장을 날인 후 수출신고필증으로 사용한다. P/L방식이더라도 서류제출 선별대상건인 경우는 선별작업 후에 수리통보 또는 서류제출요구통보를 받는다. 서류제출건인 경우에는 EDI로 신고 후 수출신고서를 출력하여 세관에 제출하며 세관원은 서류 등을 심사 후 신고인에게 수출신고필증을 발급한다.

수출의 경우 95% 이상이 세관을 방문하지 않고 P/L방식으로 처리되고 있으며, 최근에는 2000년 7월 15일부터 실시된 자동수리통관제를 확대함으로써 이러한 추세를 가속화시키고 있다.

자동수리통관제는 수출신고인이 전자문서로 작성된 신고서를 전산으로 관세청의 수출통관시스템에 입력하면 별도의 세관심사 없이 전사프로그램에 의해 자동으로 신고를 수리하는 제도이다.

수출신고 수리를 받은 물품은 선적항으로 운송되어 선적되는데 선적후에도 세관에서는 당해 물품의 선적을 확인하게 된다. 이로써 수출통관 절차가 끝나게 된다.

### 9) 수출대금의 회수

선적이 완료되면 수출업자는 제반 선적서류를 준비하여 수출대금을 회수하게 된다. 수출업자가 수출대금을 회수하기 위해서는 거래 은행과 외국환거래약정을 체결하고 선적을 이행한 후 환어음과 선적서류를 작성·준비하여 이 환어음의 매입, 추심을 거래은행에 의뢰하게 된다. 이때 외국환은행(매입은행 또는 추심의뢰은행)은 환어음을 지급인(개설은행, 매수인) 앞으로 송부하여 수출대금을 회수하게 된다.

외국환거래약정체결은 최초의 거래시에 이루어지며 외국환거래약정의 방법은 외국환은행이 작성한 일정한 서식에 수출업자가 서명·날인하여 체결하게 된다. 이는 수출환어음의 매입행위가 일종의 여신행위이므로 수출환어음의 매입에 관해서 담보, 책임 등에 한계를 명확히 하기 위한 것이다.

신용장에 의한 대금결제에서 수출업자는 신용장 조건에 일치하는 환어음과 선적서류를 준비하여야 하는데 환어음(Bill of Exchange)은 국제무역거래에서 수출업자가 수입자에게 채권액을 지명인 또는 소지인에게 일정한 기일 및 장소에서 무조건 지급할 것을 위탁하는 요식의 유가증권을 말하는 것이며, 선적서류(Shipping Documents)는 신용장에서 요구하는 제반 서류 전체를 이르는 것이다.

운송서류(Transportation Documents)는 화물의 선적을 증명하는 서류를 말하는데 B/L, SWB(Seaway Bill), AWB(Airway Bill), MTD(Multimodal Transport-Document) 등이 있다. 일반적으로 수입자가 요구하는 선적서류에는 선화증권(B/L : Bill of Lading), 보험증권(Insurance Policy), 상업송장(Commercial Invoice), 포장명세서(Packing list) 이외에 영사송장(Customs Invoice), 원산지증명서(Certificate of Origin), 세관송장(Customs Invoice), 검사증명서(Certificate of Inspection), 중량용적증명서(List of Weight and Measurement) 등이 있다. 거래은행에 매입의뢰시 서류의 불일치에 의한 환어음의 부도처리가 자주 발생하므로 수출자는 신용장통일규칙(Uniform Customs and Practice for Documentary Credits(1993 Revision, ICC Publication No. 500, 이하 UCP 500)을 잘 숙지하여야 한다.

### 10) 관세환급

관세환급제도란 수출용 원자재를 수입할 때에 납부한 관세 및 내국세 등을 당해 원자재를 사용하여 제조한 물품을 수출한 경우에는 특정한 요건에 해당하는 경우에는 그 전부 또는 일부를 되돌려 주는 제도를 말한다. 관세환급은 수출용 원재료를 수입하는 경우 납부한 관세 등을 일정 기간 내에 수출 등에 제공한 때에 수출업자 등에게 되돌려 주는 것이기 때문에, 환급 대상이 되기 위해서는 우선 제품을 수출 등에 제공하여야 한다. 수출용 원재료의 수입은 일정한 기간 내에 수출 등에 제공하게 되면 관세환급의 대상이 된다.

관세환급액의 산출 방법은 정액환급률표의 적용 여부에 따라 개별환급과 정액환급이 있다. 개별환급은 정액환급률표에 기재되어 있지 않은 수출물품 등에 소요된 원재료를 수입하였을 때 납부한 관세 등을 소요량증명서, 수입신고필증 등에 의해 각각의 환급액을 산정하여 환급하는 방법을 말하며, 간이 정액환급은 수출물품별로 환급해야 할 금액을 사전에 정하여 정액환급률표에 기재해 놓고 그러한 물품이 수출되었을 때 수출신고필증만 제시받아 환급금액을 그대로 환급해 주는 방법을 말한다. 관세환급은 물품을 수출 등에 제공한 날로부터 2년 이내에 신청되어야 한다.

한편, 일정한 요건을 갖추어 일괄납부업체로 지정을 받은 자가 수출용 원재료를 수입할 때에 일정 기간 이내에 수출 등에 제공할 것을 조건으로 관세 등을 부과는 하되 징수는 하지 아니한 상태에서 통관하여 물품을 생산하도록 하고, 그 물품이 수출된 후 환급 받아야 할 금액과 관세 등을 상계처리하도록 하는 사후정산제도가 1997년 7월 1일부터 시행되고 있다.

# 4 전자무역 수입절차

## 1 개요

전자무역 수입절차는 전자무역 수출절차와 마찬가지로 국내의 대외무역법, 외국환거래법 및 관세법 등 무역관련법규와 INCOTERMS, 신용장통일규칙 등 국제무역관습규정 등이 상호 관련되어 각 절차에 적용되고 있으므로 수입자는 각 단계별로 적용할 가장 적합한 법률 및 관습 등을 신중하게 적용하여야 한다.

수입절차를 진행함에 있어서도 인터넷을 잘 활용하면 무역업무를 효율적으로 처리할 수 있다.

## 2 전자무역 수입절차

### 1) 수입물품의 선정

우선, 전자무역 관련사이트를 통하여 수입물품을 선정하여야 한다. 이 때 당해 물품의 수입 비용을 잘 분석하여 국내시장에서 경쟁력을 가지고 있는지를 잘 검토하여야 한다. 뿐만 아니라 당해 물품의 국내 시장 규모나 판매(유통)채널을 사전에 확보해 두어야 한다. 수입 아이템을 선정할 때에는 다른 수입처에서 미처 관심을 가지고 있지는 않지만 국내수요 유발이 예상되거나 가능한 것 또는 틈새시장이 존재하는 물품을 선정하는 것이 유리하다. 좋은 수입 아이템을 선정하려면 인터넷을 활용하여 국내의 시장정보와 경제동향을 잘 관찰할 필요가 있다, 수입무역상에게 인터넷 서핑(surfing)은 매우 중요한 요소라 할 수 있다. 수입물품이 선정되면 인터넷 무역거래알선 사이트를 활용하여 보다 경쟁력있는 조건을 제시하는 기업과 수입계약을 체결하여야 한다. 이 경우에도 상대방의 신용조사는 필수적이다. 왜냐하면 대금의 선불을 요구해 놓고 물품을 선적하지 않는 수출상도 있기 때문이다.

### 2) 수입계약의 체결

수입계약이란 국제간에 발생되는 물품매매계약(Contract of Sale)으로서 매수인(Buyer)이 물품대금을 매도인(Seller)에게 지급할 것을 약속하고 매도인은 매수인에게 물품의 소유권을 양도하여 인도할 것을 약정하는 계약을 말한다. 수입계약은 수출계약과 마찬가지로 매수인이 매도인으로부터 청약(Offer)을 받고 매수인이 이에 대한 승낙(Acceptance)을 하게 되면 계약이 성립하게 된다.

청약은 특별히 정해진 형식이나 방식이 있는 것은 아니며 거래대상물품, 거래방식 등에 따라 다양한 형태를 가지고 있다. 하지만 일반적으로 청약서(offer sheet)에 기재되는 항목은 품명(commodity name), 수량(quantity), 단가(unit price), 대금결제방법(payment condition), 보험(insurance), 원산지(origin), 유효기간(validity), 선적기일(shipping date),

포장방법(Packing method) 그리고 발행일자(Offer date) 등이다.

또한 수입자는 수출자와 매매계약을 체결하기 전에 향후 거래 기준이 되는 일반거래조건(General Terms and Conditions) 협정을 체결하게 된다.

### 3) 수입승인

수입하고자 하는 물품이 수입제한품목인 경우에는 별도의 수입승인을 얻어야 한다. 수입승인은 수출승인과 마찬가지로 1년간 유효하며 필요한 경우 20년 범위 내에서 연장이 가능하다. 수입승인 대상 물품을 수입하고자 하는 자는 매 계약 건별로 구비서류를 갖추어 산업자원부장관에게 승인을 신청하여야 하지만, 산업자원부장관은 대금결제에 관한 사항이 승인 및 사후관리대상에서 제외됨에 따라 수입승인 권한을 외국환은행에게 각 품목별 추천기관으로 변경하여 위탁하고 있다.

### 4) 신용장 개설

수입계약서에서 무역대금결제를 신용장방식으로 체결한 경우에 수입자는 수입승인을 받은 후 자기의 거래외국환은행에 신용장발행을 신청하여야 한다. 신용장(Letter of Credit : L/C)은 개설은행이 해외 수출업자에게 신용장 조건과 일치하는 서류가 제시되면 수입화물의 대금을 지급하게다는 조건부 지급확약서이다. 개설은행은 개설의뢰인(수입자)와 수입신용장 개설 전에 외화지급보증약정의 체결이나 전액 담보금을 요구하기도 한다.

### 5) 운송 및 보험계약의 체결

수입자는 수입계약서에서 정형거래조건을 F.C.A. 또는 F.O.B.로 채택한 경우 자신이 운송계약을 체결하여야 한다. 또한 수입자는 채택한 정형거래조건이 C.I.F. 또는 C.I.P. 조건이 아니라면 운송중의 물품에 대하 위함을 자신이 부담하게 되므로 자신을 위하여 운송(해상적하)보험계약도 체결하여야 한다.

### 6) 수입대금 결제

수출자도 선적 후 자신의 외국환은행에 매입을 의뢰하여 수출대금을 회수하고자 할 것이다. 이 때 환어음과 운송서류 등을 매입한 수출국의 매입은행은 개설은행 앞으로 매입한 서류들을 송부하게 되는데, 수입국의 개설은행은 접수한 서류를 심사하여 신용장조건과의 일치가 확인되면 개설의뢰인(수입자)에게 선적서류가 도착했음을 통지한다. 개설의뢰인은 선적서류를 인수받기 위해서는 수입대금을 결제하여야 한다.

선적서류를 인수받는 수입자는 수입대금을 결제한 후 선적서류를 인도 받아 수입통관절차를 이행하게 된다. 만일, 수입물품은 도착항에 도착하였으나 선적서류의 송달 지연으로 수입화물의 인수지연이 발생하는 경우에는 개설은행으로부터 수입화물 선취보증서(Letter of Guarantee : L/G)를 발급받아 수입물품을 인수받게 된다.

즉, L/G의 발급은 선적서류 도착 전 물품의 인도로부터 발생하는 모든 문제를 개설은행이 책임지고 차후에 선하증권 원본이 도착하면 이를 선박회사에 제출할 것을 보증하는 개설은행의 보증서이므로 선적서류의 원본을 인도하는 것과 동일한 효과를 가지게 된다. 이때 외국환은행이 L/G를 발급하게 되면 신용장조건과 일치하지 않는 선적서류가 도착하여도 매입은행에 대하여 수입어음의 인수를 거절할 수는 없다.

### 7) 수입통관

외국으로부터 수입되는 물품이 우리나라에 도착하면 수입업자는 동 물품을 하역하여 보세구역에 반입하여 장치한 후 수입통관을 하기 위하여 세관에 수입신고를 해야 한다. 수입신고란 수입되는 물품에 대하여 수입하겠다는 의사표시를 세관장에게 하는 것을 말하는데, 수입신고를 함으로써 적용법령 및 과세물건 그리고 납세의무자가 확정되는 것이다.

수입통관의 경우에도 특별한 경우를 제외하고 EDI 방식으로 신고하는 것을 원칙으로 하고 있다. 세관시스템은 수신된 수입신고를 기계적·논리적으로 검증하여 별다른 문제가 없을 경우 자동으로 수입신고필증(Import permit ; 수입면장)이 교부되도록 하고 있다. 수입관련서류의 원본이나 수입화물선취보증서를 받은 수입상은 세관에서 소정의 통관수속을 거쳐 수입면허를 받아야 한다. 통관수속은 보통 관세사를 통하여 신고하게 되는데, 우선 물품을 지정보세구역에 반입하거나 타소장치하여 수입신고를 한다.

요건구비 대상에 해당되는 물품은 요건확인 기관의 확인을 받고 해당 구비서류를 갖추어야 세관의 통관이 가능하기 때문에 물품을 수입하고자 하는 경우에는 우선 당해 물품이 관련 법령에 의한 수입요건을 구비하여야 하는지 여부를 확인하고 수입계약을 체결하는 것이 좋다.

모든 수입물품은 세관에 수입신고를 한 후 국내로 반입할 수 있다. 수입신고는 우리나라에 물품이 도착되기 전에도 가능하며 이러한 신고를 출항전 수입신고 또는 입항전 수입신고라 한다. 또한 우리나라에 물품이 도착된 경우에는 이를 보세장치장에 장치하여야 하는데 수입신고는 보세장치장 반입전후 어느 때라도 가능하며 수입신고는 화주, 관세사, 관세사법인, 통관취급법인의 명의로 하여야 한다.

수입신고시에는 신고자가 관세 등 세금의 부과기준이 되는 과세가격, 관세율 및 품목분류번호, 과세환율 등을 확인하여 신고하여야 하므로 이를 잘 모르는 경우에는 관세사에게 통관대행을 의뢰할 수 있다. 수입신고는 법에서 정한 수입신고서에 기재사항을 기재한 후 수입신고서에 선하증권 등 신고시 제출서류를 첨부하여 세관에 제출하여야 한다. 수입신고서를 접수한 세관에서는 신고한 물품의 검사 여부를 결정하게 되며 대부분의 물품은 검사없이 신고내용의 형식적·법률적 요건만 심사하고 수리하지만, 검사대상으로 선정된 물품은 세관공무원이 수입물품에 대한 검사 및 심사를 한 후 신고수리를 하고 있다.

세관의 심사결과 통관을 허용하기로 결정한 경우에는 당해물품에 대한 관세 등을 납부하거나 해당세액에 상당하는 담보를 제공하여야 신고수리가 되어 물품을 반출할 수 있다. 담보를 제공한 경우에는 신고수리 후 15일 이내에 관세를 납부하여야 한다. 원칙적으로 수입물품에 대해 정해진 관세와 내국세 등을 납부하여야 하지만 일정한 경우에는 관세가 면제되거나 일부가 감면되는 경우가 있으며, 관세를 납부하였다 하더라도 이를 원재료로 사용하여 수출한 경우에는 납부하였던 관세를 환급해 주기도 한다. 또한 법령에 의하여 수출입이 금지되거나 제한되는 물품에 대하여는 당해 물품에 대한 수출입요건을 확인 한 후 통관을 허용하고 있다.

### 8) 수입물품의 처분

수입통관 후 보세구역으로부터 반출한 수입물품은 그 용도에 따라 처리하게 되는데, 일반적으로 원자재인 경우에는 공장의 창고로, 물품인 경우에는 유통창고로 이동하게 된다. 이러한 이동을 위해서도 수입자는 사전에 내륙운송(자가운송이 불가능한 경우)을 수배해 두어야 한다.

일반적으로 수입절차는 수출절차와 반대로 이해하면 된다. 일반적인 수출입절차와 절차별 이행자를 정리한 표는 다음과 같다.

【표 1-6】 수출입절차별 이행자

| 절차 | 이행자 |
|---|---|
| 수출입 마케팅(거래제의) | 수출자, 수입자 |
| 무역계약 체결(개별계약, 포괄계약) | 수출자, 수입자 |
| 수입 승인 | 수입자 |
| 신용장개설 | 수입자 |
| 신용장 수령 | 수출자 |
| 수출물품 확보 | 수출자 |
| 수출승인 | 수출자 |
| 수출신고 및 수출면허 | 수출자 |
| 해상보험부보 | 수출자, 수입자 |
| 수출물품 선적 | 수출자 |
| 수출대금 회수 | 수출자 |
| 수입대금지급과 선적서류 수령 | 수입자 |
| 수입신고 및 수입면허 | 수입자 |
| 수입물품 수령 | 수입자 |
| 수입물품 국내유통 | 수입자 |

# Part II
# 글로벌 전자무역계약 상무

# Chapter 5 글로벌 무역계약상무 일반

## I 글로벌 무역계약의 본질

### 1 국제계약의 의의

국제계약(international private contract)이라 함은 서로 다른 국가영역에 영업소를 둔 당사자 간의 국제상거래(international commercial transaction)를 말한다. 국제 매매계약이 국제적 성격을 갖기 위해서는 다음의 두 가지 요건을 충족해야 한다.[33)]

첫째, 국제매매계약의 당사자가 각기 상이한 국가 영역 내에 영업소(place of business)를 갖고 있어야 한다.

둘째, ①서로 다른 국가 간의 국제물품운송이 있어야 하고, ②상이한 국가 영역에서의 청약과 승낙이 이루어져야 하며, ③청약과 승낙이 행하여진 국가 이외의 다른 국가영역에서의 물품인도가 있어야 한다.

다만 위 두 번째 요건 중 ①내지 ③가지 요건 가운데에서는 어느 하나만 충족하

33) Convention Relating to a Uniform Law on the International Sale of Goods (ULIS), art.1.

면 국제계약의 국제성은 인정된다.

##  국제계약의 특성

국제계약은 상이한 국가영역에 영업소를 둔 당사자 간의 계약이다. 따라서 국내에서 체결되는 일반적인 계약과는 달리, 상이한 언어, 문화, 상관습, 거리와 시간의 원격성, 상이한 법률제도, 상이한 화폐와 외환관리제도, 상이한 주권국가, 상이한 관세제도 등과 같은 특수한 경제환경에서 이루어지므로 다음과 같은 특성을 가진다.

첫째, 어느 나라의 법률을 적용하여야 할지, 법률적용의 불확실성이 야기된다. 따라서 국제계약 체결시에는 반드시 준거법조항을 삽입할 필요가 있다.[34)]

둘째, 국제계약은 법적용의 불확실성으로 인하여 자연 당사자 자치의 원칙 및 상관습을 존중하게 된다.

셋째, 국제계약은 관련국가간의 경제적 이해관계로 인하여 주권적 간섭의 문제가 자주 일어난다. 예컨대 무역거래를 규율하는 통상관계법(대외무역법·관세법·외국환거래법·외자도입법·공정거래법등) 영역에서의 규제완화, 자유화요구 등의 주요 이슈가 그 좋은 예에 속한다.

넷째, 국제계약분쟁해결의 특성으로서 소송경제 및 판결의 강제집행 등을 고려하여 법원에 의한 국제분쟁 해결보다는 당사자가 합의한 제3자의 공정한 처리, 즉 중재(Arbitration)에 의하여 분쟁을 해결함이 특징이다.

다섯째, 국제계약을 체결함에 있어서 대체로 영어로 계약서를 작성하는 것이 일반적이고 실제로 오늘날 국제거래는 영미법계 국가들이 주도하고 있기 때문에 영미법 원칙이 우세하다.

마지막으로 신용장 통일 규칙(UCP), 무역조건해석통일규칙(International Rules for

34) 이춘삼, 국제상무론, 동성사, 2001, 220~221면

the Interpretation of Trade Terms : INCOTERMS) 및 국제물품매매계약에 관한 UN협약 (United Nations Convention on Contracts for the International Sale of Goods : Vienna Convention)등의 생성·발전에서 보는 바와 같이 국제계약의 당사자 자치내용이 정형화·부합계약화 되고 나아가 보통거래약관이 널리 이용되는 추세에 있다.

# 2 국제계약의 종류

## 1 국제물품매매계약

계약이라 함은「일정한 채권[35)]관계의 발생을 목적으로 하는 복수 당사자간의 서로 대립하는 의사표시의 합치(합의)에 의하여 성립되는 법률행위」를 말한다.[36)] 즉 당사자간에 채권·채무를 창설하고 규정하는 법률행위이다. 광의의 계약을 합의(agreement)라고도 하며 여기에는 채권계약·물권계약 및 신분법상의 계약도 포함되나 협의의 계약은 채권계약만을 지칭한다. 국제거래의 가장 중요한 부분은 국제계약이며 국제계약 중에서도 가장 중요한 것은 국제물품매매계약인데 그 개념을 정리하면 다음과 같다.

---

35) 채권이란 일반적으로 특정인이 다른 특정인에 대하여 특정의 행위를 청구할 수 있는 권리이다. 그러므로 채권은 채무자의 행위를 목적으로 하고, 채권은 채무자라는 특정인에 대한 권리이며, 채무자의 행위를 청구할 수 있는 권리이다. 이점에서 지배권으로서의 물권과는 달리 채권은 채무자에 대한 청구를 내용으로 하는 청구권인 것이다(김준호, 민법강의 -이론과 사례- 법문사, 1997, pp573~574.).

36) 末川博, 契約法, 法經出版社, 1985, p30

### 1) SGA정의

영국물품매매법(Sale of Goods Act ; 이하 SGA라 한다)에 의하면 국제물품매매계약이란 매도인이 대금이라는 금전의 대가를 받고 매수인에게 물품의 소유권을 이전하거나 이선하기로 합의하는 계약을 말한다.[37)]

### 2) UCC정의

미국통일상법전(Uniform Commercial Code ; 이하 UCC라 한다)에 의하면 국제물품매매계약이란 대가를 받고 매도인으로부터 매수인에게 권리를 이전하는 것이라고 규정하고 있다.[38)]

### 3) 한국민법정의

우리 민법에서 매매는「당사자 일방의 재산권을 상대방에게 이전할 것을 약정하고 상대방이 그 대금을 지급할 것을 약정함으로써 그 효력이 생긴다」라고 규정하고 있다.[39)]

이상에서 살펴본 바와 같이 물품매매계약에 관한 정의는 영미법과 우리법 모두 그 기본 취지가 동일하다.

국제물품매매계약은 매매(sale)[40)]와 매매의 합의(agreement to sell)[41)]를 포함한다.

따라서 매매계약은 현물매매(present sale of goods)와 미래의 시점에 물품을 매매할 계약인 선물매매를 포함한다. 이와 같이 계약체결에 의하여 이행되는 현재의 매매를

---

37) SGA, 1979, art 2-2(1).

38) UCC, art 2-106(1). A Sale Consists in the passing of title from the Seller to the Buyer for a price.□□

39) 한국민법 제 563조.

40) 매매는 물품의 소유권이 매매계약에 의거 매도인으로부터 매수인에게 이전하는 경우의 계약을 말한다.

41) 매매의 합의는 물품의 소유권 이전이 장래에 행하여지거나 또는 계약 성립 후에 일정 조건이 성취될 것을 전제로 할 경우에 그 계약을 말한다. 그러므로 매매의 합의는 기한이 도래하거나 물품의 소유권 이전을 전제로 하는 조건이 성취한 때에 매매로 된다(SGA,1979.art 2-(4)(5)(6), art61-(1)).

'이행계약' 또는 '기이행계약'(executed contract)이라 하고 매매합의에 의하여 장래의 선물(future goods)에 관련된 매매계약을 '미이행계약'(executory contract)이라고 하는데 국제물품매매계약은 미이행계약이 일반적이다.

### 4) 국제물품매매계약 유형

국제물품거래계약 분야에서는 주 계약인 국제물품매매계약(sales contract) 이외에도 보조계약으로서 ① 환계약(foreign exchange contract), ② 신용장관련계약(L/C related contract), ③ 추심약정계약(collection arrangement contract), ④ 상계거래계약(counter trade contract), ⑤ 보증장 관련계약(L/G related contract), ⑥ 해상운송계약(contract for carriage of goods by sea), ⑦ 항공운송계약(contract for carriage of goods by air), ⑧ 복합운송계약(contract for combined transport of goods), ⑨ 수출보험계약(export insurance contract), ⑩ 적하보험계약(marine cargo insurance contract), ⑪ 제조물 책임보험계약(product liability insurance contract)등이 있다.

한편 국제물품매매계약은 의무기한의 이행기에 따라 ① 단기매매계약(spot sale agreement), ② 장기매매계약(long term sales agreement), ③ 플랜트수출계약(plant export agreement) 등으로 구분할 수 있다. 또한 국제매도인과 국제매수인 사이의 매매거래에 제3자가 개입하는 형태에 따라 ① 대리점계약(agency agreement) ② 판매점계약(distributorship agreement) ③ 위탁점 계약(consignment agreement)등이 있다.

## 2 국제용역·기술관련계약

### 1) 국제용역계약

외국에 국제기업조직을 설치할 때 CEO(Chief Executive Officer)등을 고용하기도 하고(employment agreement), 현지판매원을 고용하기도 하는데 고용은 당사자 일방(노무자)이 상대방(사용자)에 대하여 노무를 제공할 것을 약정하고 이에 대하여 보수를 지급할 것을 약정함으로써 성립하는 계약이다.

### 2) 국제기술계약

국제기술계약의 대상은 특허·상표·know-how 등 광의의 지적재산권(intellectual property rights)이다. 지적재산권을 대상으로 하는 국제계약은 특히 국제라이센스계약(international license agreement)내지 국제기술원조계약 이라고도 부른다.

국제기술계약이란 국제적인 실시권 허용의 계약으로서 이는 권리의 성질이나 그 보호의 법제도가 서로 다르며 재산적 가치가 있는 경제적 또는 산업적 기술에 관한 특허권, 실용실안권, 의장권 및 상표권 등의 산업재산권과 그 밖의 know-how등을 포함한 산업기술의 실시 내지 사용을 허락하고 이에 대하여 대가가 지급되는 계약을 말한다.

국제 License계약은 근본적으로는 Licensor와 Licensee간의 일종의 국제매매계약이라 볼 수 있으며, Licensee가 계약에 포함된 산업재산권 등을 사용하는데 대하여 Licensor가 침해 소송을 제기하지 아니하겠다는 포기이기도 하다.

### 3) 국제도급계약

도급(都給)은 당사자 일방(수급인)이 어느 일을 완성할 것을 약정하고 상대방(도급인)이 그 일의 결과에 대하여 보수를 지급할 것을 약정함으로써 성립하는 유상·쌍무·낙성·불요식계약이다. 도급은 일의 완성을 목적으로 하는 계약으로써 여기서 일이란 노무에 관하여 생기는 결과를 말하며 그 대상에 따라 다음과 같이 세분할 수 있다.

첫째, 국제제작물공급계약(international production agreement)은 당사자의 일방이 상대방의 주문에 따라 자기 소유의 재료를 사용하여 만든 물건을 공급할 것을 약정하고 이에 대하여 상대방이 대가를 지급하기로 약정하는 계약이다.

둘째, 국제공사도급계약(international civil engineering agreement)은 국제공사의 시공을 도급하기로 하는 계약이다.

셋째, 국제건설공사계약(international construction contract)은 건물 등의 건설을 도급하기로 하는 계약으로서 원료 제공자에 따라 ① 소요되는 자재·원료를 수주자가 제공하는 경우 ② 발주자가 제공하는 경우, ③ 그 절충형으로 분류된다.

넷째, 국제위탁가공계약(international processing agreement or tolling agreement)은 원료의 가공을 도급하기로 하는 계약이다.

다섯째, 국제경영위탁계약(international management agreement)은 국제기업경영을 도급하기로 하는 계약이다.

## 3 국제자본거래 관련 계약

### 1) 계약유형

국제자본거래 관련 계약에는 ① 국제정기대출계약(international term loan agreement), ② 신디케이트론계약(syndicated loan agreement), ③ 국제증권관련계약(international bond related agreement), ④ 국제금융리스계약(international financial leasing agreement), ⑤ 팩토링계약(factoring agreement), ⑥ 프로젝트파이넌스관련계약(project financing agreement), ⑦ 선물거래계약(futures agreement), ⑧ 옵션계약(option agreement), ⑨ 스왑계약(swap agreement), ⑩ 투자계약(investment contract), ⑪ 합작투자계약(joint venturing agreement), ⑫ 기업매수·합병계약(M&A agreement)등이 있다.

위에서 본 바와 같이 국제자본거래 관련 계약은 여러 유형으로 구분되지만 국제금융이 물적 담보보다는 당사자 간의 인적신용을 바탕으로 이루어진다는 특징이 있고 특히 영미계약법의 영향을 많이 받는다. 이하에서는 이들 개별 관련 계약의 의의 및 특징을 살펴보기로 한다.

### 2) 국제정기대출계약

① 국제정기대출계약은 대주가 일정 금액을 일정 기간 동안 차주에게 제공하고 차주는 이에 대해 이자를 지급할 것을 약정하는 단순한 금전소비대차계약이 기본 골격을 형성한다.

② 대출계약은 단기·중기·장기로 구분되며 국제정기대출은 일반적으로 국제금융시장에서 1년 이상 15년에 걸치는 중장기 대출을 의미하나 대부분은 3~10년이 보통이고 10년을 초과하는 경우는 매우 드물다.

③ 대출계약당사자의 구성에 따라 1인의 대주와 1인의 차주간에 체결되는 일반대출과 수인의 대주가 신디케이트를 구성하여 1인의 차주와 체결하는 신디케이트론으로 구분된다. 정기 대출은 신디케이트론을 제외한 나머지 대출방식을 의미한다.

④ 오늘날 국제정기대출의 대부분은 유로커런시대출(eurocurrency floating rate loans; 유로정기대출)이며,[42] 유로커런시란 어느 통화의 발행국 이외의 지역에 소재하고 있는 은행에 그 통화표시로 예치된 예금으로서 예로 유로 달러, 유로엔 등 여러 형태로 존재한다.

⑤ 국제정기대출계약조항은 대체로 인출기간(drawdown period), 대출목적 또는 사용제한(restriction), 수수료(fee), 관할권(jurisdiction), 선행조건(condition precedent)[43], 후속조건(condition subsequent)[44], 구속약정조항 등이 있다.

---

42) P. Wood, Law and practice of International Finance(Steven Sons, 1980), p.252

43) 대출계약이 유효하게 성립된 경우에도 차주가 대출금을 인출하기 위해 충족해야할 조건, 예컨대 회사정관, 등기서류 등 제출의무를 말한다.

44) 일단 인출이 이루어진 경우에도 차회인출을 위해 충족해야 할 제요구조건을 말한다.

### 3) 신디케이트론 계약

① 두개 이상의 복수 금융기관이 같은 조건으로 기업에 대규모의 중장기자금을 융자하는 대출 방식을 말한다. 즉 국제간 협조 융자를 신디케이트론(syndicated loan)이라고 일컫는 경우가 일반적이다.

② 신디케이트 대출 방식을 활용할 경우 차입자의 입장에서는 대규모 소요자금을 단일조건으로 보다 효율적으로 조달할 수 있다. 개별은행들과 차입조건이나 융자절차, 대출한도 등에 대해 별도의 협의를 해야 하는 번거로움을 겪지 않고도 대규모자금을 일시에 조달할 수 있다는 장점이 있다.[45)]

③ 신디케이트론에 참여하는 은행의 입장에선 특정 기업에 대한 과다 융자를 피함으로써 차입자의 채무불이행에 따른 위험을 분산시킬 수 있는 이점이 있다.[46)]

이 같은 대출 방식은 주로 유로 시장에서뿐만 아니라 미국 금융시장에서 대규모 대출에 주로 활용된다. 일본·유럽·미국의 금융기관들이 외환위기를 겪고 있는 아시아 국가들에 대해 제공하는 대출이 전형적인 신디케이트론이다.

④ 신디케이트론의 특징은 거액의 자금을 차입할 수 있고 차관단의 규모도 5개 이상의 금융기관으로 구성된다는 점, 융자 기간이 7~10년 정도의 중장기 대출로서 3~6개월 단위의 변동금리를 적용한다는 점, 차주는 국가기관이나 국제금융시장에서 높은 신용도를 유지하는 경우가 대부분이며 따라서 물적 담보 없이 무담보신용대출이 관례라는데 그 특징이 있다.

---

45) 이춘삼, 시사무역경제, 영미디어, 2000. 58면

46) Robert S., Rendell(ed), International Finance Law-lending, Capital transfers and institution (Euromoney publications, 1980), p.25.

### 4) 국제증권관련계약

① 국제증권이란 국제증권시장에서 발행되고 유통되는 증권의 총칭으로서 우리나라 외국환거래법에서는 이를 외화증권이라고 하여 그 의의를 외국통화로 표시된 증권 또는 외국에서 지급 받을 수 있는 증권이라고 정의하고 있다.

② 외화증권에는 보통채권 및 변동금리부채권, 전환사채 또는 신주인수권부 사채, 주식예탁증서, 해외교환사채. 무기명양도성 외화예금증서. 주식 및 출자지분, 수익증권 및 이권이 포함된다. 그러나 이를 대별하면 국제증권은 크게 채권(社債)과 주식(柱券)으로 구분된다.[47)]

③ 채권(bond)은 발행자가 소지인에게 일정기일에 일정이율의 이자를 지급하며 또한 만기 도래 시에 원금을 상환하겠다는 채무를 표창하는 증권으로 국공채와 회사채,[48)] 내국채와 국제채,[49)] 확정이자부채, 변동이자부채 및 제로쿠폰채,[50)] 기명채와 무기명 채,[51)] 공모채와 사모채[52)]로 구분된다.

④ 국제채(외국채)는 특정국의 국내에서 당해국 통화로 표시되며 당해국의 증권규제에 따라 발행되기 때문에 그 나라의 내국채와 같다. 다만 국제채는 차주가 외국인이기 때문에 세법이나 증권규제 등에서 혜택이 주어진다는

---

47) 사채는 사채권자의 지위를 표창하는 증권이고 주식은 주주로서의 지위를 표창하는 것으로 그 법적 지위는 현격한 차이가 있지만 경제적 기능은 상호 접근하는 경향에 있다. 즉 주식과 사채를 연계하는 전환사채, 신주인수권부 사채, 주식예탁증서 등의 출현이 그 좋은 예에 속한다.

48) 발행주체에 따른 구분이다.

49) 발행지역과 표시통화에 따른 구분이다.

50) 이자의 결정방식에 따른 구분이다. 제로쿠폰채(할인채)는 기간 중 이자지급을 하지 않는 채권이다.

51) 채권상에 채권자의 이름을 기재하는 여부에 따른 구분이다. 대부분의 국제채는 무기명으로 발행되나 미국에서는 기명·무기명채 모두 거래된다.

52) 투자자의 모집방법에 따른 구분이다. 공모채는 소정의 증권감독 규정에 따라 불특정다수 투자가를 대상으로 모집하나 사모채는 특정 소수의 투자가를 대상으로 모집한다.

점에서 내국채와 큰 차이가 있다.

⑤ 외국채는 발행되는 지역에 따라 그 명칭이 부여되는데 내국에서 달러표시로 발행되는 외국채를 양키본드(Yankee Bonds), 일본의 경우에는 사무라이본드(Samurai Bonds), 영국의 경우에는 불독본드(Bulldog Bonds)라고 한다.

### 5) 국제금융리스계약

① 시설대여업법 제2조는 리스(lease ; 시설대여)를 대여시설 이용자가 선정한 특정 물건을 시설대여 회사가 새로이 취득하거나 대여 받아 대여시설 이용자에게 일정 기간 이상 사용하게 하고 그 기간에 걸쳐 일정 대가를 정기적으로 분할하여 지급 받으며 그 기간 종료 후 물건의 처분에 관하여는 당사자 간의 약정으로 정하는 물적 금융이라고 정의하고 있다.

② 리스의 법적 성격은 형식적으로는 임대차이지만 중장기 물건금융과 같은 효과를 갖는다. 즉, 리스는 자금이 아닌 물건의 형태로 대여하거나 또한 원리금이 아닌 사용료의 형태로 대금을 상환할 뿐만 아니라 거래대상 물건이나 거래 상대방도 전통적인 금융과 크게 다르다.

리스의 유형은 다음과 같다.

③ 운용리스(operating lease)는 사용자가 필요기간만 기계나 설비를 이용할 수 있도록 하는 방식으로 물건의 사용에 중점을 둔 본래 의미의 리스를 말한다. 계약기간 중 중도해약이 가능하고 리스물건의 보수관리도 임대인(lessor)에게 부담시킬 수 있다.

④ 금융리스(financial lease)는 리스방식을 취하는 금융거래로서 대주(lessor)는 리스물건의 구입가격에 이자와 비용 등을 합한 금액을 차주인 레시(lessee)에게 융자하고, 차주는 리스계약기간에 분할하여 상환하기로 하는 거래이다. 이에 따라 금융리스는 리스대상설비의 가용연수와 리스계약기간이 일치함이 보통이며 중

도해약은 인정되지 않고 설비하자 보수 등의 책임도 전적으로 차주에게 있다.

⑤ 레버리지드리스(leveraged lease)는 알선리스라고도 하며, 이는 리스회사가 리스물건가액의 약 20~40%만 자기자금으로 조달하고 나머지는 차입하는 형태의 리스거래를 말한다. 요컨대 소액의 자기자금을 지렛대(leverage)로 하여 3~4배에 달하는 자금조달을 할 수 있기 때문에 붙여진 이름이다. 이 리스는 국제적으로는 항공기·선박 등 거액의 자금에 소요되는 대형리스 물건의 도입에 주로 이용된다.

⑥ 판매재취리스(sale&leaseback)는 어떤 기계나 설비를 소유하고 있는 기업이 이를 리스회사에 판매하고 그 판매 가격을 취득 원가로 하여 다시 리스 받는 방식으로 물건을 실제 이동하지 않고 형식상 소유권만 이전되는 형태의 리스를 말한다.

따라서 리스이용자는 리스물건을 계속 사용·수익하면서 필요한 운전자금의 조달이 용이하며 주로 중고품리스에 활용된다.

⑦ 국제금융리스거래는 서로 다른 국가에 영업소를 두고 있는 대주(lessor)와 차주(lessee) 그리고 공급자(supplier)라는 3당사자간의 거래로 일방당사자(대주)가 다른 당사자(차주)가 제시한 사양과 조건에 기하여 플랜트, 자본재, 또는 기타설비(equipment)를 취득할 계약(공급계약)을 제3자(공급자)와 체결하고 리스료(rental) 지급과 상환으로 리스물건을 이용할 권리를 차주에게 부여하는 계약이다[53].

⑧ 국제리스계약에서 차주와 대주간의 법률관계를 보면 대주는 차주에 대하여 리스료 지급청구권, 리스물건반환청구권(기간만료시), 입회청구권, 재정보고징수권 등을 갖는 대신 의무로서 리스물건인도의무, 리스물건인도지체에 따른 책임, 평온한 점유의 보장의무 등을 부담한다. 반면 차주는 대주에 대하여 리스물건의 사용수익권, 계약갱신권 등의 권리를 갖는 대신 의무로서 리스물건의 수취·수검의무, 리스료지급의무, 리스물건의 보관의무, 통지·보고의무, 표지부착의무, 리스물건의 반환의무 등을 부담한다[54].

53) Unidroit Convention on International Financial Leasing, Lease Convention, art.1.(1).

### 6) 국제팩토링계약[55]

팩토링(factoring)이란 제조업자(supplier)가 구매업자(debtor)에게 상품 등을 외상으로 판매한 후 발생되는 외상매출채권을 팩토링회사(factor)에게 일괄 양도함으로써 팩토링회사로부터 구매업자에 관한 신용조사 및 신용위험인수(지급보증), 채권의 관리 및 대금회수, 양도한 채권 금액 범위 내에서의 금융지원과 기타 사무처리대행 등의 서비스를 제공받는 새로운 금융기법으로 최근 들어 국제간 신용사회화의 진전에 따라 국제간의 수출입거래시에도 팩토링서비스의 이용이 점차 증대되고 있다.

국제팩토링은 세계 각국의 팩토링회사가 그룹을 결성하여 수출업자 및 수입업자에 대하여 제공하는 새로운 금융서비스로서 수출국 팩토링회사(export factor ; 수출팩터)는 수출업자와 수출팩토링 거래약정을 체결한 후 수출업자에게 선적 전 또는 선적 후 운전자금을 제공하며, 수입국 팩토링회사(import factor ; 수입팩터)는 수입업자에 대한 신용조사 및 신용승인(credit approval), 팩토링회사의 지급보증과 수출채권의 관리 및 수입업자로부터의 대금회수서비스를 제공하는 거래이다.

#### (1) 수출팩토링 거래약정 체결

수출팩터(export factor)와 국제팩토링의 이용가능성 검토를 위한 거래상담을 마친 후 수출팩터가 요구하는 수출업자의 재무상황, 금융거래현황, 수입업자 명세와 주요수출품목 등 소정의 자료를 제출하면 수출팩터는 신용분석을 거쳐 수출업자에게 수출채권매입한도, 즉 금융제공한도를 부여하고 수출팩토링 거래약정을 체결하게 된다.

수출팩토링 거래약정은 수출입업의 자격을 얻은 자를 대상으로 하며 수출업자 본인의 신용을 기본으로 물적 담보를 요구하지 않으나 필요시 수출팩터는 약정에 대한 연대보증인을 요구하는 경우가 있다. 또한 동 약정은 약정체결 이후 발생되는 수출채권의 일괄양도를 원칙으로 하고 있으며 수입업자에 대한 수출팩터의 신

---

54) Lease Convention, art.9～13

55) 이춘삼, 국제상무론, 동성출판사, 2001, pp51～58

용승인 유무에 따라 수출팩터는 수입업자에 대한 상환청구권(with or without recourse)을 가질 수 있다.

### (2) 수입업자에 대한 신용승인 의뢰

수출팩토링 거래약정을 체결한 후 수출업자는 수출팩터에 수입업자 신용조사 및 신용승인을 의뢰할 수 있다. 수입업자와의 예상거래금액 또는 신용승인요청금액, 대금결제조건, 거래통화, 수입업자 주소 및 주거래은행 등의 명세를 첨부하여 신용승인의뢰서(credit approval request : CAR)를 수출팩터에 제출하면 이를 접수한 수출팩토링회사그룹의 업무취급규정에 의거 소정의 절차에 따라 수입팩터에게 신용승인요청을 하게 된다.

수입업자에 대한 수입팩터의 신용승인(credit approval)은 수입업자의 파산, 지급불능 등 신용위험 발생시 수입팩터가 수입대금을 대신 지급할 것을 확정하는 일종의 지급보증으로 간접적인 신용조사에만 의거하여 이루어지는 것이 원칙이며, 신용승인방식에는 일정기간 동안(통상 1년 단위) 수입업자에 대하여 신용승인한도(credit limit)를 부여하는 한도방식과 매거래시마다 신용승인조사를 결정하는 건별방식(individual credit approval : ICAR)이 있다.

팩토링 회사의 신용승인은 은행의 신용장과는 달리 상품의 질, 수량 등 상거래상의 분쟁이 발생한 경우에는 지급보증의 책임을 지지 않는 반면 수입업자에게는 담보제공, 금융비용 등의 부담이 전혀 없기 때문에 신용조건부 거래 방식(open account credit terms)에 많이 활용되고 있다.

### (3) 수출승인

수입업자에 대한 수입팩터의 신용승인내용을 통보 받은 수출팩터는 수출업자에게 신용승인통지서를 발행하게 되며 수출업자는 동 통지서에 기재된 신용승인금액, 거래통화 및 대금결제조건 등의 범위 내에서 수입업자와 팩토링방식에 의한 수출계약을 체결하여야 한다.

수출계약서에는 국제팩토링방법에 의한 거래임이 명시되어야 하며 동 방식의 거래시에는 통상 운송서류 일체가 수입업자에게 간접 발송되므로 대금결제기간은 선적일 또는 선하증권 발행일로부터 기산 하는 것이 원칙이다.

수출계약이 체결된 후, 수출자는 수출승인신청서, 국제팩토링방식임이 명시된 수출계약서 원본 및 사본과 수출팩터가 발행하는 신용승인통지서(answer to CAR) 등을 수출업자가 거래하는 외국환은행 또는 수출팩터 주거래외국환은행에 제출하여 수출승인을 받는다.

또한 국제팩토링방식 수출의 경우, 수출대금은 수출팩터의 주거래외국환은행으로 입금되므로 수출업자가 수출팩터 주거래외국환은행에서 수출승인을 받은 때에는 수출승인 및 수출대금회수기관이 동일하므로 수출대금의 입금과 동시에 사무관리가 종료되나 수출팩터 주거래외국환은행 이외의 외국환은행에서 수출승인을 받은 때에는 수출대금을 영수한 기관이 수출승인 외국환은행에 입금사실을 통보하거나 또는 수출업자가 수출팩터 주거래외국환은행으로부터 입금증명을 발급 받아 수출승인은행에 제출함으로써 수출승인의 사후관리를 종료한다.

### (4) 선적 및 수출채권의 매입

수출계약서상의 선적기간 내에 선적을 완료한 후 수출업자는 수출팩터에게 수출채권의 매입을 의뢰하게 된다.

국제팩토링거래에서 수출채권이라 함은 일반적으로 수출업자가 수입업자 앞으로 발행하는 상업송장(commercial invoice)을 말하며 수출채권의 매입이란 엄격한 의미에서 수출업자가 상업송장의 대금회수권리를 팩토링회사에 양도하는 것을 말한다.

상업송장은 민법상 지명채권(指名債權)으로서 국가에 따라 그 법적 성격의 차이는 다소 있으나 일반적으로"양도인이 채무자에게 통지하거나 채권자가 승낙하는 절차에 의하여 제3자에게 양도될 수 있으며, 실제적으로 어음의 사용이 일반화되어 있지 않는 영국, 미국 등에서는 송장의 양도가 비교적 자유스러워 수출업자가 송장상의 채권양도문구를 날인함으로써 수입업자에 대한 통지에 갈음하고 있으며 이에 의하여 팩토링회사는 채권의 대금회수권리를 취득하고 있다. 그러나 채권의 양도가 자유스럽지 못한 국가와의 거래시에는 수입팩터가 대금회수권리를 적절하게 취득하게 하기 위하여 환어음을 사용하기도 한다.

수출채권 매입시 수출팩터는 수출업자로부터 수출채권매입의뢰서, 수출승인서(Export Licence ; E/L), 수출면장, 선하증권, 보험증권, 원산지증명 및 포상명세서 등을 제공받아 약정서 등의 조건에 따라 면밀히 심사한 후, 수출채권금액의 100% 이내의 범위에서 매입대금을 수출업자에게 지급한다.

또한 수출팩터는 매입시 수출업자로부터 양도받은 수출채권(송장)상에 채권양도문구를 날인한 후, 양도장(transfer letter)을 첨부하여 수입팩터에 송부, 대금회수를 요청한다.

### (5) 금융제공

수출팩터가 수출업자에게 제공하는 금융의 종류에는 전도금융(前渡金融), 재고담보금융 및 기타 자산담보금융의 3가지가 있다.

전도금융은 수출채권매입시 수출업자에게 지급하는 채권대금으로 국내의 경우 수입팩터로부터 신용승인(credit approval)을 받은 경우에 한하여 100%이내에서 지급하고 있으나 영국, 미국 등의 경우에는 수입팩터의 신용승인 유무에 관계없이 수출업자로부터 양도받은 월별채권금액 평잔(平殘)의 70~80%를 지급하고 있다.

또한 국내의 경우에는 외국환은행의 수출금융지원과 보조를 맞추기 위하여 선적전에 수출업자의 생산자금, 원자재수입 또는 원자재구매자금의 지원을 위한 재고담보금융 및 기타 자산담보금융을 제공하고 있다.

국제팩토링방식의 수출시 수출채권의 매입 후, 수출팩터가 수출업자에게 지급하는 전도금융은 외국환은행이 지급하는 네고(Nego)대금과는 달리 원화로만 지급되며 융자 시에는 원화 확정이자율을 적용한다. 재고 및 기타 자산담보금융도 원화로만 융자하며 확정이자율을 적용한다.

또한 전도금융제공시 수출팩터는 수출업자로부터 일정수수료를 선취한다. 팩토링 수수료는 수입업자에 대한 신용승인, 수출채권관리 및 동 대금회수팩토링 회사간 서류 발송 및 정보전달에 관계하여 소요되는 비용으로서 기간에 관계없이 송장금액당 일정비율로 공제하며 수출팩터는 징수한 수수료의 일부를 수입팩터에게 송금, 지급한다.

### (6) 채권대금회수

수출팩터를 통하여 수출채권을 양도받은 수입팩터는 동 채권대금을 만기일에 회수할 수 있도록 사전에 적절한 조치를 취하게 된다. 일반적으로 팩토링회사들은 채권회수전문기관의 성격을 띄고있어 채권대금회수서비스가 적극적이며 부실채권 회수를 위하여 변호사 고용, 법적 처리 전담팀과 클레임 처리 팀과 같은 전문조직을 갖고 있는 경우가 대부분이다.

수입팩터가 신용승인을 한 이후, 만일 수입업자의 파산 등 신용위험이 발생하여 수출채권대금의 회수가 불가능한 경우에는 수입팩터가 채권대금의 100%를 대지급(代支給)하게 되며 이 경우 수입팩터에 3개월 정도의 대지급 유예기간을 주는 것이 일반적이다.

상품의 가격, 수량, 품질과 인도 등 상거래의 원인관계에 의하여 수입업자가 수출채권의 대금지급을 거절하는 경우에는 원칙적으로 수입팩터가 지급보증책임을 지지는 않으나 수출업자와 수출팩터에 지급거절사유 등을 즉시 통지하며 수출업자가 수입업자의 항변을 승인하지 않는 경우에는 수출업자의 비용부담 하에 수입팩터가 수출업자를 대신하여 필요한 법적 절차를 밟는 등 대금회수를 위한 최대의 노력을 기울이게 된다.

수입업자로부터 채권대금을 회수한 수입팩터는 이를 즉시 수출팩터에 송금지급하며 대금을 영수한 수출팩터는 전도금융과 상계 후 수출업자에게 잔액을 지급한다. 또한 수출팩터는 자기의 주거래 외국환은행을 통하여 대금을 영수하므로 앞에서 설명한 바와 같이 동 은행으로부터 입금증명을 발급 받아 수출업자에게 교부한다.

### 7) 국제프로젝트 파이낸스계약

프로젝트 파이낸스(project finance)라 함은 사업 주체가 특정 사업을 수행하는데 소요되는 자금을 대주로부터 차입함에 있어 당해 사업에서 발생한 이익을 채무 변제를 위한 주된 재원으로 하고 금융에 대한 담보를 당해 사업의 자산으로 한정하는 새로운 금융기법을 말한다.[56)]

전통적인 금융에서는 사업상의 리스크는 당해 사업에 정통한 차주가 부담하며 대주인 금융기관은 제3자적 입장에서 그 리스크를 평가하여 필요한 신용을 공여하는 것이 보통이지만 프로젝트 파이낸스는 대주인 금융기관들이 주도적으로 프로젝트의 위험을 평가하고 프로젝트 수행에 가장 적합한 금융구조를 협정하는 리스크 관리자로서 역할을 부담하는 것이 특징이다. 따라서 리스크를 대주·차주 등 모든 관련 당사자들이 공평하게 배분하여 부담한다.

프로젝트 파이낸스는 프로젝트의 실제사업주체인 프로젝트 스폰서(project sponsor)와 프로젝트 파이낸스의 차주인 프로젝트회사(project company)가 분리되는 것이 특징이다.

스폰서와 회사가 분리되기 때문에 스폰서에 대하여는 상환청구권이 배제 또는 제한되고 대출금상환은 프로젝트에서 발생하는 현금수입(cash flow)이 유일한 원천이다. 즉, 대주가 직접 리스크를 관리하여 공사완성·생산가공·판매 등에 관련된 자금흐름을 모니터 하지 않으면 안 된다. 국제프로젝트 파이낸스의 대표적인 사업으로 영국과 프랑스를 연결하는 유로터널사업을 들 수 있다. 한편 국내 프로젝트 파이낸스로는 다수의 국내 금융기관들이 차관단을 구성하여 사회간접시설에 대한 프로젝트 파이낸스를 시도한 영종도 신공항고속도로사업이 그 첫 번째 예에 속한다.[57)]

프로젝트 파이낸스계약의 주요내용은 합작계약(Joint Venture Agreement)[58)]과 대출

---

56) Philip R. Wood, project Finance, Subordinated Debt and State Loans (Sweet & Maxwell, 1995), p. 3.

57) '사회간접자본시설에 대한 민간자본유치 촉진법'(1994년 8월 제정)에 의거 실현된 첫 작품이다.

58) 프로젝트 회사 설립을 위한 프로젝트 스폰서간의 계약을 말한다.

계약[59]이며 재원조달은 자기자본 및 타인자본으로 조달되고 리스크 유형으로는 공사완성 리스크(start-up cost overrun), 운영리스크(higher operating cost)[60], 시장리스크(market risk)[61], 정치적 리스크(political, country risk)[62] 등이 있다.

### 8) 선물거래계약

선물거래는 매매계약의 체결과 동시에 상품의 인도와 대금결제가 이루어지는 현물거래에 대응하는 개념으로서 매매대상물과 그 대금이 계약체결일로부터 일정기간 후에 교환되는 거래를 말한다.

선물거래는 거래대상에 따라 상품선물(commodity futures)과 금융선물(financial futures)이 있으며 금융선물거래는 상품선물에서 발달한 거래 기법을 채권, 외국통화에 응용한 것에 지나지 않기 때문에 농축산물이나 금속 등을 대상으로 하는 상품선물거래와 유사하다.

금융선물거래에는 환율변동위험을 방지하기 위한 통화선물거래와 이자율 변동의 위험을 방지하기 위한 이자율 선물거래(금리선물) 및 주식의 가격변동으로 인한 위험들 방지하기 위한 주식 선물거래가 있다.

### 9) 옵션계약

옵션(option)이란 문자 그대로 '선택권'을 말하며 옵션거래는 이러한 선택권을 일정한 대가(프리미엄)를 받고 매매하는 것을 말한다. 옵션의 매입자는 계약에 정해진 대로 매

59) 대주와 차주인 프로젝트 회사 간의 자금대출계약을 말한다.

60) 프로젝트 완공 후 정상 가동에 따른 운영비가 당초 예상과 크게 초과함으로써 발생할 수 있는 위험을 말한다. (예, 생산능력 미달, 관리운영 미숙, 시설 결함 등의 리스크)

61) 프로젝트의 실제 수익이 예상 수익에 미달하는 리스크를 말한다. 이 경우 시장조사를 통해 생산성 향상과 함께 선물거래 등 리스크 헷징이 필요하다.

62) 정치적 불안으로 인하여 주로 개도국에서 외국인 재산몰수, 국유화, 외환규제, 통화교환정지, 과다세금, 로열티 추징, 각종 행정규제 등이 있고, 선진국에서도 환경문제 등을 이유로 문제가 대두되는데 이 경우 보험가입이 필수적이다.

도인에게 일정한 행위를 하도록 요구하거나 요구하지 않을 수 있는 선택권을 갖는다.

옵션에는 어떤 상품의 일정량을 정해진 가격으로 일정 기일이나 일정 기간 내에 매수할 수 있는 콜 옵션(call option)과 매도할 수 있는 풋 옵션(put option)이 있으며 옵션거래에서 매입자를 홀더(Holder)라 하고, 메도자를 그랜터(Granter)라고 한다.

### 10) 스왑계약

스왑(swap)거래는 장래 특정일 또는 특정기간 동안 일정상품 또는 금융자산(또는 부채)을 상대방의 상품 또는 금융자산과 교환하는 거래를 말한다. 교환대상이 상품일 때 상품스왑이라 하고 금융자산 또는 부채인 때를 금융스왑이라고 부른다. 전자의 대상은 대체로 원유·곡물 등이며 후자의 경우로는 외환·채권이 주 대상이다.

법적 성격은 그 대상이 상품이나 채권인 경우에는 '교환'[63]이며 부채인 경우에는 경개(更改)[64]에 가깝지만 우리 민법상 어느 전형계약[65]에도 속하지 않는 무명계약이다.

금리스왑(interest rate swap : IRS)은 동종통화간의 거래로서 약정된 이자를 계약만기시까지 약정시기에 서로 교환하는 거래이며, 외환스왑은 현물환(spot exchange)을 매도 하는 동시에 선물환(foward exchange)을 매입하거나 반대로 현물환을 매입하는 동시에 선물환을 매도하는 거래이고 통화스왑(cross currency and interest rate swap : CRS)은 이종통화간의 거래로서 약정된 원리금을 계약만기시까지 약정된 시기에 서로 교환하는 거래를 말한다.

---

63) 교환은 당사자 쌍방이 금전 이외의 재산권을 서로 이전할 것을 약정함으로써 성립하는 쌍무·유상·낙성·불요식의 계약이다. (한국민법 제 596조)

64) 경개란 당사자가 채무의 중요 부분을 변경함으로써 신 채무를 성립시키는 동시에 구 채무를 소멸시키는 계약을 말한다(한국민법 제 500조). 예로 구 채무는 2천만 원의 급부를 하는 것이었으나 이를 소멸시키고 그에 대신하여 자동차 1대를 급부할 채무로 바꾸는 것을 말한다.

65) 전형계약이란 사회에서 행하여지는 수많은 계약 중에서 빈번하게 이용되는 것을 14개로 유형화한 것으로 여기에는 ① 증여, ② 매매, ③ 교환, ④ 소비대차, ⑤ 사용대차, ⑥ 임대차, ⑦ 고용, ⑧ 도급, ⑨ 현상광고, ⑩ 위임, ⑪ 임치, ⑫ 조합, ⑬ 종신정기금, ⑭ 화해가 있다. 전형계약에 관한 법률 규정은 임의규정이며 계약자유의 원칙이 적용된다. 따라서 계약과 관련하여 당사자간의 분쟁이 발생하였을 때는 실제로 체결된 계약 내용이 우선적으로 분쟁해결의 기준이 된다.

## 11) 국제직접투자계약

### (1) 국제직접투자의 의의

국제직접투자란 기업이 해외에서 토지, 건물, 기계 등의 각종 실물자산을 취득하여 직접 생산활동을 수행하는 것을 말한다. 국제간접투자가 자본이득이나 배당 또는 이자소득을 목적으로 한 투자인데 반하여 국제직접투자는 경영권을 목적으로 한 투자라는 점에서 국제간접투자와 구별되는 개념이다.

기업은 국제직접투자를 통하여 피투자국에 자본, 기술, 마케팅, 노하우 및 경영 노하우 등을 일괄적으로 이전시켜 줄 뿐 아니라 수입대체효과를 가져다주고 수출 기회를 제공해 줌으로써 피투자국의 경제에 긍정적인 효과를 미치고 있다. 이에 각국 정부는 국제경영에 참여하고자 하는 기업에 국제직접투자를 유치하고자 노력하고 있으며 이를 위하여 세제감면, 금융지원 등의 투자유인을 제공한다.

### (2) 국제직접투자의 특징

국제직접투자는 해외 사업에 대하여 직접적으로 영향력을 행사하여 경영지배를 하는 것을 목적으로 한다는 점이다.

국제직접투자는 단순한 자본이동뿐만 아니라 유형무형의 경영자원, 인적자원, 그리고 경영관리상의 지식과 경험, 특허, 노하우는 물론 마케팅 방법 등을 포함한 광범위한 전문적, 기술적 지식 등을 포함한 포괄적 이전을 의미하고 있다는 점에서 수출이나 Licensing과 구별된다.

국제직접투자는 자본과 기업의 수출로서 한 국가의 기업이 국내지향 및 해외지향경영에서 현지지향 및 세계지향경영으로 전환하기 위한 필요조건이다.

### (3) 국제직접투자의 동기

국제경영에 참여하는 기업의 국제직접투자 동기는 매우 다양하여 특정 기업이나 산업 또는 국가별로 서로 다른 양상을 보이고 있다. 그러나 이러한 동기는 대체로 다음과 같은 몇 가지 유형으로 분류해 볼 수 있다.

첫째, 시장추구이다. 국제 기업은 시장을 찾아 세계 어느 곳에서든지 직접 현지에서 자사의 상품 또는 서비스를 생산·판매하고자 한다. 특히 선진국간의 국제직접투자에서는 시장 추구가 가장 중요한 투자동기라고 할 수 있는데 이는 전 세계 국제직접투자의 약 70~80% 가량이 소득수준 및 소비형태가 비슷한 선진국간의 국제직접투자임을 보여준다.

둘째, 생산효율 증대이다. 생산효율을 높이고자 요소가격이 낮은 지역으로 생산설비를 이전하는 경우도 있다. 특히 최근에는 경제의 국제화, 개방화, 자율화 추세에 따라 국제 경쟁이 더욱 치열해지고 있으며 이에 따라 노동집약적인 산업에 있어서는 미국, 일본을 위시한 선진제국 기업들이 점차 경쟁력을 상실하고 있어 이들 기업들은 경쟁력을 회복하기 위해서 생산설비를 해외로 이전하고 있는 실정이며 앞으로도 이러한 추세는 지속될 것으로 보인다.

셋째, 기술습득이다. 해외의 선진기술을 습득하고자 국제직접투자를 결정하는 경우도 있다. 첨단기술을 보유하고 있는 외국의 기업을 인수하여 기술경쟁에서 유리한 고지를 점하고자 하는 기업이 점차 늘고 있어 기술습득이 국제직접투자의 주요한 전략적 동기가 되고 있다.

넷째, 현지 고객욕구 변화에의 빠른 대응이다. 최근 고객욕구가 급변함에 따라 많은 기업들이 수출에서 벗어나 고객 가까이에서 제품이나 서비스를 생산 공급함으로써 고객의 욕구 변화 등을 현지에서 즉각적으로 감지하여 대응한다.

마지막으로 무역장벽 회피이다. WTO체제의 출범(1995)과 함께 각종 규제가 대폭 완화되기는 하였으나 아직까지 선·후진국을 막론하고 직·간접적인 각종 무역장벽이 상존하고 있다. NAFTA나 EU와 같은 지역경제블록에 참여하지 못한 역외권 국가의 기업들은 블록화로 인한 피해를 최소화하기 위하여 미리 역내 국가에 대한 설비투자를 늘리고 있는 추세이다. 또한 선진국보다 개발도상국에서 무역장벽이 훨씬 더 높아서 국제 기업들은 개발도상국에 의한 각종 관세 및 비관세 장벽을 회피하고 현지 정부가 해외투자 유치를 위하여 제공하는 각종 특혜를 누리고자 국제직접투자를 늘리고 있다.

### (4) 국제직접투자의 장점

첫째, 국제직접투자는 자본이전을 수반하는 기업의 이전이다. 그러므로 해외 현지에 자회사를 설립하고 자회사에 기업의 생산시설, 마케팅, 재무, 기술, 지적재산권의 일부 또는 전부를 이전시켜 현지에서 생산하고 현지에서 판매한다.

둘째, 국제직접투자에서는 수출이나 라이센싱과는 달리 생산, 기술, 마케팅, 인사, 재무 활동이 모두 통제가 가능하다. 따라서 기업은 해외생산에서의 유리한 점을 이용하여 경쟁적 우위(comparative advantage)를 유지하거나 강화할 수 있다.

셋째, 수출의 경우에는 운송비, 관세, 각종 비과세장벽(Non-Tariff Barrier ; NTB)에 따른 비용이 소요되나 국제직접투자에서는 이러한 비용지출이 없다. 국제직접투자는 수입수량제한 또는 수입금지조치가 실시되는 나라에 효율적으로 진입할 수 있는 방법이다.

넷째, 현지의 노동력, 기술, 원자재, 에너지 등을 유리하게 활용함으로써 생산비를 낮출 수 있다.

다섯째, 현지 소비자의 기호에 맞추어 제품수정을 할 수 있으며 현지의 판매경로를 이용하여 단기간 내에 저렴한 비용으로 소비자에게 접근할 수 있다.

마지막으로, 해외자회사에서 생산한 제품은 '현지기업 이미지(local-company image)'를 가지고 있으므로 기업의 이미지를 높일 수 있다.

### (5) 국제직접투자의 단점

첫째, 정치적 위험이 높다. 피투자국의 허가를 얻는 데 제한이 있거나 허가조건이 있는 경우가 많다. 해외투자의 이익송금을 제한하는 위험이 있다. 정치적 불안, 혁명, 국유화, 징발, 수입규제, 세금, 외국인사제한, 수출의무의 부과, 외국기업 차별조치 등 무수한 정치적 위험이 있다.

둘째, 시장위험이 높다. 투자할 때는 사업성이 높으나 몇 년 안에 사업성이 낮아져 손실이 발생할 가능성이 있다.

셋째, 국제직접투자는 외부 환경의 영향을 가장 많이 받는 방식이므로 시장조사에 많은 비용이 소요된다.

마지막으로, 사업 착수비용이 높고 자본회수기간이 길며 철수비용도 높다.

### (6) 국제직접투자의 결정단계

첫째, 국제투자계획안(international investment proposal)을 심사할 필요성이 있는지 결정한다. 국제투자안 심사는 많은 시간과 경비가 소요되므로 심사여부를 먼저 심사숙고하여 결정한다. 국제직접투자는 대체안, 즉 수출, 라이센싱, 프랜차이징방식과 상호 비교한다. 또한 국제직접투자의 유형을 합작투자로 할 것인지 전액투자로 할 것인지를 검토한다. 동시에 현지기업을 인수할 것인지 자회사를 설립 할 것인지도 결정한다.

둘째, 국제투자안에 대한 당위성이 인정되면 현지국의 현재 및 미래의 투자환경에 대한 조사분석을 행한다. 투자환경분석의 대상은 투자프로젝트에 영향을 미치는 정치적·경제적·문화적 환경이 된다.

셋째, 투자환경이 양호하다고 판단되면 투자프로젝트의 경제성을 분석한다. 투자프로젝트의 이익률이 목표에 도달하는가, 생산규모는 어느 정도가 적정한가, 숙련된 노동력을 충분히 동원할 수 있는가 등을 검토한다. 투자프로젝트의 예상 이익은 위험요소를 감안하여 조정되어야 한다.

넷째, 투자프로젝트안이 이익성 및 위험성 면에서 타당성이 인정되면 현지국 정부와 협상한다. 협상 과정에서 검토된 투자프로젝트안이 수정 될 수도 있다.

마지막으로, 수정된 투자프로젝트안이 만족할 만한 수준이면 국제직접투자를 결정한다.

## 12) 국제합작투자계약

### (1) 국제합작투자의 의의

국제합작투자는 2개국 또는 그 이상 국가의 둘 또는 그 이상의 투자선들 예컨대, 기업체, 개인, 정부기관, 정부기업체 등으로 구성되는 파트너들(partners)이 영구적으로(permanent basis) 특정 기업체의 소유와 경영에 참여하는 것을 말한다. 그러므로 특정 한국 기업체가 개입될 때에는 외국에 기반을 둔(foreign based) 또는 외국 국적을 갖고 있는 하나 또는 그 이상의 파트너들이 특정 기업체에 대해 공동 소유·경영권(joint or shared ownership and management control)을 행사하는 것을 국제합작투자라고 할 수 있다.

여기서 '영구적'으로라 함은 국제합작경영(international joint venture)의 한 형태로서 특정프로젝트가 완료됨과 동시에 일반적으로 해체되는 국제컨소시움(international consortium)과 구별하기 위한 것이다. 국제컨소시움과는 달리, 국제합작투자기업체(international joint investment firm)는 장기간 운영하기 위해 어느 나라에서나 법인체로 설립하는 것이 통례로 되어 있고 또한 그렇게 하는 것이 바람직하기 때문에 국제합작투자기업체는 적어도 이론적으로는 영구적인 생명을 갖고 있다고 할 수 있다.

'참여'(participation)한다는 것은 자산(assets) 및 자본(capital, equity)뿐만 아니라 특허·상표와 같은 산업재산권(industrial properties), 제조공정을 포함한 기술·경영 노하우, 기업경영상 중요한 기타 기업자원을 결합(pooling)하여 국제합작기업체에 참여하는 것을 뜻한다. 실제로도 그렇게 하여야만 국제합작투자기업체들은 합리적으로 운영될 수 있다.

### (2) 국제자본합작투자 / 국제비자본합작투자

합작파트너들의 권리(rights)가 자본참여(equity participation)에서 비롯된 때에는 이를 국제자본합작투자(international equity joint venture)라고 한다.

하나 또는 그 이상의 합작파트너가 자본참여 없이 국제합작경영에 참여할 때는 이를 국제비자본합작투자(international non-equity joint venture)라고 한다.

법적인 관점에서, 국제자본합작투자는 합작투자기업체를 등기한 특정국가의 주식회사법에 의한 창조물이며, 국제비자본합작투자는 계약법에 의한 창조물이다. 우리가 통상적으로 말하는 국제합작투자란 국제자본합작투자를 뜻한다.

국제합작투자를 할 때에 중요시해야 할 두 개의 키워드는 합친다는 뜻의 풀링(pooling)과 "쉐어링"(sharing ; 여럿이 할당·분담·부담·출자·참여·분배·공유한다는 의미)이다. 합작으로 기업체를 설립·운영할 경우에는 합작 파트너들이 자본·기술 등 기업자원을 투입할 때에 풀링을 해야 할뿐만 아니라, 경영관리·이익 및 적자·리스크 등까지도 쉐어링해야 한다.

이와 같이 풀링과 쉐어링이 필수적이기 때문에 합작 파트너들은 각기 소유권에 대해서뿐만 아니라 권리·책임·의무 등에 대해서도 신경을 쓰고 사전에 합의할 필요가 있다. 사전에 합의가 이루어지지 않았거나 합의가 이루어졌어도 서로 지키지 않을 때는 파트너들 간에 불화와 분쟁(disputes)이 발생하여 합작 기업체가 제대로 운영되지 않든지 와해될 수도 있다.

### (3) 국제합작투자의 동기

세계화 추세에 따라 국제합작투자가 활발히 전개되는 이유는 다음과 같다.

첫째, 투자수입국들(investment recipient countries)의 투자 환경이 변화하고 있기 때문이다. 높아가는 민족주의의식 등 때문에 원칙적으로 외국인 투자를 합작투자에 한하여 허용하는 국가들이 늘어나고 있다. 이러한 현상은 개발도상국일수록 특히 심하다. 그러므로 개발도상지역과 과거와 현재의 공산권을 주요 투자대상지역의 하나로 삼고 있는 한국 기업들은 투자수입국들의 투자환경에 순응하기 위해서도 국제합작투자를 확대하지 않을 수 없을 것이다.

둘째, 개도국·과거와 현재의 공산권 등 투자 수입국들 중에는 비록 외국인의 단독

투자를 허용하는 나라들이 있다 하더라도, 그러한 나라의 현지기업들과 협력 관계를 유지함으로써 이익증대·리스크의 분산 등 현지투자기업체가 얻을 수 있는 경영상의 편익을 최대화하기 위해 자발적으로 국제합작투자를 선택하는 외국인 기업들이 늘어나고 있기 때문이다. 특히 투자 수입국이 개도국이거나 과거와 현재의 공산권 국가이고, 투자 규모가 크고, 투자회수기간이 긴 투자프로젝트(예컨대, 해외자원개발, 수직적으로 통합된 제조활동과 같은)에 개입하는 기업들일수록 국제합작투자를 선호하는 경향이 많다.

마지막으로, 국제기업들은 위와 같은 이유들 때문에도 국제합작투자를 선택하는 경향이 있지만, 자본·국제경영 노하우 등 기업자원이 부족할 때에도 국제합작투자를 선택하는 경향이 많다. 마찬가지로 한국 기업들 중에는 기업자원의 부족 때문에도 국제합작투자를 선호는 경향이 많다.

### (4) 국제합작투자에 따른 소유권형태

국제합작투자에 따른 소유권 형태는 다음과 같은 5개 유형이 있는데 처음 세 가지가 널리 활용되고 있는 반면 나머지 두 가지는 활용도가 낮다.

첫째, 현지인과반수소유권(majority local ownership)/외국인소수소유권(minority foreign ownership)으로 과반수소유권이라 함은 현지합작투자기업체의 소유권 100% 중에서 50%이상의 지분(equity share)을 차지하는 것을 뜻한다. 반대로 소수소유권이라 함은 50%이하의 지분을 차지하는 것을 뜻한다. 그러므로 현지합작투자파트너가 과반수소유권을 차지하면, 외국인합작투자파트너는 자동적으로 소수소유권을 차지할 수밖에 없다.

모든 기타조건이 같다고 할 때(all other thing being equal), 현지합작투자 기업체에 대한 경영통제권은 소유권비율(지분과 같은 뜻의 ownership ratio)에 따라 과반수소유권자가 차지하는 것이 원칙이다. 따라서 현지인과반수소유권/외국인소수소유권은 현지합작투자기업체의 경영통제권을 '원칙적으로' 현지 파트너에게 주는 현지 파트너에게 유리한 소유권형태라고 할 수 있다.

둘째, 현지인소수소유권(minority local ownership)/외국인과반수소유권(majority foreign ownership)형태로 이것은 소유권비율에 따라 현지합작투자기업체의 경영통제권을 원칙적으로 외국인 파트너에게 주는 외국인 파트너에게 유리한 소유권형태라고 할 수 있다. 여기서도 만일 외국인 파트너가 현지합작투자기업체의 경영통제권을 현지 파트너에게 위임하는 조항을 담은 경영계약을 체결하면, 현지파트너가 비록 소수소유권을 차지하고 있더라도 현지합작투자기업체의 경영통제권을 장악할 수 있다는 점을 인식해야 한다.

셋째, 50/50소유권(동등소유권 : equal share, equal ownership)방식으로 이것은 외국인 파트너와 현지 파트너가 현지합작투자기업체의 소유권을 50%씩 동등하게 차지하는 소유권형태이다. 이러한 소유권형태 하에서는 모든 기타조건이 같다고 가정할 때, 두 합작투자파트너가 경영통제권을 동등하게 행사(equally share)해야 한다. 따라서 50/50 소유권은 소유권 비율과 그에 따른 경영통제권비율의 두 측면에서 현지 파트너와 외국인 파트너에게 동일하게 유리하도록 된 소유권 형태라고 간주할 수 있다.

만일 두 파트너가 모든 문제와 과제에 대해 항상 완전히 합의할 수만 있다면, 두 파트너에게 다 같이 유리하도록 현지합작투자기업체가 운영될 수도 있다. 그러나 두 파트너 사이의 이해충돌·견해와 판단의 차이 등 때문에 합의가 잘 이루어지지 않거나 분쟁(disputes)이 자주 발생하게 되면, 의사결정이 벽에 부딪히게(deadlock) 되어 현지 합작투자업체는 뚜렷한 목표와 전략이 없이 표류하게 될 가능성도 많다. 50대 50의 소유권 비율에만 의거해서는 두 파트너 모두가 결단성 있는 의사결정(decisive decision-making)을 할 수 없는 위치에 있기 때문이다.

그렇기 때문에 50/50 소유권 형태를 채택할 때는 두 파트너 중에서 어느 하나가 결정적인 경영통제권을 행사할 수 있도록 양자 간에 경영계약을 체결하는 경향이 많다. 대체적으로 협상력(bargaining)이 상대적으로 강한 파트너가 경영계약을 통해 경영통제권을 장악하는 경우가 많다.

넷째, 현지인 파트너와 외국인 파트너가 49/49 소유권을 차지하고 나머지 결정적인 주식 비율(decisive stock share)을 독립적인 제 3 자가 소유하는 형태로 이것은 현지합작투자기업체가 행하는 의사결정이 두 파트너 중 어느 한쪽에만 유리하게 이루어지지 않도록 하는 동시에 의사결정이 벽에 부딪히는 것을 미리 방지하는 데 목적을 두고 양 파트너가 다 같이 과반수 소유권에 미달하는 49%씩(예컨대) 동등하게 소유하고 나머지 결정적인 주식 비율은 현지합작투자기업체 자체의 권익(interest)만을 보호·증진토록 의사결정 할 수 있는 독립적이고 객관적인 입장에 있는 제 3 자가 소유하도록 하는 것을 말한다.

이 소유권 형태는 이상적인 것으로 보일 수도 있으나, 현실은 이상대로만 안 되는 많은 어려움이 따르기 때문에 오늘날 별로 활용되지 않고 있다.

마지막으로, 한 파트너가 일단 일정 비율의 소유권을 차지하되 일정 기간 후에는 다른 파트너에게 지분의 일부 또는 전부를 구입할 수 있는 선택권을 주는 형태로 예컨대, 현지합작투자기업체를 설립할 당시에는 외국인 파트너가 50%의 지분을 소유할 수 있게 하되 10년 후부터 시작하여 5년 이내에 외국인 파트너 지분의 일부 내지 전부를 현지 파트너가 매입하는 선택권(option)을 행사할 수 있도록 합작투자계약에 명시하고 따르는 것이 그 예이다.

드물게 활용되고 있는 이러한 소유권형태에 외국인 파트너가 때때로 동의하는 이유는 민족주의에 바탕을 둔 현지국의 자국화 정책에 순응하고(특히 당초의 지분이 50% 이상일 때), 합작투자를 실시한 다음에 일정 기간 내에 투자 회수가 충분히 이루어지게 되면 지분을 매각하고 현지국에서 철수하는 것이 바람직하다는 사전적인 계획 등 때문이다.

## 13) 국제 M&A계약

### (1) M&A의 의의

M&A란 둘 이상의 기업이 하나로 통합되어 단일기업이 되는 기업합병(Mergers)

과 한 기업이 자산 또는 주식을 취득해 다른 기업의 경영권을 획득하는 기업인수(Acquisitions)를 말한다.[66] M&A의 동기는 비효율적인 경영으로 수익성이 낮고 주가가 저 평가 된 기업을 골라 이들 기업의 주식을 저가로 매입하여 경영권을 확보한 후 기업의 효율성을 증대시켜 수익과 주가를 높여 이익을 획득할 목적 하에 1980년대부터 외국에서 붐을 이룬 후 WTO 출범과 함께(1995년) 세계화 전략에 따라 광범위하게 행하여지고 있다.

### (2) M&A의 효과

M&A의 긍정적 효과는 1+1=3이 된다는 시너지 효과(synergy effect), 즉 경영과 기술, 자본의 효율적 분배, 규모의 경제, 생산공정, 영업효율성과 같은 경영효율성 증대에 있으며 부정적 효과로는 지배주식의 쟁탈로 인하여 소액투자가인 소액주주가 피해를 볼 가능성이 크다는 점, 또한 기업사냥의 수단으로 악용 될 우려가 있다는 점 등이다.

### (3) M&A의 유형

M&A는 우호적 M&A와 적대적 M&A가 있는데 전자는 매수기업이 대상기업과의 합의에 의하여 이뤄지며, 후자는 대상기업의 의사와는 무관하게 매수회사가 단독으로 공개매수나 주식매집 등의 방법을 통하여 이뤄진다. 대체로 M&A라고 할 때는 적대적 M&A를 지칭한다.

### (4) 합병방식

기업합병에는 흡수합병(Merger)과 신설합병이 있는데[67] 전자는 한 회사가 다른 회사에 흡수되어 소멸하고 존속회사는 소멸회사의 자산부채를 승계 하는 방식의

---

66) 이춘삼, 시사무역경제, 영미디어, 2000, pp.40~42

67) 기업합병방식은 법상 부채가 당연히 승계 된 결과 대차대조표에 나타나지 않은 채무가 많은 경우, 예측 불허의 과다채무승계 위험성이 노정된다는 점, 합병하는 회사 양측 모두 이사회·주주총회 승인을 받아야 한다는 법 절차의 복잡성, 합병반대 주주에 대한 주식매수청구권 부여로 다액의 현금 유출이 불가피하다는 점 특히 국제합병에는 현지국의 회사법, 증권거래법, 경쟁법 등 규제가 엄격하다는 점 등이 단점으로 작용한다. 세무상 합병등기비용 때문에 흡수합병이 유용하다.

합병을 말하며, 후자는 두 회사가 해산하고 이를 흡수하는 신 회사를 설립하여 신설회사가 소멸회사의 자산·부채를 승계하는 방식으로 이뤄지는데 양자 모두 소멸하는 회사의 주주에게 합병비율에 의거 신 회사의 주식을 교부한다.

### (5) 자산매수/주식매수

자산매수(asset acquisition)는 매수기업이 계약에 의거 피매수기업의 자산과 사업의 전부 또는 일부를 매수하는 것으로 상법상으로는 영업양도에 속한다.

이 경우 피매수기업은 해산·청산절차를 밟아 소멸하는 것이 일반적이다. 자산매수의 장점은 매수대상이 될 자산과 부채를 한정할 수 있어 매수인은 필요 없는 자산은 매수대상에서 배제시킬 수 있으며 그리고 예측불허의 부채출현도 우려할 필요가 없다는 데 있다.

주식매수(stock acquisition)는 매수기업이 피매수기업의 주주가 가지고 있는 주식의 전부 또는 일부를 매수하는 것으로 단지 주주가 바뀐다는 점에서 자산 매수와 다르다. 주식매수방법으로는 피매수기업의 대주주로부터 계약에 따라 주식을 취득하는 방법, 공개매수방법, 피매수회사가 신주를 발행하고 당해 신주를 인수하는 세 가지 방법이 활용되고 있다. 합병의 경우와는 달리 소액주주 보호를 위한 주식매수 청구권은 존재하지 않는다.

### (6) M&A의 절차

M&A절차는 M&A계획수립과 사전조사→대상기업과의 협상→의향서 작성→계약체결→클로징 순으로 진행되며 매매당사자간에 복잡한 계약이 요청된다.

M&A 조건에 대하여 원칙적 합의를 본 경우, 이를 서면으로 작성해두는 초기단계를 양해각서(Memorandum)라 한다.

양해각서에 의거 중요조건사항들에 대한 법적 구속력에 관한 내용이 포함되는 단계를 의향서(Letter of Intent)라 하는데 의향서는 당사자의 의도를 기재한 것에 불과하기 때문에 법적 구속력을 갖지 않는 경우가 많다.

옵션계약(option contract)은 일정 기간 동안 매수인에게 매수옵션을 부여하는 것으로 매수인 외에 대상기업의 매수를 희생하는 경쟁자가 많은 경우 매수인에게 시간을 벌 수 있는 주요 수단이 된다. 실무상 옵션계약을 체결하기 전에 본계약(안)을 작성하고 옵션행사와 함께 본계약을 체결한다.

클로징(closing)은 M&A의 구체적 실행을 말하는데 M&A 계약서에는 클로징의 시기와 장소·방법 등에 관한 규정을 두게 된다. 즉, 주권교부(매도인), 대금지급(매수인) 서류인도 등에 관한 사항이 그것이다. 그리고 클로징에는 예컨대, 사업을 계속할 것, 매수인조사에 협력할 것, 신주발행·배당 등을 하지 말 것, 담보설정이나 채무보증을 하지 아니할 것 등 여러 약속조항이 포함된다.

### (7) 적대적 M&A기법 사례

지금까지 국내외에서 사용됐던 적대적 M&A기법을 살펴보면 다음과 같다.

그린메일(Green mail)은 외국인 M&A허용으로 가장 성행할 것으로 예상되는 적대적 M&A유형이다. 공격 측은 대주주 지분이 취약한 특정 기업의 주식을 경영권을 위협할 정도로 매집한다. 주식 매집은 은밀히 진행되며 일정 지분이 확보된 후 대주주 측에 높은 가격에 자신들의 지분을 매수해 줄 것을 요구한다. 이 요구를 담은 서한을 그린메일이라 한다. 대주주가 매수를 거부할 경우 미리 확보한 제3의 매수자에게 지분을 몰아주고 제3자가 기업의 경영권을 획득한다. 증권 전문가들은 1997년 초 미도파에 대한 외국인들의 M&A시도를 그린메일의 일종으로 분석하고 있다.

공개매수(Take-over-bid)는 공격자가 공격대상 기업의 지분을 어느 정도 확보하고 있다가 단기간에 경영권 획득을 위해 해당 기업 주식에 대해 공개적으로 매수수량과 매수 가격을 발표한다. 일정 기간 내에 원하는 지분을 얻어서 경영권을 빼앗는다. 국내에서는 지난 1994년 한솔제지가 동해종금을 공개 매수한 것이 처음이다. 1997년 증권거래법에 의무공개매수 규정이 신설된 후 신성무역 등 여러 사례가 있다. 하지만 외국인 M&A 허용과 하께 의무공개매수 규정은 없어졌다.

베어허그(Bear hug)란 곰이 갑자기 껴안는다는 뜻으로 공격 대상 기업에 기업인수 의사를 전격적으로 발표하고 이에 응하지 않을 경우 공개매수를 하겠다고 으름장을 놓는 것이다. 국내에서는 고니정밀 M&A에 베어허그 기법이 동원됐으나 대주주의 방어의지가 없어 큰 소득은 없었다. 이와 비슷한 기법으로 토요일밤 특별작전(Saturday night special)이 있다. 주말 증시를 통해 전격적으로 지분을 매수해 방어자에게 방어 기회를 주지 않는 것이다.

위임장 대결(Proxy fight)은 공격자나 방어자 모두 지분을 50%이상을 장악하는 것은 사실상 어렵다는 점을 이용하여 주총에서 표대결이 벌어질 것에 대비, 공격자와 방어자 양측을 소수주주들로부터 의결권을 위임받아 경영권을 주장하게 된다. 국내에서는 한화종금 경영권 분쟁시 공격자와 방어자가 모두 신문광고를 통해 소액주주에게 자신에게 위임장을 써 달라는 요청을 하였다. 외국에서는 위임장 대결을 통해 경영권이 바뀐 사례가 많다. 공격자는 기업 경영자의 약점을 이용하고 자신이 새로운 경영자가 될 경우 회사비전을 제시해 위임장을 받아 낸다.

LBO(Leveraged buy out)는 기업 공격자금을 외부 차입으로 충당하는 전략이다. 공격자는 앞으로 인수하게 될 기업의 자산을 담보로 금융기관으로부터 공격자금을 차입한다. 적대적 M&A가 성공해 기업을 인수하면 기업의 자산을 매각해 차입금을 갚는다. LBO는 한 때 미국에서 맹위를 떨친 기법으로 맨 주먹으로 적대적 M&A가 가능하다는 신화를 낳았다. 대부분의 적대적 M&A에서는 공격자금 또는 방어자금 마련을 위해 LBO기법이 동원된다.

흑기사(Black knight)는 동업자 관계가 소원해진 틈을 이용, 제 3 자를 끌어들여 기업경영권을 빼앗는 방법이다. 국내에서는 지난 1995년 신원그룹이 사카린 제조업체인 제일물산을 M&A할 때 이 기법을 동원했다. 1·2대주주는 선대의 동업자 관계가 깨지면서 2대주주가 경영에서 소외되었다. 2대주주는 신원그룹을 흑기사로 불러들여 자신의 지분과 신원이 매입한 지분을 합쳐 전격적으로 경영권을 인수하였다.

# 3 국제계약의 당사자

## 1 국제계약의 당사자 개념

국제계약의 당사자라 함은 국제거래(국제물품매매계약)라는 법률행위를 할 수 있는 국제계약법상 능동적 주체(subject)인 당사자로서 그 법률행위에 의한 권리·의무의 직접적인 귀속자인 국제거래 주체를 말한다.

국제계약당사자를 그 법적 성격에 따라 분류해 보면 자연인, 법인, 국가 또는 국가기관, 국제기업조직, 국제기구 그리고 대리인 등이 있으며 이 중 국제거래의 복잡성과 그 규모의 크기로 인하여 법인의 역할이 매우 크다.

자연인이 국제계약의 당사자가 되는 경우는 거의 없지만 만약 자연인이 계약당사자가 되는 경우, 권리능력[68]이나 행위능력[69], 외국인의 권리제한 등에 대한 검토가 요청된다. 특히 외국인의 권리제한으로서 어느 나라를 막론하고 예컨대 선거권, 출입국관리 등과 같이 공법상의 지위에 관한 제한이 있으며 우리나라에서는 "외국인은 국제법과 조약이 정하는 바에 의하여 그 지위가 보장된다."함을 천명하고 있다.[70]

국제계약을 체결함에 있어서 가장 중요한 점은 먼저 당해 계약의 당사자가 '특정'되어야

---

68) 권리의 주체가 될 수 있는 지위를 권리능력이라 하는데 자연인의 권리능력을 인정하지 않는 국가는 오늘날 지구상에 거의 존재하지 않기 때문에 국제거래상 문제가 되지 않는다.

69) 어느 나라에서든 자연인의 행위능력은 미성년자 · 한정치산자 및 금치산자의 경우에 제한된다. 우리 국제사법에 의하면 사람의 능력은 그 본국법에 의하여 정하고제11조, 제13조) 그러나 외국인이 대한민국에서 법률행위를 한 경우 그 외국인이 본국법에 의하면 무능력자인 경우라도 우리 법에 의거 능력자인 때에는 이를 능력자로 본다(제15조 ①). 우리 민법상 성년연령은 만 20세이나(제4조), 미 · 영 · 불 · 독 등 선진국의 경우는 만18세로 20세 미만의 한국인이 체결한 국제계약은 법정대리인의 동의가 없으면 취소된다.

70) 헌법 제6조 ②

하며, 당사자 특정은 단순히 당사자의 동일성을 확인하는데 그치는 것이 아니라 그 당사자의 궁극적 실체, 법인격, 법적 권한, 책임의 한계, 의사결정과정, 기타 법적인 특권 또는 제한의 존재여부까지 미친다. 따라서 계약서에 당사자를 표시하는 경우 정확하고 완전한 명칭과 주소를 기재해야 한다. 당사자가 법인인 경우에는 그 설립 준거법도 밝혀야 한다. 이는 당사자의 법적 지위와 대리인의 권한의 범위나 소송에서의 당사자 능력, 소송능력을 분명히 하기 위하여서이다. 특정 당사자의 법적 지위에 따라 상대방이 그의 이행이나 변제를 확보하기 위하여 제3자를 보증인으로 계약에 참여시킬 것을 요구하는 경우도 있다.

## 2 자연인과 법인

자연인 내지 개인이 국제거래 계약의 당사자가 되는 경우는 거의 없기 때문에 법인인 당사자(corporate party)에 대하여 계약체결시 유의해야 할 사항을 검토할 필요가 있다.

법인의 경우 자국법상 유효한 법인으로 존속하고 있는지 그 여부를 반드시 검토하여야 한다. 한국·프랑스·일본은 모든 회사를 법인으로 하고 있으나 독일법은 주식회사, 주식합자회사와 유한회사는 법인이지만 합명회사와 합자회사는 조합으로 취급하고, 영국법은 Partnership은 인격이 없지만 Company는 Unincorporated company와 Incorporated company가 있고, 미국법은 Partnership은 인격이 없고 Corporation은 법인이다.

계약상대방 법인이 특정 회사의 서류상 회사(Paper company) 또는 자회사(Subsidiary)인 경우, 그 모회사로부터의 이행보증(Performance guarantee)을 꼭 받아야 한다.

법인의 경우 양당사자는 각각 국내회사법상 또는 회사내규 상 요청되는 적법절차 준수여부 및 특히 서명자가 법인의 대표권이 있는지 여부를 반드시 체크하여야 한다. 특히 표견대리[71]와의 관계가 있는지 여부를 유의할 필요가 있다.

71) 표견대리(表見代理)란 대리권이 없음에도 불구하고 마치 그것이 있는 것과 같은 외관이 있고 또한 그러한 외관의 발생에 관하여 본인이 어느 정도 원인을 주고 있는 경우, 그 무권대리 행위에 대해 본인이 책임을 짐으로써 선의·무과실의 제3자를 보호하려는 입법제도이다. 표견대리에는 ① 대리권수여의 표시에 의한 표견대리, ② 권한을 넘은 표견대리, ③ 대리권 소멸 후의 표견대

세금을 절약할 목적으로 조세천국(tax heaven), 즉 세율이 낮거나 세금이 부과되지 않는 국가에 설립한 자회사와 계약을 체결할 경우에는 그 자회사의 모회사와의 관계, 자회사의 법인격 및 재무구조의 내실여부를 확인하고 그에 따른 특수한 조세 문제를 체크하여야 한다.

법인이 제3국에서 어떤 영업행위를 하기 위해서는 그 성질에 따라 제3국의 국내법에 의하여 요구되는 절차가 필요하므로 그 이행 여부를 체크할 필요가 있다.

## 3 국가 및 국가기관

국제계약의 당사자가 정부기관 및 지방자치단체 등과 같이 국가와 국가기관이 당사자가 되는 경우, 그 법적 취급에서는 기본적으로는 법인에 준 한다. 국가와 국가기관이 사기업과 체결한 국가계약에 관련하여서는 가끔 문제가 발생한다. 즉 개도국은 국유화법 등의 신법을 만들어 사기업과 체결하는 국가계약을 입법적으로 파기하고 자산국유화를 꾀하기도 한다. 따라서 사기업은 미리 대책을 세워 국가계약의 파기 및 자산국유화에 대응하여야한다.[72)]

주권면제특권(Sovereign Immunity)이란 국가 또는 국가기관이 국제계약의 상대방이 될 때 그 국가 및 그 재산은 국제법상 외국의 재판권에 복종하지 않는다는 원칙을 말한다. 주권면제에는 절대적 주권면제(absolute immunity)와 상대적·제한적 주권면제(restrictive immunity)가 있는데 전자는 주권면제가 절대적으로 인정되어야한다는 것이고 후자는 상대적·제한적으로 인정되어야한다는 것이다. 최근의 일반관례는 비록 국가 또는 정부라 하더라도 그 행위가 국가행위(act of state)가 아닌 순수상행위(commercial

---

리가 있는데 이 경우 모두 본인이 책임을 면 할 수 없다(민법 제 125, 126, 129조 참조).

72) 국가와 계약체결시 유의할 사항으로는 첫째, 계약은 국제법의 원칙 및 법의 일반원칙에 준거하여 해석한다. 둘째, 계약에 적용하는 국내법은 계약체결 당시의 법으로 규정한다. 셋째, 계약체결이후의 입법규정 중에서 사기업에 불리한 것은 계약에 적용하지 아니한다는 내용을 계약상의 대응책으로 검토할 필요가 있다.

activity)[73]인 경우에는 면책이 인정되지 않는 것으로 되어 있다.

그러나 만약의 경우를 대비하여 주권면제에 대한 다음과 같은 대응책을 검토하여야 한다.

첫째, 국가 또는 국가기관과의 국제계약서에 국가가 갖는 재판권면제 및 강제집행 면제의 특권을 포기하고 동시에 당해특권의 포기를 당해국 법률상 유효하다는 뜻의 법무부장관 확인서를 첨부한다.

둘째, 법무부장관의 확인서 첨부가 불가능할 경우, 주권면제포기에 대한 현지국 변호사의 의견서를 첨부한다.

셋째, 위의 어느 경우도 불가능할 때는 당해 국제계약과 관련하여 법률상 유효하게 국가 또는 국가기관을 상대로 당해국에서 제소할 수 있고 동시에 강제집행이 가능하다는 것을 확인하는 현지국 변호사의 의견서를 첨부할 필요가 있다.

## 4 국제기구

국제법상 국제기구란 설립헌장이라고 불리는 국제조약에 의하여 성립된 정부간 조직체로서 기본법과 고유기관 및 독립된 법인격을 갖고 설립헌장상의 목적과 기능에 따라 활동하는 국제공동체의 구성원을 말한다. 1969년 Vienna협약 제2조 1항 i는 국제기구를 단순히 정부간 기구라고만 표시하여 비정부간기구와 구별하고 있을 뿐이다. 이러한 국제기구는 실제로 각기 조직의 성격이 상이한데 UN이나 EU 등은 주권국가에 유사한 성격을 가지는가 하면 IBRD나 ADB처럼 일종의 경제단체로서 관념되는 경우도 있다. 따라서 UN, EU 등의 국제기구는 주권면제특권의 인정 등 주권국가와 동등한 취급이 필요한 경우가 많고 IBRD, ADB 등은 일반 사법인 당사자와는 다른 특별한 취급을 해야 할 때가 더러 있다.

73) 1972년의 유럽국가면제조약(European Convention on State Immunity), 미국의 1976년 외국주권면제법(Foreign Sovereign Immunity Act of 1976), 영국의 1978년 국가면제법(State Immunity Act of 1978) 등은 절대적 주권면제를 포기하고 상대적 주권면제론을 취한 예에 속한다(이태희, 『국제계약법』 학연사, 1989, p.16.).

## 5 국제기업조직

국제거래의 주체로서 국제기업(International Enterprise 또는 Transnational Corporation)은 그 단일 국적성과 자본의 초 국가성 및 본사의 경영지배를 축으로 다양한 국제이익을 추구하는 기업으로 다음과 같은 여러 형태가 있다.

국제계약이 본인이 아닌 대리인(대리권)[74]에 의하여 혹은 법인의 경우 법인의 대표자 또는 직원에 의하여 서명되는 경우 그 서명인의 인적사항, 대리권·대표권여부 및 그 범위의 증명확인이 요청된다. 대리권·대표권의 범위를 초과한 행위, 즉 월권대리행위(ultra vires act)의 효력에 관하여는 여러 문제가 있으나 일응 법인의 경우 통상적으로 일상영업행위(routine daily business activities)로 인정되는 행위에 한하여 법인에 대한 기속력이 인정 되는 것이 관례로 되어 있다.

국제기업조직의 하나인 지점(banch office)은 본점에 종속하여 본점의 지위 명령에 따르기는 하나 일정 범위 내에서 독자적인 영업활동을 결정·수행하고 대외적인 거래를 할 수 있는 조직인데, 지점은 현지의 회사법에 따라 외국회사의 지점으로서 등기된다. 현지에서 지점으로 등기되면 당해 지점은 회계장부를 갖추고 재무제표의 작성, 세무신고 및 납세의무를 지게 된다. 지점은 현지법상 제한금지 된 것이 아닌 한 원칙적으로 정관에 기재된 회사목적에 해당하는 활동 전부를 할 수 있다. 지점은 독립채산이 원칙이고 주재원사무소와는 달리 설치된 후의 경비는 모두 현지의 영업활동에 따라 충당한다. 외국환거래법상 외국법인의 한국지점은 한국에서는 거주자로 본다.

현지법인은 대체로 현지의 회사법을 준거법으로 하여 설립된 회사를 말하는데 현지법인 중에는 한국 기업이 100%출자하여 완전한 지배권을 갖고 있는 회사도 있지만 타사와 공동 출자한 합자회사도 있다. 현지법인의 장점으로는 첫째, 모회사로부터 독립하여 현지국의 내국법인으로서 현지 사정에 적합한 경영을 할 수 있다. 둘째, 현지

74) 대리인(점)이란, "일정한 상인을 위하여 상업사용인이 아니면서 상시 그 영업부류에 속하는 거래의 대리 또는 중개를 영업으로 하는 자"를 말한다(상법 제87조). 그러나 영미 법상의 Agent는 우리나라의 메이커 등과 현지 고객사이의 거래를 중개 또는 매개할 뿐이고 지기명의, 즉 자기의 위험(risk)과 계산(account)으로 거래를 하지 않는다(이춘삼, 『한국통상법』 법문사, 1999, pp.78~80).

법인 자신의 이익을 유보하여 장래의 손실보전을 준비할 수 있다. 셋째, 모회사는 원칙적으로 현지법인의 채무에 대하여 이행보증이나 지급보증을 한 때 이외에는 법상 책임이 없다. 넷째, 현지법인은 외국환 거래법상 비거주자(non-residents)이므로 국내법의 적용을 받지 않는다. 다섯째, 현지법인의 경영자가 사장 또는 부사장 직함으로 현지 경영활동을 용이하게 할 수 있다. 반면 단점으로는 첫째, 모회사와 법인격이 상이하여 모회사의 신용을 이용할 수 없다. 둘째, 경영손실이 발생할 때 현지법인 스스로 해결하여야 한다. 셋째, 모회사와는 독립법인으로 별도의 경영조직에 따라 운영되고 실패하는 경우에는 조직이 해체되어야 한다.

이상과 같은 현지법인은 주식회사 또는 유한회사가 보통이다. 국제기업조직과 관계가 밀접한 국제조약으로는 각 국가와 체결한 우호통상항해조약, 투자보호협정, 조세조약 등이 있다. 우호통상항해조약은 한국기업이 현지국에서 최혜국대우·내국민대우를 받는다는 점, 투자보호협정은 현지국에서 법적, 제도적 측면에서 각종 보호를 받는다는 점, 조세조약은 중과세를 방지하고 투자소득 및 양도소득에 대한 원천소득세 감면조치 등을 주요 내용으로 한다.

# 4 국제계약의 적용규범

## 1 국제계약의 준거법문제

국제계약은 국내계약과는 달리 서로 다른 국가영역에 영업소를 둔 당사자 간의 국제상거래로 계약당사자의 국적, 계약체결지, 계약목적물의 소재지, 계약이행지 등과 같은 계약관계를 구성하는 요소가 여러 나라에 걸쳐 있다. 그리하여 국제계약으로부터 발생하는 분쟁을 어느 국가법에 준거하여 해결할 것인가 하는 문제가 자주 발생하게 되는데 이것이 곧 국제계약의 준거법 문제이다. 일단 국제계약이 체결되면 우선적으로 두 계약당사자간의 약정이 그 규범력을 발휘하게 된다. 그리고 동일 또는 유사 내용의 약정이 반복 체결됨으로써 관습이 성립되고 이들 관습을 토대로 하여 조약들이 체결되며, 이들의 규율범위 밖의 사항에 대해서는 준거법원칙에 따라 지정된 각국의 국내법이 규율된다. 준거법은 당사자의 합의나 각국의 국제사법에 따라 결정되는데 전자의 경우에는 경제강자의 지위에 있는 미국·EU 등의 선진국 법이 준거법으로 선택되는 경향이 많다.

## 2 당사자 약정

국제계약은 상이한 법제, 서로 다른 화폐와 외환·관세제도, 상이한 주권국가, 상이한 언어·문화·풍속 등 이질국가간의 거래로 통일적인 법규에 의한 규율이 불합리하거나 비능률적이란 점에서 계약당사자의 자유의사, 즉 당사자합의(약정)를 가장 존중하게 되는데 이를 '당사자 자치 원칙'(autonomy of parties) 또는 '계약자유의 원칙'(freedom of contract)이라고 한다. 당사자 자치에도 준거법을 지정하는 면에 있어서의 당사자 자치와 실질적인 규율내용을 당사자 자신들이 규정하는 당사자 자치가 있다. 앞의 것을 저촉법적 당사자 자치라 하고 뒤의 것을 실질법적 당사자 자치라고 하는데 국제계약에서 종종 문제가 되는 것은 실질법적 당사자 자치의 내용으로 당사자 약정의 규범력 문제이다.

## 3 국제관습 및 관습법

국제무역거래에 종사하는 모든 사람들이 승인하고 준수하려고 하는 거래 양식을 국제무역관습 또는 국제상관습이라고 한다.[75] 국제상관습은 그것을 묵시적으로 승인한 국가나 당사자에 한하여 유효하다. 국제상관습의 효력은 다음과 같다.[76]

당사자는 그들이 합의한 모든 관행(usage)과 당사자간에 확립되어 있는 모든 관례

75) 朝岡良平, 貿易賣買と 商慣習, 東京市井出版, 1977, p.40.

76) United Nations Convention on Contracts for the International Sale of Goods : (Vienna Convention), art, 9.

(practices)에 구속된다.

별도의 합의가 없는 한 당사자가 알았거나 또는 당연히 알았어야 하는 관행으로서 국제무역에서 해당되는 특정무역에 관련된 종류의 계약당사자에게 널리 알려져 있고 통상적으로 준수되고 있는 관행은 당사자가 이를 그들의 계약 또는 계약성립에 묵시적으로 적용하는 것으로 본다.

국제상인간의 거래에 나타난 규칙적·합리적인 관습적 행위가 점차 국제상관습을 발전시키며 또 오랜 시일을 거쳐 이것이 국제상관습법으로 발전하게 된다. 국제상관습과 국제상관습법은 다음과 같은 차이가 있다.

첫째, 국제상관습법은 당사자가 이것을 따를 의사가 있다고 인정되지 않는 경우에도 당연히 적용된다. 이에 반하여 국제상관습은 원칙적으로 당사자가 이것을 따를 의사가 있는 경우에 한하여 법률행위의 해석기준으로 적용된다.[77]

둘째, 국제상관습법과 국제상관습은 사회질서 또는 강행규정에 반하는 것은 성립할 수 없다. 그러나 전자는 임의 규정이 있는 경우에는 성립할 수 없음에 반하여, 후자는 임의규정이 없는 경우는 물론 임의규정이 있다고 하더라도 이것에 우선하여 적용된다.

셋째, 국제상관습법은 법률과 동일 효력을 가지므로 계약당사자가 이것을 따른다는 뜻의 의사표시를 하였는가의 여부에 상관없이 적용되나, 국제상관습은 이러한 관습의 존재 또는 그 내용이 사실로서 증명되지 않으면 안 된다.[78]

국제계약에 있어서 국제상관습 및 국제상관습법이 형성되면 이것은 국제계약의 묵시조항(implied terms)의 하나로서 국제계약의 내용을 보완하고 해석하는데 있어서 하나의 기준이 된다.

77) 대법판 1959. 5. 28, 4291 민상1 · 파기환송, 참조.

78) S.G.A., art 30(4) 및 55 ; Uniform Law on the International Sale of Goods(ULIS) art. 9

## 4 지정준거법

국제계약에서는 당사자 자치원칙이 적용되기 때문에 계약 당사자가 자유로이 준거법을 지정하여 선택할 수 있다. 로마협약은「계약은 당사자가 선택한 법에 의하여 규율된다」79)고 하여 명시적 의사에 의한 준거법 결정원칙을 채택하고 있다. 준거법을 지정한다고 하는 것은 저촉법적 지정을 의미하며 실질법적 지정을 뜻하는 것과는 다르다. 이와 같이 지정 준거법이 있는 경우, 이 법은 국제계약을 규율하는 가장 강력한 규범이 된다.

해상보험증권상의 영국법 준거약관 제19조 "This insurance is subject to English law and practice" (이 보험은 영국의 법률 및 관습에 준거한다)라고 규정하고 있는데 이것이 해상보험계약관계의 대표적인 준거법지정조항의 예에 속한다. 준거법조항은 보통 "The formation, Validity, Construction and the performance of this Agreement shall be governed by the laws of Korea"라고 함으로써「본 계약의 성립, 유효성, 해석 및 이행은 한국법에 준거하여야 한다.」라는 식으로 포괄적이고도 구체적으로 지정하는 것이 바람직하다.

한편, 계약과 현실적으로 가장 밀접한 관련이 있는 법을 준거법으로 해야 한다는 입법주의를 추정의사주의라 하며 채권계약을 구성하는 많은 객관적 요소들을 연결점으로 하여 준거법을 선택하는 관점이다. 당사자 자치의 원칙에 의한 명시적인 당사자의 의사표시도 여기서는 하나의 객관적 요소에 속한다. 물론 이러한 원칙이 적용되는 대부분의 경우는 양당사자가 계약의 준거법을 지정하지 않았거나, 계약조항으로부터 그들의 의사를 알 수 없는 경우이다. 예를 들면, 계약의 형태나, 계약체결지법, 계약이행지법, 중재지법 등이 준거법을 결정하는데 중요한 객관적 요소가 될 수 있다.

계약서나 계약에 사용된 언어 등 계약의 형태는 계약과 가장 밀접한 관계가 있는 법을 확인하는데 중요한 실마리가 될 수 있다(예 : LIoyd's S. G. Policy).

계약체결지는 고정적이기 때문에 계약당사자가 그 소재를 알거나 증명하기 쉽고,

79) Roma Convention, art 3.1.

또 그곳의 법에 의함이 당사자의 의사에 가장 적합할 수 있다. 즉, 계약이 A국에서 체결되고 A국에서 계약이 이행되거나 A국이 재판관할(jurisdiction)장소인 경우 A국의 법률이 준거법이 될 수 있다는 원칙으로 계약체결지법의 추정은 대부분 영·미의 상관행상 청약(offer)과 승낙(acceptance)에 의하여 이루어진다.

계약이행지법은 비록 계약이 A국에서 체결되었다 하더라도 계약의 전부 또는 상당한 부분이 B국에서 이행된 경우 B국에서 적용해야 한다는 원칙으로 이러한 원칙은 현재 무역계약에서 가장 많이 채용되고 있는 INCOTERMS상의 F.O.B.조건과 C.I.F.조건에 의한 매도인과 매수인의 의무이행구간에 따라 추정되는 것이다. 계약이행지법의 추정은 INCOTERMS상에서 규율하고 있는 매도인과 매수인의 의무이행구간에 따라 결정된다.

무역계약에서 양당사자간에 분쟁이 발생하면 특정 장소에서 또는 특정 중재인에 의해 또는 특정 중재기관에 의해 중재(arbitration)로 해결하기로 약정한 경우 중재가 열리는 장소(중재지)의 법이나 중재계약을 지배하는 법, 또는 중재절차를 지배하는 법이 그 계약의 준거법으로 추정될 수 있다.

## 5 법정준거법 및 조약

국제계약에서 지정준거법이 없거나 또는 계약당사자의 의사가 불분명 할 때에는 그 법률관계의 성격에 따라 법정지(法廷地)의 국제사법이 정하는 준거법이 적용된다. 또한 문제되는 국제계약의 법률관계에 대해 관계당사국간의 조약이 있는 경우에는 당해 조약도 그 국제계약에 적용되는 규범으로 작용한다. 조약(treaty)은 명칭[80]에 관계없이 국제법의 주체인 국가와 국가간의 일정한 법률효과를 발생시키기 위하여 하

80) 조약의 뜻으로 사용되고 있는 명칭에는 협약(convention), 협정(agreement), 규약(statute), 의정서(protocol), 합의각서(memorandum), 헌장(chanter) 등이 있으나 이러한 명칭의 사용에 일정한 원칙이 있는 것은 아니다.

나 또는 여러 개의 문서로 교환하는 명시적인 합의결정이다. 조약에는 공법적 성격의 것과 사법적인 성격의 것이 있는데 전자의 예로는 GATT/WTO, IMF, 조세조약, 투자보호협정, 영사조약, 우호통상항해조약 등이고 후자의 경우로는 UN국제물품매매협약, 선하증권통일조약, 공업소유권 보호에 관한 파리조약 등이다.

## 6 국제계약법원의 적용순서

앞에서 설명한 바와 같이 국제계약의 경우 계약당사자간의 어떠한 약정이나 국제상관습 및 상관습법 또는 준거법이 지정되어 있다 할지라도 관련 국가의 국내법상의 강행 법규, 특히 공서양속(公序良俗) 또는 중대한 공익보호의 관점에서 비롯된 제한규정이 있는 경우에는 국제계약은 그 범위 내에서 당사자가 원하든 원하지 않든 이러한 강행법규[81]의 규율을 받지 않으면 안 된다. 즉, 국제계약분야에서 당사자약정, 조약, 국제관습·관습법·국내법 중 강행법규가 최우선적으로 적용된다. 우리 상법 제1조에 의하면「상사에 관하여 상법의 규정이 없으면 상관습법에 의하고, 상관습법도 없으면 민법의 규정에 의한다.」는 규정에 따라 상법 중 임의규정이 적용되고, 다음 상관습법이 적용되며, 민법 중 임의규정이 마지막으로 적용된다. 이러한 적용순서는 외국법의 경우에도 동일하다. 요컨대, 국제계약법원의 적용 순위는 첫째, 조약 또는 국가법 중 강행규정, 둘째, 국제계약조항, 셋째, 국제상관습법, 넷째, 상법 중 임의규정, 마지막으로 민법 중 임의규정 순 이다.

81) 우리민법 제105조에 의하면「법률행위의 당사자가 법령 중의 선량한 풍속 기타 사회질서에 관계없는 규정과 다른 의사표시를 한 때에는 그 의사에 의한다.」고 되어 있는데 여기서 법령 중의 「공서양속」에 관계없는 규정은 임의규정이고, 관계있는 규정은 강행법규이다. 강행법규는 임의법규에 우선한다.

# 5 계약자유의 원칙

## 1 의의

사적자치(私的自治)는 개인이 자기 결정에 의하여 자기의사에 따라 법률관계를 형성 할 수 있다고 하는 것이다. 그런데 개인의 의사를 요소로 하는 법률요건이 법률행위이므로, 결국 법률행위는 사적자치를 실현하는 수단이 되고 따라서 여기서 법률행위 자유의 원칙이 나오게 된다. 법률행위 자유는 계약의 자유·유언의 자유·단체설립의 자유를 포함한다. 그러나 유언의 자유는 엄격한 방식을 요구하고[82], 단체설립의 자유는 일정한 제한을 받으므로[83] 결국 계약의 자유가 그 중심을 이루게 된다. 계약자유에는 '계약체결의 자유', '내용결정의 자유', '방식의 자유'를 포함한다.

계약자유원칙은 다음 두 가지 법적 의미를 갖는다. 첫째는 법은 일정한 범위에서는 사인(私人)간의 법률관계에 개입하는 것을 포기한다는 것이며, 둘째는 당사자 간의 계약을 법이 법적 구속력 있는 것으로 인정하여 계약당사자가 계약을 이행하지 않는 경우, 국가가 강제력을 동원하여 계약내용의 실현을 돕는다는 점이다. 여기서 특히 주의할 점은 이러한 계약자유가 무제한적으로 인정되는 것이 아니라는 점이다. 당사자가 맺은 계약내용이 강행법규에 위반하거나, 공서양속에 위반하거나[84] 또는 당사자의 궁박·경솔·무경험으로 인하여 현저하게 공평을 잃은 경우[85]에는 그 계약은 무효이다.

---

82) 민법 제106조 이하.

83) 민법 제32조 ; 허가주의.

84) 민법 제103조.

85) 민법 제104조.

이상과 같은 계약자유의 원칙은 국제계약에 있어서도 그대로 적용되어 국제계약법의 기본 원리를 형성하고 있다. 특히 국제계약의 다양성, 복잡성 때문에 획일적이고 통일된 국제계약법을 따로 정립하기는 사실상 불가능한 일이므로 특별한 경우를 제외하고는 국제계약내용의 특정을 당사자의 합의 자체에 맡기는 원칙, 즉 국제계약자유의 원칙이 최우선적으로 적용된다고 할 수 있다.

## 2 주요 내용

실질법적 당사자 자치의 원칙은 국내계약법에서와 같이 공서양속이나 강행규정에 위반되지 않는 범위 내에서 당사자 스스로 그 법률행위 내용을 규정하는 원칙을 말한다. 국제계약에서 계약내용결정의 자유는 국제계약을 지배하는 가장 중요한 법 원리이다.

다만 오늘날 국제계약상 약관(約款)[86] 전쟁이라고 불릴 정도로 계약당사자들 간에 자신에게 유리한 약관을 붙여 계약의 청약과 승낙에 임하는 경우가 많기 때문에 계약내용 결정의 자유는 약관 충돌의 문제로 대두되고 있다.

저촉법적 당사자 자치원칙은 전술한 실질법적 당사자 자치원칙과는 달리 당사자가 법률 저촉의 경우를 예상하여 스스로가 당해계약에 적용할 특정 국가의 법률을 지정하는 것을 말한다.

소송상의 당사자 자치 원칙은 이는 계약당사자가 분쟁 해결에 있어서 어느 특정한 국가의 법원이 재판관할권을 가지도록 합의하는 것을 말한다. 예컨대 무역계약당사자간의 중재합의도 이와 같은 소송상의 당사자 자치원칙에 해당되는데 실제로 무역계약상의 분쟁은 이러한 중재 절차에 따라 해결되는 경우가 많다.

---

86) '약관'이란 그 명칭이나 형태 또는 범위를 불문하고 계약의 일방 당사자가 다수의 상대방과 계약을 체결하기 위하여 일정한 형식에 의하여 미리 마련한 계약의 내용이 되는 것을 말한다(약관규제법 제2조 1항). 현대의 계약에서는 약관이 거의 대부분의 영업종목(은행 · 보험 · 할부판매 · 운송 · 창고 · 리스 · 전기 · 가스 등의 공급 등)에 걸쳐 광범위하게 이용되고 있다.

## 3 계약자유원칙의 한계

계약자유의 원칙은 실질법상의 계약자유의 원칙을 중심으로 개인의 경제활동의 자유를 최대한 보장하기 위해 국가의 법적 간섭을 가급적 억제하려는 자유방임주의의 소산이다. 그러나 자본주의가 심화되면서 계약자유의 모순이 노정 되고 그에 따라 각국은 사적 계약관계에 대한 규제를 강화하여 왔다. 특히 실질적 정의를 달성하기 위해, 경제법 분야에 많은 강행 입법이 제정되면서 계약자유의 원칙은 크게 수정되었으며 그 결과 일정한 한계를 갖게 되었다. 예컨대 국제계약상 계약자유의 원칙을 공서양속 또는 중대한 공익보호의 관점에서 제약하고 있는 우리나라의 법률 예로는 외국환거래법, 대외무역법, 관세법, 독점규제 및 공정거래에 관한 법률, 상법, 외국인 토지법 등이 있고 미국의 무역관계법 (the U. S. Trade regulation Laws), 독점금지법(Anti trust laws), 증권거래법(Securities laws) 등도 그 대표적인 예에 속한다.

# Chapter 6 글로벌 전자무역계약의 체결과정

## I 글로벌 무역계약 성립의 기본원칙

### 1 글로벌 무역계약의 성립요건

계약이란 일정한 채권·채무관계의 형성을 목적으로, 두 당사자 간의 상호 대립되는 의사표시의 합치에 의하여 성립되는 법률행위로서 즉 채권·채무관계(legal obligation)를 창설하는 당사자 상호간의 합의(agreement)를 의미한다.[87)]

실제로 계약을 구성하는 법률사실로서는 적어도 당사자 상호간에 내용이 일치될 수 있는 두 개의 의사표시가 있어야 하기 때문에, 계약이 성립되려면 원칙적으로 두 당사자 상호간에 합의가 반드시 이루어져야 한다. 왜냐하면, 합의의 개념 자체가 계약을 체결하려는 당사자 상호간의 의사의 일치를 의미하기 때문이다.

따라서 이러한 관점에서 본다면, 계약당사자 상호간의 합의의 성립이 국제계약성립

87) Uniform Commercial Code(UCC), chap, 1. art 201(11)
Formation in general.
"A contract for sale of goods may be made in any manner sufficient to show agreement, including conduct by both parties which recognizes the existence of such a contract."

의 기본원칙이다. 일반적으로 합의는 일방당사자가 상대방의 청약을 승낙할 경우에 성립되며[88] 그러한 합의는 반드시 명확하고 최종적(certain and final)이어야 한다. 영미법의 경우에, 합의가 법적 구속력을 갖는 계약의 효력을 나타내기 위해서는 그 합의가 약인(consideration)을 수반하는 것이거나 또는 일정한 방식을 갖춘 것이어야 한다.[89]

## 1) 글로벌 무역계약의 청약

### (1) 청약의 의의

일반적으로 계약의 성립에 있어서 당사자 상호간의 합의의 존재를 추론하는 것이 합리적인지의 여부를 결정하기 위하여 청약과 승낙이라는 개념이 오랫동안 이용되어 왔다. 즉, 합의의 방식으로서 청약과 승낙이라는 개념이 이용되었다. 따라서 법원은 계약의 성립여부를 판단하기 위해서 일방당사자가 확정청약을 하였는지 또는 상대방이 그 확정청약을 승낙하였는지 등을 모든 주변 상황을 주도면밀하게 검토하여 확인하게 되었다.

이러한 관점에서 청약이란 계약의 성립을 목적으로 하는 확정적인 의사표시[90]로서 특별한 방식을 필요로 하지 않으며, 구두, 서면 또는 행위에 의하여 상대방에게 할 수 있다. 즉, 청약은 법적으로 구속력이 있는 계약체결의 조건 중에는 피청약자의 행위 또는 부작위에 의하여 청약이 승낙된다면, 즉시 청약자를 구속한다는 것을 명시적 또는 묵시적으로 표시한 것을 의미한다.[91]

---

88) Restatement, Contracts, art 22(1).
Mode of Assent : Offer and Acceptance
(1) The manifestation of mutual assent to an exchange ordinarily takes the form of an offer or proposal by one party followed by an acceptance by the other party or parties.

89) 서희원, 『영미법강의』 박영사, 1984, p.254.

90) Restatement, Contracts, art 24,
"청약은 타인으로 하여금 계약에 대한 그의 동의가 요구되고, 또한 그의 동의가 그것을 체결시키는 것이라고 당연히 이해하도록 된 계약을 체결하려는 의사표시이다."

따라서 본질적으로 상대방의 승낙에 의하여 합의로 전환될 수 있는 청약은 특정한 조건이 승낙되면, 법적인 구속력을 가지는 명확한 약속으로 구성되어야 한다.[92] 실제로 청약자는 청약에 대한 승낙 또는 거절의 선택권은 피청약자에게 맡기고, 자신은 특정한 조건하에서 그의 의무를 이행할 의사를 표시하는 것만으로서 청약의 개념은 충분하다.

### (2) 청약과 청약의 유인

일반적으로 국제계약의 체결에 있어서 계약당사자들은 확정청약을 하기 이전에, 당사자 상호간에 계약의 체결을 위한 사전의 예비교섭단계를 거친다. 즉, 계약당사자는 거래 청약서(circular letter)또는 문의(inquiry)등을 통하여 상대방의 청약을 유인하거나 또는 확정청약과 유사한 형태의 예비교섭단계를 가지게 된다.

계약의 체결을 위한 이와 같은 사전의 예비교섭단계에서 문제가 되는 것은 확정청약과 사전의 예비교섭단계에서 이루어지는 청약에의 유인과의 명확한 구분이다.

왜냐하면, 국제계약은 일방당사자의 청약에 대하여 상대방이 승낙하면 계약이 성립하는 낙성계약으로서, 사전의 예비교섭 단계 중에서 일방당사자의 청약과 유사한 형태의 청약의 유인(invitation to treat, invitation to offer)에 대하여 상대방이 승낙한다고 하더라도 계약이 성립될 수 없기 때문이다.

실제로 무역업계의 경우에, 시세가 불안정한 때에는 다음과 같이 청약자가 “청약자의 확인을 조건으로 하는 청약”(offer subject to our confirmation)을 하는 경우가 종종 있다.[93]

---

91) Guest, A.G., Anson's Law of Contract oxford, 1979, p.26.

92) Restatement, Contracts, art 24, 공식해설 a.
청약은 이행에 대한 약속의 교환 또는 상호간의 약속의 교환을 제안한다. 따라서 상호간의 약속의 교환이라는 개념하의 청약의 통상적인 경우에 또는 행위에 대한 약속이라는 개념하의 청약의 경우에, 그 자체가 승낙될 때까지 취소가 가능한 하나의 약속이다.

93) 中村 弘, 貿易契約の基礎, 東洋經濟 新報社, 1983. p.99.

① 청약자 : We offer 1,000 dozen of Article No. A for shipment in January at U.S. $100 per dozen subject to our confirmation.

② 피청약자 : We accept your offer.

③ 청약자 : We confirm your acceptance.

상기 예에 있어서 ①은 'offer'라는 표현을 사용하고 있지만, 이것은 청약이 아니고 청약의 유인에 불과하다. 왜냐하면, ②에서 피청약자가 승낙을 한다고 하더라도 ③에서 청약자는 승낙을 하지 않는다면, 계약이 성립될 수 없기 때문이다. 반면에 ②에서는 피청약자가 'accept'라는 표현을 하고 있지만, 실제적으로는 이것이 구매청약이며, ③에서는 청약자가 'confirm'이라는 표현을 사용하고 있지만, 실질적으로는 이것이 승낙이다.

즉, 비록 'offer'라는 표현을 사용하고 있다고 하더라도 청약의 유인인 경우도 있고, 반면에 'acceptance'라는 표현을 사용하고 있다고 하더라도 청약이 되는 경우가 있다. 다시 말하면, 청약과 청약의 유인과의 구분에 있어서 'offer' 또는 'acceptance'라는 표현이 결정적인 요소가 되지 않는다. 사실상 청약과 청약의 유인의 구분이 이와 같이 어렵게 되는 것은 이러한 문제가 계약당사자의 추론적인 의사의 범주에 따라 결정되기 때문이다.[94]

### (3) 청약과 청약의 유인과의 구분

일반적으로 의사표시를 한 당사자의 의도를 기준으로 청약과 청약의 유인은 다음과 같이 구분된다.

첫째, 의사표시를 한 일방당사자가 상대방의 승낙과 동시에 자신의 의사표시에 구속되려는 의도를 가진 경우에, 그러한 의사표시는 청약으로 인정된다. 즉, 청약은 특정한 조건이 승낙된다면 구속되는 확정적인 약속으로 구성되어야

94) 반면에, 청약과 청약의 유인의 구별이 법의 규칙에 의하여 결정되는 특정한 경우 등도 있다. 예컨대, 경매 또는 상품의 진열장 등이 이러한 경우에 속한다.

한다는 것을 의미한다.

둘째, 의사표시를 한 일방당사자는 상대방의 동의의 통지만으로는 구속되지 않고, 반드시 그 자신의 의사표시가 포함된 서류에 서명한 경우에 그 자신이 구속되는 것을 명시적으로 규정한 경우에, 그러한 의사표시는 청약의 유인으로 인정된다.[95] 왜냐하면 청약은 상대방의 승낙이 있으면 즉시 계약을 성립시킬 의사표시이지만, 청약의 유인은 상대방이 승낙을 한다고 하더라도 그것 자체가 승낙이 아니므로 계약이 성립될 수 없기 때문이다.

요컨대, 청약의 유인은 상대방으로 하여금 자신에게 청약을 하도록 유인하는 행위로서, 그 전형적인 예로서는 구인광고, 물품판매광고, 상품목록의 배부, 정찰상품 등의 진열 등을 들 수 있다.[96]

예컨대, Fisher v. Bell 사건[97]에서 Parker판사는 "통상적인 계약법에 따라, 진열장에 정찰표시가 부착된 물품의 진열은 단순한 청약의 유인에 불과하다. 그것은 결코 승낙에 의해서 계약이 성립되는 판매청약이 아니다."라고 판시하였다.

### (4) 청약의 효력발생시기

일반적으로 청약은 피청약자에게 도달할 때까지는 그 효력이 발생되지 않는다. 왜냐하면, 피청약자는 청약자가 청약을 하였다는 사실을 인지할 때까지는 그러한 청약에 근거하여 어떠한 행동도 취할 수 없는 것이 당연하기 때문이다. 이러한 관점에서 청약은 피청약자에게 도달된 시점에서 그 효력이 발생하며 그 이전에는 효력이 발생하지 않는다.[98] 즉, 청약의 효력발생은 도달주의의 입장을 취하고 있다.[99]

---

95) 이 문제에 관하여 미국의 계약법에 관한 리스테이트먼트 제25조는 다음과 같이 규정하고 있다. "거래를 하고 싶다는 의사표시는, 그 의사표시를 한 일방 당사자가 다시 동의의 표시를 할 때까지는 계약을 성립시킬 마음이 없다는 사실을 통지 받은 상대방이 인지하거나 또는 인지할 만큼 당연한 이유를 가지고 있다면, 청약이 아니다."

96) 中村 弘, 前揭書, p.100.

97) (1960) 3 All ER 731: (1961) 1Q.B 394.

예컨대, 만일 A가 어떠한 행위에 대한 약속의 청약을 하고, B가 그러한 청약을 인지하지 못한 상태에서 그러한 행위를 한 경우에, B는 청약의 존재를 인지한 시점에서 상대방에게 청약의 이행을 요구할 수 있는 것인가? 대답은 자명하다. 즉, B는 그가 인지하지도 못한 청약에 대한 승낙은 불가능하다. 왜냐하면, 청약의 효력은 청약이 피청약자에게 도달된 시점에서 발생되기 때문이다.

또한, 이러한 사실은 다음과 같은 예에서도 명확하게 표현되어 있다. 6월 1일, 매도인은 특정물품을 특정가격으로 판매청약을 매수인에게 서신으로 송부하였고, 그 청약에는 "본 청약은 7월 1일까지 취소불가능하고 또한 당사자를 구속한다"는 내용이 기술되어 있었다. 실제로 매도인으로부터 매수인에게 서신이 전달되는 데에는 일주일이 소요되었다. 6월 6일 매수인이 매도인의 6월 1일자 서신을 받기 전에, 매도인은 6월 1일자 판매청약을 취소한다는 내용의 통화를 매수인에게 하였지만, 매수인은 매도인의 6월 1일자 청약을 승낙한다고 응답하였다.[100]

상기 예에 있어서 본질적인 문제는 매도인의 판매청약의 효력발생여부와 이에 따른 매수인의 승낙에 의한 계약의 성립여부이다. 실제로 국제계약의 경우에, 피청약자는 많은 청약자로부터의 청약을 인지한 상태에서 자신에게 가장 유리한 청약에 대하여 승낙함으로써 국제계약이 성립하게 된다. 다시 말해서, 일단 계약이 성립되기 위해서는 피청약자가 청약을 인지한 상태에서 청약의 효력이 발생되어야 하며, 그러한 청약에 대하여 피청약자가 승낙하여야 한다.

---

98) Guest, A.G., op.cit., p.30.

99) 국제물품매매계약에 관한 U.N. 협약(United Nations Convention on Contracts for the International Sale of Goods)의 경우도 청약의 효력 발생에 관하여 도달주의의 입장을 취하고 있다.
제15조
(1) An offer, becomes effective when it reaches the offeree
(2) An offer, even if it is irrevocable, may be withdrawn if the withdrawn reaches the offeree before or at the same time as the offer

100) Honnold, J. O., Uniform law for International Sales under the 1980 united Nations comention, Klwer, Deventer, The Netherlands, 1982, p.138.

앞의 예의 경우에, 6월 6일 청약이 피청약자에게 도달되지 않았기 때문에 6월 1일의 판매청약은 효력이 발생되지 않았다. 따라서 계약이 성립될 수 없는 것이 당연하다. 그러나 실제로 영미법의 경우에, 도달주의의 원칙에 따른 판례도 있고, 도달주의의 원칙을 따르지 않은 판례도 있다.

Gibbons v. Proctor 사건[101]에서, 법원은 비록 경찰관이 범인의 체포에 결정적인 정보를 제공하면 보상금을 수여한다는 전단(handbill)을 보기 이전에 그러한 정보를 제공하였더라도, 경찰관은 전단에 근거하여 보상금을 받을 수 있다는 판결을 하였다. 즉, 이 사건의 판결에서는 청약의 효력발생에 관해서 도달주의의 입장을 취하고 있지 않다.

반면에 Fitch v. Smedaker 사건[102]의 경우, 법원은 청약을 인지하지 못한 피청약자는 그 청약에 관련되 보상을 청구할 수 없다고 판결하였다. 왜냐하면, 청약을 인지하지 못한 상태에서 특정행위를 한 피청약자는 청약자와 피청약자 상호간에 의사의 합치가 있었거나 또는 그 자신의 특정행위가 청약된 약속에 대한 대가가 아니기 때문이다.[103] 즉, 이 사건의 경우에는 청약의 효력발생에 있어서 도달주의의 원칙을 취하고 있다.

### (5) 청약의 효력소멸

일반적으로 청약의 효력은 다음과 같은 경우에 소멸된다.[104]

#### ① 청약의 철회

청약의 철회가 청약에 대한 승낙이전의 어느 시점에서도 가능하고 또한 유

101) 64 L. T. 594.

102) (1868), 38 N. Y. 248.

103) Guest, A.G., op. cit., p.30.

104) 청약의 효력소멸의 요인은 여러 가지가 있지만 여기서는 주요인인 청약의 철회, 청약의 거절 및 시간의 경과만을 논의한다. 실제로 이러한 요인 외에도 청약자의 사망 등을 들 수 있다.

효하다는 것은 1789년의 Payne v. Cave 사건[105]이래 확립된 원칙이다. 즉, 청약의 효력에 관한 일반원칙으로서, 청약은 피청약자가 청약을 승낙하기 이전이라면 어느 시점에서도 철회가 가능함을 의미한다.

다만, 청약의 효력발생에 있어서 도달주의의 입장을 취하고 있는 바와 같이, 청약의 철회통지는 반드시 현실적으로 피청약자에게 도달하여야 하며, 단순한 우편의 발신으로는 청약의 철회가 이루어지지 않는다.[106]

예컨대, Byrme & Co. v. Leon Van Tienhoven 사건[107]의 경우, Cardiff의 매도인은 10월 1일 New York의 매수인에게 주석의 판매청약을 우편으로 하였고, 10월 8일에 청약철회의 서신을 우편으로 발신하였다. 반면에, 청약은 10월 11일에 매수인에게 도착되어 매수인은 전보로서 즉시 승낙을 하였고, 10월 15일에 서신으로 확인하였다. 실제로 10월 20일에야 비로서 청약철회의 서신이 매수인에게 도착하였다.

이 사건에 대하여 법원은 청약이 승낙된 시점에서 청약의 철회가 매수인에게 도달되지 않았기 때문에 계약은 성립되었다고 판결하였다. 즉, 청약철회의 통지가 청약에 대한 승낙이후에 도달하였기 때문에 청약의 효력이 소멸되지 않았고, 따라서 계약이 성립되었음을 의미한다.

다만 이 사건의 판결에 있어서 좀 더 명확하게 판시했어야 할 내용 중의 하

105) (1789) 3 Term rep. 148.

106) 이러한 문제에 관하여 국제물품매매계약에 관한 UN협약과 리스테이트먼트에 다음과 같은 규정이 있다.
UN협약, 제17조.
"An offer, even if it is irrevocable, is terminated when a rejection reaches the offeror"
Restatement Contracts, art 40 :
"Rejection or counter-offer by mail or telegram doesnot terminate the power of acceptance until received by the offeror,......"

107) (1880) 5 C.P.D. 344.

나는 청약철회의 통지가 발생되는 시점이다. 환언하면, 이 사건의 판결은 청약철회의 통지가 발생되는 정확한 시점을 규정하고 있지 않다. 그러나 적어도 상업상의 경우라면, 정상적인 작업일에 도착하는 서신은 비록 개봉되지 않았다고 하더라도 청약철회의 통지가 이루어진 것으로 보는 것이 합리적이다.

### ② 청약의 거절

청약의 거절에 의하여 그 효력이 소멸된다. 즉, 피청약자가 청약자에 대하여 승낙을 하지 않았다는 취지를 적극적으로 표시하였을 때에는 청약은 그 효력을 상실한다. 실제로 청약에 포함되어 있지 않은 새로운 조건의 청약에 대한 승낙의 의사표시도 반대청약이 수반된 것이기 때문에, 청약의 거절이 되고 그 효력이 소멸된다.

다시 말하면, 반대청약(counter offer)은 기존의 청약조건을 변경한 것이기 때문에 그것 자체가 새로운 하나의 청약으로서, 기존의 청약에 대한 거절을 의미한다.

청약은 피청약자에 의하여 거절되면 그 효력이 소멸되며 그러한 거절은 그 통지는 물론 청약자에게 도달해서야 비로소 효력이 발생한다. 즉, 청약거절의 통지도 청약철회의 경우도 동일하게 도달주의를 취하고 있다.

예컨대, A가 B에 대하여 서신으로 청약을 하였다고 하자. B는 그 서신을 받자마자 즉시 거절의 회신을 쓴다. B의 거절서신이 A에게 도착하기 전에, B는 마음을 바꾸어 A에게 청약을 승낙하는 취지의 전화를 한다. 이러한 경우에 A와 B 상호간에는 계약이 성립한다. 왜냐하면 청약거절의 효력발생은 도달주의를 취하고 있기 때문에, B의 청약거절의 회신 이전에 이미 승낙이 통지되었기 때문이다.

### ③ 시간의 경과

일반적으로 청약자는 청약이 승낙되어야 할 기간, 즉, 승낙기간을 명시하거나 또는 명시하지 않는 방법에 의하여 피청약자에게 청약을 한다. 따라서 청약의 효력발생과 시간은 상당히 중요한 관계를 갖는다.

첫째, 청약자가 승낙기간, 즉 청약의 유효기간을 명시한 경우에, 그러한 유효기간을 경과한 후의 피청약자의 승낙은 효력이 상실되는 것이 당연하다. 왜냐하면, 유효기간이 명시된 청약의 경우에는 그러한 유효기간이 경과하게 되면 자연적으로 청약이 소멸되기 때문이다.

둘째, 비록 청약자가 승낙기간에 대한 명시적인 확정이 없다고 하더라도 청약은 무한정으로 유효한 것이 아니라, 일반적으로 상당한 기간 내에만 그 효력이 발생한다. 이러한 경우에, 상당한 기간의 의미는 사실상의 문제로서 결정되기 때문에 상황에 따라 상이하다.

예컨대, 부패되기 쉬운 상품이나 또는 가격변동이 심한 상품의 청약의 경우에는 비교적 짧은 기간이 경과되면 청약의 효력이 소멸되는 것으로 인정되어야 하며, 청약이 전보에 의하여 이루어진 경우도 동일하게 인정되어야 할 것이다.

## 2) 글로벌 무역계약의 승낙

### (1) 승낙의 의의

승낙이란 청약에 따라 계약을 성립시킬 목적으로 피청약자가 청약자에 대하여 행하는 의사표시이다. 다시 말하면, 승낙은 청약과 같이 계약성립의 요소가 되는 의사표시이며, 청약자에 의하여 지시된 방법에 따라 청약조건의 동의의 의사표시를 언어 또는 행위에 의하여 행하는 것이다.[108]

이러한 관점에서 승낙은 다음과 같은 본질적인 성격을 갖는다. 즉 승낙은 청약의 내용과 일치하여야 한다. 다시 말하면, 승낙은 무조건적(절대적)인 것이어야 하

108) 국제물품매매계약에 관한 UN협약, 제17조 참조.
(1) A statement made by or other conduct of the offeree indicating assent to an offer is an acceptance

며, 청약에 대한 조건적인 승낙 또는 청약의 조건을 변경시킨 승낙은 본질적으로 청약을 거절한 것으로 인정된다.[109]

예컨대, Hyde v. Wrench 사건[110]의 경우에, A는 자신의 농장을 1,000파운드의 가격으로 B에게 판매청약을 하였으나, B는 950파운드의 가격이라면 그 농장을 구매하겠다고 응답하였다. 이에 대하여 A는 거절하였고 B는 다시 농장에 대하여 1,000파운드로 구매하겠다고 언급하였다. 그러나 A는 B의 구매의사를 거절하였다.

이 사건에서 법원은 1,000파운드의 판매청약에 대하여 950파운드의 구매청약은 반대청약에 의한 청약의 거절이기 때문에 계약이 성립되지 않았다고 판결하였다.

상기 사건에서 시사되었듯이, 요컨대, 승낙의 목적은 합의에 의하여 계약을 성립하려는 것이기 때문에 승낙은 청약의 내용 또는 조건에 일치하여야 한다. 따라서 청약의 조건을 변경한 승낙, 청약에 대하여 추가조건을 붙인 승낙 및 애매한 승낙 등은 승낙으로서의 효력이 발생하지 않으며, 이러한 승낙은 새로운 청약에 지나지 않는다.

### (2) 승낙의 효력발생

원칙적으로 계약은 피청약자가 청약자의 청약을 승낙함으로써 성립되지만, 국제계약의 경우에는, 청약자와 피청약자가 상이한 국가에 거주하고 있기 때문에 문제가 된다. 왜냐하면, 승낙의 효력발생 여부에 따라 국제계약의 성립여부가 결정되기 때문이다.

일반적으로 승낙의 효력발생시기에 관하여 다음의 세 가지 견해가 대립되고 있다.

---

109) 승낙의 본질적인 성격으로서, 승낙에 붙은 수식어로서, Chitty는 "최종적이고 무조건적인"(final and unqualified)이라는 표현을 하고 있고, Anderson and Kumpt는 "절대적이고 무조건적인"(absolute and unconditional)이라는 표현을 사용하고 있다.
또한 국제물품매매계약에 관한 UN 협약의 경우도 다음과 같이 규정하고 있다(제19조1항). (1) A reply to an offer which purports to be an acceptance but contaions additions limitation or their modifications is a rejection of the offer and constitute a counter offer

110) (1840) 3. Beav. 334.

첫째, 피청약자가 승낙의 의사표시를 발신한 시점에서 계약이 성립한다는 측면에서, 승낙의 효력발생에 대한 발신주의의 입장이다.

둘째, 피청약자의 승낙의 의사표시가 청약자에게 도달한 시점에서 계약이 성립한다는 측면에서, 승낙의 효력발생에 대한 도달주의의 입장이다.[111)]

마지막으로, 물리적으로 단순하게 승낙의 의사표시가 청약자에게 도달한 시점뿐만 아니라, 청약자가 현실적으로 그러한 내용을 인지한 시점에서 계약이 성립한다는 측면에서, 승낙의 효력발생에 대한 요지주의의 입장이다.

사실상 각 나라마다 승낙의 효력발생시기에 관하여 입장을 달리할 수도 있고, 또한 승낙의 방법에 대해서도 각각 상이한 견해를 취할 수도 있다. 예컨대, 비록 청약자와 피청약자가 각기 상이한 국가에 거주하고 있다고 하더라도, 승낙이 전화 또는 텔렉스에 의하여 이루어지는 경우에는 양당사자는 대화자로 취급되며, 또는 우편이나 전보에 의한 경우에는, 그 내용의 송달시간이 소요되기 때문에 격지자로 인정된다. 따라서 대화자와 격지자의 경우에 있어서 승낙의 효력발생시기의 원칙이 상이하게 나타난다.

전자계약의 경우, 계약 성립시기가 문제 될 수 있는데 결론적으로 인터넷상의 거래의 경우에는 즉시성이 강하고 기술의 발달로 청약과 승낙이 거의 동시에 이루어져 실시간으로 계약이 체결될 수 있다. 따라서 격지자간의 계약성립 시기에 관한 논의는 실익이 없다. 전자거래기본법에서도 전자문서의 도달 시기는 그 발신인이 보낸 메시지가 수신인의 컴퓨터 파일에 기록된 때에 그 상대방에게 도달한 것으로 본다고 규정하고 있다. 그러므로 전자계약은 정해진 승낙기간 내에 청약자에게 도달한때, 즉 도달주의에 따라 성립시기를 결정함이 타당하다.

111) 도달주의를 중시하는 이론으로서는 첫째, 계약은 승낙통지의 발신 시점에서 성립되지만, 승낙의 효력은 상대방에게 도달한 시점에서 발생한다고 보는 설, 둘째, 승낙은 도달을 정지조건으로 하지만 승낙이 도달하면 그 효력은 발생시점으로 소급하여 발생된다는 설, 셋째, 승낙은 발신시점에서 불확정적으로 효력이 발생하고 도달시점에서 확정적으로 그 효력이 발생된다고 보는 등 세 가지의 설이 있다.

### (3) 승낙의 방법과 효력발생시기

승낙의 효력발생시기에 관하여 영미법은 두 가지로 구분하고 있다. 즉 영미법은 대화자간에 있어서는 도달주의, 격지자간에 있어서는 발신주의를 채택하고 있다.[112] 예컨대, 격지자간의 승낙의 효력발생 시기는 승낙의 통지가 청약자에게 도달여부에 관계없이 승낙은 발신된 때에 효력을 발생한다고 규정하고 있다.[113]

다만, 승낙의 방법과 그 효력발생 시기에 관련하여 고려하여야 할 문제는 어떠한 경우에 대화자 또는 격지자로 구분해야 하는가 하는 점이다. 일반적으로 대화자와 격지자의 구별은 의사의 전달이 즉시 행하여지는가의 여부에 따라 결정된다.

따라서 승낙의 여러 가지 방법 중에, 전화 또는 텔렉스에 의한 경우는 비록 양당사자가 거리적으로 멀리 떨어져 있다고 하더라도 대화자로 인정되고, 우편 또는 전보에 의한 경우는 승낙의 송달시간이 필요하기 때문에 격지자로 인정된다.

#### ① 우편 또는 전보에 의한 승낙

계약의 성립에 있어서 계약당사자가 통신수단으로서 우편 또는 전보를 이용하는 경우에 서신이 우편함에 투함되거나 또는 전보가 전보국의 계원에게 제출되는 시점으로부터 상대방에게 우편 또는 전보가 도달할 때까지는 상당한 시간이 소요되기 때문에, 어느 시점에서 계약이 성립되는지의 문제는 계약당사자간에 중요한 문제이다. 다시 말하면, 우편 또는 전보에 의한 승낙의 효력발생시기에 관하여 발신주의를 택할 것인지 아니면 도달주의를 택할 것인지의 여부가 중요한 문제이다.

예컨대, 우편 또는 전보에 의한 승낙은 법률적인 견지에서 보면, 승낙으로 인정될 수 있기 때문에 학문적인 문제로서 승낙의 효력발생시기에 관하여 세 가

112) 우리나라와 일본민법의 경우도, 승낙의 효력발생시기에 관하여 격지자간에 있어서는 영미법의 경우와 마찬가지로 발신주의를 채택하고 있다(한국 민법 제531조, 일본 민법 제526조 참조). 다만, 대화자간에 있어서는 우리나라와 일본은 별도의 규정을 갖고 있지 않지만, 의사표시의 효력발생에 대한 일반원칙에 따라 도달주의를 취하고 있다.

113) Restatement Contrats, art 63(1)

지의 해답이 가능하다. 즉 승낙의 효력발생은 첫째, 승낙서가 우편함에 투함될 때 둘째, 승낙서가 청약자의 주소에 도달될 때 셋째, 승낙서가 청약자에게 실질적으로 통지될 때에 발생될 수가 있다.

영국의 경우에, 승낙은 일반원칙으로서 도달주의의 입장이지만, 이러한 것의 중대한 예외로서 우편 또는 전보에 대한 승낙의 경우에는 편의상 서신이 투함되거나 전보가 전보국의 계원에게 제출된 때에 승낙이 완성된다고 한다. 즉 격지자간의 우편 또는 전보에 의한 승낙의 경우에는 그 효력발생이 발신주의의 입장을 취하고 있음을 의미한다.

예컨대, Adams v. Lindsell 사건[114)]의 경우에, 9월 2일 피고는 특정 수량에 대한 판매청약을 우편에 의하여 원고에게 하였고, 그 내용 중에는 회신은 반드시 우편으로 해야한다는 것이 포함되어 있었다. 9월 5일에 피고는 원고의 이름을 Worcestershire라고 써야 할 것을 Leicestershire라고 잘못 기재하였기 때문에, 편지가 2일정도 지연되어 원고에게 도착하였고, 동일에 원고는 승낙의 서신을 발송하였다.

피고가 원고의 이름만 정확하게 기재하였더라면, 원고의 회신은 9월 7일에 도착하였을 것이다. 그러나 9월 7일이 되어도 원고의 회신이 도착하지 않았기 때문에 9월 8일에 피고는 양모(洋毛)를 제3자에게 판매하였다.

이 사건에서, 법원은 계약의 성립시기를 서신이 우편함에 투함된 시점으로 판시하므로써 우편 또는 전보에 의한 승낙의 효력발생에 관하여 발신주의의 입장을 취하였다.

한편, 미국의 경우에도, 승낙의 효력발생시기에 관하여 영국과 동일한 입장을 취하고 있다. 이러한 사실은 미국의 계약법에 관한 리스테이트먼트의 규정[115)]을 보면 알 수 있다.

114) (1818) 1.B. & A.L.D. 681.

115) Restatement Contracts, art. 63(1).

즉 "청약이 별도로 규정하지 않는 한, 청약이 지정한 방법으로 이루어진 승낙은, 그것이 청약자에게 도달하였는지의 여부에 관계없이 피청약자의 점유를 이탈한 순간 상호적인 동의의 표시가 된다."

예컨대, 피청약자가 승낙의 서신을 발송한 후 그 서신이 청약자에게 도달하기 전에 피청약자가 사망한 Mactier's Adams v. Frith 사건[116)]에서, 법원은 "승낙서가 발송된 순간에 계약이 성립된다."라고 판시함으로써, 미국의 경우도 우편 또는 전보에 의한 승낙의 효력발생시기에 있어서 영국과 같이 발신주의의 입장을 취하고 있다.

### ② 전화·텔렉스 및 인터넷에 의한 승낙

오늘날 국제정보통신기술의 눈부신 성장에 따라 계약성립에 따른 의사전달의 수단으로서 우편 또는 전보보다는 보다 신속하고 편리한 전화·텔렉스 또는 인터넷 등이 많이 활용되고 있다. 특히 최근의 무역에 있어서는 텔렉스·팩시밀리[117)] 또는 인터넷의 활용도가 높아져 가고 있는 실정이다.

이러한 관점에서, 전화, 텔렉스 및 팩시밀리에 의한 승낙의 경우에 어느 시점에서 계약이 성립되는지의 문제가 계약당사자의 중요한 관심사항이다. 원칙적으로 전화에 의한 승낙의 경우에는 실제로 발신과 동시에 상대방에게 전달되는 것이기 때문에 청약자와 피청약자가 격지자간일지라도 승낙의 효력발생은 도달주의에 의한다.

실제로 영국의 경우, Entores Ltd. v. Miles Far East Corporation. 사건[118)]에서 법원

---

116) (1830) 6 Wend 103.

117) 오늘날 통신수단의 발전으로 인하여 국제무역거래에 있어서 텔렉스와 함께 많이 활용되고 있는 것이 팩시밀리이다. 팩시밀리는 송수신기를 설치한 경우에, 텔렉스와 동일하게 desk to desk의 교신이 가능하고 통신상대방이 팩시밀리송수신기를 설치하지 못한 경우라도 전보처럼 배달이 가능하여 텔렉스와 같이 전문오퍼레이터가 필요하지 않기 때문에 널리 활용되고 있다. 또한 사이버공간(cyber space), 즉 컴퓨터 네트워크에 의해 지배되는 공간을 통하여 자유롭게 청약/승낙이 이용되기도 한다.

118) (1955) 2 Q.B. 327.

은 "전화에 의한 승낙은 당사자가 서로 마주앉아 있는 경우와 동일하게 그 효력에 있어서 도달주의의 원칙에 따라야 하는 것으로 하고, 계약은 승낙이 청약자에 의하여 수령된 경우에만 성립되고, 승낙이 수령된 장소에서 성립된다"라고 판시하였다.

미국의 경우도, "전화 또는 그 외의 실질적으로 동시적인 상호통신수단에 의하여 이루어진 승낙은 당사자가 서로 마주앉아 있는 경우의 승낙에 적용되어야 할 원칙에 따른다."라고 규정함으로써[119] 전화에 의한 승낙의 효력발생에 있어서 영국의 경우와 동일하게 도달주의의 입장을 취한다.

한편, 텔렉스에 의한 승낙의 경우도 전화에 의한 경우와 동일하게 발신과 동시에 상대방에게 승낙이 전달되기 때문에 청약자와 피청약자가 격지자간일지라도 승낙의 효력발생은 도달주의이다.

예컨대, 텔렉스에 의한 계약의 성립시기가 문제가 된 Entores Ltd. v. Miles Far East Corporation. 사건에서 미국의 Miles Far East Corporation은 영국의 Entores Ltd.에게 "400톤의 일본산 분해액(Japenese Cathode)을 톤당 C.I.F.조건으로 240파운드에 판매청약함"이라고 판매청약하였다. 그런데, Entores. Ltd.는 이러한 청약에 대하여 Miles Far East Corporation에게 "C.I.F.조건의 톤당 239파운드로 승낙함"이라고 텔렉스로 회신하였다.

사실상 Miles Far East Corporation의 승낙은 비록 승낙이라는 표현을 사용하고 있지만, 내용적으로 볼 때 승낙이 본질적으로 가져야할 무조건적인 동의의 의사표시가 없기 때문에 승낙이라고는 볼 수 없다. 즉 이러한 승낙은 반대청약에 불과하다. 그러나 Miles Far East Corporation은 텔렉스로 "We received. O.K. Thank you"라고 반대청약에 대한 승낙의 취지를 Entores Ltd.에게 발신하였다.

요컨대, Entores Ltd. 의 반대청약에 대한 Miles Far East Corporation의 승낙에 의하여 계약이 성립된 것이 명확하지만, 계약이 어디에서 성립하였는지의 여부

119) Restatement Contracts, art. 64.

가 중요한 문제이다. 왜냐하면, Entores Ltd.가 Miles Far East Corporation의 승낙 통지를 수령한 영국에서 계약이 성립되었는지 아니면 Miles Ltd.의 Amsterdam 지점이 승낙을 텔렉스로 발신한 때의 네덜란드에서 계약이 성립되었는지의 계약의 성립장소에 관한 문제가 야기될 수 있기 때문이다.

다시 말해서 텔렉스에 의한 승낙의 경우에 그 효력발생에 있어서 발신주의를 취한 것인지 아니면 도달주의를 취할 것인지가 문제가 된다.

이 사건에 대하여 Parker판사는 "텔렉스의 메시지에 관한 한, 비록 텔렉스 메시지의 발신과 수신이 완전히 동시에 이루어지지 않는다고 하더라도 양당사자는 모두 전화에 의한 의사전달과 동일하게 인정된다. 따라서 청약자에게 승낙의 통지가 도달할 때까지는 계약이 성립될 수 없다."라고 판시하였다. 즉 텔렉스에 의한 승낙의 경우도 전화의 경우와 동일하게 그 효력발생에 있어서 도달주의의 입장을 취하고 있다.

### (4) 승낙의 철회

일반원칙으로서 승낙은 청약자에게 통지되지 않았다면 또는 통지될 때까지는 그 효과가 발생하지 않는다. 즉 이러한 원칙은 승낙의 사실이 청약자가 인식하지 않으면 안 된다는 것을 의미한다. 예컨대, 승낙의 의사표시가 공중을 비행하는 비행기의 소음에 의하여 상대방에게 전달되지 않는 경우에는 계약이 성립하지 않는다.[120] 이러한 관점에서 본다면, 승낙의 철회자체가 승낙이 도달되기 전에 전달되는 한, 승낙의 철회가 가능하다고 볼 수 있다.

그러나 영미법의 경우, 우편 또는 전보에 의한 승낙은 발신주의의 입장에서 서신이 우편함에 투함되거나 전보가 전보국의 계원에게 제출된 시점에서 그 효력이 발생되기 때문에 승낙이 일단 발신되면 계약이 성립된다. 따라서 청약의 철회는 불가능하다.

실제로 이러한 예외는 논리적이고 공평한 원칙이라고 볼 수 있다. 왜냐하면, 승

---

120) 望月禮二郎, 英米法, 青林書院, 1985, 319面

낙의 철회가 가능하다면 일단 승낙이 청약자에게 통지된 후에는 청약을 철회할 수 없는 청약자에게 상당히 불리한 결과가 초래되고, 반면에 피청약자는 그 나름대로의 유리한 위치에 설 수 있기 때문이다.

[표2-1] 승낙의 효력발생시기에 대한 주요국의 입법예

| 통신수단 \ 준거법 | | | 한국법 | 일본법 | 영국법 | 미국법 | 독일법 | UNCCIS 및 ULFCIS |
|---|---|---|---|---|---|---|---|---|
| 의사표시에 관한 일반원칙 | | | 도달주의 | 도달주의 | 도달주의 | 도달주의 | 도달주의 | 도달주의 |
| 승낙의 의사표시 | 대화자간 | 대 면 | 도달주의 | 도달주의 | 도달주의 | 도달주의 | 도달주의 | 도달주의 |
| | | 전 화 | 도달주의 | 도달주의 | 도달주의 | 도달(발신)주의 | 도달주의 | 도달주의 |
| | | 텔렉스 | 도달주의 | 도달주의 | 도달주의 | 도달(발신) 주의 | 도달주의 | 도달주의 |
| | 격지자간 | 우 편 | 발신주의 | 발신주의 | 발신주의 | 발신주의 | 도달주의 | 도달주의 |
| | | 전 보 | 발신주의 | 발신주의 | 발신주의 | 발신주의 | 도달주의 | 도달주의 |

## 2 영미계약법계의 약인 이론

### 1) 약인의 의의

약인(約因 ; Consideration)이란, 국제물품매매계약에 있어서 매도인의 약정물품 인도, 약속에 대한 매수인의 수입대금의 지급 또는 그 약속, 반대로 매수인의 수입대금 지급약속에 대한 매도인의 약정 물품인도 또는 그 약속 등과 같이 계약상의 약속의 대가로서 제공되는 행위, 말하자면 금전 또는 재산권의 양도, 행위의 금지 또는 행위 및 행위의 금지에 관한 법률관계의 변동 등을 말하는 것으로서 기본적인 개념은 대가의 상호교환(bargained-for exchange)을 말한다. 약인이론은 전통적인 영미계약법이론의 기본개념으로서 계약의 강제집행이 가능하기 위해서는 계약내용상 무엇인가가 상호간 거래되어야하고(약인의 거래적 요소), 그 무엇인가라는 것은 충분한 법적 가치(약인의 가치적 요소)가 있어야한다는 것을 의미한다.

### 2) 약인의 중요성

영미법계에서는 대륙법계에서 볼 수 없는 약인 때문에 날인증서(sealed deed)[121]에 의하지 않는 단순계약(simple contract)은 이 약인이 있음으로서 비로소 유효하게 된다. 그러나 국제거래에서는 난순계약에서도 약인이 문제되는 일은 보기 드물다. 다만 거래처의 신용이 불확실한 경우 때문에 영미법계 국가에 소재하는 제3자의 보증장을 첨부하게 되는 경우에는 충분한 요건을 갖춘 약인이 존재하는지 여부를 체크하여야 한다. 더욱이 영미법상 약인이 존재하고 있다하더라도 사기방지법(Statue of Frauds)[122]에 의하여 서면이 작성되지 않은 보증은 강제집행이 불가능하다.

### 3) 약인의 요건

약인이 효력을 발생하기 위해서는 다음과 같은 요소를 가져야 한다.

당사자가 진정으로 계약을 체결하여 법적인 권리 의무를 부담할 의사, 즉 당사자 간의 거래적 요소가 계약상 반드시 구현되어야 하는 소위 거래적 요소가 있어야 한다.

당사자가 약속이 있기 이전에 이미 행하여졌거나 완료되어 버린 이른바 과거의 약인(past consideration)은 교환적 대가가 없어 거래적 요소를 결하고 있기 때문에 강제

121) 영미법에서 날인증서(捺印證書)의 요건은 계약내용을 서면에 기재하고, 약속자가 서명・날인하여 교부할 것을 요구한다. 무상계약의 경우에도 날인증서가 작성되면 약인이 없는 경우에도 유효하다. 그러나 날인증서의 요건은 완화되는 경향에 있다. 즉 미국에서는 거의 모든 주에서 제정법에 의하여 날인증서의 범위를 수정하여 날인증서를 보통의 서명과 동일하게 취급하든가 아니면 서면에 의한 계약에는 약인이 있는 것으로 추정하는 견지를 보이고 있다.

122) 사기방지법(詐欺防止法)은 영국에서 사기와 위증을 방지하기 위해 제정된 법률로서 소송상 청구나 항변으로 제출하기 위해서는 계약이 반드시 서면으로 작성될 것을 요구한다. 다만 이러한 서면을 흠결하여도 계약이 무효로 되는 것이 아니라 이에 기해 소송을 제기할 수 없을 뿐이다. 그러나 사기방지법은 그 범위가 축소되어 현재로는 보증계약과 토지에 관한 권리의 매매 등의 계약에 대하여만 서면을 요구 할 따름이다. 미국 통일상법전 제2-201조는 가격 500달러 이상의 물품매매 계약은 원칙적으로 서면에 의하지 않는 한 소송상 항변을 주장할 수 없으며 서면은 양당사자간에 매매계약의 체결을 나타내는 것으로 충분하고 서면에 당사자 또는 대리인에 의한 서명이 있어야 한다는 것을 규정하고 있다.

집행이 불가능함으로 약인이 성립될 수 없다.

약인은 그 내용이 일정하며, 가능·적법한 것이어야 한다.

단순한 동기(motive) 또는 도덕상의 의무(moral obligation)에 의한 급부가 아니어야 한다.

약인은 수약자(受約者)로부터 제공된 것이어야 한다.

### 4) 국제계약상의 약인이론

약인이론은 원칙적으로 유상의 대가적 의의가 있는 거래와 증여를 구별하기 위하여 영미에서 특히 발달한 제도로서 호의적인 증여의 성질을 갖는 약속을 강제 집행한다는 것은 부당하다는 취지에서 출발한 것이므로 쌍방당사자가 이해관계에 민감한 국제적 상인인 경우에 어떤 채무가 아무런 반대급부 없이 호의로 성립하였다고는 생각할 수 없기 때문이다. 오늘날 국제거래관계에서 영미법이 강세를 보이고 있다하여도 약인이론이 국제거래에 등장하여 그에 의하여 계약이 무효화되는 사례는 보기 드물다.

보통 계약서안에 다음과 같은 문언을 삽입함으로써 약인문제가 해결된 것으로 본다.

"In Consideration of mutual convenants and promises herein setforth, it is agreed as follows."

## 3 글로벌 무역계약의 효력발생요건

### 1) 계약의 일반적 효력요건

매도인과 매수인간의 합의를 통해 성립된 계약이 그 효력을 발생하려면 계약도 법률행위이므로 다음과 같은 법률행위의 일반적 효력요건을 갖추어야 한다.

첫째, 청약·승낙의 합치 및 약인이 존재하여야 한다.

둘째, 당사자가 계약을 체결할 능력을 가질 것, 즉 권리능력 및 행위능력을 가지고 있어야 한다.

셋째, 계약체결의 방식이 요구되는 경우 그 방식을 갖추어야 한다.

넷째, 국제계약은 매도인과 매수인간의 채권계약이므로 계약내용의 확정성·계약내용의 가능성·계약내용의 적법성·계약내용의 사회적 타당성을 갖추어야 한다. 이 요건 중 어느 하나라도 흠결하면 계약의 효력은 발생하지 않는다.

다섯째, 당사자간의 착오나 사기와 같은 진정한 합의의 존재를 부인할 사유가 없어야 한다. 특히 의사표시에 있어 의사와 표시가 일치하고, 의사표시에 하자가 없어야 한다.

여섯째, 계약의 내용이 강행규정이나 공서양속에 반하지 아니하여야 한다.

일곱째, 국제계약 중 국가기관의 인·허가 등의 취득을 효력발생요건으로 하는 경우, 정부의 인·허가 요건의 충족여부가 계약효력의 유·무효화 여부로 문제가 되는 경우가 있다.[123]

### 2) 영미계약법상의 비양심적계약

리스테이트먼트(미국의 제2차 계약법 ; Restatement 2nd) 제208조에 의하면 "계약 또는 그 조항이 당해 계약의 체결시점에서 비양심적(unconscionable)일 경우는 법원은 그 계약의 집행을 거부하거나 결과를 회피하고 그 조항의 적용을 제한할 수 있다"고 규정하여 비양심적 계약의 효력을 부정하고 있다. 아울러 국내계약에서와 같이 국제계약도 공서양속에 반할 경우에는 그 효력이 부인된다.

### 3) 정부의 인·허가 요건의 충족여부와 계약효력

외자 도입법상 정부의 인가를 받아야만 외국인 투자가의 국내주식 취득이 가능하던 1978년 당시, 이를 위반한 사례[124]와 관련하여 외자 도입법상 정부의 인가가 행정

123) 금융계약 중에서는 일정한 전제요건의 충족이 있는 경우에만 계약이 효력을 가지는 것으로 정하는 경우가 많다.

124) 대판 1978. 9. 26, 77다 2289.

법학상의 '인가'의 성질을 가지고 있다고 무효 판시를 함으로써 정부의 인·허가 요건의 흠결이 계약효력을 무효화시킨 판례가 있는데 이는 경제의 자립과 그 건전한 발전 및 국제수지의 개선에 기여하는 외자를 효과적으로 유치·보호하고, 이를 적절히 활용·관리하는 것이 외자도입법의 목적이므로 그 엄격 적용이 필요하다는 것을 근거로 당시 우리나라의 외자도입정책 상황을 반영한 대법원의 태도로 보인다.

위의 사례와는 달리 원래 자유로이 할 수 있어야 할 대외거래를 국민경제의 발전을 도모하기 위해 과도적으로 제한하는 규정이므로 단속법규이고 따라서 이에 저촉하는 행위라 해도 그 사법상의 행위의 효력에는 영향이 없다는 외국환거래법에 관한 또 다른 대법원 판례가 있는데[125] 이는 입법취지에 따른 보호대상법익이 다르다는 견지에서 똑같은 정부의 인가 요건의 충족여부가 계약 효력에 미치는 영향에 관하여 상반된 입장을 보이고 있음을 알 수 있다.

위 두 사례의 상반된 판례에서 시사하는 교훈을 토대로 국제계약을 체결할 때 어떠한 정부의 인·허가 또는 등기·등록이 필요한지 여부를 사전에 반드시 체크할 필요가 있다.

이와는 달리 국제계약은 경우에 따라 계약 당사자의 내부절차이행을 요구하는 경우가 많다. 예컨대 차관계약 체결시 차주측의 동계약 체결에 대한 대내적 필요절차로 이사회결의 등의 이행 여부라든가 그 증빙서류의 제출이 요청되는 경우가 그것이다. 이러한 경우 국제계약 체결시 선행조건의 이행이 계약의 효력에 어떠한 영향을 미치는지 사전에 철저한 대비책이 요구된다.

### 4) 선행조건의 성취여부와 계약효력

미국의 제2차 계약법(Restatement 2nd) 제224조에 의하면 "조건(condition)이라 함은 발생할 것이 불확실하나 그것이 발생하여야만 계약상의 이행기가 도래하는 사건"이라고 규정한다.

우리 민법 제147조는"정지조건이 있는 법률행위는 조건이 성취한때로부터 효력이

125) 대판 1975. 4. 22, 75다 22 전원합의부 ; 대판 1980. 11. 25, 80다 1655.

생긴다"고 규정하고 또 "해제조건이 있는 법률행위는 조건이 성취한 때로부터 그 효력을 잃는다"고 규정함으로써, 법률행위의 효력발생 또는 소멸을 장래의 불확실한 사실의 성부에 의존케 하고 있는데 이를 '조건'이라고 한다. 정지조건과 해제조건 중 계약의 효력발생과 관계되는 것은 정지조건이며 이는 영미법계의 선행조건과 동일하다. 조건에는 당사자의 합의에 의한 명시적인 조건(express condition)과 당사자의 합이 여부와는 관계없이 순전히 법원의 판단에 의해 성립되는 묵시적인 조건(implied condition)의 둘로 나누어진다. 선행조건의 성취여부가 중요시되는 것은 국제차관계약에서, 대주는 실제로 자금을 공여하기 전에 차주가 원리금상환채무를 이행하지 아니할 경우에 차주를 상대로 강제집행을 하여 권리구제를 받을 수 있는가, 그리고 계약체결당시 차주의 자산상태와 인출당시의 자산상태 사이에 불리한 변경이 없는가 하는 것 등을 확인한 다음, 이와 같은 선행조건이 성취되지 못하면 국제차관계약은 효력이 발생하지 않는다.

# 2 글로벌 전자무역계약의 성립

## 1 글로벌 전자무역계약의 의의

전자무역계약이란 일정한 법률효과의 발생을 목적으로 두 사람 이상의 당사자가 전자적 의사표시에의 합치에 의거하여 성립하는 법률행위로 정의할 수 있다. 이러한 계약의 경우 전자적 의사표시의 발신과 수신이 동시에 일어나 전통적인 계약법을 적용하기 곤란하고, 계약의 성립시기도 계약유형이 다양하여 일괄적으로 규정하기는 어려움이 있다. 예를 들어 광속거래를 이용하여 지속적인 거래관계를 유지하는 경우 일방적인 주문의 송신으로 계약이 성립하는 경우도 많다. 또한 네트워크화된 거래시 계약요소로서 전통적인 계약의 개념을 초월하는 네트워크형 거래의 일반화 내지 상사계약의 구조를 재구축해야 한다는 주장도 있다.

즉 전통적인 계약체결방식과 큰 차이는 없으나 전자적 절차에 의하여 거래가 이루어지는 점에서 계약의 성립 등과 관련하여 해석상의 여러 문제가 존재한다.

## 2 글로벌 전자무역계약의 성립요건

### 1) 전자적 의사표시의 개념

전자적 의사표시란 인간의 의사가 컴퓨터와 같은 정보처리장치와 일정한 프로그램에 의하여 전자적인 방식으로 구체화되어 직접 표시되거나 네트워크를 통하여 다른 사람에게 전달되어 표시되어지는 의사표시를 말한다. 즉, 의사표현의 수단이 컴퓨터와 같은 정보처리장치에 의하여 전자적인 방식으로 직접 표시되거나 네트워크 등을 통하여 다른 사람에게 전달되는 의사표시라 할 수 있다.

종래에는 계약을 체결하기 위해서 직접 상대방을 만나거나 전화를 통하여 대화를 하거나 또는 우편이나 팩시밀리 등을 주로 이용하였다. 그러나 정보통신기술의 발달로 컴퓨터와 네트워크의 보급이 확산됨에 따라 거래당사자간에 이를 이용한 의사표시, 즉 전자적 의사표시를 행하는 경우가 증가하고 있다. 현재 정보시스템이나 네트워크를 통하여 전달되는 의사표시는 인간의 의사를 그대로 전달하는 경우 또는 프로그램에 따라 단순히 반응하는 의사표시가 주종을 이룬다.

그러나 향후 인공지능(Artificial Intelligence)과 같은 고급 기술의 발달로 인하여 컴퓨터가 일정한 판단 기준과 경험을 바탕으로 입력된 자료를 검토한 후, 스스로 의사표시를 하는 경우가 발생될 수 있다. 따라서 전자적 의사표시는 인간의 의사를 단순히 전달하는 것에 그치지 않고 독립적으로 의사표시를 하는 것으로 그 영역이 점차 확대되고 있다.[126)]

126) 현재 인공지능을 이용하여 컴퓨터가 스스로 의사결정과 의사표시를 할 수 있는 소프트웨어가 개발되고 있는데, 이러한 소프트웨어를 에이전트(agent) 또는 지능형 에이전트(intelligent agent)

### 2) 전자적 의사표시의 특징

전자적 의사표시는 종래의 자연적인 방법에 의한 의사표시와는 다른 다음과 같은 특징을 가지고 있다.

첫째, 의사표시의 정형화이다. 전자적 의사표시는 자연적 언어나 문자 등 전통적인 의사표시수단과는 달리 디지털화되어 극도로 단순한 숫자 또는 부호로 압축, 변환되는 특성이 존재한다. 따라서 자연적인 방법으로 인식될 수 없는 기계어로 변환되어 해독이 불가능하며, 의사표시와 거의 동시에 상대방에게 도달한다는 특징이 있다.

둘째, 의사의 포괄적 형성이다. 개인 또는 개별적인 전자적 의사표시에 있어서는 인간의 표시행위가 존재하지 않으며, 개별적인 행위의사, 표시의사 또는 효과의사가 존재하지 않고 컴퓨터를 이용하는 사람은 단지 사전에 포괄적인 행위의사와 포괄적인 표시의사만을 갖고 컴퓨터를 법적 거래에 도입시킨 것이다.

셋째, 컴퓨터의 의사구체화이다. 종래의 자연적인 방법에 의한 의사표시의 경우에는 사람에 의하여 구체적으로 모든 세부사항이 확정되고 개별적인 의사표시를 함으로써 이루어진다. 그러나 전자적 의사표시의 경우에는 컴퓨터 이용자가 구체적으로 모든 사항을 확정하는 것이 아니라 세부사항을 확정할 수 있는 결정기준만을 제시하고, 개별적인 의사표시의 성립에 관한 인식이 없어도 이미 입력되어져 있는 결정기준에 따라 컴퓨터가 의사표시를 한다. 인간의 포괄적인 의사를 구체화하여 자연적 의사표시에 있어서의 효과의사보다 더욱 세부적으로 확정된 형태로 만드는 기능을 한다.

---

내지 전자적 대리인이라고 한다. 전자적 대리인이 장래 사람의 의사를 일일이 통하지 않고도 스스로의 사고와 판단에 따라 유효한 거래행위를 할 수 있는 단계로 발전하는 경우, 이러한 전자적 대리인에 의하여 계약이 자동 성립되는 경우에 전자적 대리인에 의한 의사표시의 효과를 누구에게 귀속시켜야 하는가의 문제가 발생할 수 있다. 결론적으로, 컴퓨터는 창조적인 의사형성능력이 결여된 기계인 동시에 권리능력이 없는 사물에 불과하기 때문에 전자적 대리인에 의한 전자적 의사표시는 컴퓨터를 이용하는 사람, 즉 행위자에게 귀속된다.

마지막으로, 행위와 표시의 분리·분업이다. 인간의 행위와 표시가 분리되어 인간은 컴퓨터를 이용하기 위한 입력행위만을 할 뿐이고 그 이후의 표시과정은 전적으로 컴퓨터가 담당하므로 표시는 컴퓨터가 하게 되는데 그 특징이 있다. 따라서 전자적 의사표시의 경우 인간의 행위와 표시행위가 분리되어 하나의 의사표시를 형성하게 된다. 즉, 인간의 입력행위는 의사표시에 필수적인 의사의 표출이라는 표시기능을 가지지 못하고, 단지 표시를 할 수 있는 조건을 설정하는 행위만을 할 뿐이며, 컴퓨터는 인간의 입력행위에 의해 의사표시에 요구되는 표시행위를 하게 된다. 따라서 결과적으로 인간은 행위를 할 뿐 표시를 하지 않기 때문에 표시없는 행위와 행위없는 표시가 결합되어 하나의 전자적 의사표시를 구성하게 된다.

### 3) 전자적 의사표시의 발신 및 도달

전자적 의사표시의 발신은 상황에 따라 해석 여부가 상이하다. 의사표시를 행할 때 정보시스템이 네트워크에 연결되어 있을 경우에는 정보시스템이 전송할 메시지를 형성하여 전자적 방식으로 변환한 후에 네트워크에 연결된 케이블에 전달한 때에 시작된다고 볼 수 있다. 그러나 송신자와 수신자가 상이한 메일서버나 전자사서함 등을 통해서 간접적으로 전송될 경우에는 전송한 메시지가 송신자의 메일서버로부터 상대방의 메일서버로 전송이 시작될 때 발신되었다고 할 수 있다. 반면에 송신자와 수신자가 동일한 메일서버나 전자사서함을 이용할 경우에는 전송한 메시지가 메일서버에 입력된 때 발신되었다고 간주한다.

한편 전자적 의사표시의 도달과 관련하여 상대방에게 도달하는 단계가 많고, 의사표시자도 자신의 의사표시가 상대방에게 도달하였는지를 확인하는 방법과 이를 검증할 수 있는 기술적 해결이 필요하여 반드시 법률적 효력발생에 대한 고려가 있어야 한다는 주장이 있다. 또한 의사표시의 수행능력을 판단함에 있어 컴퓨터 사용능력을 어느 정도 고려할 것인지도 반영해야 할 것이다.

따라서 전자적 의사표시의 도달은 직접적으로 네트워크에 연결된 경우에는 상대방의 수신 장치에 투입된 시점을 도달로 볼 수 있다. 또한 간접적으로 메일서버나 전자사서함을 통하여 전송한 경우에는 상대방이 전자사서함에 접속하여 메시지를 자신의 컴퓨터로 전송되었을 때 도달되었다고 한다. 이는 컴퓨터 등 정보시스템이 하루 종일 가동되고 있어 전자적 의사표시는 모든 경우에 도달되었다고 간주하기는 불합리하다는 것이다. 그러므로 법적인 측면에서 근무시간외 또는 야간에 상대방 컴퓨터에 전자적 의사표시가 도달된 경우에는 다음날 근무개시 시간 또는 다음날 아침에 도달되었다고 간주한다. 그러나 전자사서함에 메시지를 투입한 때를 도달시점으로 보고 수령자는 단지 기한 내에 인지할 수 있는 상태에 있지 않았다는 항변을 할 수 있을 뿐이라는 견해도 있다.

### 4) 글로벌 전자무역계약의 청약과 승낙

글로벌 전자무역계약에 있어서 전자적 의사표시를 청약 또는 승낙으로 결정하는 것이 계약의 성립시기를 확정하는데 중요하다. 전자무역의 경우 일반적으로 온라인에 제시된 상품과 금액을 보고 선택함으로써 계약은 성립한다. 이 때 온라인에 상품정보와 가격들을 제시하는 것이 청약인지 또는 청약의 유인인지가 분명하지 않다. 이러한 온라인에서의 계약은 판매자에게 계약 성립에 관한 선택이 주어지고 구체적인 상품정보를 제공한다는 점에서 청약으로 보는 것이 타당하다. 이를 청약의 유인으로 간주하면 소비자의 청약에 대한 승낙을 해야 할 의무가 발생하게 되고 소비자의 지위가 불안정하게 된다.

따라서 소비자의 보호 측면에서 상품정보의 제시는 단순한 청약으로 보고 이에 대한 구입 메시지를 송신하는 것을 승낙으로 간주하여 상품 판매자의 청약에 대해 일반 소비자가 승낙함으로써 계약은 성립하는 것이다. 그러나 모든 전자계약에서 이러한 기준을 적용하는 것은 바람직하지 않고 다만 이 기준을 고려하여 청약과 승낙을 결정해야 한다.

거래라는 법률행위는 타인과의 관계에서 발생하는 것이므로 그 타인에게 전달된 의사, 즉 표시가 본인의 의사보다 우선하여 적용되어야 할 것이다. 특히 전자무역에 있어서는 개개인의 구체적인 주관적인 사정보다는 거래의 외관상 보여지는 의사에 의한 법률효과가 나타나도록 하는 것이 거래의 안전을 보호하는 방법이며, 소비자의 보호에 더 중점을 둘 수 있다 할 것이다.[127]

## 3 글로벌 전자무역계약의 성립시기 및 장소

### 1) 글로벌 전자무역계약의 성립시기

계약은 당사자의 의사표시의 합치에 의해 성립하며 그 성립시기는 승낙의 효력이 발생한 때로 규정한다. 그러나 격지자간의 계약의 성립시기를 승낙의 통지를 발송한 때로 명시하고 있어 격지자간의 계약성립 시기에 관하여 논란이 되고 있다. 그러므로 의사표시의 효력발생시기에 관한 도달주의를 채택하여 승낙은 그 승낙 적격 기간 내에 청약자에게 도달한 때에 효력이 발생하지만, 이로 인한 계약의 성립은 승낙의 통지를 발송한 때로 소급하는 것이 타당할 것이다.

이러한 관점에서 전자계약은 상기한 일반이론이 그대로 적용된다. 그러나 우편함의 원칙(Mailbox Rule)은 우편이나 전보에 적용되지만 전화나 텔렉스와 같은 즉시적인 통신수단에는 적용되지 않기 때문에 전자적인 승낙에 우편함의 원칙을 적용할 수 없다는 주장도 있다. 반면에 전자우편에 의한 전자계약의 체결시 동 원칙을 적용하는 견해도 있다. 다시 말해 전자계약의 수단 중 전자우편은 매우 신속하지만 실시간 채팅과 달리 즉시적인 통신수단이 아니기 때문에 동 원칙을 적용할 수 있다고 주장하며, 이를 전자우편함의 원칙(Electronic Mailbox Rule)이라고 지칭한다.

실제로 전자무역에서 정형화된 형식에 소비자들이 기입함으로써 전자계약이 성립하는 것이 통례이므로 계약의 성립을 소비자가 인식하기는 힘들다. 따라서 계약성립의 신뢰와

127) 예컨대, 쇼핑몰업자가 50만원에 팔려는 물건을 5만원에 판다고 광고나 홈페이지에 게시한 경우 진정한 의사가 중요하겠지만, 제1차적으로는 표시주의에 따른 법적 효력이 나타나도록 하여야 할 것이다.

신속한 확정을 위하여 계약성립에 관한 메시지를 소비자에게 전송해 주는 도달확인제(delivery proof)와 같은 보완제도가 도입될 필요가 있다. 그러나 지속적인 정보기술의 발달로 청약과 승낙이 동시에 이루어져 실시간에 계약이 체결되면 계약의 성립시기와 같은 논의는 무의미하게 되고 대화자간의 계약과 동일하게 취급하여 도달주의에 따라 성립시기가 결정될 것이다. 즉 인터넷 상거래에서 의사표시의 발신과 동시에 도달되기 때문에 발신주의를 채택해야 한다는 필요성이 사라지므로 도달주의를 준수하는 것이 타당할 것이다.

### 2) 글로벌 전자무역계약의 성립장소

글로벌 전자무역계약의 성립장소를 결정하는 것은 그 적용법을 결정하는 데 중요하므로 무역계약의 성립장소를 확정짓는 문제를 검토하여야 한다. 일반적으로 EDI나 전자무역에서는 사업자가 제시하는 거래약관에 의하거나 거래당사자의 자유로운 약정에 의하여 계약의 준거법 및 분쟁시 재판관할에 관하여 정하는 것이 일반적이다. 우리나라의 경우 당사자의 의사를 우선하고, 당사자의 의사가 분명하지 아니한 때에는 행위지법에 의하며, 법을 달리하는 자간의 계약의 성립 및 효력에 관하여는 그 청약의 통지를 한 곳을 행위지로 보고 있다. 전자무역은 격지자간이지만 거의 동시에 의사소통이 가능하다는 점에서 계약의 성립장소를 정하는데 있어서 어려움이 있다.

계약의 성립장소가 문제가 되는 것은 주로 계약의 성립요소인 의사표시가 다른 법률이나 관습이 행해지고 있는 지역에 걸쳐 행해지는 경우, 그 계약은 어떤 법률의 적용을 받아야 하며, 또한 어떤 관습에 따라 해석할 것인지 하는 점과 관련된다. 즉 글로벌 전자무역계약의 체결과 관련하여 재판관할권의 문제가 야기될 수 있다. 이와 관련해서는 계약당사자가 그 준거법규를 사전에 선택해 놓는 것이 최선의 방책이겠지만, 그 준거법규를 선택하지 않은 경우에는 승낙의 효력발생시기에 관한 도달주의의 원칙에 따라 계약 성립지의 법규에 의해 규율된다고 볼 수 있다. 이와 같이 격지자간에 체결되는 계약에서는 특히 그 준거법규의 문제와 더불어 계약의 성립장소는 중요한 의미를 가진다.

국제법규 및 각국의 국내법은 계약의 성립장소와 관련한 규정을 두고 있지 않다. UNCITRAL 모델법 제15조 제4항에서 "당사자 간에 다른 약정이 없으면, 작성자의 영업소 소재지에서 송신된 것으로 추정되고, 수신자의 영업소 소재지에서 수신된 것으로 추정된다"고 규정하여 승낙의 효력발생지인 승낙의 의사표시의 도달장소를 계약성립지로 본다. 그러나 격지자간에 체결되는 계약에서는 확정적이고 무조건적인 승낙의 효력이 발생한 장소에서 계약이 성립하는 것으로 추정된다. 왜냐하면 그 장소에서의 승낙의 행위가 단순한 거래교섭을 구속력 있는 법률적 의무로 변모시키기 때문이다. 그러므로 승낙의 효력발생 시기는 원칙적으로 그 승낙의 통지가 상대방에게 도달한 때이므로 유효한 승낙의 통지가 청약자에게 도달된 장소에서 계약이 성립한다고 할 것이다.

##  글로벌 전자무역계약의 준거법

### 1) 준거법에 관한 입법 동향

입법례를 살펴보면, 유럽연합에서 국제계약법 분야의 국제사법규칙은 계약채무의 준거법에 관한 1980년 협약(Convention on the law applicable to contractual obligation, 일명 로마협약)에 의하여 상당부분 통일되었다. 로마협약 제3조는 계약채무의 준거법 결정에 관해 당사자들이 원칙적으로 계약채무의 준거법을 자유로이 선택할 수 있음을 규정하고, 제4조는 당사자가 준거법을 선택하지 않은 경우의 준거법 결정에 관하여 규정한다. 당사자들이 준거법을 선택하지 않은 경우 계약의 준거법은 당해 계약과 가장 밀접한 관계(the closet connection)를 가진 국가의 법이 된다. 협약은 계약과 가장 밀접한 관련을 가진 국가를 결정함에 있어 계약의 특징적인 급부 또는 이행(characteristic performance)을 해야 하는 당사자가 계약체결시 상거소(habitual residence)를 가지고 있는 국가, 또는 그가 사단 또는 법인의 경우에는 경영의 중심지(central administration)를 두고 있는 국가가 가장 밀접한 관련을 가지는 국가로 추정된다.[128)]

한편, 오늘날 각국은 소비자를 보호하기 위한 실질법상 규정들을 두고 있다. 그러나 당사자가 외국법을 준거법으로 선택함으로서 그러한 규정의 적용을 회피할 수 있

128) 로마협약 제4조 제2항.

다면, 그러한 실체법상의 규정은 사실상 무의미하게 되므로 이를 방지하기 위하여 로마협약은 소비자의 보호를 위한 규정을 두고 있다.

공정거래위원회가 2000년 1월 고시로서 공포한 우리나라의 "전자상거래 소비자보호지침" 제14조는 "사업자의 서버가 국외에 있는 경우에는 국내에 거주하는 소비자와의 분쟁해결에 있어서는 국내법이 적용된다"고 규정하고 있다. 이는 한국법이 준거법인 국내거래에서 사업자의 서버가 외국에 있더라도 서버의 소재에 의해 영향을 받음이 없이 당해 거래는 한국법에 의해 규율된다는 취지이므로 준거법이 우리법인 경우에 한하여 적용될 것이므로 준거법이 외국법인 국제거래의 경우 의미가 없다고 할 것이다.

### 2) 불법행위의 준거법

입법례를 살펴보면, 계약의 경우와는 달리 불법행위 일반의 준거법 결정에 관한 국제조약은 존재하지 않는다. 유럽연합의 다수 국가는 불법행위의 준거법 결정에 관하여 불법행위지법(lex loci delecti commissi), 즉 불법행위가 발생한 장소의 법을 준거법으로 한다. 다만 불법행위지법원칙은 불법행위와 그 행위로 인한 손해가 상이한 장소에서 발생한 격지적 불법행위의 경우 행위지와 결과발생지 중 어느 곳의 법을 준거법으로 할 것인지를 결정해야 하는 어려운 문제를 제기한다.

계약은 당사자가 명시적 또는 묵시적으로 선택한 법에 의한다. 당사자가 준거법을 선택하지 아니한 경우 계약은 가장 밀접한 관련이 있는 국가의 법에 의한다. 계약체결 당시 일상적인 거소를 가지는 국가의 법, 당사자가 법인의 경우에는 주된 사무소가 있는 국가의 법이 가장 밀접한 관계가 있는 것으로 추정하여야 할 것이다. 기타 밀접한 관련성 여부는 구체적인 경우에 판단하여야 할 것이나 미국의 최소접촉이론(minimum contacts)[129]이 참

129) 미국에서는 전통적으로 역외 피고에 대한 인적재판관할권이 발생하기 위해서는 법정지의 재판관할확장법(long arm statues)과 헌법상의 적법절차 요건에 대한 검토를 하여야 한다. 재판관할확장법에 의하여 법정지법원은 법정지 밖에서의 재판권 행사가 가능해져 비거주자인 피고를 법정지의 재판권에 복종시킬 수 있게 된다. 또한 적법절차는 법정지 주가 자신의 재판관할확장법에 기한 재판권행사가 합헌적인가의 여부를 심사할 수 있게 해주는데, 비거주자인 피고가 법정지와 최소의 접촉(minimum contacts)을 가지는 경우에 한하여 합헌요건을 충족할

고가 될 것이다. 다만 소비자의 보호를 위해 소비자가 직업 또는 영업활동 외의 목적으로 체결하는 계약의 경우 당사자가 준거법을 선택하더라도 소비자의 일상거소지법의 강행규정이 소비자에게 부여하는 보호를 박탈할 수 없도록 하여야 할 것이다.

불법행위의 준거법에 대하여서는 일반원칙으로서 행위지법과 결과발생지법의 양자를 모두 준거법으로 인정하는 것이 바람직할 것이다.

## 5 글로벌 전자무역계약과 법적 문제

### 1) 전자문서의 법적 문제

#### (1) 전자문서의 개념

전통적으로 법률행위는 문서로 행하고 있는데, 이는 법률행위 당사자들이 의도한 법적 효과를 확실히 하기 위하여 그 계약의 중요한 내용·법적 효과 등을 문서에 명시하여 둠으로써 후에 법적 분쟁이 발생하였을 때, 문서가 해결의 중요한 근거가 되기 때문이다. 즉 전통적인 거래에서 우리가 느끼는 안도감은 부분적으로 서류거래가 우리에게 주는 안전의식에서 오는 것이다. 불완전하기는 하지만, 서류에 기초한 통신은 그것들이 진정성, 무결성, 부인봉쇄, 서면과 서명, 기밀성과 같은 법률요건을 충족시키는 속성을 가지고 있기 때문이다.

그러나 컴퓨터의 발전으로 우리의 생활형태도 많이 변화되고 있으므로 법학도 사회과학의 한 분야로서 사회의 발전과 더불어 발생하는 법적 문제를 해결하는 방법을 제시하여야 할 것이다.

기존의 과학기술의 발달이 물질적인 발명 또는 물리적 공간의 극복에 기여하여 왔

---

수 있다. 이에 따라 일반재판적과 특별재판적, 계약침해와 불법행위침해에 따른 각각의 연결점보다는 위 두 가지의 요건충족이 문제된다는 점에 미국관할법의 특색이 있다.

다면, 컴퓨터의 발달과 컴퓨터를 이용한 통신의 발달은 정보와 물리적 공간을 훨씬 쉽게 극복해나가게 하고 있다. 따라서 기존의 문서로 행해지던 법률행위도 앞으로는 이러한 통신기술에 의해 어느 정도 대체될 수밖에 없고 거기에서 발생되는 법적 문제점도 많을 것이다.

현재 전자문서에 관한 규정을 두고 있는 전자거래기본법과 전자서명법에서는 전자문서에 대하여 "컴퓨터 등 정보처리능력을 가진 장치에 의하여 전자적 형태로 작성되어 송·수신 또는 저장되는 정보"[130]라고 정의하고 있다.[131]

한편 UNCITRAL 모델법에 의하면, "데이터메시지(data message)는 EDI, 전자메일, 텔레그램, 텔렉스, 텔레카피 등을 포함하되 이에 한정되지 않고 다양한 방식으로 생성, 송신·수신 또는 저장되는 정보를 말한다"라고 규정하고 있다.[132] 이러한 예시들의 범주는 명확하게 정의를 할 수가 없는데, 이는 컴퓨터가 비록 제한적이기는 하지만 메시지를 다른 형태로 변환시킬 수 있어 각각의 기술이 서로 혼합될 수 있기 때문이다.

### (2) 전자문서의 문서성

원칙적으로 문서란 문자 또는 이를 대신할 부호에 의하여 일정한 사상 도는 관념을 표시한 물체로서 법적으로 중요한 사실을 증명하기 위한 것이거나 증명할 수 있는 것은 물론 작성자 또는 명의인을 인식시켜 줄 수 있는 것을 말한다.

전자문서의 효력에 대하여 전자거래기본법은 "전자문서는 다른 법률에 특별한 규정이 있는 경우를 제외하고는 전자적 형태로 되어 있다는 이유로 문서로서의 효력이

---

130) 전자거래기본법 및 전자서명법 각 제2조 제1호.

131) 한편 전자문서를 정의하면서 '정보'라고 한 데 대한 비판의 의견이 있다. 전자적 형태로 작성되어 송·수신 또는 저장되는 정보가 과연 모두 전자문서라고 할 것인가, 예컨대 MP3파일과 같은 것은 정보이지만 전자문서라고 할 수는 없다. 그러나 법률적으로 문서라고 하는 것은 단순한 정보 또는 정보의 집합을 의미하는 것은 아니고 그 정보를 통해서 법률효과를 표시할 수 있는 의사표시여야 문서로 보기 때문에 이러한 논의는 불필요하지만 명확하게 하기 위해 다르게 규정할 필요는 있을 것이다.

132) UNCITRAL Model Law 제2조 a.

부인되지 아니한다"[133]고 하여 전자문서의 효력을 적극적으로 규정하고 있는 반면, 전자서명법은 디지털 서명의 효력에 관한 규정에서 "공인인증기관이 발급한 인증서에 포함된 전자서명검증키에 부합하는 전자서명생성키로 생성한 전자(디지털)서명이 있는 경우에는 당해 전자(디지털)서명이 당해 전자문서의 명의자의 서명 또는 기명날인이고, 당해 전자문서가 전자서명된 후 그 내용이 변경되지 아니하였다고 추정한다"[134]고 함으로써 디지털 서명된 전자문서만을 서명되거나 기명·날인된 문서와 동일하게 취급함으로 간접적으로만 나타내고 있다.[135]

새롭게 등장하는 전자문서는 정보전달의 효율성 측면에서 보면 오히려 종이문서의 한계를 극복하기 위한 시도라고 볼 수 있으나, 입증기능과 상징적 기능의 경우에 전자문서는 아직 한계를 나타내고 있다.

## 2) 전자서명의 법적 문제

### (1) 전자서명의 개념

글로벌 전자무역에 있어서는 거래 당사자 간에 교환되는 메시지는 디지털 메시지이기 때문에 메시지의 원본과 사본을 구별하기가 매우 곤란할 뿐만 아니라 수기서명을 포함하고 있지 않다. 또한 이러한 데이터 메시지는 컴퓨터 네트워크를 통하여 송수신되기 때문에, 송수신과정에서 제3자에 의하여 추적 내지 가로채기를 당하거나 변경될 수 있다.

따라서 안전한 거래를 위하여 서면에 기초한 거래에서의 서명(signature)의 기능을 대신하는 각종 기술적 보완장치가 개발되어 이용되고 있는데, 이러한 장치들 중 가장 널리 이용되는 것이 전자서명(electronic signature : digital signature)이다.

133) 전자거래기본법 제5조.

134) 전자서명법 제3조 제1항, 제2항.

135) 한편, UNCITRAL 제6조 제1항은 차후의 참조를 위하여 사용될 수 있도록 접근가능 하다면 전자문서의 문서성을 인정한다.

UNCITRAL 전자서명 통일규칙 초안에 의하면, 전자서명(digital signature)이란 "데이터 메시지에 부착되거나(attached) 논리적으로 결합된(logically associated) 전자적 형태의 서명(signature) 또는 자료(data)로서 사람의 신원을 확인하고 데이터 메시지의 내용에 대한 그 사람의 승인을 나타낼 목적으로 사용된 것"을 말한다고 되어 있다.

이러한 전자서명에는 데이터를 암호화하는 방식[136]으로서, 대칭형 비밀 키 암호화 방식, 비대칭형 공개 키 암호화 방식, 서명인의 서명을 이미지로 미리 등록하여 사용하는 방식 및 지문이나 홍채 등을 이용하는 바이오 매트릭스(biometrics ; 생체인식)방식[137] 등 여러 가지 방식이 있다.

그러나 개방적인 통신망상에서 거래당사자간의 신원확인과 의사표시의 진위여부를 확인하기 위해서 전자서명은 공개 키 암호화 기술에 의한 빙식으로 한정되어 수용되고 있다. 따라서 광의의 전자서명은 Electronic signature로 공개 키 방식에 의한 전자서명은 Digital Signature라는 용어로 구분되어 사용되고 있다.

### (2) 전자서명과 효과귀속

전자서명과 관련한 법적인 문제로서 전자서명이 작성된 전자적 데이터의 효과를 누구에게 귀속시킬 것인가의 문제가 있다.

---

136) 데이터를 암호화하는 기본적인 방식으로 공개 키 암호화방식과 비밀 키 암호화방식이 있다. 먼저 대칭 키로 불리는 비밀 키 암호화방식은 암호화하는 키와 복호화하는 키가 동일한 경우이고, 비대칭으로 불리는 공개 키 암호화방식의 경우는 암호화하는 키와 복호화하는 키가 서로 다른 경우이며 키를 공개한다하여 공개키라 하고 있다. 여기서 암호화(encrypt)는 일반 텍스트문서를 암호기술을 이용하여 암호문서로 변환하는 것을 말하고, 복호화(decrypt)는 이미 암호화된 문서를 암호기술을 이용 일반 텍스트문서로 재변환하는 것을 말한다.

137) 개인의 독특한 생체정보를 추출하여 정보화시키는 인증방식으로 지문·목소리·눈동자 등 사람마다 다른 특징을 인식시켜 비밀번호로 활용하는 것이다. 즉, 인간의 신체적·행동적 특징을 자동화된 장치로 측정하여 개인식별의 수단으로 활용하는 모든 것을 가리킨다. 지문·얼굴·홍채·정맥 등 신체 특징과 목소리·서명 등 행동 특징을 활용하는 분야로 나뉜다. 얼굴모양이나 음성·지문·홍채 등과 같은 개인특성은 열쇠나 비밀번호처럼 타인에게 도용이나 복제될 수 없으며, 변경되거나 분실할 위험성이 없어 보안 분야에 활용된다. 특히 이용자에 대한 사후 추적이 가능하여 관리 면에서도 안전한 시스템을 구축할 수 있다는 장점이 있다.

현행법상으로는 표견대리에 관한 민법규정이 적용되는 경우를 제외하고는 전자서명의 효과를 본인에게 귀속시킬 수 없다. 그러나 전자거래에서는 상대방을 확인할 수 있는 수단이 제한되어 있기 때문에, 개개의 모든 거래시에 상대방을 확인하여야만 한다면 신속성을 장점으로 하는 전자거래에 역효과를 야기시킬 것이다.

따라서 비교적 확실성이 높은 전자서명을 이용하여 본인임을 확인한다면, 권한없는 제3자에 의해서 거래가 이루어지더라도 본인에게 효과를 귀속시킬 필요가 있다.

### (3) 서명 또는 기명·날인으로서의 효력

종이문서를 이용한 거래에서는 계약체결시에 계약서에 당사자의 서명이나 기명·날인을 하는 것이 보통이다. 또한 중요한 거래의 경우에는 당사자의 날인이 진정한 본인의 것인지를 확인하기 위해서 인감증명서를 첨부하기도 한다.

이과 같은 문서의 진정성의 보장기능은 전자서명에서도 유사하게 이루어진다. 즉 비밀 키를 보유한 일방 당사자가 그 비밀 키에 대응하는 복호화 키를 공개한 후, 비밀 키를 이용해서 진자서명올 한 계약서를 상대방에게 보내면, 이 계약서를 수령한 상대방은 공개 키를 이용해서 전자서명의 확인과정을 거친 후 계약서의 내용을 신뢰하게 된다. 이때 전자서명이 진실한 본인의 것인지를 확인시켜주는 기능은 인증기관이 수행하게 된다.

### (4) 전자적 대리인에 의한 전자서명의 효력

전자적 의사표시와 관련하여 전자적 대리인 내지 지능형 대리인에 의해서 전자서명이 작성되었을 경우, 그 전자서명의 효력을 인정할 수 있는지가 문제된다. 그러나 기술의 발달에 따라 발전된 형태의 전자무역에서는 전자적 대리인에 의한 전자서명이 이루어질 것이고, 거래목적으로 전자적 대리인을 설치하거나 운영 중인 당사자에게 그 법률효과가 귀속되어야 할 것이다.

한편, UNCITRAL의 전자서명에 관한 통일규칙 초안에서도 법인과 자연인에 의한 서명에 관한 제6조의 의견부분에서 전자적 대리인에 의한 전자서명의 유효성을 인정하고 있다.

### 3) 글로벌 전자무역 계약체결에 관한 법적 문제

#### (1) 전자무역계약에 있어 의사표시의 발신과 도달

계약이란 일정한 법률효과의 발생을 목적으로 하는 2인 이상의 당사자의 서로 대립하는 의사표시의 합치로 성립하는 법률행위라 할 것이고 계약이 성립하려면 청약과 그에 합치하는 승낙을 필요로 하게 된다.

전자무역에 있어서 계약의 성립시기는 전자매체라는 수단을 이용하므로 이전의 일반계약과는 다른 점이 있어 계약의 성립시기를 정하는 문제가 있다. 민법은 계약 성립의 시기로서 의사표시의 도달주의를 원칙으로 하고 원격지의 경우 발신주의를 예외적으로 채택하고 있다. 전자무역계약의 성립시기에 대해 승낙의 의사표시를 발송한 때 또는 상대방 컴퓨터 파일에 도달하여 기록된 때, 또는 기록된 의사표시내용을 수신자가 확인한 때 중 어느 것으로 하느냐가 문제된다. 즉 인터넷 등 통신망을 통한 거래계약은 원격지 계약으로 보아 발신주의를 취해야 하는가, 아니면 real time이 가능하기 때문에 도달주의를 취할 것인가 하는 문제이다. 또 다른 문제로 중간의 중개사업자가 발신된 의사표시를 지체하여 전송함으로써 피해가 발생한 경우에 중개업자의 책임범위에 관한 문제도 아울러 살펴보아야 할 것이다.

#### (2) 전자무역계약 성립장소의 문제

전자무역계약의 성립장소를 결정하는 것은 그 적용법을 결정하는 데 중요하므로 계약의 성립장소를 확정짓는 문제를 검토하여야 한다. 계약의 성립장소가 문제가 되는 것은 주로 계약의 성립요소인 의사표시가 다른 법률이나 관습이 행하여지고 있는 지역에 걸쳐 행하여지는 경우 그 계약은 어떤 법률의 적용을 받아야 하는 점과 관련된다. 즉 전자무역계약의 체결과 관련하여 재판관할권의 문제가 야기될 수 있다. 이와 관련하여서는 계약당사자가 그 준거법을 사전에 선택하여 놓는 것이 최선의 방법이겠지만, 그 준거법을 선택하지 않은 경우에는 승낙의 효력발생시기에 관한 도달주의의 원칙에 따라 계약성립지의 법에 의해 규율된다고 할 것이다. 이와 같이 격지자간에 체결되는 계약에서는 특히 그 준거법의 문제와 더불어 계약의 성립장소는 중요한 의미를 가진다.

### (3) 전자적 의사표시의 하자 등 문제

전자적 의사표시라고 하더라도 의사표시가 전자적 방식에 의하여 전달된다는 것일 뿐 표의자가 사람임에는 변함이 없으므로 이를 별도의 개념으로 인정할 필요는 없다 할 것이다. 그러나 의사표시가 디지털화되어 전달되며 사람은 포괄적인 의사를 결정하고 그 구체적인 의사는 컴퓨터에 의하여 표현이 된다는 점에서 기존의 의사표시 이론에 약간의 수정은 불가피하다. 예컨대, 비진의표시와 통정허위표시의 문제, 착오[138)]에 의한 의사표시문제[139)] 사기·강박에 의한 의사표시의 문제, 의사표시 하자로 인한 분쟁에 대한 책임문제 등에 대한 검토가 이루어져야 할 것이다.

한편, 표의자가 의사를 표시하였음에도 네트워크 등에 하자가 있어 전자적 의사표시가 전달되지 못하고 유실되거나 잘못 전달되거나 착오의 유형으로 하자 있는 전자적 의사표시가 전달된 경우 등이 있을 수 있다.

과실책임의 원칙에 의해 사업자의 컴퓨터 파일에 기록된 내용대로 작성된 것으로 추정하는 경우에는 책임을 사용자 또는 소비자에게 전가할 우려가 있다. 예컨대, 증권전산망의 경우 단말기 조작자에게 책임을 전가하는 경우 등이 그러하다. 전자문서에 의한 의사표시가 하자를 발생시키거나 분쟁을 유발하게 되는 경우 무과실책임의 원칙을 적용함과 아울러 사업자에게 손해배상책임을 적용하여 소비자, 가입자, 수신자, 피해자, 거래자의 일방적인 손실을 방지할 수 있는 제도를 정립할 필요성이 있다.[140)]

---

138) 착오란 표시의 내용과 내심의 의사가 불일치함을 표의자 자신이 알지 못한 경우를 말하며, 여기서 법률적으로 의미있는 착오는 법률행위의 내용의 중요부분에 착오가 있는 경우만 고려된다.

139) 예를 들면, 표의자가 입력한 자료 자체에 하자가 있는 경우, 정보처리장치의 이용(입력행위)에 하자가 있는 경우, 프로그램 자체에 하자가 있는 경우 등이 이에 해당한다.

140) 미국의 경우에는 1978년 전자자금이체법(Electronic Fund Transfer Act)을 제정하여 전자거래에 있어서 소비자를 보호하고, 소비자 보험제도를 정착시켜 손해에 대한 책임을 분담하고 있다.

### (4) 무능력자에 의한 계약체결 효력문제

전자무역계약이 무능력자에 의해 체결된 경우에도 민법상의 무능력자의 보호규정이 그대로 적용될 것인가가 문제이다. 전자상거래 계약은 거래의 안전이 무엇보다도 강력히 요구되는 분야이며, 거래의 안전에도 불구하고 무능력자를 강력히 보호하고자 하는 것 또한 민법의 기본태도인 바 양자의 충돌을 조화하는 해석이 필요하다.

우선 미성년자를 보호해야 한다는 원칙은 관철되어야 할 것이며, 그 범위 내에서 거래의 안전을 보호하기 위해 전자무역계약을 체결할 시점에 거래당사자가 능력자인 본인임을 확인하는 방법을 강구하면 될 것이다. 예컨대, 제3의 기관에서 발행한 디지털 서명을 이용하여 성년 및 본인임을 확인케 하는 방법이나 전자계약 체결을 위한 회원가입계약을 먼저 체결하여 본인확인을 거친 후에 개별적인 전자무역계약을 체결하는 방법도 가능할 것이다. 이러한 조치에도 불구하고 미성년자가 전자상거래 계약을 체결하였다면 대부분의 경우에 있어서 미성년자의 사술에 해당할 것이어서 거래의 상대방을 보호할 수 있다.

### (5) 무권한자에 의한 계약체결

전자거래기본법 제10조에서는 "작성자의 대리인 또는 작성자를 대신하여 자동으로 전자문서를 송·수신하도록 구성된 컴퓨터프로그램 기타 전자적 수단에 의하여 송신된 전자문서를 작성자가 송신한 것으로 본다."고 규정하고 있어 전자적 대리인의 개념을 인정하고 있다.[141)]

한편, 아무런 권한이 없는 제3자가 타인의 정보를 이용하여 전자무역계약을 체결하는 경우에는 무권대리로서 대리에 관한 민법의 규정을 적용하여 대리권의 증명도 하지 못하고 본인의 추인도 받지 못할 경우에는 그 제3자는 상대방의 선택

141) 미국의 통일전자거래기본법(UETA) 초안에서는 전자적 대리인(electronic agent)이라는 개념을 사용하고 있다. 동 초안에 따르면 "당사자가 디자인하고 프로그램화하거나 그러한 유형의 결과를 달성하기 위한 목적으로 전자적 대리인을 선정한 경우"에 일일이 인간의 의사가 개재되지 않더라도 전자적 대리인의 작동에 의하여 전자서명이 유효하게 작성되고 계약이 유효하게 성립한다고 한다.

에 따라 이행을 하거나 손해배상을 하여야 한다.[142)]

네트워크상에서 거래의 상대방 또는 제3자에게 타인에 대한 대리권수여의 표시를 한 경우 또는 네트워크상에서 타인에게 명의를 빌려준 경우에는 민법 제125조에 의하여 그 대리권 범위 내에서 그 타인과 제3자가 행한 법률행위에 대하여 본인이 책임을 져야 한다. 또한 네트워크상에서 대리인이 그 권한 이외의 행위를 한 경우에는 제3자가 그 권한이 있다고 믿을 만한 정당한 상유가 있는 때에 한하여 본인은 책임을 져야 하며,[143)] 대리권의 소멸을 알지 못한 선의·무과실의 제3자에게도 본인은 책임을 져야 한다.[144)]

권한 없는 자의 거래를 방지하기 위한 방안으로 전자무역계약에 관한 정보를 암호화하여 제3자가 쉽게 타인의 정보를 열람하지 못하도록 하는 방법과 제3자 신용기관에 의해 거래하려는 당사자가 진정한 권한을 가진 본인임을 확인케 하는 방법 등이 강구되어야 할 것이다. 이러한 보안시스템은 신속한 거래의 구현에 있어서는 다소 번거로운 면이 있으나 안전한 전자거래를 구현하기 위하여 감수하여야 하는 필수적인 요건이라 할 수 있다.

142) 민법 제135조.

143) 민법 제126조.

144) 민법 제129조.

# Chapter 7 글로벌 무역계약서의 기본형태

## Ⅰ 전문(前文)

### 1 표제(表題)

일반적으로 계약서에는 표제(title)를 붙이는 것이 보통이다. 이것은 계약내용을 한 마디로 이해할 수 있게 하기 위한 것이며, 그 표제 자체가 독립된 법적 효과를 갖는 것은 아니고, 표제에 따라 계약 내용이 영향을 받는 것도 아니다. 따라서 단지 계약이라는 뜻을 나타내는 'Contract'라든가 'Agreement'와 같은 어휘가 포함되는 경우가 많다.145)

표제는 한 번 보아서 쉽게 이해가 가도록 하는 것이 현명한 방법이다.

표제의 예는 독점적 판매계약(exclusive distributorship agreement), 기술원조계약(technical assistance agreement), 합작투자계약(joint venture agreement) 등이 있다.

---

145) 이춘삼,『국제상무론』동성사 2000, 207면

## 2 당사자와 일자

계약서 전문에는 계약당사자의 명칭 또는 주소를 정확하게 기재하지 않으면 안 된다. 특히 중요한 점은 법인격을 표시하는 표현이 국가와 주에 따라 각기 다를 때가 있기 때문에 계약체결능력이란 관점에서 법인격표시의 구별을 각국 법에 따라 미리 조사해 두는 것이 필요하다. 그리고 설립의 준거법이 국법이 아니고 주법인 때도 있으므로 반드시 준거법을 기재하여야 하며 주법인 때에는 예컨대, 'Under the laws of the State of California'와 같이 기재할 필요가 있다.[146] 더욱이 계약서에는 특별한 경우를 제외하고는 계약일자가 표시되며, 그 계약체결일로부터 효력이 발생한다. 계약기간이 계약서의 일자 또는 계약체결일로부터 수년간이라고 정하여졌을 때에는 그 일자가 계약기간의 시기(始期)가 되므로 일자를 명확하게 해 두는 것이 중요하다.

예문을 소개하면 다음과 같다.

This Agreement made this ___ day of ___, 2002, by and between SAMSUNG Co., Ltd., a corporation duly organized and existing under the laws of Korea, with its principal place of business at ___ Seoul, Korea(hereinafter called SAMSUNG and ABC Co., Ltd., a corporation duly organized and existing under the laws of the State of Delaware, with its principal place of business at ___ New York, United States of America(hereinafter called ABC) : WITNESSETH

한국법에 의하여 적법하게 설립, 존속하며 소재지 한국 서울에 본점을 둔 법인 SAMSUNG Co., Ltd.(이하 SAMSUNG라고 줄여 쓴다)와 델라웨어 주법에 의하여 적법하게 설립·존속하며, 미국 뉴욕에 본점을 둔 법인 ABC Co., Ltd.(이하 ABC라고 줄여 쓴다)간에 2002년 ○월 ○일에 체결된 이 계약을 (아래와 같이)증언함.

146) 錢田福一, 國際法來契約の實務 ダイヌモソドネセ, 1976, p.66.

## 3 설명조항(Whereas Clause)

계약전문에는 통상 'Whereas Clause'라고 불리는 조항이 삽입되는 수가 있다. 계약체결에 있어서는 이유, 경과, 계약의 목직 및 의사 또는 당사자의 간난한 사업설명 능이 기재되는 것이다.147) 이것은 엄격하게 말해서 법적인 효력을 갖지 못함으로 최근에는 점차 간단한 표현으로 변하고 있으며 경우에 따라서는 생략되어 버리는 경우도 있다. 그러나 이 Whereas Clause에는 계약당사자가 계약을 체결함에 있어서 동기 내지는 목적이 기재되어 있기 때문에 계약 각 조항의 해석을 할 때에 당사자의 진정한 의사를 발견할 수 있고 계약체결의 정신을 살리기 위해서도 전문의 일부에 계약의 중요한 Principle을 명시하여 두는 것이 바람직하다.

이 조항에 있어, 'in consideration of'( ~ 을 '대가'로 하여)라는 영문이 기재되는 경우가 많은데, 이 때 'Consideration'이라고 하는 것은 영미법의 특유한 것으로서 계약이 유효하게 성립하기 위한 요건이다. Consideration은 현재에 있어서는 그다지 커다란 의미가 없지만 문제의 복잡성을 피하기 위하여 다음 예문과 같이 Consideration에 관하여 간략하게 설명하여 두는 것이 통례이다.

**[Whereas Clause]**

WHEREAS, Seller is desirous of exporting the products stipulated in Article 4 hereof to the territory stipulated in Article 3 hereof ; and WHEREAS, Agent is desirous of soliciting orders for the said products from customers in the said territory ;

Now, THEREFORE, in consideration of the premises and the mutual convenants to be faithfully performed herein contained

IT IS HEREBY AGREED AND UNDERSTOOD AS FOLLOWS:

매도인은 제4조에 약정된 제조품을 제3조에 약정된 지역에 수출함을 희망하고 대리상은 위 언급된 지역에서 고객으로부터 위 제조품에 대한 주문권유를 희망하여 이에 따라 이 계약에 포함된 전제사항과 상호약정이 성실히 이행됨을 대가로 하여 아래와 같이 합의, 이해된다.

---

147) 土井煇生編, 『國際契約 핸드북』, 同文舘, 1971. p.21.

# Ⅱ. 본문(本文)

## 1 계약의 존속기간(Duration)

계약의 종류를 가리지 않고 모든 계약에는 시기와 종기가 있다. 통상 국제계약의 경우에는 계약서를 작성한 양당사자의 대표자의 서명일, 또는 그 일자가 명확치 않을 때에는 보통 전문 중에 기재된 계약서 작성일이 계약의 시기로 인정된다. 그렇지만 기술원조계약이나 합작투자계약과 같이 관계정부기관의 허가를 얻어야 하는 경우에는 그 허가를 얻은 날 또는 그 후 지정된 날로부터 효력이 생긴다. 따라서 계약의 효력발생에 대하여 일정한 조건이 필요한 경우 또는 일정한 조건을 붙일 경우에는 그 뜻을 계약에 명시해 두는 것이 필요하다.

계약의 종기는 계약이 원만하게 종료한 때의 종기를 만료일(date of expiration)이라고 부르고, 어떠한 사정으로 기간의 중도에 종료하는 경우의 종기를 종료일(date of termination)이라고 부르는데, 일반적으로는 양자를 구별치 않고 종료일이라고 부른다. 계약에는 계약기간을 정해 두는 것이 보통인데 계약체결일로부터 1년 또는 2년 등으로 정해 두는 경우(확정기간)와 일방의 당사자가 상대방에게 해약의 통지를 할 때까지 존속하는 것으로 정해 두는 경우(불확정기간)가 있다. 통지의 기간과 계약의 기간종료의 효력발생 등에 관하여는 법률적 또는 실무적으로 갖가지 문제가 발생하므로 이러한 점을 명확히 해 두는 것은 중요한 일이다. 또한 기간이 당초 정해둔 종기에 만료하지 않고, 다시 계속해서 일정의 기간 동안 연장되는 때가 있다.

기간의 연장방법에는 정해진 방법이 있는 것은 아니나, 계약기간을 갱신하고자 할 때에 당사자가 협의하여 새로이 계약하는 방법과 자동적인 갱신, 즉 계약의 기간 만료전 일정 기간까지 계약당사자의 일방으로부터 상대방에게 계약종료의 의사표시를 하지 않는 한 자동적으로 계약이 갱신되도록 하는 방법이 있다. 어느 방법이 적절한가는 구체적인 경우에 따라 다르겠지만, 일반론으로서는 당사자가 협의하여 새로운 결정을 하는 것이 바람직하다.

국제계약이 자동적으로 갱신되는 예문을 보면 다음과 같다.

This Agreement shall be valid and in force for a period of three (3) years commencing from the date hereof first above written and unless either party gives to the other party at least six (6) months before the termination of this Agreement a written notice of intention to terminate, this Agreement shall be extended for a further period of three (3) years subject to the validation of the Governments of the parties concerned.

이 계약은 계약일로 부터 3년간 유효하다. 이 계약의 종료전 최소한 6개월전 어느 한 당사자로부터 다른 당사자에게 서면으로 계약종료의 의사통고를 하지 않는 한 이 계약은 관계당사자의 정부들의 확인을 조건으로 3년의 기간 동안 연장될 수 있다.

한편, 당사자 간의 협의에 따라 새로이 지정하는 경우의 예문은 다음과 같다.

This Agreement shall be valid and in force on the day of their signature by the both parties and shall remain in force for a period of three(3) years. At least six (6)months before the expiration of the both parties shall consult with each other for renewal of this Agreement. If the renewal is agreed upon, this Agreement shall be renewed for another three (3) years' period under the terms and conditions herein set forth on with amendments. Unless agreed, this Agreement shall terminate on expiry of the original three (3) years term herein.

이 계약은 양 당사자의 서명일로부터 유효하고 3년 기간 효력이 계속된다. 그 기간의 만료 최소한 6개월 전에 양 당사자는 이 계약의 갱신에 대해 협의를 해야 한다. 만일 갱신이 합의되면 이 계약은 이 계약 또는 추가약정에 의해 약정된 조건 아래 다른 3년의 기간 동안 갱신된다. 달리 갱신되지 않는 한, 이 계약은 원래의 3년 기간의 만료에 의해 종료된다.

## 2 계약의 종료(Termination)

국제계약에 있어서 계약종료의 형태로는 크게 4가지로 나누어 볼 수 있다.

계약의 이행에 따라 종료하는 경우, 계약의 기간이 원만히 종료하는 경우, 계약위반에 따라 계약해제권이 행사되는 경우, 계약위반은 없었지만 계약을 계속하기 어려운 일정한 조건이 발생한 경우에 계약해제권이 행사되는 경우

그 중 앞의 두 경우에 대해서는 설명이 불필요하며, 문제가 되는 것은 뒤의 두 경우이므로 이에 대하여 검토하기로 한다.

### 1) 계약위반의 경우

계약위반은 계약해제의 원인이 되는데, 위반사실에는 여러 가지 종류가 있다. 하지만 이런 계약위반에 따라 계약해제권이 발생하는 것은 그 계약위반이 중대한 때에 한한다. 즉 중대한 계약위반이 없는 한 계약을 해제할 수 없다. 영미계약법에 있어서는 계약 중에 중요한 약속을 조건(condition)이라고 하며 그 조건을 위반하는 경우 중대한 계약위반으로서 계약해제권을 발생시킨다. 이에 반하여, 중요하지 않고 부수적인 약속을 담보(warranty)라고 부르며, 이를 위반한 경우에는 손해배상청구권만을 발생시킬 뿐 계약해제권은 발생시키지 않는다고 해석된다.

그렇지만 계약상 어떠한 것이 조건이 되는가, 즉 중대한 계약위반이 되는가, 중대한 계약위반이라고 하는 것은 구체적으로 어떠한 것인가, 또한 그 범위와 정도는 어떠해야 하는가를 판정하는 것은 곤란한 경우가 많다. 따라서 미리 계약해제권이 발생하는 경우를 정해 두는 것이 바람직하고, 본래는 중대한 계약위반에 해당하지 않는 사유라도 약정한 해제사유에 해당하는 사유가 생기면 계약해제권이 발생한다. 될 수 있는 한 구체적인 개개의 계약에 비추어 보아 정하는 것이 바람직하다.

그런데 가령 다소의 위반사유가 있는 경우에, 그 위반 사유에 기해 해제권을 행사함으로써, 계약의 해제와 손해배상을 청구하는 것이 합리적인가, 즉시 해제권을 행사

하지 않고 경고를 한 후 될 수 있는 한 상호만족을 위해 노력하여 일정기간의 유예기간을 두고 유예기간 내에 개선되지 않는 경우에 계약을 해제하는 것이 실제적으로 유리한가를 결정하는 것은 매우 어려운 일이다. 일반론으로 계약의 내용, 종류, 유예기간을 정하는 방법에 따라 합리적인 방법을 모색하여야 할 것이다.

### 2) 일정한 조건이 발생한 경우

계약위반은 아니지만 계약을 계속하는 데 지장을 초래할 일정한 조건이 발생하는 경우에는 즉시 계약을 종료시킬 수 있다고 규정하여 두는 경우가 많다. 일정의 조건에 대하여는 파산, 지급불능, 청산처럼 되도록 구체적으로 기재해 두는 것이 필요하다.

즉, 계약이 종료하더라도 종료에 앞서 유효하게 성립한 각 당사자의 채권·채무는 존속하고, 따라서 이러한 것을 새로이 규정할 필요가 없는듯하나 불필요한 분쟁을 피하기 위해서는 이러한 규정을 정해 두는 것이 바람직하다. 이러한 규정을 일반적으로 확인규정이라고 부르며, 다음이 그 예문이다.

【계약위반의 경우】

In the event either party should breach any term or condition of this Agreement or fail to perform any of their obligations, undertakings hereunder, the other party may notify the defaulting party of such default and if such default is not rectified within thirty (30)days after such notice, the party giving such notice shall have the right, at its opinion, to declare this Agreement terminated forthwith. The loss and damages sustained thereby shall be indemnified by the party responsible for such default and/or breach.

어느 한 당사자가 이 계약의 조항이나 조건을 위반할 경우 또는 채무나 의무를 불이행할 경우, 다른 당사자는 불이행 당사자에게 그 불이행을 통지할 수 있고, 그 통지 후 30일 이내에 불이행이 시정되지 않는 경우 통지를 한 당사자는 그의 선택에 따라 곧바로 계약의 종료를 선언할 권리를 갖는다. 이로 인해 야기된 손실이나 손해는 그 불이행이나 위반에 책임 있는 당사자에 의하여 배상되어야 한다.

【일정한 조건이 발생하는 경우】

In case of bankruptcy or insolvency or liquidation or death and/or reorganization by the third party of the other party, either party may terminate this Agreement without any notice to the other party forthwith.

파산, 지급불능, 청산, 사망 또는 제3자에 의한 정리절차의 경우, 일방 당사자는 다른 당사자에 대한 통고 없이 곧바로 이 계약을 종료시킬 수 있다.

【확인규정으로서】

Even after the termination of this Agreement by any reason whatsoever, the provisions of this Agreement shall be applicable to the transactions already concluded before the termination of this Agreement and such termination is without prejudice to any claim for any antecedent default and/or breach.

어떤 이유에 의하든지 이 계약이 종료된 때에는 이 계약의 조항은 이 계약종료 전에 체결된 거래에 적용되며 이와 같은 종료는 종료 이전의 계약불이행 또는 위반으로 인한 권리에 영향을 주지 않는다.

## 3 이행보증과 손해배상액의 예정

계약위반의 경우에 대비하여 두 가지 조항이 많이 쓰여지고 있다. 그 하나는 이행보증조항(performance guarantees)이고, 다른 하나는 손해배상액의 예정(liquidated damages) 또는 위약금(penalty)조항이다.

이행보증조항은 국제계약의 원활한 이행을 확보하기 위하여 금융기관 등에 의한 계약이행의 보증(guarantee)을 하게 하는 것으로, 그 방법으로서는 'Letter of Guarantee', 'Stand by Letter of Credit, Performance Bond' 등에 의한다.

Performance Bond 방식에 의한 예를 들면 아래와 같다.

As security for the full performance of its obligation under this Agreement, Seller shall cause to be delivered to Buyer, within 30days of the date of this Agreement, at Seller's own expense, a performance bond in the amount of contract price in a form issued by company reasonably acceptable to Buyer.

본 계약하의 의무의 완전한 이행을 위한 담보로서 매도인은 매수인에게 본 계약일로부터 30일내 매도인의 경비로서 계약금액에 해당하는 이행보증을 매수인이 합리적으로 승인할 수 있도록 회사에 의해 발행된 형식으로 제공하여야 한다.

손해배상액의 예정은 당사자가 미리 계약불이행에 의하여 손해가 발생할 것을 예상하여 계약으로 배상액을 정하는 것으로서 이러한 특약에 의하여 채권자는 계약불이행의 사실만 증명하면 손해의 발생 또는 그 액을 증명할 필요 없이 예정액을 청구하게 되는 것이다.

영미법에 의하면 계약위반시 손해배상으로서 일정한 금액을 지급하는 뜻의 합의가 미리 이루어진 경우 이것이 손해배상액의 예정으로 해석되는가, 위약금으로 해석되는가에 따라 계약불이행에 대한 구제면에서 중대한 차이를 가져온다. 즉 손해배상액의 예정의 경우는 당사자가 계약위반의 경우에 발생하게 되는 손해액을 미리 예측해서 합의한 것으로서 법원에 의해 그 효력이 인정되고 있는 반면, 위약금의 경우는 실제로 계약위반이 발생한 경우, 예상되는 손해와는 균형을 잃은 금액의 지급을 약속한 것으로 제재(制裁)적인 성격이 강하므로 당사자에게 이것을 강제할 수가 없다고 하여 그 효력이 인정되지 않는다.

우리 민법은 손해배상액의 예정에 관하여 다음과 같이 규정하고 있다.

"당사자는 채무의 불이행에 관한 손해배상액을 예정할 수 있고, 손해배상의 예정액이 부당히 과다한 경우에는 법원은 적당히 감액할 수 있다. 위약금의 약정은 손해배상액의 예정으로 추정한다."[148)]

우리 민법의 해석으로서는 제재적인 성격의 위약금이 인정되지 않으며 위약금으로 약정되었더라도 당사자가 제재적인 의미의 위약금이라는데 대해 반증이 없는 한 손해배상

148) 민법 제398조 제 1·2·4항.

액의 예정으로 추정되어 그 효력이 인정되며, 그 금액이 과다한 경우 법원에 의해 감액도 가능한 것이다.[149] 따라서 영미법과도 거의 유사한 결과를 가져오나 제재적인 위약금으로서 그 약정을 무효로 하는 경우가 적게 일어나는 것이 서로 다른 점이라고 하겠다.

그 예문을 들어 살펴보면 다음과 같다.

The Contractor shall pay as liquidated damages, and not as a penalty, one-tenth of one percent (0.1%) of the value of any item of equipment for each full week beyond the scheduled delivery date the item of equipment remains undelivered, unless such dates are extended pursuant to the terms of this Agreement.

계약자는 달리 이 계약에 의해 인도기간이 연장되지 않는 한 약정인도일로부터 주당 불인도된 장비의 가격의 0.1%에 해당하는 금액을 위약금이 아닌 지체 배상금으로서 지불하여야 한다.

## 4 계약의 양도

국제 계약에 있어서 계약의 양도가 일반적으로 규정되는 경우가 많다. 양도에는 계약의 전부 또는 일부의 양도가 있는데, 계약 전부의 양도는 계약당사자의 변경, 즉 당사자로서의 지위를 포괄적으로 이전하는 것을 의미하고, 일부의 양도는 계약당사자의 권리·의무의 내용의 일부 변경을 의미한다. 계약의 양도에 관하여 별도의 규정을 두지 않는 경우에는 계약의 양도가 가능하다고 해석되기 때문에 계약의 양도를 금지하는 경우에는 그 뜻을 계약상 명기하여 두는 것이 필요하다.

실제 문제로서는 계약당사자들이 상호의 신뢰를 기초로 하여 계약 관계를 설정하므로 일방 당사자가 계약상의 지위를 양도한다든지, 영업을 양도한다든지 하는 것은 타방의 당사자에게 극히 중요한 문제이므로 양도는 원칙적으로 인정되지 않는다고 규정해 두는 것이 바람직하다.

149) 그러나 손해배상예정액이 과소하다고 하여 법원이 이를 증액할 수는 없다.

양도에 관하여 규정해 두는 방법에는 상대방의 동의가 없으면 일체 인정되지 않는다고 규정하는 방법, 특정의 경우에 한하여, 예를 들면 자기의 자회사에 한하여 상대방의 동의를 요하지 않고 양도할 수 있다고 규정하는 방법, 어떠한 경우에도 양도가 자유라고 규정하는 방법 등이 있다.

계약의 양도에 관한 예문을 보면 다음과 같다.

[Assignment]

Neither party shall assign and/or transfer this agreement in whole or in part to any individual, firm or corporation without the prior written consent of the other party.

【양도】

어느 당사자이든 다른 당사자의 서면 동의 없이 이 계약의 전부 또는 일부를 어느 개인, 기업 또는 회사에 양도, 이전할 수 없다.

## 5 불가항력 조항(Force Majeure Clause)

계약체결 후 인력으로는 통제할 수 없는 또는 예견할 수 없는 사태가 발생하여 당사자의 의무이행이 불가능하게 되는 경우가 있다. 이와 같이 계약에 정해져 있는 의무의 이행이 당사자의 책임으로 돌릴 수 없는 사유에 의하여 지연된다든지 불가능하게 되는 경우에는 당사자는 원칙적으로 그 책임을 질 필요가 없다. 이를 통상 불가항력(force majeure)이라고 부른다. 이와 같이 우리나라에서 불가항력이라고 부를 수 있는 것을 영어로는 'Act of God'이라고 하는데, 일반적으로는 영어로 쓰여진 국제계약에 있어서 프랑스어인 'Force Majeure'라는 용어를 사용하여 그 조항의 제목으로 하는 경우가 많다.

그런데 불가항력이 성립하기 위해서는 일정한 요건을 충족시킬 필요가 있는데, 불가항력이 어떤 사실이나 사태를 가리키는가에 대하여는 정형적으로 정해져 있지는 않고 개개의 경우에 따라 다르다. 따라서 추상적으로 '불가항력의 경우에……'등으로 규정해서는 어떤 사유가 있어야 이에 해당하는가 하는 문제가 생긴다. 예를 들면 홍

수, 지진 등의 천재지변, 전쟁, 내란 또는 파업과 같은 경우는 일례에 불과하기 때문에 계약 중에 이에 대하여 명백히 기재하는 것이 바람직하다.

요컨대 불가항력사태의 발생에 따라 이행이 불가능하게 된 당사자는 어떤 책임을 지는가, 어떠한 범위라면 면책되는가, 계약을 해제하는 것이 가능한가 등에 대하여 계약당사자간에 충분한 결정을 해두는 것이 실제상 필요하다. 예컨대 불가항력사태의 상태가 계속되는 기간의 장단에 따라서는 계약의 목적을 달성하는 것이 불가능한 경우도 생긴다. 여기서 불가항력사태 발생 후, 일정기간이 경과하면 자동적으로 계약이 소멸하는가 또는 계약의 해제권이 생기는가를 결정하여 두는 것이 효과적이다.

또한 이 때 주의해야 할 점은 가령 계약 중에 예시한 불가항력사태가 발생하면 즉시 불가항력이 성립하여 불가항력에 따라 이행하는 것이 불가능하게 된 당사자는 그 사유만으로 면책된다고는 할 수 없고, 그와 같은 사태를 즉시 상대방에게 연락하는 것은 물론, 그 사실에 관한 공적 기관으로부터의 증명을 취득하는 등의 조치와 계약이행을 위하여 최선의 노력을 다하는 것이 필요하게 된다.

다음은 불가항력에 관한 예문이다.

**Force Majeure Clause**

In the event of any delay in performance or failure of performance of obligations under this Agreement by either party due to any causes arising from or attributable to acts, events, omissions, accidents or acts of God beyond the reasonable control of the party concerned, including but not limited to strikes, lockout, shortage of labour or other labour troubles, interruption of transportation, embargo, prohibition of inport or export of the products covered hereby, governmental orders, restrictions, riot, invasion, war(declared or undeclared), fire, explosion, sabotage, flood, earthquake, fog, epidemics, inability to obtain suitable raw material, fuel, power, and components, such delay or failure of preformance shall not be deemed a default and the party so delayed or prevented shall be under on liability for loss or injury suffered by the other party thereby.

However, if the performance of this Agreement is wholly suspended for a period of three (3) months, either party may terminate the same by at least thirty (30) day's notice in writing to that effect.

【불가항력】

어느 당사자에 의한 이 계약의무의 이행지체 또는 불이행이 관련당사자가 합리적으로 통제할 수 없는 행위, 사건, 부작위, 사고, 천재지변 등에 기인하는 것으로 파업, 공장폐쇄, 노동력 부족, 노동분쟁, 교통장애, 통신정지, 이 계약에 관련된 수출입금지, 정부규제, 제한, 폭동, 침략, 전쟁(선포된 것이든 아니든 불문), 화재, 폭발, 태업, 강풍, 홍수, 지진, 안개, 전염병, 원자재, 연료, 동력 및 부손품 획득불능에 의한 것일 때, 그와 같은 이행지연 또는 불이행은 이행불능으로 간주되지 않고, 이행이 지체된 또는 방해된 당사자는 다른 당사자가 이로 인해 입은 피해나 손실에 대한 책임은 없다. 그러나 이 계약의 이행이 3개월간 전적으로 중지되면 어느 일방당사자는 최소 30일 전의 그 종료효과에 대한 서면통고로 그 계약을 종료시킬 수 있다.

또한 불가항력조항과는 직접적인 관계가 없지만 어느 편의 당사자이든 경우에 따라서는 계약상 가지는 권리를 계약기간 중에 행사하지 않는 경우도 있을 수 있다. 그렇지만 이러한 권리의 불행사는 그 경우에 한하여 장래에 있어서도 권리를 포기하는 것을 의미하는 것은 아니라는 것을 주요 내용으로 하는 것, 즉 선례불구속(**先例不拘束**)의 원칙을 계약 속에 삽입하는 것이 사안에 따라서는 필요할 것이다.

선례불구속에 관한 예문은 다음과 같다.

**Waiver**

Any failure of either party to enforce, at any time or for any period of time, any of the provisions under this Agreement shall not be constructed as a waiver of such provisions or of the right of the party thereafter to enforce each and every provision under this Agreement.

【포기】

어느 일방 당사자에 의한 어느 때이든 또는 어느 기간 동안 이 계약조항의 미실행은 그 조항 또는 그 조항에 의한 권리를 추후 실행함을 포기한 것으로 해석될 수 없다.

## 6 비밀유지(Secrecy)

국제계약에 있어서는 계약에 관한 중요사항이나 영업상 또는 업무상 비밀에 대하여 엄중한 비밀을 보유할 것을 규정하는 일이 많다. 그렇지만 법률, 규칙이나 정부의 명령에 기한 경우에는 발표할 수 있지만 어디까지나 예외로서 인정된다는 내용의 규정을 해 두는 것이 중요하다. 거래의 사정에 따라서는 비밀을 유지하기 위하여 'Secrecy Agreement'(비밀유지계약)를 별도로 작성해 두기도 한다.

비밀유지에 관한 예문은 다음과 같다.

**Secrecy**

The parties concerned shall keep in strict confidence from any third party(s) any and all important matters as to the business affairs and transactions covered by this Agreement.

【비밀유지】

관련 당사자는 이 계약에 포함된 기업업무나 거래에 관계된 중요한 사항에 관하여 제3자에 대하여 엄격하게 비밀을 유지하여야 한다.

## 7 통지(Notice)

계약당사자는 계약기간 중에 상호 각종의 의사표시, 통지, 보고 등을 하지 않으면 안 된다. 따라서 계약당사자간에 행해지는 통신연락의 장소, 방법 내지 효과 등을 정해두는 것이 필요하다. 통신연락의 방법은 수교(手交), 항공우편, 전보, 텔렉스 등 각종의 방법이 있지만 통지는 서면, 그것도 가능하다면 등기항공우편이 보다 더 확실하다.

여기서 주의해야 할 것은 통지효력의 발생일이 언제인가라는 문제이다. 즉 어느 시점을 상대방에게 통지가 행해진 때로 보느냐라는 문제인데, 격지자간의 의사표시에 대하여 발신한 때에 통지가 행해진 것으로 하는 발신주의를 택하는 나라도 있고 도달한 때로 보는 도달주의를 택하는 나라도 있다. 우리나라에서는 도달주의를 택하고 있다. 그런데 이 경우에 통지가 확실히 상대방에게 도달했는가 아닌가에 관하여 확인이 필요하다. 따라서 통상은 발신주의를 택하는 경우가 많다.

실제문제로서 발신주의가 합리적인가, 도달주의가 실제적인가 등은 간단히 결정할 수 있는 문제는 아니다. 또한 상대방과의 거리를 고려하여 발신 후 며칠 후에는 통지를 수취한 것으로 보는 규정을 하는 경우도 있다.

통지에 관한 예문은 다음과 같다.

**Notice**

All notices which may or shall be given under this Agreement shall be made by registered airmail or cable to the address mentioned below or to such addresses as are notified in writing by the parties hereto. If either party has changed its address, a written notice thereof shall be given on the day when deposited in post.

SAMSUNG Co., Ltd. at ______________________________ Seoul, Korea.

ABC Co., Ltd. at ____________________________________ New York, U.S.A.

【통지】

이 계약 하에 보내거나, 또는 보내져야 할 모든 통지는 아래에 언급된 주소나 당사자들간에 서면으로 통보된 주소에 등기 항공우편이나 전신으로 이루어져야 한다. 만일, 한 당사자가 그 주소를 바꾸었을 경우, 그에 관한 서면통지는 다른 당사자에게 보내져야 한다. 모든 통지는 편지가 우편함에 넣어졌을 때 이루어진 것으로 본다.

SAMSUNG Co., Ltd. at ______________________________ Seoul, Korea.

ABC Co., Ltd. at ____________________________________ NewYork, U.S.A.

## 8 무역조건 및 준거법(Trade Terms & Governing Law)

무역계약은 법률뿐만 아니라 국제적인 상관습, 관행에 따라 행해지는 면이 상당히 강하다. 또한 무역계약에 자주 사용되는 무역조건(trade terms)에 대해서 각각 해석의 차이가 있다.

무역조건의 해석에 관한 통일규칙(International Rules for the Interpretation of trade terms), 소위 INCOTERMS와 C.I.F.에 관한 와르소 규칙(Rules for CIF Contracts Warsaw-Oxford Rules), 개정미국무역정의(Revised American Foreign Trade Definition) 등 제 규칙이 있다. 그러나 이상의 규칙들 중에서 그 어느 것도 강제법규는 아니다. 계약당사자간에 각각의 규칙 중 어느 것을 따를 것인가에 대해 특약해두지 않으면 법적 구속력이 생기지 않는다.

따라서 그 중 어느 것에 따를 것인가를 설정해 두는 것이 필요하다. 그런데 무역계약과 같이 계약당사자가 법률을 달리하는 국가에 속한 경우에는 그 계약의 성립, 효력 및 해석, 그로부터 생기는 제 문제를 어느 국가의 법에 따라 해결할 것인가를 준거법의 문제라 한다. 실제문제로서 계약의 성립 및 효력에 관한 준거법의 규정에 관해 여러 국가의 입법, 판례 및 학설은 일정치 않다. 이 점에 관해서는 계약당사자의 의사를 기준으로 정하는 당사자자치의 원칙을 채택하는 당사자자치주의, 계약체결지 법률을 채택하는 체결지법주의 및 이행지법주의 등이 있다.

당사자자치원칙을 채용하는 경우에는 관계당사자간의 계약으로부터 분쟁이 발생하여 중재 또는 재판 등의 문제로 된 경우, 그 준거법의 규정이 당사자 약정의 내용으로서 적용된다. 즉 계약으로부터 발생하는 분쟁이 중재에 의해 해결되는 경우에는 중재인은 당사자가 합의한 준거법을 적용하여 판단한다. 중재합의가 없어 재판에 의해 해결하는 경우에는 당사자가 합의한 준거법을 적용하는 것이 요구된다. 그러나 당사자자치원칙을 채용하지 않는 국가라면 준거법의 합의가 계약 중에 삽입되더라도 무의미하게 된다.

그런데 계약 중에 준거법에 관한 규정 또는 조항이 없는 경우에는 어떻게 되는가, 이러한 경우 어느 나라의 법에 준거해야 하는가 라는 국제사법의 문제에서 중요한 점은 계약 중에 준거법의 규정 또는 조항이 없어 당사자의 의사가 분명하지 않으므로 그 계약을 둘러싼 모든 사정, 예를 들면 당사자의 국적, 계약의 체결지, 계약에 사용되는 언어, 중재가 행하여지는 곳 등을 고려하여야 한다. 예컨대 당사자의 의사 등을 충분히 살펴보아도 당사자의 의사를 확정할 수 없는 경우 계약이 부산에서 체결, 성립한 경우에 준거법의 규정이 없으면 청약과 승낙이 모두 부산에서 행해졌으므로 행위지는 한국이고 따라서 한국법이 적용된다.

한편 미국 등 연방제를 채택하고 있는 국가법을 준거법으로 하는 경우에는 주법을 기재하는 것이 필요하다. 유의할 점은 준거법을 지정하는 경우, 그 지정된 법률이 적용되는 것은 계약의 성립, 이행 등 실체법적인 면이고, 소송의 절차면 등 소송법적인 면은 준거법과는 관계없이 그 소송이행해지는 법정지법에 의하게 된다.

준거법에 관한 무역조건의 예는 다음과 같다.

**Trade Terms**

The trade terms under this Agreement shall be governed and interpreted under the provisions for latest INCOTERMS.

【무역조건】

이 계약하의 무역조건은 최근의 INCOTERMS의 조항에 의거 규율되고 해석된다.

**Governing Law : 국법의 예**

This Agreement shall be governed as to all matters including validity, construction and performance under and by the laws of Korea.

이 계약은 그 유효성, 해석, 이행을 포함한 모든 사항에 관하여 한국법에 의해 규율된다.

**Governing Law : 주법의 예**

The validity, performance and construction of the Agreement shall be governed by the laws of the States of California, United States of America.

이 계약의 유효성, 이행, 해석은 미국 캘리포니아 주법에 의해 규율된다.

## 9 재판관할(Jurisdiction)

국제계약에는 준거법의 지정 이외에도 계약으로부터 생기는 분쟁의 해결수단에 관해서도 당사자 자치원칙이 적용된다. 계약에 분쟁해결수단에 관한 규정이 없는 경우에는 계약당사자가 새로이 중재로서 해결하기로 합의하지 않는 한 그 계약을 둘러싼 분쟁은 최종적으로 재판에 의하여 해결되게 된다. 이 경우에는 계약 중에 미리 소송을 제기할 법원을 규정해 두는 것이 재판관할규정이다.

중재조항도 재판관할조항도 없는 경우, 계약당사자는 제소 가능한 어느 법원에든지 소송을 제기할 수 있다. 수소법원(受訴法院)으로서 그 나라의 법규에 따라 그 법원에 재판관할이 있다고 인정하는 경우 그 법원에서 소송이 행해지게 된다.

일반적으로 계약당사자가 국적을 달리하는 소송에 있어서도 "원고는 피고의 관할법원에 제소하지 않으면 안 된다"는 원칙에 따라 피고의 주소지, 피고가 회사라면 그 본점 또는 영업소의 소재지의 법원에 소송을 제기하면 그 법원이 관할권을 행사한다. 이 경우 원고가 얻은 판결은 그대로 그 법원소재지의 나라에서 집행이 가능하다. 거래관계에 관해서는 채무의 이행지 또는 채무가 발생한 장소의 법원도 관할권을 행사한다.

재판관할을 규정하는 경우, 그것을 어느 나라의 법원으로 할 것인가는 계약당사자의 자유이지만 제소를 받는 법원은 법정지법에 비추어 보아 관할의 유무를 판단한다. 따라서 계약당사자의 합의에 따른 관할을 그대로 받아들이는 것에 국한되지 않는다. 또한 당사자의 일방이 재판관할의 규정이 있음에도 불구하고 다른 법원에 제소한 경우, 법원은 독자적인 판단으로 그에 대해 결정한다. 일반적으로는 계약당사자의 합의가 우선하여 합의된 재판관할이 인정되고 그에 따라 소송을 각하(却下)하는 때가 많다. 또한 계약 중에 재판관할을 규정하는 경우에도 특정의 법원(Venue)을 지정하는 것이 필요하다. 예를 들면 우리나라의 법원의 재판관할로 지정하는 경우에도 어느 곳의 법원인가라는 문제를 밝혀두어야 한다.

또한 원고가 원고 나라의 법원에 소송을 제기하여 승소판결을 얻었다하더라도 재판지에서 집행이 불가능한 경우에는 피고 나라의 법원에 외국판결의 승인 내지 집행을 청구하는 소송을 제기하지 않으면 안 된다. 이와 같은 소송을 접수한 나라의 법원은 그 나라의 민사소송법에서 정한 외국판결의 승인 내지 집행의 요건을 적용하여 판단한다.

그리하여 그 요건이 인정되면 승인 내지 집행이 가능하지만 현실적으로 대부분의 나라에서는 외국판결의 승인, 집행에 대하여 당해 외국과의 사이에 상호 보증이 존재하는 것을 요건으로 하고 있고, 그 요건이 만족되는 경우가 극히 적은 것이 현실이다.

일반적으로 재판관할에 관한 명시의 규정이 있는 경우는 별론(別論)으로 하고, 명시의 규정이 없는 경우에는 승소판결을 얻었을 때 그 법정지의 판결을 집행할 수 있게끔, 피고의 주소지의 관할법원에 제소하는 것이 상례이다.

이상과 같은 이유로서 재판관할조항을 규정하는 경우에는 각종의 사정을 참작하여 작성하는 것이 필요하다.

재판관할에 관한 예문은 다음과 같다.

**Jurisdiction**

This Agreement shall be construed and governed by and under the laws of Korea. The courts of Korea shall have jurisdiction over all disputes which may arise between the parties with respect to the execution, interpretation and performance of this Agreement and the parties shall waive any other forum to which might be entitled by virtue of domicile or otherwise.

【재판관할】

이 계약은 한국법에 의해 해석되고 규율된다. 한국 법원이 이 계약의 체결, 해석, 이행에 관련하여 당사자 사이에 일어날 모든 분쟁에 대하여 관할권을 가지며, 당사자는 주소에 의하거나 그 외 달리 갖게 될 어떠한 관할권도 이를 포기한다.

## 10 중재(Arbitration)

국제계약에서 야기되는 분쟁해결방법에는 일반적으로 다음과 같은 세 가지가 있다.

첫째, 계약당사자간에 원만한 해결을 위하여 직접 절충하여 해결을 꾀하는 것인데 가장 일반적이고 바람직한 방법으로서 대부분의 분쟁은 이에 의해 해결되는 것이 현실이다.

둘째, 소송에 의한 방법이다. 소송은 통상 원고(소송을 제기한 당사자)가 피고(소송을 제기당한 당사자)를 상대로 피고거주지 법원에 법정대리인(보통은 변호사)을 통해 법정지법에 기한 법원의 판결을 바라는 방법을 취한다. 소송은 국내의 경우에도 많은 비용과 시간이 필요하지만 국제계약으로부터 생기는 분쟁에 기인하는 국제적인 소송의 경우는 현대의 교통수단의 발달로 세계가 좁아졌다 하더라도 상대방이 원격지에 거주하여 법률과 관습이 다르고 자기의 주장을 충분히 입증하기 곤란할 뿐만 아니라 국내소송보다 더 많은 비용과 시간이 드는 수가 많기 때문에 일반적으로 소송은 될수록 피하는 경향이다.

소송의 특징은 다음과 같다.

- 상대방의 동의를 필요로 하지 않고 일방적으로 제소할 수 있다.
- 2심 3심을 거칠 수 있다.
- 공권력에 따라 해결된다.
- 공개가 원칙이다.

위 네 가지 특징 중 흔히 소송은 한 국가의 공권력에 따라 해결되므로 어느 한 국가에서 행하진 소송에 따른 판결을 다른 국가의 법원의 집행판결로서 그대로 인정하는 것은 극히 드물다. 우리나라의 예를 들면 외국의 판결에 기하여 승소한 당사자가 우리나라에서 집행하기를 원하면 우리나라에서 집행판결을 얻어야만 한다.

셋째, 계약당사자가 공평한 제3자를 선임하여 선임한 제3자의 판단에 복종하여 분쟁을 해결하려는 중재에 의한 해결방법이다.

중재는 관계당사자가 상호 합의하여 공평한 제3자(중재인이라 부른다)를 선임하여 그 사람에게 분쟁의 해결을 일임하고 각자가 각각의 의견을 진술한 후에 중재인이 내린 판단에 복종하는 일종의 사적 재판을 뜻한다. 조정(調整)과는 관계당사자의 합의를 전제로 하는 점은 같지만 선임한 공평한 제3자(중재인)가 내린 판단(중재판정이라 함)은 최종적으로 계약당사자를 구속한다는 점에서 중재는 조정과는 달리 법적 구속력을 가진다.

중재합의를 명확히 하기 위한 방법으로 표준중재조항을 사용하는 것이 바람직하며, 우리나라에서는 대한상사중재원에서 아래 예문과 같은 표준 중재조항을 마련하여 이의 사용을 권장하고 있다.

**Arbitration**

"All disputes, controversies, or differences which may arise between the parties, out of in relation to or in connection with this contract of for the breach thereof, shall be finally settled by arbitration in Seoul, Korea in accordance with the Commercial Arbitration Rules of The Korean Commercial Arbitration Board and under the laws of Korea. The award rendered by the arbitrator(s) shall e final and binding upon both parties concerned."

【중재】

"이 계약으로부터, 이 계약과 관련하여 또는 이 계약의 불이행으로 말미암아 당사자 간에 발생하는 모든 분쟁 또는 논쟁, 의견 차이는 대한민국 서울특별시에서 대한상사중재원의 상사중재규칙 및 대한민국법에 따라 중재에 의하여 최종적으로 해결한다. 중재인(들)에 의하여 내려지는 판정은 최종적인 것으로 당사자 쌍방에 대하여 구속력을 가진다.

## 11 완전조항(Entire Agreement)

국제계약을 체결하기까지 계약당사자간에 구두 혹은 문서로써 각종 교섭이 행해지는 것이 보통이다. 그런데 이러한 과정에서 본 계약과 구두 혹은 문서가 상반되는 등의 문제가 생길 수 있다. 그러한 경우에 어느 쪽이 우선하는가가 문제이므로 계약의 완결조항으로서 본 계약은 당해 계약에 관한 전부의 내용을 포함하고 있으므로 본 계약을 체결함에 있어서 그 시점까지 계약당사자간에 체결된 약속, 결정, 각서 내지 이해사항 등의 전부에 대해 본 계약이 우선하고, 기존의 모든 것은 본 계약에 흡수되어 소멸한다는 내용의 완전합의조항을 계약서에 포함시키게 된다. 이는 계약당사자간의 권리·의무관계를 명확히 하고 쓸데없는 분쟁을 방지하기 위해 필요하다. 또한 계약서의 수정, 변경에 대해서는 구두 또는 서면에 의해 이를 행하는 것이 가능하지만 원칙적으로는 특별한 제한이 없다고 해석된다.

그렇지만 계약서를 작성한 후부터는, 즉 서면에 의해 완성된 후부터는 그 나름대로의 중요성이 있는 내용, 사항을 포함하는 계약이므로 계약의 개정, 변경에 관해 엄격한 방식을 채택해 두는 것이 당연하다. 또한 그 방법과 절차를 미리 계약당사자간에 정해 두는 것이 필요하다는 것은 말할 것도 없다. 단지 유의할 점은 계약교섭 중 어떠한 사항에 관하여는 당사자 간에 해석상 의문이 발생해도 서로 의논하여 합의에 도달하게 된다. 그런데 현실적으로 그 합의된 사항이 본 계약 중에 포함되지 않으면 후에 그 사항에 관해 합의의 성립을 주장해도 완전합의조항이 계약 속에 포함되어 있으면 완전합의조항이 우선하게 된다. 따라서 이러한 조항을 계약 중에 규정하는 경우에는 기존의 합의 등을 검토하여 주의 깊게 계약을 체결해야 한다.

완전조항의 예는 다음과 같다.

**Entire Agreement**

This Agreement constitutes the entire and only agreement between the parties hereto and supersedes all previous negotiations, agreements, and commitments relating to the sale of products and shall not be released, discharged, changed or modified in and manner, except by instruments signed by duly authorized officer or representative of each of the parties hereto.

【완전조항】

이 계약은 당사자 사이에 완전한 하나의 합의를 이루고 생산품 판매에 관련하여 그 전에 행해진 협상, 합의, 언명(言明)들은 이로서 대치(代置)되고, 이 계약은 각 당사자의 대표 또는 적법하게 인가된 자에 의하여 서명된 서류에 의하지 않고는 어떠한 형태로서든지 포기, 면제, 변경 또는 수정될 수 없다.

한편 국제계약에 있어서, 계약조항에 붙이는 제목은 어디까지나 편의상 붙이는 것이고 계약당사자를 구속하는 계약조항의 일부는 아니라는 것을 명시하는 경우도 있다. 이러한 예문은 다음과 같다.

**Headings**

The headings of articles and sections contained in this Agreement are for convenience of reference only and do not form a part of this Agreement and shall not in any way affect the interpertation hereof.

【표제】

이 계약에 포함된 각 조항, 절의제목은 오로지 참고의 편의를 위한 것이고, 이 계약의 구성부분을 이루지 않으며 이로서 해석상 어떠한 영향도 줄 수 없다.

## 12 말미문언(末尾文言)

계약서의 말미에는 계약당사자의 대표자가 서명하는데, 이 경우에 서명일자 또는 계약

체결 일자를 써넣는 경우도 있다. 그뿐 아니라 계약당사자 쌍방의 정당한 대표자에 의하여 서명되어 효력이 발생하였다는 것을 선언하는 것이다. 다만 주의할 것은 국제계약에 있어서는 계약서의 언어가 2개국 이상의 언어로 작성되는 경우가 많고 이 경우 양자간에 차이가 있을 때에는 어느 나라의 언어에 의해 본 계약이 최종적으로 해결되어야 하는가를 결정해 둘 필요가 있다. 2개 국어로 작성된 경우의 예문과 말미문언의 예문은 다음과 같다.

**2개 국어로 작성된 경우**

This Agreement shall be executed both in English and in Korea but in the event of any difference or inconsistence between the version of this Agreement, the English version shall prevail in all respects.

이 계약은 영어와 한국어로 작성된다. 그러나 이 계약의 번역상 불일치나 모순이 있을 경우, 영어 번역본이 모든 면에서 우선한다.

**말미문언 예문**

IN WITNESS WHEREOF, the parties hereto have caused this Agreement, in English and in duplicate originals to be executed by their respective duly authorized officer or representative as of the first above written.

| | |
|---|---|
| | SAMSUNG Co., Ltd. |
| ATTEST : | BY : (si ged) |
| | President |
| BY : (siged) | Date : |
| ATTEST : | ABC Co., Ltd. |
| BY : (siged) | BY : (siged) |
| | President. |
| | Date : |

이상의 증거로서, 양 당사자는 위에 기재된 바대로 적법하게 인가된 자나 대표자로 하여금 영문 및 그 복사 원본으로 된 이 계약을 작성케 하였다.

# Chapter 8 글로벌 물품매매계약

## I 글로벌 물품매매계약 일반

### 1 글로벌 물품매매계약의 의의

글로벌 물품매매 계약이라 함은 매도인(seller)이 대금이라는 금전의 대가를 받고 매수인(buyer)에게 물품의 소유권을 이전하거나 이전하기로 합의하는 국제계약을 말한다. 그러므로 무역계약은 국내거래의 성격을 그대로 갖춘 성약(成約)거래인 것이다. 무역계약의 다양한 종류에 대한 개념 및 성격에 대해서는 후술하는 바와 같이 2000년 국제상업회의소가 최종 개정한 인코텀즈(INCOTERMS, 2000)라고 하는 국제상업규칙, 그리고 1932년에 국제법협회에서 제정한 와르소-옥스포드 규칙(Warsaw-Oxford Rules for C.I.F. Contract, 1932)이라고 불리우는 C.I.F. 매매의 국제통일규칙, 또 1941년에 전미국무역회의에서 제정한 개정미국무역의 정의(Revised American Foreign Definitions, 1941)에 각각 규정되어 있다.

이와 같은 무역계약의 성립은 먼저 목적물품이 어떤 품질의 것, 얼마만큼의 수량, 어느 정도의 가격으로 매매할 것인가 하는 것이 핵심적인 성약조건이 된다. 다음, 이 계약의 목적물품을 언제 선적하는가, 그 선적화물에 어떤 조건의 보험을 부보할 것인가, 대금은 어떠한 방법으로 결제할 것인가, 이 밖에도 거래내용의 특수성에 비추어 여러 조건이 부수하여 하나의 계약조건으로 청약(offer)하고 이와 같은 조건을 상대방이 승낙(acceptance)함으로써 무역계약이 성립되는 것이다.

한편, 무역계약의 이행은 먼저 매도인이 약정품을 인도함을 기본으로 하는 것인데, 특약이 없는 한 매도인의 인도이행에 따라서 물품의 소유권이나 위험부담도 매수인에게 귀속되며, 또 그 효과로서 매수인의 대금지불의무가 발생하는 것이다.

이와 같은 무역계약의 흐름을 구체적으로 표시하면 다음과 같다.

【그림 2-1】 무역계약의 흐름

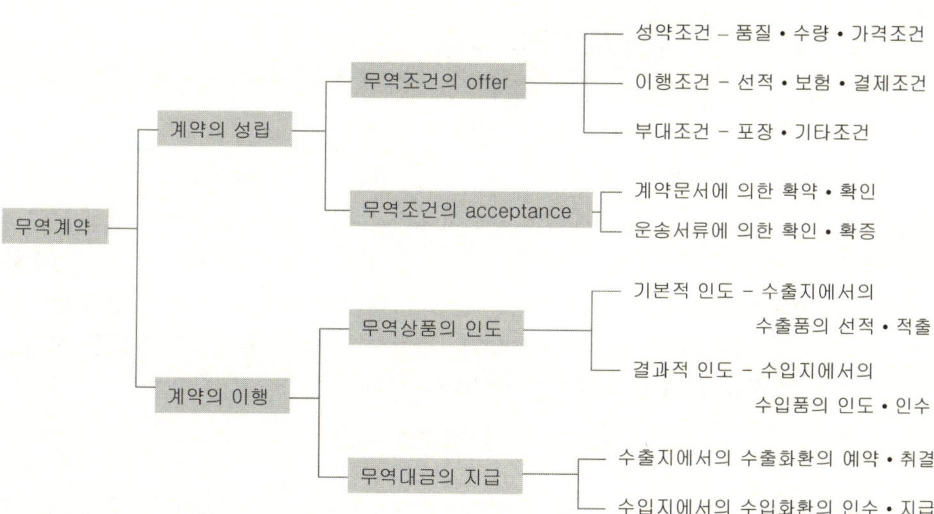


## 2 글로벌 물품매매계약의 법리

법률상 계약이라 함은 광의와 협의의 두 가지 의미가 있는데 광의로는 채권계약, 물권계약, 신분계약 등을 포괄하는 것이고, 협의로는 이 중 채권관계의 발생만을 목적으로 하는 채권계약만을 의미한다. 무역계약은 일정한 채권관계의 발생을 목적으로 하는 복수당사자간의 서로 대립하는 의사표시의 합치에 의해서 성립되는 채권계약이다.

여기서 서로 대립하는 의사표시라 함은 무역계약의 경우, 예컨대 수출업자는 어떤 물품을 수입업자에게 판매하여 그 대가를 획득하기를 원하며, 반대로 수업업자는 자기가 원하는 물품을 취득하는 대신 금전적 대가를 지급하고자 한다. 따라서 물품의 인도와 대금의 수수로 되어 상호 채권의 취득과 채무의 부담을 지게 되며, 그것이 금전관계를 수반하게 됨으로써, 수출입업자 모두 이해관계가 달라져 항상 그 의사는 대립하기 마련이다. 그러나 궁극적으로는 수출입업자의 이러한 대립의사도 상담을 통해 합의를 보게 되고 그래서 하나의 무역계약이 이루어지게 된다.

## 3 글로벌 물품매매계약의 성질

무역계약은 낙성계약(consensual contract)이며, 쌍무계약(bilateral contract) 이고, 또한 유상계약(contract for consideration)이다. 낙성계약이라 함은 수출업자의 판매신청에 대하여 수입업자의 승낙만으로 성립하는 계약으로서 특별히 계약문서의 작성이나 그 교부를 무역계약의 성립요건으로 하지 않는 것을 말한다. 이런 점에서 볼 때에 계약 내용의 정형화를 계약의 성립요건으로 하는 요식계약과는 다르다. 따라서 일반적으로는 이행미필인 상태에서 계약이 성립되기 때문에 후일의 이행을 확실히 하기 위하여 통신에 의한 합의로 계약이 성립되고 문서에 의한 확인으로 계약이 완성되는 특징을 갖고 있다.

【그림 2-2】 계약의 성립

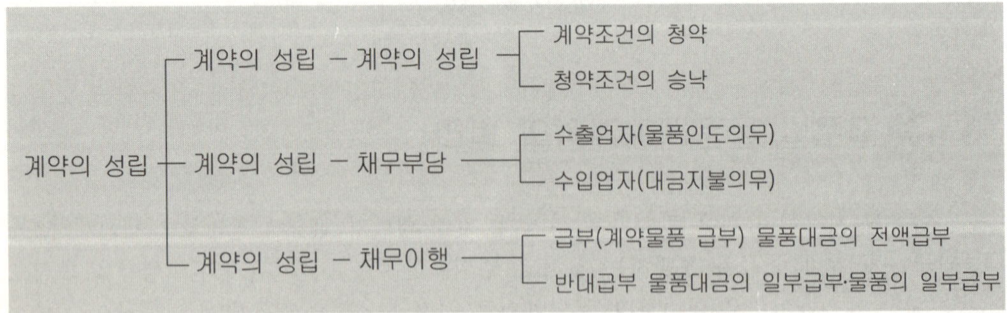

한편, 무역계약이 쌍무계약이라 함은 계약성립과 동시에 수출입업자 모두 채무를 부담한다는 것을 말한다. 즉 수출업자는 수입업자에게 목적상품의 인도의무가 발생하며 반대로 수입업자는 수출업자에게 대금지불의 의무가 발생한다. 그러나 증여와 같은 것은 일방만의 의무부담이기 때문에 이를 쌍무계약과 구별하여 편무계약이라고 부른다.

마지막으로, 유상계약이란 수출입업자가 상호 대가적 관계에 있는 급부를 할 것을 목적으로 한다는 말이다. 따라서 무상계약과는 다르다.

## 4 글로벌 물품매매계약의 대상

무역계약의 전형적이고 또 실제상으로도 그 거래의 대부분을 차지하고 있는 것은 상품이다. 그런데 상품을 광의로 보면 다음에서 보는 바와 같이 매매가 가능한 한 유형재이든, 무형재이든 모두 상품으로 볼 수 있다.

【그림 2-3】 상품의 구성

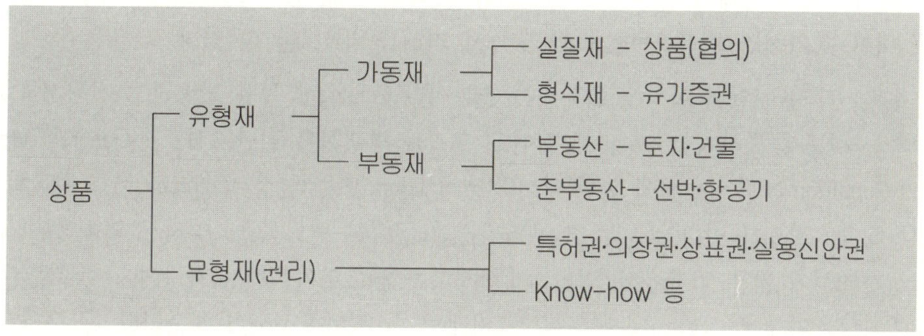


그러나 이상의 것 가운데 협의의 상품과 기술이 주로 무역계약의 객체가 된다. 기술의 경우, 예컨대 외국과의 기술무역계약을 체결하고 그 제공한 기술의 대가로서 일정한 외화를 취득하는 이른바 기술무역이 이에 속한다. 구체적으로는 특허권 의장권 실용신안권의 양도 및 Know-how의 제공 등의 형태로 이루어지고 있다. 기술 이외에도 광업권, 어업권 등의 무체재산도 무역계약의 대상이 된다. 이러한 무체재산에 대한 무역거래의 법률형태도 매매뿐만 아니라 사용권설정의 계약도 행하여지고 있는 것을 볼 수 있다. 나아가 오늘날에는 보험이나 운송과 같이 상적 용역(service)도 상품이라고 불리어지며, 또 플랜트 수출도 활발하게 전개되고 있다.

# 2 글로벌 물품매매계약에 관한 일반협정

## 1 일반거래협정서의 의의

일반적으로 무역계약의 당사자들은 상대방에 대한 신용조사 (Credit Inquiry)가 완료된 후에 견본(sample)이나 가격표 (price list)등을 송부함으로써 거래를 개시하는 경우가 많다. 즉, 무역계약의 당사자들은 신용 조회처(Credit Reference)로부터 거래상대방에 대한 호의적인 회신을 받게 되면 즉시 거래를 개시 할 수 있다.

무역거래의 원활한 이행을 위해서는 견본이나 Catalogue 등을 발송하고 견적서를 제출하는 것도 중요하지만, 그 전에 적어도 그것과 병행하여 일반거래조건(General Terms and Condition of Business)에 관한 각서(Memorandum)또는 협정서(agreement)를 체결하여 교환해 둘 필요가 있다. 왜냐하면 무역환경의 급속한 변화 등에 따라 무역계약위반의 발생가능성이 많은 입장에서, 일반거래협정서는 앞으로의 양당사자사이에 발생할지도 모를 모든 거래에 대한 구속력을 갖는 거래의 기준을 설정하기 때문이다.

일반거래조건에 대한 협정은 국내거래 특히 점두매매(店頭賣買)의 경우에는 전혀 필요하지 않다. 즉, 국내적인 점두매매의 경우에는 상관습이 동일하고 또한 상품이 특정화되어 있으며, 언제라도 인도 가능한 상태에 있기 때문에 매매의 합의와 이행이 동시에 완료될 수 있지만, 국제거래에 있어서는 그렇게 간단하지 많은 않다.

즉, 국제거래의 경우에 수출업자와 수입업자는 각기 관습적으로, 제도적으로 서로 상이한 국가에 거주하고 있으며, 상품도 계약시에 특정화되어 있는 경우는 드물고 수주 후에 새로 생산하는 주문생산물의 경우가 대부분이다. 따라서 무역거래에는 거래의 준비단계로서 쌍방의 상관습상의 상위점을 조정해 둘 필요가 있으며, 거래의 원활한 완결에 필수적이며 기초적인 제조건을 체결해 둘 필요가 있다.

일반적으로 일반거래 협정서는 국제계약의 당사자들이 거래에 필요하다고 생각되는 주요 항목을 망라해서 각서 또는 협정서를 체결한다. 때로는 계약성립 후에 체결하는 매매계약서에 이러한 일반적 거래조건을 함께 인쇄해 두는 경우도 있는데, 일반거래조건은 어디까지나 매매조건과는 달리 금후 일체의 거래에 적용될 추상적이며 기본적인 것이기 때문에 국제계약의 당사자들은 거래개시에 즈음해서 우선 이를 송부하여 교환함으로써 기본적인 제조건에 관하여 상호 의견의 일치를 보아 두는 것이 필요하다.

## 2 일반거래협정서의 주요내용

일반거래협정서는 원칙적으로 무역계약의 본질에 관한 조건, 계약상품에 관한 제반조건, 무역계약의 성립에 관한 조건 및 무역계약의 분쟁해결에 관한 조건으로 구성된다.

실제로 일반거래조건의 구체적 내용에 대해서는 거래상품의 종류와 상대시장 등에 따라 다소의 차이가 있을 수 있지만, 공통되는 주요 항목은 다음과 같다.

### 1) 거래형태(Business)

"Business is to be transacted as between principal, on their own account and responsibility."

이는 거래를 어떤 형태로 할 것인가 하는 문제로서, 구체적으로는 매매양당사자가 모두 본인(principal)으로서 거래를 할 것인가의 문제이다. 이와 같이 거래형태를 조정하는 이유는 거래형태의 여하에 따라 실제 거래에 있어서 채산성과 절차상에 상당한 차이가 생기기 때문이다.

예컨대, 대리인(agent)과 대리인의 거래에는 중개수수료(agent commission)의 부담을 어떻게 할 것인가, 신용장의 발행의뢰인은 누가 되는가, 누가 선하증권의 수하인(consignee), 또는 환어음의 지급인이 될 것인가 등의 문제가 발생한다. 본인간의 거래에는 모두 매도인과 매수인 자신의 계산과 위험으로 이루어지지만, 대리인간의 거래에 있어서는 타인의 계산과 위험으로 거래가 이루어지기 때문이다.

### 2) 견본 및 품질(Sample and Quality)

"Sellers are to supply buyers with samples free of charge, and sellers shall guarantee all shipments to be conformable to samples in regard to quality and condition."

품질의 결정을 매도인이 송부하는 견본(seller's sample)으로 할 것과 견본의 송부를 구체적으로 어떤 방법으로 할 것인가를 규정하고 있다. 견본을 기초로 하는 매매(sales by sample)에 있어서는 선적 물품은 품질 및 상태가 견본과 일치할 것을 원칙으로 하고 있다.

### 3) 가격(Price)

"Unless otherwise specified, prices are to be quoted in U.S. Dollars on the basis of C.I.F. New York."

어떤 통화로 가격을 표시할 것인가 하는 표시통화의 문제 및 가격의 기초(basis of price) 문제가 주요 내용으로 되어 있다.

### 4) 확정청약(Firm Offer)

"All firm offers are to remain effective for three days after the time of dispatch, excluding Sunday and National Holidays."

확정청약을 발행하는 경우에, 유효기간 또는 회답기간을 어떻게 결정하는가 하는 문제를 규정하고 있다.

### 5) 주문(Order)

"Except in cases where firm offers are accepted, all orders are to be subject to seller's final confirmation."

계약성립조건에 대한 일반적인 합의에 관한 것으로 확정오퍼를 유효기간 내에 매수인이 승낙한 경우를 제외하고는, 매도인이 최종적으로 확정하지 않은 한, 주문으로 보지 않는다고 규정하고 있다.

### 6) 수량(Quantity)

"Weight and Quantity determined by the sellers, as set forth in shipping document, shall be final."

선적서류에 나타난 선적시의 수량을 인도수량을 증명하는 최종적인 것으로 규정하고 있다.

### 7) 선적(Shipment)

"Shipment is to be made with in the time stipulated in each contract, except circumstances beyond seller's control. The date of Bill of Lading shall be taken as conclusive proof of the date of shipment. Unless expressly agreeed upon, the port of shipment shall be at seller's option."

선적기간에 대한 원칙, 불가항력(force majeure) 면책, 그리고 선하증권의 일자가 선적일에 대한 최종적 증거라는 것을 확인하고 있으며, 선적항의 선정 등을 주요 내용으로 하고 있다.

### 8) 결제(Payment)

"Draft is to be drawn at sight under irrevocable letter of credit which should be open in favour of sellers immediately upon contract, for the corresponding value of an order, with full set of shipping documents, viz Bill of Lading, Insurance Policy, Commercial Invoices and other documents which each contract requires."

거래조건 가운데 특히 중요한 조건의 하나로서, 이 결제조건 여하에 따라 거래 성립이 불가능하게 되는 경우가 많다.

### 9) 해상보험(Marine Insurance)

"All shipments are to be covered on I.C.C(B) Clauses for the invoice amount plus 10% and the insurance policy is to be made out in U.S. Dollars and claims payable in New York."

보험조건을 어떻게 할 것인가, 예상이익(expected profit) 몇 퍼센트를 포함한 금액을 보험금액으로 할 것인가, 또한 보험손해가 발생했을 때 지급방법은 어떻게 할 것인가를 협정하고 있다.

### 10) 손해배상청구(Claim)

"Claim, if any, shall be submitted by cable within 14 days after arrival of goods at destination. Certificates by recognized surveyors shall be sent by mail without delay. Any claim beyond the amicable adjustment between sellers and buyers is to be finally settled by arbitration in Seoul, Korea in accordance with Commercial Arbitration Rules of the Korea Commercial Arbitration Board and the Law of Korea."

손해배상청구권이 발생했을 경우의 구체적인 수속절차를 규정하고 있다.

### 11) 정형거래조건(Trade Terms)

"Unless specially stated, the trade terms under this agreement and any contract shall be governed and interpreted by the latest INCOTERMS."

F.O.B. 나 C.I.F. 와 같은 정형거래조건에 있어서 매매당사자의 의무는 최신개정의 INCOTERMS 해석에 따를 것을 규정하고 있다.

## 3 일반거래협정서의 예

실제로 무역업계에서 이용되는 일반거래 협정서는 대체로 다음과 같은 정형화 된 표준 조항이 이용된다.

### GENERAL TERMS AND CONDITION OF SALE CONTRACT

This Agreement entered into between A & Co., Ltd., Seoul, Korea, hereinafter called the Sellers, and B & Co., Ltd., London, England, herein after refered to as the Buyers, witnesses as follows :

① Business : Both Sellers and Buyers act as Principals and not as Agents.

② Goods : Goods in business, their unit to be quoted, and their mode of packing shall be stated in the attached list.

③ Quotations and Offers : Unless otherwise specified in cables or letters, all quotations and offers submitted by either party to this Agreement shall be in Sterling on a C.I.F. London basis.

④ Firm Offers : All firm offers shall be subject to a reply within the period stated in respective cables. When "immediate reply" is used, it shall mean that a reply is to be received within three days and in either case, however, Sundays and all official London Bank Holidays are excepted.

⑤ Orders : Any business closed by cable shall be confirmed in writing without delay, and orders thus confirmed shall not be cancelled unless by mutual consent.

⑥ Credit : Banker's Irrevocable Letter of Credit shall be opened in favour of the Sellers immediately upon confirmation of sale ; credit shall be made available twenty-one(21) days beyond shipping promises in order to provide for unavoidable delays of shipment.

⑦ Payment : Drafts shall be drawn under credit at sight, documents attached, for the full invoice amount.

⑧ Shipment : All goods sold in accordance with this Agreement shall be shipped within the stipulated time. The date of Bill of Lading shall be taken as conclusive proof of the day of the shipment. Unless expressly agreed upon, the port of shipment shall be at the seller's option.

⑨ Marine insurance : All shipment shall be covered I.C.C.(B) clauses for a sum equal to the amount of the invoice plus ten(10) percent, if no other conditions are particularly agreed upon. All policies shall be made out in Sterling and payable in London.

⑩ Quality : The Sellers shall guarantee all shipment to conform to samples, types, or descriptions, with regard to quality and condition.

⑪ Damage in Transit : The Sellers shall ship all goods in good condition, and the Buyers shall assume all risks of damage, deterioration, or breakage during transportation.

⑫ Claims : Claims, if any, shall be submitted by cables within fourteen day safter arrival of goods at destination. Certificates recognized by surveyors shall be sent by mail without delay. All claims which cannot be amicably settled Sellers and Buyers shall submitted to arbitration in London, the arbitration board to consist of two members, one to be nominated by the sellers and one by the Buyers, and should they be unable to agree the decision of an umpire selected by the arbitration shall be final, and the losing party shall bear expenses thereof.

⑬ Force Majeure : The Sellers shall not be responsible for the delay of shipment in all cases of force majeure, including mobilization, war, riots, civil commotion, hostilities, blockade, requisition of vessels, prohibition of export, fires, earthquakes, tempest, and any other contingencies which prevent shipment within the stipulated period. In the event of any of the aforesaid causes documents proving its occurrence or existence shall be sent by the Sellers to the Buyers without delay.

⑭ **Delayed Shipment** : In all cases of force majeure provided in Articles 13, the period of shipment stipulated shall be extended for a period of twenty-one days. In cases shipment within the extended period should still be prevented by a continuance of the causes mentioned in Article 13 or the consequences of any of them, it shall be at the Buyers' option either to allow the shipment of late goods or to cancel the order by giving the Sellers the notice of cancellation by cable.

⑮ **Shipping Notice** : Shipment effected against the contract of sale shall be immediately cabled.

⑯ **Shipment Sample** : In case shipment sample be required, the sellers shall forward them to the buyers prior to shipment against the contract it sale shall the immediately cabled

⑰ **Marking** : All shipment shall be marked "OK"/LONDON and given consecutive numbers.

⑱ **Cable Expense** : Expenses relating to cabling shall be borne by the respective senders.

In witness whereof, A & Co., Ltd. have hereunto set their hand on the 10th day of October, 2002, and B & Co., Ltd. have hereunto set their hand on the 10th day of November, 2002, This Agreement shall be valid on and from the 10th day of December, 2002, and any of the Articles in the Agreement shall not be changed or modified unless by mutual consent.

(Buyers) B & Co., Ltd.
(signed)
General Manager
(Sellers) A & Co., Ltd.
(signed)
Managing Director

【일반거래협정서】

본 협정서는 대한민국 서울특별시의 A 주식회사(이하 매도인이라 칭함)와 영국 런던의 B 주식회사(이하 매수인이라 칭함) 간에 다음과 같은 사항을 약정한다.

① **거래** : 매도인·매수인의 쌍방은 본인으로서 거래하며, 대리인으로서 거래하는 것이 아니다.

② **상품** : 거래상품, 표시단위 및 포장형태를 별표에 기재한다.

③ **견적 및 청약** : 전보 또는 서신에 별도의 규정이 없는 한, 본 협정 당사자에 의한 견적과 청약은 모두 C.I.F. 런던 조건에 의한 영화(英貨)를 기준으로 한다.

④ **확정 청약** : 확정청약은 모두 개개의 전보에 제시되어 있는 기간 내에 회답을 조건으로 한다. "즉답"(immediate reply)이라는 용어를 사용하였을 때에는 회답이 3일 내에 도착한다는 것을 뜻한다. 다만, 어떠한 경우에도 일요일 및 런던은행 휴업일은 제외한다.

⑤ **주문** : 전보에 의해 체결된 거래는 지체 없이 서면에 의하여 확인하는 것으로 하고 이렇게 확인된 주문은 당사자 쌍방의 동의에 의하지 않는 한 취소할 수 없는 것으로 한다.

⑥ **신용장** : 매매가 확인되는 즉시 은행의 취소불능신용장이 매도인 앞으로 개설되도록 한다. 신용장은 부득이한 선적지연에 대비하기 위하여 그 유효기간을 선적약정기일보다 21일간 길게 한다.

⑦ **대금결제** : 환어음은 신용장에 의거하여 일람출급으로 하고, 선적서류를 첨부한 송장금액전액에 대하여 발행하는 것으로 한다.

⑧ **선적** : 본 협정에 의해 매매되는 상품은 모두 약정기간 내에 선적되는 것으로 한다. 선하증권의 일자는 선적일을 최종적으로 입증하는 것으로 간주한다. 별도의 약정이 없는 한, 선적항은 매도인이 자유로이 선정한다.

⑨ **해상보험** : 특히 다른 조건을 약정하지 않는 한, 모든 선적화물은 송장금액에 10%를 가산한 것에 ICC(B) 조건의 부보를 하는 것으로 한다. 모든 보험증권은 영화로서 표시되며, 또한 "런던"에서 지급되는 것으로 한다.

⑩ **품질** : 매도인은 모든 선적화물의 품질 및 상태에 관하여 견본, 형식 또는 명세와 일치할 것을 보증한다.

⑪ **운송중의 손상** : 매도인은 모든 물품을 양호한 상태로 선적하고 매수인은 운송도중의 손상·변질 또는 파손에 관한 모든 위험을 부담하는 것으로 한다.

⑫ **클레임** : 클레임이 있을 때에는 물품이 목적지에 도착한 후 14일 이내에 전보로써 행하고, 검사인이 인증한 설명서를 지체없이 우편으로 제시토록 한다. 매도인과 매수인 간에 화해할 수 없는 클레임은 모두 런던에서 중재에 붙여지고, 그 중재위원회는 매도인과 매수인이 각기 1명씩 지명하는 2명의 중재인으로 구성되며, 양자의 의견이

일치하지 않을 때에는 중재인이 선정하는 재정인(umpire)의 결정에 최종적으로 따르기로 한다. 패소자(losing party)는 그 중재비용을 부담하도록 한다.

⑬ **불가항력** : 약정기간 내에 선적을 방해한 동원, 전쟁, 소요, 폭동, 적대행위, 항만봉쇄, 선박징발, 수출금지, 화재, 홍수, 지진, 폭풍 및 기타 예측하기 어려운 사건 등의 불가항력적인 사건이 발생했을 경우에는 매도인은 선적지연에 대하여 책임을 지지 않는다. 전기한 제요인이 발생하였을 때에는 매도인은 이러한 사실의 발생 또는 존재를 증명하는 서류를 지체 없이 매수인에게 송부하여야 한다.

⑭ **선적지연** : 본 협정서 제13조에 규정한 불가항력일 경우에는 약정된 선적기간을 21일간 연장하는 것으로 한다. 유예기간내의 선적이 제13조에 기재된 제요인의 계속 또는 그 결과에 의하여 아직 방해되고 있을 경우에는 지연화물의 선적을 인정 하든가 아니면 전보로써 해약통지를 매도인에게 행함으로써 주문을 취소할 것인가 하는 것은 매수인이 자유로이 결정토록 한다.

⑮ **선적통지** : 매매계약에 대하여 행한 선적은 즉시 전보로 통지한다.

⑯ **적송품견본** : 적송품의 견본을 필요로 할 때에는, 매도인은 그와 같은 견본을 선적 전에 매수인에게 송부토록 한다.

⑰ **화인** : 모든 선적화물에 OK/LONDON이라고 표시하고 일련번호를 표시한다.

⑱ **전보료** : 전보료는 각각의 발신인이 이를 부담한다.

상기 사항의 증거로서 A주식회사는 2002년 10월 10일 이에 서명을 하고 또 B주식회사는 2002년 11월 10일 이에 서명을 하였다. 본 협정서는 2002년 12월 10일부터 효력을 발생하며, 본 협정서의 조항 어느 것이든 당사자 쌍방의 의견이 일치하지 않는 한, 변경 또는 수정되지 아니한다.

(매수인) B주식회사<br>
(서명)<br>
General Manager

(매도인) A주식회사<br>
(서명)<br>
Managing Director

# 3 글로벌 물품매매계약의 주요조항

## 1 거래조건 일반

무역계약은 일반적으로 상품을 계약의 목적으로 하는 국제매매계약이기 때문에 후일에 분쟁이 야기될 소지가 많다. 그러므로 매매당사자간에 이러한 분쟁을 방지하기 위해서 무역계약의 조건을 명백히 할 필요가 있으며, 또한 이를 문서화하여 서명한 매매계약서(contract sheet)를 상호 교환하여 보관하는 것이 좋다.

이러한 무역계약의 기본조건을 보면, ① 품질조건(terms of quantity), ② 수량조건(terms of quantity), ③ 가격조건(terms of price), ④ 선적조건(terms of shipment), ⑤ 결제조건(terms of payment), ⑥ 보험조건(terms of insurance), ⑦ 클레임조건(terms of claim), ⑧ 중재조건(terms of arbitration) 등이 있는데 , 이 가운데 ①~⑤조건이 소위 무역계약의 5대 기본조건이며, ⑥~⑧은 국제무역의 특수성이 비추어 부가되는 조건이다.

이상의 여러 조건을 내용으로 하는 무역계약은 모든 사항을 구체적으로 빠짐없이 거래할 때마다 체결할 필요는 없으며, 실제로는 일반적으로 거래에 관한 협정을 맺어 놓고 그때그때 거래에서 요구되는 사항만을 체결하게 되는데, 일반거래조건의 구체적인 내용은 각 무역회사의 판매정책이나 취급하는 상품 그리고 상대방의 사정에 따라 각각 다를 수 있다.

## 2 품질조항(Quality Clause)

무역상품의 품질조건은 무역거래에 있어서 매우 중요한 계약조건의 하나이다. 특히 품질은 상품 본래의 성능 이외의 매매의 목적물로서의 적부를 결정하기 위하여 필요한 특수요소를 포함한 개념이기 때문에 더욱 그러하다. 따라서 후일의 분쟁을 사전에 방지하기 위해서 품질의 결정방법이라든가 결정시기 및 품질의 증명방법이나 품질분쟁의 해결방법 등을 명확히 해 두어야 한다.

### 1) 품질결정의 방법

무역거래에 있어서 그 거래되는 상품의 품질을 어떻게 결정하는가 하는 방법은 일반적으로 다음과 같은 것들을 활용하게 된다.

#### (1) 견본매매(sale by sample)

무역거래에서 사용되는 견본은 매매당사자의 합의에 의하여 실제로 거래될 상품의 일부를 채취하여 1계약분의 상품 전부를 대표하는 것을 말하며, 상대방은 견본에 의하여 목적물의 성질 및 형상을 파악할 수 있게 된다. 견본(sample) 이외에 'pattern'이나 'specimen'도 견본으로 간주되고 있다. 전자는 직물류나 완구 등과 같이 주로 의장과 도안이 품질의 구성요건으로 되어 있는 경우에 사용되며, 후자는 규격이 균등한 상품을 매매할 때에 몇 개를 채취하여 모든 상품의 표본으로 삼는 것을 말하는데 견본보다는 다소 약한 개념이다. 무역상의 견본은 엄격한 의미에서는 Quality Sample(품질견본)을 가리키므로 그 의미가 상당히 제한되어 있다. 견본거래(Sample Business)를 하는 경우 주의사항은 다음과 같다.

첫째, 견본의 작성, 송부 및 보관을 신중히 하여야 한다. 예컨대, 견본을 받은 때에는 반드시 그 동일품 또는 일부분을 copy sample로서 보존하여야 하며, 특히 종류가 많은 견본의 경우에는 견본번호(sample number)를 붙이고, 견본대장(sample book)에 송부일자, 상대방의 성명 등을 기재해 둘 필요가 있다.

둘째, Offer나 계약에 사용하는 'Same as Sample'(견본과 동일)이라는 용어는 ① 엄격한 제조공정을 거쳐 생산되는 상품, ② 규격품, ③ 세계적으로 유명한 Brand 상품, ④ Maker의 대량생산품으로서 규격이 균등한 것에 한하여 사용하여야 한다. 다시 말해서, 견본과 동일이란 뜻은 'Strictly Same as Sample'을 의미하고 있기 때문에 'Quality to be about equal to the Sample'이라고 함으로써 사전에 분쟁요인을 제거하여야 한다.

### (2) 표준품매매(Sale by Standard)

농수산물, 목재 등과 같이 정확한 견본제공이 곤란한 물품에 대하여는 그 표준품을 정하여 거래를 행하고 실제 인도된 물품과 표준품에 차이가 있을 경우에는 거래계약조건 또는 관습에 따라 물품대금의 증감에 의하여 조정하는 거래를 행하는데, 이때에 표준품의 표시방법으로는 다음과 같은 것이 있다.

① F.A.Q. : Fair Average Quality의 약자로서 표준평균품질 또는 평균중등품질조건을 말한다. 주로 곡물 등의 거래에서 그 상품에 관하여 일반적으로 정한 등급이나 규격이 없는 상품인 경우에 사용되고 있는 것으로서 인도상품의 표준품질은 선적의 시기 및 장소에 있어서 그 계절 출하품의 평균중등품질이어야 하는 조건이다. 따라서 농수산물이나 천연물의 무역계약을 체결할 때에는 전년도 수확물의 중등품질을 표준으로 가격을 정하여 인도되어야 할 목적상품은 새로이 수확된 곡물의 중등품이어야 함을 품질의 결정조건으로 삼게 된다.

② G.M.Q : Good Merchantable Quality, 즉 판매적격품질조건은 정확한 견본 또는 표준품의 이용이 곤란할 때에 사용되는 품질조건으로서 인도하는 물품의 품질이 당해 거래상 판매적격이어야 하는 품질조건을 의미한다. 이는 목재나 냉동어류 등의 거래에서 주로 적용하는 조건으로서 이들 목재나 냉동어류는 내부가 부패되어 있어도 외형상 식별이 어렵기 때문에 수입지에서 현물을 인수하면서 내부의 흠을 발견하면 배상을 요구할 수 있는 조건이다.

### (3) 상표통명매매(Sales by Trade mark or Brand)

상표통명매매는 자사제품임을 표시하기 위한 문자나 기호 또는 도형으로 표현된 Brand나 통상 자사제품임을 가장 간결하게 표시한 Trade Mark로서 매매하는 방법이며,

그 상표가 내외시장에서 평가를 받고 있는 때에 잘 이루어진다. 특히, 상표는 품질을 보증하는 기능을 갖고 있어 무역거래의 품질판정기준으로 널리 이용되고 있다.

#### (4) 명세서매매(Sale by Specification)

주로 기계공업제품의 매매에서는 재료, 구조, 성능 기타의 필요사항에 대하여 그 명세를 표시한 계약서·설계도·청사진·카탈로그(illustrated catalog) 등을 통하여 당해 상품의 품질을 설명하고 표시하는 것을 볼 수 있다. 즉 정밀한 기계나 정교한 물품의 국제거래에서는 형상·치수·재료 등을 자세히 일정한 명세서에 의해, 그리고 영양식품이나 유지 기타의 화학제품거래에서는 색체·광택·향기·맛·순분 등을 표시한 명세서에 의하여 품질을 표시하고 거래가 이루어지는 것으로서 이것이 명세서매매의 대표적인 것이라고 할 수 있다.

#### (5) 기타 방법

이상의 방법 이외에도 품질을 결정하는 방법에는 규격이라든가 점검방법이 있다. 즉 국제적으로 규격이 정하여져 있거나 수출국의 공인된 기관에 의하여 규격이 정해져 있는 상품의 경우에는 그 규격에 의하여 품질을 결정하게 되는데, 이를 규격매매(sale by grade or type)라고 한다. 한편, 국내거래에서와 같이 해외의 매수자가 직접 수출국에 와서 당해 구매상품을 본 다음 그 상품의 품질을 승인하는 거래방법이 있는데, 이를 점검매매(sale by inspection)라고 부른다.

### 2) 품질결정의 시기

품질결정의 시기에는 선적시의 품질에 의하는 것(shipping quality terms)과 양륙시의 품질에 의하는 것(landed quality terms)이 있다. 선적인도조건인 경우에는 선적될 때의 품질에 의하여 그 품질을 결정하며, 양륙인도조건인 경우에는 양륙될 때의 품질에 의하여 그 품질을 결정하게 되는 것이 원칙으로 되어 있으나, 후일의 분쟁을 방지하기 위하여 계약을 할 때에 미리 그 조건에 관하여 협정해 두는 것이 좋다.

분쟁이 일어났을 때 거증(擧證)책임은 선적인도조건인 경우에는 매도인에게 있고, 양륙인도조건인 경우에는 매수인에게 있으므로 당사자는 권위 있는 검정기관(예, Lloyd's Agent)에 의뢰하여 검사증명을 받아둘 필요가 있다. 즉, 선적품질조건인 때에는 매도인은 검정기관으로부터 품질증명을 받아 수입업자에게 송부함으로써 책임을 면할 수 있으며, 양륙품질조건인 때에도 매수인은 검정기관에서 받은 감정보고서(survey reports)에 의하여 매도인에 대하여 품질상의 손해배상청구를 할 수 있는 것이다. 따라서 계약을 체결할 때에는 미리 검정기관과의 품질분석방법을 협정해 둘 필요가 있으며, 특히 품질불량인 경우의 중재방법과 불량품의 처리방법도 아울러 밝혀두어야 한다.

### 3) 품질에 대한 책임조건

곡물류 등의 국제거래에 있어서 도착조건으로 매매할 때 선적시와 양륙시의 품질 상이에 대해 매매 당사자 가운데 어느 쪽이 그 책임을 질 것인가라는 문제와 관련해 런던시장을 중심으로 다음과 같은 세 가지 특수 조건이 관용되어 왔다.

#### (1) Rye Terms(R.T.)

양륙품질조건에 의한 곡물의 매매에 있어서 매도인이 도착시의 품질을 보증하는 것을 말한다. 이 조건은 원래 Rye(보리)거래에 사용되었다고 해서 R.T.라고 한다. 이 조건에 의할 경우, 인도상품 도착시의 품질상태에 대해서 매도인이 보증하기 때문에 매수인에게는 가장 유리한 조건이며, 반대로 매도인에게는 매우 불리한 조건이다. 본 조건은 약정상품이 손상했을 때에 매수인이 그 거래를 거절 할 수 있다는 것을 의미하는 것이 아니며, 다만 인도된 곡물이 장기간 해상운송 도중 그 품질이 표준품에 미달했을 때에 매수인이 그 손해에 대하여 매도인에게 클레임(가격 인하)을 제기할 권리를 유보하는 것이다.

#### (2) Tale Quale(T.Q.)

이 조건은 일종의 선적품질조건이며, 매도인이 계약에 적합한 품질을 선적한 이상 품질은 도착시 및 장소에 있어서 현 상태로 인도되며, 해상운송 도중에 야기되는 손해에 대하여서는 매수인에게 책임을 지게하는 조건으로서 전술한 R.T.조건과는 정반대되는 조건이다. 따라서 매도인에게는 유리하나 매수인에게는 가장 불리한 조건이라고 말할 수 있다.

### (3) Sea Damaged(S.D.)

이 조건은 약정상품이 수송되는 동안의 품질위험에 관한 것으로서 해수로 말미암아 야기된 손해에 대해서 만을 매도인이 부담하는 것(Seller is liable for damaged by sea water)을 말한다. 그러므로 S.D.조건은 T.Q.조건에 비해 매도인에게는 다소 불리하고 매수인에게는 다소 유리한 조건이다. 따라서 이러한 조건에 따라 무역계약을 체결할 때에는 "Damaged by sea water, if any, to be seller's account"라는 문구를 계약서에 기재함이 보통이다.

## 3 수량조항(Quantity Clause)

수량조건에 있어서 문제가 되는 것은 수량의 단위와 수량의 결정시기, 그리고 수량의 과부족시 이에 대한 해결을 어떻게 할 것인가(수량의 과부족조건) 등에 관한 사항이다.

### 1) 무역상품의 수량단위

거래수량의 단위는 상품의 성질과 거래의 관습에 따라 중량(weight), 용적(measurement), 개수(piece, dozen, gross, set), 길이(length), 포장단위(case, bag, bale) 등이 있으나, 포장단위로 거래하는 경우에는 그 안에 들어 있는 개수가 문제이며, 이것은 상관습상 정하여진 경우가 많으나, 계약을 정할 때에 포장단위에 들어 있는 수량을 명시하여 두는 것이 좋다.

무게를 표시하는 단위로는 Ton, Lbs, kg 등이 있지만, 이 가운데 Ton의 경우에는 같은 1Ton이라도 각기 양적으로 다르므로 이를 명백히 밝혀 두어야 한다.

Ton의 종류에는 다음과 같다.

① 중량 Ton(W/T : Weight Ton)으로서 2,240 파운드를 1Ton으로 하는 영국 Ton(Long Ton 또는 Gross Ton이라고 함)과 2,000파운드를 1Ton으로 하는 미국 Ton(Short Ton 또는 Net Ton이라고도 함), 그리고 프랑스와 구주대륙제국에서 사용하고 있는 Ton, 즉 2,204 파운드 또는 1,000kg을 1Ton으로 하는 Metric Ton(M/T)이 있다.

② 용적 Ton(Measurement Ton ; M/T)은 부피를 나타내는 Ton으로서 입방 Meter(Cubic Meter ; CBM), 또는 입방 Feet(Cubic Feet ; cft)가 있다.

한편, 무역상품의 중량을 결정하는 조건은 앞에서 설명한 품질조건에서와 같이 선적시의 중량에 의하느냐 아니면, 양륙시의 중량에 의하느냐에 따라 선적중량조건(shipped weight terms)과 양륙중량조건(landed weight terms)으로 구분되며, 이것은 다시 포장용기중량(tare)의 포함 여부에 따라 총중량(gross weight)과 순중량(net weight)으로 나누어진다. 이러한 관계를 종합하면 다음과 같다.

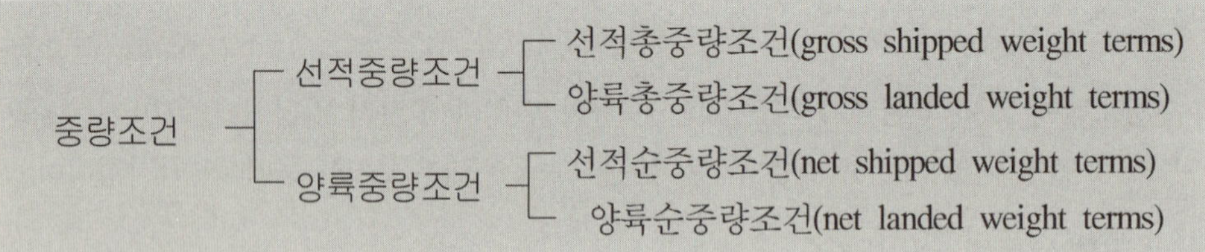


## 2) 수량결정의 시기 및 방법

수량을 결정하는 시기는 앞에서 본 바와 같이 선적시를 기준으로 하는 것과 양륙시를 기준으로 하는 두 가지 방법이 있다.

일반적으로 기계류 등 각종 제품은 운송도중에 사고가 없는 한 선적수량과 양륙수양은 같으므로 문제가 없지만, 농산물·광석·고철 등은 운송도중 또는 하역작업 도중에 유실되는 일이 많으므로 이러한 것은 선적수량과 양륙수량이 다를 가능성이 크기 때문에 수량의 결정시기를 선적한 때로 할 것인가, 양륙한 때로 할 것인가를 명백히 정해 두어야 한다. 이 경우 수량의 검량기관과 계량방법도 협정해둘 필요가 있는데 흔히 공인된 검정기관(Surveyor)에 의하여 발행되는 검량증명서에 따르도록 하고 있다.

일반적으로 C.I.F.조건인 경우에는 선적 수량조건으로 하며, 부두인도조건(Ex Quay)인 경우에는 양륙수량조건으로 함이 원칙이지만, C.I.F.조건인 경우에도 특약에 의하여 양륙수량조건으로 하는 수도 있다.

한편, 선적중량조건으로 하든 양륙중량조건으로 하든 여기서의 중량을 총중량으로 하느냐, 아니면 순중량으로 하느냐의 문제도 있다. 총중량으로 하는 경우에는 약정상품의 포장용기를 포함한 그대로 계량한 중량으로 인도하는 조건을 말하기 때문에 이러한 조건에 따라 거래되는 경우에는 그 포장용기(tare)나 함유잡물(draft)의 중량이 대체로 일정한 것이 사용되어야 할 것이다.

반면, 순중량으로 하는 것은 인도되는 약정상품의 총중량에서 포장용기나 함유잡물의 중량을 공제한 상품 그 자체만이 가지고 있는 중량을 갖고 매매하는 것이기 때문에 사용될 포장용기의 종류라든가 결정은 거래관습이나 당사자 간의 협약에 의하여 결정되어야 한다.

그리고 그 중량을 결정하는 방법도 개사계량방법(概査計量方法)에 의할 것인가, 또는 정사계량방법(精査計量方法)에 의할 것인가를 밝혀 두어야 한다. 개사계량(approximate measurement)이란 농산물이나 천연산물의 거래에서 흔히 사용되고 있는 계량방법으로서 전상품에서 적당한 것을 자유로이 몇 개만을 채취하여 중량을 계량하고, 그 평균중량을 산정하여 총수에다 그 산정중량을 곱하여 계량하는 방법이고, 정사계량(accurate measurement)이란 귀금속 등과 같은 고가로 매매되는 상품거래에서 주로 사용되고 있는 계량방법으로서 개별상품의 하나하나에 대하여 엄격하게 계량하는 방법이다.

### 3) 수량의 과부족문제

선적수량조건이든 혹은 양륙수량조건이든 또는 수량계산단위의 여하를 불문하고 생산·포장·수송 등 기타의 사유로 계약에서 정해진 수량보다 어느 정도의 과부족이 발생 할 수 있다. 이 경우의 과부족문제를 어떻게 해결하여야 할 것인가와 관련하여 다소의 과부족은 이것을 클레임문제로 하지 않겠다는 인용조건을 채택하게 되는데, 그 인용률을 명시하는 것을 무역계약에서는 수량의 과부족 인용조항(…% more or less clause : M/L Clause, …% plus or minus clause : P/M clause)이라고 한다.

### (1) 과부족 인용규정이 없을 때

수량의 부족인용규정이 없을 때 그 허용범위와 관련하여 신용장통일규칙 제39조 b항은 다음과 같이 규정하고 있다.

> Unless a credit stipulates that the quantity of the goods specified must not be exceeded or reduced a tolerance of 5% more or 5% less will be permissible, always provided that the amount of the drawings does not exceed the amount of the credit. This tolerance does not apply when the credit stipulates the quantity in terms of a stated number of packing units or individual items.
>
> 신용장이 특정상품의 수량에 대하여 반드시 과부족이 있어서는 아니 됨을 규정하지 않는 한 어음발행총액이 신용장금액을 초과하지 않는 경우 5% 범위내의 과부족은 허용된다. 다만, 신용장에 수량이 포장단위 또는 개별품목의 개수로 명시되어 있는 경우 이러한 과부족은 허용되지 아니한다.

이 규정은 상품수량의 과부족허용한도를 5%까지의 범위로 규정하고 있다. 광석이나 곡물 등 일반적으로 Bulk Cargo는 그 성질상, 신용장이 요구하는 대로 정확한 수량을 선적한다는 것이 사실상 불가능하기 때문에 그 수량차이로 당사자 간에 분쟁이 유발되는 경우가 많다.

이러한 경우에 대비하여 보통 신용장에 M/L Clause를 명시하고는 있으나, 본 규정은 이러한 조건을 원용하지 않았을 경우를 가정하여 그와 같은 분쟁을 사전에 방지하고, 무역거래의 원활을 도모하기 위하여 5%까지의 과부족을 허용하고 있다.

그러나 여기에서의 5% 허용 적용범위에 대해서는 다음과 같은 제약요소가 있음을 주의해야 한다.

① 신용장상에 과부족 금지조항이 없어야 한다.

② 어음발행총액이 신용장 금액을 초과해서는 아니된다.

③ 개개의 품목이나 포장단위에 의한 수량의 명기가 없어야 한다.

### (2) 과부족인용규정이 있을 때

신용장통일규칙 제39조 a항을 보면 이에 대하여 다음과 같이 규정하고 있다.

The words About,"approximately" Circa or similar expression used in connection with the amount of the credit or the quantity or the unit price stated in the credit are to be construed as allowing a difference not to exceed 10% more or 10% less than the amount or the quantity or the unit price to which they refer

신용장금액 또는 상품의 수량이나 단가와 관련하여 사용된 About, "approximately" Circa 또는 이와 유사한 표현은 10% 범위 내의 과부족을 허용하는 것으로 해석한다. 신용장에 명시된 단가나 수량과 관련하여

즉, 이 규정은 신용장에 종종 금액 또는 수량이나 단가에 약 이라는 의미의 'about', 'circa' 또는 'approximately'와 같은 표현이 사용되는 경우가 있는데, 이러한 용어는 그 숫자가 어느 정도의 폭을 가리키는 것인지 해석상 의문이 있어 거래 당사자 간에 분쟁의 여지가 있기 때문에 이에 관한 해석을 내리고 있다. 그리하여, 매도인과 매수인이 계약을 체결함에 있어서 그 수량 앞에 about, circa 또는 이와 유사한 approximately의 문자를 붙이는 경우에 10%를 초과하지 아니하는 수량의 증감(plus or minus in quantity, increase or decrease in quantity)은 허용되는 것으로 규정하고 있음을 알 수가 있다. 그러나 본 규정도 성격상 법적 구속력이 있는 절대적인 것은 아니기 때문에 계약용어를 선택함에 있어서는 극히 신중을 기하여야 할 것이다.

### (3) More or Less Terms

앞에서 살펴본 바와 같이 비록 신용장통일규칙에 수량의 과부족에 대한 허용범위가 있지만, 실제 당사자가 계약을 체결함에 있어서는 구체적인 과부족인용률을 기재해 둘 필요가 있다. 이를테면, '5% More or Less at Seller's(or Buyer's) Option'(5%의 과부

족은 Seller 또는 Buyer의 임의로 한다)이라고 기재하는 것과 같다.

이와 같이 인용률의 범위 및 선택권자를 명시하는 조건을 M/L Clause(More or Less Clause)라고 하며, 그 효력은 상대방의 클레임 제기를 배제시키는 데에 있다.

#### (4) 과부족수량의 결제가격

과부족수량의 결제가격은 보통 당사자 간의 계약가격(contract price)에 의하여 결제되지만, 이외에도 선적일가격(day of shipment price), 또는 도착일 가격(day of arrival price)에 의하여 결제되는 방법도 있다. 그러나 이에 대하여 특별히 명시하지 않은 때에는 계약가격에 의하여 결제된다. 그런데 계약가격에 의하여 결제한다고 할 때에는, 예컨대 악덕 매도인은 시가가 오르면 그 계약수량보다 적게 선적하고, 반대로 시가가 떨어지면 많이 선적할 소지가 있다. 따라서 일반적으로 볼 때에는 선적일 가격 또는 도착일 가격으로 정하는 것이 바람직하다.

## 4 가격조항(Price Clause)

무역계약을 체결함에 있어서 가장 중요한 조건이 가격조건이다. 그 중에서도 수출입가격의 채산요소, 매매가격의 설정방법, 결제통화의 종류를 들 수 있다.

### 1) 상품가격의 채산요소

무역가격을 실제로 채산하는 경우, 먼저 이해하여야 할 것은 무역가격이 어떠한 원가요소로 구성되고 있는가를 알기 위한 원가분석의 실제 지식이다. 무역가격을 구성하는 중요한 요소는 무역상품의 기본원가, 수출지에서 수입지까지의 운임 및 보험료, 거래의 성립을 비롯하여 수출 또는 수입을 수행하는데 필요한 제경비, 예상손비 및 예상이익 등이다. 이 가운데 가격채산의 기준이 되는 요소는 매입원가이고 기타는 모두 부가적 요소로서 당사자 간의 교섭에 따라 상호 조정될 수 있는 항목이다.

### (1) 기본원가(Prime Cost)

무역상품의 가격을 견적하는 데에는 당해 상품의 수출입을 위하여 최초로 입수할 수 있는 가격을 기본으로 한다. 이 기본가격은 상품의 종류, 매입지, 매입처에 따라 그리고 그 내용에 따라 다소의 차이가 있을 뿐만 아니라, 생산자 또는 공급자로부터 특별히 제공되는 가격의 경우도 있고, 수출입시장에 있어서의 채산당시의 시장가격일 수도 있다. 또한 인도 장소에 따라 생산자(Maker)의 현지인도가격도 있으며, 수출업자의 지정지인도가격도 있다.

그러므로 그 매입가격의 결정방법에 따라 각종의 비용이 증감되어 부가적 요소에 변동을 일으키게 한다. 수출가격의 채산(採算)에 있어서는 원칙적으로 수출업자의 지정 집하 장소에서의 인도가격으로 함이 타당하다. 왜냐하면, 수출품의 품질·수량·포장 등에 대하여는 수출업자가 계약상의 책임을 져야 하므로 그 목적물을 공급자로부터 일단 자기의 집하 장소에다 받아 놓고 내용의 검사 및 포장의 정비를 확인한 다음에 외국으로 수출함이 순서이기 때문이다. 또한 무역상품은 상당한 수량만큼 집하된 다음에 해외에 수송되므로 그 채산도 또한 어느 일정수량에 대하여 하지 않으면 정확한 단가를 채산하기 곤란하다.

### (2) 해상운임과 보험료(Freight & Insurance Premium)

해상운임은 수출항에서 수입항까지의 운임인데 수출경비 중에서 가장 중요한 항목이다. 운임을 선박회사에 지급하면 선하증권(B/L)을 받는다. 한편, 해상보험료는 수출항에서 수입항까지의 보험료인데, 다만 무역가격조건이 F.O.B.나 C.F.R.조건인 경우에는 수출경비에서 제외되는 항목이다.

### (3) 수출입경비

운임 및 보험료를 제외하고 무역상품에 필요한 수출입 제경비를 살펴보면 먼저 수출경비를 구성하는 요소로서 포장비용, 선적지까지의 수송비용, 선적시까지의 보관비, 선적비용, 검사비용, 영사사증료, 기타의 증명료, 통신료, 금리, 잡비 등이 있다.

① **포장비(packing expense)**는 수출용 매입상품을 다시 분장·개장하는 경우의 비

용으로서 분장·개장의 재료비, 동 수수료 등의 인건비가 이에 포함된다.

② 수송비용(carriage-out expense)은 자기 창고나 매입처의 창고에서 수출항까지의 상품의 운송비용이며, 여기에는 트럭의 상·하차비, 하역비, 기중기 등의 사용료, 운반수단 운임, 잡비 등이 포함된다.

③ 보관료(keeping charges)는 수출상품을 선적할 때까지 영업창고에 보관하는데 드는 비용으로서 창고료, 화재 보험료 등이 이에 포함된다.

④ 검사비용(inspection fee)은 수출하고자 하는 물품을 수출신고하기 이전에 행하는 검사비로서, 그 목적은 수출상품의 대외성가와 품질의 유지향상을 도모하는 건전한 무역을 조성하기 위해서이다. 검사비는 이를 위한 수수료인데 여기에는 검사감정료도 포함되며, 검량전문기관에 의뢰하면 간편하다.

⑤ 영사사증료(consular fee)는 수입국영사에 지불하는 서류사증료를 말하며, 주로 영사송장(consular invoice)의 사증료를 의미한다. 사증료는 1건당의 요금으로 책정되어 있는 경우와 종가에 따르는 경우가 있다. 본 사증료는 C.I.F.와 F.O.B. Terms는 수입업자가 부담하게 되어 있으나, 국제상관습이나 협약에 따라 수출업자가 부담하는 경우도 있다. 이런 경우에는 수출경비에 계상된다.

⑥ 금리(interest)는 수출상품대금을 국내의 구매처에서 지불한 다음, 그것을 선적하고 환어음을 발행하여 그 상품대금을 회수할 때까지의 금리를 말한다.

이상과 같은 수출경비에 대하여 수입경비로는 다음과 같은 것이 있다.

① 화물을 인수하는 각종 비용과 항구내의 본선에서 부선을 이용하고 화물을 인수하는 경우의 부임, 본선 또는 부두 옆의 육지에 양륙하는 작업비인 양륙비용, 화물의 용적이나 중량을 측정하기 위한 계량비, 양륙현장에서 창고까지의 반입비, 창고의 보관료.

② 수입통관료, 관세와 특히 우리나라에서는 이 관세 이외의 부과되는 제내국세 등.

③ 환어음의 인수에서 지급까지 소요되는 금리, 환비용 기타의 은행비용 등.

④ 수출경비에서와 같은 통신비 등의 비용이 있다.

### (4) 예상이익(Expected Profit)

수출입가격의 채산 당시에 있어서의 무역상사의 이익은 당연한 예상적인 것이기 때문에 채산표에서는 이익이라는 용어를 피하고 당사수수료의 항목 하에 기본원가를 일정률로 견적하는 것을 통례로 하고 있다.

### (5) 예상손비(Expected Loss)

예상손비는 수출상품의 종류에 따라서 수송도중에 야기되는 감량·누출 등으로 인하여 손실을 보게 되는 예상손해액으로서 만일, 무역계약이 Landed Weight Terms에 의한 경우에는 반드시 예상손비를 계상하여야 되는 항목이다.

지금까지의 수출입가격채산요소를 종합·정리하면 [표 2-1, 2]와 같다.

【표 2-1】 수출가격의 채산요소

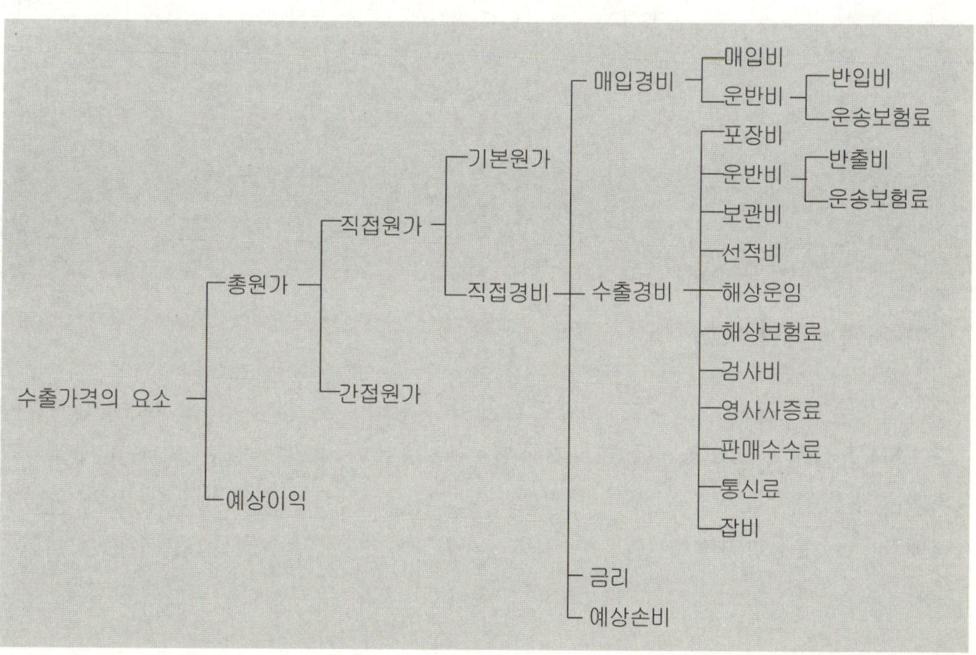

【표 2-2】 수입가격의 채산요소

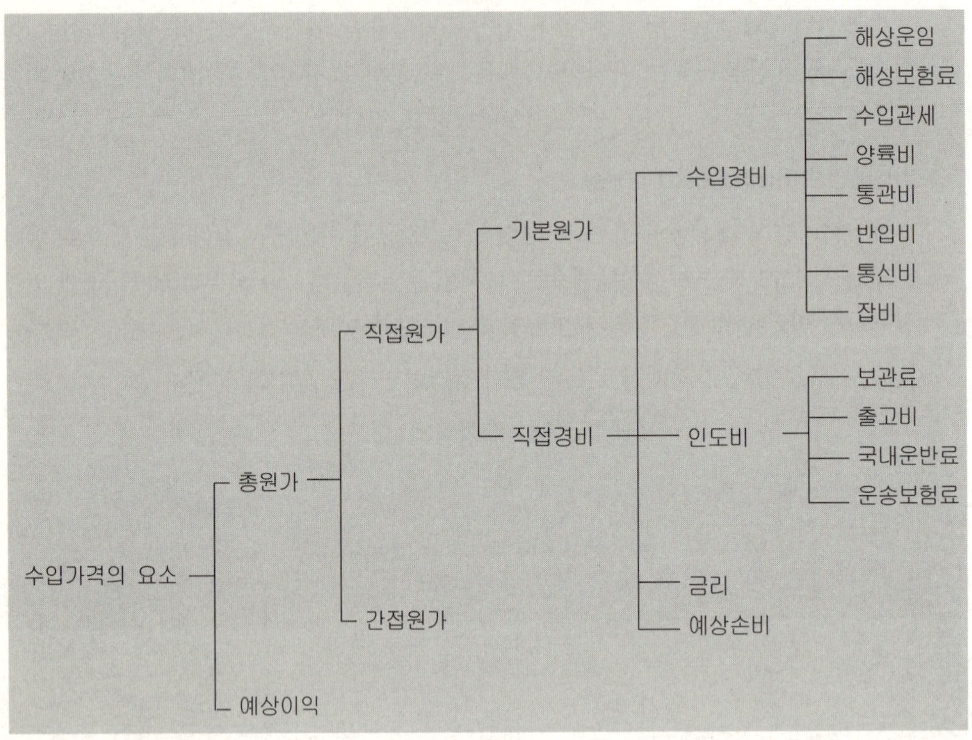


## 2) 가격설정의 방법

국제무역거래에서 사용되는 매매가격의 설정방법들은 개략적으로 Incoterms에 따라 EXW조건에서 DDP조건에 이르기까지 여러 종류의 방법이 있다. 따라서 매매가격의 설정방법은 약정상품의 종류와 거래사정, 그리고 거래처의 성질 등에 따라 적당한 매매가격을 설정하여야 한다.

### 3) 결제통화

가격을 표시하는 방법은 자국의 통화로 표시하는 방법, 상대국의 통화로 표시하는 방법, 제3국의 통화로 표시하는 방법 등 세 가지가 있으나, 어떠한 방법에 의할 것인가는 당사자의 계약에 의하는 것이지만 외국통화로 거래하면 환시세의 위험을 부담하여야 하므로 가능한 한 자국통화로 거래하는 것이 바람직하다. 그러나 무역거래에 있어서 결제수단으로 이용될 수 있는 통화는 공신력과 안정성·유통성이 있어야 하므로 자국통화가 이러한 여러 요건을 구비하지 못하고 있는 경우에는 부득이 상대방 또는 제3국의 통화를 결제수단으로 하지 않을 수 없다.

## 5 선적조항(Shipment Clause)

약정상품을 인도하는 데는 인도의 시기와 장소, 그리고 인도방법이 결정되어야 하는데, 여기서는 약정상품의 인도시기문제와 관련된 사항만을 설명하기로 한다. 특히 선적기일의 지정, 선적기일의 표시방법, 그리고 선적불이행에 따른 제문제 등은 매우 중요하다.

### 1) 선적기일의 지정

무역거래에 있어서 화물이 목적항에 도착하는 날을 특정하는 것은 곤란하기도 하고 위험하기 때문에 목적항에 도착하는 시기를 약정하지 아니하고, 매도인이 선적하는 시기를 약정하는 것이 일반적이다. 선적시기(time of shipment)를 결정함에 있어서는 물품의 제조, 완성시기와 선박편 등을 고려하여 정하게 된다. 예컨대, 'January Shipment'와 같이 일정한 달(월)로서 표시하거나 'January, February Shipment'와 같이˙달의 연속으로서 나타내는 경우가 있다. 후자의 경우는 '1월에서 ~ 2월말까지 선적을 완료한다'는 뜻이다.

하나의 계약화물을 분할하여 선적하는 것은 특별히 정하지 않는 한 무방하며 신용장통일규칙(UCP)에서도 이 뜻을 밝히고 있다. 만일 매수인이 분할횟수와 각 횟수의 적재수량을 한정하고자 할 때에는, 예컨대 '30C/S, during Jan.' 혹은 '20C/S, during Feb.' 식으로 계약에 명시하여야 한다. 분할선적의 경우에 부분 선적을 'Part Shipment' 혹은 'Partial Shipment'라고 하고 이러한 계약을 할적계약(割積契約)이라고 한다. 선적기일에 관하여 매도인이 주의할 점은, 신용장(L/C)의 도착기한을 한정하는 경우가 있는데 이러한 약정이 있음에도 불구하고 이를 잊게 되면 설사 신용장이 늦게 도착함으로써 선적기일에 선적하지 못하였다 하더라도 지적(遲積 ; delay shipment)에 대하여 클레임을 받기 쉽다.

예컨대, 'Shipment during May/June subject to Seller's receipt of L/C by 15th May' 또는 'Shipment within two month after Seller's receipt of L/C'와 같이 신용장의 도착기일을 명시하는 경우가 있다. 대금결제를 신용장에 의하는 경우에는 그 신용장의 도착기일을 한정하여야 하며 만일 그 기간 내에 도착하지 않으면 매도인은 계약을 취소하고 매수인의 위험으로 화물을 처분할 권리가 있다는 것을 명시해 둘 필요가 있다.

## 2) 선적기일의 표시방법

일반적으로 선적기일을 표시하는 방법에는 다음과 같은 것이 있다.

### (1) 특정월중의 선적

이를테면, 'Shipment during May', 'Shipment to be made during May'로 표시하는 경우처럼 특정된 월중에 약정상품을 선적할 것을 조건으로 하는 것이다. 이는 5월중 선적을 뜻하기 때문에 5월 1일부터 늦어도 말일까지는 선적을 완료하지 않으면 안 된다. 이 경우 문제가 되는 것은 약정상품을 1회에 모두 선적하여야 하느냐, 아니면 2회 이상 분할할 수도 있느냐라는 문제인데, 보통 특별한 반대약정이 없는 한 2회 이상의 분할선적(instalment shipment)을 해도 지장이 없는 것으로 이해되고 있다.

### (2) 연속특정월중의 선적

특정된 연속월중에 계약상품을 선적할 것을 조건으로 하는 것으로서, 예컨대 'May/June Shipment, Shipment during May/June' 이라고 정하면 5, 6월 중 선적할 것을 의미하기 때문에 5월 1일부터 6월말까지에만 선적을 완료하면 그 기간 중 언제 선적을 하든, 또한 약정 상품을 1회에 전부 선적하든, 분할하여 선적하든 간에 그것은 매도인의 자유(seller's option)로 처리하게 되는 것이 보통이다. 따라서 매수인이 만일 그 상품의 선적횟수 및 1회의 선적수량을 특정하고자 할 때에는 이를 계약조건에 명시해야만 한다.

### (3) Immediate or Prompt Shipment

신속한 선적이 요구되는 경우에 매수인이 'Prompt Shipment'혹은 'Immediate Shipment' 등의 용어를 쓸 때가 있다.

이때에는 언제까지 선적해야 하는가가 문제가 된다. 종래 영국의 상관습상으로는 계약이 성립된 후 2주간 이내의 선적으로 해석하며, 한편 미국에서는 'Prompt'는 3주간 이내에, 'Immediate'는 2주간 이내에 선적을 완료해야 한다고 해석하고 있다. 또 신용장통일규칙 제46조 b항은 이에 대하여 다음과 같이 규정하고 있다.

"Expressions such as 'prompt', 'immediately', 'as soon as possible' and the like should not be used. If they are used, banks will disregard them."

'Prompt', 'Immediately', 'as soon as Possible' 및 이와 유사한 표현은 사용되어서는 아니 된다. 만일 그러한 표현이 사용된 경우, 은행은 이를 무시한다.

이 용어의 해석에 대하여 과거에는 각국 및 각 지역에서 관습상의 해석이 달랐기 때문에 분쟁이 많이 발생하였다. 따라서 실무상으로는 이러한 용어의 사용을 피하는 것이 좋다.

## 3) 선적불이행에 따른 문제

선적에 관한 클레임의 대부분은 지적(遲積)에 대해서 발생하기 때문에 선적일이 문제되는 수가 있다. 원래, 선적일이란 1하구(荷口 ; one lot)의 화물 전부의 선적이 완료함을 말하는데, 이를 입증하는 것은 선적화물을 표시하는 선하증권이므로 특별한 반증이 없는 한 선하증권의 일자(B/L date)를 가지고 실제로 선적된 날로 간주하는 것이 상관습이다. 따라서 후일의 분쟁을 피하기 위해서도 매매계약서에 선적일을 명시하여 두는 것이 바람직하다.

한편, 무역상품은 비록 앞에서 설명한 바와 같이 선적일을 확정하였다 하더라도 여러 가지 사정으로 말미암아 선적을 못하게 되는 경우가 있는데 이것이 곧 지적(delayed shipment)문제이다.

그러므로 협정서의 선적조건에 있어서는 선적일의 위반행위에 대한 사항에 관하여 그 처리방법을 결정하고 후일의 분쟁에 대비하여야 한다. 지적은 보통 매도인의 고의. 과실에 기인하는 경우와 불가항력(force majeure)에 기인하는 경우가 있다.

전자의 원인은 매도인의 태만 또는 과오에 의하거나 국내 공급업자의 공급지연, 선복(ship's space)의 부족 등에 의하여 적기에 선적이 불가능하게 되는 경우이다.

따라서 선적조건에 약간의 유예 기간을 설정하여 그 기간 내의 지적에 대해서는 매수인은 매도인에게 그 책임을 묻지 않겠다는 협정을 맺어 두는 것이 좋다.

후자의 원인은 폭풍우, 화재 등과 같은 천재, 선원 기타 수송관계자의 파업, 수출입의 금지, 선박의 억류 등 국권의 간섭에 의한 불가항력에 기인하는 경우이다.

그러나 이상과 같은 불가항력에 기인한 지적에 대해서는 Seller가 면책되는 것이 원칙으로 되어 있다.

## 6 대금결제조항(Payment Clause)

무역거래의 대금결제조건으로서 매매 당사자가 서로 협정하여야 할 사항은 대금결제의 방법에 관한 사항이다.

무역상품의 대금결제방법에는 여러 가지 종류가 있지만 특히 일반적으로 활용되는 것은 화물을 담보로 하는 환어음에 의한 결제방법이다. 그 밖에도 상품과 거래선에 따라서 다음과 같이 분류할 수 있다.

### 1) Payment in Advance

전불결제조건(前拂決濟條件)으로서 매수인이 주문과 동시에 상품대금을 지불하는 방법이며 'Cash with Order (C.W.O.)'라고도 한다. 매도인에게는 가장 유리하고 안전한 방법임에 비추어 매수인에게는 약정상품이 인도될 때까지 자금이 고정화된다는 점과 열등품을 인수하게 되거나 매도인의 파산 등으로 인하여 약정상품을 인수하지 못하게 될 위험성이 따르므로 가장 불리한 방법이다. 따라서 이 조건에 의한 거래는 소량의 견본대금 등을 지불하는 방법 외에는 거의 이용되지 않는다.

한편, 매수인이 목적상품을 주문함과 동시에 그 대금의 일부, 즉 20~30%를 지불하고 나머지는 선적이 끝나고 지급하는 방법도 있는데 이를 일부전불결제조건(一部前拂決濟條件 ; x% advance money)이라고 한다.

### 2) Progressive Payment

누진불결제조건(累進拂決濟條件)으로서 약정상품의 대금을 지급함에 있어 계약시와 선적시, 그리고 도착시 등으로 나누어 각각 일정액씩을 결제하는 방법을 말한다. 이러한 결제 방법은 선박이나 항공기 등과 같이 거액을 요하는 상품거래나 플랜트(Plant)무역에 이용되는 결제방법이다.

### 3) Cash Against Documents(C.A.D.)

운송서류상환불결제조건으로서 선적지에서 선하증권, 해상보험증권, 상업송장 등의 운송서류와 상환으로 현금이 지급되는 것으로서 이를 선적불결제조건이라고도 한다.

선적불 조건은 수입상이 수출지의 지점 또는 대리점에 미리 현금을 송부해 놓고 운송서류와 상환으로 대금을 결제하는 경우와, 선적지의 은행이 운송서류와 상환으로 대금을 지급하고 입체은행 앞으로 환어음을 발행하여 입체금을 회수하는 경우가 있다.

### 4) Cash on Delivery(C.O.D.)

현금결제조건으로서 약정상품이 목적지에 도착하면 그 상품과 상환으로 현금으로 결제해 주는 방법을 말한다. 따라서 이 방법은 앞에서 설명한 운송서류상환불결제조건과 반대가 된다.

### 5) Deferred Payment

후불결제조건(後拂決濟條件)으로서 약정상품이 매수인에게 인도된 때나 또는 그 후 일정한 기간 내에 대금을 지불하는 조건을 말한다. 이 방법은 매수인에게는 유리하나 반대로 매도인에게는 매우 불리한 조건이다. 왜냐하면 매도인로서는 수출상품에 대하여 환어음을 발행할 수 없으므로 매수인으로부터 대금이 회수 될 때까지는 자금이 고정화될 뿐만 아니라, 매수인의 신용위험을 부담하고 있으므로 매수인이 대금지불능력이 없을 때에는 대금을 회수할 길이 없기 때문이다. 따라서 이 방법이 주로 이용되는 경우로는 매수인의 신용이 확실하다든가, 본지점간 거래나 위탁판매에 한하는 것이 일반적이다.

### 6) Open or Current Account

교호(交互)계산방법으로서 매매당사자가 상호간에 수출입거래를 빈번하게 하는 경우, 매거래시마다 대금을 결제하지 않고 이를 상계하여 일정한 기간, 예컨대 6개월 또는 1년마다 그 잔액에 대해서만 결제하는 방법이다. 이 방법은 실제 특수한 거래관계가 있는 거래선에서만 이용되는 것으로 장부결제의 하나이다.

### 7) Clean Bill of Exchange

무담보어음에 의한 결제로서, 매도인이 약정상품을 선적한 후 운송서류는 직접 매수인에게 송부하고 그 대금을 회수할 경우나 견본대금, 수수료, 보험료, 운임, 통신료 등을 회수할 경우에 매수인 앞으로 발행하여 대금을 회수하는 방법이다.

따라서 이 방법은 매수인을 지불인으로 하고 은행을 수취인으로 하여 매도인이 발행하는 어음으로서 운송서류가 첨부되는 일이 없이 은행에 대금의 추심(collection)을 의뢰함으로써 이루어지는 일종의 후불결제조건이다.

### 8) Documentary Bill of Exchange

화환어음에 의한 결제방법으로서 매도인이 상품선적 후, 제운송서류와 환어음을 발행하여 거래은행에 매입시키면, 거래은행은 서류와 상환으로 대금을 지불하여 주는 방법이다. 수출지의 거래은행은 환어음과 운송서류를 수입지의 지점이나 거래은행에 발송하고 서류를 받은 수입지은행은 매수인에게 다시 이 환어음을 제시하게 된다.

이 때 화환어음이 인수인도조건(documents against acceptance : D/A)으로 되어 있으면 매수인은 어음에 'Accept'(인수)라고 표시하고 서명하면 은행으로부터 운송서류를 인도받고 약정화물을 수취할 수 있다. 이 때 D/A기일은 30일이라든가 혹은 90일이라든가 하는 식으로 일정기간을 양당사자가 사전에 합의하여야 한다.

그런데 이 화환어음이 지급인도조건(documents against payment : D/P)으로 되어 있는 경우에는 어음금액을 지급하지 않으면 운송서류를 인도받을 수 없다. 그러므로 D/P에 의한 거래는 후불결제조건의 일종이지만 실제로 전술한 운송서류상환불결제조건과 다를 바 없다.

한편, 이 방법과 유사한 것으로서 도착도어음(arrival bill)이란 것이 있는데 이 방법은 약정상품이 목적지에 도착한 뒤 일정한 검사를 거치고 난 후 운송서류와 상환으로 지불되는 어음조건이다.

### 9) 신용장(Letter of Credit ; L/C)

신용장은 대금결제의 원활을 꾀하기 위하여 외국환은행이 매수인을 위해서 일정한 조건하에 일정기간 내에, 일정한 금액에 한하여 자기 또는 지명인 앞으로 어음을 발행하는 것을 허락하여 만기일에 반드시 어음의 지급을 보증하는 증서이다. 따라서 신용장은 오늘날 대외무역거래에서 그 결제수단으로 가장 널리 활용되고 있는데, 이는 앞에서 설명한 화환어음에 은행의 조건부지급확약(conditional bank undertaking if payment)이 하나 더 붙은 것으로서 신용장부화환어음(documentary bill of exchange with letter of credit)이라고 말한다.

화환어음에 의한 대금결제는 주로 외국환은행에 할인·매도함으로써 이루어지는 것인데 은행으로서는 지급인인 매수인이 과연 지불 기일에 어음금액을 확실히 지불할 것인가 하는 문제가 있어 매수인의 신용도가 중요시되는 것이지만, 신용장에 의한 결제방법은 매수인이 수입대금의 지불을 못하더라도 신용장개설은행이 그 책임을 지고 지불하여 주므로 수출지의 환어음매입은행은 안심하고 어음대금 전액을 매도인에게 지급하여 준다.

이러한 신용장부화환어음에 있어서도 매도인이 발행한 어음이 일람불어음(sight draft, demand draft)이냐 또는 기한부어음(usance bill, time draft, after sight bill)이냐로 나누어지는데, 전자는 어음이 제시되자마자 즉시 지불되어야 하는 조건임에 비추어, 후자는 어음제시 후 일정기일이 지난 뒤에 지불되는 어음을 말한다. 특히, 후자의 경우에는 다시 그 어음이 매수인에게 제시된 뒤 일정기간 후, 즉 30일, 90일 후에 지급되는 것으로서 일반적으로 '30 days after sight(30d/s)', 혹은 '90 days after sight(90d/s)'로 표시된 일람후 정기불(after sight)과 어음이 발행되고 난 뒤 일정 기일이 경과된 후 지불되는 어음으로서 이를테면 '60 days after date(60d/d)' 혹은 '90 days after date(90d/d)'라고 표기되는 일부후 정기불(after date)이 있다.

그리고 여기서의 'date'는 어음발행 일자를 가리키기 때문에 똑같은 60일 기한부어음이라고 하더라도 'After Sight' 기준이 'After Date' 기준보다 우편일수 해당만큼 늦기 마련이다.

따라서 일부후어음은 어음을 발행한 때에 그 결제일이 이미 확정되어 버리지만 일람후어음은 그 어음이 매수인에게 제시된 후에야 비로소 어음대금의 결제일이 확실시된다.

일반적으로 어음은 만기일에 지불하는 것이 원칙이지만 영국에서는 만기일에서 3일간의 여유를 허용해 주는 것을 관습으로 하고 있으며 그 3일째 되는 날이 공휴일이면 다음 날까지 연장해 주고 있다. 또 모든 달(월)은 30일로 계산하게 되어 예컨대 1월 31일에 발행한 '3 months after date'의 어음은 4월 30일에서 3일을 추가한 5월 3일이 당해 어음의 결제일이 되는 셈이다.

이상과 같은 여러 가지 결제조건은 그 결제방법에 따라 여러 가지 주의사항이 제기되지만, 특히 화환어음에 있어서는 환어음의 결제기한과 운송서류의 인도조건, 그리고 환어음의 결제장소 등의 문제에 대하여 신중을 기하여야 하다. 또한 신용장(L/C)조건에서도 신용장이 매도인에게 도착되는 기한을 한정하여야 된다는 점을 잊지 말아야 할 것이다.

## 7 해상보험 조항(Marine Insurance Clause)

약정상품을 해외에 수송하는 데 있어서는 반드시 당해 물품을 해상보험에 붙여 그 물품이 수송도중 폭풍우, 선박의 충돌 등의 사고로 말미암아 손해를 입었을 때에는 보험회사로부터 보상을 받도록 하여야 한다. 이때에 보험 계약을 체결하는 자가 매도인인가 혹은 매수인인가는 매매조건에 따라 각각 결정될 문제이다. 따라서 F.O.B.계약조건에서는 매수인이 해상보험을 부보하여야 하며, 반대로 C.I.F.조건하에서는 매도인이 보험에 부보하도록 되어 있으나 F.O.B. 계약에서도 선적될 때까지의 위험에 대하여는 매도인이 보험을 부보하여야 한다.

만일 C.I.F.조건의 경우에서와 같이 매도인이 해상보험을 붙이고 보험료(insurance premium)를 지급할 의무가 있는 경우에는 보험에 관한 조건을 협정하여야 한다. 보험조건에 따라 보험료율(premium rate)이 다르기 때문에 거래가격에 영향을 미치게 된다.

보험회사가 담보하는 위험의 범위에는 ICC(A), ICC(B), ICC(C)에 따라 각기 상이하다. 따라서 이 가운데 어느 조건의 보험에 부보할 것인가 혹은 어떠한 부가위험(extraneous risks)을 부보할 것인가, 그리고 전쟁위험(war risk)이나 동맹파업(strike), 내란위험(civil war) 등에 대하여 어떻게 할 것인가 등을 구체적으로 협정해 둘 필요가 있다.

## 8 중재조항(Arbitration Clause)

오늘날 국제무역에서 가장 중요한 것은 무역분쟁이 일어났을 때 이를 어떻게 치리할 것인가의 문제보다도 이러한 분쟁의 발생을 사전에 어떻게 예방할 것인가의 문제가 더욱 중요함은 말할 것도 없다.

무역분쟁이 발생하면 가해자는 피해자의 손해를 보상해 주어야 한다는 의미에서 경제적으로 손해를 입게 될 뿐만 아니라(적극적 손해), 분쟁을 처리하기 위해서도 많은 시간을 낭비하기 마련이다. 이와 같이 분쟁처리를 위하여 보낸 시간을 본래의 무역거래를 위하여 전력하였더라면 얻을 수 있었던 이익도 상실한다(소극적 손해)는 의미에서 볼 때 이중의 손해를 입게 된다.

그럼에도 불구하고 분쟁의 발생은 정도의 차이는 있을지언정 국제거래의 현실에서 볼 때 불가피하다. 따라서 당사자가 계약체결을 함에 있어서 그 해결방법을 화해(amicable settlement), 조정(mediation), 중재(arbitration), 소송(litigation) 중 어떠한 방법으로 할 것인가라는 문제에 대하여 사전에 협정해 둘 필요가 있다. 물론 분쟁이 발행한 경우 위 해결방법 중 당사자 간의 타협(compromise)이나 화해에 의함이 가장 좋은 방법이지만, 불행하게도 이러한 방법에 따라 뜻을 이루지 못하는 경우에 있어서는 불가피하게 조정, 중재, 소송이라는 형식적인 해결책에 맡길 수밖에 없다. 더욱이 소송에 의한다함은 국제적인 문제로까지 번져 많은 시간과 낭비를 초래하기 때문에 바람직한 방법이라고는 볼 수 없다.

그리하여 일반적으로는 중재방법에 의하고 있지만 이 경우에 있어서도 중요한 것은 중재장소에 관한 사항과 중재기관에 관한 사항이며 계약을 체결함에 있어서는 이러한 사항을 구체적으로 명시해 두는 것이 좋다. 이상과 같은 무역분쟁의 해결에 관한 조건은 무역계약의 성립요건은 아니지만 필수조건이기 때문에 이러한 조건에 대해 미리 합의해 둘 필요가 있다.

# Chapter 9 INCOTERMS 정형무역계약

## I INCOTERMS의 의의 및 구조

### 1 INCOTERMS의 의의

국제무역의 각 관계 당사자들은 법역을 서로 달리하고 있기 때문에 국제무역계약이라는 순수한 사법상의 법률관계를 규제하는 법률이나 상관습에 있어서 많은 상위점이 있기 마련이다. 따라서 국제상업회의소(International Chamber of Commerce ; I.C.C.)에서는 제1차 세계대전 이후 이러한 문제들을 없애고 국제무역의 확대를 도모하기 위해서 무역거래관습과 계약조건에 관련된 제 용어의 통일을 위한 사업을 착수하였는데 이것이 곧 무역계약조건의 해석에 관한 최초의 국제규칙(International Rules for the Interpretation of Trade Terms, INCOTERMS, 1936)이다.[150)]

INCOTERMS는 그 전문에서 다음과 같은 취지를 밝히고 있다.

150) 우리가 흔히 부르고 있는 'INCOTERMS'는 원명이 'International Rules for the Interpretation of Trade Terms'이며, 약칭인 'International Commercial Trade Terms' 또는 'International Codes for Trade Terms'의 약어이다.

"동일한 매매조건에 대한 해석이 각국에 따라 다양하므로 이로 인한 불확실성보다는 오히려 국제통일규칙에 의한 확실성을 택하려는 실업인들이 임의로 채용할 수 있도록 무역계약에서 사용되는 주요한 매매조건의 해석을 위하여 일정의 국제규칙을 제공하기 위하여서 만들어졌다."

그런데 위 전문의 취지에서 보듯이 INCOTERMS는 화환신용장통일규칙(Uniform Customs and Practice for Documentary Credits ; UCP)처럼 각국에서 강제적으로 채택할 수 있도록 성안된 것은 결코 아니며, 다만 국제상거래 당사자들이 명시적 합의에 의하여 본 규칙을 채용하여 국제매매활동의 원활을 꾀하려는데 그 의의를 두고 있을 따름이다.

따라서 INCOTERMS는 강제력을 지닌 국제협약은 아니며 매도인과 매수인의 합의에 의해서만 채택되고 적용되는 것이다.

I.C.C.는 첫 사업으로서 세계 각국에서 관용되고 있는 무역조건이 그 해석이나 적용이 다양하여 무역업자간에 오해나 분쟁을 일으키고 결국에 소송으로 번지는 경우가 많기 때문에 국제무역의 확대 및 발전에 많은 혼란과 지장을 초래하게 되므로, 이를 사전에 예방하여 국제무역의 확대, 발전을 도모하고자 1920년에 창립된 후 첫 사업으로서 시작한 것이 이러한 무역거래에서 사용되는 조건들을 국제적으로 통일시키는 것이었다.

INCOTERMS 2000이 1999년 6월 21일 ICC산하 국제상관습위원회(Commission on International Practice)에 의하여 공식적으로 채택되어 2000년 1월 1일부터 발효되었다.

INCOTERMS는 1936년 제정된 이후 정기적으로 개정하여, 현재 이와 같은 개정의 중요한 이유는 당시의 상거래관행을 표준화된 거래조건으로 수용하려는데 있다. 특히 최근에는 EU 또는 북미자유무역지대 등 관세동맹이나 자유무역지대처럼 관세자유지역(customs-free regions)의 확대,[151] 무역거래에서 전자통신문 사용 증가, 운송관

151) 유럽연합(EU)으로 대표되는 관세동맹이나 북미 자유무역지대(NAFTA), 동남아시아 국가연합(ASEAN), 남미 공동시장(MERCOSUR), 호주-뉴질랜드간 공동시장화협정(ANZCERTA) 등 자유무역지대의 회원국은 역외국가로부터 수입되는 물품에는 공동관세를 부과하거나 또는 독자적인 관세를 부과하지만, 회원국 간의 역내교역에는 관세를 부과하지 않는다. 이러한 성격의 관세동맹과 자유무역지대는 2006년 5월 현재 193개에 이른다(www.wto.org).

습의 변화 등이 특징적으로 나타나고 있으며, INCOTERMS 2000의 개정은 이와 같은 국제상관습의 시대적인 변화 등을 고려하여 13가지 정형거래조건의 정의를 보다 명료하게 규정하고 각 조건의 당사자 의무를 단순하게 실무적 관행에 맞도록 수정하여 이를 적용시키기 위함이다.

INCOTERMS 2000의 개정 배경은 다음과 같다.

① 해상무역관습에서 물품수령지점이 '본선의 난간'을 통과하는 전통적인 F.O.B. 지점보다는 오히려 선박의 갑판 상에 적재하기 전에 물품을 컨테이너에 적부하는 육상의 어느 지점이 되는 경우가 일반화되어 있다. 이를 다루기 위하여 1980년 개정 때부터 운송인인도(현행 F.C.A.)조건이 도입되었다.

② 무역거래에서 전자통신문의 사용이 증가함에 따라 INCOTERMS는 이들의 현실적인 실행을 촉진시키기 위하여 지속적인 개선노력을 경주해 왔다. 즉 1990년 개정 시점부터 인도의 증거를 제공할 매도인의 의무조항에서 당사자들이 전자방식으로 통신을 합의한 경우에는, 종이서류를 EDI 통신문으로 대체할 수 있도록 허용하였다.(INCOTERMS 서문 제2항)

③ 2000년 개정의 또 다른 이유는 시의적인 무역관습을 보다 명료하고 정확하게 반영하여 INCOTERMS상의 사용문언을 구성하고자 하는데 있었다. 즉 I.C.C.는 약 2년간 진행된 개정작업 동안에 세계 무역상인들의 폭넓은 시각으로부터 많은 의견과 반응을 끌어내는데 최선을 다하였다. 특히 INCOTERMS 2000 개정작업은 종래의 어느 때보다 전 세계의 사용자들로부터 훨씬 많은 반응을 총합시켰다.

이러한 무역환경의 변화 예측은 이미 1990년 INCOTERMS의 개정 배경이기도 했기 때문에 INCOTERMS 2000은 INCOTERMS 1990과 비교할 때 그 구성이나 각 조건에서 매매계약당사자의 의무사항 등 외관상 거의 변경이 없는 것같이 보일 수 있다. 그러나 분명한 사실은 I.C.C.의 INCOTERMS가 INCOTERMS 1990이래 지금 범세계적인 무역상인들의 인정을 받고 있다는 사실이다. 따라서 I.C.C.는 이러한 인정을 바탕으로 1990년의 Incoterms의 체제를 더욱 공고히 하고 그 자체의 목적을 위하여 지나친 변경은 피하기로 하였다.[152)]

다만 13개 정형거래조건에 대하여 과거의 규칙에 비해 보다 간결하고 명료한 정의를 내리고 있으며 당사자 간의 권리의무의 내용을 보다 분명히 함으로써 이를 실무에 적용함에 있어서 야기될 수 있는 오해나 분쟁의 소지를 불식시켰다.

INCOTERMS 2000의 개정에는 약 2년이 소요되었으며, 이 개정 과정에는 ICC의 각국 국내 위원회의 대표들이 참가하였다. 개정 원칙을 살펴보면 다음과 같다.

① 세계 각 지역의 무역업자들로부터 일련의 초안에 대한 의견과 반응을 참고하였다.

② INCOTERMS가 세계적으로 인정받고 있다는 인식아래 변경을 위한 변경을 회피하였다. 즉, INCOTERMS 2000은 INCOTERMS 1990과 비교해 볼 때, 거의 변경이 없는 것처럼 보인다.

③ INCOTERMS 2000에서는 무역 관행이 명확하고 정확하게 반영되고 있다는 것을 확실히 하기 위하여 언어 표현에 최선의 노력을 기울였다.

④ 실질적이고 형식적인 모든 변경은 INCOTERMS 사용자간의 철저한 조사를 기초로 행하였다.

⑤ 1990년 이래로 INCOTERMS 전문가위원회에 접수된 질의에 대한 특별한 고려가 있었다.

따라서 이러한 변경은 INCOTERMS 사용자들에게 추가적인 임무로 확립되었다.

---

152) INCOTERMS의 개정과정에서는 F.O.B., C.F.R. 및 C.I.F.조건하에서의 위험부담의 분기점으로서의 '본선의 난간'(ship's rail)의 폐지, 그리고 F.A.S.와 D.A.F.조건의 폐지 등에 대한 논의가 활발하게 진행되었지만, 변경되지 않고 그대로 존속하게 되었다. 즉, 물품이 '본선의 난간을 횡단하여' 인도된다는 생각은 현재 많은 경우 부적당하다고 이해되고 있지만, 이용 가능한 적재설비를 고려한 방법에서 적용되고 있고, 그리고 인도지점(본선의 난간)의 변경은 특히 용선계약 하에서 전통적으로 해상운송되는 상품의 매매에 관해서 불필요한 혼란을 초래할 것이며(INCOTERMS 서문 제9항의 2), 또한 INCOTERMS가 현재 세계적으로 인정되고 있는 것은 명백하므로, I.C.C.는 그러한 인식을 강화하여 변경을 위한 변경을 회피하는 것(동 제3항)이 바람직하다는 인식 아래 이 두 가지 문제에 대한 활발한 논의가 있었음에도 불구하고, 폐지 또는 개정하지 않고 그대로 존속시키게 되었다.

## 2 INCOTERMS의 특성

2000년 INCOTERMS 개정의 주요 특징을 살펴보면 다음과 같다.

### 1) Incoterms의 적용 범위

INCOTERMS 2000의 서문 제1항에서는 INCOTERMS의 목적이외에, INCOTERMS의 적용 범위를 추가하여 규정하고 있다.

① INCOTERMS는 매매계약 하에서의 매도인과 매수인간의 관계, 즉 매매계약당사자의 권리와 의무에 관련된 사항에만 한정하고 있다.

② INCOTERMS는 당사자에게 부과되는 특정 의무와 당사자 간의 위험분배 뿐만 아니라 수출입을 위한 물품의 통관의무, 물품의 포장, 인도를 받아야 하는 매수인의 의무 및 각각의 의무가 정당하게 이행되었다는 증거를 제공할 의무를 규정하고 있다.

그러나 INCOTERMS는 매매계약을 이행함에 있어 중요한 조건인 소유권과 기타 재산권의 이전 문제, 계약위반과 그 결과에 대한 구제방법, 그리고 특수한 상황에서의 면책사항 등을 다루지 않는다. 이러한 문제는 매매계약의 특약이나 준거법에 의하여 해결되어야 한다.[153] 따라서 INCOTERMS는 매매계약을 완성하는 필요조건일 뿐이며 충분조건이 아니다.[154]

153) Jan Pamberg Guide to Incoterms 1990 (Paris : ICC Publishing S.A., 1991), pp.12~13.

154) 국제적으로 물품을 거래하는데 수반되는 계약은 매매계약, 운송계약, 보험계약, 그리고 금융계약 등이 있는데, INCOTERMS는 매매계약에만 적용된다. 그럼에도 불구하고 당사자들이 특정한 거래조건에 합의하면 이는 매매계약뿐만 아니라 운송계약, 보험계약 및 금융계약 등과도 밀접한 관련이 있게 된다. 예를 들면, C.F.R조건이나 C.I.F.조건으로 매매계약을 체결한 매도인은 매수인에게 선하증권이나 해상화물운송장(seaway bill)같은 해상운송서류를 제시해야 하므로 해상운송방식에 의해서만 매매계약을 이행할 수 있다. 또한 화환신용장에서 요구하는 운송서류로 해상선하증권, 해상화물운송장, 용선계약부 선하증권, 복합운송증권, 항공화물운송장, 도로 · 철도화물운송장, FIATA 복합운송선하증권(FIATA FBL) 등 운송방식에 따라 다양하다. 이에 따라 INCOTERMS가 매도인과 매수인의 책임을 규제하는 매매계약에 적용되는 것이

### 2) 매매계약상에서의 INCOTERMS의 삽입

INCOTERMS 2000의 서문 제4항에서는 표준계약서 또는 주문서에 INCOTERMS를 삽입하고자 하는 경우 항상 최신판인 INCOTERMS 2000이 적용될 것이라는 문언을 명시하도록 규정하고 있다. 왜냐하면 과거본인지 현행본인지 언급하지 않는다면 이로 인하여 당사자들 간에는 어느 것을 계약의 한 부분으로 삽입하고자 의도하였는지에 관한 분쟁이 야기될 수 있다. 따라서 INCOTERMS 2000을 사용하고자 하는 경우 그 계약이 '2000년 INCOTERMS'에 의하여 적용을 받는 다는 사실을 명확히 기재하여야 한다.

### 3) 상거래관행의 수용

INCOTERMS 2000은 INCOTERMS 1990과 비교할 때 다음의 두 가지 관점에서 실질적인 변경이 있었다.[155)]

#### ① F.A.S.조건과 D.E.Q.조건에서 통관 및 관세지급의무

F.A.S.조건에서는 통관 및 관세지불에 대한 매수인의 의무를 매도인의 의무로 D.E.Q조건에서는 통관 및 관세지불에 대한 매도인의 의무를 매수인의 의무로 각각 변경하였다.

---

아니라 송화인, 운송인 및 수화인간의 책임을 배분하는 운송계약에 적용되는 것으로 혼동할 수 있다. 이러한 오해는 운송계약조건이 매매계약상 INCOTERMS에서 요구하는 운송계약 체결의무와 공통점이 있고 또한 운송계약조건이 매매계약의 거래조건과 자동적으로(automatically) 일치할 것으로 무역업자들이 기대하기 때문에 발생한다. 그러나 INCOTERMS와 운송계약은 독립된 책임체계를 갖는 별개의 계약이며 INCOTERMS에서 요구하는 운송책임이 운송계약상의 책임과 일치하더라도 자동적으로 일치하는 것은 아니다. 따라서 IINCOTERMS는 운송계약의 일부가 아니다. 마찬가지 논리로 매도인이 보험료를 지급해야 하는 CIF조건과 CIP조건도 보험계약에 의하여 규제되는 것이 아니고 보험료 지급책임이 있는 당사자가 보험계약을 체결해야 한다고 규정할 따름이다. 그러므로 INCOTERMS는 보험과 관련된 매도인과 매수인간의 관계만을 규정할 뿐이지 보험계약에서처럼 당사자의 의무를 배분하지는 않는다 (ICC, INCOTERMS Q&A, (Paris : ICC Publishing S.A., 1998), pp.14~15).

155) ICC, Incoterms 2000 (Paris : ICC Publiching S.A., 1999), p.7.

② F.C.A.조건에서 적재 및 양하의 의무

INCOTERMS 2000의 F.C.A.조건에서는 물품의 인도장소로서 계약에 지정되어 있는 장소가 매도인의 영업소인 경우에는 물품이 매수인의 수취용 차량에 적재된 때에 인도가 완료하고, 기타의 경우에는 물품이 매도인의 차량으로부터 양륙되지 않은 채 매수인의 임의처분 상태로 놓여진 때에 인도가 완료된다

### 4) 용어의 명확화

INCOTERMS 2000의 서문 제6항에서는 화주(shipper), 인도(delivery), 통상적(usual), 부과금(charges), 항구, 장소, 지점 및 영업장구내(port, place, points and premises), 본선 및 선박(ship and vessel), 점검 및 검사(checking and inspection)의 용어에 대한 개념을 명확하게 규정하고 있다.

① 'shipper'라는 용어는 운송을 위하여 물품을 교부하는 자로서의 송화인(shipper)과 운송계약을 체결하는 자로서의 화주(shipper)가 서로 다를 수 있지만 동일하게 shipper를 사용한다.

② 'delivery'라는 용어는 각 거래조건의 A4항에 규정된 매도인의 인도의무(delivery obligation)를 완수하는 시점을 결정할 경우와 B4항에 규정된 매수인의 인도수령(taking delivery) 및/또는 인도의 승낙(accepting delivery)의무에 관계할 경우에는 서로 다른 의미로 사용되고 있다. 특히 'C'조건에서 '인도의 승낙'(accept delivery)이라고 할 경우에, 이는 물품이 계약과 일치함을 승낙한다는 것이 아니라 운송계약에 따른 물품의 교부의무를 이행함을 승낙한다는 의미일 뿐이다.[156)]

INCOTERMS 2000에서는 각 조건 모두에 있어서 위험의 이전과 연계된 인도

---

156) 매수인의 인수의무라는 측면에서 사용되는 delivery에는 매도인이 물품선적시 자신의 의무를 이행한다는 'C'조건의 본질을 매수인이 '인정한다'(accept)는 의미와 매수인이 물품을 수령해야 할 의무가 있다는 등의 2가지 의미가 내포되어 있다. 예컨대 C.F.R.계약과 C.I.F.계약에서 매수인은 물품의 인도를 인정하고 운송인으로부터 물품을 수령하여야 하는 것이다.

조건적 측면을 중시하여 각 개별조건의 전문(preamble)에 '인도'(delivery)의 정의를 분명히 하였다.

③ 일부 거래조건에서는 당사자의 의무와 관련하여 '합리적'(resonable)이라는 문언보다 '통상적'(usual)이라는 문언으로 이를 표현하였다. 왜냐하면 선자가 법률적인 해석을 요하는 반면에, 후자는 관습을 중시하는 무역업계에 훨씬 더 명확한 안내 지침이 될 수 있기 때문이다.

④ 수출 또는 수입통관과 관련하여 D.D.P.조건의 매도인 의무에서 '부과금'(charges)이라는 용어를 사용하면서 '공적'(official)이라는 수식어를 삭제하였다. 이는 공식적인 부과금과 그렇지 않은 것을 구분하는데 불확실성을 없애기 위한 것이지 큰 의미를 갖는 것은 아니다. 그렇다고 하여 통관업무에 필수적으로 관련되지 아니하고 사적인 당사자에 의하여 부과되는 비용(보관료 등)도 그러한 부과금에 포함된다는 것은 아니다.

⑤ 인도장소와 관련하여 '항구'(port), '장소'(places), '지점'(points) 및 '영업장구내'(premises)를 구분하여 사용하였다. 즉, 해상인도조건에서는 '항구', 기타 모든 조건에서는 '장소'를 각각 사용하고 일부의 경우에는 항구 또는 장소 내의 구체적인 인도장소를 지칭할 때 '지점'이라는 표현을 사용하였다. 이는 물품이 특정 도시 내에서 인도될 될 뿐만 아니라 물품이 매수인의 임의처분 아래 놓이는 곳이 도시 내의 어디인지를 아는 것이 매도인에게 중요하기 때문이다. 매매계약은 이 점에서 충분한 정보를 제공하지 못하므로 만약 지정된 장소 내의 특정 지점이 합의되지 않고 또한 여러 지점이 이용 가능하다면, 매도인은 자신의 목적에 가장 적합한 지점을 선택할 수 있다고 INCOTERMS는 명문화하고 있다.[157] 그리고 인도지점이 매도인의 '장소'인 경우 '매도인의 영업장구내'(seller's premises)로 표현한다.

⑥ 해상인도조건에서 '본선'(ship)과 '선박'(vessel)이라는 표현은 동의어로 사용하고, 특히 전통적인 표현에서는 '본선'이라는 문언을 사용하였다.[158]

157) INCOTERMS 2000, F.C.A. A4.

⑦ '점검'(checking)과 '검사'(inspection)는 동의어지만, 매도인의 인도의무와 관련하여서는 전자를, 매수인 또는 수출국이나 수입국의 정부 당국이 요구하는 선적전 검사(pre-shipment inspection)에 관련하여서는 후자를 각각 사용하였다.

INCOTERMS 2000에서는 사용된 용어 중 그 의미가 애매하거나 상관습과 맞지 않는 부분을 보다 적절한 용어로 변경하였다. 특히, 국제물품매매법(1980)과 매매관습인 INCOTERMS가 불가분의 보완관계에 있음을 감안하여 1988년에 발효된 국제물품매매계약에 관한 유엔협약(UN Convention on Contract for the International Sale of Goods 1980 : CISG)의 용어와 가능한 통일시키려고 노력하였다.[159)]

## 5) 매도인의 인도의무

INCOTERMS는 매도인의 인도의무에 초점을 맞추고 가능한 한 이를 상세히 명시하고자 하였다. 그러나 일부의 특정한 경우(F.A.S., F.O.B.의 A4항)에는 거래의 관습에 참조하도록 하였다. 왜냐하면 이들의 경우에는 물품인도의 정확한 방법은 각 항구의 관습에 따라 변하기 때문이다.

INCOTERMS 1990에서는 물품의 인도에 대해 인도장소와 인도수령인에 대해서만 규정하여, '인도방법'에 대해서는 혼란을 야기하였으나INCOTERMS 2000에서는 개별조건 마다 매도인 자신이 용이한 운송수단에 적재한 채로 인도하는지, 매수인 또는 운송인이 제공하는 운송수단에 적재하여 인도하는지, 특정지점이나 장소에 반입하여 적재된 채로 인도하는지, 특정지점이나 장소에 반입 양하인도하는지 등의 인도방법을 명료하게 규정하였다.

---

158) 원래 거래조건상 'ship'이라는 용어는 'free alongside ship'(F.A.S.) 및 'delivered ex ship'(D.E.S.) 등을 언급할 때 사용되고, 또한 F.O.B.조건에서 'passed the ship's rail'이라는 전통적인 표현으로 사용되는 것이다.

159) 물품이 특정 장소에서 매수인에 의해 이용가능하게 될 때, 매수인의 '임의처분아래 물품을 놓는다'(placing the goods at the disposal of)는 INCOTERMS 2000의 표현은 CISG 제31조의 '물품의 교부'(handing over)와 동일한 의미로 사용된다.

1990년에 정형화된 F.C.A.조건(운송인인도조건)의 경우 인도의 방법을 7종의 운송형태별로 나누어 규정[160]함으로써 실무적용상 매우 복잡하고 난해하였던 반면에 INCOTERMS 2000에서는 동조건의 인도방식에 대해 '매도인의 영업장 구내'(seller's premises)에서 인도하는 경우와 기타의 장소에서 인도하는 경우로 구분하여 간단명료하게 규정하였다.

### 6) 물품에 관한 위험 및 비용의 이전

물품의 멸실 또는 손상의 위험과 물품에 관한 비용부담의 의무는 원칙적으로 매도인의 인도의무가 완수된 때에 매수인에게 이전하지만, INCOTERMS는 매수인의 매도수령의 불이행이나 인도를 위한 지시불이행이 있는 경우에는 인도가 있기 전에도 위험과 비용의 이전이 발생할 수 있다는 사실을 명시하였다. 위험과 비용의 그러한 조기이전을 위한 전제조건은 물품이 매수인을 위하여 의도된 대로 특정되어 있거나 또는 거래조건에 규정된 대로 매수인을 위하여 구분되어 있어야 한다는 것(충당)이 그 전제가 된다.

이러한 전제조건은 E.X.W.하에서는 특히 중요하다. 왜냐하면 기타 모든 거래조건하에서는 물품의 선적 또는 발송('F' 및 'C'조건) 또는 목적지에서의 인도('D'조건)를 위한 조치가 취하여진 때에 물품은 정상적으로 매수인을 위하여 의도된 대로 특정되어 있을 것이기 때문이다. 그러나 예외적으로 물품은 각각의 매수인을 위한 수량의 특정없이 선적되어 매도인으로부터 송부되어질 수 있으며, 이러한 경우 위험과 비용의 이전은 전술한 바와 같이 물품이 충당되기 전에는 일어나지 아니한다.

### 7) '의무 없음'(no obligation)의 표현

'매도인은 하여야 한다.'와 '매수인은 하여야 한다.'라는 표현에서 나타나듯이 INCOTERMS는 단지 당사자들이 각 상대방에 대하여 부담하는 의무 만에 관심이 있다. 따라서 '의무가 없음'(no obligation)이라는 문언은 당사자 일방이 상대방에 대하여

160) INCOTERMS 1990의 F.C.A.조건에서는 매도인의 인도의무 완료시점을 철도운송, 도로운송, 내륙수로운송, 해상운송, 항공운송, 운송방식의 미지정 그리고 복합운송 등 운송방식을 기준으로 하여 7가지로 규정하였다(INCOTERMS 1990, F.C.A. A4).

의무를 부담하지 않는 때에는 항상 삽입되어 있다.161)

즉, 정형거래조건의 각 매매당사자의 부담의무는 각기 상대방에 대하여 부담하는 상대적 의무만을 규정한 것으로 구 규칙에서는 매도인의무 제A3조에 운송계약의무와 보험계약의무 모두를 규정하여 그 의무가 없는 경우에 '의무 없음'으로 각각 규정한 반면에 매수인의무 제B3조에는 운송계약의무만을 두어 상대적 의무가 없는 경우에 '의무 없음'으로 규정하였다. 그러나 INCOTERMS 2000에서는 매수인의무 제B3조에 운송계약의무와 보험계약의무규정 모두를 두어 매수인의 보험계약체결의무가 없는 경우에 역시 '의무 없음'이라고 규정하여 대칭성과 일관성을 갖추었으며 특히 상대방에 대해서는 의무가 없지만 매수인이 자신의 이익을 위해서 부보할 수 있는 여지를 남겨 두고 있다.162)

### 8) INCOTERMS의 변형

INCOTERMS는 세계적으로 공통된 상거래관행을 반영하기 때문에 전문(preamble)이나 매도인 또는 매수인의 의무에서 정형화된 거래조건만을 규정하며, 이것에 문언을 추가하여 당사자 간의 의무를 조정하는 변형거래조건(variants)은 언급하지 않는 것을 원칙으로 한다. 이것이 변형거래조건의 이용을 무시한다는 의미는 아니며, 오히려 변형거래조건의 해석이 불확실하기 때문에 INCOTERMS의 대상 범위에 포함시키지 않

---

161) 예컨대, 각 거래조건의 제A3조(운송 및 보험계약)에 따라 매도인이 운송계약을 체결하고 이에 지급하여야 하는 경우에는 매수인의 입장을 제시한 제B3조 a항에는 '운송계약'의 표제 밑에 '의무가 없음'이라는 문언을 발견하게 된다. 또 당사자의 어느 누구도 상대방에게 의무를 부담하지 않는 경우에는 당사자 쌍방에 관하여, 예컨대 보험에 관하여 '의무가 없음'이라는 문언이 나타날 것이다.

162) INCOTERMS는 각 당사자의 상대방에 대하여 부담하는 의무만에 관심이 있으므로, 이러한 취지에서 의무를 부담하지 아니할 때에는 '의무가 없음'이라는 표현을 사용하였다. 그러나 이것은 당사자 자신의 이익을 위하여도 당해 직무를 이행할 필요가 없다는 의미가 아니다(INCOTERMS 서문 제10항). 예컨대 C.F.R. 매수인은 제B3조(운송 및 보험계약)에 따라 매도인에 대하여 전혀 보험계약을 체결할 의무를 부담하지 아니한다 하더라도, 매도인이 제A3조(운송 및 보험계약)에 따라 보험담보를 조달할 의무가 없기 때문에, 매수인 자신의 이익을 위하여는 분명히 그러한 계약을 체결할 필요가 있다.

는다는 뜻이며, 변형거래조건을 이용하는 경우에는 매매계약서에 당사자 간의 책임과 위험 및 비용을 정확하게 배분하도록 규정해야 한다고 알려 주려는 것이다.[163)]

INCOTERMS 1990의 경우, 변형거래조건은 D.E.Q., D.D.U., D.D.P. 등의 3가지 도착지계약(arrival contract)에 국한하여 인정되었다. 즉 D.E.Q.조건에서 매수인이 수입통관절차를 마치고 관세를 지급하는 경우에 매도인 측의 관세미지급(duty unpaid) 문언의 추가 또는 매도인이 물품 수입시 부가가치세를 지급하지 않는 경우에 'D.E.Q. 조건 부가가치세 미지급'(D.E.Q. VAT unpaid)이라는 취지의 문언추가, D.D.U. 조건에서 매도인이 수입통관절차를 마치고 이에 따른 비용과 위험을 부담하는 경우에 이런 취지의 문언추가 또는 매도인이 물품수입시 부가가치세를 지급하는 경우에 'D.D.U. 조건 부가가치세 지급'(D.D.U. VAT paid)이라는 취지의 문언추가, D.D.P.조건에서 매도인이 물품수입시 부가가치세를 지급하지 않는 경우에 'D.D.P. 조건 부가가치세 미지급'(D.D.P. VAT unpaid)이라는 취지의 문언추가 등이 그것이다. 그렇지만 INCOTERMS 2000은 E.X.W.조건에서 출하지에서 매도인의 물품적재 및 적재시 위험과 비용부담의무, F.A.S.조건에서 매수인의 수출통관의무, C.I.F.조건과 C.I.P.조건에서 매수인의 확대된 보험조건의 요구, D.A.F.조건에서 매도인의 물품양하 및 양하시 위험과 비용부담의무, D.E.Q. 조건에서 매도인의 물품수입비용 지급의무, D.D.U.조건에서 매도인의 수입통관절차 이행과 이로 인한 비용 및 위험부담 그리고 물품수입시 일부비용의 지급의무, D.D.P. 조건에서 물품수입시 매도인의 부가가치세 지급배제 등 8가지 거래조건에서 변형거래조건의 사유가 발생하면 매매계약에서 이러한 취지의 문언을 추가하여 그 의미를 명확하게 할 것을

---

163) INCOTERMS는 각 거래조건에 어떠한 의무를 추가한 변형, 예컨대 'E.X.W. loaded', 'F.O.B. stowed and trimmed' 등을 사용할 경우 매도인이 그 기능과 비용만을 부담하는 것인지 또는 비용과 위험 모두를 부담하는 것인지에 대한 초월적인 규정을 두고 있지는 않다. E.X.W.조건에서의 매도인이 매수인의 수거용 차량에 물품을 적재할 추가의무, C.I.F.조건이나 C.I.P.조건에서 매수인이 추가보험의 필요성, D.E.Q.조건에서 매소인의 양하후 비용을 지급할 추가의무 등에 대해서도 매도계약당사자들은 그 비용과 위험부담의 한계를 확실히 해야 할 것이다. 그 밖에 정기선조건(liner terms)과 터미널하역비(THC) 등의 표현에 대해서도 권위 있는 정의가 전혀 없다. 따라서 INCOTERMS는 당사자간의 계약에서 이를 명확히 할 것을 권고한다.

해당거래조건의 전문에서 규정하고 있다.

그러나 INCOTERMS 2000의 서문 제9항의 2에 의하면 F.O.B.조건이 'F.O.B. fatory', 'F.O.B. plant', 'F.O.B. Ex seller's works' 또는 'other inland point' 등과 같이, 단순히 어떤 인도지점을 나타내기 위해서 사용되어서는 안 된다고 규정하고 있다. 이는 'Free On Board'라고 하는 약어의 의미가 무시될 뿐만 아니라 혼란을 야기 시킬 수 있기 때문이다.

### 9) 선적장소의 선택권

일부 거래조건의 경우 물품의 인도장소가 어느 구역이나 광범한 장소로 명시되어 있을 때 매수인이 그 정확한 지점을 지정할 권리와 의무를 갖도록 규정하고 있으나, 매수인이 그 의무를 이행하지 아니한 경우에는 이로 인한 위험과 추가비용을 부담하여야 하며, 또 이러한 경우 매도인에게 그 지점을 선택할 권리를 부여하도록 하고 있다.

### 10) 통관

물품이 수입국의 세관을 통과하는 경우, 매도인이나 매수인은 관세, 기타 비용, 세관통관에 관련된 행정사항의 이행 및 비용을 지급하고, 세관당국에 정보를 제공하는 것이 원칙이다. 그러나 EU 또는 NAFTA 등 관세동맹이나 자유무역지대의 역내무역에서는 관세도 지급하지 않고 수입관련 규제도 없으므로 매도인이나 매수인이 세관통관의무를 부담하지 않는다. 이와 같이 EU 등 무관세지역이 확대됨에 따라 국제거래임에도 불구하고 수출입통관절차가 불필요하게 되는 특정지역의 무역관행을 반영하기 위하여 INCOTERMS 2000은 해당 무역거래조건의 제A2항과 제B2항(허가, 승인 또는 통관절차)에서 "매도인은 ……, 적용가능한 경우에 물품의 수출에 필요한 모든 통관절차를 마쳐야 한다"고 규정하며, "매수인은 ……, 적용가능한 경우에 물품의 수출/입 및 제3국 통과운송에 필요한 모든 통관절차를 마쳐야 한다"고 규정하는 등 '적용가능한 경우'(where applicable)라는 문언을 추가하여 관세동맹이나 자유무역지대처럼 관세자유지역에서는 통관절차가 불필요함을 명확히 하고 있다. 또한 당사자의 통관의무와 관련하여 각 거래조건의 제A6항 및 제B6항(비용의 분담)에서도 '적용 가능한 경우'(where applicable)라는 문언을 추가하여 매도인과 매수인의 세관통관에 따른 비용배분을 규정하고 있다.

즉, INCOTERMS에서 '통관'(customs clearance)에 관한 의무는 관세와 기타 부과금의 지급, 세관을 거치는 모든 행정적인 절차의 이행과 지급 및 당국의 정보도 포함하는 것으로 범위를 정하였으며, 또 통관절차가 요구되지 아니하는 지역에서도 이 규정을 애매함이 없이 사용할 수 있도록 각 조건의 통관의무규정(제A2조, 제B2조)에 '적용가능한 경우'(where applicable)라는 문언을 삽입하여 수출입통관이 필요치 않은 경우에도 혼란 없이 사용할 수 있도록 하였다.

통관절차는 그 이행국가의 거주자가 하는 것이 바람직하기 때문에, 수출통관은 수출업자가 수입통관은 수입업자가 하는 것이 바람직하다는 '거주자 통관원칙'[164]과 실무관행에도 불구하고 구 규칙에서는 이러한 원칙에 대한 예외로 F.A.S.조건의 수출통관 의무를 매수인이, D.E.Q.조건의 수입통관의무를 매도인이 부담하도록 규정했었다. 그러나 INCOTERMS 2000에서는 실무관행을 반영하여 F.A.S.조건의 수출통관 의무를 매도인이 D.E.Q.조건의 수입통관의무를 매수인이 부담하도록 규정하였다. 다만 적출지인도조건인 E.X.W.조건의 매수인 수출통관의무규정과 도착지인도조건인 D.D.P.조건의 매도인 수입통관의무규정은 이들 정형거래조건의 특성을 감안하여 변경하지 않고 그대로 두었다. 즉, 수출통관은 E.X.W. 조건을 제외하고 모두 매도인이 이행하도록 하고, 수입통관은 D.D.P. 조건을 제외하고 모두 매수인이 이행하도록 하였다.

164) 거주자의 세관통관 의무에 대한 논리적 근거는 거주자가 물품통관에 관련된 비용, 문제점 또는 위험을 판단하기 용이하다는 점, 거주자에게는 세금감면이 허용되지만 비거주자에게는 허용되지 않는다는 점 등이다.

【표 2-3】 수출 또는 수입의 허가취득 및 통관이행에 관한 당사자의 의무

| | | 당사자의 의무 | |
|---|---|---|---|
| | | 수출허가취득 · 통관이행 | 수입허가취득 · 통관이행 |
| 일반원칙 | | 매도인 | 매수인 |
| E Group | EXW | 매수인 | 매수인 |
| F Group | FCA | 매도인 | 매수인 |
| | FAS | (매수인→)매도인 | 매수인 |
| | FOB | 매도인 | 매수인 |
| C Group | CFR | 매도인 | 매수인 |
| | CIF | 매도인 | 매수인 |
| | CPT | 매도인 | 매수인 |
| | CIP | 매도인 | 매수인 |
| D Group | DAF | 매도인 | 매수인 |
| | DES | 매도인 | 매수인 |
| | DEQ | 매도인 | (매도인→)매수인 |
| | DDU | 매도인 | 매수인 |
| | DDP | 매도인 | 매도인 |

주:( )은 구 규칙에서의 수출입통관의무규정

## 11) 포장

INCOTERMS에서는 전체적으로 목적지까지 물품의 안전한 운송을 위한 포장을 요구하고 있다. 즉, 매도인은 운송을 위하여 요구되는 방법과 계약 전에 운송에 관하여 알려진 범위 내에서 포장하도록 규정하고 있다.

## 12) 물품의 검사

INCOTERMS에서는 물품의 선적전검사(PSI)가 매수인의 이해관계를 위하여 이행되는 경우에는 그 비용은 매수인이 부담하도록 하였으며, 또 그러한 검사가 수출 국가의 당국에 의하여 요구되는 경우에는 E.X.W. 조건을 제외하고 그 비용은 매도인이 부담하도록 하였다.

### 13) 운송방식에 따른 사용법

INCOTERMS 각 거래조건의 전문에는 그것이 전운송방식에 적합한지 또는 해상운송에만 적합한지의 여부를 밝히고 있다. 즉, 복합운송을 포함한 어떤 운송방식에도 이용가능한 거래조건으로는 E.X.W., F.C.A., C.P.T., C.I.P., D.A.F., D.D.U., DDP 등이 있으며, 또 해상운송과 내수로운송에만 적합한 거래조건으로는 F.A.S., F.O.B., C.F.R., C.I.F., D.E.S., D.E.Q. 등이 있다.

【표 2-4】 운송방식과 이에 적합한 2000년 INCOTERMS

| | 전운송방식에 적합한 조건 | 해상 및 내수로 운송에만 적합한 조건 |
|---|---|---|
| E Group | E.X.W. | |
| F Group | F.C.A. | F.A.S.<br>F.O.B. |
| C Group | C.P.T.<br>C.I.P. | C.F.R.<br>C.I.F. |
| D Group | D.A.F.<br>D.D.U.<br>D.D.P. | D.E.S.<br>D.E.Q. |

또한INCOTERMS 1990에서는 각 거래조건의 전문에서 “도로운송, 해상운송, 내륙수로운송, 항공운송, 철도운송, 로로운송(roll-on/roll-off traffic), 컨테이너운송(container traffic) 또는 복합운송 등 운송방식(mode of transport)을 특정하여 사용될 수 있다”고 규정하였으나, INCOTERMS 2000에 의하면 당사자들이 인도지점 내지 위험 및 비용의 분기점으로서 본선난간(ship’s rail)을 이용하는 경우에는 F.O.B., C.F.R., C.I.F. 등의 전통적인 거래조건이 적합하고, 그렇지 않은 경우에는 E.X.W., F.C.A., C.P.T., C.I.P., D.A.F., D.D.U., D.D.P. 등의 새로운 거래조건이 적합하다고 전제한다. 이에 따라 각 거래조건의 전문에서는 인도지점이 본선난간인지 여부에 따라 운송방식에 관계없이(irrespective of the mode of transport) 이용되는 조건과 해상운송 및 내륙수로운송(sea or inland waterway transport)에 이용되는 조건 등 인도지점을 해상운송방식과 비해상운송방식으로 구분하여 규정하고 있다.[165)]

### 14) 전자상거래에 대한 배려

INCOTERMS는 전통적인 선하증권의 기능인 물품인도의 증거, 운송계약의 증명 및 물품에 대한 권리의 이전 수단으로서 이와 동등한 법적 효력을 갖는 전자통신문의 사용에 대비한 규정을 두고 있다. 이를 위하여 INCOTERMS 1990의 서문에서 표현되었던 '선하증권과 EDI절차'(The Bill of Lading and EDI procedures)의 표제는 INCOTERMS 2000의 서문 제19항에서는 현행의 상관행을 반영하여 '선하증권과 전자상거래'(The Bill of Lading and Electronic Commerce)의 표제로 변경하였다. 또한 INCOTERMS의 제A8항에서 "당사자가 전자적으로 통신할 것에 합의하고 있는 경우에는 종이에 의한 서류는 전자적 메시지로 대체될 수 있다"는 규정에 따라, INCOTERMS 2000의 서문 제19항에서는 "BOLERO 서비스와 같은 그러한 서비스를 제공하는 시스템은 1990년 전자식 선하증권을 위한 CMI 규칙(CMI 1990 Rules for Electronic Bills of Lading)이나 1996년 전자상거래에 관한 UNCITRAL 모델법(1996 UNCITRAL Model Law on Electronic Commerce)의 제16-17조에 의해 입증되는 것처럼 적절한 법적 규범 및 원칙에 의한 지지를 필요로 할 수도 있다"고 하는 규정이 추가되었다.

따라서 INCOTERMS 2000은 1999년부터 시범운영 중에 있는 BOLERO 서비스,[166)]

---

165) ICC Commission on International Commercial practice, Working Party on trade terms, The transcript of the meeting of the Working Party, Document 462/55(Dec. 7, 1998), p.14.

166) 현재 종이문서 위주의 무역업무 처리에는 세계교역규모의 7% 약 3,000억 달러 이상의 비용이 소요되는 점에 착안, 개발된 것이 EDI이다. 그러나 EDI는 ① 쌍무적 계약에 따른 전자문서의 교환 불가, ② Nego 서류의 전자적 교환 불가, ③ 안전성, 보증성의 결여, ④ 사설 네트워크에 기반한 폐쇄적 시스템, ⑤ 특정회사 및 커뮤니티 중심의 운영으로 상호 연계가 단절(Islands of Connectivity)되는 등의 문제가 제기 되었는 바, 이러한 문제점을 극복하기 위해서 시작되었다. 국제 금융결제 서비스를 전담하고 있는 SWIFT와 무역운송관련 보험시장을 장악하고 있는 통운송클럽(Through Transport : TTC)의 합작으로 설립된 Bolero사(Bolero International)는 이와 관련된 글로벌한 운영능력, 법제, 표준, 보안 등 무역서류의 전자적 교환을 위한 핵심요소를 구현하는 것을 목표

1990년에 제정된 CMI 전자식 선하증권규칙[167] 및 1996년에 제정된 UNCITRAL 표준 전자상거래법[168] 등의 관련규정도 원용할 수 있도록 개방해 두고 있다.

### 15) 비유통서류의 규정

서류업무가 간소화됨에 따라 운송 중인 물품을 매각하는 경우를 제외하고, 선하증권 대신에 '해상화물운송장', '정기선화물운송장', '화물수령증' 등과 같은 비유통서류도 사용할 수 있도록 여지를 남겼다.

---

로 하고 있다. 특히, 무역결제에 필수적인 Nego 서류가 현재 EDI로 처리되지 못하는 한계점을 극복하고 Bolero Service를 통해 전자적 교환이 가능하게 함으로서 전자결제시스템에 주도적 역할을 할 것으로 예견된다. 일반적으로 Bolero는 그 사용용도에 따라 Bill of Lading for Europe 또는 Bill of lading Electronic Registry Organization 등으로 불리운다. 현실적으로 전자상거래가 확립되기 위해서는 국제표준, 전자결제, 전자서명 및 인증 등에 관한 국제적 통일규칙이 마련되어야 하는데 이러한 국제규칙은 없는 실정이며, 민간기업에 의한 규칙집으로 볼레로社가 작성한 볼레로 규칙집(Bolero Rulebook)이 있다. 그러나, 현 단계에서 Bolero는 하나의 실험 단계에 있을 뿐 구체적인 형태의 국제무역규칙으로 인정받지는 못하고 있다. 따라서 전자자료교환 메시지에 의한 전자상거래는 그 적용범위와 시기에 있어서 신중하게 접근해야 할 것이다. 볼레로 규칙집은 미국, 벨기에, 영국, 프랑스, 독일, 아일랜드, 네덜란드, 아랍에미리크, 중국, 홍콩, 인도네시아, 일본, 말레이시아, 필리핀, 싱가포르, 한국, 대만, 태국 등 세계 18개국의 국내법을 검토한 후 이를 바탕으로하여 다자간의 계약관계를 규정한 것으로서 볼레로 프로젝트에 참여하려면 이 규칙집에 서명하여야 한다.

167) 국제해법회(Committee Maritime International : CMI ; 국제해사위원회)가 채택한 전자선하증권에 관한 규칙은 가입은행만 이용할 수 있는 SWIFT와 같은 폐쇄형 시스템과는 달리 이를 적용하려는 어떠한 계약당사자도 이를 채용할 수 있는 지금까지 시도된 전자선하증권 중에서 가장 정교한 것으로 개방형시스템이다. 즉, CMI 규칙은 계약당사자들이 교환계약에서 이 규칙의 적용에 대해 합의를 하는 경우 본 규칙이 적용될 수 있도록 하고 있다. 이는 EDI를 통한 거래에서 가장 일반적으로 이용되는 계약적 접근방식과도 일치하는 방식이다. CMI 규칙은 기존의 EDI 거래당사자간의 계약적접근방식의 결함을 보완하는 한편 EDI 거래를 법적으로 인정하지 않는 사법권에서 당사자의 합의로 EDI 거래에 대한 법적 효력을 용이하게 하는 수단을 제공할 목적으로 제정된 것이다. 따라서 CMI 규칙은 종래의 서류에 의한 거래방식도 가능하도록 규정하고 있다. 특히 CMI 규칙은 기존의 선하증권을 발행하지 않고 '운송중 물품에 대한 권리의 전자적 이전'에 관한 방식을 규정하는데 그 중점을 두었다.

168) 일반 상거래에서 데이터 메시지를 사용하는 경우 발생되는 법적 문제의 공백을 메우기 위하여 UNCITRAL에서는 지속적인 연구와 회의를 거친 다음 1996년 6월에 전자상거래에 관한 UNCITRAL Model Law를 채택하였다.

비유통성서류는 매수인이 새로운 매수인에게 종이서류를 제출함으로써 운송중인 물품을 매각하고자 하는 경우를 제외하고는 아주 만족스럽게 사용될 수 있다. 이를 가능케 하기 위하여서는, C.F.R.과 C.I.F. 조건하에서 선하증권을 제공할 매도인의 의무가 필연적으로 지켜져야 한다. 그러나 매수인이 운송중인 물품을 매각할 의사가 없다는 사실을 계약당사자들이 알고 있는 때에는 그들은 매도인에게 선하증권의 제공의무를 면제시키기로 특별히 합의할 수 있으며, 그렇지 않으면 그들은 선하증권의 제공에 대한 요구가 없는 경우에는 C.P.T.와 C.I.P.를 사용할 수도 있다.

### 16) 운송인에 대한 지시권

INCOTERMS에서는 'C'조건의 경우 비유통서류를 사용하면 매수인이 대금을 지급한 후에도 매도인이 운송인에게 다시 물품처분을 지시할 가능성이 있기 때문에, 1990년에 제정된 CMI 해상화물운송장 통일규칙을 원용하여 '처분권금지'(no-disposal)조항을 두도록 하고 있다.

### 17) I.C.C. 중재조항의 권고

매매계약상에 INCOTERMS를 그 준거문언으로 삽입한다 하더라도 이것이 꼭 I.C.C. 중재에 회부한다는 합의로 볼 수만은 없으므로 계약당사자들은 I.C.C. 중재에 관한 별도의 합의규정을 두도록 권고하고 있다.

이 같은 변경은 모두 INCOTERMS 사용자들에 대한 철저한 조사에 바탕을 두었으며, 특히 INCOTERMS 1990에 대해 전문가위원회에 접수된 질의(queries)에 대한 배려하에 이루어졌다.

## 3 INCOTERMS의 구성 체계

2000년 1월 1일부터 발효한 IINCOTERMS 2000은 1990과 비교할 때, 13가지 거래조건을 4개의 그룹으로 나누어 각 거래조건마다 10개 항목의 표제(Headings)로 분류하여 서로 대칭시켜 규정한 형식적인(formal) 구조에서는 바뀐 것이 없지만 F.A.S.조건과 D.E.Q.조건에서 수출입 통관절차의무의 주체, F.C.A.조건에서 인도완료시점, 각 거래조건에서 사용되는 용어의 통일 등을 포함한 실체적인(substantive) 측면에서는 상당한 차이가 있다.

### 1) 서문의 구성

INCOTERMS 2000의 서문(Introduction)은 22개항으로서, 그 주요 내용은 다음과 같다.

제1항 INCOTERMS의 목적 및 적용범위(Purpose and scope of Incoterms), 제2항 INCOTERMS의 개정 이유(Why revisions of Incoterms?), 제3항 INCOTERMS 2000 (INCOTERMS 2000), 제4항 매매계약상에서의 INCOTERMS의 삽입(Incorporation of Incoterms into the contract of sale), 제5항 INCOTERMS의 구성(The structure of Incoterms), 제6항 용어(Terminology), 제7항 매도인의 인도의무(The seller's delivery obligations), 제8항 물품에 관한 위험 및 비용의 이전(passing of risks and costs relating to the goods), 제9항 거래조건(The terms), 제10항 '의무가 없음'이라는 표현(The expression 'No obligation'), 제11항 INCOTERMS의 변형(Variants of Incoterms), 제12항 항구 또는 특정거래의 관습(Customs of the port or of a particular trade), 제13항 선적장소에 관한 매수인의 선택권(The buyer's options as to the place of shipment), 제14항 통관(Customs clearance), 제15항 포장(Packing), 제16항 물품의 검사(Inspection of goods), 제17항 운송방식과 이에 적합한 2000년 INCOTERMS(Mode of Transport and appropriate Incoterms 2000), 제18항 권고되는 사용방법(The recommended use), 제19항 선하증권과 전자상거래(The bill of lading and electronic commerce), 제20항 선하증권을

대신하는 비유통성 운송서류(Non-negotiable transport documents instead of bills of lading), 제21항 운송인에 대한 지시권(The right to give instructions to the carrier), 제22항 국제상거래회의소의 중재(ICC arbitration) 등 INCOTERMS 1990의 서문을 개정 또는 추가하여 INCOTERMS 2000의 특징적 사항을 설명하고 있다.

### 2) 거래조건의 구성

INCOTERMS 2000의 거래조건은 INCOTERMS 1990과 같이 모두 13개 거래조건으로 구성되어 있으며, 이들 거래조건을 실무적으로 이해하기 쉽도록 각기 공통점을 기준으로 하여 E, F, C 및 D의 4개 군(Group)으로 구조화하였다.

① **E 그룹**은 적출지인도(departure)조건으로서 매도인은 자신의 영업장구내에서 매수인에게 물품을 인도하는 것이다. 이는 구 규칙의 E.X.W.와 거의 같다.

② **F 그룹**은 운송비미지급인도(main carriage unpaid)조건으로서 매도인은 적출지에서 매수인이 지정한 운송인에게 물품을 인도하지만, 목적지까지의 주운송비를 지급하지 아니하는 공통점이 있다. 여기에는 F..CA., F.A.S., F.O.B. 등이 있다. 이 중에 F.A.S.의 통관의무와 F.C.A.의 인도방법에 상당한 변경이 있었다.

③ **C 그룹**은 운송비지급인도(main carriage paid) 조건으로서 매도인은 기본적으로 목적지까지 운송 또는 보험계약을 체결하고 주운송비를 지급하지만, 적출 후의 위험과 추가비용을 부담하지 아니하는 것이다. 여기에는 C.F.R., C.I.F., C.P.T., C.I.P. 등이 있으며, 이들 모두는 구 규칙과 거의 같다.

④ **D 그룹**은 양륙지인도(arrival) 조건으로서 매도인은 목적지까지 물품을 운반하는데 따른 모든 비용과 위험을 스스로 부담하여 매수인에게 인도하는 것이다. 여기에는 D.A.F., D.E.S., D.E.Q., D.D.U., D.D.P. 등이 있다. 이 중에 D.E.Q.의 통관의무에 상당한 변경이 있었다.

【표 2-5】 INCOTERMS 2000의 구조

|  |  |  |  |
|---|---|---|---|
| Group E(E 그룹)<br>Departure<br>(적출지인도조건) | E.X.W. | Ex Works<br>(…named place) | 공장인도<br>(…지정장소) |
| Group F(F 그룹)<br>Main Carriage Unpaid<br>(운송비미지급인도조건) | F.C.A. | Free Carrier<br>(…named place) | 운송인인도<br>(…지정장소) |
| | F.A.S. | Free Alongside Ship<br>(…named port of shipment) | 선측인도<br>(…지정선적항) |
| | F.O.B. | Free on Board<br>(…named port of shipment) | 본선인도<br>(…지정선적항) |
| Group C(C 그룹)<br>Main Carriage Paid<br>(운송비 지급인도조건) | C.F.R. | Cost and Freight<br>(…named port of destination) | 운임포함인도<br>(…지정목적항) |
| | C.I.F. | Cost, Insurance and Freight<br>(…named port of destination) | 운임보험료포함인도<br>(…지정목적항) |
| | C.P.T. | Carriage Paid to<br>(…named place of destination) | 운송비지급인도<br>(…지정목적지) |
| | C.I.P. | Carriage and Insurance Paid to<br>(…named place of destination) | 운송비 · 보험료지급인도<br>(…지정목적지) |
| Group D(D 그룹)<br>Arrival<br>(양륙지인도조건) | D.A.F. | Delivered at Frontier<br>(…named place) | 국경인도<br>(…지정장소) |
| | D.E.S. | Delivered Ex Ship<br>(…named port of destination) | 착선인도<br>(…지정목적항) |
| | D.E.Q. | Delivered Ex Quay<br>(…named port of destination) | 부두인도<br>(…지정목적항) |
| | D.D.U. | Delivered Duty Unpaid<br>(…named place of destination) | 관세미지급인도<br>(…지정목적지) |
| | D.D.P. | Delivered Duty Paid<br>(…named place of destination) | 관세지급인도<br>(…지정목적지) |

INCOTERMS 2000상의 각 거래조건별로 매도인과 매수인간의 비용부담의 한계를 상호 비교하여 보면 다음과 같다.

【표 2-6】 거래조건별 비용부담의 한계

| O - 매도인부담<br>X - 매수인부담 | 제조원가 | → | 포장검사 | → | 반출운송 | → | 수출허가 | → | 수출통관 | → | 운송비 | → | 보험료 | → | 수입허가 | → | 수입통관 | → | 반입운송 |
|---|---|---|---|---|---|---|---|---|---|---|---|---|---|---|---|---|---|---|---|
| E Group - E.X.W. | O | | O | | X | | X | | X | | X | | X | | X | | X | | X |
| F Group - F.C.A. | O | | O | | O | | O | | O | | X | | X | | X | | X | | X |
| F.A.S. | O | | O | | O | | O | | O | | X | | X | | X | | X | | X |
| F.O.B. | O | | O | | O | | O | | O | | X | | X | | X | | X | | X |
| C Group - C.F.R. | O | | O | | O | | O | | O | | [O] | | X | | X | | X | | X |
| C.I.F. | O | | O | | O | | O | | O | | [O] | | [O] | | X | | X | | X |
| C.P.T. | O | | O | | O | | O | | O | | [O] | | X | | X | | X | | X |
| C.I.P. | O | | O | | O | | O | | O | | [O] | | [O] | | X | | X | | X |
| D Group - D.A.F. | O | | O | | O | | O | | O | | O | | O | | X | | X | | X |
| D.E.S. | O | | O | | O | | O | | O | | O | | O | | X | | X | | X |
| D.E.Q. | O | | O | | O | | O | | O | | O | | O | | X | | X | | X |
| D.D.U. | O | | O | | O | | O | | O | | O | | O | | X | | X | | O |
| D.D.P. | O | | O | | O | | O | | O | | O | | O | | O | | O | | O |

주:위의 [O]부분은 매도인이 주운송비와 최소담보보험료만을 부담한다는 의미이다.

### 3) 조건별 구성

INCOTERMS 2000에서는 각 거래조건별로 'Guide'의 역할을 하는 '전문'(preamble)을 설정하고 있으며, 매도인과 매수인의 각 상대방에 대한 의무사항들을 INCOTERMS 1990에서와 마찬가지로 10개의 표제로 상호 대칭시켜 규정하고 있다.

【표 2-7】 거래조건별 당사자 의무조항명

| A. 매도인의 의무 | B. 매수인의 의무 |
|---|---|
| A 1. 계약에 일치한 물품의 제공 | B 1. 대금의 지급 |
| A 2. 허가, 승인 또는 통관절차 | B 2. 허가, 승인 또는 통관절차 |
| A 3. 운송 및 보험계약 | B 3. 운송 및 보험계약 |
| A 4. 인도 | B 4. 인도의 수령 |
| A 5. 위험의 이전 | B 5. 위험의 이전 |
| A 6. 비용의 분담 | B 6. 비용의 분담 |
| A 7. 매수인에 대한 통지 | B 7. 매도인에 대한 통지 |
| A 8. 인도증거, 운송서류 또는 상응한 전자통신문 | B 8. 인도증거, 운송서류 또는 상응한 전자통신문 |
| A 9. 점검 · 포장 · 화인 | B 9. 물품의 검사 |
| A10. 기타의 의무 | B10. 기타의 의무 |

특히 INCOTERMS 2000은 전자식 전달 장치의 사용이 증가하기 때문에, 이에 대비하여 전자통신문도 물품의 인도증거 또는 운송서류와 동등한 효력의 문서로 인정하여 각 거래조건의 해당조항별로 삽입하고 있는 것이 특징이다. 그러나 운송서류 중에 물품의 권리증권(document of title)으로서 인정되는 것은 선하증권뿐이기 때문에, 운송 중에 있는 물품을 매각할 경우에는 비유통성의 전자통신문으로 선하증권을 대체할 수 없다.

따라서 계약당사자간에 전자통신문으로 이를 대체하고자 할 경우에는, 반드시 관련법규에 의거하여 운송물의 지배권과 처분권의 이전이 가능한 형식으로 전자통신문을 발송하거나,[169] 또는 유통성 선하증권의 제시를 요건으로 하지 아니하는 C.P.T.나 C.I.P.조건으로 무역계약을 체결하여야 한다.

---

169) CMI, Rules for Electronic Bills of Lading 1990, Article 4.

# 2 INCOTERMS 무역계약조건 해석

## 1 Ex Works(… named place) : E.X.W.(공장인도조건…지정된 장소)

### 1) 의의

'공장인도' 조건이란 매도인이 물품의 출하지인 자신의 영업장 구내(premises) 또는 기타 지정된 장소에서 수출통관을 마치지 않고 물품수령 운송수단(collecting vehicle)에 적재하지 않은 상태에서 매수인의 임의처분상태로 물품을 놓았을 때 인도한다는 의미이다. 구체적인 인도 장소는 매도인의 영업장 구내 뿐만 아니라, 기타의 장소에 있는 작업장, 공장, 창고 등을 인도장소로 지정할 수 있다. 이는 인도장소를 '매도인의 영업장구내'로 국한시켰던 INCOTERMS 1990과 비교할 때 그 범위를 확대시킨 것이다. 이 조건의 경우 수출관련 업무를 매수인이 처리하게 되므로 실제로 매수인이 수출업자이다(the buyer is the exporter).

그런데 매도인의 인도의무는 인도시기 및 장소가 약정된 경우와 약정되지 않은 경우로 나누어 볼 수 있다. 전자의 경우에 매도인은 합의된 일자나 기간 내에 지정된 인도 장소에서 매수인이 임의처분 할 수 있는 상태로 물품을 놓아야 한다. 후자의 경우에는 인도일자나 기간이 약정되지 않았다면 매도인은 그 물품을 인도하는 통상적인 시간에 지정된 인도 장소에서 매수인이 임의처분 할 수 있는 상태로 놓아야 하며, 인도 장소는 약정되었지만, 그곳의 특정지점(specific point)이 합의되지 않았고 또한 여러 지점이 이용될 수 있으면,[170] 매도인은 자신의 목적에 가장 적합한 인도 장소

170) 예를 들면 공간이 넓은 큰 공장에 창고가 몇 개 있든지 선박, 기차 및 화물자동차가 함께 들

내의 특정 지점을 선택할 수 있다.[171]

따라서 이 조건은 13가지 거래조건 중에서 매도인의 의무가 가장 적은 반면 매수인은 매도인의 영업장 구내 또는 기타 지정된 장소에서 물품을 적재하고 인수하는 모든 비용과 위험을 감당하므로 가장 큰 의무를 부담하게 된다.

그러나 당사자들이 출하지점에서 매도인에게 물품적재책임 및 그 적재위험과 비용을 부담시키려 한다면, 매매계약서에서 이러한 취지의 문언을 명시적으로 추가하여야 한다.[172] 이러한 변형거래조건을 이용하면 인도지점이 이동되고 매도인의 인도의무도 변경되어 물품이 지정된 장소에서 운송수단에 적재되어 매수인의 임의처분아래 놓인 때 매도인의 인도의무가 완료되고 그 때에 비용과 위험도 매수인에게 이전하게 된다.

또한 매수인이 매도인의 영업장구내에서 물품을 수령하되 수출통관을 할 수 없을 경우 이를 F.C.A. 조건으로 전환하려면, 매도인이 차량적재비용과 위험에 대한 부담을 동의하여야만 가능하도록 명시하였다.

이 조건에서는 인도를 위하여 지정된 장소내의 구체적인 지점이 합의되지 아니하였거나 또는 이용가능한 지점이 여러 곳에 있는 경우에는 매도인이 적합한 지점을 선택할 수 있도록 내용을 추보하였고, 물품의 수입시 및 제3국으로의 통과시에 지급되는 비용은 매수인의 비용부담의무에서 삭제하였다. 왜냐하면 E.X.W. 조건하에서 이들 비용은 매도인에 대하여 부담하는 것이 아니라, 매수인 자신의 이해관계에서 부담하게 되는 것이기 때문이다.

### 2) 매도인의 의무

E.X.W. 조건하에서 매도인의 주요 의무는 다음과 같다.

---

어갈 수 있는 큰 공장에 특정창고가 약정되지 않거나 특정지점이 약정되지 않은 경우가 이에 해당된다.

171) *Incorterms 2000, EXW A4.*

172) *Ibid*, EXW preamble.

① 매매계약과 일치하는 물품을 자신의 영업장구내에서 매수인에게 인도하여야 한다.

② 계약에 일치함을 입증하는 상업송장(commercial invoice), 포장명세서(packing list), 품질, 수량 등의 검사증명서(certificate of checking) 또는 이와 동등한 전자통신문을 제공하여야 한다.

③ 매수인의 요청과 비용 및 위험부담으로 영사송장(consular invoice), 원산지증명서(certificate of origin) 등 수출, 수입 또는 제3국으로의 통과에 필요한 서류를 취득하는데 협조하여야 한다.

④ 매도인은 물품이 매수인의 임의처분상태로 인도될 시기와 장소에 대하여 매수인에게 충분히 통지해야 한다.

### 3) 매수인의 의무

① 매도인의 영업장구내에서 물품을 수령하고 이 사실을 입증하는 물품수령증(buyer's receipt)을 제공하여야 한다.

② 자신의 위험과 비용부담으로 물품을 목적지까지 운반하기 위한 모든 조치, 예컨대 수출입승인과 통관절차 및 운송계약을 이행하여야 한다.

③ 매도인의 의무에 따라 물품이 매수인의 임의처분상태로 인도되는 즉시 그 물품을 인수해야 하며, 매수인이 지정된 기간 이내에 인도시간이나 인도장소를 결정할 권리를 유보하고 있는 경우에는 매도인에게 그에 대한 충분한 통지를 해야 한다.

## 2 Free Carrier(… named place) : F.C.A.(운송인 인도조건…지정된 장소)

### 1) 의의

운송인인도 조건이라 함은 INCOTERMS 1980에서 처음 제정된 거래조건으로서 매도인이 지정된 장소에서 매수인에 의해 지정된 운송인[173)]에게(to the carrier) 수출통관된 물품을 인도한다는 의미이다. 이 경우에 지정된 인도 장소는 운송인에 대한 인도의 완성시점을 단순화하여 매도인의 영업장구내 또는 기타 모든 지정장소를 말한다.

그런데 이 조건에서는 매도인의 영업장구내에서 물품을 수령하기 위하여 매수인이 보낸 운송수단에 누가 적재하는지 또는 지정한 터미널에서 물품을 인도하기 위하여 매도인이 보낸 운송수단으로부터 누가 양하하는지 여부가 분명하지 않아 분쟁이 발생할 가능성이 있다. 지정된 인도장소가 매도인의 영업장구내이면 매도인은 매수인의 물품수령 운송수단에 물품을 적재하여야 하고, 기타 다른 장소이면 매도인은 물품이 운송수단에서 양하하지 않고 그곳에 있는 상태에서 매수인의 임의처분상태로 놓을 때 인도가 완료된다.[174)] 결국 지정된 인도 장소에 따라 매도인의 물품적재 및 양하의무에 차이가 있게 됨을 알 수 있다. 이러한 차이를 분명하게 하기 위하여 INCOTERMS 2000 F..CA. 조건 전문에서는 "만약 매도인의 영업장구내에서 인도되면 매도인은 적재책임(responsible for loading)이 있고, 기타 다른 장소에서 인도되면 매도인은 양하책임이 없다(not responsible for unloading)"고 규정하고 있다.

---

173) 운송인 인도조건, 운송비지급 인도조건, 운송비 · 보험료지급 인도조건에서 운송인은 운송계약상 철도 · 도로 · 항공 · 해상 · 내륙수로 또는 복합운송에 있어서 화주와 운송계약을 체결하고, 직접 그 운송계약의 이행을 약속하는 본인(principal) 또는 그 이행을 조달하는 운송대리인(shipping agent)을 의미한다.

174) INCOTERMS 2000, 서문 제9항의 2.

이에 따라 인도완료시점, 위험이전 및 비용부담의 분기점(critical point)도 다른데, 지정된 인도장소가 매도인의 영업장 구내이면 매수인이 지정한 운송인 또는 매수인을 위하여 행동하는 다른 사람에 의하여 제공되는 운송수단에 물품을 적재한 때가 분기점이며, 지정된 인도장소가 매도인의 영업장구내 이외의 다른 장소라면 매수인이 지정한 운송인이나 다른 사람의 임의처분상태에 물품이 놓인 때 또는 매도인이 운송계약을 체결한 때에는 매도인이 선정한 운송인이나 다른 사람의 운송수단에서 양하되지 않고 임의처분상태가 된 때가 분기점이다.[175)]

이 조건은 복합운송을 포함하여 운송수단에 관계없이 사용될 수 있다.

### 2) 매도인의 의무

① 매매계약과 일치한 물품을 지정된 장소에서 매수인이 지정한 운송인에게 인도하여야 한다.

② 매도인의 비용부담으로 수출허가와 수출통관을 이행하고 이에 따른 수출세와 부과금을 지급하여야 한다.

③ 계약에 일치함을 입증하는 상업송장, 수출허가서 그리고 관습적인 경우에는 운송인에게 물품을 인도하였다는 통상적인 인도증거서류를 제공하여야 한다. 이 서류가 운송계약을 입증하는 운송서류가 아닌 때에는 매도인은 매수인의 요청과 위험 및 비용부담으로 운송계약을 체결한 후에 운송서류(transport documents)도 제공하여야 한다. '운송서류'라 함은 해상 · 내수로 · 항공 · 철도 · 도로 또는 복합운송의 운송방식에 따라 다를 수 있다.[176)] 이러한 모든 서류는 당사자의 합의에 따라 각각 전자통신문으로 대체될 수 있다.

---

175) INCOTERMS 2000, FCA A4 a) 및 b), A5, A6.

176) 예컨대 유통성 선하증권(negotiable bill of lading), 비유통성 해상화물운송장(non-negotiable sea waybill), 내수로 운송서류(inland waterway document), 항공화물운송장(air waybill), 철도화물탁송장(railway consignment note), 도로화물탁송장(road consignment note), 복합운송서류(multimodal transport document) 등이 있다.

### 3) 매수인의 의무

① 매도인의 물품인도를 위한 운송인을 지정하고 아울러 운송방식과 물품의 인도기일 및 장소를 통지하여야 한다.

② 매도인에게 특별히 운송계약을 요청하지 않는 한 지정장소로부터 물품의 운송을 위한 운송계약을 체결하고 운송비를 지급하여야 한다.

③ 매수인은 매도인에게 운송인의 명의에 대한 충분한 통지를 해야 한다. 필요한 경우에는 운송방식, 인도일자 또는 인도기간을 명시해야 하며, 운송인에게 인도되어야 할 장소 내의 지점도 통지해야 한다.

## 3 Free Alongside Ship(··· named port of shipment) : F.A.S.(선측인도조건···지정선적항)

### 1) 의의

선측인도조건이라 함은 매도인이 수출통관을 마친 물품을 지정된 선적항의 본선의 선측(alongside the vessel)[177]에 놓은 때 인도가 완료되고, 그 순간부터 물품에 대한 모든 비용과 멸실·손상위험을 매수인이 부담하는 것을 의미한다. 수출통관의무는 INCOTERMS 1990에서는 매수인이 이행하도록 하였으나 INCOTERMS 2000에서는 그 반대로 거주자의 통관의무 원칙에 따라 수출국가에 거주하는 매도인이 수출통관을 이행하도록 개정하였다.

177) 본선의 선측이라 함은 본선이 부두에 접안하고 있든지 외항에 정박하고 있든지를 불문하고 본선이 상용하는 양하기(winch), 양하구(tackle), 기타의 선적용구가 도달할 수 있는 장소를 말하는데 이러한 의미의 선측은 물품인도의 이행장소가 되고 당사자간의 책임분기점이 된다. 따라서 물품이 부두상에 놓여 있더라도 본선의 선적용구가 도달하지 못하는 곳에 있거나 또는 본선의 도착전에 인도된 때에는 매도인의 책임이 다하였다고 볼 수 없으며, 또 본선이 외항에 정박하고 있을 때에는 매도인은 본선이 있는 곳까지의 부선료(lighterage)를 부담하여야 한다.

수출통관의무의 주체가 변경됨에 따라 매도인은 모든 수출허가 또는 기타 공적인 승인을 취득하고 수출금지조치에 따른 위험과 비용을 부담하며 수출용 관세, 조세, 기타 비용 및 통관절차비용을 지급하는데[178] 반하여 매수인은 물품수입에 따른 모든 관세, 조세, 기타 비용 및 통관절차비용을 지급한다.[179]

만약 매수인이 물품의 수출통관을 마치기를 당사자들이 원한다면, 매매계약에 이러한 취지의 문언을 추가하여야 한다. 그러나 이러한 변형거래조건은 매도인의 인도의무 또는 매수인의 인수의무에는 영향을 미치지 않는다.

### 2) 매도인의 의무

① 매매계약과 일치한 물품을 선적항의 본선의 선측에서 인도하여야 한다.

② 계약에 일치함을 입증하는 상업송장, 포장명세서, 검사증명서를 비롯하여 무고장 선측인도를 증명할 수 있는 부두수령증(dock's receipt), 본선수령증(mate's receipt) 또는 이와 동등한 전자통신문을 제공하여야 한다.

③ 자신의 위험과 비용부담으로 수출허가와 기타 공적인 승인을 취득하고 수출통관절차를 이행하여야 한다.

④ 매수인의 요청과 비용 및 위험부담으로 영사송장, 원산지증명서 등 수입 또는 제3국으로의 통과에 필요한 통관서류와 유통성 선하증권, 비유통성 해상화물운송장 등의 서류를 취득하는데 협조하여야 한다.

⑤ 매도인은 물품이 지정된 본선의 선측에 인도되었다는 사실을 매수인에게 충분히 통지하여야 한다.

---

178) INCOTERMS 2000, F.A.S. A2 및 A6

179) INCOTERMS 2000, F.A.S. B6.

### 3) 매수인의 의무

① 자신의 위험과 비용부담으로 수입허가, 수입통관 및 기타 공적인 승인을 취득하고 적용 가능한 경우 제3국으로의 통과에 요구되는 통관절차를 이행하여야 한다.

② 자신의 비용부담으로 목적항까지 물품의 운송계약을 체결하고 선박명, 적재 장소 및 시기를 매도인에게 통지하여야 한다.

③ 매도인에 대한 통지불이행, 지정선박의 입항지연이나 물품의 수령불이행 등이 있을 경우에는 합의된 인도기일로부터 이로 인한 모든 위험과 비용을 지급하여야 한다.

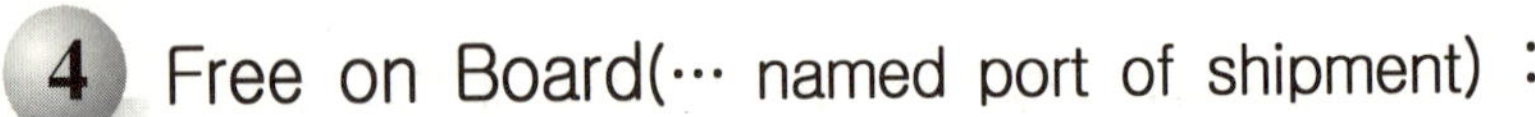

## 4 Free on Board(… named port of shipment) : F.O.B.(본선인도조건…지정선적항)

### 1) 의의

본선인도 조건이라 함은 매도인이 수출통관을 마친 물품을 지정된 선적항의 본선의 난간(ship's rail)을 통과할 때 인도하고, 그 지점으로부터 물품에 대한 모든 비용과 멸실 · 손상 위험을 매수인이 부담하는 것을 의미한다.

그런데 이 조건에서 가장 중요한 것은 인도지점으로서 본선의 난간이 적합한지 여부인데 INCOTERMS 2000에서는 '본선의 난간을 통과하여' 물품을 인도한다는 개념이 오늘날 많은 경우에 부적절하다고 해도 무역업자들에 의하여 이해되어지고 있으며 물품과 적재시설을 고려하여 적용되므로 인도지점으로서 본선난간을 변경하는 것이 불필요한 혼란을 야기하게 된다고 판단되어 INCOTERMS 1990과 마찬가지로 본선난간을 변경시키지 않고 남겨 놓았다.

따라서 INCOTERMS 2000에서는 본선의 난간이 현실적인 의미가 없는 경우뿐만 아니라, 당사자들이 물품을 본선의 난간을 넘어서 인도할 의도가 없는 경우에는 이 조건 대신에 F.C.A. 조건을 사용할 것을 권고하고 있다. 이하 C.F.R.과 C.I.F. 조건의 경우에도,[180] 위와 동일한 사정 하에서 각각 C.P.T.와 C.I.P. 조건을 사용할 것을 권고하고 있다.

### 2) 매도인의 의무

① 매매계약과 일치한 물품을 선적항의 본선의 갑판 상에서 인도하여야 한다.

② 자시의 비용부담으로 물품의 수출허가와 수출통관을 이행하고 이에 따른 수출세와 부과금을 지급하여야 한다.

③ 계약에 일치함을 입증하는 상업송장과 본선상의 물품인도를 입증하는 통상적인 무고장 본선수령증(clean on board receipt or mate's receipt)을 제공하여야 한다. 이 서류가 운송계약을 입증하는 운송서류가 아닌 때에는, 매도인은 매수인의 요청과 비용부담으로 운송계약을 체결한 후 선하증권, 해상화물운송장, 내수로운송서류 또는 복합운송서류와 같은 운송서류도 제공하여야 하며, 이러한 모든 서류는 당사자의 합의에 따라 전자통신문으로 대체될 수 있다.

④ 본선적재비(loading cost)가 운임에 포함되어 있지 아니할 경우에는 항구의 관습에 따라 이 적재비용을 지급하여야 한다. 이는 주로 부정기선에 의한 용선계약에 해당되는 일이며, 기타 정기선에 의한 개품운송계약에서는 대체로 본선적재비와 양륙비(unloading costs) 모두가 운임 속에 포함되는 'liner term'을 사용하기 때문에 그 비용은 매수인이 부담하는 것이 보통이다.

⑤ 매도인은 물품이 인도되었다는 사실을 매수인에게 충분히 통지하여야 한다.

### 3) 매수인의 의무

① 자신의 비용부담으로 목적항까지 물품의 운송계약을 체결하고 선박명, 적재장소 및 시기를 매도인에게 통지하여야 한다.

180) 본선의 난간을 인도지점으로 존치시키는 것은 C.F.R.조건과 C.I.F.조건도 마찬가지이다.

② 본선적재비가 운임에 포함되어 있을 경우에는 이 적재비용 그리고 목적항에서의 양륙비를 지급하여야 한다.

③ 매수인은 매도인에게 본선명, 선적지점 및 필요한 인도시기에 대한 충분한 통지를 하여야 한다.

④ 매도인에 대한 통지불이행, 지정선박의 입항지연이나 물품의 수령불이행 등으로 인한 모든 위험과 추가적인 비용을 지급하여야 한다.

## 5 Cost and Freight(…named port of destination) : C.F.R.(운임포함인도조건…지정목적항)

### 1) 의의

운임포함인도조건이라 함은 매도인이 수출통관을 마친 물품을 지정된 목적 항까지 운반하는데 필요한 비용과 운임을 지불하지만, 선적항의 본선 난간을 통과할 때 인도하고 그 시점 이후에 발생하는 사건으로 인한 물품에 대한 멸실 · 손상위험 및 일체의 추가비용을 매수인이 부담하는 것을 의미한다. INCOTERMS 2000의 C.F.R. 조건은 INCOTERMS 1990의 C F R 조건과 비교하여 다음의 2가지 사항을 제외하면 거의 동일하다.

① 운송계약상 매도인이 양륙항의 양륙비용 및 제3국 통과비용을 부담하는 경우에 매도인의 비용지급의무를 분명히 표시하기 위하여 "매도인은 운송계약상 자신의 부담에 속하는 양륙항의 양륙비용 및 제3국 통과비용을 지급한다"[181]는 내용을 추가하였다. 이는 C.I.F. 조건에서도 마찬가지이다.

② 용선계약은 선박소유자와 하주간에 체결하는 운송계약이며, 이에 따라 발행되는 선하증권을 용선계약부 선하증권(charterparty bills of lading)이라고 한다. 즉

181) INCOTERMS 2000, C.F.R. A6 및 B6.

용선계약부 선하증권은 용선자의 요청에 따라 용선선박 소유자에 의하여 발행되며, "용선계약조건에 따른다"(all terms as per charterparty)는 뜻을 기재하고 있다. 이러한 선하증권이 발행되는 경우에 용선자인 매도인이 용선계약서 사본 1부를 제공함으로써[182] 매수인은 운송인의 권리와 의무를 확인할 수 있다.

그런데 매도인이 용선계약서 사본을 제출하는 데는 문제가 있다. 먼저 일반적으로 매도인이 용선자인 경우에 그는 용선계약상의 정박기간과 체선료 등 양륙관련조항을 제외한 나머지 사항, 특히 운송료에 대하여 매수인이 알기를 원치 않는다는 점이다. 또한 용선계약상의 운송조건은 정기선 운송에서 발행되는 선하증권상의 운송약관과 비교할 때 화주에게 불리한 약관이 포함될 가능성이 크기 때문에[183] 신용장통일규칙에서도 신용장에서 특별히 인정하지 않는 한 용선계약부 선하증권을 거절하는 것으로[184] 규정하고 있다.[185] 결국 매도인의 용선계약부 선하증권 제시는 매도인의 상업상 비밀이 노출될 우려가 있거나 또는 신용장 거래와 관련하여 불필요한 사항이므로 제A8항(인도증거, 운송서류 또는 상응한 전자통신문)에서는 삭제하였다. 이는 CIF 조건에서도 마찬가지이다.

### 2) 매도인의 의무

① 자신의 비용부담으로 약정품의 운송에 통상적인 선박 및 항로로 목적항까지 물품의 운송계약을 체결하여야 한다.

② 매매계약과 일치한 물품을 선적항의 본선의 갑판 상에서 인도하여야 한다.

③ 자신의 비용부담으로 물품의 수출허가와 수출통관을 이행하고 이에 따른 수출세와 부과금을 지급하여야 한다.

---

182) INCOTERMS 2000, C.F.R. A8.

183) 東京銀行 システム部,『貿易と 信用狀』東京 : 實業え日本社, 1996, p.139.

184) UCP 500, 제23조의 a vi.

185) 다만 신용장이 용선계약부 선하증권을 요구하고 허용하는 경우에도 은행은 용선계약서를 심사할 책임이 없고 은행 측의 책임 없이 송달한다(UCP 500, 제25조의 b.).

④ 계약에 일치함을 입증하는 상업송장과 목적 항까지의 무고장 운송서류(유통성 선하증권, 해상화물운송장, 내수로 운송서류 등)를 지체 없이 제공하여야 하며, 이러한 모든 서류는 당사자의 합의에 따라 전자통신문으로 대체될 수 있다.

⑤ 물품의 본선적재비 뿐만 아니라 운송계약의 체결시 정기선조건에 의하여 운임에 포함될 수 있는 목적 항에서의 양륙비도 지급하여야 한다. 즉, 매도인은 선적항에서의 본선적재비는 운임에 포함되어 있든 없든 당연히 지급하여야 하며, 정기선운송의 경우 목적항에서의 양륙비가 운임에 포함되어 있으면 이것도 지급하여야 한다.

### 3) 매수인의 의무

① 상업송장과 운송서류가 자신에게 전달되면 물품이 선적항에서 본선의 갑판상에 인도된 때 이를 승낙하고 목적항에서 운송인으로부터 물품을 수령하여야 한다.

② 목적항에서의 양륙비가 운임에 포함되어 있지 아니할 경우에는 양륙비를 지급하여야 한다.

③ 매도인에 대한 통지불이행으로 인하여 발생하는 모든 위험과 추가적인 비용을 지급하여야 한다.

## 6 Cost, Insurance and Freight(··· named port of destination) : C.I.F.(운임·보험료포함인도족건 ··· 지정목적항)

### 1) 의의

운임 · 보험료포함인도조건이라 함은 선적항의 본선 갑판상에 물품을 인도하되 목정항까지의 운임(freight)과 보험료(insurance premium)를 지급하는 것으로서, 이 경우에 매도인은 운송중인 물품에 대한 매수인의 멸실 · 손상의 위험에 대비하여 최소한의 담보조건(minimum cover)으로 해상보험계약을 체결하여야 한다. 만약 매수인이 최소담보조건 이상의 보험을 원하는 경우에는, 반드시 매도인과 이에 관한 명시적인 합의를 하거나 또는 스스로 추가보험을 약정하여야 한다는 변형거래조건을 수용하고 있다. 또한 매수인이 추가보험계약을 위하여 필요한 정보를 계약상의 물품명세로부터 알 수 없을 경우에는, 매도인이 이에 관한 정보도 제공해 주도록 내용을 보완하였다. 기타 나머지 사항은 C.F.R.조건과 동일하다.

### 2) 매도인의 의무

① 자신의 비용부담으로 약정품의 운송에 통상적인 선박 및 항로로 목적항까지 물품의 운송계약을 체결하여야 한다.

② 매매계약과 일치한 물품을 선적항의 본선의 갑판상에서 인도하여야 한다.

③ 자신의 비용부담으로 물품의 수출허가와 수출통관을 이행하고 이에 따른 수출세와 부과금을 지급하여야 한다.

④ 자신의 비용부담으로 평판이 좋은 보험자와 목적항까지의 운송에 수반되는 보험계약을 체결하고 보험료를 지급하여야 한다. 이 때 보험계약은 런던 보험시장의 협회적하약관(ICC)이나 이와 유사한 약관의 최소담보조건을 택하여 적어도 물품대금의 110% 한도까지 계약상의 통화단위로 부보되어야 한다. 물론 매수인의 요구가 있을 경우에는 매수인의 비용부담으로 가능한 한 전쟁, 동맹파업, 소요 및 폭동위험에도 부보하여야 한다.

⑤ 계약에 일치함을 입증하는 상업송장과 목적항까지의 무고장 운송서류(유통성 선하증권, 해상화물운송장, 내수로 운송서류 등) 및 양도가능한 보험서류(보험증권, 보험증명서 등)를 지체 없이 제공하여야 하며 이러한 모든 서류는 당사자의 합의에 따라 전자통신문으로 대체될 수 있다.

⑥ 물품의 본선적재비 뿐만 아니라 운송계약의 체결시 정기선조건에 의하여 운임에 포함될 수 있는 목적 항에서의 양륙비도 지급하여야 한다. 즉, 매도인은

선적항에서의 본선적재비는 운임에 포함되어 있든 없든 당연히 지급하여야 하며, 정기선 운송의 경우 목적 항에서의 양륙비가 운임에 포함되어 있으면 이것도 지급하여야 한다.

### 3) 매수인의 의무

① 상업송장, 운송서류 및 보험서류가 자신에게 전달되면 물품이 선적항에서 본선의 갑판 상에 인도된 때에 이를 승낙하고 목적 항에서 운송인으로부터 물품을 수령하여야 한다.

② 목적 항에서의 양륙비가 운임에 포함되어 있지 아니할 경우에는 양륙비를 지급하여야 한다.

③ 매도인에 대한 통지불이행으로 인하여 발생하는 모든 위험과 추가적인 비용을 지급하여야 한다.

## 7 Carriage Paid to(… named place of destination) : C.P.T.(운송비지급인도조건 … 지정목적지)

### 1) 의의

운송비지급인도조건이라 함은 매도인이 수출통관을 마친 물품을 지정된 목적지까지 운송하는데 필요한 운송비를 지급하지만, 자신이 지정한 운송인에게 물품을 인도하고 그 이후에 발생하는 물품에 대한 모든 위험과 기타 일체의 추가비용을 매수인이 부담하는 것을 의미한다. 이 경우에 합의된 목적지까지의 운송에 후속운송인(subsequent carriers)이 이용된다면, 물품이 첫 번째 운송인(first carrier)에게 인도된 때에 위험이 이전된다. 이는 INCOTERMS 1990과 동일하다.

그러나 운송계약상 매도인이 목적지의 양륙비용 및 제3국 통과비용을 부담하는 경우에 대한 규정이 INCOTERMS 1990에서는 누락되었는데, 이러한 경우에 매도인의 비용지급의무를 표시하기 위하여 INCOTERMS 2000에서는 "매도인은 운송계약상 자신의 부담에 속하는 목적지에서 양륙비용 및 제3국을 통과하는 데 필요한 비용을 지급한다"고 내용을 보완하였다.[186] 이는 C.I.P. 조건에서도 마찬가지이다.

### 2) 매도인의 의무

① 자신의 비용부담으로 약정품의 운송에 통상적인 경로와 관습적인 방법으로 목적지까지 물품의 운송계약을 체결하여야 한다.

② 매매계약과 일치한 물품을 운송인이나 최초운송인에게 인도하여야 한다.

③ 자신의 비용부담으로 물품의 수출허가와 수출통관을 이행하고 이에 따른 수출세와 부과금을 지급하여야 한다.

④ 계약에 일치함을 입증하는 상업송장과 관습적인 경우에는 통상적인 운송서류(유통성 선하증권, 해상화물운송장, 내수로 운송서류, 항공화물운송장, 철도화물탁송장, 도로화물탁송장 또는 복합운송서류 등)를 제공하여야 하며, 이러한 모든 서류는 당사자의 합의에 따라 전자통신문으로 대체될 수 있다.

⑤ 물품의 적재비 뿐만 아니라 운송계약의 체결시 운송비에 포함될 수 있는 목적지에서의 양하비(unloading costs)도 지급하여야 한다. 즉, 매도인은 물품의 적재비는 운송비에 포함되어 있든 없든 당연히 지급하여야 하며, 정기운송의 경우와 같이 목적지에서 양하비까지 운송비에 포함되어 있으면 이것도 지급하여야 한다.

### 3) 매수인의 의무

① 물품이 운송인에게 인도되고 상업송장과 관습적인 경우의 운송서류가 자신에게 제시되면 물품이 운송인에게 인도된 때에 이를 승낙하고 목적지에서 운송

186) INCOTERMS 2000, C.P.T. A6 및 B6.

인으로부터 물품을 수령하여야 한다.

② 목적지에서의 양하비가 운송비에 포함되어 있지 아니할 경우에는 양하비를 지급하여야 한다.

③ 매도인에 대한 통지불이행으로 인하여 물품의 인도가 지연되어 발생하는 모든 위험과 추가적인 비용을 지급하여야 한다.

## 8 Carriage and Insurance paid to(… named place of destination) : C.I.P.(운송비·보험료 지급인도조건 … 지정목적지)

### 1) 의의

운송비·보험료지급인도조건이라 함은 매도인이 수출통관을 마친 물품을 지정된 목적지까지 운송하는데 필요한 운송비와 보험료를 지급하지만, 자신이 지정한 운송인에게 물품을 인도하고 그 이후에 발생하는 모든 위험과 일체의 추가 비용을 매수인이 부담하는 것을 의미한다. 이 경우에 매도인은 운송중인 물품에 대한 매수인의 멸실 · 손상 위험에 대비하여 최소한의 담보조건으로 보험계약을 체결하여야 한다. 그러나 매수인이 확대된 담보조건으로 보호받기를 원한다면, 매수인과 담보조건을 명시적으로 합의하거나 또는 스스로 추가보험을 약정하여야 하는 변형거래조건을 수용하고 있다.

만약 합의된 목적지까지의 운송에 후속운송이 이용된다면, 물품이 첫 번째 운송인에게 인도된 때에 위험이 이전하는 것과 운송계약에서 매도인의 비용부담이 약정된 경우에 매도인의 비용지급의무를 포함한 기타 의무사항은 C.P.T.조건과 동일하다.

### 2) 매도인의 의무

① 자신의 비용부담으로 약정품의 운송에 통상적인 경로와 관습적인 방법으로

목적지까지 물품의 운송계약을 체결하여야 한다.

② 매매계약과 일치한 물품을 운송인이나 최초운송인에게 인도하여야 한다.

③ 자신의 비용부담으로 물품의 수출허가와 수출통관을 이행하고 이에 따른 수출세와 부과금을 지급하여야 한다.

④ 자신의 비용부담으로 평판이 좋은 보험자와 목적항까지의 운송에 수반되는 보험계약을 체결하고 보험료를 지급하여야 한다. 이 때 보험계약은 런던 보험시장의 협회적하약관(ICC)이나 이와 유사한 약관의 최소담보조건을 택하여 적어도 물품대금의 110% 한도까지 계약상의 통화단위로 부보되어야 한다. 물론 매수인의 요구가 있을 경우에는 매수인의 비용부담으로 가능한 한 전쟁, 동맹파업, 소요 및 폭동위험에도 부보하여야 한다.

⑤ 계약에 일치함을 입증하는 상업송장과 관습적인 경우에는 통상적인 운송서류(유통성 선하증권, 해상화물운송장, 내수로 운송서류, 항공화물운송장, 철도화물탁송장, 도로화물탁송장 또는 복합운송서류 등) 및 양도가능한 보험서류(보험증권, 보험증명서 등)를 제공하여야 하며 이러한 모든 서류는 당사자의 합의에 따라 전자통신문으로 대체될 수 있다.

⑥ 물품의 적재비 뿐만 아니라 운송계약의 체결시 운송비에 포함될 수 있는 목적항에서의 양하비도 지급하여야 한다. 즉, 매도인은 물품의 적재비는 운송비에 포함되어 있든 없든 당연히 지급하여야 하며, 정기운송의 경우 와 같이 목적지에서 양하비까지 운송비에 포함되어 있으면 이것도 지급하여야 한다.

### 3) 매수인의 의무

① 물품이 운송인에게 인도되고 상업송장과, 보험서류 및 관습적인 경우의 운송서류가 자신에게 제시되면 물품이 운송인에게 인도된 때에 이를 승낙하고 목적지에서 운송인으로부터 물품을 수령하여야 한다.

② 목적지에서의 양하비가 운송비에 포함되어 있지 아니할 경우에는 양하비를

지급하여야 한다.

③ 매도인에 대한 통지불이행으로 인하여 물품의 인도가 지연되어 발생하는 모든 위험과 추가적인 비용을 지급하여야 한다.

## 9 Delivered at Frontier(… named place) : D.A.F.(국경인도조건 … 지정장소)

### 1) 의의

국경인도조건이라 함은 국경의 지정장소에서 물품을 인도하는 것으로서, 개념상 물품을 양하하지 아니한 상태로 인접국가의 국경에 도착하는 운송수단 상에서 매수인의 임의처분 상태에 놓을 때 인도하는 것임을 명확히 하였다. 따라서 이 조건에서는 물품의 양하와 수입통관의무는 원칙적으로 매수인에게 있다. 그러나 운송수단 상에서 양하책임을 매도인에게 지우고자 할 경우에는, 매매계약에 이러한 취지의 문언을 명시적으로 추가하도록 규정함으로써 변형거래조건을 수용하고 있다.

D.A.F.조건에서 매도인의 비용으로 국경에 있는 인도장소 또는 지정된 지점까지 물품운송계약을 체결하거나 국경의 지정된 인도장소의 특정지점이 합의되지 않거나 또는 결정되지 않는 것이 관행이라면, 매도인은 자신의 목적에 가장 적합한 지정된 인도장소에의 특정지점을 선택할 수 있는 것[187]이 원칙이다. 그러나 INCOTERMS 2000에서는 이 조건이 주로 도로나 철도로 연결된 육상의 국경에서 인도된다는 점을 감안하여, 매도인은 매수인의 요청과 비용 및 위험부담으로 국경의 인도장소를 넘어 매수인이 지정한 최종목적지까지 물품의 연계운송계약에 합의할 수 있도록 내용을 추보하였다.[188]

187) INCOTERMS 1990, D.A.F. A3 a.

188) INCOTERMS 2000에서는 "매수인의 요구와 위험 및 비용으로 국경의 지정된 장소를 지나 매수인이 지정한 수입국내의 최종 목적지까지 물품의 계속운송(on-going carriage)을 위하여 통상

이 조건은 육상의 국경에서는 운송방식에 관계없이 사용할 수 있으나, 해상의 갑판상이나 부두 상에서 인도할 경우에는, 오히려 DES나 DEQ 조건을 사용하도록 권고조항을 두었다.

### 2) 매도인의 의무

① 매매계약과 일치한 물품을 인접국가의 관세선을 넘기 전에 국경의 지정지점이나 장소에서 매수인의 임의처분 하에 인도하여야 한다.

② 자신의 비용부담으로 물품의 수출허가와 수출통관을 이행하고 이에 따른 관세, 조세 등을 지급하여야 한다.

③ 계약에 일치함을 입증하는 상업송장과 매수인이 국경에서 물품을 수령할 수 있는 인도의 통상적인 증거서류인 운송서류, 창고증권(warehouse warrant), 부두창고증권(dock warrant), 인도지시서(delivery order) 등의 서류를 제공하고, 도 매수인의 요청이 있을 경우 최종목적지까지의 운송을 위한 통운송서류(through transport document)도 제공하여야 한다. 이러한 모든 서류는 당사자의 합의에 따라 전자통신문으로 대체될 수 있다.

### 3) 매수인의 의무

① 국경의 지정지점이나 장소에서 자신의 임의처분하에 인도된 물품을 수령하여야 한다.

② 자신의 비용부담으로 물품의 수입허가와 수입통관을 이행하고 관세, 조세 등을 지급하여야 한다.

③ 국경에서 최종목적지까지의 반입운송비(on-carriage)를 지급하여야 한다.

---

적인 조건으로 매도인이 운송계약을 체결할 수 있다"고 규정하여 매수인에 대한 협조 사항을 신설하였다(INCOTERMS 2000, D.A.F. A3 a ii).

## 10 Delivered Ex Ship(… named port of destination) : D.E.S.(착선인도조건 … 지정목정항)

### 1) 의의

착선인도조건이라 함은 매도인이 물품의 수입통관을 마치지 않은 채로 지정된 목적항의 본선 상에서 매수인의 임의처분 상태에 놓을 때 인도하는 것으로서, 매도인은 목적 항에서 물품을 양륙하기 전까지 만의 비용과 위험을 부담하도록 범위를 명확히 하였다. 따라서 목적 항에서의 양륙비를 매도인의 부담으로 하고자 할 경우에는 D.E.Q.조항을 사용하도록 권고조항을 두었다.

이 조건은 해상운송과 내수로 운송뿐만 아니라, 해상 목적항의 본선상에서 복합운송으로 인도되는 경우, 즉 매도인의 창고에서 목적항까지의 최종운송구간을 해상운송하는 복합운송에도 사용될 수 있도록 적용범위를 확장하였다. 이는 D.E.Q. 조건에서도 마찬가지이다.

이 조건에서는 물품의 인도에 앞서는 제3국으로의 통과비용만을 매도인이 지급하도록 규정함으로써, 수입에 후속되는 운송을 위한 통과비용은 매도인이 부담하여야 한다는 사실이 명확하게 되었다.

### 2) 매도인의 의무

① 매매계약과 일치한 물품을 지정된 목적항의 본선의 갑판 상에서 매수인의 임의처분 하에 인도하여야 한다.

② 자신의 비용부담으로 물품의 수출허가와 수출통관의 절차를 이행하고 이에 따른 관세, 조세 등을 지급하여야 한다.

③ 계약에 일치함을 입증하는 상업송장과 매수인이 목적항의 본선 상에서 물품을 수

령하는데 필요한 인도지시서(delivery order) 및/또는 통상적인 운송서류인 유통성 선하증권, 해상화물운송장, 내수로 운송서류, 복합운송서류 등을 제공하여야 한다. 이러한 모든 서류는 당사자의 합의에 따라 전자통신문으로 대체될 수 있다.

### 3) 매수인의 의무

① 지정된 목적항의 본선의 갑판 상에서 자신의 임의처분 하에 인도된 물품을 수령하여야 한다.

② 자신의 비용부담으로 물품의 수입허가와 수입통관의 절차를 이행하고 이에 따른 관세, 조세 등을 지급하여야 한다.

③ 목적항의 본선갑판 상에서 물품의 인도를 수령하는 양륙작업비를 포함하여 최종목적지까지의 반입운송비를 지급하여야 한다.

## 11 Delivered Ex Quay(··· named port of destination) : **D.E.Q.**(부두인도조건 ··· 지정목적항)

### 1) 의의

부두인도조건이라 함은 매도인이 물품의 수입통관을 마치지 않은 채로 지정된 목적항의 부두에서 매수인의 임의처분 상태에 놓을 때 인도하는 것이지만, 목적 항에서의 '수입통관미필'을 규정하고 있다. 즉 매도인은 목적 항에서의 양륙비까지만 부담하고, 물품의 수입통관은 INCOTERMS 1990과 반대로 매수인이 이를 부담하도록 개정하였다.

그리고 당사자들이 물품수입에 따라 지급하는 비용의 전부 또는 일부를 매도인의 부담으로 하고자 할 경우에는 매매계약에 이러한 취지의 문언을 명시적으로 추가하도록 하였다. 또한 이 조건은 물품이 해상운송 또는 내륙수로운송 뿐만 아니라 목적

항내의 본선으로부터 부두위로 양륙되는 복합운송으로 인도되는 경우에도 사용될 수 있다. 따라서 당사자들이 부두에서 창고, 터미널, 운송역(transport station) 등의 다른 장소 또는 항구 밖으로 물품을 취급하는 위험과 비용을 매도인의 부담으로 하고자 할 경우에는, 오히려 D.D.U.나 D.D.P. 조건을 사용하도록 권고 조항을 두었다. 즉, 매도인의 인도지점이 선박이면 D.E.Q. 조건을 이용하고 선박이 아니면 D.D.U. 조건이나 D.D.P. 조건을 이용해야 하는 것이다.

이 조건에서는 매도인이 수출통관비와 인도에 앞서는 제3국으로의 통과비용만을 지급하도록 하고, 반면에 매수인은 항구에서의 후속되는 운송 또는 창고나 터미널로의 적치를 위한 모든 하역비뿐만 아니라, 물품의 수입시 및 후속되는 운송을 위한 통관비용을 지급하도록 내용을 개정하였다.

그리고 이 조건에서는 수입통관을 매수인이 이행하도록 하였기 때문에, 매도인이 발송국가 또는 원산지국가에서 발급하는 수입통관을 위하여 필요한 서류를 취득하는 비용을 지급하지 않고 다만 그 취득에 협조를 다하도록 하였으며, 그 협조에 따른 비용을 매수인이 지급하도록 내용을 개정하였다.

### 2) 매도인의 의무

① 매매계약과 일치한 물품을 지정된 목적항의 부두 상에서 매수인의 임의처분하에 인도하여야 한다.

② 자신의 비용부담으로 선적항에서 물품의 수출허가와 수출통관의 절차를 이행하여야 한다.

③ 목적항의 본선으로부터 양하기나 양하장비에 의한 양륙비를 지급하여야 한다.

④ 계약에 일치함을 입증하는 상업송장과 매수인이 목적항의 부두 상에서 물품을 수령하는데 필요한 인도지시서(delivery order) 및/또는 통상적인 운송서류인 유통성 선하증권, 해상화물운송장, 내수로 운송서류, 복합운송서류 등을 제공하여야 한다. 이러한 모든 서류는 당사자의 합의에 따라 전자통신문으로 대체될 수 있다.

### 3) 매수인의 의무

① 지정된 목적항의 부두상에서 자신의 임의처분 하에 인도된 물품을 수령하여야 한다.

② 목적항에서 물품의 수입허가와 수입통관의 절차를 이행하고 이에 따른 관세, 조세, 기타 부과금 및 최종목적지까지의 반입운송비를 지급하여야 한다.

## 12 Delivered Duty Unpaid(··· named place of destination) : D.D.U.(관세미지급인도조건 ··· 지정목적지)

### 1) 의의

관세미지급인도조건이라 함은 매도인이 수입통관을 마치지 않은 물품을 지정된 목적지에서 운송수단으로부터 양하하지 않는 상태로 매수인에게 인도하는 것[189]으로서 매도인은 물품을 지정된 목적지까지 물품을 운반하는데 포함되는 비용과 위험을 부담하지만, 일체의 수입관세를 부담하지 않는다. 따라서 이러한 관세[190] 및 수입품의 통관 그리고 물품 양하에 관련된 일체의 비용과 위험은 매수인이 부담하여야 한다.

그러나 수입통관절차와 그 비용과 위험을 매도인의 부담으로 하고자 하거나 또는 물품수입에 따라 부과되는 비용의 일부(예컨대 부가가치세)를 지급하기를 원하는 경우에는 매매계약에서 이러한 취지의 문언을 명시적으로 추가하도록 함으로써 변형거래조건을 수용하고 있다.

---

189) INCOTERMS 1990과 비교하여 INCOTERMS 2000에서는 "목적지에 도착하는 운송수단으로부터 양하하지 아니한 상태로 인도한다"는 내용을 추가하였다.

190) D.D.U.조건과 D.D.P.조건에서 '관세'(duty)라는 용어는 통관절차의 책임과 절차, 관세, 조세 및 기타 부과금의 지급까지를 포함하는 의미로 사용하였다.

이 조건은 모든 운송방식에 사용할 수 있으나, 목적항의 갑판상이나 부두상에서 인도하는 해상운송에서는 D.E.S.나 D.E.Q. 조건을 사용하도록 권고조항을 두었다. 또한 매도인이 매수인뿐만 아니라 매수인이 지정한 기타 자에게도 인도할 수 있도록 내용을 추가함으로써, 매수인 또는 그 지정인이 물품의 양하작업을 책임지도록 한 것이 특징적이다.

### 2) 매도인의 의무

① 매매계약과 일치한 물품을 최종목적지에서 매수인의 임의처분하에 인도하여야 한다.

② 자신의 비용부담으로 선적지에서 물품의 수출허가와 수출통관의 절차를 이행하여야 하고 이에 따른 관세, 조세 등을 지급하여야 한다.

③ 수입지에서 최종목적지까지의 반입운송비를 지급하여야 한다.

④ 계약에 일치함을 입증하는 상업송장과 매수인이 지정된 목적지에서 물품을 수령하는데 필요한 인도지시서 및/또는 통상적인 운송서류인 유통성 선하증권, 해상화물운송장, 내수로 운송서류, 항공화물운송장, 철도화물탁송장, 도로화물탁송장, 복합운송서류 등을 제공하여야 한다. 이러한 모든 서류는 당사자의 합의에 따라 전자통신문으로 대체될 수 있다.

### 3) 매수인의 의무

① 지정된 목적지에서 자신의 임의처분 하에 인도된 물품을 수령하고 운송수단으로부터 양하하여야 한다.

② 자신의 위험과 비용부담으로 모든 수입허가와 수입통관의 절차를 이행하고 이에 따른 관세, 조세 등을 지급하여야 한다.

## 13 Delivered Duty Paid(… named place of destination) : D.D.P.(관세지급인도조건 … 지정목적지)

### 1) 의의

관세지급인도조건이라 함은 매도인이 수입통관을 마친 물품을 지정된 목적지까지 도착시킨 운송수단으로부터 양하하지 않은 상태로 매수인에게 인도하는 것을 의미한다. 따라서 매도인은 지정된 목적지까지 물품을 운반하는데 포함되는 비용 및 위험을 부담하고 목적국의 수입을 위한 일체의 관세를 부담하며, 매수인은 물품을 양하한다.

D.D.U. 조건에서와 마찬가지로 목적지에 도착하는 운송수단으로부터 양하하지 아니한 상태로 인도한다는 내용을 추가하였다.

E.X.W. 조건이 매도인에게 최소한의 의무를 부과하는 조건이라면, D.D.P. 조건은 최대의 의무를 부과한다. 이 조건은 매도인이 직접 또는 간접적으로 수입허가를 취득할 수 없는 경우에는 사용되어서는 안 된다. 그러나 만약 당사자들이 물품수입에 따라 부과되는 일부 비용을 매도인의 의무에서 제외하기를 원한다면, 매매계약에 이러한 취지의 문언을 명시적으로 추가하도록 함으로써 변형거래조건을 수용하고 있다.

한편 D.D.P. 조건에서는 매도인이 수입품의 통관절차를 마친 상태에서 수입과 관련하여 부담하는 '비용'(charges)의 의미가 무엇인지 파악하는 것이 중요하다. 이를 INCOTERMS 1990의 D.D.P. 조건 A6항에서는 '물품의 수출/입시에 지급되는 공적 비용'(official charges payable upon exportation and importation of the goods)이라고 표현하였는데, INCOTERMS 2000의 D.D.P. 조건 A6항에서는 '공적'(official)이란 용어를 삭제하여 '물품의 수출/입시에 지급되는 비용'(charges payable upon export and import and importation of the goods)이라고 표현하고 있다. 그 삭제 이유는 D.D.P. 조건에서 물품의 수출입시에 지급되는 비용은 수입의 결과로써 수반되는 비용이어야 하고 수입준거규정(applicable import regulations)에 따라 지급되어야 하는 비용이므로 당연히 공적비용이기 때문이다. 따라서 수입통관의무와 관련이 없는 보관료처럼 당사자들이 수입과 관련하여 지급하는 사적 추가비용은 물품의 수출입시 매도인에 의해 지급되는 비용이 아니므로, '공적'이라는 문언을 삭제하여도 의미상에는 어떤 변화도 없다. 기타의 개정 내용은 D.D.U. 조건에 언급된 바와 같다.

### 2) 매도인의 의무

① 매매계약과 일치한 물품을 최종목적지에서 매수인의 임의처분 하에 인도하여야 한다.

② 자신의 비용부담으로 선적지에서 물품의 수출허가와 수출통관은 물론 수입지에서의 수입허가와 수입통관의 절차를 이행하고 이에 따른 관세, 조세 등을 지급하여야 한다.

③ 수입지에서 최종목적지까지의 반입운송비를 지급하여야 한다.

④ 계약에 일치함을 입증하는 상업송장과 매수인이 지정된 목적지에서 물품을 수령하는데 필요한 인도지시서 및/또는 통상적인 운송서류인 유통성 선하증권, 해상화물운송장, 내수로 운송서류, 항공화물운송장, 철도화물탁송장, 도로화물탁송장, 복합운송서류 등을 제공하여야 한다. 이러한 모든 서류는 당사자의 합의에 따라 전자통신문으로 대체될 수 있다.

### 3) 매수인의 의무

① 지정된 목적지에서 자신의 임의처분 하에 인도된 물품을 수령하고 운송수단으로부터 이를 양하하여야 할 의무가 있다.

# Part III
# 글로벌 전자무역 운송

# Chapter 10 글로벌 무역운송 일반

## I 무역거래와 국제운송

운송은 인간과 물자의 공간적인 효용을 높이기 위하여 인간이나 물자를 한 장소로부터 다른 장소로 옮기는 것을 말한다. 즉 상품이 생산된 장소와 소비하는 장소 사이에 존재하는 공간적 거리를 사이에 두고 상품을 이동시키는 것으로, 공간적인 이동과 시간적인 극복을 통하여 재화와 용역의 효용가치를 증대시키는 행위를 의미한다.

국제분업에 의하여 각국에서 특화된 물품이 생산되어 교역이 이루어지기 위해서는 그 물품이 소비되는 곳으로 이동되어야 한다. 물품의 이동은 적절한 운송수단에 의존하게 된다. 물품의 운송이 이루어질 수 없다면 국제분업은 불가능하다. 오늘날 무역에 의하여 국제경제가 상호 이익을 도모하며 발전할 수 있었던 것도 국제적인 운송이 가능하였기 때문이다. 따라서 무역이 발전하면 운송수요가 많아져서 운송부문도 발전하게 되고, 세계경제가 침체되어 운송수요가 떨어지면 운송 분야도 후속적으로 부진현상을 나타낸다. 무역과 운송은 이와 같이 밀접한 관계가 있는 경제활동이다.

무역상품의 국제적인 운송은 각국의 지정학적 위치에 따라 여러 가지 운송수단을 이용하게 된다. 유럽대륙에서와 같이 육지로 국경을 접하고 있는 국가 간의 무역은 주로 육상운송에 의존하게 되고 우리나라를 비롯하여 영국이나 일본과 같은 해양국가들은 당연히 해상운송이나 항공운송을 이용하게 된다. 그 중에서도 수송비가 싼 해상운송수단이 가장 많이 이용되고 있다. 운송기법의 발전에 따라 최근에는 운송실무상 육·해·공(陸·海·空)을 하나의 운송경로로 연결하는 복합운송도 많이 이용되고 있다.

# 2 해상운송

## 1 해상운송의 기초

### 1) 해상운송의 개념

운송(transportation)이란 "사람이나 재화를 어떤 장소에서 다른 장소로 이동하는 것으로써, 그 사이 재화의 형태나 성질을 물리적 또는 화학적으로 변화시키지 않는 것"이 운송의 가장 초보적인 개념이다. 따라서 국제운송(international transportation)이라 하면 사람이나 재화의 이동이 국제간에 이루어지는 것을 의미한다.

이에 비해 해상운송(shipping, carriage by sea, ocean transportation)이란 "바다 위에서 선박을 이용하여 사람이나 재화를 장소적·공간적으로 이동하는 현상"을 가리킨다. 해운이 다른 운송부문과 구별되는 점은 '바다'와 운송수단인 '선박'이 해운의 개념을 규정하는 중요한 요소가 되는 것이다.

그러므로 원양운송(ocean transportation)이 아닌 하천, 호수, 운하지역만을 운행하는 비교적 소규모의 내륙수상운송은 일반적으로 해상운송의 개념에서 제외된다. 선박에 대해서는 이른바 상선(merchant ship)만을 그 대상으로 한다. 따라서 어선, 준설선, 창고선, 시추선 등도 해상운송의 개념에서 제외된다.

해상운송은 근본적으로 장소적 효용(place utility)을 창출하는 점에서 다른 운송활동과 다를 것이 없다. 해상운송은 장소적 효용을 창출하는 생산활동일 뿐만 아니라 석유, 철광석, 석탄, 곡물과 같은 주요 원자재를 생산공정에 접속시킴으로써 새로운 형태의 생산물에 가치를 추가하게 하고, 다음에는 이것을 소비시장에 이전시킴으로써 새로운 가치를 다시 추가하게 한다.

## 2) 해상운송의 특징

### (1) 대량수송

해운의 가장 두드러진 특징은 대량수송이다. 한 번에 대량의 화물을 운반할 수 있는 수송수단으로는 선박을 따를 수가 없다. 비교적 대량수송을 한다는 철도의 경우 20톤 화차 30량을 연결하더라도 600톤밖에 되지 않는다. 이에 비해 50만톤의 원유를 일시에 1척의 선박으로 운반할 수 있는 해운이야말로 대량수송의 화신이 아닐 수 없다.

### (2) 수송비의 저렴

해운의 수송비는 타 운송수단과는 비교가 안 될 정도로 저렴하다. 선박은 바다라는 천연의 통로를 비교적 저속으로 운행하기 때문에 철도 및 도로와 같이 막대한 투자를 요하지 않는 데다, 고속으로 하늘을 항행하는 항공기처럼 극도로 정교한 것을 요하지도 않아 상대적으로 운송원가가 낮아서 저렴한 수송용역을 창출해 내고 있다.

### (3) 원거리수송

원거리수송이 반드시 해운의 요건은 아니지만 흔히 해운이 5대양 6대주로 상징되듯이 대부분의 해상운송이 대륙을 잇는 장거리운송에 이용되고 있다. 한편 항공운송도 주로 장거리운송에 투입되고 있다는 점에서 해상운송과 공통성을 갖는다.

### (4) 자유로운 수송로

해운은 바다라는 천연의 통로를 자유로이 사용할 수 있고 철도·자동차와 같이 일정한 통로의 제한을 받지 않는다. 일찍이 네덜란드의 그로티우스(Hugo Grotius,

1583~1645)가 1609년 '공해자유론'을 제창, 18세기에는 국제법으로 공인되어 거의 모든 바다가 자유로운 운행을 보장받음으로써 해운의 발달에 유리한 조건을 형성하게 되었다. 이 점 역시 항공운송과 공통성을 갖는다.

#### (5) 국제성(global industry)

국내에서의 연안해운도 없지 않지만 대부분의 해운은 국제간에 이루어진다. 해운의 국제성이란 외국의 항만에 선박이 자유롭게 출입할 뿐만 아니라 해운시장이 국제적으로 형성되어 치열한 경쟁을 벌이고 있음을 의미한다. 철도나 자동차가 주로 국내만을 활동무대로 하고 있음에 비추어 해운과 공운이 갖는 공통적 특징이라 하겠다.

#### (6) 저속성

대부분의 상선은 저속으로 운행되고 있다. 항공기는 말할 것도 없고 자동차, 기차에 비해서도 가장 느린 운송수단이다. 이처럼 속력이 느린 만큼 운임이 싸고 더불어 경제성을 유지할 수가 있는 것이다. 항공기가 고속성을 내세워 고운임을 요구하는 데 비해 선박은 저속을 기초로 하여 저운임, 대량 수송으로 고유의 영역을 구축한다.

### 3) 해상운송의 역할

#### (1) 무역 촉진

자국선박을 보유함으로 해서 외국선박의 일방적인 운임인상 등이 방지되고 운임조정을 통해 수출입의 증진이 기대된다. 흔히 해운을 무역의 종속변수(dependent variable)로만 알고 있다. 그러나 무역은 국기를 따른다(The trade follows the flag)라는 말이 있듯이 자국선박이 기항하는 곳에 새로운 시장이 개발되고 수출입이 이뤄진다는 사실은 역사적으로 입증되고 있다.

#### (2) 국제수지의 기여

만약 모든 수출입화물이 외국선박에 의해 운송된다면 막대한 운임을 외화로 지급하지 않으면 안 된다. 그러나 자국선박을 이용할 경우 외화지불이 필요 없음은 물론이고 오히려 외국화물을 수송함으로써 많은 외화수입을 기대할 수 있다.

#### (3) 관련 부대산업의 육성

우선 조선업을 비롯하여 해상보험업, 창고업, 육운업, 하역업 그리고 선용품용달업, 급유업, 통선업 등과 같은 해운부대산업, 무역업 및 운송주선업 등 무수히 많은 산업과 연계되어 파급효과를 수반한다. 더불어 선원과 같은 해상노무자 뿐만 아니라 부두인력 및 제관련산업으로 파급되는 고용효과 또한 지대하다.

#### (4) 국토방위의 수단 및 국위선양

현대전은 총력전이라는 측면에서 유사시 병력 및 물자수송에 동원되어 국방에 기여할 수 있고, 항상 자국기를 휘날리며 5대양 6대주를 누빌 수 있어 대외적으로 국력을 과시할 수 있는 수단이 되기도 한다.

### 4) 선박

#### (1) 선박의 개념

선박이란 상법, 선박안전법, 해상충돌예방법 등 각 법의 적용목적에 따라 그 정의를 달리하고 있지만 넓은 의미에서의 선박이란 "수상에서 사람 또는 물건을 싣고, 이것들을 운반하는 데 쓰이는 구조물"을 말한다. 다시 말해 선박은 수상에 뜬다는 부양성, 여객 또는 화물을 실을 수 있는 적재성, 그리고 적재된 것을 원하는 위치로 운반할 수 있는 이동성의 3요소를 동시에 갖춘 구조물이라 할 수 있다.

한자로 '선박'은 통념상 대형선을 의미하며, '주정'은 소형선을 뜻하고, 법률상으로는 선박이라는 용어가 사용되며, 그 용도나 재질, 톤수, 적재능력, 항행구역 등과 무관하게 쓰이는 개념이다. 영어로는 'Ship', 'Boat' 및 'Vessel'이란 단어가 쓰이고 있으나 이를 엄밀히 구분한다면 'Ship'은 대형선을, 'Boat'는 소형선을 각각 의미하며 'Vessel'은 대소형을 모두 포함한 뜻을 갖는다. 따라서 해운의 관점에서 보는 선박은 상행위, 기타 영리를 목적으로 화물 및 여객의 운송에 사용되는 부양성, 적재성, 이동성을 갖춘 구조물로 정의할 수 있다.

### (2) 선박의 종류

#### ① 일반화물선(General Cargo Ship)

컨테이너선과 대형화물선이 등장하기 전까지는 일반화물선이 전형적인 화물선으로 과거 40~50년간의 해상운송은 일반화물선이 주도해 왔다고 할 수 있다. 설계상의 특징은 원활한 잡화선적을 위해 다중갑판(multiple deck)으로 되어 있으며, 하역에 소요되는 시간 때문에 대형화하지 못하고, 통상 10,000~15,000 총톤(gross ton ; G/T) 정도에 머무르고 있다. 그럼에도 조선기술의 향상과 함께 본 선박도 많이 개선되어 왔으며, 특히 본선 크레인의 성능이 크게 향상되었고, 선창덮개(hatch cover)의 자동화, 환기장치의 개선 등이 이루어 졌다.

#### ② 컨테이너선(Container Carrier)

컨테이너 시스템은 1956년 4월 미국의 맬콤 맥린(Malcom P. Mclean)이 처음 해상에 실용화시킨 혁신적인 운송방식으로, 흔히 컨테이너 혁명이라 불릴 만큼 해상운송에 획기적인 전기를 가져왔다. 처음에는 중고선을 개조하여 컨테이너를 갑판적으로 수송했으나, 점차 컨테이너 전용선이 건조되었고, 최근에 이르러 세계 주요 항로의 잡화수송은 거의 컨테이너선에 의존하고 있는 실정이다.

종래의 정기선은 잡다한 화물을 뭉치화(parcel lot)하여 운송함으로써 하역에 시간과 비용이 많이 들었다. 하역시간을 단축하고 하역비용을 절감하기 위해, 화물을 컨테이너라는 용기에 넣어 운송하는 것을 컨테이너화라 하고, 그 컨테이너를 효율적으로 수송하기 위해 건조된 선박이 바로 컨테이너선이다.

컨테이너선의 이점은 전천후 하역이 가능하고, 하역능률이 높아 정박일수가 단축됨으로써 선박의 가동률이 제고되고, 정박시간 단축으로 선형의 대형화가 가능하며, 하역률 향상과 정박시간 단축으로 수송원가가 절감되고, 컨테이너의 육상연계수송으로 문전서비스(door-to-door)가 가능하다는 점이다.

컨테이너선은 재래선과 비교할 때 수송거리가 짧고 그 회수가 많으며, 육상과의 연계운송을 필요로 하는 항로일수록 더 유리하다. 따라서 수송여건이 여러모로 유리한 컨테이너선의 출현으로 재래선은 쇠퇴하고, 컨테이너선의 시대가 도래하게 되었다.

대부분의 컨테이너는 잡화운송에 이용되지만, 냉동/냉장화물을 위한 냉동/냉장 컨테이너 및 액상화물 또는 화공품을 위한 탱크 컨테이너, 기계류 등을 위한 특수 컨테이너가 있어 컨테이너선이 운송할 수 있는 화물의 종류가 크게 확대되었다.

한편 최근에는 작업의 편리를 위해 컨테이너선에 선창덮개가 없는 무개 컨테이너선(open-hatch container ship)이 건조되고 있다. 본 선형의 경우 선창 덮개가 없어 비나 눈에 노출이 되므로 선창내의 배수설비를 강화하고 본선의 흘수(draft) 및 건현(freeboard)이 일반 컨테이너선보다 깊고 높게 설계되어 있다.

### ③ 탱커(Tankers)

원유, 정제유(oil products), 화공품, 액화가스 등 액상화물을 선창 내에 직접 산적(Drum 등의 용기에 넣지 않고)하여 운송하는 선박이다.

#### ⅰ. 원유운반선(Crude Oil Tanker)

원유는 대량저장이 가능하고 통상 해상(off-shore)의 적양구(head)까지 파이프로 연결되어 흘수 등의 제약을 받지 않고 해상하역이 가능하므로, 선박을 대형화하여 대량수송의 이점을 최대한 활용하고 있다. 이러한 이점 때문에 탱커는 점차 거대화하여 맘모스 탱커가 출현하였으며, 이들을 VLCC(Very Large Crude Carrier) 및 ULCC(Ultra Large Crude Carrier)라고 부른다.

탱커는 선체의 중앙 또는 후미에 설치된 강력한 펌프의 힘으로 각 탱크에 연결된 파이프를 통해 선적 및 양륙한다. 탱커는 적양속도가 빨라 수만톤급 선박이라도 24시간 이내에 적양가능하기 때문에 정박시간이 짧고, 공선으로 선적지로 향한 후 만재하여 양륙지로 귀항하는 이른바 피스톤 항해를 반복하는 것이 특징이다.

ii. 정제유운반선(Product Tanker)

휘발유, 석유, 경유, 기타 정제유를 운송하는 선박으로서 본 선형은 최대 15만 DWT(Dead Weight Tonnage ; 만재중량톤수)[191] 크기로 원유운반선보다 작다. 그리고 본 선형은 여러 종류의 정제유를 운송할 수 있게 하기 위해 여러 개의 탱크로 분할되어 있어 배관(piping) 시스템이 복잡하며, 일부 선박은 화공품도 운반할 수 있다. 원유운반선을 일명 Dirty Tanker라 하고 본 선형을 Clean Tanker라 한다.

iii. 화공품운반선(Chemical Tanker)

부식성, 인화성, 유독성 등을 지닌 액상화공품을 적재하는 전용선이다. 근년에 이르러 화공품의 탱커수송이 크게 늘고 있다. 특히 해상오염방지조약(MARPOL: Treaty on Maritime Pollution)은 바다의 생명체 및 인간의 건강에 유해한 물질을 유독성 화물(noxious liquids)로 규정하고, 유독성 액체화물을 A, B, C, D로 분류하여 규제하고 있다. A는 독성이 강하고 D는 약하며, A, B, C는 Chemical Tanker를 이용해야 하고, C, D는 Product Tanker를 이용해야 한다. 그리고 D는 일반선박의 Deep Tank를 이용할 수 있다.

iv) 가스운반선(Gas Tanker)

각종 가스를 액화하여 운반하는 특수전용선이다. 액화가스를 운송할 수 있는 선박은 유지해야 할 압력 및 온도에 따라 세 가지로 분류된다.

유압상온형은 온도와 관계없이 압력만으로 액화할 수 있는 가스로 가압설비를 요한다.

유압냉각형은 압력 및 냉각을 요하는 가스로 고압냉각 탱크를 갖춰야 충전이 가능하다.

무압냉각형은 대기압 하에서 냉각을 요하는 가스로 냉각설비를 요한다.

191) 선박이 적재할 수 있는 화물의 최대중량으로 만선배수량과 공선배수량의 차(差)로서 산출된다. 선박의 매매, 용선료 등의 기준이 된다.

#### ④ 건산물선(Dry Bulk Carrier)

석탄과 같은 화물을 벌크상태로 운송하는 방법은 옛날부터 있어 왔지만, 오늘날과 같이 산화물을 그대로 자동화된 하역기기로 신속하고 간편하게 적양하며, 산화물의 운송효율을 높이기 위해 단일갑판(single deck)의 산물선이 처음으로 건조된 것은 1957년이었다.

철광석, 석탄, 곡물, 시멘트, 인광석, 보크사이트, 석회석, 원당 등 주로 대형 산화물 운송에 적합한 선형으로 탱커와 함께 부정기선의 주종을 이루고 있다.

#### ⑤ 광석전용선(Ore Carrier)

철광석, 보크사이트, 석회석 등을 운반하는 선박으로 광석전용선은 보통 편도화물을 운송하기 때문에 공선귀항시를 대비하여 적당한 양의 물을 적재하기에 충분한 선저수조(ballast tank)를 갖고 있다. 또한 하역은 선적지와 양륙지가 한정되어 있어서 육상에 광석 적양에 적합한 하역장치를 설치 이용하기 때문에, 통상 광석전용선에는 일반화물선에서 볼 수 있는 적양기(derrick or crane) 등의 하역설비가 없는 것이 특징이다.

#### ⑥ 겸용선(Combination Carrier)

탱커나 산물선이 공통적으로 안고 있는 문제점은 대부분의 경우 편도수송이며 왕복화물을 구할 수 없다는 점이다. 이러한 문제점을 해결하기 위해 유류와 건화물을 선택적으로 수송할 수 있는 겸용선이 1960년대 중반부터 개발되었다. 즉, 철광석과 원유를 수송할 수 있도록 건조된 O/O선(ore/oil carrier), 광석, 산화물, 원유를 수송할 수 있는 O/B/O선(ore/bulk/oil carrier), 자동차와 산화물(car/bulk carrier)을 수송할 수 있는 C/B선, 그리고 최근에는 Container/Bulker라 하여 왕항(往航 ; outbound)은 컨테이너, 복항(復航 ; inbound)은 산화물을 운송할 수 있는 정교한(sophisticated) 겸용선도 등장하고 있다.

### ⑦ 로로선(Roll On/Roll Off)

1928년 미국의 Seatrain사가 미국 동부 및 걸프와 쿠바간에 차량수송을 개시하면서 소개되었다. 그러나 이후 오랫동안 원양항로에는 공간손실이 많아 비경제적이라는 이유로 관심을 끌지 못하다기, 1969년에 Scan Austral사가 처음 원양항로에 투입하였다. 본 선형은 지게차(fork-lift)에 실을 수 있는 화물(pallet, bale, preslung, container, packaged timber 등)과 바퀴달린 화물(car, loaded truck or trailer 등)의 수송에 적합하다.

본 선형의 장점은 데릭, 크레인 등의 적양기(lifting gear)의 도움 없이, 자력으로 램프(ramp link span)를 이용해 Drive On/Drive Off를 할 수 있어서 하역시간이 짧아 본선의 회전율(turn-round)을 제고시키고, 화물의 손상을 최소화하며 일관운송(through-transit)에 아주 편리하다.

### ⑧ 냉동선(Refrigerated Carrier)

육류나 어류 등의 냉동화물을 운송하기 위해 전 선창을 냉장화하여 냉동물 운반에 전용되는 특수선이다. 주로 어류, 과일, 야채 등을 운반한다. 냉동선은 각 선창을 적당한 크기의 구획으로 나누어, 각 구획마다 방열구조를 갖추고 강력한 냉각장치를 설비하여, 냉동물 운송 중 각 화물별로 저장에 필요한 온도를 장기간 유지할 수 있도록 설계되어 있는 선박이다.

### ⑨ 중량물운반선(Heavy Cargo Carrier)

일반화물선에서는 변압기, 객차, 기관차, 선박엔진, 발전기, 기계설비, 쟈켓, 갠트리 크레인 등 초중량물(통상 분리불능의 50톤 이상의 화물) 또는 거대화물을 자력으로 적양할 수 없기 때문에, 이러한 특수화물의 운송을 위한 선체구조 및 설비를 갖춘 선박이다.

#### ⑩ 바지 운반선(Barge Carrying Ship)

본선의 크레인 또는 엘리베이터로 400~1,000톤 정도의 바지를 적양 할 수 있는 특수선이다. 최초의 바지운반선은 1969년에 건조되었고 1974년까지 총 28척이 건조되었다. 항구에서의 정박기간을 최소화하고 선박의 가동률을 높이기 위해 고안된 것이다. 예인선(tug boat)이 수출화물을 적재한 바지를 예인하여 외항(outer harbour)에서 대기하고 있다가, 본선이 도착하면 그 바지를 본선에 인도하고 수입화물이 적재된 바지를 인수한다.

바지는 본선이 입항 불가능한 항내의 깊숙한 좁은 안벽에 접안하여 적입·인출이 가능하기 때문에, 내수로를 이용 최종목적지까지 계속 예인하거나, 내항으로 예인하여 한적한 곳에서 화물을 인출하여 수화인에게 인도한다.

#### ⑪ 고속컨테이너선(Fast Ships)

운송에 있어 속도(speed)는 첫 번째로 꼽는 매력요소이다. 선박의 고속화는 강력한 소형엔진의 개발 또는 선박 자체의 소형화를 통해 가능하다. 따라서 미래의 선박은 대형화의 지속과 함께 소형화에 의한 고속화의 추진도 병행될 것으로 예상된다. 고속선은 고성능의 엔진을 부착해야 하므로 건조비 및 운영비가 높은 데다 적재능력이 적어 대부분 여객선으로 사용되고 화물선은 드물다.

### (3) 선급제도(Ship's Classification)

선박의 정상적인 항해가능 여부를 감항성 또는 내항성이라는 말로 표현한다. 즉, 선체 및 기관에 이상이 없고 선장 이하 선원에 결원이 없으며 연료, 청수 등 항해준비를 갖춘 상태를 감항성이 있다고 한다.

선박의 감항성 유무는 선주, 화주, 보험회사 등 모든 이해당사자에게 주요 관심사항이다. 그러나 감항성의 기준이 객관적으로 명백하지 못해 항상 분쟁의 소지가 있다. 여기에 감항성의 객관적·전문적 판단을 위해 선급제도가 생겼고 이를 담당할 선급협회(Classification of Societies)가 있다.

선급제도는 보험자들에 의해 보험의 인수여부 및 보험료 결정을 위해 1760년에 'Green Book'이라는 선박등록부를 만들면서 시작되었다. 뒤이어 선주들도 자신들의 이익보호를 위해 선급제도를 별도로 실시해 오다가 1834년에 양선급이 통합, 오늘의 로이즈 선급(Lloyd's Register)이 탄생한 것이다.

전 세계 45개 선급 중 로이즈 선급 등 11개 주요 선급이 상호 협력, 선급제도를 발전시키기 위해 1968년 국제선급협회(International Association of Classification Societies : IACS)를 창설하였으며, 현재 정회원국은 영국, 미국, 프랑스, 독일, 노르웨이, 이태리, 일본, 중국, 폴란드, 한국 등이다.

우리나라도 독자적인 선급제도의 필요성을 느껴 1960년 한국선급협회(Korea Register : KR)를 창설하였고 1988년 6월부터는 중국과 함께 IACS의 정회원이 되어 선진해운 및 조선국임을 대내외로 인정받고 있다.

그리고 1989년 11월 3일부터 영국 적하보험 선급 약관(Classification Clause)에 등재, 1990년 1월 1일부터 발효되어 해상보험요율 최우대 적용 및 KR 선급선의 국제경쟁력 제고 등의 효과를 기대할 수 있게 되었다.

선박이 특정선급을 얻기 위해서는 선급검사관(surveyor)의 엄격한 감독 하에 동 선급규칙에 맞춰 건조되어야 한다. 어떤 선박의 선급이 +100A1이라면 동 선박은 로이즈 검사관의 감독 하에 건조되었음을 의미한다. 또 선급을 계속 유지하기 위해서는 매년 일반검사(survey)를 받고 4년마다 정밀검사(special survey)를 받아야 한다.

### (4) 편의치적(Flag of Convenience) 및 제2치적(Second Registry) 제도

편의치적 제도란 소유선박을 자국이 아닌 외국에 등록하는 제도이다. 원래 정치적·군사적 동기에서 유래하여 오늘날에는 주로 경제적 동기에서 이루어지고 있다. 그 역사는 로마제국에까지 거슬러 올라갈 만큼 오랜 제도이다. 나폴레옹의 해상봉쇄령을 피하기 위해 영국의 선주들이 독일에 치적하였고, 1922년 미국의 United American Line이 객선 2척을 파나마에 치적한 것이 경제적 동기에 의한 편의치적의 시초이다. 1948년 리베리아가 파나마보다 더 매력적인 조건을 제공하면서 편의치적국으로 등장하였다. 편의치적은 1950년대에 급증하여 1959년에는 전 세계 선복량의 13.6%가 편의치적을 하였고, 1976년에는 26.8%로 늘었다. 특히 1976년 편의치적 선복의 74%가 리베리아에 치적되었다. 파나마, 리베리아 외에도 온두라스, 코스타리카, 레바논, 키프로스, 소말리아, 오만 등이 편의치적을 공여하고 있다.

편의치적을 하면 ① 간섭을 받지 않는다. 재무상태, 거래내역을 보고하지 않아도 되고 기항지도 제약을 받지 않는다. ② 고임의 자국 선원을 승선시키지 않아도 된다. 선진해운국의 선주들이 치적하는 중요한 이유 중의 하나이다. ③ 편의치적국은 등록시의 등록세와 매년 징수하는 소액의 톤세 외에 선주의 소득에 대해 일체의 조세를 징수하지 않는다. ④ 금융기관이 선박에 대한 임치권(유치권) 행사를 용이하게 할 수 있어, 선박의 건조 또는 구입자금을 국제금융시장에서 쉽게 조달할 수 있다. ⑤ 편의치적국들은 선박의 운항 및 안전기준 등에 대해 규제하지 않기 때문에, 이러한 부문의 비용절감을 노려 치적하는 사례도 많다.

한편, 최근 편의치적을 대신해 등장한 제도가 제2치적, 역외치적(flagging out) 또는 국제개방치적(international open registry)이다. 1980년대에 해운 경쟁이 격화되면서 선진국의 선대가 대량으로 편의치적을 하자, 자국선대의 해외 이적을 방지하기 위해 자국의 자치령 또는 속령에 치적할 경우 선원고용의 융통성과 세제 혜택을 허용하기 시작한 것이다.

예컨대, 영국령 버뮤다, 케이만 군도, 지브롤터, 네덜란드의 안틸레스 등이 치적지로 이용되었다. 특히 네덜란드령 안틸레스는 네덜란드 선박뿐만 아니라 영국 선박도 치적할 수 있는 개방치적제를 채택하였는데, 이는 1986년 유엔선박치적조건협약에 의해 제2치적제도가 가속화 되었다. 제2치적제도는 자국령이면서도 자국 선원노조의 영향을 받지 않는 일정지역을 치적지로 삼는 것이다.

요컨대, 제2치적제도는 ① 기존의 등록지와 다른 곳에 등록을 하고 명목상의 본사를 둔다. ② 자국기를 게양하면서 외국선원의 고용을 허용하고 각종 세금을 경감해 준다. ③ 선박안전 등에 관한 사항은 자국적선과 동일하게 적용하며 등록선박에 대한 관리체제가 잘 정비되어 있다.

우리나라도 현행 국적선 등록제도로는 제2치적 및 정부의 보조를 받는 선진해운국과의 경쟁에 효과적으로 대처할 수 없다는 판단 하에 제2치적제도를 도입하였다. 우리나라 해운업은 1980년까지 법인세, 지방세 등을 전면 면제받는 지원업종에서 1981년부터 과세업종으로 전환, 조세부담이 늘어 경쟁력 상실의 한 요인이 되었었다. 선박취득시 편의치적선에 비해 106배의 조세를 부담했고, 선박소유에 대한 조세부담도 연간 136배에 달했었다. 따라서 선대의 경쟁력 강화를 위해, 기존의 선박등록제와 별도로 1997년 7월 30일 국제선박등록법이 국회를 통과 이른바 National Minimum 제도와 함께 제2치적제도를 도입한 것이다. 우리의 경우 특정지역을 치적지로 지정하지 않고, 해양수산부에 국제선박으로 등록하면 편의치적선과 같은 혜택을 누릴 수 있게 하였다.

더불어 프랑스, 스페인, 덴마크, 벨기에, 포르투갈 등 현재 많은 나라가 개방치적을 허용하고 있어 머지않아 선박의 국적은 의미가 없게 될 것이다. 따라서 국제해사기구(International Maritime Organization : IMO)는 앞으로 선박의 국적보다는 선박에 고유번호를 부여하여 관리할 계획을 추진 중이다. 이른바 국제치적제도(international register system)로 선박의 모든 검사 및 관리, 선급, 유지보수, 운항, 선원충원, 항해, 오염통제 등에 대한 국제적 기준을 설정하여 관리하려는 것이다.

### 5) 화물

#### (1) 화물의 분류

운송화물은 물리적 성질, 이용선박, 포장방법, 컨테이너화의 여부, 기타 특성에 따라 아래와 같이 다양하게 분류할 수 있다.

##### ① 건화물(dry cargo)과 액상화물(liquid cargo)

물리적 성질에 따른 분류로 건화물은 곡물, 시멘트, 설탕, 소금, 면화 등과 대부분의 일반 공산품이 해당된다. 액상화물은 석유류, 아스팔트, 당밀(molasses), 우지(beef tallow), 야자유(palm oil), 주류, LNG, LPG, 액상의 화공약품(chemical products) 등으로 Tanker 또는 용기에 담아 운송되는 화물이다.

### ② 부정기선화물(tramper cargo)과 정기선화물(liner cargo)

운송선박의 성격에 따른 분류로 부정기선 화물은 부정기선에 의해 운송되는 화물로서 주로 석탄, 원유, 원광석, 곡물, 시멘트, 비료, 원목, 설탕, 소금 등이다. 정기선 화물은 재래정기선(conventional liner) 및 컨테이너선에 의해 운송되는 화물로서 주로 일반 공산품들이며 다음에 서술하는 일반화물 및 컨테이너화물 등이 이에 속한다.

### ③ 산화물(bulk cargo)과 일반화물(general cargo)

화물의 포장여부에 따른 분류로 산화물은 포장을 하지 않은 상태로 운송하는 화물로서 주로 원자재가 이에 해당되며 앞서의 부정기선 화물의 대부분이 이에 속한다. 일반화물은 흔히 잡화로 불린다. 수많은 종류의 일반 공산품이 이에 해당되며 앞서의 정기선 화물이 이에 속한다.

### ④ 컨테이너화물(containerized cargo), 재래선화물(break bulk cargo)

화물의 컨테이너화 여부에 따른 분류로 Containerized Cargo란 말할 나위도 없이 컨테이너화되어 운송되는 화물이고, Break Bulk Cargo(nonunitized-general cargo)란 컨테이너화물에 대응되는 개념으로 일반화물선(general cargo ship)에 의해 운송되는 화물이다.

한편 냉동선(reefer vessel)에 의해 운송되는 냉동·냉장화물(refrigerated·chilled cargo)이 있다. 냉동화물은 아예 얼려서 운송하는 화물로서 참치, 동태, 오징어 등의 원양수산물과 육류 등이며, 냉장화물은 사과, 바나나, 계란, 우유, 버터 등 0℃~10℃를 유지해야 하는 화물이다.

⑤ 위험화물(dangerous cargo), 기피화물(dirty cargo), 중량화물(heavy cargo), 장척화물(lengthy cargo)

기타 화물의 특성에 따른 분류로 위험화물은 선박, 선원, 하역인부, 타화물 등에 위해를 가할 가능성이 있는 화물로서 모든 운송기관이 위험화물에 대해 엄격한 규정을 적용하고 있다. 이를 어길 경우 벌금을 물게 되므로 위험물에 대해서는 특별한 관심을 기울여야 한다. 국제해사기구(International Maritime Organization : IMO)는 위험물을 9개 부류(class)로 분류하고 있다.[192)]

(2) 화인(Shipping Mark, Cargo Mark)

화물의 특성에 맞는 적절한 포장을 하였으면 포장의 외면에 특정의 기호, 번호, 목적지, 취급주의 문구 등 각종 표기를 하는데, 이는 운송인 및 기타의 관계자가 타화물과 식별을 용이하게 하기 위한 것이다. 화인의 주요 부분은 기호 및 번호(mark and number)로서 선하증권, 상업송장 등에도 기재되어 화물과의 대조를 용이하게 한다. 화인의 불비로 인해 발생한 손해에 대해서는 송화인(shipper)이 책임을 지게 되며 보험자도 보상하지 않으므로 유의해야 한다.

① 주화인(Main Mark)

주화인은 타화물과 식별을 용이하게 하기 위해 포장외면에 삼각형, 정방형, 마름모형, 다이아몬드형, 타원형 등을 그리고 그 안에 상호 등의 약자를 넣은 도형을 말한다. 삼각형 등의 도형이 없이 문자나 숫자만의 주화인도 있다.

② 목적항표시(Port Mark)

화물의 선적·양륙작업을 용이하게 하고 화물이 잘못 운송되는 일이 없도록 목적항 또는 목적지를 표기한다. Chicago Overland via Seattle과 같이 경유지까지 표기하기도 한다.

---

192) ① 폭발물, ② 고압가스, 액화가스, ③ 인화성 액체, ④ 인화성 고체, 자연발화성 화물, 젖으면 인화성 가스를 발생하는 화물, ⑤ 산화성 물질, ⑥ 독극물, 방사성 물질, ⑧ 부식물(corrosives), ⑨ 기타 위험물

③ 화물번호(Case Number)

화주 1인의 화물이 여럿인 경우 포장마다 번호를 표기하되 총 개수를 일련번호로 표기한다.

④ 중량 및 용적표시(Weight &Measurement Mark)

화물의 순중량, 총중량 및 용적을 표기한다.

⑤ 원산지표시(Country of Origin Mark)

화물의 원산지를 국가명(Made in Korea)으로 표기한다.

⑥ 부화인(Counter Mark)

주화인의 보조로서 같은 그룹의 화물중 구별을 할 필요가 있을 때 이용된다. 예컨대 화물의 등급이나 규격을 표기해야 할 경우 부화인이 이용된다.

⑦ 주의표시(Caution Mark, Care Mark)

화물의 운송·보관시 취급상의 주의사항을 표기한 것으로 이는 보통 포장의 옆면에 표기하기 때문에 Side Mark라고도 한다. 주의표시에는 USE NO HOOKS, WITH CARE, KEEP DRY, THIS SIDE UP, OPEN HERE, FRAGILE 등의 문구가 이용된다.

⑧ 기타표시

수입업자가 수입화물의 분류나 통관 등의 편의를 위해 주문번호(order No.)나 기타 필요사항을 표기하도록 지시하는 경우도 있다.

## 6) 운송인

### (1) 운송인의 성격에 의한 분류

#### ① Merchant Carrier

무역업과 운송업을 한 사람이 겸하고 있는 경우를 말한다. 무역업을 하고 있는 사람이 자기가 취급하는 상품을 자기 선박으로 운송할 때 Merchant Carrier라고 한다. 즉, 상행위를 하는 운송인을 말한다.

#### ② Contract Carrier

특정의 기업 또는 기업 그룹의 한정된 종류의 화물만을 인수하는 자이다. Contract Carrier에는 Private Carrier와 Industrial Carrier가 있다.

Private Carrier는 자기의 화물을 자기 자신의 선박으로 운송하는 자를 말한다. 즉, 운송인으로서 특정의 송화인하고만 운송계약을 체결하여 운송하는 자를 말한다.

Industrial Carrier는 자신의 화물 또는 자기와 관계가 있는 기업의 화물(원자재, 원유, 석탄 등)만을 전담하여 운송하는 운송인을 말한다.

#### ③ Common Carrier

불특정 화주에 대하여 운송서비스를 제공하는 운송인을 말한다. 영미법에 있어서는 운송인은 Common Carrier와 Private Carrier로 구별된다. 즉, Common Carrier는 운송인으로서 공공임무에 따라 누구의 화물이라도 운송을 인수하여야 되는 자를 말한다. 무역상이 접하는 운송인은 대부분이 Common Carrier이다. Common Carrier는 VOCC 및 NVOCC로 분류된다.

VOCC는 vessel operating common carrier의 약자이고 스스로 선박을 운항하지 않고 송화인과의 사이에서 운송계약을 체결하고 자기의 운송증권(B/L)을 발행하여 해상운송을 포함한 국제복합운송을 인수하는 자를 말한다. 이 경우 NVOCC는 계약운송인(Contract Carrier)으로 하여금 운송하게 함으로 Common

Carrier이다. 즉, NVOCC는 VOCC에게 운송을 의뢰하고 화주에게는 운송인으로서 모든 책임을 진다.

이상은 분류기준에 따른 분류이고 동일한 해상운송인이 특정 기업을 위한 운송서비스를 제공하는 경우에는 Contract Carrier가 되고 불특정다수의 화주를 위한 운송서비스를 제공하는 경우 Common Carrier가 된다. 또한 해상운송인이 시베리아철도를 이용하여 유럽지역으로 해륙복합운송하는 경우 복합운송인이 된다.

### (2) 운송수단에 의한 분류

#### ① 해상운송인(Ocean Carrier)

우리나라 해운업법 및 그 시행령에 규정된 해운업의 정의를 보면 해운업이란 해상화물운송사업, 해상화물운송 주선업(프레이트 포워드), 해운중개업, 해운대리점업, 선박대여업, 선박관리업 등 6개 업종을 가리킨다. 이들 업종 중에서 해상화물운송사업만을 해운업으로 분류하고 나머지 5개는 해운부대업으로 분류한다.

해물화물운송업은 정기선(liner) 운항업과 부정기선(tramper) 운항업으로 분류하며, 선박으로 해상화물 운송사업을 하는 해운업체를 선박회사 또는 선사라고 부른다.

해상운송 주선업을 영위하는 업체를 우리나라에서는 포워드 또는 국제복합운송업체라고 부른다.

해운대리점업을 영위하는 업체를 해운대리점업체, 선박대리점업체 또는 대리점 선사라고 부른다. 이 업체들은 외국선사의 대리인 자격으로 해운서비스를 제공하고 있다. 우리나라에서는 상당수의 해운회사들이 선사업무, 대리점업무 또는 해상운송 주선업무를 겸하고 있다. 특히 선사, 포워드, 대리점 선사 등은 선하증권을 발행하기 때문에 무역업체와 밀접한 업무관계를 맺고 있다.

우리나라에서는 선박회사를 내항화물운송업자, 외항정기화물운송업자 및 외항부정기화물운송업자로 분류한다. 이 중 무역업체와 업무관계가 깊은 선사는 정기선해운선사(liner shipping company)와 부정기선 해운선사(tramper shipping company)이다.

### ② 항공운송인

우리나라의 경우 항공법 제6장에 항공운송사업 등에 관한 규정이 명시되어 있다. 우리나라의 항공운송사업은 정기항공운송사업, 부정기항공운송사업, 항공운송주선업으로 분류된다.

정기항공운송사업이란 하나의 지점에서 다른 지점과의 사이에 노선을 정하고 일정한 일시에 따라 항행하는 항공기에 의하여 행하는 항공운송사업을 말한다. 부정기항공운송은 노선, 일시 모두가 정해져 있지 않은 운항, 노선은 정해져 있지만 운행일시가 정해져 있지 않은 운항, 운항일시는 정해져 있지만 노선이 정해져 있지 않는 운항을 말한다.

항공운송주선업은 타인의 수요에 응하여 유상으로 자기의 명의로써 항공사의 항공기를 이용하여 화물을 혼재하여 운송하는 사업을 말한다. 이 사업을 영위하는 업자를 혼재업자(consolidator)라고 부른다.

항공화물운송대리점(cargo agent)은 항공사 또는 총대리점을 위하여 유상으로 항공기에 의한 화물운송계약체결을 대리하는 사업을 말한다.

### ③ 복합운송인

무역상은 육상, 해상, 항공 중 두 가지 종류 이상의 서로 다른 운송수단으로 복합운송 하려는 경우 복합운송인과 운송계약을 체결한다. 복합운송인에는 선박, 항공기 등의 운송수단을 직접 보유하고 있는 자인 선박회사, 항공회사, 철도회사 등의 실제운송인(actual carrier)과 운송수단(선박, 항공기 등)을 직접 보유하지 않고 선박회사, 항공회사, 철도회사 등의 실제운송인(actual carrier)을 하청운송인으로 사용하여 국제복합운송하는 자인 계약운송인(contract carrier) 등이 있다. 이 계약운송인은 프레이트 포워드를 가리키고 NVOCC(non-vessel operating common carrier)자격으로 운송서비스를 제공하고 있다. 계약운송인의 대표적인 것으로 ocean freight forwarder, air cargo freight forwarder, 통관업자 등이 있다.

해상, 육상 및 철도의 복합운송에 이어 제3의 복합운송형태인 Sea & Air 복합운송은 하나의 정형화된 복합운송형태로서 위치를 차지하고 있다. Sea & Air 복합운송은 carrier형과 forwarder형이 있다. carrier형은 항공회사가 자사에서 운항하고 있는 노선을 중심으로 경로(route)를 설정하고 운임을 정해 놓고 운송하는 형태이다. forwarder형은 혼재업자(consolidator)에 의하여 운송되는 형태이다. 이밖에 space broke형이 있다. broker는 선사 및 항공사의 일정 space를 확보하고 양쪽의 운임에 자기의 비용을 가산하여 through rate를 산출한다.

## 7) 국제해사 관련기구

### (1) 국제해법회

국제해법회(Committee Maritime International : CMI)는 해사관습과 해사실무를 통일하는 해사사법의 입법기관으로 1887년 벨기에의 Antwerp에서 창설되었으며 현재 36개국이 가입하고 있다. 본 해법회의 입법활동으로는 1924년의 선하증권통일조약(International Convention for the Unification of Certain Rules of Law Relating to Bills of Lading), 1968년의 선하증권통일조약의 개정의정서(Protocol to Amend the International Convention for the Unification of Certain Rules of Law Relating to Bills of Lading) 및 1974년의 York-Antwerp Rules, 1990년의 CMI Uniform Rules for the Sea Waybill과 1990년의 CMI Rules for Electronic Bills of Lading 등이 있다.

### (2) UN 무역개발회의(UNCTAD)

국제연합무역개발회의(UN Conference on Trade and Development : UNCTAD)는 1964년 UN 주관하의 무역개발회의 권고에 따라, 특히 개발도상국의 경제발전을 지원할 목적으로 UN 총회결의로 설립된 UN총회 산하의 전문기구이다. 현재 77그룹(127개국), B그룹(30개국) 및 D그룹(10개국) 등으로 구성되어 있다.

UNCTAD의 주관으로 채택된 해운관계 국제협약은 1978년의 UN 해상물품운송조약과 1980년의 UN 국제물품복합운송조약 등이 있다.

구체적으로 개발도상국이 1차 상품이나 제품·반제품의 무역장애의 제거문제, 개발도상국에 대한 원조문제, 상품협정문제, 컨테이너규격의 국제조약화의 문제, 수출진흥문제, 관세특혜문제 등을 주제로 활동하고 있다.

UNCTAD는 과거의 국제해운관습과 법제가 선진 해운국들이 중심이 되어 선주의 권익보호 위주로 편재되어 있기 때문에 개발도상국의 화주 권익 보호를 위하여 조약을 제정하였다.

### (3) 국제해사기구

국제해사기구(Inter-Governmental Maritime Consultative Organization : IMO)는 1958년에 설립되어 1982년부터 명칭을 IMCO에서 IMO로 변경하였으며, 본부는 영국 런던에 있다. IMO의 설립목적은 정부간 해사기술의 상호협력, 해사안전 및 오염방지 대책, 정부간 차별조치 철폐, 해운업체의 불공정한 제한적 관행문제의 심의, 국제간 법률문제 해결, 개발도상국의 해사기술협력 등이다. 우리나라는 1962년 4월 10일에 정회원으로 가입하였다.

### (4) 아시아·태평양 경제사회이사회

아시아·태평양경제사회이사회(United Nations Economic and Social Commission for Asia and Pacific : ESCAP)는 ECE(유럽경제위원회), ECLA(라틴아메리카경제위원회), ECA(아프리카경제위원회) 등과 더불어 UN 경제사회이사회의 4개 지역경제위원회의 하나이다. 이것은 1947년 태국 방콕에 설치된 아시아극동경제위원회(ECAFE)를 1974년 명칭을 바꾼 것으로, 매년 이 지역 내의 선주협회장 회의와 화주기구, 선주협회, 항만당국 및 세관당국과의 합동회의를 개최하여 해운관련기관들의 협력방안을 협의한다. 우리나라는 1954년에 정회원으로 가입하였다.

### (5) 국제해운회의소

국제해운회의소(International Chamber of Shipping : ICS)는 민간국제기구로서 1921년 런던에서 설립되었으며, 국제민간선주들의 권익보호와 상호협조를 위해 각국 선주협회들이 자발적으로 조직한 국제민간선주협의체이다.

ICS는 국제해운의 기술적 및 법적 분야에서 제기되는 문제에 대하여 선주들의 통일된 의견을 반영하고 선주들의 이익을 도모하고자 하는 기구이다. 특히 UNCTAD나 IMO 등의 국제기구의 자문기관 역할을 수행한다. 한국선주협회는 1978년 가입을 신청하여 1979년에 이 기구의 정회원이 되었다.

### (6) 국제해운연맹

국제해운연맹(International Shipping Federation : ISF)은 선원문제에 관한 선주의 권익보호와 자문을 위해 1909년 창설된 민간기구로 런던에 본부를 두고 있으며, 한국을 포함한 각국의 선주협회를 회원으로 하고 있다.

ISF는 1919년 ILO(국제노동기구)의 창설 이후 고용문제 및 노사문제가 국제적으로 대두되자 선원노조의 세계적인 단체인 국제운수노동자연맹의 활동에 대처하기 위하여 그 기능과 조직을 대폭 개편하였으며, 선원의 모집, 자격규정, 사고방지, 노동조건 등 여러 가지 선원문제에 대하여 각국 선주의 이익을 도모하고 있다.

### (7) 국제운송주선인연맹

국제운송주선인연맹(International Federation of Freight Forwarders Associations : FIATA)은 국가별 대리점협회와 개별 대리점으로 구성된 기구로서 1926년 비엔나에서 국제적인 대리업의 확장에 따른 제반 문제점을 다루기 위해 설립되었으며, 설립목적은 대리점업의 이익을 국제적으로 보호하여 대리점조직과 연관업체들의 협조관계를 유지하는 데 있다.

### (8) 로이즈 선급협회

1949년 British Corporation Register와 통합한 로이즈 선급협회(Lloyd's Register of Shipping)는 선주, 조선업자, 보험업자 등의 임의협회이다. 로이즈 선급협회의 목적은 국적을 불문하고 선박을 검사하고 선급을 정하여 100톤 이상의 모든 항해선의 등급과 내용이 기록된 Lloyd's Register Book을 통하여 정보를 제공함에 있다.

선급협회는 이밖에 Bureau Veritas와 American Bureau of Shipping 등과 같이 여러 단체가 있으나 영국선박의 약 80%와 세계 총 선박의 30%가 로이즈 선급협회의 선급을 가지고 있다.

#### (9) UN 무역법위원회

UN 무역법위원회(UN Commission on International Trade Law : UNCITRAL)는 국제무역법에 있어서 법질서를 세계적으로 확립·통일하는 것을 목적으로 1966년말 UN총회에 제출된 '국제거래에 관한 법의 점진적 발달'이란 보고서에 근거하여 총회 결의에 따라 설립된 UN 직속기관으로 1968년 발족하였다.

UNCITRAL이 대상으로 하는 법질서란 사법상의 관계를 규율하는 법규범인데, 내용은 국제물품매매, 운송(해상, 도로, 철도, 항공 등의 운송계약), 공업소유권(기술의 라이센스계약), 중재(중재계약, 중재재정의 집행), 국제거래를 행하는 기업의 행동규범 등이다.

UNCITRAL은 상기분야에서의 신규 조약안 작성에 노력해 왔는데, 대표적인 것은 1924년의 Hague Rules의 개정을 시도한 1978년의 Hamburg Rules이다.

#### (10) 발틱 국제해사위원회

발틱 국제해사위원회(The Baltic and International Maritime Conference : BIMCO)는 1905년 발틱해와 백해지역의 교역에 주로 참여하던 선주들의 공동이익을 위하여 코펜하겐에서 창설된 순수 민간기구로서 1927년에 조직을 대폭 개편하여 현재의 명칭으로 변경되었다.

BIMCO는 정치성의 개입 없이 정보를 교환하며 많은 간행물을 발간하여 국제해운의 경제적·상업적 협조에 주력하고 있다. BIMCO는 1906년 기간용선 계약서의 양식인 Baltime Form을 제정하였다.

이밖에도 유럽 및 일본 선주협의회(Japanese National Shipowner's Association : CENSA), 국제노동기구(International Labour Organization : ILO), 선주책임상호보험

조합(Protection and Indemnity Clubs : P&I Clubs), 국제항공운송협회(International Air Transport Association : IATA), 국제항만협회(International Association of Port and Harbours : IAPH), 국제탱커선주협회(International Association of Independent Tanker Owners : INTERTANKO) 등이 있다.

## 2 해상운송계약의 체결

### 1) 해상운송계약의 의의

해상운송계약은 당사자의 일방이 해상에서 선박에 의하여 화물을 일정한 장소에서 다른 장소로 이전할 것을 약정하고 상대방은 이에 대하여 보수, 즉 운임을 지불할 것을 약정함으로써 성립되는 계약이다. 따라서 그 본질은 일종의 도급계약(都給契約)이며 일방의 신청에 대하여 그 상대방이 승낙함으로써 계약이 성립되므로 낙성계약이다. 그리고 운송행위라는 급부에 대하여 그 반대급부인 운임을 지불하는 것이므로 유상계약이기도 하다. 이와 같이 운송계약은 일정한 형식은 구비요건으로 하고 있지 않기 때문에 운송계약서는 계약성립의 요건으로서 절대적인 것은 아니다. 그러므로 구두로써도 계약의 효력이 발생할 수 있다. 그렇지만 용선운송계약의 경우에 있어서는 해상운송의 관례상 반드시 운송계약으로서의 용선계약서의 작성을 필요로 하고 있다. 이러한 운송계약의 당사자는 매매계약의 종류에 따라 같지 않다. 이를테면, 양륙항착선인도조건이나 부두인도조건에 있어서는 매도인이 자기의 화물로서 적출하는 것이므로 마땅히 선적에 관한 모든 책임을 진다. C.I.F.조건의 계약에 있어서는 선적이 매도인과 매수인과의 위험부담의 한계가 되는 것이므로 송부의무자인 매도인은 운송계약을 체결하고 약정상품을 선적하여 선하증권을 입수할 의무가 있다. 한편, F.O.B.조건의 계약에 있어서는 선박을 지정하고 배선하는 의무는 매수인에게 있으므로 매도인은 다만 매수인이 지정한 본선에 약정상품을 적재하고 이것을 본선의 책임자에게 인도할 의무를 질뿐이며 선박회사와 운송계약을 체결하는 것은 매수인의 책임에 속한다. 운송계약을 체결함에 있어서 특히 주의해야 할 사항은 B/L의 이면계약 내용을 충분히 검토한 다음 이루어져야 할 것이다.

### 2) 해상운송계약의 종류

해상운송계약에는 화물의 성질 및 수량에 따라 선박의 전부 또는 일부를 계약하는 용선, 즉 부정기선에 의하는 것과 개품을 운송하기 위한 개품운송계약이 있다. 역사적으로 볼 때에는 개품운송은 용선운송으로부터 분리된 것이지만 오늘날 C.I.F.조건의 세계적인 보급과 함께 일반선박에 의한 개품운송계약(contract of affreightment in a general ship)이 용선운송계약(contract of affreightment by charter party)보다 훨씬 많이 활용되고 있다. 어떻든 해상운송계약을 체결함에 있어서는 송하인은 운임의 채산, 필요한 선복, 당해 선박의 설비 및 전력, 그리고 신용장 선적기일 내에 선적이 확실할 것 등 제반사항을 종합적으로 검토하여 계약을 체결하여야 된다.

#### (1) 개품운송계약(contract of affreightment in a general ship)

개품운송계약은 다수의 화주로부터 위탁된 개개화물의 운송을 인수하는 계약으로서 주로 정기해운업에 있어서의 계약형식이다. 이 계약은 사실상 서면으로서 작성되는 것은 아니지만 그 내용이 B/L에 기재되므로 그것으로써 대용되는 셈이다. 그리고 이 계약에 있어서는 선박의 개성이 중요시되지 않고 화물의 종류나 성질·용적·중량 등의 사항이 계약의 핵심이 된다. 계약의 성립과정은 송하인 또는 그 대리인이 운송인인 선박회사 혹은 대리점 등에 운송을 신청(shipping request)하고 운송인이 이것을 승낙하면 곧 화물은 그에게 인수시킴으로써 계약이 성립된다. 이러한 개품운송계약에 의할 경우에는 보통 여러 화주로부터 여러 화물을 인수하여 혼적하므로 주로 정기선이 활용된다. 정기선(liner)은 예정된 박착이 정기적 일정(regular schedule)에 따라서 특정그룹의 항구간을 취항하는 선박, 정기선에 의하여 운영되는 것으로서 불특정다수의 화주에 대하여 서비스를 제공하고 화물이 선박을 채우지 않더라도 예정된 일정에 따라 운항하게 된다. 한편, 정기선의 목적물인 화물은 다종다양하여 부정기선(tramp, general trader)의 경우와 같은 1쌍 단위의 화물이 아니고 여러 화주의 소유에 속하는 소량화물인 잡화로 되어 있는 것이 특징이다. 그렇기 때문에 운송계약도 개개의 화주를 상대로 하는 개품운송계약의 형식을 취할뿐더러 계약 내용도 극도로 정형화되어 B/L기재의 보통계약약관에 의하여 일률적으로 결정되며, 운임료율은 미리 운임료율표(freight tariff)에 의하여 공시되는데, 많은 항로에서는 정기선 해운업자간에 해운동맹이 결성되어 운임 및 기타 조건이 협정되어 있는 것이 특징이다.

### (2) 용선운송계약(contract of affreightment by charteter party)

용선운송계약이라 선주가 제공한 선박의 전부 또는 일부의 선복에 의하여 화물을 운송할 것을 약정하고 이에 대하여 보수를 지급할 것을 약속하는 해상운송방법을 말한다. 보통 계약서로서 용선계약서를 작성하여 당사자가 서명한 후 1통씩 각각 보관한다. 용선운송계약에 이용되는 화물은 주로 특수화물로서 곡물, 석탄, 원목, 광석 등 일하구가 대량일 때에 이용되며 부정기선에 의함이 보통이다. 용선계약은 선박의 개성이 중요시되어 그 공간, 즉 선복의 이용을 주안으로 하고, 그 대신 화물 자체를 문제시하지 않으므로 계약조건에 위반하지 않는 한 어떠한 화물을 선적하든 관계가 없다. 따라서 전술한 개품운송계약과는 경제적으로 전혀 다른 의미를 가지고 있는데 양자의 일반적인 차이는 다음과 같다.

용선계약은 불특정의 항로에서 부정기적으로 행하여지는데, 개품운송계약은 특정항로에서 정기적으로 행하여지는 것이 보통이다.

용선계약은 중소형의 선박을 대상으로 하고, 개품운송계약은 비교적 우수한 고속대형선박을 그 대상으로 함이 일반적이다.

용선계약의 경우에 있어서는 운송인가 용선자간에 대등한 위치에서 계약마다 개별적으로 그 내용을 결정할 수 있는 것이 원칙이지만, 개품운송계약의 경우에는 운송인과 송하인간에 개별적인 타협이 거의 없고 그 계약내용이 동일한 약관에 의하여 획일적으로 이루어진다.

용선계약의 경우에는 용선자와 제3인 화주간에 재운송계약(subcharter)이 허용될 수 있으나 개품운송계약의 경우에는 송하인과 제3자간의 재운송계약은 그 성질상 불가능하다.

그런데, 용선계약은 다시 여러 가지로 분류되는데, 그것은 운송에 제공되는 선복이 선박의 전부인가 또는 일부인가를 기준으로 하여 전부용선(whole charter)계약과 일부용선(partial charter)계약으로 나누어지고, 다음으로 용선계약의 존속 기한이 특정한 항해로서 정하여지는가 또는 일정한 기간으로서 정하여지는가에 따라서 항해용선(voyage charter, trip charter)계약과 정기용선(time charter)계약으로 구분된다.

#### ① 전부용선(whole charter)계약

전부용선계약이란 선박의 전부를 일정기간 빌리는 계약을 말한다.

#### ② 일부용선(partial charter)계약

일부용선계약이란 선박의 전부를 빌리는 것이 아니라 선박의 일부만을 빌리는 것을 말한다.

#### ③ 항해용선(voyage ortrip charter)계약

항해용선계약이라 함은 적항(1항 또는 여러 항)으로부터 양항(1항 또는 여러 항)까지의 1항해단위 화물수송을 의뢰하려는 화주(용선자)와 선주(운항업자) 사이에 체결되는 계약으로서 일정항해, 즉 1항해 또는 여러 항해를 기초로 하기 때문에 단독운송계약이라고도 부른다. 이 계약에 있어서의 운임계산은 실제적량을 기준으로 하는 것이나 그 변형적 계약으로서 선복용선계약(lump-sum charter)과 일당용선계약(daily charter)이 있다. 여기서 선복용선계약은 항해를 X항에서 Y항으로 특정하는 점에 있어서는 항해용선계약과 다를 바 없으나, 운임을 적량에 따라 계산하지 않고 실제적량과는 관계없이 1항해에 대한 운임을 포괄적으로 약정하는 계약을 말한다.

따라서 이 선복운임(lump-sum freight)의 산정은 용적톤 또는 중량톤으로 표시된 적재능력에 대하여 일정한 운임률을 곱한 액수를 기준으로 하는 것이 보통이다. 이에 대하여 일당용선계약은 화물의 적·야항이 양항이 아니거나 항로가 험준한 항해가 예측되어 1항해에 소요되는 일수를 미리 확정짓기 어려울 때에 선주의 손실을 방지하기 위하여 체결되는 계약이다. 이 계약은 계약이 지정한 적·양항간에 대한 운송계약이라는 점에서는 항해용선계약과 같으나 운임계산 방법에 있어서 그 용선료는 본선이 지정된 적항에 회항된 일시부터 기산하여 지정된 향항에서 양하가 종료한 일시까지의 소요 시간에 대하여 1일 24시간당의 용선료율로서 선복을 빌려주는 계약이다.

한편, 항해용선계약서는 특정의 기재 사항이 없기 때문에 당사자가 자유로 작성할 수 있다. 그러나 오늘날 일반적으로 널리 쓰이고 있는 항해용선계약서식으로는 Gencon이 있다. 이 표준서식은 용선거래의 과정에서 용선계약서 작성이전에 어떤 표준서식을 사용하는가를 나타냄에 따라 특약조항 이외에는 별도로 표시를 하지 않아도 되도록 교섭을 진행하는데 편리하게 되어 있다.

#### ④ 정기용선(time charter)계약

정기용선은 용선의 한 형태로서 용선자는 어느 일정 기간 선박소유자가 정하는 항해구역이면 용선한 선박을 어디라도 임의로 배선하고 계약상 제한된 화물을 제외한 어떤 화물이라도 적재할 수 있으며 용선료는 적재화물의 종류나 양에 관계없이 본선의 적재중량톤수에 대하여 지급하는 계약방식을 말한다.

이 경우 선박소유자는 일체의 속구를 구비하고 선원을 승선시키는 등 감항상태 유지에 충분한 주의를 하고 선박을 소정의 항구에서 용선자에게 인도한다. 선박소유자는 고용된 선장 및 선원을 통해서 선박의 보전에 임할 뿐이고 해운업자의 운항에는 절대로 관여하지 않는다. 따라서 선박의 운항비 전부는 용선자의 부담이며 선박소유자는 간접선비와 직접선비를 부담할 뿐이다. 선장 이하 선원은 영업을 목적으로 하는 선박의 운항에 대하여 용선자의 지휘·감독을 받는다.

한편 일정기간 용선자는 선박의 이용 및 수익의 목적을 위하여 선박소유자의 선박안전을 제외한 일체의 관리를 책임지며 전운항비를 부담한다. 구체적으로 정기용선의 채산에 대해서는 선박소유자와 용선자가 부담하여야 할 비용을 보면 다음과 같다.

선박소유자는 선원의 급료·식량·음료수·치료간호비, 선원승선(본선수선)·하선 절차에 필요한 제비용, 기타 선원에 관한 제비용, 선체보험료, 수선비, 본선에 관한 제세금, 정기소독비용, 본선에 요하는 페인트 및 도장, 보통 하역에 요하는 Rop, Sling, 휴항(off hire) 시간 중 선주를 위해서 직접 요한 제비용과 기타 여분의 비용을 부담한다.

용선자는 연료·권수, Mat Dunnage 갑판적목재에 요하는 지주(칸막이 : stanchian), 기타 적하에 관한 제비용, 화물의 적하와 양하에 요하는 인부임금, 부선임, Tally 및 Winchman비용, 기타 화물의 적하와 양하 관한 일체의 비용, 운송계약에 관한 제세금, 수수료·대리점료, 항세·톤세·등대세·도선료·기타 항측에 의한 지출을 요하는 일체의 비용, 항만규칙에 의한 본선 및 적하에 대한 소독비용과 함께 선박에 대한 건강진단료, 승객에 관한 제비용, 세관원, 기타의 관공사 또는 용선자를 위해서 드는 접대비 및 용선자 또는 화주가 승무시키는 자의 급식료, 치료간호비, 기타 일체의 비용, 요선자를 위해 드는 선자의 상륙비·통선료·통신료 등의 비용을 각각 부담한다.

이상에서 보는 바와 같이 선박소유자는 간접선비와 직접선비를 부담하고, 용선자는 운항비 일체를 부담하여야 한다.

#### ⑤ 나용선(bareboat charter)계약

나용선계약이란 선박임대차(demise charter)계약의 일종으로서 선주가 선박 자체만을 일정기간 용선자에게 대여하고 임차인인 용선자가 선장 이하 전 선원의 임면·지휘·감독을 담당함으로써 선박을 점유하는 계약을 말한다. 이 계약은 당사자 간에 특별한 자금관계가 존재하거나 또는 선주가 용선자의 운항능력, 관리능력 및 경험 등에 대하여 믿을 수 있는 경우에 흔히 체결되는 계약이다.

### 3) 항해용선계약의 주요내용

해상운송계약은 여러 가지 종류가 있지만 순수한 운송계약으로서는 개품운송계약과 일선(一船) 단위의 항해용선 계약이 있을 뿐이다. 항해용선 계약에는 화물에 따라 또는 항로에 따라 여러 가지 종류의 형태와 내용이 있는데 여기서는 보편적으로 사용되어지고 있는 항해 용선 계약서의 주요 조항을 살펴보기로 한다.

#### (1) 계약당사자의 명칭

선주와 용선 자가 계약의 당사자가 된다.

#### (2) 선박의 표시

선명(船名), 선적, 톤수(총톤수, 순톤수 및 중량톤수) 및 선급 등이다.

#### (3) 화물의 표시

화물의 종류와 수량 등이 이에 속한다. 화물의 수량은 중량 또는 용적으로 표시되는데 어느 경우나 만선량을 원칙으로 한다. 선박의 적재 가능량에 관하여서는 계약량에 대한 10% 이내의 증감이 허용되며 적하가 부족할 때에는 공적운임(dead freight)을 지불하도록 되어 있는 것이 보통이다.

#### (4) 적지(積地) 및 양지(揚地)

1항 또는 수항(數港)으로 표시할 수 있는데 양지변경에 있어서는 그 권리가 화주에게 유보되는 경우가 있다.

#### (5) 운송의 시기

운송의 시기는 보통 하월하순(何月何旬)의 정도로 표시되는 것이 보통이다. 선박의 적지 및 회선일을 정함에 있어서는 공선(空船)입항의 경우에는 검역종료 후가 하역개시 가능일이 되며, 적하한 채 입항한 경우에는 전항차분(前航次分)화물을 양하하고 적하준비가 완료된 일자가 되는 것이다.

### (6) 운임

운임은 보통 적재 수량을 표시하는 톤당으로 산정되는 것이나 화물에 따라서 는 관습상 독특한 단위에 의할 경우가 있다. 또한 적·양항이 각각 2개항 이상일 경우에는 수종의 운임률이나 할증운임이 적용되기도 한다. 운임의 지불 시기는 후불이 원칙이나 관습상 전불이 일반적으로 되어 있는데, 실무상으로는 다음과 같은 방법으로 이행되고 있다. 즉, 계약시 반액·적하완료후 잔액, 적하완료후 전액, 적하완료후 반액·양하완료후 반액, 양하완료후 전액 등으로서 지불되고 있으며 일정하지 않다.

### (7) 하역비의 부담조건

원래 화주는 화물을 선측까지 운반하고 선주는 본선 선측에서 인수함이 원칙이다. 따라서 본선의 선내하역비와 적하용 수하물(dunnage)류는 선주측 부담이고, 화물경계용 세퍼레이션매트(separation mat)는 화주가 부담하는 것이 보통으로 되어 있다. 그러나 항로사정이나 화물의 종류에 따라서는 선내 하역비의 부담이 다음과 같은 조건으로 계약되는 사례가 있다.

① F.I.O.(free in and out)

선내 하역비는 적재·양륙시 모두 화주가 부담하는 조건으로 부정기선에 의한 용선운송계약은 이 방법에 의한다.

② F.I.(free in)

적재시의 선내 하역비만을 화주가 부담하며 양륙시는 선주가 부담하는 조건이다.

③ F.O.(free out, free discharge)

F.I.와는 반대로 적재시의 선내 하역비는 선주 부담이며 양륙시는 선주가 부담하는 화주가 부담하는 조건을 말한다.

### (8) 정박기간(lay days, lay time)

정박기간이란 항해용선계약에 있어서 화주가 계약화물을 완전히 적하 또는 양하하는 데에 소요되는 일수를 선주에게 보증하는 기간을 말한다. 이러한 정박기간은 화물의 종류, 항만의 관습에 따라 다르나 적·양지별 또는 통산으로 계산되는데 대체로 다음과 같은 방법들이 이용되고 있다.

#### ① Running Laydays

하역기간의 개시시간부터 완료까지 소요되는 일수를 그 기간으로 정하는 것으로서 24시간을 1일로 하는 역일에 의하여 정박기간을 계산하는 방법이다. 따라서 일요일은 물론 공휴일뿐만 아니라 우천·태업 및 기타 불가항력에 의한 하역불능시간까지도 특약이 없는 한, 정박기간에 산입된다. 정박기간은 선복용선계약에 있어서는 '하역기간하일(荷役期間何日)'이라고 그 일수를 직접적으로 표시하는 일이 많으나 기타의 경우에 있어서는 1일의 책임하역량을 간접적으로 표시함이 보통이다.

#### ② Weather Working Days(W.W.D.)

이것은 호천후작업일로서, 하역이 가능한 기후 하에서 만의 작업일을 정박기간으로 정하는 방법인데 오늘날 가장 널리 사용되고 있는 조건이다. 따라서 일요일과 공휴일은 물론 악천후일은 정박기간에 산입(算入)하지 않는 계산방법이다.

#### ③ Customary Ouick Dispatch(C.Q.D.)

이것은 관습적 조속하역조건으로 보통 C.Q.D.라고 약칭하여 부른다. 이 조건에서는 그 항구의 관습적 하역방법 및 하역능력에 따라 가능한 한 빨리 하역을 마칠 것을 약정하는 것인데 그 기간은 정하여 두고 있지 않다. 그런데 이 조건에 의할 경우 대체로 불가항력에 의하여 하역이 불가능할 때에는 정박기간에서 공제되지만, 일요일과 공휴일은 하역일로 계산하느냐의 여부, 또한 야간작업 등 특약이 없는 한 항구의 관습에 따르느냐의 여부, 그리고 1일 하역능력의 기준수량 등에 대하여 분쟁이 야기되기 쉬운 조건이기 때문에 각별한 주의를 요한다.

### (9) 체선료(demurrage) 및 조출료(dispatch money)

'Demurrage'는 체선료라고 번역되고 있는 용어이지만 본래의 뜻은 예정 시간의 초과, 즉 선박으로 말하면 초과정박을 의미한다. 구체적으로는 선적이나 양륙에 있어서 소정의 하역일수가 지나도 하역이 끝나지 않는 경우, 또는 용선자 측의 사정으로 하역이 시작되지도 않고 중단되는 경우 등 당연히 하역이 끝날 때가 되었어도 끝나지 않은 때, 1일당 결정된 체선료를 지급하면 다시 며칠 동안은 본선을 정박시킬 수 있다. 그러나 이 체선기간이 지나서도 하역이 끝나지 않을 경우에는 계약 위반으로 선장은 발항권을 행사할 수 있을 뿐만 아니라 선주는 이로 인하여 입은 손해배상을 청구할 수 있다. 이 경우의 지급은 체선료가 아니라 손해배상금이다.

체선료는 하역기간의 산정이 계약상 어떠하든 간에 본선의 체선기간 전 일수에 대해서 지급하는 것이 원칙이다. 따라서 Gencon(항해용선계약의 표준서식)은 Running days로 명시하고 있다. 체선료는 최저로서 본선의 체선기간 중의 연료 및 물과 함께 항비의 예상액과 본선의 간접선비와 직접선비에 상당하는 금액이어야 한다. 체선료 가운데에는 또 선박소유자의 희망이익이 가산된다. 그러므로 체선료는 운임(용선료)은 분명히 아니다.

이에 대하여 조출료란 용선자가 소정의 하역기간보다도 빨리 하역작업을 끝내고 본선이 예정보다도 빨리 출항한 때에는 선주는 용선자에게 상당한 보수를 지급할 것을 약속하는데 이것을 조출료라고 하며 용선계약체결시 특약을 해두지 않으면 안 된다. 조출료는 체선료의 반이 보통이지만 계약에 따라서 3분의1인 경우도 있다. 그리고 조출료의 기간계산방법에는 'All Laytime Saved'와 'All Time Saved'의 두 가지가 있는데 예를 들면 Laydays가 8일간 'Sunday, Holiday Excepted' 조건일 때 Laydays의 개시일이 1일(월요일)이라고 하면 최종일은 9일이다. 그런데 하역의 결과 5일(금요일)까지 하역을 완료했다고 가정할 때, 'All Laytime Saved'(절약한 정박기간)는 6(토), 8(월), 9(화)의 3일간이다(7일의 일요일은 최초부터 Laydays 계산에서 제외되고, 실제 하역여부에 불구하고 이 계산에서 제외된다). 그러나 6, 7, 8, 9의 4일간으로서 일요일도 포함된다. 따라서 이 예에서 'All Laytime Saved'조건에서는 6, 7, 8, 9의 4일간에 대해 지급된다.

#### (10) 면책조항(exceptions)

각종의 자연적 불가항력, 해상특유의 위험 및 기타 선주면책에 관한 사항을 말한다.

#### (11) 중재조항(arbitration clause)

화주와 선주간의 분쟁은 중재로써 처리되는 경우가 많은데 이에 대한 특약을 말한다.

#### (12) 해약약관(cancelling clause)

선박이 해난, 기타 불가항력적인 사유로 인한 경우 외에 예정된 기일 내에 적지에 도착하여 선적준비를 완료하지 않은 때에는 화주는 이행의 최고(催告)없이도 계약을 해약할 수 있도록 하고 해약기일에 관한 것 등을 표시한 약관을 말한다.

#### (13) 기타

이로약관(離路約款)(deviation clause),유치권약관(lien clause), B/L약관, 공동해손조항, 위약금에 관한 사항 등이 있다.

### 4) 개품운송계약의 주요내용

#### (1) 선복의 신청

선박에 의하여 화물을 해외에 수송하는 데에는 모든 절차를 마친 다음 화물을 적재할 선복(ship's space)을 확보하여야 한다. 앞에서도 지적한 바와 같이 곡물·석탄·목재·광석 등 일하구가 대량일 때에는 용선운송계약에 의거 선박회사로부터 선박의 전부 또는 일부를 빌려 화물을 운송하여야겠지만 대부분 소량화물의 경우에는 개품운송계약에 의하여 미리 선복을 준비해 두어야 한다.

그런데 선복을 수배할 권한이 매도인에게 있을 때, 매도인은 매수인의 지시대로 하여야 하고 만일 지시대로 할 수 없을 때에는 매도인은 새로운 선복을 마련하여 매수인과 협의하여 선복변경에 관한 동의를 얻어야 한다. 매도인이 선복에 선적할 권한을 가지고 있지만, 만일 매수인이 선복에 관해 어떠한 요청을 하였을 때에는 매도인은 가능한 한 매수인의 요청에 응할 수 있도록 하여야 한다. 그러나 이것은 항상 호의의 정도에 그치며 만일 그렇게 맞출 수 없을 때에는 매도인은 매수인에게 그렇게 할 수 없었다는 이유를 통지하여 주는 것이 바람직하다.

매도인이 선복을 확보할 때에는 매수인에게 가장 편리하고 경제적인 선박회사를 택하여야 한다는 것을 명심하여야 하며, 또한 운송비용, 운송기간, 안전도 등을 동시에 고려하여야 한다. 선복을 수배함에 있어서는 각 선박회사의 배선표를 입수하여 화물의 준비 시기, 신용장의 선적최종일 등과 비교하여 가장 적합하다고 생각되는 선복을 선택하고 그 선박회사에 선복에 관한 계약을 맺고 선박회사의 선복원부(space book)에 Booking하여야 한다.

이와 같이 화주 측의 청약과 선박회사의 승낙에 의하여 선복이 확보된다. 선복을 청약함에는 보통 운송 내용을 지재한 선복청약서(booking note)를 선박회사에 제출하고 그 확인서를 받는 방법에 의한다. 선복청약서 또는 선복의뢰서(shipping request)는 화주가 임의로 작성하여도 무방하지만 선박회사가 인쇄한 용지를 준비하고 있을 때에는 그것을 사용한다. 선복청약서는 2통을 작성하여 제출하면 그 중 1통에 선박회사가 서명하여 반환함으로써 선복계약은 끝난다. 선복의 계약에 있어서 맺어두어야 할 주요 사항을 살펴보면 다음과 같다.

### (2) 개품운송계약서의 주요내용

개품운송계약의 경우에는 선내비용조건은 일반적으로 적재 및 양륙모두 선박소유자가 책임지는 Liner Terms이며, 하역조건 역시 가능한 한 빨리 하역하는 C.Q.D.조건이므로 별다른 문제가 없지만 특히 다음과 같은 사항은 당사자가 정확히 협정을 맺어두어야 한다.

### ① 운임

운임계산에 있어서는 그 시기와 방법, 계산의 단위 등이 특히 문제가 되는데 이는 거래관습이나 화물의 종류 또는 계약내용에 따라 결정된다. 운임계산의 시기는 보통 실제의 운임액 산출시기임과 동시에 그 계산기초가 되는 화물의 중량 또는 용적이 확인되는 시기이기도 한데, 이것에는 운송행위개시 전을 기준으로 하는 것과 운송완료 후를 기준으로 하는 것이 있다. 운임계산의 시기를 언제로 할 것인가는 화물의 성질·종류·항로사정·해운동맹의 협약 등에 의하여 일정한 관습이 있을 뿐더러 화주사정도 고려의 대상이 되기 때문에 일률적으로 규정짓기란 곤란하다.

다만, 운임액을 정하는 원칙적인 시기는 양항에서 화물을 인도할 때라 할 것인데 반드시 원칙대로 적용되는 것은 아니다. 운임지불 시기가 전불(prepaid)인 경우에는 선적시로 하는 것이 보통이다. 한편, 운임계산의 단위가 되고 있는 것을 제시하면 다음과 같다.

i. 중량이 운임산정의 단위로 되는 것이 가장 보편적인 형태이다. 단위중량은 영국톤(long ton, 2,240 lbs), 미국톤(short ton, 2,000 lbs), 킬로톤(kiloton or metric ton, 1,000kgs)등으로 표시되는 것이 보통인데, 석탄·소맥 등이 이에 속한다. 그러나 항로나 화물에 따라서는 톤수에 의하지 않는 것이 있는데 그 예로서 원면, 쌀 등의 피클(picul,15 piculls=2,000lbs), 미국 원면의 100lbs가 있다.

ii. 용적이 운임산정의 단위로 되는 것으로서는 40입방피트(영국 등), 40입방척(일본), 1입방미터(북구제국)의 용적톤이 있다. 그러나 목재의 경우에 있어서는 미국재, 나왕(lauan)재의 1,000B/M (board measure, 480 B/M = 40입방피트), 북양재(北洋材)의 100석(1석 = 10입방척)이 그 단위로 사용되기도 한다.

iii. 가격을 기준으로 하는 것으로서는 귀금속, 유가증권 등의 고가품으로 이들은 가격에 대한 일정 비율의 운임이 결정된다. 이러한 화물을 종가화물(ad valorem cargo)이라고 한다.

iv. 화물에 따라서는 그 형태가 거의 일정하여 중량이나 용적에 의하는 것보다는 개수를 단위로 결정하는 것이 편리한 경우가 있다. 잡화에 관한 1상자, 1묶음, 가축에 관한 두수(頭數)가 단위로 되는 것 등이 이에 속한다고 볼 수 있다.

#### ② 적재톤수

톤수는 가능한 한 정확하게 계산하여야 한다. 왜냐하면, 예약된 선복에 미달될 때에는 부적(공적)운임(不積運賃 ; dead freight)을 물어야 하며, 예약된 선복 이상이 되면 잔적(殘積)될 우려가 있기 때문이다. 그리고 톤의 종류, 즉 용적톤인가 중량톤인가를 구별하여야 하며, 중량톤인 경우에는 2,240파운드의 1톤(long ton)인가 2,000파운드의 1톤(short ton)인가를 밝혀두어야 한다.

#### ③ 특수운임에 관한 사항

특수운임에는 최저운임(minimum rate), 소포운임(parced freight), O.C.P. Rate와 Local Rate 등이 있다. 최저운임은 화물의 중량 또는 용적이 2톤 미만인 경우의 소화물 운송일 때 적용되는 운임으로서 일정운임료를 정하여 품목 여하를 불문하고 징수하는 것을 말하고, 한편 소포와 같이 중량 및 용적이 극히 적어 최저운임도 적용할 수 없는 화물에 대하여는 소포운임이라는 싼 특별운임을 적용한다. 이러한 소포의 선적에는 보통 선화증권은 발행하지 않고 Parced Receipt 라고 하는 수령증을 발급한다.

그리고 O.C.P. Rate란 해상과 육상의 일관운송에 따른 육상운송운임의 할인을 내세워 고객의 유치를 기도한 특수운임으로서 Overland Common Point의 약자이다. 주로 북미주 태평양 여러 항구에서 양륙되어 내륙지인 여러 지역에 화물이 운송될 때에 이것을 O.C.P. Cargo라고 하며 이러한 지역에 대한 운임에 적용되는 운임률을 O.C.P. Rate라고 한다. 그러므로 O.C.P. Rate는 해상운임이며, 미국의 육상운임은 이에 포함되지 않는다. Local Rate는 O.C.P.에 포함되지 않는 태평양연안의 지역(local point)에 운송되는 화물에 대하여(local cargo) 적용되는 운임률을 말한다. 동일한 태평양연안 도착화물일 때라도 O.C.P.Rate는 Local Rate보다 운임이 싸다. O.C.P. 화물에 대하여 발행되는 B/L면에는 도착지 O.C.P.라고 기재되며, 선박회사의 운송책임은 Local Cargo와 마찬가지로 화물양륙항에 양륙하여 그 화물을 내륙운송업자(inland carrier)에게 인도함으로써 종료하며, O.C.P.상의 수하인(consignee)에의 화물의 인도는 내륙운송인이 발행한 적하수취 증의 인도로서 이루어진다.

**④ 항해상의 사유에 의한 특수운임**

여기에 포함되는 특수운임으로서는 Congestion Surcharge, Optional Charge, Port Surcharge, Transhipment Additional, Suez Surcharge 등이 있다.

Congestion Surcharge는 양륙항의 하역능력 등의 관계로 적재 및 적하작업이 지연될 때 선적에 혼란이 발생하여 기항본선의 체선이 심할 경우 화주에게 통고하여 그러한 항구의 적재·적하 화물에 대하여 할증운임을 부과하게 되는 것을 말한다. 이것은 체선에 의한 본선의 체선료를 화주에게 부담하게 하는 조치이다.

Optional Charge는 양륙항 선택화물이라고 하여 본선출항시까지 화물의 양륙지를 지정하지 못하거나 양륙항으로 여러 개 항을 선택하였을 때, 그 항구수의 증가에 비례하여 할증료를 추가하는 운임을 말한다.

Port Surcharge는 목적항 이외에 기항할 때 부과하는 일정한 할증료를 말한다. 보통 운임협정률의 기본운임(basic rate)은 Base Port간의 운임을 말한다.

Transhipment Additional은 통과운송할증으로서 일관운송할증료라고도 한다. 이것은 선적항에서 양륙항까지 똑같은 선박으로 운송하지 않고 도중의 Base Port에서 제2의 선박(second carrier)에게 환적(transhipment)하는 운송방법을 말하며 이러한 경우 환적비와 제2운송선의 운임을 별도로 가산하는 경우가 일반적이다.

Suez Surcharge는 지난 1967년 2월, 중동 동란 이후 수에즈운하가 폐쇄되었으므로 유럽행 선박은 Capetown경유 또는 Panama 경유로 되어 있어 항해일수의 연장에 따른 비용의 증가를 화주에게 부담시킨 경우에서 비롯된 것이다.

⑤ 정기선운임의 유효기간

정기선 협정운임의 인상은 그것이 공표된 후 2개월이 지난 후 발효하게 되어 있다. 다시 말해서 발효후 60일간이 종래 운임률의 최저보증기간이다. 그러나 Surcharge 및 Additional Charge는 그 긴급성에 따라 위 기간과 관계없이 자주 바꾸어지는 것이 보통이다.

이상에서 살펴본 바와 같이 적재톤수와 운임 등 여러 문제는 개품운송계약을 체결함에 있어서 특히 사전에 정확하게 협정해 두어야 할 중요한 사항이라고 지적하지 않을 수 없다.

## 3 재래선에 의한 선적

일반적으로 매수인이 약정상품을 선박회사의 지정된 장소까지 반출하게 되면 그것이 개품운송계약에 의한 경우에는 선박회사에 전속된 선내 하역인부에 의하여 선적이 개시되고, 반대로 용선계약에 의한 대량상품일 때에는 그 계약의 내용에 따라 대체로 화주가 자기책임 하에 직접 본선에 선적을 하게 된다. 약정상품이 본선에 적재되면 선박회사와 화주 측 쌍방의 검수인(tally man, checker)이 실제로 적재된 상품의 수량이나 중량을 조사하고 그 결과를 검수표(tally note, tally sheet)에 기재하여 본선의 일등항해사(chief mate) 에게 보고한다. 이때에 본선에 승선하고 있는 세관의 감시과 직원은 적재된 상품을 확인하고 수출면장의 뒷면에 선적수량선적연월일을 기입하여 수출업자에게 돌려준다.

한편, 본선에 적재된 상품이 외관상 파손되었는지의 여부도 이 과정에서 검수인에 의하여 파악되며, 만일 흠이 발견될 때에는 선박회사 측의 면책을 증명하기 위하여 1등항해사는 본선수취증(M/R : Mate Receipt)에 그 사실을 기재한 사고본선수취증(foul

M/R, caused M/R)을 발행하게 되는데 그 내용은 이를테면 '4 cases boken and repaired'와 같다. 그러므로 본선 선원이 사고본선수취증을 발행하게 되면 그것과 교환하여 주기 위하여 선박회사가 발행하는 B/L에도 그 사실이 그대로 기입된 사고선하증권(foul B/L, dirty B/S)을 수출업자에게 교부하게 된다.

이와 같은 사고선하증권을 가지고 수출업자가 화환어음을 은행에 취결하려고 할 경우 은행은 이를 거절하기 때문에 수출업자로서는 선박회사와의 교섭에 의하여 흠이 있는 약정상품에 대한 보상장(letter of indemnity : L/I)을 제출하고 사고선하증권을 무사고선하증권으로 바꾸는 것이 보통이다. 이상과 같은 일련의 과정을 통하여 약정상품의 선적이 완료되면 승선세관공무원이 서명한 수출면장 사본과 선박회사에서 받은 B/L사본을 세관에 제출하게 된다. 세관에서는 이미 제출된 수출신고서·허가서(승인서)와 B/L과를 체크한 다음, 이상 없음이 확인되면 수출대금회수를 위한 외국환은행 거래용으로 수출신고서의 1부에 선적연월일·B/L번호·선적수량 등을 기입한 수출면장과 같이 수출업자에게 교부한다.

세관에서 받은 수출면장 원본은 수출하였음을 증명하는 중요한 증거서류이기 때문에 잘 보관하여야 한다. 매도인은 마지막으로 약정상품이 선적완료 되었다는 뜻을 매수인 앞으로 전신이나 서신으로 통지를 하여야 한다(shipping advice, shipping notice).

수출화물의 선적과 관련된 중요서류의 흐름을 순서에 따라 요약하여 정리하면 다음과 같다.

① 송하인으로부터 선박회사 또는 대리점에 선복신청(application for space)이 제출되면 운송계약이 체결된다.

② 선박회사는 적하예약목록을 작성하여 선적업자와 본선에 통지한다.

③ 선박회사는 등록검량회사에 용적·중량증명서의 발행을 의뢰한다.

④ 송하인은 세관에 수출확인서를 제출하여 그 확인을 받는다.

⑤ 송하인은 해상보험회사와 해상보험계약을 체결하여 해상보험증권을 받는다.

⑥ 선박회사는 송하인 또는 선적업자에게 선적지시서(Shipping Order : S/O)를 교부한다.

⑦ 총적하화물을 창고에서 받을 경우 필요하면 송하인에게 창고수취증을 교부한다.

⑧ 약정상품의 선적을 마치면 본선으로부터 선적업자에게 본선수취증(M/R)을 발행한다.

⑨ 본선수취증에 의하여 선박회사는 선하증권(B/L)을 발행한다.

⑩ 본선측에서는 적하종료 후 Hatch List, 적하계획서(S/P), 스페이스 보고서(S/R), 적하검사보고서(stowage survey report) 등을 작성하여 선박회사 또는 대리점에 보낸다.

⑪ 선박회사 또는 대리점은 적하목록을 작성하고 본선양륙지 등에 이를 발송 한다.

⑫ 선박회사 또는 대리점에서는 운임표를 작성하여 양륙지로 송부한다.

⑬ 선박회사 또는 대리점은 본선수취증을 기준하여 선적하고 화물목록(condition report 또는 exception list)을 작성하여 양륙지로 송부한다.

⑭ 부정기선의 경우는 정박기간의 산정상 본선이 선적지 또는 양륙지에 도착하여 하역준비가 되면 용선자에게 하역준비완료통지서를 발송한다. 본선의 적양(積楊)이 끝나면 본선 측에서는 적양계산서, Draft Survey Report 초과수당을 작성하고 실제의 정박일수를 기재한 Laydays를 작성한다.

# 3 국제컨테이너 운송

## 1 컨테이너에 관한 일반 사항

### 1) 컨테이너의 개념

컨테이너가 무엇이냐에 대하여 국제표준화기구(internationalization for standardization)는 컨테이너를 다음과 같이 정의하고 있다.

"내구성과 반복 사용에 충분한 강도가 있으며, 상품 수송을 하나 또는 2개 이상의 수송방식에 의하여 도중에서 재포장함이 없이 용이하게 할 수 있도록 설계되어 있어 취급이 용이하며 특히 한 수송방식에서 다른 수송방식으로 이적할 때에 그 취급을 용이하게 하는 장치가 설비되어 있으며, 적입과 적출이 용이하도록 설계되어 있는 1㎥이상의 내부용적을 가진 수송설비."

또 일본해상컨테이너협회는 컨테이너에 대한 개념을 다음과 같이 정의하고 있다.

"화물의 단위화를 목적으로 한 수송용 용기로서 이질적 수송기관에 대한 접합성에 중점을 두고 결정한 용적을 가지고, 용도에 적응하는 강도를 구비하며, 또한 반복사용을 할 수 있는 용기."

이상의 컨테이너에 대한 개념을 종합하면 대체로 다음과 같은 요건을 구비한 것이 컨테이너라고 볼 수 있다.

① 일정한 크기 이상의 용적을 가져야 한다.

② 계속적인 사용이 가능하여야 한다.

③ 화물을 적재 또는 반출하는 데 편리한 구조가 되어 있어야 하며, 안전한 봉인

장치가 있어야 한다.

④ 연결되는 여러 가지 형태의 수송 수단에도 내용품의 이적 없이 안전하게 적용될 수 있어야 한다.

⑤ 상위의 많은 화물의 중량에 견딜 수 있는 구조의 강도가 있어야 한다.

한편, 우리나라에서도 컨테이너 및 내장화물의 통관 요령에서 컨테이너를 다음과 같이 정의하고 있어 앞에서 설명한 권위 있는 기관의 컨테이너에 대한 개념과 일치하고 있음을 알 수 있다.

① 항구적인 성질을 가지며 반복 사용에 적합할 정도로 견고할 것

② 수송 중 환적하지 않고 1개 또는 그 이상의 수송 방식에 의한 화물의 수송을 용이하게 하고자 특별히 설계되어 있을 것

③ 특히 1개의 수송수단에서 타의 수송수단에의 하역을 용이하게 할 부속품을 가지고 있을 것

④ 화물의 적입 및 적출이 용이하도록 설계되어 있을 것

⑤ 1㎥이상의 내용적을 가지고 있을 것

### 2) 컨테이너 등장의 기원

원래 컨테이너수송의 시발은 1801년 영국인 제임스 앤더슨(James Anderson)에 의하여 발표된 바 있는데 그 후 시험적 단계를 거처 실제로 이용하게 된 것은, 1926년 New York Centeral 철도가 3톤 컨테이너 19개를 적재할 수 있는 Container Car를 제작하여 뉴욕-시카고간에 사용한 것이 첫 출발이었다. 이와 같이 철도를 중심으로 그 개발이 구체화된 컨테이너는 1946년 미국의 알래스카 기선회사가 최초로 해상운송에 이용함으로써 해상운송에 있어서의 컨테이너화가 문제시되기에 이르렀다. 이와 병행하여 항만의 대형컨테이너 하역시설과 육상수송을 위한 중계시설의 완성으로 마침내 세계에서 맨 처

음으로 휴스턴-뉴욕간의 해륙일관수송(sea land system) 이 취항을 보게 되었다. 그 후 미국의 Sea-Land사가 1966년 3월 세계 최초로 본격적인 컨테이너선을 북대서양항로(구주-북미)에 취항시킴으로써 정기항로에 컨테이너화가 시작되었다. 이어서 극동/북미태평양항로, 구주/호주항로, 일본/호주항로, 극동/구주항로 등에서 미·일·영·서독·호주 등의 선박회사가 컨테이너선을 취항시켰다. 우리나라에서는 1970년에 처음으로 컨테이너가 도입되기 시작하여 현재에는 그 이용도가 현저히 증가하였다. 앞으로 포장의 규격화(module)가 진척되면 더 한층 이용도가 높아질 것으로 예상된다.

### 3) 컨테이너의 장·단점

#### (1) 장점

① 포장비를 절감할 수 있다. 즉, 컨테이너 자체가 외장의 역할을 할 수 있으므로 포장비와 그 부대비용을 크게 절감할 수 있다.

② B/L을 신속하게 발급할 수 있다. B/L은 일반적으로 선박회사가 화물을 인수하거나 선적된 다음에 발급하지만, 컨테이너를 이용하게 되면 컨테이너에 화물을 적재하고 봉인되면 즉시 B/L을 발급할 수 있다.

③ 하역비를 절약할 수 있다. 항만하역시설의 기계화적업은 인력에 의한 재래식 하역비보다 하역능률이 상당히 빠르기 때문에 하역비의 절감을 꾀할 수 있다.

④ 안전수송을 도모할 수 있다. 견고하고 완전히 밀폐된 컨테이너에 적재하고 봉인하여 수송되기 때문에 화물이 파손·오손·도난 될 염려가 없다.

⑤ 보험료를 절감할 수 있다. 컨테이너는 임시창고로 사용될 수도 있으며 이동하는 창고로서도 사용될 수 있다. 따라서 통관수속을 위하여 화물을 구태여 창고에 반입하지 아니하여도 되므로 보관비가 적게 든다.

⑥ 해상운임이 절감된다. Through Rate에 의한 할인운임, 빠른 회전률 등에 의한 저율의 운임이 적용된다.

### (2) 단점

① 상품포장을 규격화(module)하여야 한다. 컨테이너는 모두 내부 용량이 1㎥이 상이지만, 그 규격은 2.4m×2.5m×10.6m, 2.4m×2.6m×7.3m, 2.4m×2.4m×12.2m 등 다양하다. 이와 같이 컨테이너 자체가 규격화되어 있으므로 컨테이너에 적재할 화물도 규격화되어야만 이를 충분히 이용할 수 있다. 상품포장을 컨테이너에 맞도록 만들지 않으면 많은 공간이 남게 되며 오히려 화물이 손상될 우려가 있다. 그러므로 포장에 대한 Module사업이 함께 추진되어야 한다.

② 많은 자금이 필요하다. 컨테이너 시스템을 채택하기 위해서는 많은 컨테이너를 확보하여야 하며, 컨테이너 자체를 쌓아 두어야 할 부두에 인접한 넓은 장소(container yard)를 가지고 있어야 함은 물로, 포장·수송·하역·창고의 일관작업으로 컨테이너 이용의 효율화를 위해서는 이에 필요한 충분한 장비·전용선박·전용부두·전용장치장을 갖추고 있어야만 하기 때문에 막대한 자금이 요청된다.

## 4) 컨테이너의 종류

컨테이너가 국제간에 적용되려면 그 절대적 요건으로서 다음과 같은 사항을 갖추어야 한다.

① 협동일관수송이 용이하고 효율적일 것

② 적입된 각종 화물에 대해서 데드 스페이스(dead space)가 적을 것

③ 수송의 경제성과 수송단위가 가급적 일치할 것

그런데 국제표준기구(I.S.O.)에서는 컨테이너의 표준을 정해 놓고 있는데 길이·넓이·높이의 치수를 정해 놓고, 상단 네 모퉁이에 특수고정 장치가 되어 있으므로 6개까지 포개놓을 수 있으며 모든 면이 밀폐되어 있고 후미에 Door가 있다. 표준컨테이너는 DRY Freight Container라고도 하며, General Purpose Container라고도 하는데, 일반적으로 건조한 화물을 비롯한 다목적용도에 사용되며 알루미늄으로 막혀져 있다.

한편, 여러 형태 및 특성을 가진 화물들을 효과적으로 운송하기 위하여 다음과 같은 특수 컨테이너가 있다.

① 냉동(reefer) Container

자동온도조절기를 갖추고 있는 컨테이너로서 -28℃에서 +26℃까지의 온도를 임의로 조절할 수 있게 되어 있다. 따라서 생선·선과·식품로를 수송하는 데 편리하게 되어 있다.

② 냉동·격리 Container

생화·구근·과자·혈청 등 특수한 화물은 일정한 온도 하에서 수송되어야 한다. 따라서 이 컨테이너는 수송 도중에 외부의 기후·기상조건에 불구하고 일정한 온도를 유지시키는 동시에 일정한 간격을 두도록 만들어져 있다.

③ 칸막이 Container

내부를 이중벽으로 장치하고, 그 사이에 충전되어 있는 Dry-ice가 저온을 유지하게 되어 있는 컨테이너로서 육류 등의 수송에 잘 이용된다.

④ Open Top Container

상단을 열었다 닫았다 할 수 있도록 장치되었으며 무거운 기계 또는 자동차 등의 수송에 주로 이용된다. 곤도라 Type Container라고도 한다.

⑤ Tank Container

내부가 완전히 밀폐된 Tank로 되어 있으며 액체 수송에 이용된다.

⑥ Hopper or Tipper Container

큰 광주리와 같이 제작된 것으로, 광물·식량·입상 또는 분상의 물품을 수송하는 데 이용된다.

⑦ Pen Container

가축 및 기타 동물의 수송용으로서, 구조적으로는 통풍이 충분히 되고 먹이를 주기에 편리한 구조로 되어 있다. Live Stock Container라고도 부른다.

⑧ Flat Rack Container

승용차·기계류 등의 중량화물을 위한 컨테이너로서 천정과 벽이 없이 측면으로부터 하역할 수 있도록 되어 있는 것이 특징이다.

⑨ 절연·환기(insulated, ventilated) Container

온도 또는 습도의 변화에 민감한 화물을 수송하는 데 이용되는 컨테이너로서, 컨테이너의 전후에 환기장치가 되어 있는 것이 특징이다.

⑩ 재래식 ISO Container

측면을 붙였다 떼었다 할 수 있는 것으로 박람회에서 물품을 실은 채 전시를 할 수 있다.

⑪ Platform Container

중량물이나 부피가 큰 화물의 수송을 위한 것으로 길이 6.75m, 넓이 4.10m, 중량 40톤까지의 화물을 적재할 수 있도록 되어 있는 컨테이너이다.

### 5) 컨테이너 화물의 종류

컨테이너의 단점 가운데 하나가 모든 화물을 컨테이너에 넣을 수 없다는 데에 있다. 따라서 컨테이너화에 적합한가 여부에 따라 다음과 같이 그 화물을 나누어 볼 수 있다.

#### (1) 최적상품

타이프라이터·카메라·TV·라디오·의약품·의류·소형기계 등과 같이 부피도 크지 않으면서 비교적 고가품으로 컨테이너에 싣지 않으면 도난 등 위험이 따르는 물품들이 이에 속한다.

### (2) 적합상품

생피·합판·카본블랙·전선·포장 속에 든 곡물 등과 같이 고가품도 아니면서 위험도 적은 상품들이 이에 속한다.

### (3) 한계상품

컨테이너에 싣는 것이 반드시 경제적이라고 볼 수 없는 원목·선철 등의 화물이 이에 속한다.

### (4) 부적격상품

물리적으로 컨테이너에 넣기 어려운 상품으로 자동차·중장비·고철·대형발전기 등의 화물이 이에 속한다. 이들 물품은 주로 전용선을 이용하여 국제운송 된다.

## 6) 컨테이너선의 종류

컨테이너선은 본선선형에 따라 전용선(full container), 혼재형(conventional ship), 또는 분재형(semi container ship)이 있으며 하역방식에 따라서 리프트 온/오프(life on/off) 방식과 롤 온/오프(roll on/off)방식으로 분류된다.

전용선이란 모든 선창이 컨테이너만을 적재하도록 설계되어 있는 선형을 말하고, 혼재형은 보통 화물선에 일반잡화와 컨테이너를 혼재할 수 있는 선형을 말하며, 분재형이라 함은 화물선의 특정선창을 컨테이너 전용선창으로 한 것으로 대개 선체 중앙에 설치되어 있는 것을 말한다.

한편, 리프트 온/오프방식의 본선 또는 육상의 크레인을 사용하여 컨테이너를 본선에 수직으로 적양하는 방식을 말하고, 롤 온/오프방식이란 선측, 선수 또는 선미의 Ramp로부터 컨테이너 또는 트레일러를 수평으로 적양하는 방식의 선박을 말한다.

일반적으로 컨테이너선이라고 할 때에는 리프트 온/오프 방식을 사용하는 선박을 말한다.

### 7) 컨테이너의 이용 방법

컨테이너를 이용하려면 임대할 수도 있고 직접 구입하여 사용할 수도 있다. 컨테이너업자는 대체로 선박업도 겸하고 있으므로 화물을 컨테이너에 의하여 수송할 것을 조건으로 운송계약을 맺게 된다. 컨테이너의 가격이 비교적 비싸고 또 컨테이너를 구입·사용하려면 부대시설과 여러 장비를 갖추어야 하기 때문에 많은 자금이 필요하다. 따라서 대부분 컨테이너를 임대하여 사용하는 것이 오늘날의 현실이다. 화물을 컨테이너에 적재할 때 화물이 대량이고 계속적이면 컨테이너를 생산공장 또는 창고에 운반하여 거기서 적재하게 되나, 반대로 화물이 소량이고 계속적이 아니면 Container Yard에 마련된 창고까지 우선 화주의 책임으로 화물을 운반하고, 거기서 다른 화물과 함께 적재하게 되는 것이 보통이다. 내륙지에서 화물을 보세운송 할 때에는 그 장소가 세관공무원이 파견되어 검사를 한 후에 적재를 하고 봉인하게 되면 그것이 항구까지 보세운송 되어 그대로 선적된다.

## 2 컨테이너 터미널의 구조

컨테이너 터미널이란 컨테이너화물의 운송에 있어서 육상운송과 연결점을 말한다. 그러므로 컨테이너 터미널은 선박이 접안 할 수 있는 부두에 설치되어 직접 컨테이너선으로부터의 하역작업이 용이하고 육상운송과 연결 될 수 있는 입지적 조건을 갖추어야만 한다.

### 1) 고정시설

#### (1) 부두(wharf)

부두는 계선안벽·Apron·Berth로 구성되는데 이를 안벽이라고 부른다. Wharf는 컨테이너선을 접안시키기 위하여 수면의 밑바닥으로부터 쌓아올린 구축물을 말하고, Apron은 안벽에 이어진 콘크리트 광장이며 클레인 등의 적입·양하 작업을 할 수 있는 장소이며, Berth는 선박이 계류하는 안벽의 일정 수역으로서 부두에 있어서는 소위 선박의 좌석을 가리킨다.

### (2) Marshalling Yard

입항할 선박에 적재할 컨테이너를 하역 순서에 따라서 정리하는 장소이며, Apron에 이어서 구축되어 있고 컨테이너의 양륙이 행하여지는 장소이기도 한다.

### (3) Container Yard

공컨테이너의 보관, 송하인으로부터 보내온 컨테이너 또는 수하인에게 배달할 컨테이너의 대기, 내륙수송을 위한 작업 등을 행하는 장소로서 Marshalling Yard에 이어 구축되어 있다.

### (4) Container Freight Station(C.F.S.)

C.F.S.란 선박회사나 그 대리점에 선적할 화물을 화주로부터 인수하거나 양하된 화물을 화주에게 인도하기 위하여 지정한 장소를 말한다. 이 지정장소는 반드시 항계내에 위치하여야 하며 보세화물조작허가가 있어야 한다. 즉 1개의 컨테이너를 채울 수 없는 양의 화물(less than container load cargo : L.C.L.)을 여러 화주로부터 인수하여 목적항별로 선별하여 컨테이너에 혼적하거나 한 컨테이너로부터 반출된 여러 화주의 화물을 각 화주에게 인도해 주는 장소를 말한다. C.F.S.에서의 혼적작업을 Consolidation이라고 하며, 그러한 업무를 행하는 업자를 Consolidator(혼적업자)라고 부른다. 이러한 혼적잡업은 내륙지방의 집하중심지에서 설치된 지정구역에서도 행하여지는데 이것을 Inland Depot라고 한다. Inland Deport는 컨테이너의 집하배달, 컨테이너에 적입·인출 등을 행하기 때문에 사실상 C.F.S.와 동일한 기능을 한다. C.F.S.는 철도와 접속되어 내륙수송과 연결된다.

### (5) Control Tower

선적과 양하의 하역작업이나 컨테이너의 배치 등이 Head Office의 계획이나 지시대로 시행하게 하는 감독·지휘를 하는 장소이다. Tower는 Yard의 전체를 조감할 수 있는 장소에 설치됨이 보통이다.

### (6) Maintenance Shop

컨테이너의 검사·보수·사용전후의 청소 및 기기의 보수·개선을 하는 수리공장을 말한다.

### (7) Gate

송하인으로부터의 만재컨테이너(full container)의 인수 또는 검수인에의 배달을 위하여 터미널을 출입할 때에 필요서류의 접수, 컨테이너의 점검, 중량의 확인 등이 행하여지는 장소이다.

### (8) Terminal Office(Head Office)

터미널의 중추적 기능을 담당하는 관리부서로서 운영의 일원화 내지는 합리화를 위하여 필요한 지시를 행한다.

## 2) 가동시설(하역기구)

터미널 내의 하역기구는 다음과 같은 것들이 주로 사용되어지고 있다.

### (1) Gantry Crane

이 기기는 컨테이너를 본선에 적입 또는 본선으로부터 양하하기 위한 기중기이며 각대가 레일을 타고 이동하여 화물을 끌어올려 횡행작동에 의거 화물의 적입·양하작업을 하는 기기를 말한다.

### (2) Straddle Carrier

컨테이너를 적재하고 해당구역 내에서 운반하는 하역기기이며 터미널태의 모든 작업장에서 필요하다.

#### (3) Transfer Crane

구역 내에서 컨테이너의 적재·양하·환적 등의 작업에 사용하는 기기이다.

#### (4) Tractor·Trailer·Chassis

Tractor는 견인차, Trailer는 대차, Chassis는 그의 차대이다. 컨테이너는 Transfer Crane의 의하여 Trailer의 Chassis에 적입되고 그 Trailer를 Tractor가 끌어서 운반한다.

### 3) 컨테이너 야드(C.Y.)에 반입되는 화물의 경로

화물이 컨테이너 야드에 반입되는 경로를 살펴보면 다음과 같다.

#### (1) C.L.(container load cargo)화물의 경로

C.L.화물은 화주 또는 메이커의 창고나 공장에서 컨테이너에 적입되어 컨테이너 야드에 운송된다. 이것이 곧 '생산자의 문전에서 수요자의 문전까지'(door to door)의 일관수송의 이상형이다. 또 혼적업자 혹은 관세사가 자기 창고에서 컨테이너 적입작업을 하는 경우도 있다. 컨테이너 야드에 반입된 이후의 컨테이너의 하역은 터미널 경영자에 의하여 행해진다.

#### (2) L.C.L.화물의 경로

여기서는 다음과 같은 세 가지 유형이 있다.

① 화주 또는 메이커의 창고나 공장으로부터 C.F.S.에 반입되어 목적지별로 혼적하여 가득채운 컨테이너 화물은 곧 컨테이너 야드에 운송된다.

② 화물은 Inland Depot에서 컨테이너에 혼적되어 컨테이너 야드에 운송된다. 이 경우에는 컨테이너 터미널로부터 원거리에 있는 화주가 컨테이너를 이용하는 유형이다.

③ 화물은 혼적업자에 의하여 컨테이너에 혼적한 다음 컨테이너 야드에 운송된다. 혼적업자는 집하한 L.C.L.화물을 직접 C.F.S.에 반입하는 경우도 있다. 이

러한 경우에는 화물이 터미널경영자에 의하여 그 곳에서 컨테이너에 적입한 후에 컨테이너 야드에 반입되게 된다.

## 3 컨테이너 화물의 운송 형태

### 1) 컨테이너 화물의 유통경로

#### (1) CFS/CFS(LCL/LCL)

선적항의 C.F.S.로부터 목적 항의 C.F.S.까지 Container에 의한 화물운송형태로서 동 운송형태를 단지 재래선에 의한 화물의 해상운송 구간을 Container를 통해 수송한다는 차이뿐, Container Service의 가장 초보적인 이용 방법이다. CFS/CFS운송은 Pier to Pier 혹은 LCL/LCL운송이라고 불리워지는데 운송인이 여러 화주들로부터 Container에 가득채울 수 없는 소량화물(LCL화물)들을 집하하여 운송인 지정 선적항 C.F.S.에서 동 L.C.L.화물 목적지별로 분류하여 한 container에 혼재운송하여 목적항의 C.F.S.에서 여러 수하주에게 화물을 인도하는 운송방법이다. 따라서 LCL화물의 수송을 위해 이용되는 등 운송형태는 자연히 송하주 및 수하주가 각각 여러 사람으로 구성되며 운송인은 선적항과 목적항간의 해당 해상운임만을 징수하고 이에 따른 운송책임도 선적항 C.F.S.에서 목적항 C.F.S.까지이다.

#### (2) CFS/CY(LCL/FCL)

운송인이 지정한 선적항의 C.F.S.로부터 목적지의 C.Y.까지 Container에 의한 화물운송형태로서 운송인이 여러 송하인들로부터 선적항의 C.F.S.에서 집하하여 Container에 적입한 후 최종 목적지의 수하주 공장 또는 창고까지 동 화물을 운송한다. 이 운송형태는 CFS/CFS에서 한 단계 발전한 운송방법으로 일반적으로 수입업자가 여러 사람의 송하주(seller)들로부터 각 LCL화물들을 수하하여 일시에 자기 지정창고까지 운송하고자 하는 경우에 이용하기 좋으며 현재 우리나라에 가장 많이 보급되어 있다.

다수 송하주·단수 수하주의 구조를 띤 이 수송방법은 선적시에 C.F.S.에서 여러 사람들로부터의 LCL화물을 Container에 혼재하여 수하주 지정의 최종 목적지까지 운송되어 양하하게 되는데 이러한 경우 하주는 선적항의 C.F.S.로부터의 행상운임과 도착항으로부터 최종 목적지 C.Y.까지의 운임을 지불하게 되며, 운송인의 운송 책임은 선적항 C.F.S.로부터 최종 목적지의 C.Y.까지이다.

현행 Container Incentive 제도 하에서 해상운임구간의 약 2.5% 상당의 할인 혜택을 받는다.

### (3) CY/CFS(FCL/LCL)

CFS/CY운송형태의 적양지를 뒤바꾼 형태가 되는 CY/CFS운송은 선적지의 운송인 지정 C.Y.로부터 목적항의 지정 C.F.S.까지 Container에 의한 화물운송방식으로서 단수송하주·복수 수하주의 구조를 갖고 있다.

즉, 선적지에서 수출업자가 FCL화물로서 Container로 운송하여 수입항의 C.F.S.에서 화물을 내려 각각의 수하주들에게 수하토록 하는 운송방법이다. 동 방법은 수출업자가 수입국의 여러 가지 상품의 수입업자에게 일시에 화물운송을 하고자 할 때에 많이 이용되며 하주는 물론 선진국의 지정 C.Y.로부터 수입항의 지정 C.F.S.까지의 운임을 지불하게 되며 운송인의 책임도 동 구간에 한한다.

### (4) CY/CY(FCL/FCL : Door to Door)

Container의 장점을 최대한 활용한 이른바 생산업자의 창고로부터 하주의 창고까지의 육해·육 혹은 육해·공을 잇는 일관수송형태로서 화물의 생산지 혹은 공장에서 Container에 만재한 화물을 그대로 선적한 및 양륙항을 통과하여 최종 목적지의 수하주 창고까지 Container의 개폐 없이 수송하는 방법이다. 따라서 동 수송형식은 수송의 3대요소라고 하는 신속성·안정성·경제성을 최대한으로 충족시켜 Container의 소기 목적을 100% 달성시키는 수송형태로서 한 수출업자가 자기 상품을 전량 Container에 적입하여 그대로 수입업자 창고까지 상품을 인도하고자 하는 경우에 이용된다. 하주는 CY/CY운송에 따른 육·해·육 구간 혹은 육·해·공 구간의 운임을 지불하여야 하며 운송인의 책임은 선적국 CY로부터 수입국의 CY까지이며 해상구간운임에 있어 약 5% 상당 할인의 Container Incentive제가 적용되고 있다.

### 2) 컨테이너운송에 필요한 서류

컨테이너운송과 관련하여 사용되는 서류 가운데에는 화물선적예약서, 화물선적예약목록, 기기수도증, 컨테이너내 화물명세표, 부두수취증 등이 있다.

#### (1) 화물선적예약서(booking note)

선박회사가 송하인으로부터 선적예약을 받을 때 송하인으로부터 받은 화물의 명세나 운송조건 등을 기초로 하여 작성한 것으로서 화물인도목록의 자료로, 또 컨테이너 수배를 위한 자료로 활용되는 서류이다.

#### (2) 화물선적예약목록(booking list)

이 서류는 화물별·화주별로 작성된 화물인수서를 일람표로 작성한 것이다. 이것은 선적화물의 파악이나 선복조정에 이용되고 C.Y. 및 C.F.S.운영자에게 넘겨져 화물수취지시서의 역할을 한다. 이 양 운영자는 화물선적예약목록과 대조하여 화물을 송하인으로부터 받는다.

#### (3) 기기수도증(equipment receipt : E/R)

컨테이너·새시 등의 기계류의 수도를 증명하는 서류를 말한다. 수도시 C.Y.운영자와 반출자 또는 반입자 쌍방에 의해 서명된다. 즉 임대인과 임차인간의 서명으로 작성되며 쌍방의 기기관리책임을 인수인계하는 증서이다. 이것은 반출용(out)과 반입용(in)으로 구분하는 경우도 있고 한 장으로 이를 겸용하는 경우도 있다.

#### (4) 컨테이너내 화물명세서(container load plan : C.L.P.)

이것은 컨테이너마다 화물의 명세를 표시한 유일한 서류로서, 컨테이너수송에 있어서 특히 중요한 서류이다.

### (5) 부두수취증(dock receipt : D/R)

선박회사가 화물의 수취증으로서 발행하는 서류이다. 이것은 화주 또는 그 대리인이 선박회사의 규정양식을 사용하여 작성하며, 화물반입과 동시에 C.Y. 및 C.F.S. 운영자에게 제출한다. 컨테이너운송에 있어서 선박회사의 화물에 대한 책임은 화물을 C.Y. 또는 C.F.S.에서 수취한 때부터 시작되므로 부두수취증 발행은 선박회사의 책임시기를 나타낸다. 또 이 부두수취증은 송하인이 선박회사에 대하여 행하는 화물에 관한 서면통고로 간주되기 때문에 선박회사는 B/L의 발행이 요구된 경우에는 그 통고가 정확치 않다고 믿을 만한 정당한 이유가 있을 경우 및 그 통고가 정확함을 확인할 적당한 방법이 없는 경우를 제외하고는 이 수취증에 기재된 내용과 동일한 기재를 한 B/L을 작성·발행한다.

### (6) 선하증권(B/L)

컨테이너에 적재되지 않은 화물을 수취한 경우에는 재래식선하증권을 발행할 수도 있으나 컨테이너 선적화물에는 컨테이너 B/L이 발행된다. 컨테이너선하증권의 기재란에는 화물수취장소, 인도장소, 컨테이너 번호, Seal 번호, 개수 등이 있는데, 화물을 수취한 장소는 화주 2인 이상의 혼재화물(L.C.L.)이면 C.F.S., 화주 1인 소유의 만재화물(F.C.L.)이면 C.Y.가 되는데 부두수취증의 발행지와 같다. 인도 장소는 선박회사의 책임이 끝나는 지점이다. 컨테이너 번호와 Seal 번호는 C.Y.화물의 경우, 컨테이너의 화물인도는 컨테이너 번호만으로 하여야 하므로 컨테이너내 화물명세표(C.L.P.)와 대조하여 일치됨을 확인하여야 하며, Seal 번호도 기재하여야 한다. 이것은 화물인도지에서의 인도시 운송도중 컨테이너를 열지 않았다는 증거가 된다. 컨테이너를 단위로 하여 수송하기 때문에 개수는 ××컨테이너라고 표시한다. 컨테이너 내부의 화물개수에 대하여는 운송인은 관여하지 않는 것이므로 B/L면에 'Shipper's Load and Count' 등의 조항이 삽입된다. B/L번호는 부두수취증의 번호와 같은 것이다. B/L의 발급일자에 대하여는 선적 전에 C.Y.나 C.F.S.에서 선박회사가 화물을 수취하므로 컨테이너 B/L은 수취선하증권의 형식을 취하고 있다. 이러한 B/L은 L/C베이스거래의 경우 유통되는 일이 드물며 대부분의 경우 B/L 발행시 선적선하증권이 요구되지만 이 경우 'Load on Board the Vessel'란에 선적일 및 서명 또는 Initial을 기입하고 B/L면에 본선명이 기록되어 있으면 Shipped B/L로 인정한다.

# 4 국제복합운송

## 1 국제복합운송의 개념

복합운송은 넓은 의미로 특정운송화물이 두 가지 이상의 종류가 다른 운송수단에 의하여 연결되는 경우를 말한다. 그러므로 적어도 개념적으로 다음과 같다.

① 송하인이 스스로, 아니면 여러 운송인을 자신의 대리인으로 하여 각 구간에 있어 각각 별개의 운송계약을 체결하는 경우(부분운송)

② 각 구간의 운송인과 구간에 관하여 운송계약을 동시에 체결하는 경우(동일운송)

③ 최초의 운송인과 전 구간에 관하여 운송계약을 체결하고, 후속의 운송인이 그 하청운송인으로서 그 운송계약의 이행에 관여하는 경우(하청운송)

④ 후속의 운송인이 최초의 운송인과 송하인간의 전체운송에 대한 운송계약을 증명하는 1통의 운송증권에 따라 순차적으로 운송품을 연계하는 경우(연체운송) 등의 네 가지 형태로 존재할 수 있다.

그러나 복합운송의 형태에 부분운송을 포함시킬 수 있는가 혹은 없는가에 문제가 없지 않다. 왜냐하면 복합운송이라고 하는 발상에는 이미 각 운송수단이 유기적으로 결합되어 있다고 하는 실질적인 요건이 전제된다고 보기 때문인데, 이러한 관점에서 있는 한, 운송마다 별개의 운송계약이 존재하는 부분운송을 포함시킨다는 것은 모순이기 때문이다.

어떻든, 국제복합운송은 1960년대 후반에 국제대형컨테이너를 주축으로 한 세계 주요 항로의 컨테이너운송화와 함께 새로운 모습으로 등장하여 새로운 과제를 제시하기에 이른 것이다. 이처럼 대형컨테이너를 중심으로 한 국제복합운송의 장점은 무엇보다 송하인으로부터 받은 컨테이너 화물을 그 인수지에서 인도지까지 체계적으로 일관된 통제하에 운송하는 것을 궁극의 목표로 하고 있다는 점에 있다. 환언하면 최근의 국제복합운송은 단일의 계약주체에 따라 조직화된 측면을 갖고, 이 조직된 체제로 후속이나 선행하는 다른 운송인, 기타 독립계약자(independent contractor)는 단일조직자(organizer)의 하청운송인이나 이행보조자로서 그 전체운송을 수행하는 형태가 가장 일반적이다.

## 2 국제복합운송증권

복합운송증권이라 함은 선박·철도·항공기 및 자동차 등 종류가 다른 운송수단 중 두 가지 이상의 조합에 의해서 이루어지는 운송을 위하여 복합운송인이 발행하는 증권으로서, 발행자인 운송인에 의하여 운송화물의 수령을 증명하고, 나아가 운송계약의 내용에 관한.증거가 되는 권리증권(documents of title)으로서의 유가증권을 말한다.

즉 여기서 말하는 복합운송증권은 선하증권과 똑같이 국제무역거래에 있어서 유통증권으로서의 기능, 구체적으로는 화환의 담보기능과 편익을 그 발행청구자인 화주에게 주기 위하여 발행되는 것이다.

## 3 국제복합운송인의 책임

오늘날 국제복합운송에 있어서 운송인의 책임문제는 결국 육상·해상·항공등 각 운송수단마다 다른 책임체계 및 책임기준이 지배하는 현실의 법질서 중에서 전체운송에 대한 복합운송인의 책임과 관련하여 어떤 법규를 적용할 것인가, 또는 그 책임의 내용을 어떻게 하는 것이 가장 타당할 것인가라는 문제이다. 이 점에 대하여 입법정책적 접근은 기본적으로 다음 두 가지로 나누어 생각할 수 있다.

① 당해 복합운송을 구성하는 개개의 운송구간에 적용되는 법규에 의한다고 하는 이른바 각 운송구간 이종책임원칙체계(network liability system)

② 전 구간을 통하여 손해발생개소가 어딘가를 묻지 않고 단일의 책임체계에 의하는 것으로서 전 운송구간 단일책임원칙체계(uniform liability system)

국제복합운송조약은 복합운송인의 책임체계로서 이상의 두 원칙 가운데 이종책임체계 적용을 원칙으로 하되 운송구간 불명손상의 경우 그 구간의 책임한도액이 조약에 규정된 일반원칙(basic liability)에 의한 제한액보다 적은 경우에는 일반원칙을 적용하도록 하는 변형의 이종책임체계를 채택하여 운송인의 책임을 강화하는 입장을 취하고 있다.

## 4 국제복합운송운임

복합운송운임이란 복합운송인이 그 서비스, 즉 두 가지 이상의 다른 운송수단으로 행하는 통운송이 인수에 대하여 송하인으로부터 수령하는 보수이다. 이 운임은 해상·항공·육상(철도, 트럭 등)의 각 운송수단에 따른 운임 외에 부두터미널 및 내륙데포에서의 보관료, 분류 및 통관수수료, 기타 사무관리비 및 컨테이너 사용금, 이익 등으로 구성된다. 복합운송운임은 그 구조에 따라 단일운임기준에 의한 것과 수단별 운임기준에 의한 것으로 나눌 수 있다.

여기서 단일운임기준은 화물의 인수에서 인도까지의 전 구간에 걸쳐서 단일이 운임률(tariff)을 바탕으로 제공되는 운임으로서 품목별 무차별운임(freight all kinds rate)에 기초를 두고 복합운송인이 컨테이너를 단위로 하여 설정하는 일관운임이 이에 해당되는데 그 전형적인 예는 소위, 시베리안 랜드브리지(siberian land bridge : S.L.B.)가 그것이다.

한편, 수단별 운임기준은 해상운임, 육상운임 등 복합운송을 구성하는 각 운송단계(leg)에 요하는 운임 및 제요금을 각각 별기하여서 합산하여 화주에게 청구하는 일관운임을 말한다. 유럽/오스트레일리아항로 및 극동/유럽항로에 있어서 화주에게 제시되는 내륙운송요금을 포함한 문전에서 문전까지 또한 지역운임표(zone tariff)에 의한 일관운임이 이에 속한다.

## 5 국제복합운송과 무역조건

INCOTERMS가 1980년에 개정되기 이전까지는 국제무역거래에 사용되는 운송수단은 육상·해상·항공 중 한 가지 수단에만 의거하였는데, 앞에서 설명한 바와 같이 1971년 말부터 컨테이너화가 성숙 단계에 이름에 따라, 육·해·공(land/sea/air)의 연결 이용으로 국제화물운송의 경제성·신속성·안전성을 최대한으로 충족시켜 화물의 이적 없이 일관수송을 꾀할 수 있게 되었다. 그리하여 INCOTERMS도 이에 보조를 맞추어 ① Free Carrier(named point), ② Carriage Paid to…(named point), ③ Carriage and Insurance Paid to라는 세 가지 조건을 새로이 추가시켰다.

## 6 주요 국제복합운송 경로

현재, 선박과 철도 또는 자동차 등으로 연결되어 있는 국제복합운송 서비스는 구역운임률(zone tariff)에 의한 내륙운송요금(inland haulage charge)의 설정에 따라 해상경로를 중심으로 한 것과, 랜드 브리지 방식에 의한 대륙횡단철도와의 제휴에 의한 것으로 나누어진다. 이것을 우리나라로부터 목적지별로 경로를 나타내면 다음과 같다.

① 태평양연항 경유 미국 중서부항 경로

② 미니 랜드 브리지에 의한 미국 동부 및 걸프지역항 경로

③ 북태평양항 경유 캐나다 동부항 경로

④ 캐나다 동해안 경유 캐나다 동부지역항 경로

⑤ 시베리안 랜드 브리지에 의한 유럽항 경로

⑥ 유럽 제항경유 유럽 각국항 경로

⑦ 북미대륙 랜드 브리지에 의한 유럽항 경로

⑧ 오스트레일리아항로에 의한 동부 오스트레일리아항 경로

⑨ 부관페리에 의한 한일 복합운송경로

이상의 각 경로는 선박회사 및 이른바 운송수단 비보유 운송인(non-vessel operating common carrier : NVOCC)이라고 불리는 운송주선인, 창고업자 등에 의해서 운영되고 있는 국제복합운송경로이다. 이 가운데 현재 단일의 복합운송증권(combined transport bill of lading, through bill of lading intermodal bill of lading)에 의거 단일 오퍼레이터에 의해 제공되고 있는 서비스의 3개 경로, 즉 유럽 제항 경유 극동 / 유럽간 경로, 시베리안 랜드 브리지에 의한 극동 / 유럽간 경로, 북미 미니랜드 브리지에 의한 극동 / 대서양안 경로가 가장 대표적이다.

그런데 복합운송에서 중요한 지위를 차지하고 있는 랜드 브리지(land bridge)라는 것은 대륙횡단의 철도운송을 이용하여 바다와 바다를 연결하는 것을 말하는데 해/육/해의 경로에 의한 복합운송형태가 그것이다. 랜드 브리지는 본래 특정항로에 의한 해상운송에 대한 대체경로(alternative to all-water service)로서의 의미를 갖는 것이었으나 국제대형컨테이너를 운송하는 철도 측의 적극적인 어프로치에 따라서 기간경로(基幹經路)로서 계속 성장하고 있다. 파나마나 수에즈를 경유하는 극동, 유럽간 항로를 대신하여 극동/북미 태평양안/(철도)/북미대서양안/유럽(북미 랜드 브리지), 또는 극동/나호트카/(철도, 해상)/유럽제항(시베리안 랜드 브리지)의 경로에 의한 경우가 그 전형적이다.

더욱이 넓은 의미에서는 종래의 항로에 의한 해상운송에 대하여 일부를 육상 운송으로 하는 경우를 말하는데, 미국내륙의 중서부라든가 동부 또는 걸프지역의 화물을

태평양안에서 하륙하여 철도로 목적지까지 운송하는 경우(북미 랜드 브리지), 혹은 극동/나호트카/유럽대륙제국의 경로에 의한 시베리안 랜드 브리지가 그것이다. 어떻든, 랜드 브리지 운송의 목적은 운송경비의 절감과 운송시간의 단축에 있는데 이 구상의 이론적 근거를 처음 제시한 「마킨제보고서」에 의하면 유럽항로나 뉴욕항로에 취항하는 컨테이너선이 1,000~1,200개적(個積) 이하인 경우, 이 경로는 보다 저렴한 경비에 의한 서비스가 가능하다고 분석하였다.

한편, 시베리안 랜드 브리지(siberian land bridge : S.L.B.)라는 것은 국제표준화기구 규격의 국제대형컨테이너에 의해 시베리아철도를 경유하여 이루어지고 있는 극동, 유럽간의 국제복합운송 서비스로서 러시아 국경으로부터 목적지까지의 운송기관에 따라 다음과 같은 세 가지 방식이 있다.

① 트랜스 시(trans sea)는 레닌그라드, 탈린 등에서 영국, 네덜란드, 벨기에, 덴마크, 스웨덴, 노르웨이 등의 각국 항구까지 선박(소련해양선박성 관리하의 선박)을 사용하는 것으로써, 말하자면 국유 랜드 브리지에 상당하는 것이다.

②, ③ 트랜스 레일(trans rail) 및 트래콘스(tracons)는 브레스트, 쵸프 등의 국경중계역에서 유럽대륙의 각국 및 이란, 터키 등의 중동제국의 목적지까지 각국의 철도나 트레일러에 의하는 방식을 말한다.

이상의 세 가지 접속방법 중 운송량을 보면 트랜스 시 및 트랜스 레일이 유리하고, 접속 및 하역면에서 본다면 트랜스 레일과 트래콘스가, 더욱이 경제성 및 편리성에 본다면 트래콘스가 가장 유리하다. 결국, 이러한 선택에 있어서 열쇠가 되는 것은 화물의 종류나 목적지국의 사정, 특히 트럭의 중량제한, 기타 도로 사정이 크게 좌우된다.

# 5 국제항공화물운송

## 1 항공운송의 특징

항공운송은 해상이나 육상운송과는 달리 야행성·비계절성 및 편도성 등의 특징이 있으며, 또한 항공운송을 이용하므로 생기는 여러 가지 장점이 있다.

① 해상운송이나 다른 운송수단을 이용하는 것보다 신속하게 운송할 수 있다. 기회비용(opportunity cost)이 중요시되는 계절유행상품이나 납기가 촉박한 상품 등과 같이 긴급물품의 수송에 적절하다.

② 안전수송이라는 관점에서 손실, 분실, 또는 훼손의 위험이 있는 상품이면서 속히 전달되어야 하는, 즉 생선, 식료품, 생화, 방사선물질, 신문, 잡지, 뉴스필름, 원고 및 선적서류 등이 여기에 해당된다.

## 2 항공화물 운송주선업자

Air Forward란 항공화물만을 전문으로 취급하며, 항공운송과 관련된 일체의 서비스를 제공하며, 화주를 위해 가장 유리하게 국제간의 운송 및 그에 부수되는 업무 일체를 일관된 책임하에 주선 또는 수행하는 자를 말한다. Forwarder는 항공화물대리점(air cargo agents)과는 성격상 구분되어야 하나 현재 우리나라에서는 수행업무가 구분되지 않고 있다.

FIATA는 Forwarder의 기본적 기능으로 10가지 서비스의 내용을 지적하고 있다.

① 가장 신속하고 경제적인 수송수단에 관하여 고객에게 통보

② 포장에 관하여 고객과 상담

③ 통관수속

④ 상대국의 무역규정 및 신용장의 지시사항 준수

⑤ 가장 적절한 항공사 선정 및 수송계약

⑥ 혼재운송

⑦ 운송중의 보험보상

⑧ 보관 및 배송에 관하여 고객과 상담

⑨ 항공사 및 Forwarder 서류작성

⑩ 화물이동의 감시 및 감독

Forwarder는 이상의 10가지 서비스를 수행하면서 화주와 항공사와의 중간에 서서 화주에 대해서는 항공사를 대리하고 항공사에 대해서는 화주를 대행하며 스스로 화물을 주선하여 화주와 항공사의 경제적 이익에 기여한다.

Forwarder는 화물을 수집하고 혼재하는 중간업자로서 수송의 전 구간에 걸쳐 책임을 진다. 화주가 Forwarder를 이용하면 화물의 수집에서 인도시까지 전 운송과정에 관여하는 모든 운송업자를 이용하면 화물의 수집에서 인도시까지 전 운송과정에 관여하는 모든 운송업자를 각각 상대하여 하는 혼란과 책임소재의 모호성을 없애준다.

또한 모든 항공사의 각 노선에 따른 복잡한 요율구조와 서비스의 내용에 따른 할인운송의 대용을 사전에 알고 있기 때문에 화주에게 경제적 이익을 줄 수 있다.

한편, Forwarder는 항공사에 대해서 화주를 대신하여 화물을 접수시키며 소량화주들의 화물을 모아서 인도하기 때문에 항공사의 입장에서는 지상조업비용(ground handling cost)을 절감할 수 있다.

또한 항공회사도 소량화주와 직접 상대할 필요가 없기 때문에 모든 업무가 단순하고 관리비용도 절감된다.

## 3 항공화물운송장

### 1) 항공화물운송장의 의의

해상운송의 선하증권에 해당하는 항공운송의 기본서류가 항공화물운송장(air waybill : AWB) 또는 항공화물위탁서(air consignment note)이다.

Air Waybill과 유사한 것으로 Air Bill이 있는데 후자는 혼재업자가 발행하는 것이다. Air Waybill과 Air Bill을 구분하기 위하여 전자를 Master Air Waybill이라고 부르며, Air Bill을 House Air Waybill 또는 House Waybill이라고 부른다. 여하튼 이들 운송장은 송하인과 운송인 사이에 운송계약이 체결되었다는 증거서류이며 동시에 송하인으로부터 화물을 수령하였다는 증빙이 된다.

### 2) 선하증권과의 차이점

AWB는 B/L과 유사한 성격도 있지만 다른 점도 있다. 차이점을 비교하여 설명하며 다음과 같다.

① AWB는 B/L과 같이 송하인과 운송인 사이에 운송계약이 체결되었다는 증거증권이다. 따라서 화물의 중량, 크기와 포장 및 포장된 화물의 개수에 관한 운송증권상의 기재내용은 반증이 없는 한 기재된 사실에 대한 증거가 된다. 또한 AWB의 원본 3부는 각각 증거력을 갖는다.

한편, 선하증권은 유통성 유가증권이지만 AWB는 'Non-Negotiable'이라고 표시하여 비유통성으로 발행되며 유가증권이 아니다. AWB에 유통성을 부여하지 않는 것은 항공화물은 신속하게 수송되기 때문에 유통되어 오는 서류로 화물을 수취할 실질적인 이유가 없기 때문이다.

② 선하증권이 통상 선적식인데 반하여 AWB는 수취식이다. 특히 F.O.B. Air-port

(F.O.A.) 조건의 거래에서 물품의 인도 장소는 운송수단이 아니고 공항의 구내이다. 따라서 항공운송에 있어서 항공기의 발착편이 많기 때문에 화물이 창고에 반입되면 AWB가 발행된다.

③ AWB는 기명식인 것이 특색이다. 선하증권과 같이 유통의 필요가 있다면 지시식으로 발행할 필요가 있으나 AWB는 수하인용 원본이 화물과 함께 직접 수하인에게 배달되기 때문에 기명된 수하인이 신속한 화물입수를 위하여 기명식으로 발행하는 것이 필요하다고 생각된다.

④ 선하증권은 운송인이 작성하여 송하인에게 교부하지만 AWB는 법률적으로 송하인이 작성하여 항공사에 교부하도록 규정되어 있다.

## 4 항공운송보험

### 1) 항공운송인의 책임과 책임보험

항공운송인은 운송을 위탁받은 화물에 대하여 운송계약에 정해진 대로 고의 또는 과실에 의해서 화물이 멸실 또는 훼손되었으면 화주, 수하인, 송하인 또는 기타 배상청구자에게 책임을 져야 하고, 항공운송인이나 그 대리인이 항공운송 중 손해를 막기 위하야 모든 필요한 조치를 취했다는 것을 증명하지 않거나 그와 같은 조치가 불가능했다는 것을 증명하지 않는 한 면책되지 않는다.

국제항공화물에 관한 국제항공화물운송계약은 1929년 바르샤바에서 조인된 Warsaw Convention과 1955년에 개정된 Hague Protocol에 준거하며 과실손해의 경우 배상한도액은 항공화물운송장에 신고가격이 있으면 신고가격까지, 신고가격이 없으면 손해를 입은 화물 1kg당 250프랑이다.

한편, 항공운송인은 과실책임주의에 입각하여 운송약관에 따라 책임을 지지만 이를 커버하기 위하여 책임보험에 부보한다. 이 보험은 화물배상 책임보험(freight legal liability insurance)이라고 하며 운송인이 부담할 배당책임액을 보험회사가 부담한다.

### 2) 항공화물보험

항공운송의 경우 사고가 발생하면 기체도 화물도 전손이 되는 것이 대부분이다. 따라서 국제항공화물의 부보조건은 All Risks이다. 이를 담보하기 위하여 런던보험자협회의 「협회항공화물약관」(Institute Cargo Clauses(all risks) (excluding by post))이 사용된다. 본 약관은 내용적으로 I.C.C.(A)와 대동소이하나 해상화물의 경우는 보험기간의 종료가 본선양하후 60일로 되어 있는 것에 비하여 항공화물의 경우는 항공기로부터 양하후 30일로 되어 있는 것이 특이하다.

### 3) 화주보험

국제항공화물은 대부분 해상화물보험으로 취급되고 있지만 항공운송보험은 스스로 보험을 수배할 능력이 없는 일반 화주를 위하여 존재하는 보험제도로서 이를 화주보험(shipper's interest insurance)이라고 한다. 이것은 간단한 수속으로 부보가 가능하며 각 항공사 또는 대리점으로 화주보험을 알선할 수 있다. 즉 항공사와 보험회사가 미리 포괄적인 예정보험계약을 체결해 놓고 송하인이 화물을 항공회사에 인도할 때 항공화물운송장에 필요한 사항을 기재해서 보험표를 지급하면 부보된다.

이 보험의 특색은 원칙적으로 모든 화물에 대하여 All Risks조건으로 부보되며 화물의 종류에 관계없이 담보조건이 같다. 여기서 면책되는 위험으로는 지연, 이상품 또는 동물에 대한 한기 또는 기압으로 인한 손해, 화물고유의 성질 또는 하자로 인한 손해, 포획, 나포, 압류, 몰수, 선매, 징발 또는 국유화에 기인하는 손해 등이다.

이 보험의 보험금액은 화물의 현실가격의 110%를 초과할 수 없고, 담보기간은 항공사 또는 대리점이 화물을 수령하고 운송장에 화물의 명세를 기입할 때부터 통상의 운송과정을 거쳐 도착지의 수하인에게 인도되거나 그의 지정장소에 도착할 때까지이다.

화주보험에서는 보험증권이 발행되지 않으며 요청이 있을 경우 보험증명서가 발행된다. 따라서 복잡한 담보조건을 요구하거나 보험증권의 제시를 요구하는 경우에는 이 보험이 곤란하므로 항공화물보험을 이용하여야 한다.

### 4) 손해배상

항공화물에 관한 보험으로 책임보험은 항공화물보험과 화주보험과 깊은 관계가 있다. 책임보험은 화물자체가 아니고 운송인을 보호하자는 것이며 항공화물보험과 화주보험은 화주를 보호하자는 것이다.

만약 화주가 화물보험에서 보험금을 수령하면 운송인에게 관한 손해배상청구권을 보험회사에 이전시켜야 한다. 운송인은 보험회사의 배상청구에 대비하여 책임보험에 가입한다.

이와 같이 화주는 통상 배상금과 보험금 중 어느 한쪽밖에 취득할 수 없고 만일 둘 다 취득한다 하더라도 그 합계금액이 화물의 손액을 초과 할 수 없다. 이것은 보험에서 부당이득을 인정하지 않는 손해보상의 원리에 따른 것이다.

그러므로 화물보험에 부보하면 항공사에 신고하지 않는 NVD(no value declared)로 수송하는 것이 통례이다. 또한 보험상의 면책조항에 해당하는 경우에는 항공사에게는 배상을 청구할 수 없으며, 비록 가격의 신고가 있었더라도 운송인이 과실이 없으면 배상금을 받을 수 없다. 이 경우 사실의 입증을 위하여 소송까지 하게 되며 해결에도 장시간을 요하게 된다. 따라서 동일 화물에 대해서는 가격을 신고하여 종가요금을 지급하고 보험회사에 보험료를 지급하는 것은 이중 지급이 아니며 오히려 화주에 대한 안전 책이다.

# Chapter 11 선하증권

## Ⅰ 운송서류의 중요성

오늘날 국제무역거래에 있어서 무역서류(trade documents)라 할 때에는 수출화물의 선적을 증명하는 선하증권(bill of lading : B/L)등 여러 종류의 서류를 가리키는 것으로서, 이는 운송회사가 수출화물 확실히 받았다는 영수증적인 성격과 총체적인 물품운송계약에 부수되는 개별운송계약서 내지 물품명세적인 성격, 나아가 화물에 대한 소유권 표시적인 성격 및 최종적으로 수입지에서 화물인수나 대금결재의 수단으로서의 기능을 갖는 일체의 서류를 말한다.

원래 선적서류는 해상매매용어였으나 오늘날 국제교통의 발달에 의한 육상운송의 매매에도 또는 육·해상 연결운송에 의한 매매에도 이와 같은 서류를 사용하기에 이르러 관용상 선적서류가 무역서류와 같은 의미로 사용되기에 이르렀다. 이러한 운송서류의 준비는 모든 거래에 전부 동일한 것이 아니고 대금결재나 수입업자의 화물인수를 위한 당해 신용장에서 요구하는 서류만 갖추면 된다.

보통 해상운송에 의한 물품을 유가증권화한 선하증권(bill of lading), 그 선적화물의 국제운송 중에 있어서 위험부담에 대비한 보험증권(insurance policy : I/P), 그 물품의 내용명세나 계산관계를 기재한 상업송장(C/I : commercial invoice)등 3종이 가장 대표적인 주요 무역서류이고 나머지는 거래시에 요구되는 부속서류이다. 여기서 '주요서류'라는 말은 거래에서 요구되는 바에 따라 반드시 갖추어야 된다는 말이며 이러한 서류의 결여는 본질적으로 계약위반이 된다는 점이다. 그러나 부속서류가 결여되었다고 할 때에는 계약위반은 되지 않고 다만 손해배상을 청구할 수 있을 뿐이다. 무역서류 가운데 주요 서류와 필요에 따라서 요구되는 부속서류를 예시하면 다음과 같다.

# 2 선하증권

## 1 선하증권의 의의

선하증권은 국제무역거래에서 사용되는 가장 기본적인 서류로서 송하인(shipper)과 수하인(consignee)사이에 개재하여 물품수송의 임무를 맡은 선박회사가 송하인의 청구에 의하여 발행되며 일정한 운송계약 하에 송하인으로부터 화물을 수취하여 이것을 계약에서 지정된 양륙지에서 수하인에게 본 증권과 상환으로 인도할 것을 약속한 물권적 유가증권을 말한다.

선하증권은 원래 영문으로 'Bill of Lading'이라 하며 실무에서도 줄여서 B/L이라고 부른다. 일부에서는 선적증권이라고 불러야 한다는 주장도 있다. 이는 뒤에 설명할 선하증권의 종류 중 화물선적후에 발행하는 Shipped B/L(선적선하증권)과 선적을 위하여 화물을 수취하고 선적 전에 발행되는 Received B/L(수취선하증권)의 두 가지에 그 근거를 두고 있는 것 같다. 영국의 Bill of Lading 중 'Lading'이란 'Loading'과 동일한 뜻이다. 운송인인 선박회사에 송하인이 어느 곳까지 보내려 하는 화물에 대하여 운송을 의뢰하면 이에 따라 운송인은 운송을 인수하고 송하인으로부터 운송품을 수취·선적을 완료하였을 때 운송인은 송하인의 요청이 있을 경우에 화물의 운송을 위하여 수취하였음을 증명하는 것으로서 법정기재사항과 발행 방법에 의해서 선적을 확인하는 증권을 청구자에게 교부하게 되는데 이것이 곧 선하증권이다.

다시 말해서 선하증권은 운송인, 송하인, 운송품을 구성 요소로 하여 ① 운송을 의뢰하고 이것을 인수하는 운송계약을 존재, ② 운송품의 선적을 위하여 인수하고 선적하는 행위, ③ 선적 후 법정기재사항과 발행 방법에 의하여 선하증권을 작성·교부하는 행위등 3가지의 구성 요소와 3가지의 구성 단계를 거쳐 발행되게 된다. 그리고 여기서 해상운송이란 선박에 의하여 화물의 해상운송을 영업으로 하는 자로서 선박소유자·선박임차인·용선자를 총칭하며, 송하인은 운송의 의뢰하는 자를 가리킨다.

## 2 선하증권의 법적성질

선하증권은 선적화물을 대표하는 증서이므로 인도나 배서(endorsement)에 의하여 전매될 수 있는 유통유가증권이며, 본 증권을 소지하고 있다는 것은 선적화물 그 자체를 소유하고 있는 것과 동일하게 때문에 다음과 같은 법적성질을 갖고 있다.

① 선하증권은 운송화물을 대표하는 대표증권이며 소지인이 선박회사에 화물의 인도를 청구할 수 있는 채권증권이며 운송화물에 관한 처분을 꼭 선하증권을 사용하여야 하기 때문에 처분증권으로서의 성질을 갖는다.

② 선하증권은 운송계약에 선박회사가 운송화물을 수령·선적하였다는 전제(원인)하에 발급하기 때문에 요인증권이다. 그러므로 운송화물을 수령 또는 선적하지 아니하고, 즉 이러한 원인 없이 발행된 선하증권은 무효가 된다.

③ 선하증권은 i) 선 명, ii) 화물의 종류·중량·용적·개수·포장상태, iii) 송하인의 성명, iv) 선적항, v) 양륙항, vi) 운임, vii) 증권작성지·시기 및 발행통수, viii) 서명, ix) 항해번호(voyage No.), x) 통지처(notify party), xi) 운임의 지급방법·

환율, xii) 선하권번호, xiii) 비고(remark), xiv) Stamp Clause, xv)보통면책약관 등의 사항을 기재하고 발행자가 기명·날인하는 법정의 형식을 요하는 요식증권이다. 그러므로 부실기재의 선하증권을 소지한 자는 정당한 운송물의 청구권자로서 법인 보호를 받지 못한다. 위 기재사항 가운데 i) ~ viii)까지는 반드시 기재하여야할 필요적인 기재사항이고, ix) ~ xv)는 임의적 기재사항이다.

④ 선하증권에 관한 권리의 주장·의무는 기재되어 있는 문언에 의한다. 즉, 선하증권을 작성한 경우, 운송에 관한 사항은 선박회사와 증권소지인에 있어서는 선하증권에 기재된 문언에 따라 이행되는 것이므로 문언증권으로서의 성질을 갖는다. 따라서 증권 상의 기재되지 않은 사항을 가지고 선의의 취득자에 대하여 대항할 수 없다.

⑤ 선하증권은 화물을 대표하는 유가증권으로 배서 또는 인도에 의하여 소유권이 이전되는 유통증권으로서의 성질을 갖는다. 그러므로 본 증권을 선의로 취득한 자는 양도의 권리에 하자가 있어도 완전한 권리를 취득할 수 있다.

⑥ 선하증권은 그 발행자가 배서를 금지하지 않는 한 배서에 의하여 양도가 가능한 법률상 지시증권으로서의 성질을 갖는다.

## 3 선하증권의 종류

선하증권은 분류의 기준에 따라 여러 가지로 나눌 수 있지만 오늘날 국제무역거래에서 널리 사용되고 있는 것으로는 다음과 같은 것들이 있다.

### 1) 선적선하증권(shipped or on board B/L)과 수취선하증권(received for shipment B/L)

선적선하증권은 가장 널리 사용되는 것으로서, 이는 화물이 실제로 선적이 완료된 후에 발행되는 선하증권이다. 한편, 수취선하증권은 일찍이 미국에서 처음으로 채택되어 현재까지도 미국에서는 많이 이용되고 있지만 다른 나라에서는 별로 이용되지 않고 있다. 일반적으로 화물은 선박이 출항하기 2~10일전에 선측에 운송되고 그 후에 선박에 적재된다. 따라서 선박회사는 화물을 수취하였을 때 우선 선하증권을 발행하고 그 화물을 운송할 선박을 지정하지만, 선하증권이 발행되었다고 하더라고 사실상 선적이 완료된 것은 아니다. 수취선하증권은 다시 둘로 나누어지는데 그 하나는 운송할 선박이 화물을 적재하기 위하여 항내에 정박 중인 때 발행되는 것이고, 다른 하는 화물을 운송한 선박이 지정되어 있지만 아직 그 선박이 항내에 정박하고 있지 아니할 때에 발행되는 것이다. 선하증권은 원칙적으로 화물이 완전히 선적된 후에 발행되어야 하지만 수취선하증권이 발행된 경우에는 실제로 화물이 선적되지 않은 경우도 있으므로 수출업자는 화물이 언제 선적되고 언제 그 선박이 출항하게 되는지를 계속해서 알아두어야 한다.

만일, 화물이 예정된 선박에 선적되지 않은 경우에는 즉시 수입업자에게 그 뜻을 통보하여야 하며, 은행에도 통보하여 수입업자에게 운송서류의 인도를 연기하도록 하여야 하고, 즉시 다음에 출항하는 선박을 수배하여 선적하여야 한다. 수취선하증권은 주로 선박회사가 선적 전에 수출업자로 하여금 금융상의 편의제공을 위하여 발행되고 있는데, 우리나라에서는 실무상 신용장에 특별한 규정이 없는 한 선박회사가 화물의 수취 후 반드시 선적한다는 보장이 없기 때문에 은행에서 이의 수리를 거절할 뿐만아니라 특히 영국에서는 수취선하증권의 효력자체를 부인하고 있는 실정이다. 그러나 수취선하증권을 발행하고 난 다음, 선적이 실제 이루어진 날을 기입하여 선박회사나 그 대리인이 서명하면 Shipped B/L과 같이 취급한다. 양자는 증권면의 선적에 관한 문언에 따른 분류이다.

### 2) 무사고선하증권(clean B/L)과 사고선하증권(foul or dirty B/L)

선적 당시에 화물의 포장이나 수량 등에 어떤 결함 또는 사고가 있게 되면 그 화물의 인수자인 선박회사는 그 내용을 수취증(dock receipt)에 기재하게 된다. 선박회사는 그 내용을 그대로 선화증권면의 적용사항(remarks)에 기재하는데, 만일 화물의 상태에 결함이 있을지라도, 그 내용이 기재되어 있지 않으면 Clean B/L이라고 하고 그 내용이 기재되어 있는 B/L을 Foul or Dirty B/L이라고 한다. Clean B/L은 보통 B/L면상에 "Shipped on board in apparent good order and condition"이라고 기재되며, 반면에 Foul B/L은 '2Bags torn'과 같이 표시된다. 은행은 이러한 Foul B/L을 가능한 한 접수하지 않으려고 하므로 수출업자는 가령 사고내용(notation)이 있더라고 이를 B/L에 기재하지 않도록 선박회사와 약정을 하고 어떠한 경우에나 Clean B/L을 발행하려고 노력한다.

그러나 선박회사로서는 도착지에서 물품을 인수하는 측으로부터 클레임을 당할 우려가 있기 때문에 그 책임을 면하기 위해서 선적 당시의 화물상태를 파악하고 흠이 있으면 사실 그대로를 표시하지 않을 수 없게 된다. 이와 관련하여 INCOTERMS에서는 다음과 같은 문언은 Clean B/L을 Foul B/L로 변경하지 못한다고 규정하고 있다.

예컨대 중고상자(secondhand cases), 이미 사용한 드럼통(used drums)과 같이 화물이나 포장이 불만족스럽다고 명시적으로 기재하지 않은 문언, 화물의 성질이나 포장을 말미암아 발생되는 위험에 대하여 운송인에게는 그 책임이 없음을 강조한 무언, 화물의 내용·중량·용적·품질·기술적 명세에 대하여 운송인을 관여하지 않는다는 문언 등이 그것이다. 요컨대, 불가피하게도 Foul B/L의 발행을 받게 될 경우 수출업자는 마지막 카드로서 파손화물보상장(letter of indemnity)을 선박회사에 제출한 다음, 적용사항을 말소하고 Clean B/L을 받을 수 있다. 그러나 이것을 하나의 임기응변에 불과하며 종래에는 도리 없이 수출업자가 당해 화물의 결함에 대한 보상책임을 물어야 한다.

### 3) 기명식선하증권(straight B/L)과 지시식선하증권(order B/L)

기명식선하증권이란 B/L면의 수하인란에 수하인의 성명이 명백히 기입된 증권을 말한다. 따라서 이 B/L에 있어서는 수하인인 수업업자만이 배서·유통할 수 있을 뿐, 수출업자는 유통할 수 없기 때문에 화환어음에 의한 결제가 아니고 현금판매나 Open Account에 의하여 판매되는 경우에 이용되고 있다.

이에 반하여 지식식선하증권은 수하인을 기재하지 않고 'Order', 'Order of shipper', 'Order of…(Buyer)', 'Order of … Negotiating Bank'등으로 기입하는 것이다. 지시식선

하증권은 이들 shipper(송하인), Buyer, Negotiating Bank 등이 배서하면 유통할 수 있는 B/L이다. 따라서 Order B/L을 유통선하증권(negotiable B/L)이라 하고 Straight B/L을 비유통선하증권(non0negotiable B/L)이라고 한다.

### 4) 해양선하증권(ocean B/L)과 내국선하증권(local B/L)

해양선하증권이란 부산과 동경 또는 뉴욕과 같이 국외의 해상운송에 발행되는 선하증권이며 내국선하증권이란 부산과 인천 또는 목포사이에 같이 국내해상운소의 경우에 발행되는 선하증권을 말한다.

### 5) 통과선하증권(Through B/L)

통과선하증권은 화물의 운송이 해운과 육운의 두 경로를 통과하는 경우에 최초의 운송인과 화주간에 체결되는 운송계약에 의거하여 발행되는 선하증권인 동시에 철도의 화물상환증을 겸용한 것으로서 주요 경로는 해상운송이므로 선하증권이라고 한다. 예컨대, 우리나라에서 미국의 시카고로 적출시 해운과 육운을 연결하는 경우와, 반대로 시카고에서부터 시애틀 경유 한국으로 적송되는 화물과 같이 육운에서 시작하여 해운으로 연결되는 경우에 통과선하증권 혹은 전항로선하증권이 이용된다. 이때에 철도운임과 해상운임은 모두 철도회사에 지불되며, 철도회사는 선박회사에 해상운임 상당액을 지불하게 된다.

### 6) 환적선하증권(transshipment B/L)

환적선하증권은 일단 선적된 계약상품을 선박의 사정에 따라 다른 선박에 환적 할 경우 그 뜻을 증권면에 기재한 선하증권을 말한다. 환적을 할 경우 선적상품의 손상은 물론 늦게 도착될 위험과 환적에 따르는 비용이 소요되므로 환적선하증권의 발행을 일반적으로 원하지는 않으나 수입항까지 가는 직항선이 없는 경우에 환적되지 않을 수 없으므로 신용장통일규칙 제29조 b항에서도 이것을 허용하고 있다.

### 7) 복합운송증권(Combined transport document)

복합운송은 예컨대 육상운송과 해상운송이 연결되는 경우와 화물의 인수 장소에서 화물의 인도 장소까지 적어도 두 가지 이상의 다른 운송 수단에 의하여 운송되는 경우로서 단일운송(single mode transport)에 대립되는 뜻이다. 이러한 복합운송에 대하여는 1973년 11월 국제상업회의소에서 제정된 '복합운송서류통일규칙'(uniform rules for a combined transport documents)에 의해서 처음으로 그 통일지침이 마련되었다. 종래 단일운송에 있어서 운송인은 화물이 출발지에서 도착지까지 운송되는 개개의 운송방법에 따라 관계운송서류를 개별적으로 발행하여 왔었다. 그러나 과거 10년간에 걸친 운송수단 및 운송기술의 급격한 발전은 이를 표창하게 되는 운송서류의 취급에 있어서도 혁신적인 변혁을 초래하게 되었으며 그 결과 복합운송증권이라는 새로운 형태의 운송서류를 고안하였다. 그러나 이러한 운송서류는 운송수단 및 기술의 발전을 배경으로 생성된 것이기 때문에 각국의 사정에 따라 개별적인 관행으로 발전하게 되어 경우에 따라서는 취급방법의 상이라든가 상호간에 이해 상 상충되는 등 국제적인 분쟁과 실무상의 혼란이 유발되는 경우가 없지 않았다.

따라서 이러한 혼란을 제거하기 위한 제1차 시도로서 1972년 12월 UN주최로 개최된 바 있는 국제컨테이너회의에 UNECE(유엔구주경제위원회)와 IMCO(국제해사협의기구)공동명의로 국제복합물품운송에 관한 조약안(draft convention on international combined transport of goods : T.C.M. 조약안)이 제출되었으나 각국의 이해상충으로 폐기되고 말았다. 그러나 동 조약안의 폐기로 I.C.C.는 컨테이너 운송에 관한 국제적 지침의 필요성을 더욱 절감하고 민간기구에서 나마 이를 실현하자는 견지에서 1974년 개정신용장통일규칙 제23조에 복합운송증권에 관한 지침을 만들게 되었다.

### 8) 약식(간이)선하증권(short form B/L)

약식(간이)선하증권은 선하증권으로서의 필요적 기재 사항을 갖추고 있지만 보통 선하증권의 이면약관이 거의 없는 것으로서 최근 들어 미국을 중심으로 널리 사용되고 있다. 약식선하증권에 관해서 어떤 분쟁이 생기면 'Long Form B/L'상의 화주와 선주의 권리와 의무를 따르게 된다.

### 9) 기간경과선하증권(stale B/L)

이 선하증권은 처음부터 Stale B/L로 발행된 것이 아니고 선적 후 정당하다고 인정되는 기간이 경과한 후에 은행에 제시된 선하증권을 말한다. 신용장통일규칙 제47조에 의하면 "모든 운송서류는 발행 후 신용장에서 명시한 기간 내에 제시되어야 한다"고 규정하고 있어, 만일 B/L발행후 21일 경과한 후에 매입은행에 제시되면 은행은 특별히 신용장상에 'Stale B/L Acceptable'이란 조항이 없는 한 수리를 거절할 수 있다고 되어 있다. 따라서 여기서 'Stale'이란 B/l발행 후 21일이 경과하여 제시되는 선하증권을 말한다.

### 10) 적색선하증권(red bill of lading)

적색선하증권은 보통의 선하증권과 보험증권을 결합시킨 것으로서 이 증권에 기재된 화물이 항해 중에 사고가 발행사면 이 사고에 대하여 보험회사가 보상해 주는 선하증권이다. 이 경우 선박회사는 모든 Red B/L 발행분을 일괄하여 부보하게 되므로 손해부담은 보험회사가 진다. 그러나 운임에 보험료가 추가됨으로써 결국 보험료도 송하인이 부담하는 것이다. 이러한 Red B/L은 오늘날에는 발행되지 않는다. 이 명칭은 증권 본문이 적색(red)으로 인쇄되는 까닭에 붙여진 명칭이다.

## 4 선화증권의 대용서류

### 1) 항공화물운송장(air waybill)

항공화물운송장은 선하증권은 아니며, 유통성이 없는 항공기 적재화물에 대한 수취증으로서 원칙적으로 기명식이다. 그러나 운송서류상으로는 선하증권에 대신하게 된다. 화환어음의 부속서류로 사용하는 경우에는 화물의 수취인을 신용장개설은행으로 하여 화물이 은행에 송부되도록 특히 명시되어 있어야만 그 화물의 담보권이 확보되게 되어 있다.

### 2) 선적소화물수취증(shipping parcel receipt)

1톤 미만의 소화물 선적에는 그의 탁송을 위한 하수를 증명하는 B/L의 대용으로 Shipping Parcel Receipt가 발급된다. 이것은 원래 단순한 수취증로서 유가증권은 아니지만 B/L에 준하여 운송서류에 이용되고 있다.

### 3) 우편소포수취증(parcel post receipt)

우편소포수취증은 소화물이나 유상의 견본을 소포우편으로 외국에 보낼 경우, 국제우체국에서 발행하는 수취증을 말한다. 따라서 우편소포수취증으로 선하증권을 대용하고자 할 경우에는 신용장에 'parcel Post Receipt Acceptable'이라고 기재하여야 한다.

### 4) 철도화물상환증(way bill)

철도화물상환증은 육상운송시에 탁송되는 화물의 청구권을 나타낸 유가증권으로 화물을 철도수송하는 경우, 운송인인 철도업자가 송하인의 요청에 의하여 그로부터 인수한 화물에 대해서 발행하게 된다.

그러므로 이것은 철도업자와 송하인간의 운송계약 하에 그의 탁송화물을 받은 것을 증명하고 목적지에서 그것과 상환, 화물을 인도할 의무를 진다는 뜻이 명시되어 있으므로 육상운송화물의 매매나 화환금융에 이용되는데 선하증권과 같은 경제적 기능을 갖고 있다. 이것을 미국에서는 Railroad Bill of Lading이라고 말한다.

## 5 선하증권의 발행

선하증권은 요식증권이기 때문에 소정의 형식에 따라 발행되어야 하며, 그 형식은 선박회사마다 거의 동일하여 전면은 송하인이 기재하여야 할 사항이 인쇄되어 있고 뒷면에는 운송계약약관이 제시되어 있다.

원칙상, 선하증권의 작성은 선박회사가 해야 하겠지만 실무상으로는 화주가 선박회사에서 B/L용지를 구입, 스스로 작성한 뒤 여기에 화물수취서와 함께 선박회사에 제출하여 서명을 받는 것이 보통이다.

한편, 선하증권은 그 자체가 권리증권이며 유가증권이므로 작성에 있어서 누구를 수하인으로 하여 작성하느냐 하는 것이 가장 중요한 문제이다. 기명식선하증권의 경우에는 B/L면의 수하인 란에 특정인이 성명을 기입하여 발행한다. 그러나 지시식선하증권의 경우에는 다음과 같은 여러 가지 표시방법이 있다.

### 1) 단순지시식

이 방식은 현실적으로 가장 많이 쓰이는 것으로서 수하인 란에 단순히 'Order'(지시인)만이 기입된다. 이런 류의 Order B/L에 있어서는 매도인 또는 그의 대리인이 이러한 B/L을 갖고 있는 한 당해 화물이 소유권을 갖고 있는 것이 되며, 또 이 B/L을 첨부한 어음을 매입한 은행도 이 B/L에 매도인의 배서가 있는 한 화물의 소유권은 은행이 갖고 있으므로 어음의 담보물로서도 유효하다. 한편, 매수인은 매수인에 의하여 정당히 배서된 B/L을 입수하기까지는 원칙적으로 화물을 입수할 수가 없게 된다.

### 2) 기명지시식

이것은 'Order of HRR Co., Ltd.'로 표시하는 것을 말한다. 이 경우에는 HRR Co., Ltd가 최초의 배서인이 된다.

### 3) 선택지시식

이것은 'HRR Co., Ltd. or Order'식으로 표시하는 것을 말한다.

이 밖에도 'HRR Co., Ltd. or Bearer'(지참인)로 표시하는 것(선택무기명식)과 'Bearer', 즉 지참인으로 표시하는 것(무기명식, 지참인식)이 있다. 무기명식으로 된 경우에는 그 이전은 배서를 요하지 않고 단순히 증권의 인도만으로 증권의 이전효력이 발생한다.

## 6 선하증권과 신용장조건

대체로 신용장에서 요구하는 선하증권은 다음과 같은 문언으로 표시되어 있다.

"Full set of clean on board ocean bill of lading made out to the order of(issuing bank) marked freight …… and notify accountee. : .

위의 문장에서 나타나는 여러 조건을 구체적으로 살펴보면 다음과 같다.

### 1) Full Set

모든 선하증권은 한 세트(set)로 발행되며 발행통수는 선하증권 제일 끝에 "Master or agent of the ship has signed …… bills of lading"이라고 해서 기입되는데 일반적으로 3통을 1조로 하여 발행한다. 선박회사가 화물의 인도시 요구하는 것은 발행된 선하증권 중 1통만 요구하며, 각 선하증권은 독립적으로 효력을 갖는 것이므로 신용장 취급은행에서는 선박회사가 발행한 3통의 선하증권 모두를 제시받지 않으면 담보권이 확보되었다고 볼 수 없으므로 신용장조건으로 Full Set를 요구하고 있는 것이다. 따라서 일반적으로 Original, Duplicate, Triplicate의 3통으로 발행되는 선하증권 중 취급은행이 Original 1통에만 수하인에게 인도하면 나머지는 자연히 무효가 된다.

### 2) Clean B/L

신용장통일규칙 제 34조에 다음과 같이 규정하여 무사고선하증권, 즉 선적화물에 아무런 부가사항(superimposed clause)이나 비고(remarks)가 없는 완전한 증권이어야 함을 강조하고 있다.

> "A clean transport documents is one which bears on superimposed clause or notation which expressly declares a defective condition of the goods and/or the packing. Banks will refuse transport documents bearing such clauses of notations unless the credit expressly stipulates the clauses of notations which may be accepted."

### 3) On Board B/L

이 신용장에서 요구하는 선하증권은 'Received for'식의 수취증권이 아닌 'Shipped on board'란 문언이 기재된 선적 선화증권이라야 된다.

종전의 신용장통일규칙에서는 모든 선하증권은 선적된 후 발행된 것이어야 은행에서 인수하도록 되어 있었으나, 1983년에 개정된 신용장통일규칙(I.C.C. Publication No. 400) 제27조에는 신용장상에 특별히 선적선하증권을 요구하고 있지 않으면 수취선화증권도 은행에서 수리하도록 규정하고 있다(1993년 규정으로 대체).

### 4) Ocean B/L

국내 항구간에 발행되는 B/L이나 Inland Waterway B/L이나 Sailing Vessel이 발행하는 B/L이 아닌 대양(大洋)을 항해하는 선박이 발행한 선하증권을 말한다.

### 5) Consignee(수하인)

'Made out to order of'와 같은 지시식선하증권에서는, order of 다음에 수하인의 이름이 기재되어 그가 곧 선적화물을 받아 보는 사람 혹은 은행이 된다.

### 6) Notify Party(통지처)

서류상의 수하인(consignee)이 실수입업자(accountee)인 경우에는 수입업자 혹은 수입업자가 지정하는 그의 대리인인 항구의 수입업자의 통관사가 통지선(notify party)이 된다. 수입업자가 은행의 융자로 신용장을 개설하였으면 은행이 Consignee가 되고 수입업자는 Notify Party가 된다.

만일 Consignee와 Notify Party가 다 같이 수입업자로 되어 있는 Air Waybill인 경우 신용장개설은행은 전혀 개입되지 않고 화물이 수입업자에게 인도될 가능성이 많다. 사후에 은행이 선적서류를 받아 보았자 이미 화물은 수입업자에게 의해서 처분되어 버리면 채권확보에 차질이 생길 수도 있다.

### 7) Freight

계약조건이 C.F.R.나 C.I.F.인 경우에는 B/L상에 'Freight Paid' 혹은 'Freight Prepaid'로 표시되고, F.O.B.인 경우에는 'Freight Collect'로 표시된다. 신용장통일규칙 제 31조에 규정되어 있듯이 'Freight Prepayable' 혹은 'Freight to be Prepaid'로 표시된 경우에는 운임이 지불되지 않은 것으로 간주된다.

## 7 수리 또는 거절되는 선하증권의 범위

### 1) 수리되는 선하증권

신용장통일규칙 제26조는 운송서류에 대한 제요건으로서 선하증권은 동 증권면에 화물이 특정 선박이 본선에 적재되었거나 특정 선박에 선적되었음을 표시하지 않으면 안 된다고 규정하고 있다. 특히 특정 선박에의 적재나 선적의 증명방법에 관하여 그 사실을 명기한 선하증권이나 운송인 또는 그 대리인이 일자를 넣고 또는 약식·정식으로 서명한 부기에 의하도록 하였으며 그러한 부기일자를 적재나 선적일자로 간주한다고 규정하여 두고 있다.

한편, 동 규칙 제26조에서는 수리 또는 거절되는 운송서류의 범위를 다음과 같이 밝히고 있다. 즉 다음과 같은 종류의 선하증권은 신용장에서 금지 내지 제한을 부가하고 있거나 혹은 다른 선하증권을 요구하고 있는 경우 이외에는 원칙적으로 수리된다. 수리되는 선하증권을 보면 다음과 같다.

#### (1) Through B/L(통과선하증권)

선적지에서 양륙지까지 동일회사(통상 동일선박회사)에서 운송된다는 취지를 기재한 것을 Direct B/L이라고 하는 데 대해, Through B/L은 앞에서도 설명한 바와 같이 복수의 운송인이 관여한 B/L을 말한다. 또 특히 이종복수의 운송수단(자동차·선박·비행기·선박 등)에 의해 운송되는 경우를 편의상 복합운송증권(combined B/L or document)이라고 한다. 다시 말해서 Through B/L은 운송화물이 목적지에 도착될 때까지 둘 이상의 다른 운송업자에 의해 운송되고 또 각 운송업자간에 연락운송계약이 체결되어 있는 경우, 최초의 운송업자가 전 항로를 커버할 수 있도록 발행한 B/L이다.

현재 우리나라 선박회사들이 발행하는 것을 보면 최초의 운송업자와 우리나라에 있는 선박회사가 서명·발행하기는 하나 Main Carrier의 B/L Form을 사용하는 경우가 많다. 이러한 B/L은 L/C에 특히 금지하고 있지 않는 한 이를 받아들일 수 있다. Through B/L은 보통 제1운송인만이 서명하나 제2차 이후의 운송인은 각자 독립해서 자기 담당구간의 운송을 인수(부분운송)하는 것으로서 연대책임을 지는 것은 아니며, 또한 제1운송인이 자기 책임 하에서 전 운송을 인수하고, 또한 제2차 이후의 운송인은 하청의 지위(하청운송)에 있는 것도 아니다. 제2차 운송인에 대한 제1차 운송인의 지위는 송하인의 단순한 운송대리인에 불과하고, 제2차 선박의 선택 및 제2차 선박과의 계약의 체결 등 접속수배를 하는 것으로, 충분하며 환적을 위해 화물이 본선 Tackle에서 떠난 이후의 위험에 대해서는 책임이 없다. 따라서 수하인 기타증권소지인의 청구권은 직접 제2차 이후의 운송인에 대해서만 행사되어야 한다.

### (2) Short Form B/L(약식선하증권)

Short Form B/L 은 현행 신용장통일규칙에서 그 수리가 인정되고 있다. 이 증권은 원래 미국에서 발행되기 시작한 것으로서 통상의 B/L과 다른 점은 B/L의 필요 기재사항을 전부 기재하고는 있으나 수령선하증권의 형태를 취하고 있다는 점과 선박회사의 사무 간소화를 위하여 개개의 증권면에 기재할 필요가 없다고 생각되는 운송인의 일반적인 면책약관을 기재하지 않고 있다는 점이며 그런 의미에서 통상의 표준정식선하증권(standard long form B/L)과 구별되고 있다. 따라서 이러한 약식 B/L의 수리 여부에 관하여는 그 수취선하증권 성질과 운송인의 일반적 면책약관 생략을 어떻게 구제할 것인가 하는 문제가 제기된다.

먼저 수취선하증권적 성질에 관하여는 신용장통일규칙상 B/L에 'On Board Notation'의 기재를 요구하고 있기 때문에 달리 문제될 것이 없다. 운송인의 일반적 면책약관에 관하여는 마치 보험서류가 중요한 몇 가지 사항만을 간단히 기재하여 약식으로 발행되고 있는 것과 마찬가지로 비록 당해 선하증권이 약식으로 발행되었다하더라도 표준정식선하증권의 사본을 요구하는 것으로 운송인의 일반적 면책약관은 해결될 수 있는 것으로 생각되고 있다. 그러므로 현행 신용장통일규칙에서는 그러한 사유를 감안, 현재 관행으로 그 사용이 점차 확대되고 있는 Short Form B/L을 은행이 수리할 수 있는 B/L의 범위에 포함시키고 있다.

### (3) 컨테이너 등에 적재된 단위화물운송선하증권

Pallet 적재나 컨테이너 적재화물과 같은 단위화물임을 표시하는 선박회사 또는 그 대리인 발행의 선하증권은 수리된다. 그런데 여기서 유의할 점은 본 선하증권은 컨테이너 전용선이 아닌 재래선에 의한 컨테이너 또는 Pallet적재를 뜻한다는 데에 있다. 신용장통일규칙상 컨테이너 B/L에 관한 문제는 두 가지 형태로 구분된다. 그 하나는 컨테이너 전용선에 의하여 운송되는 경우의 복합운송증권이며, 다른 하나는 재래선에 의하여 운송되는 경우의 단위화물운송증권(unitized cargo documents)이다.

### (4) Transshipment B/L(환적선하증권)

신용장통일규칙 제 29조는 신용장에 환적금지조항이 없고 또한 동일한 단일선하증권에 의하여 전 항로를 커버하는 두 가지 요건이 충족될 경우, 화물이 운송도중 환적되는 것을 나타내는 이른바 Transshipment B/L은 수리할 수 있다고 규정하고 있다. 화물의 운송에 있어 환적은 환적시에 화물의 파손이나 분실 등의 위험이 없는 것은 아니지만 목적항까지 직항선이 없을 때에는 도리 없이 도중환적이 불가피하기 때문에 이를 수리하도록 한 것이다.

신용장상 환적금지의 지시는 보통 'Transshipment not Permitted(not allowed)', 'Direct Shipment', 'Without Transshipment'등으로 표시한다. 또한 'One and the same B/L'이 전운송항로를 커버하고 있다는 것은 선화증권을 발행한 제 1운송인이 전항해의 운송을 인수한 단독해상 전항로선화증권이라도 전항로가 하나의 선화증권으로 커버되고 있으면 수리된다는 내용이다.

한편 신용장이 환적을 금지하고 있을 경우, 수익자로서는 B/L에 이러한 인쇄된 환적약관이 있으면 신용장조건에 불일치하는 것이 아닌가 하는 의문을 갖게 된다. 그러나 이러한 약관은 운송인의 일반운송조건에 속하는 것이며, 개개의 약관에 의거 환적을 약정하고 있는 경우의 환적약관과는 다르다. 따라서 선하증권에 인쇄되어 있는 'Unknown Clause'(부지약관)가 Clause B/L의 조건에 저촉되지 않음과 같이 이러한 인쇄약관이 들어 있다 하더라도 이것이 신용장 환적금지조건에 위배되는 것이 아니다. 다시 말해서 개개의 운송이 사전에 환적을 약정한 경우의 환적약관과는 달라서 운송인이 부득이할 경우 자기비용으로 환적하지 않으면 안 될 때의 책임을 회피하기 위한 수단으로 마련된 이와 같은 약관이 인쇄되어 있는 B/L은 수리가 된다는 뜻이다.

### (5) Combined Transport Documents(복합운송증권)

신용장통일규칙 제25조에서는 복합운송서류, 즉 화물수취장소로부터 지정된 화물인도 장소까지 두 가지 이상의 운송방식에 의한 복합운송을 입증하는 서류는,

동 서류가 비록 일반선하증권과는 다르다하더라도 'Door to Door Service'를 본질로 하여 오늘날 컨테이너 운송의 발달과 함께 그 이용도가 높아지고 있기 때문에 이러한 운송증권은 수리된다고 밝히고 있다.

## 2) 거절되는 선하증권

### (1) Forwarder's B/L(운송중개업자가 발행한 선하증권)

Forwarder란 Freight Forwarder 또는 Freight Broker를 말하는 것으로서 선박회사가 선적인의 중간에 위치하여 선적에 관한 편의를 도모하는 사람을 말한다. Forwarder는 경우에 따라 직접 B/L을 발행할 수도 있으며 이러한 선하증권을 보통 Forwarder's B/L이라고 한다. 그러나 이러한 종류의 B/L은 Forwarder가 운송품을 신속히 적재한다는 보장이 없고 또 분쟁이 야기되었을 경우 선적 및 그 증권의 소지인은 선박회사에 직접 클레임을 제기할 수 없는 간접적인 입장에 있기 때문에 이를 수리할 수 없는 것으로 규정해 두고 있다.

### (2) Charter-Party B/L(용선계약부 선하증권)

화물의 운송이 용선계약에 의하여 행하여지는 경우에 그 용선자가 발행하는 선하증권을 말하며 보통 용선계약부 선하증권이라고 부른다. 용선계약서는 계약성립시에 작성되어 선적시에 B/L이 되는데 B/L면에 Charter Party와의 관계를 나타내는 문서(예컨대 'freight and all other conditions as per charter-party')가 첨가된다.

B/L Form은 통상의 것이 사용되는 경우도 있으나 일반적으로 표면약관이 생략된 Short Form에 Charter-party와의 관계를 나타내는 전기의 문서가 포함되어 있는 경우가 많다. 이 선하증권은 용선계약이 되어 있다는 사실을 전제로 하여 발행되는 것으로서, 양자가 내용상 상반되는 것은 허용되지 않는다. 양자의 해석상 상위가 있으면 계약의 요소에 관해서는 선하증권에 의거한 요소에 저촉되지 않을 때에는 계약당사자의 의사를 참작하여 중재인이 이를 결정한다. 신용장통일규칙에

서는 이러한 Charter-Party B/L은 보통의 B/L에 비하여 다른 조건이 많고 특히 선주의 권리가 유보되어 있기 때문에 신용장에 수리한다는 뜻이 명시되어 있지 않는 한 거절된다고 밝히고 있다.

### (3) 범선적의 선하증권

현재 대양의 운송에서 범선(sailing boat)은 거의 사용되지 않으며 단지 연안도서의 운송에 있어 일부 이용되는 경우가 있을 뿐이다. 그러나 이러한 범선운송은 그 위험도가 큰 것이기 때문에 이를 원칙적으로 수리할 수 없는 것으로 하고 있다.

### (4) 'Port' or 'Custody' B/L의 수리여부문제

이 B/L은 미국에서 면화선적에 이용되는 일종의 Received B/L이다. Port B/L은 면화의 수출업자가 선박회사에 화물을 인도하여 화물이 선박회사의 보관에 있고 또한 선적예정선까지 이미 항구에 입항하고 있으나, 다만 화물이 미처 본선에 선적되지 않는 상태에서 발행되는 B/L이다. 이에 대하여 Custody B/L은 면화수출업자가 선박회사에 화물을 인도하여 화물이 선박회사의보관하에 있으나, 아직 선적예정선이 항구에 입항하고 있지 않은 상태에서 발행되는 B/L을 말한다.

이들 B/L이 Received B/L인데도 불구하고, 특별히 중요한 의미를 가졌던 것은 면화가 고가의 화물인데다 면화의 선적은 일반적으로 대량으로 선적되는 것이 통례이기 때문에 수출업자로서는 선박회사가 인도받은 화물을 전량 본선에 적재하고 'On board B/L'을 발행할 때까지 거액의 수출대금을 받지 못하게 되면 자금상의 압박을 피할 길이 없게 되므로 이러한 어려움을 구제하여 줄 필요가 있다는 데에서 종래에는 수리 가능한 선하증권으로 취급하였다.

그러나 신용장통일규칙 제3차 개정시에 국제적인 통일규칙에 어느 특정국가(미국)의 특정상품에만 적용되는 예외적인 관례를 명문화한다는 것은 곤란하며, 또 이러한 문제는 수출업자와 수입업자간의 구매계약에 의거 신용장개설의뢰인이 신용장조건을 'Port or Custody B/L Acceptable'로 개설하면 충분할 것이고, 대부분의 경우 신용장은 현실적으로 'On board B/L'을 요구하고 있기 때문에 Port 또는 Custody B/L이라 하더라도 'On board notation'이 없으면 신용장조건의 위반이며, 실제 관행을 보더라도 근래에는 Port 또는 Custody B/L이 거의 사용되고 있지 않다는 등의 이유를 들어 동 B/L은 수리 가능한 범위에서 제외시켰으나 제4차 UCP 개정 하에서는 수리할 수 있도록 다시 개정하였다(1993년 내용으로 재삽입).

# 3 전자식 선하증권

## 1 전자식 선하증권의 의의

전자식 선하증권(electronic bill of lading)이란 선하증권을 발행하는 대신에 그의 내용을 컴퓨터에 보존하고, 선박회사와 송하인 또는 양수인(수하인)이 상호간 EDI 메시지를 전송하여 권리의 증명으로서 개인키를 사용함에 의해 물품에 대해 지배·처분권의 이전과 물품의 인도를 행하는 방법을 말한다.

즉, 전자식 선하증권은 컴퓨터 간의 통신에 의하여 행하여지는 EDI방식에 의하여 종전의 선하증권을 대체하고자 하는 것으로서 새로운 유형의 선하증권이라기 보다는 EDI메시지에 의하여 운송물을 인도하는 방법을 지칭하는 것이다.

최근 고속선, 고속컨테이너선의 출현으로 선박이 선하증권보다 목적지에 먼저 도착하는 경우가 자주 발생하는 등 국제무역환경이 크게 변화하게 됨에 따라 전통적인 선하증권의 기능에도 변화를 초래하게 되었다. 이를 해결하기 위한 방안으로서 운송인이 선화증권 대신 화물선취보증서(L/G)를 받고 운송물을 인도하는 소위 보증도의 관행이 생겨나게 되었고, 경우에 따라서 선하증권을 수화인에게 직송하는 방식을 활용하게 되었다. 그러나 화물선취보증서는 선하증권의 제시 없이 운송물을 인도하게 됨으로써 운송인에게 과도한 위험부담을 지우는 결과를 야기하며, 선하증권을 수화인에게 직송하는 방법은 당사자 간에 깊은 신뢰관계가 없으면 이용될 수 없다는 사용상의 제약이 따랐다. 다른 방법으로는 산하증권대신 해상화물운송장(Sea Waybill)이나 보증신용장(Stand-by L/C)을 이용하는 방안도 강구되었다.

그러나 컴퓨터 통신의 발전으로 전자식 선하증권이 등장함에 따라 가까운 장래에 종래의 불편함이 해소될 수 있을 것이다. 전자식 선하증권은 어떠한 서면서류의 제시도 요구하지 아니하므로 컴퓨터 통신 등 EDI의 기술적 문제점만 보강되면 서류의 도착 지연으로 인하여 야기될 수 있는 문제를 가장 확실하게 해결할 수 있다.

## 2 CMI규칙하의 전자식선하증권

컴퓨터 통신기술의 발달과 도입에 따른 EDI 방식의 무역시대에 전자식 선하증권의 유통성을 보장하기 위하여 국제해사법위원회(Committee Martime International : CMI)는 1990년 6월에 개최된 제34회 총회에서 '전자식 선하증권에 관한 CMI 규칙(CMI Rules for Electronic Bills of Lading ; 이하 CMI 규칙))을 채택하였다.

CMI 규칙은 기존의 선하증권을 발행하지 않고 운송 중 물품에 대한 권리를 전자식으로 이전하는 방식을 규정하는데 그 중점을 두고 운송인이 관리의 중심이 되는 소위 개인키(private key) 개념을 도입하였다. 또한 송화인 또는 이 개인키의 유효한 소지인이 운송인에게 지시하여 물품에 대한 인도청구권과 운송 중 물품에 대한 지배, 처분권을 행사할 수 있도록 함으로써 유통가능한 선하증권의 기능을 할 수 있도록 보장한다.

개인키는 종래의 종이 선하증권의 물리적 점유에 대응하는 것으로서 이 개인키의 이전에 의해서 전자식 선하증권의 유통성이 보장되는 것이다.

CMI 규칙하에서 전자식 선하증권은 운용에 필요한 EDI메시지에 의한 통지·확인시스템을 운송인이 선하증권의 등록기관으로서 직접 관리 또는 통제하도록 한다.

CMI 규칙하의 전자식 선하증권에 의한 거래메커니즘을 요약하면 다음과 같다.

① 먼저 송화인과 운송인은 전자적으로 송신하기로 합의하고, CMI 규칙에 따라 종이 선하증권 대신 전자식 선하증권을 사용하기로 합의한다.

② 운송인은 송화인의 선복예약사항(booking note)을 확인하고, 송화인이 운송인에게 화물을 인도하면, 운송인은 화물에 대한 수령사실을 송화인에게 통지한다.

③ 이 물품수령 메시지(receipt message)에는 물품에 대한 수량, 품질, 상태 등에 과한 명세가 포함되며, 운송인은 송화인에게 물품수령 메시지와 함께 개인키(private key)를 부여한다.

④ 송화인은 물품수령 메시지에 기재된 물품명세에 동의한다는 것을 운송인에게 확인한다.

⑤ 송화인이 운송인에게 물품에 관해 지배·처분권을 다른 사람에게 이전하고자 하는 경우 송화인은 권리이전의 의사를 운송인에게 통지한다.

⑥ 운송인은 이 통지를 확인한다.

⑦ 운송인은 새로이 개인키 소지인으로 예정된 자에게 물품의 명세를 전송한다.

⑧ 개인키 소지인으로 예정된 자는 운송인에게 물품명세에 관하여 확인한다.

⑨ 운송인은 송화인의 개인키를 폐기하고 새로운 소지인에게 새로운 개인키를 발급한다. 새로운 개인키 소지인도 같은 방법으로 물품에 관한 권리를 다시 타인에게 이전할 수 있다.

⑩ 도착항에서 운송인은 개인키에 의하여 확인되는 화물인도지시에 의하여 물품을 인도한 후 개인키를 폐기한다.

그러나 CMI 규칙은 강행규칙이 아니기 때문에 물품수령 메시지와 개인키로 구성된 전자식 선하증권이 종래의 서면형식의 선하증권과 동일한 효과를 갖는다는 규정만으로는 서면형식의 선하증권과 동일한 법적효력을 부여한다는 데에는 문제가 있다. 또한 운송계약약관 등은 전부 전송하는 것이 아니고, 기존 서면형식의 선하증권에 기재된 약관을 참조하도록 한 형식으로 정보를 전송하도록 되어 있고, 당사자 간의 해당 계약이 국내법에 의행 요구되는 서면에 의한 것이 아니라는 것을 항변으로 주장할 수 없다는 점에 유의하여야 할 것이다.

# Chapter 12 글로벌 전자무역운송

## 1 글로벌 전자무역운송의 의의

전자무역에 있어서도 무역계약의 이행을 위한 운송 등 물류분야는 아직도 가장 중요한 역할과 기능을 부담하고 있음이 분명하다. 전자무역에 의해 무역계약이 아무리 신속, 정확, 편리하게 체결되었을지라도 물류가 효율적으로 지원되지 않으면 무역을 신속, 정확, 용이하게 이행할 수 없다. 전자무역시대에는 국제물류의 중요성이 더욱 강조된다.

인터넷 등 정보기술의 발전으로 생산 및 물류와 관련된 제반 정보의 통합이 용이해지고, 공급업체와의 협력이 용이해짐으로써 경쟁력 강화를 위한 다양한 방안을 모색할 수 있게 되었으며, 이에 따라 최근 많은 선진기업들은 SCM(Supply Chain Management), CALS(Commerce At Light Speed), 아웃소싱 및 전략적 제휴 등을 추진하고 있다.

전자상거래 확산에 따른 물류환경의 변화는 다음과 같다.

첫째, 선진국을 중심으로 물류관리에 있어서 물류관련 주체간 물류활동을 통합적으로 관리하는 SCM 또는 통합물류관리(Supply Chain Integration)에 대한 관심과 노력이 광범위하게 이루어지고 있다.

둘째, 전자상거래의 확산으로 인한 물류서비스의 질적 향상 요구가 다품종, 소량,

다빈도, 적기수송으로 대두되고 있으며 인터넷 서비스를 통한 새로운 물류서비스들이 등장하고 있다.

셋째, 전문 물류업체가 하주에게 물류개선계획을 제안하여 물류업무를 일괄적으로 수탁하는 제3자 물류의 활용이 점차 국제화되는 경향을 보이고 있다.

마지막으로, 생산자와 소비자 간의 직거래인 무역의 소매화, 즉 접점판매(point-to-point sale)의 형태가 국제거래이 주 거래방식으로 자리 잡아 감에 따라 이에 부합되는 새로운 배송시스템의 구축 등이다.

## 2 전자무역과 글로벌물류

공급, 제조, 유통, 물류업체 등 하나의 공급체인에 참여하는 기업들이 협력을 바탕으로 정보통신기술을 활용, 공급체인 내의 재고를 최적화하고 리드타임을 줄임으로써 결과적으로 보다 양질의 상품 및 서비스를 소비자에게 제공하여 소비자 가치를 극대화하기 위한 경영전략인 SCM은 최근 들어 B2B 전자상거래의 효율성을 제고하기 위한 핵심적인 전략의 하나로 인식되고 있으며 나아가 인터넷 기반기술을 바탕으로 한 e-capabilities가 강화된 e-SCM[193] 개념으로 발전하고 있는 단계에 있다.

부품 공급업체의 원자재 공급량과 기업의 제품 생산량, 그리고 소비자의 제품 구입량과 기업의 제품 생산량 등은 기업의 의지대로 일치시키기가 매우 어렵다. 이로 인

193) e-SCM이란 디지털 기술을 활용하여 공급자, 유통 채널, 소매업체, 그리고 고객 등과 관련된 물자 · 정보 · 자금 등의 흐름을 신속하고 효율적으로 관리하는 것을 의미하며, e-business가 성공적으로 추진되기 위해서는 인터넷 및 디지털 기술을 전략적으로 활용하여, 기업의 Supply Chain 관리의 효과 및 효율성을 최적화함으로써 고객만족도와 기업 성과를 높일 수 있어야 한다. 이러한 배경 하에서 등장한 것이 바로 e-SCM이다. 결국 e-SCM은 디지털 기술을 활용하여 공급자에서 고객까지의 Supply Chain 상의 물자 · 정보 · 자금 등을 총체적인 관점에서 통합 · 관리함으로써 e-business 수행과 관련된 공급자, 고객, 그리고 기업 내부의 다양한 니즈를 만족시키고 업무의 효율성을 극대화하려는 전략적 기법이라 할 수 있다(김범열, "디지털 환경과 e-SCM", LG경제연구원, 2005. 5).

해 판매 활동은 부진한데 상품 재고가 쌓여 가거나, 상품은 없어서 못 파는데 제품이나 부품 조달이 제대로 되지 않아 기회 손실이 발생하게 되는 경우가 생긴다. 만약 부품 공급과 생산, 판매의 흐름을 연결하여 하나의 기업이 움직이는 것처럼 전체 프로세스를 통합 관리할 경우, 기업의 경쟁력 제고에 커다란 도움을 줄 수 있는 개념이 바로 공급사슬관리(SCM, Supply Chain Management)이다.

SCM의 개념은 새로운 것이라기보다는 기존의 물류 관리의 개념과 가치사슬(Value Chain)의 이론을 접목한 것으로 파악할 수 있다. 즉 SCM은 기업의 가치사슬을 기업 내부뿐만 아니라 재료나 부품의 공급자로부터 최종 소비자까지 넓힘으로써 가치활동의 효율성을 극대화하는 것이다. 가치사슬의 개념은 모든 기업의 생산판매 활동은 제각기 가치를 부가(Value Add)하는 단계들인 본원적 활동과 지원활동으로 구분되는 다양한 가치활동(Value Activities)으로 이루어지며, 이러한 활동들은 독립적으로 수행되는 것이 아니라 서로 밀접하게 연계(Linkage)되어, 즉 사슬을 이룸으로써 전체적인 가치를 창출한다는 것이다. 따라서 기업은 각 가치활동들의 효율적 연계를 통해 경쟁우위를 확보할 수 있으며, 이러한 효율적 연계 방안에 대해 전략적인 접근을 하여야 한다. 더욱이 경쟁이 격화되고 신속한 시장대응 능력이 무엇보다 중요하게 대두되면서, 기업 내부적인 가치활동의 통합으로는 더 이상 시장에서 경쟁우위를 가지기 어렵게 되었다. 가치활동들을 효율적으로 연계시키기 위한 초점이 기업 내부에서 기업 외부로까지 확장되어야만 실질적인 경쟁우위를 확보하고 가치를 창출할 수 있기 때문이다.

물류산업은 국가 산업경제의 동맥에 해당하며, 산업별 효율적인 Supply Chain을 구성하는데 필수적이다. 국내 물류산업은 물류 SOC의 부족, 운송 산업의 영세성 및 물류에 대한 인식 부족에 따라 선진국에 비해 낙후되어 있다. 전자상거래를 통한 비용절감·생산성 향상 부문을 물류부문에서 상당부문 잠식할 우려가 있다. 산업별 B2B e-Marketplace는 이를 지원하는 물류 e-Marketplace와 연계되어야 원활한 B2B 지원이 가능하고 이를 위해 산업 전반에 걸친 통합 물류 지원 시스템 구축이 필요하다.

이미 선진국에서는 제조업뿐만 아니라 물류기업들도 지식과 기술이 융합된 물류지식산업화를 적극 추진함으로써 세계화 기업들의 조달, 생산, 마케팅 활동을 적극 지원하고 있다. 물류산업의 e-비즈니스화가 동시에 추진되지 않고서는 제조업체들이 효율적인 SCM이나 물류체계를 구축할 수 없기 때문이다.

따라서 선진국에 비해 물류산업의 지식산업화가 거의 이루어지지 않는 우리나라로서는 국내 10만개에 달하는 무역·통관·물류업체에게 통관물류 통합 프로세스 제공으로 업무 처리의 효율성을 제고하고 화물추적, 운송기간 예측 등 고부가가치 물류서비스 제공 등 제3자 물류업체 성장기반을 마련하고 물류 e-Marketplace와 업종별 B2B e-Marketplace연계로 물류정보를 공유하는 등 물류산업의 e-business를 적극 추진해야 할 것이다.

# Part IV 글로벌 전자무역 보험

# Chapter 13 글로벌 무역보험 일반

## I 해상보험의 기초

### 1 해상보험의 개념

해상보험(marine insurance, assurance maritime)이라 함은 해상운송 도중에 발생하는 사고에 대해서 보험자가 손해를 보상하여 줄 것을 약속하고, 피보험자는 그 대가로서 보험료를 지불할 것을 약속하는 손해보험의 일종이다.「영국해상보험법」(The Marine Insurance Act, 1906) 제1조에서는 해상보험을 다음과 같이 정의하고 있다.

> "보험자가 피보험자에 대하여 계약에 의해서 합의한 방법과 범위 내에서(Inmanner and to the extent there by agreed) 해상손해, 즉 해당사업에 수반되는 손해를 보상할 것을 약속하는 계약이다."

또 제2조 1항에서는 해상보험계약을 다음과 같이 규정하고 있다.

"명시의 특약(express terms)이나 상관습(usage trade)에 의하여 해상항행에 부수할 수 있는 내수(inland waters) 또는 육상위험(land risk)의 손해에 대하여 피보험자를 보호하기 위하여 그 담보범위를 확장할 수 있다."

이러한 점으로 보아서 실제 무역거래상의 해상보험은 화물을 수출국의 제조장소 또는 보세구역으로부터 수입국의 일정 장소까지 운송함에 있어서 운송 도중 화물이 손실됨으로써 매도인과 매수인이 입게 되는 재정적인 손해를 보상하고자 마련된 제도라고 볼 수 있다. 물로, 화물의 손실은 우연적인 사고(fortuitous accident)에 기인하여야 하고 운송 도중 일어나는 불가항력적인 해난(perils of sea)이어야 한다.

해상보험의 본래 목적은 화물이 선적되어 운송도중 불가항력으로 일어난 사고로부터 보호하고자하는데 있었지만, 국제무역이 크게 늘어남에 따라 육상수송에까지도 해상보험을 확대하여 적용하기에 이르렀다. 이러한 제도가 없었던 때에는 화물의 손실에 의한 손해는 누구에게도 전가할 수 없었고 오로지 상인 자신만이 부담하지 않을 수 없었으며, 오늘날에 있어서도 보험에 들지 않으면 그 손해는 당연히 상인 스스로가 입을 수밖에 없다. 따라서 이러한 위험의 전가 방법으로 오늘날 국제무역거래에서 매도인과 매수인은 해상보험에 대하여 지대한 관심을 가지게 되었다고 할 수 있다.

## 2 해상보험의 기원

해상보험은 기록이 남아 있는 손해보상방법 중에서 가장 오래된 형태이다. 적어도 해상보험제도는 800여 년 동안 실시되어 온 것으로 추측되지만, 그 제도가 구체적으로 채택된 시기와 장소, 고안한 관계자 등에 대해서는 분명치가 않다. 14세기 초에 이탈리아의 역사학자 Giovanni Villani의 기록에 의하면 유태인들이 1182년 Philip Augustus에 의하여 프랑스 Gaul에서 추방당할 때 이사(移徙)재산을 보호하기 위하여 해상보험제도를 채택했다고 한다.[194)]

194) Dover, Victor, A Handbook to Marine Insurance, 7th ed.(London : H.F. & C. Wither by Ltd.,

이에 대해서 그러한 보험은 일반적인 상거래에 지나지 않는 것이라는 주장과 함께 보험의 기원을 설명하는 데는 적합하지 않다는 의견이 있다.

그리하여 해상보험의 실질적인 기원을 이탈리아의 번영하는 도시로부터 구하기도 하는데 12세기 후반기 이전이라 하더라도 인간이 해상사업을 영위하기 시작하던 때부터 인간의 능력이 미치지 못하는 해상에서의 여러 사고에 대한 위험 대비책이 마련되거나 실시되고 있었던 것으로 추측할 수 있다.

이와 같이 해상보험의 역사적 기원에 대해서는 확실하지가 않지만 오늘날의 해상보험은 적어도 영국을 중심으로 발전해서 세계적인 규모로 해상보험업의 기반을 이룬 것만은 확실하다. 그 근거로는 17세기 중엽 당시 London에서 유행되기 시작한 Coffee Shop이 업자들의 상담을 위한 장소로서 이용되었다는 데에서 찾아볼 수 있다. 그 당시에 선박이 출입하던 Thames강의 선창 주변에서 Edward Lloyed(1618~1712)가 경영하던 Coffee Shop도 역시 수많은 해운업자, 무역업자, 해상보험업자들의 집합 장소로서 이용되고 있었다.

Edward Lloyd의 사후에는 이들 고객들이 그의 점포를 인수하여 경영하였으며, 17세기 후반에 이들 중에 보험업자가 단합하여 Lloyd's Corporation이라는 명칭 하에 개인보험업자로서 보험경영을 하게 되었다. 이것이 오늘날의 Lloyd's Underwriters라고 하는 개인보험업자의 모태가 된 셈이다.

현재 우리나라에서 사용되고 있는 영문선박보험증권 및 적하보험증권의 모체인 Lloyd's S. G., Policy Form은 1779년 1월 12일 채택된 것으로 S. G.의 뜻에 대해서는 여러 가지 설이 있으나[195] 'Ship and Good' 설이 통설로 받아들여지고 있으며, 선박보험·적하보험·운임보험 기타 모든 해상보험에 공통적으로 사용되고 있다. 또, Lloyd's Ship and Goods Policy는 1906년 영국해상보험법 부록에 표준해상보험증권으로 채택됨으로써 오늘날 전 세계적으로 널리 활용되기에 이르렀다.

---

1970), p.8.

195) S. G.의 어의에 대해서는 ship goods · somma(sum insured) · security guaranted · salva guardia · sterling gold · salutis gratia(for safety's sake) 등 여러 설이 있다.

## 3 해상보험용어의 해설

### 1) 보험자(Insurer, Assurer)

보험자란 보험계약의 당사자로서 보험계약을 인수하는 주체를 말하며 위험(risks)을 담보하고 손해(loss or damage)를 보상하며 또한 제3자에 대한 배상책임 등 보험계약자를 대신하여 책임을 지는 자를 말한다. '인수한다'(to underwrite)라는 말은 원래 상업협정서의 문안 하단에 기명날인하는 것을 의미했으며, 해상사업을 영위하다가 손해를 입게 되는 상인들에게 금전적 손해를 보상해 주던 17세기의 자본가들은 Underwriters라고 불렀었다. 시간이 흐름에 따라 그 용어가 '담보한다'(to guarantee)와 똑같은 말이 되었다. 즉 담보제공자(guarantor)의 역할을 하는 것이 보험자라는 것이다. 이러한 보험자는 보통 주식회사의 형태(insurance company), 혹은 상호회사의 형태를 갖지만 협의나 조합, 또는 영국의 경우에는 로이드 개인보험업자(underwriter)와 같이 개인이나 개인집단도 보험자라고 한다.

### 2) 보험계약자(Policy Holder)와 피보험자(Insured, assured)

보험계약자란 보험회사의 보험계약을 체결하고 보험료(insurance premium)를 지불하는 자를 말하며, 피보험자란 피보험이익(insurable interest)을 갖고 피보험재산(insurable property)에 손해가 발생하면 보험자로부터 보상을 받는 자를 말한다. 여기서 보험계약자와 피보험자는 매매계약형태에 따라서 동일인이 될 수도 있고 다른 사람이 될 수도 있다. 즉 자기를 위하여 보험계약을 체결하는 경우에는 보험계약자와 피보험자는 동일인이므로 보험료지불의무와 보험금수취권은 동일인에게 귀속되며, 타인을 위하여 보험계약을 체결하는 때에는 보험계약자와 피보험자는 동일인이 아니므로 보험계약을 청약하고 보험료지불의무를 지는 자는 보험계약자가 되고 보험금의 수취권자는 피보험자가 된다.

영국법에서 피보험자라 함은 직접적으로나 간접적으로 피보험이익을 갖는 주체를 의미하므로 보험계약을 체결하고자 하는 자는 피보험목적물에 대하여 피보험이익이 있어야 한다.

### 3) 보험증권(Policy)과 약관(Clause)

보험증권이란 피보험자와 보험자가 보험계약을 체결한 사실에 대한 증거로써 계약의 내용을 명백히 하기 위하여 보험자가 피보험자에게 발급하는 증서를 말한다. 보험증권상의 각종 약속과 규정을 약관(clause)이라고 하며, I.C.C.(A clause), (B clause), (C clause)의 약관은 보험증권에 별도로 인쇄 혹은 첨부하는 특별약관이다.

해상보험에 한해서는 세계 각국에서 대개의 경우 영국의 로이드표준양식을 그대로 사용하고 있다. 보험증권은 보험계약당사자의 성명, 피보험목적물, 담보위험과 담보금액, 위험의 시기와 종기 등이 명시됨으로써 보험계약을 구체화시키는 도구로서의 기능을 한다. 보험증권상에 표시되거나 첨부된 각종 약관 상호간에 내용이 상반되거나 모순되는 점이 발견되면, ① 친서, ② 타자된 문안, ③ 고무인으로 표시된 문안, ④ 인쇄된 문안, ⑤ 첨부시킨 특별약관, ⑥ 보험증권상의 난외약관(marginal clause), ⑦ 보험증권 본문약관(body clause)의 순서로 우선 적용되어야 한다.

### 4) 보험목적물(subject-matter insured)과 피보험목적물(subject of insurance)

해상위험이 발생하여 물적 손해 혹은 경제적 불이익에 노정될 수 있는 이익단체(interest)이면 해상보험에 부보 될 수 있는 대상이 될 수 있다. 해상보험에 있어서 위험목적물은 적하(cargo), 선박(ship) 및 운임(freight)등과 같이 위험발생의 객체를 의미하고, 피보험목적물은 구체적으로 특정보험에 의하여 보호받게 되는 대상을 말한다. 보험목적물의 전부 혹은 일부가 피보험목적물이 될 수 있기 때문에 양자를 같은 뜻으로 보아도 무리는 아니다.

### 5) 피보험이익(insurable interest)

피보험이익이란 피보험목적물에 대해 특정의 경제주체가 갖는 이해관계를 말한다. "이익이 없는 곳에는 보험이 없다"(No interest, no insurance)는 일반적인 표현에서와 같이 피보험이익이 존재하지 않으면 보험계약을 체결할 수도 없고, 만일 보험계약의 형식을 갖추었다고 하더라도 계약의 효력은 발생할 수 없다.

해상보험계약은 손해보상을 약속하는 계약인데 "피보험이익의 유무를 불문함" 또는 "보험증권 자체로서 계약의 효력이 있는 것이지 피보험이익이 존재한다는 사실을 증명할 필요가 없음(policy proof of interest clause : P.P.I. clause)", "보험자에게 구조물의 취득권이 없음"등과 같은 조건으로 보험계약이 체결되면 그러한 계약은 무효이다.[196] 보험증권상으로 피보험자가 손해를 보상받고자 할 때에는 자신이 해상사업의 미완성 때문에 경제적 손해를 입었다고 하는 사실과 그 손해가 해상위험에 기인하고 보험증권상 보상되어야 하는 손해임을 증명해야 한다. 손해의 증명을 위해서는 반드시 피보험자와 피보험목적물간에 일정한 이해관계를 가져야 한다.

우리 상법에도 "보험계약은 금전으로 산정할 수 있는 이익에 한하여 보험계약의 목적으로 할 수 있다."고 규정하고 있다. 즉 피보험목적물 자체의 멸실은 원상 복귀가 불가능하고 피보험자에게 멸실된 물건에 대한 금전적 손실만을 보상할 수밖에 없으므로 보험계약의 대상은 물건 그 자체보다도 이익(interest)이어야 한다. 보험목적물은 적하(cargo, goods), 선박(ship), 운임(freight), 선박비용(disbursement), 화물의 예상이익(expected profit)등이지만 보험이 보호하는 대상은 이러한 보험목적물에 대하여 특정인이 갖는 이해관계이다. 이러한 이해관계가 보험계약의 목적이고 이것이 곧 피보험이익인 것이다.

### 6) 보험가액(insurable value)과 보험금액(insured amount)

보험가액은 피보험목적물의 평가액을 말한다. 보험가액은 보험계약을 체결한 이후 변

196) M.I.A.(1906), 제4조 (2) (b).

동할 수 있으므로 보험계약을 체결한 당시에 보험가액을 일정 금액으로 협정하고 상호 협정된 보험가액을 보험금액으로 정하여 보험계약을 체결하는 것이 보통이다. 해상보험에 있어서는 보험사고가 발생하였을 때 당해 보험목적물의 실평가액이 어떠하든 보험증권상 협정된 보험금액이 보험자의 책임한도액이다. 그러므로 해상보험증권상에 '일부보험(partial insurance, under insurance)[197]으로 인한 비례보상조건'이라고 하는 명시규정이 없는 한 전액보상원칙에 의하여 손해액 전액을 보험금액으로 지급하여야 한다.

그러나 공동해손분담금, 구조료(salvage), 구조비(salvage charge), 손해방지비용과 충돌손해배상책임에 대해서는 보험금액이 보험목적물이 실평가액에에 미달할 경우 실평가액에 대한 보험금액의 비율만큼만 보험자가 부담한다. 특히 선박보험에 있어서 은행의 담보금액은 일반적으로 담보물건의 실평가액보다 낮게 책정되는 것임에도 불구하고 해당담보금액을 보험금액으로 확정하는 수가 있는데, 은행의 담보금액과 피보험자가 부보하여야 할 금액은 구분되어야 한다. 또한 보험계약 체결 당시에는 선주로서 보험목적물에 대한 장부가격과 국내에서의 시세를 고려하여 적정금액을 보험금액으로 협정하였음에도 불구하고, 보험사고가 발생할 당시의 실평가액과 보험금액의 차이로 인하여 선주가 과중한 구조비 등의 부담을 면치 못하게 되는 경우가 있다. 이와 같은 과중한 부담을 대비하기 위해서는 보험계약을 체결할 때 합리적이고 적정한 금액을 보험금액으로 책정하여야 한다.

### 7) 보험금(loss or claim amount)

보험증권상에 담보되는 위험으로 인하여 경제적 손해가 발생하였을 경우, 이러한 손해를 'Loss'라고 하며, 이 'Loss'를 보상하기 위하여 지급되는 금액을 보험금(claim amount)이라고 한다. 화재보험에 있어서는 보험사고가 발생하였을 당시의 보험가액을 사정하여 보험금액의 비율만큼 만을 보상하므로 비례보상원칙을 적용하지만, 해

197) 보험금액이 보험가액과 동액인 경우를 전액보험(full insurance)이라 하고 적을 경우를 일부보험(partial insurance or under insurance)이라 하며, 보험금액이 보험가액보다 큰 경우를 초과보험(over insurance)이라고 한다.

상보험에 있어서는 특별한 경우 외에는 전부보험(full insurance)으로 인정하므로 전손 보상원칙을 적용하여 협정보험금액을 한도로 실손해액 전액이 보험금으로 지급된다.

### 8) 보험료(insurance premium)

보험계약을 체결하고 보험자가 위험을 담보 혹은 부담하는 반대급부로서 보험계약자가 보험자에게 지불하는 금전을 보험료라고 한다.

### 9) 보험기간과 보험계약기간

보험기간(duration of risk)은 피보험목적물이 위험에 노정되기 시작하는 때부터 보험자의 위험부담에 대한 책임이 존속되는 기간을 말하며 보험의 혜택을 받을 수 있는 시간적 한계의 개념이다. 한편, 보험기간과 보험계약기간(duration of policy)은 보험기간의 개시여부에 관계없이 보험계약이 유효하게 존속하는 기간을 말한다. 보험계약기간을 일반적으로 일치하지만 소급보험과 Open Cover의 경우에는 반드시 그렇다고 볼 수는 없다. 예컨대, 수입화물의 선적일자가 6월 1일이고 최종목적항구의 입항예정일이 6월 30일인데 6월 15일 보험계약을 체결하였다고 가정하면 보험계약의 효력은 6월 1일부터 소급하여 발생하므로 보험계약기간은 15일간에 불과하지만 보험기간은 30일간이라고 말할 수 있다.

### 10) 위험(risk)

보험의 대상이 위험이다(no lisk, no insurance). 모든 보험이 위험의 대상이 될 수 있는 것이 아니라, 일반적으로 손해율의 측정이 가능하고 우연히 발생하는 순수위험(pure risks)이나 특수위험(particular risks)이 보험의 대상이 된다. 한편 보험의 대상이 될 수 없는 위험도 존재할 수 있는 것이므로 위험이라는 용어는 매우 광범위하게 사용된다고 하겠다.

따라서 이러한 광의의 위험은 Hazard, Perils, Accident, Danger, Risk, Loss 등으로 표현된다. 'Hazard'는 사고(perils, accident)를 초래하게 하는 요인으로서 선장의 태만이나 무

지, 선체나 기관의 잠재하자, 자동차의 노후브레이크, 주택가에 설치된 영업용 가솔린 창고 등 사고 발생의 가능성을 내포하는 구체적인 상태를 의미하며, 'Perils'는 Risks의 원인으로서 화재, 충돌, 침몰 등 Hazard의 결과로 발생하는 현상을 말한다. 'Risks'는 Perils의 구체화된 형상으로 경제적 가치를 감소시키는 불확실성(uncertainty)의 상태를 말하며, Risks의 결과 금전적 손해 및 기타 경제적 불이익을 초래한 상태가 'Loss'이다.[198] 만일 선장이 암초나 늪에 대해서 주의하지 않는다면 그러한 선장의 무관심 내지 부주의는 Hazard이다. 이러한 Hazard는 좌초나 충돌 혹은 접촉이라고 하는 Perils를 초래하게 하고 그 결과 금전적 손해를 야기시키는 불확실성으로서 거액의 Loss를 입게 되는 것이라고 말할 수 있다. 해상보험의 대상이 되는 위험은 해상위험(maritime perils)이며 보험자가 담보하는 위험을 피보험위험(perils insured against), 또는 담보위험이라고 한다.

한편, 법률이나 보험조건 상으로 면책되는 위험을 면책위험 또는 부담보위험이라고 한다.

### 11) 손해(loss or damage)

위험의 결과가 항상 손해를 초래하는 것은 아니다. Risk의 결과 어는 일방에게는 유리할 수도 있고 아무에게도 손해를 입히지 않을 수 있다. Risk가 발생하여 피보험 목적물의 전부 혹은 일부가 소멸되거나 손상을 입게 되는 것을 손해라고 한다. 또한 보험증권 상에 명시되거나 묵시된 각종 위험이 발생한 결과 피보험자에게 경제적 불이익이 주어질 때 그와 같은 현상을 손해라 한다.

### 12) 담보와 보상

담보란 보험자가 위험을 부담하여 손해가 발생하였을 때 피보험자를 보호해 주기로 약속한 경우 '담보한다'(to cover)라고 말하고, 그러한 담보위험이 현실적으로 발생하여 피보험자가 입은 손해를 부담하게 될 경우 '보상한다'(to pay)라고 표현한다.

---

198) David L. Bickelhaupt and john H. Magee, General Insurance, 8th ed.(Homewood, I11 : Richard D. Irwin, Inc., 1971). pp.7~8.

위험을 담보한다는 것은 '손해의 가능성'을 부담하고, 손해를 보상한다는 것은 '현실의 손해'를 부담하는 것이므로 전자를 보증이라 하고 후자를 보상이라고 말할 수 있다. 한편, 전자는 관념적 급부이며 장래의 급부인 반면에 후자는 금전적 급부이며 현실의 급부라고 말할 수 있다.

### 13) 보험중개인

보험계약은 보험업자와 직접 체결할 수도 있으며, 보험중개인을 사이에 두고 체결할 수도 있다. 또한 화주는 모든 보험업무를 보험업자와 직접 처리할 수도 있으며 보험중개인을 선정하여 중개인으로 하여금 보험의 가액 및 업무를 처리할게 할 수도 있다. 해상보험업무는 일반인이 쉽게 알 수 없는 전문적 기술이 필요한 복잡한 업무 중에 하나이다. 수출입을 많이 하는 큰 회사는 흔히 보험전문가를 채용하여 보험업무를 전담시키고 있지만 중소기업은 현실적으로 이러한 전문가를 채용하기 어려우므로 보험중개인에게 위임하게 된다. 보험중개인을 이용함으로써 얻는 이점은 다음과 같다.

① 중개인은 보험업무에 대하여 전문적인 지식을 가지고 있으며 많은 보험업자와 계약을 하므로 국내·외에 있어서 보험료율 및 보험조건에 관한 변경 사항을 곧 알 수 있다.

② 보험업자와 보험신청인간에 분쟁이 발생하였을 때에는 제3자로서 판정하여 화해를 시킨다.

③ 사고가 발생하였을 때 보험증권에 확인을 받는 등의 업무를 신속히 처리하여 준다. 보험중개인에게 보험업무를 맡기더라도 경제적 손실은 적다. 왜냐하면 보험회사는 보험중개인에게 보험금액의 10%정도의 수수료를 주기 때문에 보험가입자는 중개인에게 수수료를 줄 필요가 없다.

### 14) 공동보험(co-insurance)

공동보험이라 함은 동일한 피보험이익 및 위험에 대하여 보험기간이 공통한 2개 이상의 보험계약으로서 그 보험금액의 합계가 보험가액과 동액이하인 보험을 말하며, 이 경우의 각 보험은 부분보험이 된다.

### 15) 최소책임액(면책비율, franchise)

보험회사의 보험책임에 있어서 일정액이하의 소액인 경우에는 그것을 보상하지 않고, 피보험자 스스로가 부담하여야 하는 금액 또는 일정한 비율을 말한다.

## 4 해상보험의 종류

### 1) 화물보험(cargo insurance)

화물보험은 국제무역에서 이동하는 화물을 그 대상으로 하여 운송도중에 발생할 가능성이 있는 우발적 손해를 보상하는 보험이다. 그런데, 이 보험의 계약이 매도인 또는 매수인의 어느 쪽에 의하여 체결되는가는 화물의 매매조건에 따라 규정지어지는 것이 일반적인 관습으로서 C.I.F.의 경우에는 전자가, F.O.B. 또는 CFR의 경우에는 후자가 보험계약자가 된다. 다시 말해서 C.I.F.조건에서는 매도인이 보험계약자가 되고 매수인이 피보험자가 된다. 그런데, 실무상으로는 수출업자인 매도인이 자기를 피보험자로 하여 보험계약을 맺고 보험자로부터 보험증권을 입수한 후 배서(endorsement)하여 매수인에게 양도하는 형식을 취한다.

한편, C.F.R. 이나 F.O.B.조건인 때에는 앞에서도 말한 바와 같이 처음부터 매수인이 자기를 피보험자로 하여 보험자와 보험계약을 체결함이 원칙이어서 이때에 매수인이 보험계약자인 동시에 피보험자가 된다. 그런데 이때에도 매수인이 매도인에게 해상보험계약체결을 위임시키는 경우에는 매도인이 보험계약자가 되고 매수인이 피보험자가 되는 셈이다.

### 2) 선박보험(hull insurance)

이 보험은 선주의 소유자 이익을 계약목적으로 하는 것으로서 선체·기관속구를 포함하는 선박의 대상이 되는데 다음과 같은 종류가 있다.

#### (1) 기간보험(time insurance, time policy)

보험기간을 일정기간으로 정하는 보험으로서 선박보험은 보통 1년을 한도로 하는 기간보험인 경우가 많다.

#### (2) 항해보험(voyage insurance, voyage policy)

보험기간을 1항해 또는 몇 차례 항해를 표준으로 계약하는 보험을 말하는데, 주로 신조선, 수리선 등의 회항시에 체결된다.

#### (3) 선비보험(船費保險 : disbursement insurance)

이 보험은 선주가 선박의 운항비, 연료비, 식료비, 소모품비등의 선비에 대하여 선박을 전손시에 이들 손해의 보상을 목적으로 계약하는 보험이다.

#### (4) 계선보험(繫船保險 : port risk insurance)

해운시장의 불황 또는 기타의 선주사정으로 선박운항을 중지하고 계선할 경우의 선박보험이다.

#### (5) 수리보험(repair risk insurance)

이는 수리기간중의 선박보험으로 위험이 적으므로 보험료도 저렴하다.

#### (6) 건조보험(construction policy)

선박건조 중의 위험을 부담하는 것으로서 조선소가 보험계약자 및 피보험자가 되어 준공 인도시까지의 모든 손해에 대하여 부보하는 선박보험을 말한다.

### 3) 기타보험

보험의 목적에 따라 희망이익보험, 운임보험으로, 보험자에 따라 자가보험, 재보험 등으로 구분된다.

#### (1) 희망이익보험(expected profit insurance)

화물이 매수인에게 입수되어 매각 또는 전매됨으로써 얻어질 수 있는 이익에 대한 보험을 말한다. 이러한 희망이익은 화물에 종속되는 이익이므로 그 피보험이익은 화주에게 귀속됨이 보통이다.

#### (2) 운임보험(freight insurance)

선박운항자가 양하 후에 징수하는 소위 후불운임에 대한 보험이다. 이 보험은 매 항해마다 계약이 체결되므로 부보조건은 대부분 전손담보에 국한된다. 한편 전불운임에 대해서는 피보험이익 화주에게 귀속되기 때문에 화주가 그 전불운임에 대하여 부보할 수 있는데 이 경우에는 그 운임이 화물보험가액 중에 가산되어 부보 됨이 보통이다.

#### (3) 자가보험(self insurance)

선주가 결산기마다 이익 중에 보험적립금을 계상하여 만일의 손해에 충당시키는 등의 보험제도가 이에 속한다.

#### (4) 재보험(re-insurance)

보험회사가 보험계약의 손해보상의무의 전부 또는 일부를 타 보험회사와 보험계약을 체결하는 제도를 말한다.

# 2 해상손해의 유형

해난에 의하여 발생하는 손해는 그 정도와 부담자의 범위를 기준으로 할 때 일반적으로 다음과 같이 구분된다.

## 1 전손

전손이라 함은 보험사고가 발생하여 피보험이익의 전부를 실질적으로 멸실하거나 혹은 손해의 정도가 심하여 구조하거나 수리하는 것보다 오히려 보험금액을 전손보험금으로 지급하는 편이 경제적으로 유익한 경우를 말한다. 전손은 구성하는 성질에 따라 현실전손(actual total loss or absolute total loss)과 추정전손(constructive total loss)으로 구분할 수 있는데 일반적으로 전손을 담보의 대상으로 하는 해상보험계약에 있어서는 추정전손도 포함하는 것으로 간주한다.

### 1) 현실전손(actual total loss)

현실전손이라 함은 피보험목적물이 멸실되거나 혹은 동 피보험목적물이 부보 할 때의 성질을 그대로 갖지 못할 정도로 심한 손상을 입은 경우, 또한 피보험자가 회복할 수 없도록 피보험목적물을 박탈당하였을 경우, 현실전손이 성립한다. 이를 정리하면 다음과 같은 상태를 현실전손이라고 할 수 있다.

① 피보험목적물이 실질적으로 멸실(physical destruction)되었어야 한다(심해에서의 침몰, 화재로 인한 손실 등).

② 피보험목적물이 심하게 손상되어 원래의 성질을 상실(alteration of specied)하였어야 한다(원맥이나 현미 등이 해수에 젖어 비료용·주정용으로 되어 버리거나

완전히 경제성을 잃어버린 경우).

③ 피보험목적물이 회복전망이 없는 박탈(irretrievable deprivation)상태에 있어야 한다(적에 의한 포획 등).

### 2) 추정전손(constructive total loss)

M.I.A.(1906) 제60조(1)에 의하면 추정전손에 대하여 다음과 같이 규정하고 있다.

> "보험증권상에 특약규정이 명시된 것을 제외하고, 피보험목적물의 현실전손이 불가피하다고 보이기 때문에, 또는 현실전손을 면하기 위하여 비용이 발생하였을 때 피보험목적물의 가액을 초과하는 비용이 소용되므로 합리적으로 위부(委付)(abandonment)하였을 경우에 추정전손에 있다."

또한 미국의 Willard Philips는 다음과 같이 정의를 내리고 있다.

> "선박이나 화물이 피보험위험으로 인하여 그 가액의 반절 이상이 손해를 입었거나 혹은 운임의 반절 이상을 상실하였을 때 피보험자는 보험자에게 위부(委付)하여 전손에 대하여 보상받을 수 있는 것이 미국에 있어서 추정전손에 대한 일반적인 규칙이다."

한편, 추정전손에 관한 M.I.A.(1906) 제60조(1)항의 규정에 추가하여 제(2)항에서는 추정전손이 성립되는 구체적인 상태를 다음과 같이 명시하고 있다.

① 피보험자가 선박 혹은 화물을 피보험위험으로 인하여 소유하지 못하게 되었을 경우에 피보험자가 그 선박이나 혹은 화물을 회복할 가망이 없거나 또는 회복하는데 소요되는 제비용이 회복한 후의 선박 혹은 화물의 가액을 초과할 때

② 선박이 손상되었을 경우에 있어서 담보위험으로 인하여 심하게 손상을 입을 경우, 그 손상을 수리하는 비용이 수리했을 때의 선박의 가액을 초과할 때

③ 화물이 손상되었을 경우에 있어서는 그 손상을 수리하는데 발생하는 비용과 그 화물을 최종 목적지까지 운반하는데 소요되는 비용이 도착시의 화물가액을 초과할 때

따라서 이들 규정을 정리하면 추정전손이 성립하는 경우는, ① 선박과 화물의 소유박탈, ② 선박의 손상, ③ 적하의 손상으로 볼 수 있다.

### 3) 위부(委付 : abandonment)

#### (1) 위부의 뜻

추정전손이 발생하였을 때 피보험자는 그 피보험목적물에 대해서 갖는 일체의 권리를 보험자에게 이전하고 보험금의 전액을 청구할 수 있는데 이를 위부라고 한다. 따라서 피보험자는 보험자에게 위부를 통지함으로써 피보험목적물을 포기한다는 사실을 고지하고 전손보험금의 청구의사를 표시하게 되는 것이다. 일반적으로 추정전손이 성립되기 위해서는 위부의 통지(notice of abandonment)가 필요하지만, 반드시 위부를 통지하여 할 필요가 없는 경우도 있다. 한편, 보험자로서는 피보험자의 위부통지에 대하여 이를 수리해야 한다는 의무규정도 없을 뿐만 아니라 반드시 수락해야 할 필요도 없다. 보험자의 위부수락은 명시적·묵시적일 수도 있으며, 또한 위부의 통지를 보험자가 포기해 버릴 수도 있다. 그러나 일단 피보험목적물이 명백히 위부 되었을 때에는 보험자는 위부 된 피보험목적물에 대한 각종 권한을 취득할 수 있다.

#### (2) 위부의 통지시기

위부의 통지(notice of abandonment)는 피보험자가 보험자에게 자신의 재산을 포기하고 그 재산을 보험자가 처분하도록 맡긴다고 하는 의사표시이다. 따라서 그 의사표시는 적절한 시기에 이루어져야만 한다. 위부통지의 시기에 대해서 우리 상법은 위부의 사유별로 기간을 정하고 있지만, M.I.A. 제62조 (3)항은 다음과 같이 규정하고 있다.

> "손해에 관한 확실하고 정당한 정보를 얻을 후, 상당한 주의로서 위부의 통지가 되어야 하지만, 손해에 대한 정보가 불명할 경우에는 이를 확인하기 위하여 상당한 기간이 소요될 수 있다."

따라서 영국해상보험법상으로는 손해에 대한 확증을 갖고서도 고의적으로 위부를 기피하지 않는 한 위부통지에 대한 효력에는 아무런 영향을 미치지 않는다고 보아야 할 것이다.[199]

### (3) 위부통지의 권리자

위부의 통지는 피보험이익의 소유자 자격으로서만 가능하다. 이 경우 피보험목적물의 소유자인가 아닌가는 위부를 통지하게 되는 자가 위부되는 피보험이익에 대하여 실질적으로 양도시킬 수 있는 자격이 있는지의 여부에 달려 있다. 즉 법적으로 보험자에게 피보험이익을 양도할 수 있는 유자격자만이 위부통지를 할 수 있다.

### (4) 위부통지의 방법

위부통지의 방법은 별도의 양식이 없으나 실무상으로는 추정전손이 성립하는 근거가 될 수 있는 증빙서류 및 정보와 함께 위부신청서에 위부목적물의 명세와 또한 위부의사를 밝히는 서면통지에 의하여야 한다.

### (5) 위부통지의 목적

1926년 Vacuum Oil Co., v. Union Insurance Society of Canton사건에서 Atkin 판사는 위부통지의 목적에 대해서 다음과 같이 두 가지로 설명하고 있다.

---

199) 위부통지의 시기와 관련된 두 판결 예를 소개하면 다음과 같다.

① 1808년 Kelly v. Walton사건에서 아마종(flax seed)을 적재한 선박이 외국항구에서 출항금지의 명령을 받고 억류되었는데, 이 소식이 화주에게는 2월 11일에 전달되었다. 아마종이 5월 10일 이전에 파종되었다면 상당한 가치가 있었을 것이다. 그런데 외부의 통지는 훨씬 이후인 6월 11일에 실시됨으로써 위부통지의 시기를 상실한 것이다. 이 사건에서 5월 10일 이전에 위부의 통지를 하였어야 했고, 6월 11일의 위부통지는 너무 지연되어 그 효력을 갖지 못한다고 판결하였다.

② 1878년 Kaltenbach v. Mackenzie 사건에서, 선박이 좌초되어 사이공항에 입항하여 검정결과 수리비가 선박가액을 상회하므로 추정전손이라는 보고서가 발급되었다. 이러한 사실을 피보험자가 2월 7일에 알고서도 3월 11일까지 위부를 통지하지 않았다. 이 사건에서 추정전손임을 안 후 즉시 위부의 통지가 없었다는 이유로 인하여 전손보험금을 수취할 수 없다고 판시하였다.

① 보험자로 하여금 재산의 관리를 보다 조속히 집행할 수 있도록 하기 위해서

② 보험금이 지급되면 보험자의 임의대로 처분하게 될 재산에 대해서 피보험자가 계속 보관함으로써 그 손해가 확대될 것을 방지하기 위해서

따라서 위부가 정당하게 성립될 때 위부의 진정한 경제적 목적은 포기된 피보험재산을 보살피고 그 가치를 보존하게 한 책임을 보험자에게 조속히 전가시키는데 있다.

### (6) 위부의 사유

위부의 사유로는 추정전손이 성립되어야 하는데 추정전손으로 인정받기 위해서는 ① 전손이 불가피하다거나, ② 복구비용이 보험금액을 초과한다는 사실이 합리적으로 피보험자에 의하여 증명되어야 한다. 만일, 추정전손이 불가피하다는 것을 증명하지 않고 위부통지를 한 후 손해가 확대될 경우에는 확대된 손해로 보험자의 부담이 증가될 때, 그러한 증가된 손해에 대해서는 보상을 받을 수 없고 분손으로 밖에는 보상받지 못한다.

우리 상법 제710조에서도 위부의 요건으로서 다음의 경우에는 피보험자는 보험의 목적물을 보험자에게 위부하고 보험금액을 전부 청구할 수 있도록 규정하고 있다.

① 선박이 침몰하였을 때

② 선박의 행방이 분명하지 않을 때(6개월간 선박의 행방이 분명치 않으면 위부할 수 있음)

③ 선박을 수선할 수 없을 때(선박이 그 현재지에서 수선할 수 없거나 또는 수선비가 선박가격의 4분의 3을 초과할 때에는 그 선박은 수선불능으로 간주됨)

④ 선박 또는 적하가 포획되었을 때

⑤ 선박 또는 적하가 관(官)의 처분에 의하여 압수되어 6개월간 해제되지 않을 때

한편, 위부의 행사요건에 대해서 우리나라 상법 제714조에서는 다음과 같이 규정하고 있다.

① 위부는 무조건이어야 한다.

② 위부는 보험목적의 전부에 대하여 이를 행사하여야 한다. 그러나 위부의 원인이 그 일부에 대하여 생긴 때에는 그 부분에 대하여서만 이를 할 수 있다.

③ 보험가액의 일부를 보험에 붙인 경우에는 위부는 보험금액의 보험가액에 대한 비율에 따라서만 이를 할 수 있다.

### (7) 위부의 효과

위부의 사유가 합리적으로 성립되어 전손이 불가피하거나 복구비용이 보험금을 초과한다면 위부의 통지에 대한 보험자의 동의를 받지 않더라도(영국법에서는 보험자의 동의를 요함) 위부의 효력이 발생하기 때문에 손해보험금의 청구권이 피보험자에게 발생한다.

위부는 보험계약 당사자 간의 공동행위가 아니라 피보험자의 단독행위이다. 피보험자가 위부를 보험자에게 통지하는 것은 피보험목적물에 대하여 그가 갖는 모든 권리를 보험자에게 양도 혹은 이전하는 것이므로 위부의 효과는 피보험목적물의 소유권과 기타의 권리일체(위부의 원인인 손해가 제3자의 행위에 의하여 생긴 경우에 피보험자가 제3자에 대하여 갖는 권리, 예컨대 선박의 충돌에 의한 손해배상청구권 또는 공동해손분담청구권 등의 모든 권리를 말한다)를 보험자가 인수할 수 있고, 특히 선박보험일 경우는 선박이 그 항해에서 취득하게 될 운임까지도 양수 받게 된다. 이러한 권리는 보험자가 위부를 수락하면 사고의 발생시점으로부터 개시하게 된다.

이상과 같은 위부의 효력을 요약하면 다음과 같다.

① 보험자는 피보험목적물에 잔존해 있을 피보험자외의 이익과 그리고 그에 부수되는 모든 소유권리를 인수할 권한이 발생한다.

② 보험자는 피보험목적물의 소유권을 취득할 수 있을 뿐만 아니라 선임(船賃)에 대한 취득권도 양수받을 수 있다.

③ 피보험자는 보험금전액을 보험자에게 청구할 권리를 갖는다. 단, 위부의 원인이 피보험목적물의 일부에 대하여 생긴 때에는 그 부분에 대한 보험금을 청구할 수 있고, 또한 일부보험인 경우에는 일부보험의 보험가액에 대한 비율만큼 보험금을 청구할 수 있다.

### 4) 대위권(代位權 : right of subrogation)

#### (1) 대위의 뜻

대위라 함은 보험자가 보험금을 지급한 경우에 멸실 혹은 손상된 피보험목적물에 대하여 피보험자가 갖고 있던 소유권과 손해를 발생하게 한 과실이 있는자에게 갖고 있는 구상청구권을 피보험자를 대신하여 보험자가 행사할 수 있는 권리를 말한다. 위부는 전손의 경우에 한해서만 성립되나 대위는 전손분손 모두에 적용된다.

#### (2) 대위의 성립

전손의 경우 보험자가 전손보험금을 지급하였거나 또는 화물인 경우에는 피보험목적물에 대하여 보험금을 지급한 경우에 손해보상이 된 피보험목적물에 잔존해 있을 수 있는 피보험자의 이익을 인수할 권리를 갖는다.

그리고 손해를 야기한 사고가 발생할 때에는 피보험자가 가지고 있는 피보험목적물에 있는 또는 관련이 있는 모든 권리와 손해배상절차를 보험자가 대행하는 권리를 갖는다.

#### (3) 대위의 효과

대위는 보험자가 피보험자에게 보험금을 지급함으로써 피보험자가 갖고 있던 피보험목적물에 대한 소유권리와 기타 제3자에 대한 구상청구권을 피보험자를 대행하여 보험자가 행사할 수 있는 권리가 발생하는 효력이 있다.

### (4) 위부와 대위의 차이점

전술한 바와 같이 위부는 해상보험의 피보험자가 피보험목적물에 대하여 갖는 모든 권리를 보험자에게 이양하고 보험금전액을 청구하는 권리를 말한다. 그러나 대위라 함은 보험자가 보험금을 지급한 경우 멸실 혹은 손상된 피보험목적물에 대하여 피보험자가 갖고 있던 소유권리와 손해를 발생하게 한 과실이 있는 자에 대한 구상권을 보험자가 대위할 수 있게 되는 것을 말한다.

즉 대위는 위부를 보험자가 수락했건 안했건 보험자에게 이전되는 권리를 말한다. 위부를 수락한 경우에는 보험자로서 대위와 구별하여야 할 필요가 없지만 위부를 수락하지 않은 경우 위부와 대위는 명백히 구분되어야 하므로 보험자의 위험부담은 없는 대신 구상권에 의하여 회수될 이익금에 대해서도 보험자가 지급한 보험금을 한도로 하여야 한다.

## 2 분손(分損 : Partial Loss, With Average. : W.A.)

분손이란 전손의 상대적인 개념으로서 피보험목적물의 일부멸실과 전부 혹은 일부의 손상을 의미하며, 한편으로는 해상사업에 관련되는 이해관계자가 부담하는 공동해손분담금을 포함한다. 따라서 분손을 단독해손과 공동해손으로 구분한다. 또한 비용손해인 구조료, 구조비, 특별비용도 그러한 비용이 발생한 상황에 따라서 단독해손으로 처리할 수도 있고 공동해손으로 처리할 수도 있다. 그러므로 분손을 세분하면, 단독해손과 공동해손 이외에 비용손해를 포함시킬 수 있다.

특별비용에 대해서는 영국해상보험법상으로는 분손에서 제외한[200]다고 규정하고 있으나, 전손의 상대적 개념으로서 분손에 포함시킬 수 있다고 보아야 할 것이다. 여기서는 분손 중 대표적인 단독해손과 공동해손에 대하여서만 구체적으로 살펴보기로 한다.

---

200) M.I.A.(1906) 제64조 (2).

### 1) 단독해손(單獨海損 : particular average)

단독해손은 공동해손과 대비되는 의미로서 공동해손손해가 아닌 분손을 의미한다.[201] 피보험이익의 일부의 멸실, 혹은 손상은 담보위험으로 인하여 우연히 발생하고 그 손해는 피보험목적물에 이해관계를 갖는 자가 단독으로 부담하게 되는 것이어야 한다.

그러나 공동해손이 아닌 특별비용(particular charges : P/C)은 단독해손에 포함시키지 않는다. 특별비용이라 함은 공동해손비용과 구조료 이외에 피보험목적물의 안전이나 보존을 위하여 지출된 비용을 의미한다. 예컨대, 폭풍으로 인한 선박의 손상, 화재로 인한 화물의 소실과 화물의 해수침손, 화물의 일부손상으로 인한 운임의 상실 등은 선박, 화물 및 운임에 있어서 단독해손의 일종이다. P/A를 산정하는 데 있어서는 고도의 숙련도와 전문적인 지식을 요하는 때가 많다. 이러한 단독해손은 해상보험증권의 특약조건에 따라서 보험자로부터 보상받을 수도 있고 보상받지 못할 수도 있다.

### 2) 공동해손(共同海損 : general average)

공동해손은 엄격히 말해서 해상보험과는 관계가 없다. 이 제도는 해법(海法)상 가장 오랜 역사를 가진 제도이다. 일단 공동해손 성격의 손해가 발생하면 선주는 공동해손분담금을 징수할 의무와 권리를 갖는다. 그러나 손해를 사정하고 분담금을 정산하는 데는 고도의 기술을 요하므로 거의 대부분의 공동해손사고 정산업무는 선주가 전문적인 정산인(average adjuster)에게 위임하여 처리하는 것이 일반적이다.

공동해손의 기본원리는 전체를 위하여 희생된 희생물에 대하여 그 희생으로 인하여 무사히 목적지까지 도착한 선박과 화물이 그 희생을 공동분담 함으로써 희생물의 소유자를 안전하게 도착한 선박·화물과 동등한 입장에 놓이게 하는 것이다. 그러나

---

201) M.I.A.(1906), 제64조 (1)항에 의하면 P/A를 Particular Average Loss 혹은 G/A를 General Average Loss라는 용어로 사용하고 있으나, 'Average'는 곧 'Loss'를 의미하므로 어느 용어를 사용하더라도 동의어로 간주할 수있다. 원래 Average 라는 말은 불어의 'avarie'에서 나왔는데 선박 또는 화물의 손괴를 의미한다. 그러므로 P/A란 특정화물에 대한 부분적인 손괴를 뜻한다.

무사히 도착한 선박과 화물보다 유리한 입장이 되어서는 안 되고 희생물의 소유자로 하여금 자신의 소유물이 아닌 타인의 재산에 공동해손희생이 생기므로 인하여 자신의 재산이 목적 항에 무사히 도착하여 희생손해를 분담한 후의 입장과 등등한 이해관계를 갖도록 하여야 한다. 공동해손과 보험과의 관련성은 협약에 의하여 피보험자의 공동해손손해와 공동해손분담금을 보험자가 보상 해준다는 데에 있다.

### (1) 공동해손의 기원

이 제도의 확실한 발상은 알려져 있지 않지만 가장 오래된 기록은 Rhodian Law를 인용한 유스티니안법전(The Digest of Justinian)에 포함되어 있는 기록으로서 이에 의하면 공동해손은 로오드즈 상인의 전성시대였다고 할 수 있는 기원전 900~700년경에 이미 존재하고 있었던 것으로 보인다. 로오드즈 해법(Rhodian Law)에는 "만일 선박의 무게를 가볍게 하기 위하여 화물의 일부를 바다 속에 투기하였을 때 이에 대한 희생은 전체가 부담하여야 한다"고 규정하고 있으며, 로마법은 이를 계수하여 공동해손의 원칙에 대하여 "사고로 인한 모든 손해는 사고당사자가 부담하여야 한다"고 명문화함으로써 공동해손분담금 청구권을 제한시켰다.

### (2) 공동해손의 개념

M.I.A. 제66조에 의하면 공동해손의 개념을 다음과 같이 내리고 있다.

① 공동해손이라 함은 공동해손행위로 인하여 발생한 손해 또는 공동해손행위의 직적적인 결과로 발생하는 손해를 말한다. 공동해손손해는 공동해손비용 및 공동해손희생을 포함한다.

② 공동해상사업(common adventure)에 있어서 위험에 놓인 재산을 보존할 목적으로 위험에 처하여 임의로 또는 합리적으로 커다란 희생을 지불하거나 비용을 지출하는 경우에는 공동해손행위가 있는 것으로 한다.

③ 공동해손손해가 있을 경우에는 그 손해를 부담하는 자가 해손에 의하여 정해진 조건에 따라 다른 이해관계자로부터 일정비율의 분담액을 청구할 권리가

있다. 이 분담액을 공동해손손해액(general average contribution)이라고 한다.

한편, 요크-앤트워프규칙(York-Antwerp Rules, 1974)은 다음과 같이 규정하고 있다.

"공동의 해상사업을 조성하는 재산을 위험으로부터 보전하기 위한 목적으로 공동안전을 위하여 의도적이며 합리적인 막대한 희생, 또는 막대한 비용의 지출이 있을 경우에 한하여 공동해손행위의 존재를 인정한다."

### (3) 공동해손의 요건

공동해손의 요건을 York-Antwerp Rules에 따라 살펴보면 다음과 같다.

① 모든 화주에게 위협을 주는 위험이 있거나 있을 우려가 있어야 한다.

② 희생이 고의적인 것이어야만 한다.

③ 희생은 비상조치이어야 한다.

④ 손실과 비용이 합리적이어야 하고 공정하여야 한다.

⑤ 비상조치가 성공적이어야 하고, 다시 말해서 일부만의 희생으로 인하여 잔존 부분은 구제되어야 한다.

⑥ 선박이 입은 공동해손에 대하여 선주는 지체 없이 해손을 청구하여야 한다.

### (4) 공동해손의 대상

공동해손의 대상으로는 해상에서 투기된 화물, 해상투기로 입은 손실, 소화할 때 사용된 물, 열기, 소화제에 의하여 입은 손해, 좌초된 선박을 인양하다가 선박이 입은 손해, 선박을 고의적으로 좌초시켰을 때 입은 손해, 선박용구 또는 저장품을 연료로 사용했을 때에 입은 손해, 피난항에 있어서의 비용, 좌초된 선박을 인양함에 있어서 소요된 비용, 해난구원을 요청하였을 때 선장이 지불한 비용 등이다.

공동해손 대상에서 제외되는 손해로는 일반적으로 또는 특정 항로에 있어서, 갑판에 쌓아두지 않은 화물을 해상에 투기한 경우의 손해, 공동해손을 청구할 수 있는 자의 태만으로 일어난 손해, 이미 효용가치를 잃어버린 화물이 받은 손해 등이다.

#### (5) 공동해손의 정산

공동해손이 일어났을 때에는 이해관계 당사자가 공동으로 손해를 부담하게 되는데, 그 분담 방식은 다음과 같다.

$$\frac{\text{총공동해손액}}{\text{공동해손부담가액}} \times \text{각자의 재산가액} = \text{공동해손부담액}$$

그런데 실제로 개별적인 부담액을 정산하는 일은 그렇게 쉬운 것이 아니다. 먼저 공동해손으로 입은 손해의 총액을 화물의 총액으로 나눈 수치, 즉 공동해손부담율을 산출하여 여기에 각자의 화물금액을 곱하면 각자가 부담하여야 할 금액이 산출된다.

그러나 여기서 가장 문제가 되는 것은 공동해손의 총금액이 얼마나 되는가, 또는 각각의 화물을 얼마로 평가할 것인가 하는 것은 어려운 문제라고 하지 않을 수 없다. 따라서 앞에서도 지적한 바와 같이 정산표를 작성할 때는 고도의 전문적인 기술을 가진 정산인(average adjuster)을 선정하여 그에게 의뢰하는 것이 보통이다.

## 3 비용손해

### 1) 구조료(salvage charges)

해상보험에서 구조라 함은 제3자가 선박이나 화물을 해난구조 계약을 체결하지 않고 임의로 해난구조 행위를 하여 그 결과 재산이 구조되었을 경우 그 행위를 제공한 데 대한 보수를 받을 권리가 있는데 그 보수가 구조비이다. 이 구조비는 보험자가 담보한 위험에 의한 손해를 방지하기 위하여 지출되었을 때에는 보험자에게 보상책임이 있다. 영국해상보험법 제65조 (1)항은 "보험증권에 어떤 명시규정이 있는 경우를 제외하고 담보위험이 발생한 경우 그로 인한 손해를 방지하기 위하여 발생한 구조비는 보상받을 수 있다"고 규정하고 있다.

그러나 구조행위가 성립하기 위해서는 해상재산이 실제로 위험이 상태에 있어야하고, 구조작업을 실시할 자가 임의적으로 구조하여야하며, 구조작업을 한 결과 구조물이 일부 또는 전부가 구조되어야 한다.

### 2) 특별비용(particular charges : P/C)

피보험목적물의 손해를 담보위험으로부터 방지하기 위하여 피보험자나 그 대리인이 지출한 비용을 특별비용이라 한다. 즉, 행위의 주체가 제3자인 경우에는 구조비라 하고 그 주체가 피보험자 및 그 대리인인 경우에는 특별비용이라고 할 수 있다. 특별비용은 선박이나 적화에 단독으로 발생하는 비용으로서 일반적으로 손해방지약관(S/L cluse : sue and labour clause)이 첨부 혹은 포함된 보험증권상에서 보상된다.

### 3) 손해방지비용(sue and labour clause : S/L clause)

보험증권상의 손해방지약관에 따라 보험자가 피보험자에게 추가로 부담하는 비용손해이다. 이것은 피보험자의 손재방지의무의 이행에 대하여 보험자가 보상하는 비용이다. 또한 이것은 보험자의 추가비용부담이므로 피보험목적물의 손해액과 손해방지비용의 합계액이 협정보험가액을 초과할 수 있다.

# 3 해상보험의 부보절차

## 1 부보전의 결정사항

무역거래를 함에 있어 수출입업자는 부보하고자 하는 화물이 성질, 포장상태, 운송구간, 운송용구, 운송방법, 선적항구와 하역항구의 화물취급시설 등 해상위험에 영향을 미칠 수 있는 각종 요인들을 세밀히 검토한 후 가장 이상적인 보험조건을 결정하여 보험계약을 체결하여야 한다. 여기서 가장 이상적인 보험조건이란 보상범위가 가장 큰 보험조건만을 의미하는 것은 아니다. 물론 보험료의 부담에 대한 생각을 고려하지 않는다면 이러한 조건이 이상적 조건이라고 말할 수는 있다.

그렇지만 보험료가 전체 상품가격 중에서 큰 비중을 치지하게 된다면 상품가격을 불가피하게 올리지 않으면 안 되기 때문에 이러한 경우 가장 저렴한 보험료를 부담하고 가장 적절한 보험조건을 선택하는 것이 오히려 가장 이상적인 보험조건이라고 할 수 있다. 그러므로 보험계약을 체결할 때에는 그 청약시에 적어도 다음과 같은 점을 고려하여 이상적인 보험조건을 선택할 수 있도록 최선을 다하여야 한다.

① 위험이 발생하여 경제적 손해를 가져올 수 있는 근원을 발견하여야 한다. 즉, 해상운송하게 될 화물에 대하여 물적 손해(physical loss)와 책임손해(liability loss)를 입힐 수 있는 위험이 무엇인가를 가려내야 한다.

② 위험이 발생하여 경제적 손실을 초래할 경우 자기에게 어떠한 영향이 미치게 될 것인가를 분석·평가하여야 한다. 즉 특정위험이 발생하는 빈도(frequency)와 심도(severity)를 분석, 평가하여야 한다. 특정화물을 해상운송하는데 있어서 예견되는 각종 위험을 발견한 후 각 위험 중에서 가장 빈번하게 발생할 수 있는 위험에서부터 순서대로 열거하고, 또한 위험별로 손해의 정도를 측정하여 자기에게 가장 크게 타격을 줄 수 있는 위험을 가려내야 한다. 이렇게 해서 보험계약자가 보험자로부터 담보받고자 하는 위험이 결정되면, 그러한 위험을 담보받고자 할 때에 부담하게 될 보험료와 자기의 재산 상태 및 당해 화물의 국제매매로 인한 수익성 등을 동시에 비교·검토하여야 한다.

③ 분석·평가된 각종 위험에 대한 대비책을 강구하여야 한다. 위험의 대비책으로서 소손해(小損害)가 자기에게 아무런 영향을 주지 않는다고 판단될 때 그 위험을 자기인수(self-insurance)로 하고 일정액 혹은 일정률의 손해를 초과하는 부분에 대해서만 보험자에게 전가하는 방법도 있다. 한편, 손해의 전액을 보

상받지 않으면 자기에게 큰 타격을 줄 경우에는 앞에서 말한 소손해면책률(franchise)을 적용하지 않고 손해액 전액을 보험자에게 전가할 수 있는 조건을 택하여야 할 것이다. 이상과 같이 적어도 부보에 들어가기 전에는「위험의 발견 ⇒ 위험의 분석·평가 ⇒ 위험대비책의 선택」과정을 신중히 검토한 후에 해상 보험계약을 체결하여야 한다.

## 2 보험계약의 체결

### 1) 해상화물보험의 청약

보험계약을 체결하기 전에 그 조건을 신중히 결정한 다음에는 소정의 보험청약양식에 해당사항을 기재하고 보험료를 지불하여야 한다. 보험신청은 송하인이 직접 할 수도 있고, 또는 중개인을 통하여 할 수도 있다. 영국보험시장에 있어서 Lloyd's와의 보험계약은 반드시 로이즈 중개인(Lloyd's broker)을 통해서만 체결되지만 Company와의 보험계약은 반드시 그렇지만은 않다. 그러나 해상보험은 이해하기 어려운 점들이 많기 때문에 보험 계약 청약자들이 흔히 중개인을 통해서 부보하고 있는 것이 영국보험시장의 실태이다.

그러나 우리나라의 경우에는 보험시장이 협소한 관계로 대부분 피보험자가 직접 보험회사와 협의하여 보험계약을 체결하고 있다. 보험계약을 체결하기 위해서는 보험청약서(application form)에 ① 피보험자명(수출입상사명), ② 소요되는 보험증권의 부수, ③ 선박명 및 출항예정일,④ 출항명 및 도착항명, ⑤ 환적이 있을 때에는 환적항명, ⑥ 피보험화물의 수량. 품명 및 그의 명세, 하인 및 하번, ⑦ 송장금액 및 보험금액, ⑧ 보험조건, ⑨ 신용장번호 등을 기재하여야 한다.

보험청약을 할 때에는 실무상 보험자에게 중요한 사항을 고지(disclosure)하여야 하고 성실하게 표시(representation)하여야 한다. 왜냐하면, 위 사항 가운데 ③~⑥과 ⑧은 보험료산출의 중요한 기준이 될 뿐만 아니라 보험 계약 당사자 간에 중대한 이해관계의 요소를 이루고 있기 때문이다.

그런데, 위의 모든 기재사항을 청약할 때 빠짐없이 알고 있으면 확정보험(definite insurance)으로 일단 종결되지만, 그렇지 않은 경우가 있을 수 있다. 이러한 경우에는 우선 결정된 사항만을 기재하고 뒤에 확정되는 때에 지체 없이 보험자에게 통고할 것을 조건으로 이른바 예정보험(open cover)계약을 체결할 수밖에 없다.

## 2) 예정해상보험계약

보험계약을 체결할 때에는 앞에서 제시한 사항을 명시하여야 하는데, 예컨대 어떤 매수인이 보험계약을 할 때 기재해야 할 사항이 아직 확정되지 않은 경우가 있다. 이 때 불명확한 사항에 관하여는 후일에 통지할 조건으로 내용이 불비 된 채 보험계약을 체결할 수 있다. 이것을 예정보험이라 하고 이에 반하여 계약체결 당시 모든 사항이 분명한 것을 확정보험이라고 말한다.

이를테면 어떤 상품을 F.O.B조건으로 수입계약을 맺고 선적기일이 가까워졌으므로 매수인이 보험을 들어야 하는데 매도인으로부터 Shipping Advice가 도착하지 않아 선명이나 수량, 보험금액 등을 알지 못하는 경우 추정된 수량금액만으로 선명도 Unknown 으로 하여 일단 부보하였다가 뒤에 그 사항을 알게 된 때 정확한 내용을 보험자에게 통지하여 확정보험으로 바꾼다. 이렇게 함으로써 매수인은 무담보의 위험으로부터 벗어날 수 있다.

이상과 같은 예정보험의 청약이 있을 때에는 보험자는 청약시 알 수 있는 자료만을 근거로 예정보험증권(provisional policy)을 발행하고, 후일 불명사항이 판명될 때에는 정식보험증권, 즉 확정보험증권(definite policy)을 발행한다. 우리 상법에는 선박미정의 예정보험만을 규정하고 있는데(상법 제704조) 이것은 선박미정의 경우가 개별예정보험의 가장 대표적인 것이기 때문이다. 상법에는 "예정보험에 있어서 선적 후 선박명을 알게 된 때에는 보험계약자나 피보험자는 지체 없이 보험업자에게 통지를 하여야 하며 이 통지를 게을리 하면 보험계약이 효력을 잃는다"고 되어 있다. 개별예정보험이 개개의 선적에 대하여 체결되는 데 대하여, 장래 선적할 다수의 화물을 대상으로 하여 일괄적으로 보험계약을 할 경우 이를 포괄예정보험이라고 한다.

이를테면 향후 1년간 어느 항구에서 선적되는 쌀 20만톤의 수입계약이 성립하였을 때에 그 전량에 대하여 포괄적으로 예정보험계약을 맺고 매 선적 시마다 확정시켜 가는 방법이다. 이 경우 계약의 증거로서 발행되는 보험증권을 Open Policy라고 한다. 또 무역업자가 어떤 보험회사와 직접 상품·기한 등을 한정하지 않고 그 업자가 부보하는 보험을 빠짐없이 일방의 의사표시가 있을 때까지 무기한으로 그 보험회사에 보험계약을 특약하는 경우가 있는데, 이러한 경우에도 보통 Open Policy가 발행되고 때로는 Open Contract를 작성하여 각자가 1통씩 보관해 두기도 한다.

## 3 보험료의 납부(Payment of Premium)

### 1) 보험료의 액수

보험료의 액수는 보험계약이 체결될 때 결정되어야 하지만 경우에 따라서는 후일에 결정되는 수도 있으며 어떤 상황이 일어났을 때, 추가보험료(additional premium)를 지불하여야 되는 경우도 있다.

협회화물약관(institute cargo clause)[202)]을 보면, 항해의 변경이 생기는 경우 혹은 보험목적이 선박 또는 항해에 관한 기재 상의 오기나 탈락이 생기는 경우에는 추후 협정되어질 추가보험료의 지불을 전제로 담보가 계속되도록 규정하고 있다. 보험계약 체결시 보험료액수에 대해서 약정되지 않을 때, 즉 보험료를 추후 협정하는 조건으로 체결되었을 경우에는 상당한 보험료가 지급되어야 한다고 규정되어 있으나,[203)] 상당

---

202) 여기서 말하는 협회화물약관이란 런던의 보험회사, 로이드보험업자 및 해손정산인 등으로 구성된 기술 및 약관위원회(technical and clause committee)가 제정 또는 개정한 화물약관으로서 오늘날 세계 모든 무역국들 간에 널리 사용되고 있는 일반약관을 말한다.

203) Where an insurance is effected at a premium to be arranged, and no arrangement is made, a reasonable premium is payable (M.I.A.(1906) 제 31조 1항).

한 보험료(reasonable premium)가 어느 정도인지는 사실 문제이다.

### 2) 보험료의 지급시기

해상보험계약은 당사자의 일방인 보험자가 일정한 사고가 발생하였을 때 어떠한 보상을 할 것을 약속하고 상대방인 피보험자는 이에 대하여 보험료(보수)를 지급할 것을 약속하는 유상, 쌍무계약이다. 대부분의 경우 피보험자의 보험료 부담액은 계약체결시 결정되는 반면 보험자가 지급할 보험금액은 그 최고한도액만 정해질 뿐 구체적으로는 정해질 수 없는 불확정한 것이다.

그러나 일단 보험계약이 체결됨과 동시에 피보험자는 보험료를 지불하여야 할 의무가 생기며 보험자는 보험사고시 보험금지급을 증명하는 보험증권을 발급할 의무를 갖는다. M.I.A. 제52조에서도 "반대의 협정이 있는 경우를 제외하고 피보험자의 보험료 지급의무와 보험자의 보험증권 발행의무는 동시조건이며 보험료의 지급이 없는 한 보험증권을 발행할 의무도 없다"고 규정하고 있다.

### 3) 보험료의 지급의무

앞에서 본 바와 같이 M.I.A.에서는 피보험자의 보험료 지급의무에 대해서는 규정하고 있으나 그 시효나 구체적인 효력에 대해서는 아무런 언급이 없다.

우리 상법에 의하면 당사자 간에 다른 약정이 없으면 보험계약이 성립된 후 피보험자의 제1회 보험료의 지급이 없으면 보험사고가 발생하여도 보험자의 책임은 없고 보험료가 적당한 시기에 지급되지 아니한 때에는 계약을 해지할 수 있도록 되어 있으며 보험료지급의무는 1년의 시효로 인하여 소멸한다고 규정하고 있다.

한편, 보험료의 산출근거가 되는 보험료율(premium rate)은 선박보험의 경우에는 선형, 선명, 톤수, 국적, 항로 등 제반 상태를 고려하여 결정되며 적하보험에 있어서는 화물의 성질, 포장상태, 보험조건 등을 근거로 하여 산정하는데, 그 방법은 기본료율과 부가요율을 합하여서 결정한다.

# 4 해상보험의 구상절차

## 1 위험발생의 통지

보험증권상 담보되는 위험이 발생하면 피보험자 혹은 그 대리인은 즉시 보험자에게 그 사실을 알려야 한다. 물론 위험이 발생하였다고 해서 꼭 손해가 발생한 것은 아니지만 손해의 유무를 불문하고, 혹은 손해의 대소를 불문하고 우선 보험자나 혹은 그 대리점에 대해 위험이 발생한 사실을 구두나 서면으로 통지해야 한다. 이러한 행위를 실무상으로는 예비적 이재통지(preliminary loss advice : P.L.A)라고 말하며 피보험자의 이재통지에 관한 의무조항은 해상보험증권의 난외약관(marginal clause)에 명시되어 있는데 손해를 증명하기 위해서는 영국의 경우 로이wm대리점(Loyd's agents)으로부터 손해발생에 대한 확인을 받지 않으면 안 된다. 보험증권의 손해통지에 관한 조항은 "손해가 발생한 경우, 손해검정에 앞서서 하역항구에 있는 당회사의 대리점에 손해가 발생한 사실을 알리고 이러한 대리점이 없는 경우, 로이드대리점으로부터 손해검정을 받지 않는 한 어떠한 해손에 대해서도 보험증권상 보상되지 않는다."

우리나라는 실무상으로 이재가 발생하면 그 사실을 보험자에게 통지하여 손해검정인을 지정받도록 하고 있다. 그리고 보험자가 부담해야 할 멸실, 손상이 발생하였을 경우 피보험자는 보험금을 청구하기에 앞서 다음과 같은 조치를 취하여야 한다.

## 2 선박회사 기타 제3자에 대한 구상

선적된 화물이 목적지에 도착하지 않은 경우 등과 같이 손실의 책임이 선박 회사나 기타의 자에게 있음이 확실한 경우에는 다음과 같은 절차를 따라야 한다.

① 양륙부적의 화물에 대해서는 선박회사, 항만당국 또는 기타 책임이 있는 자에게 즉시 구상청구를 하여야 한다.

② 멸실이나 손상의 사실이 확실한 때에는 선박회사 또는 기타 책임 있는 자의 입회 및 검사를 지체 없이 요구하고 검사결과 실질적인 멸실이나 손상에 대해서는 선박회사 혹은 기타의 책임 있는 자에게 손해배상을 청구하여야 한다.

③ 도착한 화물에 이상이 있는 것처럼 보이면 어떤 경우에 있어서도 무사고인수증(clean receipts)을 교부하지 말아야 한다. 그러나 서면에 의하면 이의를 제기했을 때에는 그렇지 않을 수도 있다.

④ 화물을 인도할 당시에 외관상으로 이상이 명백히 나타나지 않았던 화물의 손상 혹은 멸실에 대해서는 인도한 후 3일 이내에 운송업자나 혹은 수탁자에게 그 뜻을 서면으로 통지하여야 한다.

선박회사의 책임이 확정되면 정식으로 배상청구를 하게 되는데, 이를 위해서는 Claim Letter, Invoice(shipper의 서명이 있는 사본)를 첨부하여야 하고, 경우에 따라서는 Cargo Boat Note라든가 Survey Report, Debit Note 등을 첨부하여야 한다. 선박회사에 대한 구상금액의 산정기준은 인도한 날의 도착지의 가격이지만 구체적으로는 명확하지 않으며 실무상으로는 C.I.F가격을 산정기준으로 한다.

## 3 손해의 입증

손해가 발생하였음을 알았을 때에는 그 손해가 보험증권에서 규정한 보험기간과 담보구간에서 발생한 보험조건 상의 담보위험으로 인한 손해라는 사실을 증명하여야 한다. 손해입증의 거증(擧證)책임은 피보험자에게 있으므로 만일 보험증권상 담보하는 위험으로 인한 손해인지 아닌지를 명백히 구분할 수 없을 때 손해 입증의무를 이행하지 못하면 보험자는 그 손해에 대한 책임을 면하게 된다. 실질적으로 피보험자가 손해의 정확한 원인을 증명할 수 없다 하더라도 강력한 추정(presumption) 이나 혹은 그 손해가 피보험위험에 의하여 발생하였다는 사실을 제시하여 항의할 수 있다. 이 경우에는 피보험자가 그 손해에 대한 입증의무를 다하지 못했던 것이지만 보험자가 구체적인 반대증명을 하지 못하는 한 보험금은 지급되어야 할 것이다.

## 4 보험청구시의 구비서류

해상사고로 인한 손해구상을 보다 신속하게 처리하기 위해서는 피보험자 또는 그 대리인은 다음과 같은 서류를 갖추어야 한다.

### 1) 단독해손(particular average)

① 보험구상장(letter of claim)

② 보험증권원본(insurance policy <original>)

③ 상업송장(commercial invoice)

④ 포장. 중량. 명세표사본(packing and weight lists <singed copy>)

⑤ 선하증권사본(bill of lading<singed copy>)

⑥ 항공화물상환증(air waybill <signed copy>)

⑦ 선박회사에 대한 Claim청구서 및 이에 대한 회신(letter of claim against shipping company <copy> and their reply <original>)

⑧ 검정보고서 및 기타 증명(단, 검정인의 지명은 사전에 보험회사의 동의를 얻어야 함)(survey report or other certificate of damage <cargo boat note, tally sheet, delivery report>)

### 2) 전손(total loss)

① Full Set of Policy

② 선박회사의 Claim Notice

③ B/L Full Set(original and duplicate)

④ Survey Report(화재로 인한 전손의 경우)

⑤ Letter of Abandonment

## 5 공동해손의 구상

공동해손이 발생하여 선박이 입항하면 선박회사는 즉시 공동해손발생의 통지장을 이해관계자인 모든 화주에게 발송하여 모든 화주로부터 해손맹약서(general average bond)를 제출하게 하고 이 협약에 의거 해손정산인(average adjuster)을 선정하고, 그 손해의 원인 및 정도를 검사, 감정하도록 한다.

Average Bond는 다음과 같은 협정사항을 기재한 문서이다.

① 해손정산지의 지정

② 정산인의 선정

③ 정산방법

④ 이해관계자의 정산인에 대한 의무

⑤ 현 화물의 평가

⑥ 선박대가의 결정

⑦ 관계자 부담금의 지급

⑧ 해손부담의 보증금

⑨ 이해관계자의 의무, 책임 등

이 계약서는 편의상 보험자가 수하인의 수고를 덜기 위하여 피보험자인 화주를 대신하여 작성한 후 선박회사에 제출한다. Average Bond와 함께 적하가격신고서(valuation form)를 보험자가 화주를 대신하여 제출한다.

그런데 공동해손구상을 위하여 피보험자가 보험회사에 제출하여야 하는 서류로는 다음과 같은 것들이 있다.

① 공동해손구상장(claim letter on general average)

② 보험증권(insurance policy) 원본 또는 부본

③ 선하증권(bill of lading) 사본

④ 상업송장(commercial invoice) 서명사본

⑤ 공동해손통지서(notice of general average)

# 5 보험부보조건과 손해보상의 범위

해상적하보험의 부보조건은 영국의 런던보험자협회(ILU)에서 제정한 협회화물약관(ICC)에 따라서 이용되고 있다. 런던보험자협회는 1982년부터 새로운 약관을 제정하여 사용하고 있으므로 여기에서는 신 약관을 중심으로 설명하고 참고로 구 약관을 부연 설명하고자 한다. 피보험자는 필요에 따라서 다음의 부보조건 중에서 선택하여 보험계약을 체결하게 된다.

## 1 기본조건

피보험자는 다음의 세 가지 기본조건 중에서 하나를 선택하여 부보한다.

### 1) Institute Cargo Clause(A) : ICC(A)

이 조건은 다음의 면책위험을 제외하고 모든 위험에 의해서 발생하는 손해를 손해의 범위에 관계없이 보상한다. 구약관의 '전위험조건(All Risks : A/R)'과 비슷하다.

일반적인 면책위험은 다음과 같다.

피보험자의 고의적인 비행(wilful misconduct of the Assured), 통상적인 누손, 감량 등(ordinary leakage, loss in weight), 포장의 부적합, 화물고유의 성질, 지연(delay), 원자력 등의 무기 사용, 운송인의 파산 등과 피보험자가 선박 등의 불감항성을 알고 부보한 경우 그 불감항성에 기인한 손해, 전쟁위험(War Risk), 전쟁 내란 혁명 포획 억류 등, 동맹파업 위험(Strikes Risk), 동맹파업, 직장폐쇄, 노동분쟁 등을 포함한다.

### 2) Institute Cargo Clause(B) : ICC(B)

이 조건에서는 A조건의 면책위험을 적용하면서 담보위험을 열거하고 열거된 담보위험에 의해서 발생한 손해에 대해서 보상한다. 구약관의 '분손담보조건(With Average : WA)' 과 비슷하다.

담보위험은 화재·폭발, 선박 등의 좌초·교사·침몰·전복, 육상운송용구의 전복 탈선. 충돌 등, 피난항의 양화, 지진 화산분화·낙뢰, 공동해손 희생, 투하, 갑판상의 유실, 해수·담수의 유입, 하역 중 추락한 포장단위의 전손을 포함한다.

### 3) Institute Cargo Clause(C) : ICC(C)

이 조건은 담보범위가 가장 적은 부보조건으로서 다음의 담보위험에 의해서 발생한 손해를 보상한다. 면책위험은 A조건과 같다.

B 조건에 비해서 줄어든 담보위험은 지진·낙뢰 등의 자연재해와 해수 등의 유입, 하역 중 추락한 포장단위의 전손이다.

담보위험은 화재 폭발, 선박 등의 좌초·교사·침몰·전복, 육상운송용구의 전복·탈선, 충돌 등, 피난항의 양화, 공동해손 희생, 투하를 포함한다.

## 2 추가조건

피보험자가 기본조건 외에 상황에 따라서 보험료를 더 부담하고 면책위험 또는 부가위험을 개별적으로 추가하여 부보 할 수 있다.

전쟁위험, 동맹파업 등의 위험과 특히 B 및 C 약관에서는 담보위험에 추가해서 TPND(도난·발화·불착), COOC(유류 또는 타물과의 접촉손), RFWD(우수·담수유), Hook & Hole 등의 부가위험을 부보 할 수 있다.

## 3 보험기간

해상적하보험의 보험기간은 ICC 약관에 따라 다음과 같이 육상운송 구간까지 확장 담보하고 있다.

보험기간의 시기는 보험증권에 기재된 지역의 창고 또는 보관 장소에서 운송개시를 위해 떠날 때이며, 종기는 다음의 조건 중 먼저 도래된 기간에 종료한다.

화물이 보험증권에 기재된 목적지의 화주창고 또는 기타 최종창고 및 보관 장소에 인도될 때, 보험증권에 기재된 목적지 여부를 불문하고 보통의 운송과정이 아닌 보관, 할당 또는 분배를 위한 장소에 인도될 때(불가피한 중간 일시 보관은 예외), 본선으로 부터 하역을 종료 후 60일까지(다만, 국내 보험사들은 수입화물의 경우 30일로 단축)이다.

## 4 무역거래조건과 해상보험 부보

무역거래에서 해상보험계약을 체결하는 자는 화물에 대해서 피보험이익을 갖는 자이다. 또한 계약조건에 따라서 보험계약의무자가 정해진다.

C.I.F. 조건으로 무역거래를 하는 경우에는 수출업자가 계약에서 정해진 부보조건으로 보험계약을 체결하고 보험증권을 수입업자에게 양도한다.

F.O.B. 및 C.F.R. 조건의 무역거래에서는 수출업자는 보험부보의무가 없다. 따라서 해상보험은 수입업자가 부보하게 된다. 다만 수출업자는 선적전까지의 손해를 보상받으려면 별도의 보험계약을 체결해야 한다.

# Chapter 14 수출보험

## I 수출보험의 기초

### 1 수출보험의 의의

일반적으로 국제무역은 국내거래와 달리 거래상 많은 위험이 수반되고 있다. 이러한 위험들은 다음 두 가지로 대별된다.

① 수출계약의 상대방에게 수출상품을 운송하는 과정에서 발생되는 위험

② 수출상품에 관한 대금 결제 면에서 발생하는 위험

①의 경우에는 상품의 운송 도중 선박의 침몰이나 화재 등에 의한 수출상품의 멸실·훼손 등을 말하는 것으로서 전술한 해상보험에서 이를 담보하고 있으며 ②의 경우에는 수출계약 상대방에 의한 계약의 파기, 수출계약 상대방의 파산, 대금지불지연에서 기인하는 수출대금의 회수불능 등을 말하는 것으로서 수출보험에서 이러한 위험을 담보하고 있다.

다시 말해서 수출업자가 수출계약을 체결하여도 계약상대방이 외국에 있기 때문에 과연 그 후에 수입업자가 일방적으로 계약을 파기해 오지는 않을 것인지, 또는 약정

된 기일 내에 대금결제를 이행해 줄 것인지, 또는 수출계약에서 정한 제반 약정사항을 성실히 이행할 것인지 등, 수출업자는 매우 불안한 상태에 놓이게 된다. 나아가 오늘날과 같이 국제경제 여건의 변동 폭이 큰 실정 하에서는 수입국의 수입제한, 환거래제한 등의 조치가 언제 취해질지 예측할 수 없기 때문에 수출업자의 이와 같은 위험은 더욱 가중된다고 할 수 있다.

이와 같이 무역거래상에 수반되는 여러 위험 가운데서 해상보험 등 통상의 보험으로는 담보될 수 없는 위험, 즉 수입국의 전쟁, 내란, 환거래의 제한 및 금지 등의 비상위험(emergency risk)과 수출계약 상대방의 파산 또는 대금지불지연 및 거절 등의 신용위험(credit risk)으로 인하여 수출업자, 수출품생산자, 또는 수출자금을 융자한 금융기관 등이 입는 손실을 보상해 줌으로써 수출 진흥을 도모하기 위한 비영리정책보험이 수출보험이다.

## 2 수출보험의 기능

수출보험은 다음과 같은 기능을 갖고 있다.

① 수출에 따른 불안을 제거시켜 준다. 즉 수출보험은 수입국에서 발생하는 비상위험 또는 신용위험 등으로 인한 수출불능 또는 수출화물의 대금회수불능으로부터 수출업자나 생산자가 입는 손실을 보상해 줌으로써 수출무역에 따르는 불안을 해소하여 주기 때문에 결과적으로 외국무역거래의 환경조건을 국내거래의 환경조건과 동일한 정도로 유리하게 만드는데 일차적인 기능을 갖고 있다.

② 신용수단을 제고시켜 준다. 즉 수출보험은 수출대금의 미회수위험을 담보하므로 금융기관이 수출지원 금융을 용이하게 해 줄 수 있도록 하며 보험사고가 발생하였을 때에는 기업이 보험을 받아 자금면의 유동성이 조속히 회복되어 거래를 원활히 할 수 있으므로 신용수단이 제고된다.

③ 무역관리제도로서의 기능을 갖는다. 즉 수출보험은 보험의 인수조건, 담보하

는 위험의 범위, 손실 등에 대하여 보상율, 보험료율 등을 조작함으로써 금융면에서 수출업자의 활동을 촉진할 수도 있고, 제한할 수도 있다. 무역관리정책 수단으로서의 대외무역법과 외국환거래법 등에 의한 직접통제방식은 수출보험과 금융을 관련시킨 간접통제방식으로 전환될 부분이 많이 있을 것으로 보아 수출보험은 무역관리제도로서의 기능을 갖는다.

④ 수출진흥정책상의 기능을 갖는다. 즉 수출보험은 정부의 수출진흥정책으로 실시되기 때문에 수출업자는 저렴한 보험료부담으로 유리한 실손보상을 받을 수 있게 되어 수출경쟁력 강화 등 결과적으로 수출보조의 기능을 갖게 된다.

⑤ 수출보험은 신용조사기능을 갖는다. 수출업자는 해외수입업자의 신용상태를 잘 파악하는 것이 보험사고를 미연에 방지하는 중요한 요인이 되는데, 수출보험이 이러한 신용조사기능을 주로 담당하고 있기 때문이다.

## 3 수출보험의 성격

수출보험은 통상의 보험과는 달리 다음과 같은 성격을 가지고 있다.

① 민영신용보험형태로서의 운영이 곤란하다는 점이다. 수출보험을 민간보험회사가 운영하기 곤란이 이유는 담보위험의 성질상 보험의 원리인 대수의 법칙을 적용하기 어렵다는 것, 즉 보험사고발생의 확률산정이 곤란하여 적당한 보험료산정이 어렵고, 전쟁, 무역 및 환거래의 금지 또는 제한 등의 비상위험은 다수의 수출계약에 대하여 동시에 보험사고가 발생하므로 보험경영주체의 막대한 담보력이 보장되지 않는 한 보험사업을 운영하기 어려우며, 보험사고를 미연에 방지하기 위해서는 사전에 충분히 수입업자의 신용상태와 비상위험에 대한 정세판단 등의 조사를 하여야 하나 이 같은 조사는 방대한 조사기능 내지는 막대한 경비가 소요되므로 민간기업으로서는 이를 감당하기

가 매우 어렵고, 민간기업으로서는 수출지원의 견지에서보다는 이윤추구의 입장에서 수지채산이 맞는 위험유형만을 선택하여 운영하게 될 것이므로 위험담보범위가 충분하지 못하게 되기 때문이다.

② 이상과 같은 이유로 인하여 수출보험은 결국 정부의 책임 하에 그 운영이 불가피하게 된다. 일반적으로 수출보험의 경영형태는 정부에 의한 직영방식, 정부채산에 의한 공기업체의 대행방식, 민간기업에의 위임경영방식으로 구별되나, 이상의 경우 민간회사로 하여금 위임경영을 시킨다고 하더라도 정부가 전액 재보험으로 인수하는 방법 등을 취하게 됨으로써 궁극적으로는 정부가 보험금지급의 책임을 지게 되는 것이 보통이다.

③ 독립채산제를 채택하고 있다는 점이다. 수출보험은 앞에서 살펴본 바와 같이 이를 민간기업에 위임하여 운영을 하는 경우에 있어서도 최종적으로는 정부의 책임 하에 운영되므로 민간기업의 사본금과는 별도의 정부출연기금으로 독립회계기능을 수행하고 있으며 원칙적으로 보험사업의 수입으로 지출을 충당하는 방식을 채택하고 있다.

## 4 수출보험의 특징

### 1) 위험의 동시다발성

전쟁, 내란 및 환거래의 제한 또는 금지 등의 비상위험으로 인한 보험사고는 위험을 예측하기가 매우 어렵고 또한 다수의 수출거래에 대하여 동시에 발생 (위험의 동시다발성)하게 된다. 이러한 성격으로 인해 보험사고발생의 확률 산정이 곤란하여 적정 보험료율을 산정하기 어렵다. 어떤 한나라에서 비상위험이 발생하면 그 나라와의 수출거래 모두에 영향을 미치게 되는데, 과거 이란-이라크 전쟁 중 우리 기업은 거의 모든 수출채권에 대한 지불중지를 경험한 바 있다.

### 2) 거액의 보험사고 발생가능성

최근 우리기업들의 산업설비 수출이 증가하면서 이를 지원하는 중장기성 보험 종목의 인수금액이 크게 늘어나고 있다. 특히 일괄수주방식의 보편화와 프로젝트 규모의 대형화는 이러한 추세를 더욱 가속화시켜 보험금액이 500억원을 넘는 거래가 자주 있다. 이러한 대형보험인수건에서 사고가 발생할 경우 보험자가 지불해야 할 보험금은 천문학적 숫자에 이를 정도로 엄청나며, 또한 비상위험에 의한 사고는 그 다발성으로 인해 일시에 보험금청구가 집중되게 되어 이 경우 역시 대규모의 보험금지급이 불가피하게 된다.

### 3) 비영리 정책보험

민간기업이 수출보험을 운영할 경우 수출지원정책을 견지하기 보다는 이윤추구의 입장에서 채산에 맞는 위험유형만을 선택운영하게 되므로 담보하는 위험의 범위가 극히 제한될 수밖에 없어 수출지원 정책적 효과를 거두기가 매우 어렵다. 또한 수지균형을 맞추기 위해 과다한 보험요율을 책정할 경우 이는 수출원가의 직접적 상승효과로 작용하여 오히려 수출진흥에 역행하게 된다. 정부가 수출보험 운영에 깊이 간여하거나 직접 운영하는 이유가 여기에 있는 것이다.

# 2 우리나라 수출보험의 개요

## 1 우리나라의 수출보험제도

1962년 시작된 제1차 경제개발 5개년 계획에서 수출증대를 경제정책의 최우선 목표로 설정한 이래 정부는 각종 수출진흥정책을 추진하여 왔다. 이에 따라 놀라운 경제성장을 이룩하였으며 수출규모가 늘어나고 수출시장이 다변화되어 갈수록 그만큼 수출대금 미회수 위험도 또한 증가하였다. 특히 수출 구조가 소액의 경공업 중심에서 거액이고 또한 대금회수에 장기간이 소요되는 중화학공업 중심으로 변화되면서 이러한 양상은 더욱 두드러졌다. 이처럼 수출거래 및 기타 대외거래에서 필연적으로 수반되는 제위험중 해상보험 및 기타 통상의 보험으로는 구제하기 곤란한 수출불능, 수출대금회수불능 등의 위험으로부터 수출업자를 보호하고, 이들 수출업자에게 수출금융을 지원한 금융기관이 입는 손실을 보상하기 위한 제도적 장치가 필요하게 되었다. 이에 따라 1969년 2월 18일 수출 보험의 운영주체는 정부이면서 그 운영업무만 대한재보험공사가 대행하는 체제로 수출보험업무가 개시되었다. 1968년 12월 31일 수출보험법이 제정, 공포된 후 총 8차례의 법 개정을 겪고 대한재보험공사와 한국수출입은행의 정부 대행체제를 거쳐 1992년 7월 7일 한국수출 보험공사가 설립되어 수출보험사업의 독립전담기관 체제가 확립되어 오늘에 이르고 있다.

## 2 수출보험관련 기관

### 1) 한국수출보험공사

우리나라의 수출보험제도는 1969년 2월 업무를 개시한 이래로 보험사업운영의 주체는 정부이지만 그 업무만 대한재보험공사와 한국수출입은행에 위탁하는 정부대행 체제로 운영되어 왔다. 그러나 이러한 정부대행체제에서는 수출보험업무의 특수성에도 불구하고 이질적인 기관에 위탁하여 운영함으로써 발전이 저해되어 왔고 또한 주인의식이 결여된 기관에서 운영됨에 따라 수출보험의 정책적 중요성에도 불구하고 소극적이고, 방어적 운영이 되어 옴에 따라 그 역할을 제대로 수행하지 못했다. 이에 따라 1992년 7월 7일 한국수출보험공사가 설립됨으로써 우리나라 수출보험제도는 그동안 정부대행 운영체제에서 독립전담기관체계로 전환하여 새로운 발전의 토대를 마련하게 되었다.

### 2) 산업자원부

수출보험의 운영형태는 각 국가마다 상이하지만 각국 공히 정부가 최종적인 보상책임을 지는 정책사업으로 운영하고 있다. 이것은 우리나라도 마찬가지여서 수출보험사업에서 대규모 보험금 지급 등으로 손실이 발생한 경우 정부에서 이를 보전하고 또한 매년 수출보험의 계약체결한도도 국회의 승인을 거치도록 되어 있다. 정부의 수출보험 주무부처인 산업자원부는 한국수출보험공사의 예산뿐 아니라 업무전반에 걸쳐 감독권을 행사하고 있다.

## 3 기금

### 1) 기금의 의의

수출보험이 정부 책임 하에 운영되는 정책보험이라 하더라도 수출보험사업의 기본 담보력으로서 일정 수준의 기금을 적립하는 것은 필수적이며 이를 통해 보험자의 담보능력에 대한 대외 공신력을 제고함과 아울러 기금이 허용하는 범위 내에서 보험가입자에 대한 신속한 보상이 이루어질 수 있도록 하기 위함이다. 수출보험에서의 궁극적인 보상책임은 정부가 부담하고 있다 하더라도 운영재원이 부족할 경우 적극적인 보험지원을 회피하고 위험이 낮은 거래만을 선택적으로 인수하는 경향이 초래되는 반면, 수출자의 입장에서는 폭넓은 보험인수와 신속한 보상이 요구되는 점에 비추어 볼 때, 기금규모 자체가 직접적인 담보 능력의 효과를 가진다고 할 수 있다.

### 2) 기금의 조성 및 운용

정부는 수출보험법 제30조에 의거, 수출보험사업의 목적을 효율적으로 달성하기 위하여 수출보험기금을 설치운영하고 있다. 동 법상 기금의 조성은 정부 및 정부 이외의 자의 출연금, 기타 대통령령이 정하는 재원으로 하고 있다.

### 3) 수출보험 계약체결한도

보험자가 보험사업을 영위함에 있어서 보험계약으로 체결할 수 있는 보험금액의 총액을 보험계약 체결한도라고 한다. 원칙적으로 보험계약체결한도는 보험자가 보험사고가 발생되었을 때 보험금을 지급할 수 있는 지급능력의 기준으로써 담보력의 기준이 되는 자본금(기금)을 감안하여 결정된다.

# 3 수출보험의 운용형태

수출보험 운영방식은 개별보험방식과 포괄보험방식이 있는데 개별보험은 수출업자가 위험이 크다고 판단되는 거래만 선택해서 가입할 수 있고, 포괄보험은 수출업자의 보험공사가 포괄보험 특약을 체결, 일정기간 동안의 거래를 자동적으로 보험에 가입하는 방식을 말한다.

보험금은 손실액에 보상비율을 곱한 금액으로 통상 95%가 적용되며, 보험기간은 선적 전인 경우 보험계약 체결일로부터 수출일까지이며 선적후의 경우는 수출일로부터 결제기일까지이다.

보험료는 보험금액에 보험요율을 적용하여 산출하는 보험료는 본 제도가 정책보험인 만큼 저렴하게 책정되어 있다.

현재 운용되는 종목은 다음과 같다.

| | |
|---|---|
| 단기수출보험 | 결제기간 2년 이내의 단기수출계약을 체결한 후 수출대금을 받을 수 없게 된 때에 입게 되는 손실을 보상하는 보험(당해 물품에 발생한 손실은 제외) |
| 중장기수출보험 | 수출대금의 결제기간이 2년을 초과하는 중장기수출 계약을 체결한 후 수출이 불가능하게 되거나 수출대금을 받을 수 없게 된 때에 입게 되는 손실 또는 수출대금 금융계약을 체결한 후 금융기관이 대출원리금을 받을 수 없게 됨으로써 입게 되는 손실을 보상하는 보험 |
| 해외공사보험 | 해외공사계약 체결 후 그 공사에 필요한 물품의 수출이 불가능하게 되거나 그 공사의 대가를 받을 수 없게 된 경우 또는 해외공사에 사용할 목적으로 공여된 장비에 대한 권리가 박탈됨으로써 입게 되는 손실을 보상하는 보험 |
| 수출보증보험 | 금융기관이 해외공사계약 또는 수출계약등과 관련하여 수출보증을 한 경우에 보증 상대방(수입자)으로부터 이행청구를 받아 이를 이행함으로써 입게 되는 금융기관의 손실을 보상하는 보험 |
| 해외투자보험 | 해외투자를 한 후 투자대상국에서의 수용, 전쟁, 송금위험 등으로 인하여 그 해외투자의 원리금, 배당금 등을 회수할 수 없게 되거나 보증채무 이행 등으로 입게 되는 손실을 보상하는 보험 |

| | |
|---|---|
| 농수산물수출보험 | 농수산물 수출계약 체결 후 수출이 불가능하게 되거나 수출대금을 받지 못하게 된 경우, 또는 농수산물의 국내가격 변동으로 당해 수출계약의 이행에 따라 입게 되는 손실을 보상하는 보험 |
| 환변동보험 | 수출거래시나 수출용 원자재 수입거래시 공사가 보장해주는 환율과 실제 결제시점의 환율을 비교하여 그 차액을 보상 또는 환수하는 보험 |
| 이자율변동보험 | 금융기관이 고정금리(CIRR)로 대출 후 차주로부터 받은 이자금액과 변동금리(LIBOR) 대출로 받았을 이자금액을 비교하여 그 차액을 보상 또는 환수하는 보험 |
| 신뢰성보험 | 부품·소재 전문기업이 제조 및 판매하는 부품소재에 대하여 제조물 결함으로 인하여 발생하는 부품소재 자체 손해 및 회수비용과 동부품수요기업의 재물손해 및 기업휴지에 따른 손실을 보상하는 보험 |
| 시장개척보험 | 산업설비 수출확대를 지원하기 위해 국제 경쟁 입찰에 참여하였으나 낙찰 받지 못하는 경우, 입찰과정에서 소요된 비용의 일부를 보상함으로써 산업설비 수출업체들의 입찰의욕을 고취하고 이를 통해 궁극적으로 산업설비 수출을 지원하는 보험 |
| 수출신용보증 | 수출계약과 관련하여 중소기업이 금융기관으로부터 수출이행자금을 대출받거나(선적전) 환어음 매입 받을 경우(선적후), 동 자금을 상환하지 못하게 됨으로써 중소기업이 금융기관에 부담하는 금전 채무에 대한 연대보증 |
| 지식서비스 수출보험 | 국내 수출업체가 정보통신, 문화컨텐츠, 기술, 엔지니어링 등의 지식서비스를 수출하고 이에 따른 지출비용 또는 확인대가(Running Royalty 포함)를 회수하지 못함으로써 입게 되는 손실을 보상하는 보험 |

# Chapter 15 글로벌 전자무역 보험

## 1 글로벌 전자무역보험의 의의

글로벌 전자무역보험이란 인터넷 등을 이용하여 해상적하보험계약을 체결하고 보험증권을 발급받는 등 해상적화보험계약관련 일련의 업무가 인터넷을 이용하여 무역보험계약을 청약하고 무역회사의 사무실에서 보험증권을 프린트하여 발급받을 수 있는 것을 말한다. 인터넷상에서 제공되는 인터넷 적하보험 서비스는 국내외의 보험회사들이 보험회사의 창구를 방문하지 않고도 무역회사의 사무실에서 적하보험계약을 청약하고 보험증권을 직접 프린트하여 발급받을 수 있는 체제를 갖춤으로서 가능해졌다. 이와 같은 서비스를 이용하기 위해서는 화주가 직접 보험회사의 웹사이트에 접속하여 필요한 보험가입 조건을 결정하고 보험계약을 청약해야 한다. 따라서 화주는 해상적하보험에 관한 충분한 사전적인 지식을 갖추고 있어야 할 필요성이 더욱 증가하게 되었다.

현재 KTNET은 보험개발원과 전자우편시스템(Message Handling Systems : MHS)을 이용하여 무역업체와 보험사간의 적하보험 업무를 EDI 방식으로 서비스 중에 있다. 무역업체는 적하보험 청약서를 작성하여 보험회사에 EDI 방식으로 전송하게 되면, 보험회사는 내부업무 처리 후 보험증권 전자문서를 무역업체로 전송한다. 무역업체는 사전에 수령한 보험증권 양식(각 개별회사별로 약간의 차이가 있다)에 부보사항을 출력하여 보험증권으로 사용할 수 있다. 이를 통하여 빠르고 정확한 적하보험 청약이 가능하게 되었으며, 보험증권을 무역업체가 직접 출력하여 사용하므로 보험사의 증권 전달시간이 절약되어 조기에 네고할 수 있다는 장점이 있다.

또한 적하보험을 취급하는 손해보험회사들이 자사의 웹사이트를 통해 제공하는 인터넷적하보험 서비스를 통하여 적하보험 관련 업무지원 및 서비스를 온라인상으로 제공받을 수 있다.

## 2 전자무역 수출보험

현재 국내의 경우 1999년 8월부터 수출보험공사(www.keic.or.kr)가 인터넷을 통한 사이버 수출보험으로 청약을 완료할 수 있도록 서비스를 제공하고 있다. 뿐만 아니라 이에 부가하여 인터넷으로 해외 수입자의 신용조사까지 병행하고 있어 기업의 수출활로 모색과 안전한 무역거래를 도모할 수 있는 기반을 제공하고 있다, 이 제도는 WTO체제하에서 국제적으로 용인되고 있는 유일한 수출지원수단이라고 할 수 있다.

인터넷 수출보험은 개인이나 법인 또는 중소기업, 대기업을 가리지 않고 국내 수출업자라면 누구나 이용할 수 있다. 또한 소규모 사업을 시작하는 경우에도 이용이 가능한데 수출보험을 이용하기 위해서는 수출업자의 신용평가에 필요한 재무제표 등 몇 가지 서류만 제출하면 된다. 이에 따라 수출업자는 인터넷을 통해 신용장, 무신용장거래 모두 수출보험 접수를 할 수 있게 되어 시간과 비용을 획기적으로 줄일 수 있을 뿐만 아니라 안정적이고 신뢰성 있는 무역거래를 할 수 있다.

현재 수출보험공사에서 단기수출보험 개별보험으로 운영중인 단기수출보험(전자무역)은 수출보험공사가 인정한 전자무역사이트를 통해 체결된 결제기간 1년 이내의 일반 및 위탁가공 수출계약의 대금회수불능에 따라 입게 되는 손실로서 제도의 개요는 [그림 4-1]과 같다.

【그림 4-1】 전자무역보험 도해

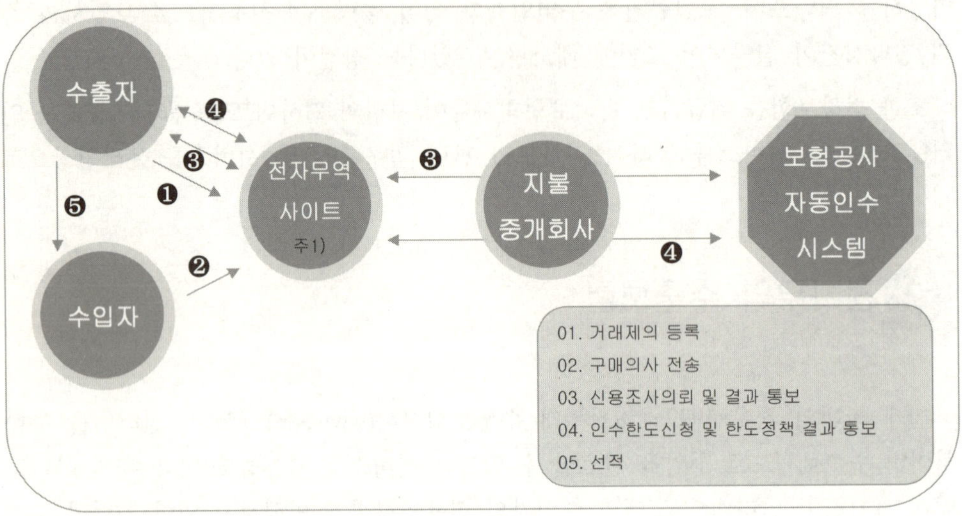

수출자

수입자

전자무역 사이트 주1)

지불 중개회사

보험공사 자동인수 시스템

01. 거래제의 등록
02. 구매의사 전송
03. 신용조사의뢰 및 결과 통보
04. 인수한도신청 및 한도정책 결과 통보
05. 선적

주1) 정보통신망을 통해 무역거래 알선을 수행하는 사이트
주2) 신용조사 및 보험한도 관련 데이터 중계역할과 신용조사수수료 및 보험료 이체 업무수행
자료: 수출보험공사(www.keic.or.kr)

# Part V
# 글로벌 전자무역 결제

# Chapter 16 글로벌 무역결제 일반

## I 무역대금의 결제방법

### 1 화환신용장방식

화환수출신용장방식에 의한 수출은 가장 일반적이고 대표적인 대외거래방식으로서 취소불능화환수출신용장에 의하여 대금의 전액을 결제하는 조건으로 물품을 수출하는 거래를 말한다.

이 거래는 소유권 이동(운송서류의 인도)에 따라 대금의 결제(換)가 이루어지며, 취소불능수출신용장에 의한 거래로서 일람불신용장(at sight L/C)이나 기한부신용장(usance L/C)에 의한 수출거래이다.

수출업자는 상품의 수출을 위한 계약을 체결한 후, 대금회수의 안전성을 기하기 위하여 화환신용장(documentary letter of credit)을 수취하게 되는데 이때에 다음 사항을 검토하여야 한다.

① 수출신용장은 수출입 당사자 간에 합의한 계약서의 조건에 따라 외국환은행을 통하여 개설되는 것이므로 계약조건과 상이한 점이 있는가를 검토하여야 하며 상이한 내용이 있는 경우에는 즉시 당해 신용장조건을 변경하도록 그 신용장개설의뢰인에게 요구하여야 한다.

② 취소가능여부에 대한 확인을 하여야 한다. 신용장의 종류에는 수익자(beneficiary)에게 사전통고 없이 개설자가 언제든지 임의로 동 신용장을 취소할 수 있는 취소가능신용장과 관계당사자의 합의에 의해서만 취소가 가능한 취소불능신용장이 있는 바, 취소가능신용장은 외국환관리규정상 정상결제방법에 해당되지 아니할 뿐만 아니라 수출금융의 적격융자대상이 되지 못하여 해당 신용장을 믿고 수출품을 제조하기가 곤란하다.

신용장상에 취소불능(irrevocable)이라는 표시가 있거나 그러한 명시가 없는 경우에는 취소불능신용장이고 취소가능(revocable) 표시가 있는 경우에만 취소가능신용장이다.

③ 양도가능 여부에 대한 확인을 하여야 한다. 수출업의 자격이 없는 자는 자기명의로 신용장을 수취하더라도 자기명의로 직접 수출할 수 없으며 신용장상에 양도가능(transferable)이라는 문언이 없는 경우 양도 가능하도록 그 조건변경을 요청하여야 한다.

④ 매입은행의 제한여부에 대한 확인을 하여야 한다. 매입은행(negotiating bank)이 특정은행으로 한정되어 있는 경우에는 다소의 불편이 있을 수 있으므로 신용장이 보통신용장(Open L/C)인가 특정신용장(Restricted L/C)인가를 확인하여야 한다.[204)]

⑤ 신용장문구에 분할선적 또는 환적이 금지되어 있는 경우, 선적기일 이내에 수출품의 전량생산이 어렵다든가 직항선이 없으면 신용장의 조건이행이 불가능

204) 신용장 개설은행이 그 신용장에 의해 발행되는 어음의 매입을 특정은행에 한정하는 경우 이와 같은 신용장을 Special or Restricted Credit라고 하며, 매입은행을 제한하지 않는 신용장을 General or Open Credit라고 부른다. 대개의 경우 보통신용장이 일반적으로 사용된다.

하다. 따라서 신용장의 조건에 불가능한 사항이나 계약에 없는 사항을 요구하고 있는지 여부 등을 면밀히 검토하여야 한다.

한편 화환신용장방식에 의한 수입은 취소불능화환수입신용장에 의하여 외화로 대금의 전액을 결제하는 조건으로 물품을 수입하는 거래를 말한다.

## 2 송금방식

송금방식에 의한 수출은 취소불능화환신용장 또는 추심결제방식 이외의 대금결제방식으로서 수출대금전액을 외화로 영수하는 조건으로 수출하는 거래를 말한다. 대체로 송금방식에 의한 수출형태로서는 수출대금을 미리 외화로 영수한 후 수출하는 단순송금방식의 수출과 물품의 인도와 동시에 또는 물품의 인도 후 수출대금을 외화로 영수하는 조건인 대금교환조건부수출(C.O.D. 및 C.A.D.)의 두 가지로 구분하고 있는데, 구체적인 내용은 다음과 같다.

### (1.) 단순송금방식

단순송금방식에 의한 수출은 수출대금의 전액을 물품선적 전에 외화, 수표 등 지정영수통화로 표시된 대외지급수단에 의하여 미리 영수하고 일정 기일 내에 이에 상응하는 물품을 수출하는 거래를 말한다.

이는 당사자 간의 계약 또는 주문만으로 이루어지는 거래인 점으로 신용장방식에 의한 수출과 구별되며 대금지급이 물품인도전에 선행된다는 점에서 D/A, D/P 등과 구분된다.

이러한 방식의 거래는 수출업자의 입장에서 보면 수출대금을 미리 받기 때문에 거래조건이 상당히 유리하며 채권회수 면에서 가장 완벽한 거래일 수 있으나 수입업자의 입장에서 보면 수입대금을 미리 송금하기 때문에 자금 면에서 부담이 크고 수입물품의 확실한 인수에 대한 보장이 어렵다는 단점이 있다.

따라서 이와 같은 방식의 수출은 통상적인 거래로는 별로 활용되지 아니하고 외국의 수입상에게 소액의 상품견본을 유상으로 송부할 때, 소액의 시험용품을 수출할 경우 신용장 등에 의한 거래서 작성하는 환어음·운송서류 등과 추심에 따른 번거로움을 피하고 신용으로 거래하고자 하는 경우 등에 주로 이용되고 있다.

### (2) 대금교환도조건(C.O.D. 및 C.A.D.)

물품의 인도와 동시에 또는 인도 후 수출대금을 외화로 영수하는 조건의 수출(C.O.D. 및 C.A.D.조건의 수출포함)은 거래상 위험이 따르는 특수한 형태로서 종전에는 이러한 방식의 거래가 많지 않았고 리비아 등 중동지역과의 거래에서 간혹 발생하였다.

여기서 현금결제방식의 수출, 즉 C.O.D는 Cash on Delivery의 약자로서 수출업자가 수출물품을 선적하고 운송서류를 수출업자의 해외 지사나 대리인 또는 거래은행에 송부하고 수출물품이 목적지에 도착하면 수입업자가 직접 상품의 품질 등을 검사한 후 수출대금은 상품과 상환하여 현금으로 지불하는 거래방식으로서 국내의 일반 상품거래에서도 볼 수 있는 유형이다.

이 방식의 수출은 주로 보석 등 귀금속류와 같이 상품가격이 고가이며 동일 상품일지라도 상품의 색상, 가공방법, 순도 등에 따라서 가격의 차이가 많이 발생하는 물품의 거래인 경우 활용되는 것으로 수입업자가 대금결제 전에 물품을 충분히 검토한 후 수입 여부를 결정할 수 있는 이점이 있다.

동 방식의 거래는 일반적으로 수입지에 수출자의 해외지사 등 대리인이 있어서 수출업자가 송부하는 운송서류를 수취하고 수입업자의 물품검사시 입회하여 검사완료 후 대금결제와 함께 현품을 인도하는 방식을 취하고 있으나 거래외국환은행 등을 활용하여 거래가 이루어질 수도 있다. 즉 수출업자는 물품을 선적한 후, 운송서류 등을 거래은행을 통하여 수입업자거래은행에 송부하면 수입업자는 도착된 물품을 대금결제 전에 사전검사한 후, 거래은행에서 대금결제와 함께 운송서류 등을 찾아 물품을 통관하는 절차를 취할 수 있다.

특히 이 경우 수출업자는 운송서류 작성시 화물수취인(consignee)을 수입업자의 거래은행으로 하고 통지인(notify party)을 수입업자로 하여 수입업자가 대금을 지급하지 않고는 운송인으로부터 물품을 인수받지 못하도록 함으로써 대금 미회수의 위험을 방지하고 대금결제가 되지 않는 경우 물품이 반송될 수 있도록 하여야 할 것이다.

한편 서류상환방식의 수출, 즉 C.A.D.(Cash Against Document)는 수출업자가 상품을 수출하고 선적을 증명할 수 있는 선하증권, 상업송장, 포장명세서 등 주요 운송서류를 수입업자에게 직접 또는 수입업자의 대리점이나 거래은행에 제시하여 서류와 상환으로 대금을 지급받는 수출방식으로서 C.O.D. 방식과는 운송서류를 수취하는 입장에서는 반대되는 형태이다. 일종의 D/P거래의 유럽방식이다.

동 방식에 의한 수출은 원칙적으로 수출지에 수입업자를 대신하여 대금을 결제해 줄 대리인이나 은행이 있을 경우 가능하다. 그러나 이 거래방식이 거래은행을 통하여 운송서류 등을 수입업자의 거래 은행에 보낸 뒤 수입업자가 거래 은행에서 운송서류와 상환하여 대금을 결제하는 방법으로 이루어질 수 있다. 이 경우 특히 주의하여야 할 사항은 수입업자가 거래 은행으로부터 운송서류를 고의로 찾아가지 않을 경우, 수출업자는 대금회수가 지연될 수 있으므로 수출업자는 계약 전에 수출거래선의 신용상태를 충분히 확인한 후 거래를 하여야 할 것이며 특별한 경우가 아니면 수입업자의 지사나 대리인이 국내에 있어서 대금회수에 문제가 없는 경우에 거래를 하는 것이 가장 바람직할 것이다.

한편 송금방식에 의한 수입은 화환신용장 또는 추심결제방식 이외의 대금지급 방법에 의한 수입거래방식으로서 수입대금의 전액을 외화로 지급하는 거래를 말한다. 동 거래방식에 의한 수입은 물품대금을 사전에 지급하는 단순송금방식과 물품의 인수와 동시에 또는 인수 후에 물품대금을 외화로 지급하는 C.O.D. 및 C.A.D. 방식에 한정되어 있다.

## 3 추심결제방식

추심결제방식에 의한 수출은 취소불능화환수출신용장 없이 화환어음으로 대금결제를 하는 수출이다. 따라서 이 거래방식에 의한 수출은 은행이 수출대금의 지급을 보증하는 거래가 아니고 수출입업자간의 계약에 의해서만 이루어지는 거래이다. 즉 은행은 단순히 수출대금의 추심 및 추심의뢰업무만 수행하는 것이다. 이 거래방식에는 지급인도조건(documents against payment : D/P)과 인수인도조건(documents against acceptance : D/A)이 있다.

지급인도조건은 수출업자가 수출물품을 선적한 후 운송서류에 수입업자를 지급인으로 하는 환어음을 발행하여 거래외국환은행에 추심을 의뢰하게 되며 추심의뢰를 받은 외국환은행은 수입업자의 거래은행에 다시 추심을 요청하게 되는데 환어음을 송부 받은 추심은행(수입업자의 거래은행)이 어음지급인(수입업자)에 대하여 운송서류를 대금지급과 동시에 인도하여 주고 그 대금을 추심의뢰은행(수출업자의 거래은행)에 송금하여 주면 수출업자가 대금을 결제 받게 되는 거래방식이다.

인수인도조건은 추심은행(수입업자의 거래은행)이 어음지급인에 대하여 어음(추심은행을 수취인으로 하는 수입업자 발행어음)의 인수와 동시에 운송서류를 인도하여 주고 그 어음의 지급만기일에 어음지급인으로부터 대금을 받아 추심의뢰은행에 송금하여 주면 수출업자가 대금을 결제 받는 거래방식이다.

D/P거래와 D/A거래의 가장 큰 차이점은 D/P거래가 일람출급환어음을 발행하는 데 비하여 D/A거래에 있어서는 수출업자가 기한부어음을 발행함으로써 수입업자에게 어음의 결제기간만큼 신용을 공여하는 거래라는 점을 들 수 있다.

국제간의 상거래는 대금결제 면에서 많은 위험부담이 수반되기 때문에 대부분의 거래가 은행이 그 대금결제를 보증하는 신용장에 의하여 이루어지고 있으나 오늘날에는 거래방식이 다양화됨에 따라 신용장개설에 따르는 비용부담이나 절차의 번잡을 이유로 상호 신용도가 높은 업체들 간에 추심결제방식에 의한 거래가 점차 많아지고 있다.

이 방식에 의한 거래는 추심은행이 추심의뢰은행의 지시에 충실히 따라야 할 의무가 있으나 물품대금회수에는 어떠한 의무도 따르지 않으므로 동 방식을 이용할 경우에는 매매계약시에 상대수입업자의 신용도를 철저히 조사하여 불의의 손실을 방지하여야 하며 수출어음 보험가입에 의한 손실방지책도 아울러 강구하여야 한다.

한편 추심결제방식에 의한 수입은 취소불능화환수입신용장 없이 무역당사자간의 계약에 의하여 화물환어음으로 대금결제를 하는 수입을 말한다.

D/P·D/A거래는 신용장을 전혀 개재치 않고 추심방법에 의하여 수출대금을 회수하기 때문에 D/P·D/A거래에 관하여는 추심의뢰은행(수출지은행)이나 추심은행(수입지은행)은 선의의 관리자로서 국내법에 저촉되지 않는 한 추심에 관한 통일규칙에서 정하는 바에 따라 업무를 수행하여야 한다. 따라서 담당자는 자국 내 무역관계법은 물론, 추심에 관한 통일규칙(U.R.C.)에 관하여서도 충분한 지식을 가져야 한다.

이 통일규칙은 D/P·D/A만을 대상으로 하는 규칙은 아니고 "추심이라는 절차과정에 들어선 모든 금융적인 성격의 서류 및 상업적 성격의 서류(financial documents and commercial documents)에 관한 규칙"이지만 D/P·D/A거래가 그 중요한 적용대상이 되고 있다. 다만, 이 통일규칙이 국내법에 우선하는 것은 아니며 "명백한 합의가 없거나 국가, 주 또는 지방의 법률 및 규칙의 규정에 위배되지 않는 한 상업어음의 모든 추심업무에 적용되며 또한 그 당사자 전원을 구속하는 것이다"(추심에 관한 통일규칙 총칙 참조).

이 통일규칙을 채택하고 있는 국가에서 추심의뢰를 하는 경우에는 추심의뢰서(remittance letter)에 반드시 다음의 문언을 넣게 된다.

"Subject to Uniform Rules for the Collections(1993 revision) ICC publication No. 522"

상술한 바와 같이 추심결제방식에 의한 수입은 신용장의 개입 없이 매매당사자간의 계약에 의하여 성립되기 때문에 은행이 수입과 관련된 대금지불을 보증하고 있는 신용장방식에 의한 수입과는 달리 은행은 단지 수입과 관련하여 발행된 어음의 추심

절차만을 다룬다는 면에서 신용장방식의 거래보다는 매매당사자간의 신용에 크게 좌우되는 거래라고 할 수 있으며 국제적인 신용거래가 발달해 가는 추세에 따라 추심결제방식에 의한 거래의 비중이 점점 높아지고 있다.

##  4 중장기연불방식

중장기 연불방식에 의한 수출이라 함은 수출물품대금의 전부나 일부를 일정한 기간에 걸쳐 분할하여 영수하는 조건부 계약에 의한 수출을 말한다.

즉 일반적인 기한부신용장(usance L/C)이나 서류인수조건(D/A)에 의한 수출보다 장기의 연지급조건(on deferred payment basis)에 의하여 수출업자가 수입업자에게 신용을 공여하고 그 대금의 지급을 분할하여 일정한 기한까지 연기하여 주는 중장기 분할결제방식에 의한 신용거래라 할 수 있다.

이 거래방식은 통상적으로 단순한 상품의 일반적 수출거래에 이용되는 것이 아니라 대형기계류, 즉 선박, 철도차량, 발전시설, 탄광기계설비 및 방적기계설비 또는 중화학공업의 공장설비(플랜트) 등을 수출하는데 이용된다.

대부분의 개발도상국들은 경제개발계획을 수립·추진하는 과정에서 선진국으로부터 기계류, 설비 등의 도입이 불가피하거나 소요자금의 부족으로 일람불에 의한 수입이 불가능한 반면, 선진국들은 수출시장의 유지확대가 필요하므로 이와 같은 양자 간의 이해관계를 충족하여 주는 무역의 한 유형으로서 연불방식에 의한 무역이 성행하게 되었다.

중장기 연불방식에 의한 수출과 일반적인 수출입거래(usance, D/A)방식과의 차이점을 요약하면 다음과 같다.

① 거래대상품목이 주로 대형기계류 등 중화학설비라는 점

② 대금결제기간이 통상 180일 이내인 단기간의 수출방식보다는 그 이상의 장기간이라는 점

③ 수출대금의 전부 또는 일부를 일정기간에 걸쳐 분할하여 받거나 지급하는 기한부조건에 의한 결제방식이라는 점

④ 수출대금이 고액이고 중장기 신용거래에 따른 수출업자의 자금부담을 덜어주기 위한 수출금융공여가 문제된다는 점 등을 들 수 있다.

한편 중장기 연불방식에 의한 수입은 수입대금의 전부나 일부를 일정한 기간에 걸쳐 분할하여 지급하는 조건부 계약에 의한 수입을 말한다. 즉 연지급조건 또는 분할지급조건에 의하여 수입물품의 공급업자(수출업자)가 수입업자에게 신용을 공여하여 그 대금의 지급을 분할하여 일정한 기간까지 연기하여 주는 중장기 분할결제방식에 의한 신용거래로서 일반적으로 대금의 결제기간인 연불기간이 6개월 이상 3년 이내는 중기, 3년 이상은 장기로 구분하고 있다.

# 2 수출대금의 회수

## 1 총설

### 1) 환어음의 매입의뢰

수출업자가 약정상품의 선적을 완료한 후 필요한 운송서류를 갖추게 되면, 소정의 대금을 회수하기 위하여 수출환어음을 발행하고 거기에 운송서류를 첨부하여 수출지의 자기거래은행이나 신용장에 지정된 외국환은행에 매입(negotiation)을 의뢰하게 된다. 외국환은행에 수출환어음의 매입을 의뢰할 경우에는 수출환어음이나 운송서류 이외에 신용장원본(original), 은행용 수출신고서, 상업송장, 수출허가(승인)서 등의 서류를 구비하여야 한다.

수출환어음의 매입을 의뢰받은 외국환은행은 수출업자가 제시한 운송서류나 기타의 서류가 신용장에 명시된 조건과 일치한가를 확인하고 모든 조건이 구비되어 있으면 그때그때의 매입환시세로 매입하게 된다. 그러나 수출업자가 이미 외국환 은행 측과 매입예약(buying contract)을 체결하였을 때에는 그 예약환시세(forward rate)로 매입하고, 그 어음금액을 자국통화로 환산하여 지급받게 되는 것이다.

### 2) 환어음의 의의

환어음(bill of exchange)이란 국제거래상의 채권자가 채무자에 대하여 그 채권금액의 지명인 또는 소지자에게 일정한 시일 및 장소에서 지불할 것을 무조건 위탁하는 요식의 유가증권이다. 환어음의 당사자로서 일반적으로 환어음을 발행하는 자는 어음을 발행하고 서명하는 자로서 수출업자인 채권자가 되며, 환어음을 할인, 또는 매수하는 자는 은행이 되며 환어음을 인수하는 자는 보통 수입업자가 된다. 환어음의 당사자로서 수출업자와 은행 간의 법률관계는 환어음 취결에 관한 약정서에 구체적으로 나타나 있다. 환어음의 할인을 받은 수출업자와 할인·매입한 은행과의 사이에는 특약이 없는 한 어음할인의 성질상 수출업자는 단지 어음의 배서인으로서의 어음의 의무를 부담하는데 불과하다. 그러나 거래의 채무자인 수출상에게 변제청구를 할 수 있다는 특약조항을 환어음약정서에 삽입한 때에는 대물처분권한을 채권자인 은행의 의사에 일임하게 되어 있다.

### 3) 환어음의 경제적 기능

앞에서 밝힌 바와 같이 환어음은 격지자간의 물품을 매매할 때에 수출업자가 대금채권을 회수하기 위하여 수입업자 앞으로 발행하는 어음을 가리킨다. 즉, 매도인과 매수인간의 채권·채무관계를 상환적으로 이행시키는 데 활용된다. 국제간의 대차관계를 결제하기 위한 수단은 화환제도에 의한 결제가 있다. 금본위제하에서의 국제간의 결제는 금의 수송에 의하는 것이 정상적인 것이지만, 금의 수송에는 여러 가지 불편이 있으므로 오늘날은 이러한 불편을 제거하면서 국제간의 결제를 다할 수 있도록 마련한 것이 화환제도이다.

이러한 화환제도는 오늘날 결제수단으로만 이용되는 것이 아니라 나아가 금융정책수단으로서도 잘 이용되고 있다. 수출업자는 그 결제수단으로 환어음을 이용하고 있으며, 그 운송화물을 증권화하고 이것을 담보로 하여 수입업자 앞으로 환어음을 발행한 후에 이것을 은행에 추심의뢰하고, 할인 또는 인수하게 하여 수입업자로부터의 송금을 기다리지 않고 수출품의 선적과 동시에 그 대금을 용이하게 회수하게 된다. 환어음은 수출업자에 대하여 금융상의 혜택, 즉 현금거래와 같은 효과를 거두게 할 뿐만 아니라 수입업자에 대하여도 많은 편익을 준다. 즉 만일 수입업자가 개개의 수입계약을 체결할 때마다 미리 송금을 해야 한다면 그 절차가 복잡하고 위험성이 수반될 뿐만 아니라, 막대한 자금이 소요되게 될 것이다. 그러나 환어음을 이용하게 되면 수입지에서 계약상품의 도착과 함께 어음의 인수 또는 지급에 의하여 운송서류를 수취하여 이것으로 화물을 손쉽게 수령할 수 있으므로 대금상환과 동시에 물품을 안전하게 받을 수 있는 편익을 받게 될 뿐만 아니라, 미리 송금을 하지 않아도 되므로 자금도 크게 절약될 수 있다.

### 4) 환어음의 발행

환어음에 관한 계약은 환어음의 수익자인 수출업자와 수입업자간에 체결되는 경우와, 수출업자와 수출어음을 할인하는 은행과의 사이에 체결되는 경우가 있다. 전자의 경우는 무역조건에 관한 협약에서 매매계약의 결제조건으로 약정되며, 후자의 경우는 개개의 환어음 취결을 현실적으로 하기 전에 거래은행과 환어음약정서에 의하여 포괄적인 무역금융거래를 맺는 것이 일반적이다. 환어음은 우송 중에 분실 또는 연착하는데 대비하여 보통 3통(three sets)으로 발행되어 그중 하나가 결제되면 나머지는 모두 자동적으로 무효가 된다.

### 5) 환어음의 기재사항

환어음은 요식증권이기 때문에 일정한 형식을 갖추어야 하며, 그 기재사항도 필수기재사항과 임의기재사항으로 나누어지는데 필수기재사항은 그 어느 하나를 결하여도 환어음으로서의 법적인 효력이나 구속력을 상실하기 때문에 발행에 특히 주의를 요한다. 이 때 특히 유의해야 할 점을 제시하면 다음과 같다.

### (1) 금액

신용장이 지정하고 있는 표시통화의 금액을 써야 하며, 금액은 송장과 일치시키는데 신용장금액을 초과하지 않도록 하여야 한다. 다만, 신용장금액에 'About', 'Circa' 등의 표현이 사용되어 있는 경우에는, 10%를 초과하지 않는 범위 내에서의 과부족은 인정된다.

### (2) 지급인과 지급지

신용장의 지시에 따르는 데 신용장상에 특별한 지시가 없으면 다른 조건이나 관습에 의하여 판단한다. 지급인(drawee)은 보통 신용장개설은행이 되지만 수입업자가 되는 경우도 있다.

### (3) 만기일의 표시

만기일의 표시방법에는 일람출급(at sight), 일람후 정기출급(at … days or months after sight), 일자후정기출급(at … days or months after date), 확정일 출급(on fixed date)의 4가지가 있다. 이러한 만기일의 표시가 없는 환어음은 일람출급으로 간주하게 된다.

### (4) 수취인의 표시

어음금액의 지급을 받을 수취인(payee)의 표시방법에는 기명식(pay to a specified person), 지시식(pay to the order of a specified person or pay to order), 무기명식(pay to bearer) 등의 방법이 있다. 일반적으로 지시식을 많이 사용하며 매입은행을 수취인으로 지시하는 것이 보통이다.

### (5) 발행일 및 발행지

어음의 발행인은 신용장의 유효기간 이내라야 하며, 발행지는 어음의 적용법을 정하는 기초로서 보통은 'Seoul' 또는 'Pusan'등과 같이 도시명의 표시만으로도 무관하다.

### (6) 발행인의 서명

영문으로 자서(自書)한다. 법인의 경우에는 서명자에게 대표 또는 대리자격이 있다는 것을 보이는 부기(附記)가 필요하다. 또 서명은 매입은행에 등록을 마친 사람이 행한다.

### (7) 그 밖의 기재사항

#### ① 환율문언(exchange clauses)과 이자문언(interest clause)

#### ② Without Recourse문언

신용장에 Without Recourse의 표시가 있을 때에는 그 문언을 명기한다. 영미 등의 국가에서는 어음상의 지급무담보문언을 기재하면 발행인은 그 어음이 지급거절이 되어도 상환의무를 부담하지 않지만, 우리나라 어음법에서는 이에 대한 효력이 없다.

#### ③ 신용장에 관한 문언

보통 "Drawn under L/C No. … issued by … bank dated …"와 같은 문언을 신용장이 특별히 요구하고 있지 않더라도 기재한다.

#### ④ 그 밖의 어음의 효력을 저해하지 않는 사항

예컨대 어음의 번호, 발행통수, D/A, D/P표시 등을 기재한다.

## 2 화환어음에 의한 대금회수

수출상품의 대금을 회수하기 위한 결제방법은 일반적으로 수출환어음을 발행하고 거기에 선적상품을 담보로 하는 운송서류를 첨부한 화환어음(documentary bill of exchange)을 외국환은행에 매도함으로써 그 대금을 지급받는 방법이 가장 널리 활용되고 있다. 이 방법은 수출업자가 운영자금을 쉽게 마련할 수 있다는 점에서 수출업자에게 유익할 뿐만 아니라 수출환어음 매입은행 측에서도 선적상품을 그 어음의 담보로 하는 까닭에 융자에 따르는 위험을 방지할 수 있다는 점에서 안심하고 매입에 응하게 되는 것이다.

이와 같은 화환어음에 의한 수출상품의 대금회수방법에는 신용장이 있는 화환어음(documentary bill of exchange with L/C)에 의한 방법과 신용장이 없는 화환어음(documentary bill of exchange without L/C)에 의한 방법이 있다.

### 1) 신용장이 있는 경우

#### (1) 서설

무역거래에서 정상적인 대금결제방법은 신용장에 의거한 환어음을 이용한 방법이다. 신용장은 수출업자의 청구에 의하여 수입업자가 그 거래은행에 의뢰하여 개설하는 것으로, 신용장을 이용하는 경우에 신용장 수익자인 수출업자는 신용장 개설은행을 지급인으로 하는 환어음을 발행하게 되며 수입업자를 지급인으로 하는 환어음을 발행하는 것이 아니다.

신용장개설은행은 수출업자 또는 그 이행의 보조자인 어음할인은행으로부터 B/L과 교환으로 개설은행을 지급인으로 하는 환어음의 인수 또는 지급을 하는 것이며, 이 때 화물의 소유권이 매수인에게 이전한다. 이 경우 물론 개설은행이 선하증권의 인도를 받는데, 이것은 개설은행이 개설의뢰인인 수입업자에 대한 권리를 확보하기 위하여 그 화물에 대한 담보권을 가지고 있는 까닭이며, L/C개설계약에 의하여 의뢰인이 개설은행에 대한 이행을 할 때까지 그 권리를 행사한다.

신용장은 개설은행의 현금지급약속 또는 환어음의 인수·지급약속에 의하여 담보를 제공하는 것이므로 신용있는 외국환은행을 환어음의 지급인으로 하게 되면 사실상 발행인인 매도인의 어음상의 상환의무를 면제하는 것과 같은 결과가 된다. 대외무역법규에서는 수출대금을 결제함에 있어서 원칙적으로 신용장에 의한 결제, 즉 정상적인 결제방법이 아니면 여러 가지 제한을 가하고 있다.

### (2) 매입의뢰

수출업자는 환어음을 취결하는 데 있어서 신용장에 기재된 조건에 부합하도록 하여야 하고 서류를 제출받은 매입은행은 우선 화환어음 및 운송서류가 신용장 원본과 일치하고 있는가를 점검하는 데 화환어음 및 운송서류가 매매계약과 일치하는가는 상관하지 않고 오직 신용장의 조건대로 정당하게 발행·작성되었는가를 점검하게 된다. 은행이 서류를 점검한 결과 L/C조건에 위반되는 사항이 있으면 매입의뢰인에게 통지하여야 하며, 이런 통지를 받은 매입의뢰인은 다음과 같은 조치를 취하여야 한다.

① 서류의 대체 또는 정정이 가능한 경우에는 즉시 대체 또는 정정을 한다.

② 서류의 대체 또는 정정이 불가능한 경우에는 매입은행으로 하여금 신용장개설은행에 매입여부를 전신으로 조치해 주도록 요청해야 한다. 이 경우의 전신 조회의 비용은 매입의뢰인인 수익자가 부담하여야 한다.

③ 수출업자가 매입은행에 대해 고장이 발생하면 무조건 어음을 상환하겠다는 보증서의 제출을 조건으로 매입하도록 은행에 요청한다.

④ 은행이 매입에 응하지 않을 경우에는 대금추심어음으로서 은행에 추심을 의뢰한다.

이상과 같은 몇 가지 조치가 있지만 은행으로서도 여러 가지 조건을 고려하여 결정하므로 은행 측과 잘 상담하여 적절한 조치를 강구하도록 하는 것이 좋다.

한편, 신용장의 유효기일은 운송서류가 매입은행에 제시되어야 하는 최종일을 말하는 것이기 때문에 매입의뢰인은 신용장의 유효기간 내에 화환어음 및 제서류를 은행에 제시하여야 한다. 따라서 선적이 끝나면 가능한 한 빠른 시일 내에 운송서류의 작성을 완료하여 매입을 의뢰하는 것이 유리하다. 신용장이란 유효기간이 지나면 무의미할뿐더러, 비록 유효기간 내라고 하더라도 운송서류의 제시가 늦어지면 선하증권이 Stale B/L로 처리되어 매입은행은 수리를 거절할 수 있어 수출업자는 수출대금의 회수에 곤란을 받게 되기 때문에 상당한 주의를 요한다.

### (3) 은행의 매입

신용장에 기재되는 어음발행의 조건 혹은 지급지시에 따라 일반적으로 매입은행의 위치는 다음과 같이 된다.

① 은행이 일람출급어음의 지급인이 되거나 서류와 상환으로 지급인이 되는 경우에는 지급은행이 된다.

② 은행이 기한부어음의 지급인으로 되어 있는 경우에는 일반적으로 인수은행인 동시에 지급은행이 된다.

③ 은행이 어음의 지급인이 아닌 경우에는 단순한 매입은행이 된다.

이상과 같은 까닭으로 매입과 지급은 일응 구별되지만 보통 편의상 이와 같은 구별을 하지 않고 모두 매입이라는 용어만 사용하고 있다. 우리나라에서는 외국환의 집중제도가 실시되고 있기 때문에 매입대금은 원칙적으로 원화로 지급받는데, 이 때 적용되는 환율은 다음과 같다.

① 은행이 매입 후, 즉시 신용장개설은행으로부터 지급대금의 상환을 받을 수 있고 이 때 이자가 발생하지 않는 경우에는 매입일의 전신환매입환율(T/T buying rate)이 적용된다.

② 해외의 은행이 어음 또는 서류의 일람 후, 즉시 지급하는 경우에는 매입일의 일람출급어음매입환율(at sight buying rate)이 적용된다.

③ 기한부어음으로 인수 후 만기일까지의 이자를 수입업자가 부담하도록 되어 있는 경우에는 매입일의 일람출급어음매입환율이 적용된다.

④ 기한부어음으로 이자를 수출업자가 부담하도록 되어 있는 경우에는 매입일의 당해 기간 기한부어음매입환율(usance buying rate)이 적용된다. 다만, 신용장에 이자부담의 명시가 없을 때에는 이자는 매입의뢰인의 부담이 된다.

어음을 매입할 때 통상 은행은 매입의뢰인으로부터 수수료와 이자 및 비용을 징수하는데 이들의 징수는 매입대금에서 공제하여 징수하지만, 만일 금액이 결정되지 않은 것은 결정될 때에 징수한다.

### (4) 은행의 대금추심

은행은 이상과 같은 절차에 다라 매입을 마치면, 어음관계 운송서류를 신용장의 지시에 따라 발송한 후 신용장개설은행으로부터 매입대금을 상환 받게 된다. 상환방법은 우선 매입은행에 결제계정이 있을 때에는 일람출급어음의 경우에는 이 결제계정에서 인출하고 운송서류를 신용장개설은행에 보내며, 기한부어음의 경우에는 매입은행은 운송서류를 즉시 신용장개설은행에 보내고 만기일에 결제계정에서 인출한다.

그런데 매입은행에 결제계정이 없을 때에는 다음과 같은 방법 가운데 하나를 선택한다.

① 국내 타 은행에 재매입을 의뢰하는 경우이다. 신용장이 국내의 특정은행에 어음의 매입을 한정하고 있거나 또는 제시를 요구하고 있는 경우, 혹은 기타의 이유로 직송할 수 없는 경우에는 매입은행은 국내의 다른 은행에 어음과 운송서류를 제시하고 매입 또는 재할인을 의뢰하여 어음을 상환 받는다. 이 때 은행이 자신은 매입을 하지 않고 다른 은행에 매입을 의뢰하는 것을 Process취급이라고 하는데 수출업자가 대금결제를 받는 것은 은행이 매입은행으로 대금의 상환을 받은 후가 된다.

② 은행은 어음과 서류를 신용장이 지시하는 적합한 방법으로 외국에 발송한다. 이러한 어음과 서류의 발송 및 대금의 상환방법에는 다음과 같은 여러 가지 경우가 있다.

i. 어음과 서류의 전부를 신용장개설은행으로 보내고 개설은행 또는 다른 환거래 은행(각주)에 있는 자행명의계정에 입금시켜 상환 받는다. 해외에 본·지점이 있으면, 본·지점에 입금시키는 경우도 있다.

ii. 개설은행과 어음의 지급은행이 다른 경우에는 지급은행에 어음과 서류를 모두 발송하는 방법과 개설은행·지급은행 두 은행에 나누어 분송하는 방법이 있다. 분송의 경우에는 다시 수입지의 개설은행에 나누어 분송하는 방법이 있다. 분송의 경우에는 다시 수입지의 개설은행에 발송하는 방법과 모든 운송서류를 개설은행에 발송하고 어음만 지급은행 앞으로 발송하는 방법을 'Documentary Reimbursement', 후자와 같이 어음만을 발송하는 방법을 'Clean Reimbursement'라고 한다.

iii. 또 다른 하나의 대금상환방법으로는 매입은행이 결제지의 은행 앞으로 어음을 발행하는 방법과 매입은행이 결제지의 은행 앞으로 어음매입사실과 서류가 L/C조건을 충족시켜주고 있음을 전신으로 타전함으로써 상환받는 방법, 즉 'Cable Reimbursement' 방법이 있다. 매입은행은 어음과 운송서류의 발송후 개설은행·지급은행 및 입금계정보유은행으로부터 발송되어온 각종 통지서에 따라 개설은행에 의한 서류의 수리, 어음의 인수 및 지급, 어음대금의 지정계정에의 입금을 확인한다. 은행의 이러한 확인이 끝나야 비로소 신용장거래가 모두 마치게 된다.

### 2) 신용장이 없는 경우

#### (1) 서설

수출업자가 선적을 완료한 후 관계운송서류와 환어음을 발행하여 거래은행을 통해 수입지은행에 수출대금의 추심을 의뢰하게 되는데 이때에 발행되는 환어음을 화환추심어음이라고 하며 그 관계운송서류의 인도조건에 따라 D/P, 즉 지급도와 D/A, 즉 인수도환어음으로 구분된다. D/P어음과 D/A어음은 신용장이 첨부된 어음에 비하여 부도가 날 위험성이 높은 까닭에 외국환은행은 이러한 어음에 대해서는 특별한 요구를 하는 것이 통례이다. 즉, 어음금액과 송장금액 사이에 마진을 두는데 발행인이나 상품의 종류에 따라서는 송장금액의 70~80%에 해당하는 가격을 어음금액으로 하는 일부환(一部換)을 요구한다. 그러나 보통 이용되고 있는 편법은 어음에도 송장금액을 그대로 표시하여 취결하고 다만 그 어음금액의 20~30%를 margin money로서 어음지급이 끝날 때까지 은행 측에 유보해 두었다가, 지급이 끝났다는 보고를 받고 이것을 환급해 주는 것이다. 다만, 수출어음보험에 부보 할 수 있는 어음일 경우에는 즉시 매입에 응하고 마진 머니의 담보액을 인하하는 것이 보통이다. 따라서 D/P 및 D/A 거래에 있어서는 다음과 같은 일반적인 주의를 살펴야 한다.

① L/C 거래와는 달리 매수인이 어음을 지급해 주는 것이 무엇보다도 중요하기 때문에 D/P, D/A 거래에서는 신용이 두터운 매수인을 선택하여 거래할 필요가 있다.

② L/C 거래는 매매계약서도 중요하지만 일단 L/C 조건에 일치한 서류만 작성하면 은행이 이를 매입해 주나 D/P, D/A 거래에는 매매계약서만이 유일한 근거 서류가 되므로 확실한 매매계약서를 작성해 둘 필요가 있다.

③ D/P, D/A어음거래의 경우에는 매수인이 수입 및 외국환사용허가를 얻지 못하여 결제가 지연되거나 불가능하게 되는 위험이 L/C거래에서 보다 더욱 현저하다. 그러므로 수입국의 외환제한, 내란, 전쟁 등의 사유가 발생하여 대금회수가 어렵다고 판단될 때에는 즉시 선적을 중지하여야 한다.

④ 부보의무가 매수인에게 있는 F.O.B.나 C.F.R. 거래의 경우에는 부보가 되어 있는지를 반드시 확인해 두어야 한다.

⑤ 어음의 작성에 있어서 무엇보다 중요한 것은 어음의 지급인을 매수인으로 하고 기한부어음의 경우에는 어음에 'Documents Against Payment'나 'Documents Against Acceptance' 중에 하나를 반드시 기재하여야 한다. 이 표시는 어음자체의 효력에는 아무런 영향이 없지만, 이를 기재해 둠으로써 부속화물의 인도조건이 달라지므로 거래당사자에게는 매우 중요하다. D/A, D/P의 구별이 되어 있지 않으면 은행은 D/P로 간주한다는 것이 상업어음추심에 관한 통일규칙(Uniform Rules for the Collection of Commercial Paper 1979 revision, I.C.C. brochure NO. 254)의 기본입장이다.

⑥ D/P, D/A 거래에 있어서는 국제규칙으로서 전기 I.C.C. 의 상업어음추심에 관한 통일규칙이 있는데 은행은 추심업무를 취급함에 있어서 본 규칙을 준수하기 때문에 그 내용을 자세히 검토해 둘 필요가 있다. 물론, 이 규칙은

국내법에 우선하지는 못하지만 명백한 합의가 없거나, 국가 또는 지방의 법률 및 규정에 위배되지 않는 한 상업어음의 모든 추심업무에 적용되며 관계당사자 전원을 구속하는 효력이 있다.

### (2) 어음매입의 순환과정

D/P, D/A 거래의 경우, 어음매입의 순환과정을 구체적으로 살펴보면 다음과 같다.

① 수출업자는 L/C 거래에서와 같이 모든 서류를 구비하여 은행에 매입의뢰를 한다. 이 때 은행은 L/C 거래와는 달리 매입 여부의 심사를 함이 보통이다. 그 심사방법은 은행에 따라 조금씩 차이가 있지만, 주로 매입 의뢰인과 수입업자의 신용도 그리고 어음 금액의 크기 등을 대상으로 주안을 두어 심사를 한다. 수출업자가 매입의뢰를 함에 있어서는, 영문의 'Application for negotiation of documentary bill(without letter of credit)'를 작성하여 은행에 제출하는데, 이 'Application'에는 신용장부 수출환어음의 경우에 없는 다음과 같은 많은 지시문언이 삽입되어 있다.

i. 어음상에 D/P 혹은 D/A의 구분을 표시할 것을 지시한다.

ii. 수입지의 추심은행의 선정은 매입은행에 의뢰하는 것이 좋지만, 어떤 이유로 지정할 필요가 있을 때에는 은행명을 밝혀 두어야 한다.

iii. 대금 송금방법을 지시한다. 즉 Airmail이나 Cable을 지정한다.

iv. 지급·인수가 행하여지는 경우, 또는 지급·인수가 거절되는 경우에 우편이나 전신의 어느 방법으로 통지해 주기를 바라는가를 지시한다. 지급·인수·거절의 경우에는 보통 그 사유를 붙여 전신으로 통지하여 받는다.

v. 지급이나 인수거절의 경우, 거절증서작성의 필요여부의 지시를 한다. 명시된 지시가 없을 때에는 거절증서를 작성하지 않더라도 추심은행은 책임을 지지 않도록 되어 있다.

vi. 매입의뢰인과 어음지급인의 어느 쪽에 청구해야 하는가를 지시한다. 어음지급인이 그 지급을 거절한 경우에는 추심은행은 명확한 반대지시가 없는 한 D/P나 D/A의 지시에 따라 서류를 인도할 수 있다. 이러한 경우에는 추심수수료와 기타 비용은 추심의뢰인의 부담에 속한다.

vii. 매매계약에서 이자가 수입업자 부담으로 규정되어 있는 경우에는 이자율과 기간을 표시하고 이자청구의 지시를 한다.

viii. 수입지에 대리점이나 주재원이 있는 경우에는 필요한 때의 연락을 위하여 통지해 두고, 또 대리점수수료의 지급이 필요한 경우에는 그 지시를 한다.

ix. 화물도착까지 지급·인수를 행하지 않는 관습이 있는 나라가 있으므로 그 관습을 인정한다면 미리 그 허용을 밝혀 둔다. 이 외에도 필요한 사항이 있으면 특별지시로서 따로 명시한다.

이렇게 하여 은행에 매입을 의뢰하는 데는 i. 은행소정의 매입의뢰서, ii. 매매계약서, iii. 어음과 부속서류, iv. 통관필수출신고서, v. 매수인 부보의 경우에는 부보필을 증명하는 서류를 모두 갖추어 매입절차를 마쳐야 한다.

② 매입의뢰를 받은 은행은 일반적인 주의사항에 비추어 매매계약서의 타당성 및 어음과 부속서류의 일치성, 그리고 Application에 기재되어 있는 여러 지시사항의 타당성을 점검한 후 매입여부를 결정한다. 은행이 매입을 결정한 경우에는 매입대금, 지급방법 등은 앞에서 설명한 바와 같다.

### (3) 추심어음의 이용

수출업자가 D/P나 D/A어음을 은행에 매입 의뢰할 필요가 없는 경우나 매입을 의뢰했으나 은행이 이를 받아 주지 않는 경우에는 은행을 통해 수출대금의 추심을 의뢰할 수밖에 없다. 이 때 이러한 어음을 대금추심어음(documentary bill for collection)이라고 하며, 그 과정을 살펴보면 다음과 같다.

① 먼저 수출업자가 해외의 수출대금을 추심할 목적으로 수입업자 앞으로 추심

어음을 발행한 후 이를 은행에 의뢰한다.

② 은행은 그 어음을 해외지점 또는 코레스은행(correspondent)에 송부하여 수입업자로부터 대금을 추심하게 된다.

③ 다음에 해외지점 또는 코레스은행으로부터 대금의 지급을 받았다는 보고를 받은 후에 수수료 및 여러 비용을 공제하고 수출업자에게 그 추심대금을 지급한다. 이러한 방법은 대개 수출업자의 신용이 미약한 경우에 이용되는데, 이때에 운송서류를 어음과 함께 은행에 맡기고 그 서류와 상환으로 대금을 추심시키는 것이 보통이다. 그러나 경우에 따라서는 운송서류는 수입업자에게 바로 보내고, 은행으로 하여금 그 대금만을 추심 의뢰하는 수도 있다. 추심의뢰를 할 때 은행에 제출하는 추심의뢰서(application for collection of bills)의 내용은 매입의뢰서에서 매입이라는 문언이 추심이라는 문언으로 되어 있는 것을 제외하고는 매입의뢰서와 다를 바 없다.

## 3 수출대금의 회수의무

우리나라 무역관리의 기본법인 대외무역법에 의하면, 물품을 수입한자는 그 허가 또는 승인된 대금결제 방법에 의하여 그 물품의 수출대금전액을 회수할 의무가 있다. 정상결제방법에 의하여 수출한 자는 계약상품의 선적 후 세관에서 발급한 선적완료 증명서를 외국환은행에 제출하여 환어음의 취결 또는 그 매입을 의뢰하여야 하고 신용장이 없는 경우에는 환어음의 추심을 의뢰하여야 한다. 수출을 한 자는 수출허가 승인된 유효기간 내에 수출대금전액을 모두 회수하여야 한다.

이와 같이 수출대금회수에 대하여 강력한 규제를 하고 있는 까닭은 수출에 따른 자본이나 외화의 도피를 방지함으로써 국제수지의 균형에 기여하고, 국민 경제의 발전을 도모하는데 그 뜻이 있다.

# 3 수입대금의 결제와 화물의 인수

수입대금의 결제는 수출입업자간에 체결된 매매계약의 결제조건에 따라 발행된 환어음의 인수 또는 지급에 의하여 구체적으로 이루어진다. 어음에 표기된 금액을 회수하기 위하여 환어음이 수출지의 은행으로부터 수입지의 은행으로 이송되어 온다. 환어음에는 신용장에 의거하여 발행되는 것과 신용장이 없이 발행되는 경우의 두 가지가 있으며, 어느 경우에나 어음의 기일이 일람출급(sight bill)인 것과 기한부(usance bill)의 두 가지가 있다.

## 1 신용장에 의한 수입어음 결제

수출지에서 어음의 매입이 행하여지면 어음의 지급은행, 매입은행, 상환 은행 등으로부터 신용장개설은행 앞으로 통지서와 서류가 이송되어 오는데, 그 과정을 살펴보면 다음과 같다.

① 신용장에 어음의 지급인이 개설은행으로 되어 있으면 당연히 매입은행으로부터 개설은행으로 어음과 서류가 송부되어 오는데, 해외의 지점이나 환거래 은행이 지급되는 경우에는 어음이 송부되어 오지 않는다.

② 지급은행으로부터 일람출급어음의 경우에는 지급통지(payment advice), 기한부어음의 경우는 인수통지(acceptance advice)가 온다.

③ 결제계정을 가지고 있는 은행 또는 상환은행으로부터 계정인출통지서(debit advice)가 온다.

④ 서류는 신용장의 지시에 따라 지급은행 또는 매입은행으로부터 송부되어 온다.

⑤ 제통지서는 서류에 첨부된 송장에 기재되는 수도 있지만 단독의 통지서로서 오는 경우도 있다.

은행은 서류를 접수하면 신용장통일규칙을 기초로 해서 지급은행, 매입은행이 지시대로 취급을 하였는가, 서류가 신용장조건에 일치하게 작성되어 있는가를 신속 정확하게 점검한다. 점검의 결과, 신용장조건에 위반사항이 있으면, 은행은 서류의 수리를 거절할 것인가를 개설의뢰인과 상담한다. 이 때 수리를 거절하기로 결정한 경우에는 즉시 전신으로 그 뜻을 지급은행 혹은 매입은행에 통지하고 서류의 처리에 대한 지시를 요구한다. 또 은행은 대금이 결제계정에서 이미 인출되어 있는 경우에는 입금을 요청한다. 한편, 개설은행은 서류 점검의 결과 신용장조건에 일치되면 곧 다음과 같은 요령으로 개설의뢰인에게 서류의 접수통지와 지급·인수의 청구를 행하게 된다.

① 은행은 어음도착통지서(arrival notice)를 작성하고 여기에 송장을 첨부하여 개설의뢰인에게 보낸다.

② usance 수입의 경우에는 은행은 개설의뢰인으로부터 약속어음을 받아 두든가 또는 환어음의 인수를 받아둔다.

앞에서 설명한 바와 같이 서류의 접수통지와 함께 은행은 개설의뢰인에게 서류 가운데 송장만 넘기고 나머지 서류는 일람출급의 경우에는 결제와 상환으로, 기부한 어음의 경우에는 어음의 인수와 상환으로 인도한다. 기한부의 경우와 일람출급이라도 결제자금을 은행이 대부해 준 경우에는 서류의 인도는 대도(貸渡)(trust receipt : T/R)로서 행하여진다.

개설의뢰인은 은행으로부터 모든 서류를 수취하며 이를 엄밀하게 점검하고 만일 조건위반이나 다른 점이 있으면 곧 은행에 보고한다. 이 보고가 늦어지면 은행은 접수하지 않는 경우가 있기 때문에 특히 주의하지 않으면 안 된다. 개설의뢰인은 일람출급인 경우는 Arrival Notice를 통지받은 즉시, 기한부어음의 경우에는 어음의 만기일에 각각 은행에 대금을 지급하여야 한다.

## 2 신용장이 없는 경우의 결제

신용장이 없는 경우에는 어음이 일람출급이든 기한부이든 환어음의 지급인은 수입업자가 된다. 수출업자는 수입업자 앞으로 환어음을 발행하고 이것에 B/L기타의 운송서류를 첨부하여 수출지은행에서 환어음을 Nego하게 된다. 환어음의 취결은행은 수입지에 있는 지점 또는 환거래은행에 이 어음을 운송서류와 함께 송부하여 어음의 추심을 의뢰한다.

### 1) 일람출급어음인 경우

수입지에 있는 거래은행이 수입업자에게 환어음을 제시한 때에 수입업자는 그 어음에 표시된 금액과 일정한 이자를 지급하고 만일 자기 자금이 없는 때에는 은행으로부터 차입하여 지급하고 운송서류를 인도받는다. 이 경우 외화를 차입하여 결제할 수도 있고 원화를 차입하여 이것으로 거래은행에 납입할 수도 있다.

수입업자가 외국환은행으로부터 어음금액 상당액을 차입함에 있어서 외화표시 약속어음을 외국환은행에 교부하고 외화대출을 받아 거래은행에 이체하여 수입어음을 결제하는 방법도 있다. 원화로 차입하는 경우에는 원화표시의 약속어음을 교부하여 원화를 차입하여 수입어음의 지급에 충당한다. 이것을 수입무역어음이라고 한다. 어느 경우에나 어음의 만기일에 어음금액을 외환증서나 원화로 지급하여야 한다.

이러한 외화 또는 원화에 의한 차입을 하는 경우에는 운송서류를 인도받기 위하여 환어음의 담보·화물보관증(T/R)을 은행에 차입하여야 한다. 이것은 외국환은행이 어음이 지급될 때까지 수입화물을 담보로 잡아 그 지급을 확보하기 위한 것이다. 이와 같이 지급인이 추심은행에 T/R을 차입하여 운송서류를 인도 받으면 그 받은 선하증권으로 화물을 찾아 이를 매각하여 자금을 조달하고, 그 후 수입어음의 만기에 이것으로 어음금액을 지급하게 되므로 금융상 매우 편리한 제도이다. 이 제도는 물품대금뿐만 아니라 해상운임·해상보험료·창고료 등에도 이용된다.

### 2) 기한부어음인 경우

D/A Bill인 경우에는 어음의 인수와 동시에 선적서류가 인도되며, 어음기일에 원금과 금리에 대하여 그 당시의 환율로 환산된 원화를 지급한다. D/A Bill은 어음발행인인 수출업자와 지급인인 수입업자 쌍방을 신용하는 경우, 외국환은행으로부터 절대적으로 신임을 받는 수출업자가 해외의 본·지점 앞으로 화환어음을 취결하는 경우, 어음지급인이 은행이 요구하는 다른 담보를 제공하고 동시에 은행이 승인하는 보증인을 세워서 특히 인도조건을 지정한 경우, 수입업자의 거래은행이 수입업자를 위해서 신용장을 발행하고 이에 대하여 어음이 발행된 경우에 매입하게 되며, 어음의 매수와 함께 운송서류도 인도된다.

한편, D/P Bill인 경우에는 어음의 지급과 동시에 인도한다. 따라서 서류가 도착했더라도 어음의 지급인은 어음대금을 지급할 때까지 서류를 받을 수 없게 되는데, 이 D/P 어음의 지급기일은 일반적으로 화물의 도착예정일과 거의 일치하도록 정해진다. D/P 나 D/A 어느 쪽의 지시도 없을 때는 D/P로서 취급된다.[205]

## 3 수입화물의 대도(貸渡)와 선취보증(先取保證)

### 1) 대도(Trust Receipt : T/R)

수입업자가 일람출급조건이나 D/P어음으로 수입했을 때, 수입업자는 개설은행 또는 추심은행에 수입대금을 지급하고 운송서류를 인도받으면 화물의 소유권은 수입업자에게 넘어가고 개설은행 또는 추심은행과의 거래는 그것으로 종결된다. 그러나 수입업자가 수입 금융을 받은 경우에는 은행은 운송서류를 수입업자에게 인도해 주지만 화물의 소유권은 최종결제가 끝날 때까지 가지고 있기를 원할 때에는 대도라는 제도

205) UCP 제4조.

가 이용된다. 이 대도는 운송서류를 인수한 수입업자가 선박회사로부터 화물을 인수하여 매도하고 그 대금으로 은행에 최종결제를 할 수 있는 매우 편리한 제도이다. 대도를 받을 때에는 수입담보화물대도 신청서, 수입화물보관 및 처분약정서를 제출하여야 하며 대도가 이루어지기 위해서는 은행이 수입업자를 전적으로 믿어야 한다. 따라서 은행이 대도를 허용할 때에는 담보를 요구함이 보통이다. 한편, 대도를 받은 수입업자는 그 화물을 다른 목적을 위한 담보로 이용할 수 없으며 오직 약정한 기일 내에 매각처분을 해야 한다. 대도는 수입업자와 은행 간의 일종의 계약이기 때문에 이것을 알지 못하는 제3의 선의의 매수인에게는 은행은 담보권을 행사할 수 없다.

### 2) 선취보증(Letter of Guarantee : L/G)

수입업자가 선박회사로부터 수입화물을 인도받기 위해서는 B/L 원본을 선박 회사에 제공하여야 한다. 그러나 때로는 수입화물이 목적지인 양륙항에 도착하였음에도 불구하고 수출지의 매입은행으로부터 B/L을 제출하고 화물을 인도받는 것이 불가능하게 된다. 따라서 수입업자는 운송선의 재항기간은 일정하므로 손해를 볼 염려가 있으며, 한편 은행 역시 담보로 되어 있는 화물이 인도되고 있지 않다는 점에서 수입업자와 같은 손해를 볼 우려가 적지 않다.

따라서 이와 같은 수입업자, 은행 및 선박회사의 불편을 동시에 해결하는 수단으로 등장한 제도가 수입화물의 선취보증제도이다. 즉 이 제도는 운송서류보다 수입화물이 먼저 도착하였을 경우 또는 B/L을 분할하여 화물을 인도받고자 할 경우에 후일에 B/L 원본을 필히 제출하겠다는 서약서를 수입업자와 은행이 연대보증하는 보증장을 선박회사에 제출하고 화물을 인도받을 수 있는 제도를 말한다. 선취보증을 하는 경우에 수입업자와 은행은 화물선취로 인해서 생길지도 모르는 선박회사의 손해에 대해서 책임을 져야 하고 B/L의 원본이 도착하면 그것을 선박회사에 제출할 의무를 진다. 또한, 선취보증을 하게 되면 서류가 도착하여 신용장 조건에 위반되는 사항이 있더라도 서류인수를 거절할 수 없다. 선취보증은 은행과의 연대 하에 이루어지지만, 수입업자의 신용도가 높을 때에는 은행의 연대보증 없이 수입업자의 단독선취보증만으로도 선박회사는 화물을 인도해 주는데, 이것을 Single L/G라고 한다.

## 4 수입화물의 인수과정

### 1) 재래선의 경우

일반적으로 재래선의 수입경로에 있어 먼저 양하(揚荷)관계서류의 흐름을 통한 수입화물의 인수과정은 다음과 같다.

① 수입업자(수하인)는 선박회사 또는 대리점에 선하증권 또는 화물선취보증장(L/G)을 제출하고 화물인도지시서를 받는다.

② 수입업자는 본선 또는 창고에 화물인도지시서를 제출하고 화물을 받는다.

③ 화물인도지시서에 의하여 본선으로부터 화물을 양륙하면 화물수도증서인 Boat Note를 작성한다.

④ 보세구역에 반입된 화물은 세관에 수입신고서(import declaration)를 제출하여 심사한 후 관세를 납부하고 수입면허(import permit)를 받는다(이 단계에서 모든 수입화물은 세관감시 하에 들어간다).

⑤ 양하가 종료되면 본선 측에서는 필요한 검사, 즉 Hatch 검사보고서, 손상화물검사보고서를 받는다.

⑥ 본선에서 필요하면 해난보고서, 양하사고보고서를 작성하고 선박회사 또는 대리점에 검사보고서와 함께 보낸다.

⑦ 선박회사 또는 대리점은 과부족화물을 발견하면 화물과부족조사서(tracer)를 작성하여 양륙지에 보내 조사의뢰한다.

⑧ 조사의뢰된 양륙지에서는 그 회답으로서 양륙재조사보고서를 선박회사 또는 대리점에 보낸다.

### 2) 컨테이너화물의 경우

컨테이너선의 경우에도 먼저 수입업자는 은행으로부터 B/L원본을 입수하여 선박회사 또는 대리점에 제시한 다음 필요한 운임이나 비용을 지급하고 화물인도지시서를 받는다. 본선이 입항하면 즉시 컨테이너는 컨테이너 야드에 반입되고 혼재화물(LCL cargo)은 C.F.S(Container Freight Station)에 옮겨져 컨테이너로부터 추출되어 수하인별로 구분되고 화물인도지시서를 입수한 수하인인 수입업자는 화물이 F.C.L화물이면 C.Y.(Container Yard)에, L.C.L. 화물이면 C.F.S에서 화물인도지시서와 상환으로 화물을 수취한다. 화물수취시 C.Y. 또는 C.F.S 운영자와 수입업자는 화물의 외관을 체크하고 인도증서인 부두수취증(D/R)에 서명함으로써 수입업자의 화물인수는 종결된다.

# Chapter 17 신용장

## I 신용장의 의의 및 특성

### 1 신용장의 의의

신용장이란 영어로는 'Letter of Credit'라고 하며 단순히 'Credit'로도 쓰고 약칭하여 'L/C'라고 부르고 있는데, 오늘날 신용장이라고 하면 상업신용장(commercial letter of credit)을 뜻하며 이를 무역신용장이라고도하며, 화환신용장(documentary credit)이라고도 한다. 이는 수입업자의 요청에 따라 은행이 수출업자 앞으로 개설하는 것으로, 신용장에 명기된 조건에 부합되기만 하면 개설은행이 틀림없이 환어음의 지급·인수에 응하겠다는 신용장개설은행의 약정인 것이다.

그 약정의 내용은 여러 가지 방식이 채택되고 있는데, 신용장개설은행은 신용장에 명기된 서류가 신용장조건에 부합하게 제시되기만 하면 ① 수익자 또는 그 지시인에게 지급한다. ② 수익자가 발행한 환어음에 대하여 지급·인수 또는 매입한다. ③ 타 은행으로 하여금 신용장 조건과 일치하는 서류와 상환으로 지급을 하게 하거나 또는 환어음의 지급 ·인수 혹은 매입을 수권한다는 신용장개설은행의 약정이다.

신용장통일규칙(Uniform Customs and Practice for Documentary Credits : UCP) 총칙 및 정의(general provisions and definitions) 제2조에서도 신용장에 대한 정의를 다음과 같이 내리고 있다. 즉 신용장이란 그 명칭이나 표현에 관계없이 신용장개설은행의 다음과 같은 약정(約定)이라는 것이다.

① 수익자 또는 수익자의 지시에 따라 지급하거나 수익자가 발행한 환어음을 지급 혹은 인수하겠다는 약정

② 타 은행에게 이러한 지급을 하게 하거나 수익자가 발행한 어음을 지급·인수 또는 매입하겠다는 약정

이상과 같은 약정을 하는 은행은 신용장개설의뢰인의 의뢰(request)에 의할 뿐만 아니라, 그 지시(instruction)에 따라 행동하는 은행으로서 신용장개설 및 그것에 대한 제 행위는 개설의뢰인의 의뢰만으로는 부족하고 그 지시에 의한 것임을 명백히 하고 있다. 또한 개설은행은 약정을 함에 있어서 그 지시된 서류의 신용장조건과의 일치를 전제로 하고 있다. 신용장거래는 다음에 설명하는 바와 같이 어디까지나 서류상의 거래이므로 개설의뢰인은 필요로 하는 서류 및 제 조건을 개설은행에 명확히 지시하고 개설은행은 이를 신용장에 명기해야 한다.

한편 수익자가 신용장에 의한 지급·인수 또는 매입의 혜택을 받기 위해서는 이상에서 설명한 바와 같이 신용장에 명기된 서류를 완전히 구비하여 은행에 제시하고 그 서류가 신용장조건에 완전히 일치되어야 한다는 조건을 충족시켰을 때 비로소 가능하게 된다.

## 2 신용장의 특성

### 1) 신용장의 독립추상성

신용장은 분명히 매매계약을 기초로 하여 개설된 것이지만 신용장거래 자체는 이들 계약과는 별개의 독립된 거래이며(신용장통일규칙 총칙 및 정의 제3조에서도, "신용장은 그것이 비록 매매계약이나 다른 기타의 계약에 기초를 두고 있는 것이라 할지라도 그 성질상 그러한 계약과는 별개의 거래이다. 따라서 은행은 그러한 계약과 하등의 관계도 없고, 또한 하등의 구속도 받지 아니한다"고 밝히고 있다) 이들 계약으로부터 추상된 것이다. 즉 신용장통일규칙 제4조에서의 규정과 같이 "화환신용장을 취급하는 경우에 모든 당사자는 서류의 거래를 행하는 것이지 물품의 거래를 행하는 것은 아니다"라는 것이다. 다시 말해서 이 내용은 신용장의 당사자가 매매계약 등에 의한 상품의 거래를 배제하여 오로지 신용장면에 요구되어 있는 서류만을 고려할 것이 요청되어 있는 것을 분명히 하고 있다.

이와 같이 신용장은 매매계약이나 기타의 계약으로부터 독립되어 있고 추상화되어 있기 때문에 이를 가리켜 신용장의 독립추상성이라고 부른다. 그 결과 이러한 신용장의 특성을 이용하여 예컨대, 악덕 수출업자가 계약상품과는 전혀 다른 저질품이나 설탕 대신 모래를 선적하고, 또는 전혀 선적도 하지 않고 가공의 B/L을 위시하여 기타 운송서류 등을 신용장조건과 일치하게 위조 또는 변조해서 은행에 'Nego'할 수도 있을 것이다. 그러면 '은행은 이것을 미연에 방지할 수 없는가' 라는 의문이 있지만 사실 은행은 신용장을 위주로 신용장과 운송서류의 서류심사에만 치중하여 서류가 신용장조건에 일치하기만 하면 되므로 물품매매계약과 대조·검토하거나 실물조사까지는 하지 않는데서 이러한 사례가 발생하기 마련이다. 따라서 무역업자는 이러한 점을 충분히 이해하고 자신이 신용장의 개설의뢰인 또는 수익자가 되었을 때에는 어디까지나 서류중심의 관점에서 신용장거래를 파악하여야 한다. 신용장의 독립추상성이 절실하게 요청되는 이유는 무엇보다 신용장에 관여하는 각 은행을 보호하자는 데 있다.

즉, 상품거래에 충분한 지식도 없고 또 경험도 없는 은행을 물품매매계약에서 해방시켜 이의 구속을 받지 않도록 보호하며 신용장거래를 안심하고 원활하게 적극적으로 수행하도록 하자는 데 그 뜻이 있다. 은행 중에서도 신용장의 독립추상성이 가장 필요한 곳은 수출지의 지급·인수·매입은행이라고 볼 수 있다.

## 2) 신용장의 법적 성질

신용장의 법적 성질에 대해서는 여러 설이 있는데, 이는 신용장에 관한 법적 측면에서의 연구가 잘 발전되지 못한 단계에 있기 때문인 것으로 생각된다. 신용장에 관한 여러 학설 중 몇 가지만을 소개하면 다음과 같다.

### (1) 계약신청서설(offer and acceptance theory)

신용장의 개설은 수익자에 대한 개설은행의 계약신청행위이며 수익자는 환어음 및 서류를 개설은행에 제공함으로써 그 계약을 승낙하는 것이라는 주장이다. 따라서 이 설에 따르면 수익자가 환어음 및 서류를 개설은행에 제공하기 이전에는 언제든지 개설은행이 그 계약의 신청을 철회할 수 있는 것으로 되는데, 취소불능신용장의 경우 개설은행이 일단 신용장을 개설하면 수익자의 동의 없이 일방적으로 취소 또는 조건변경을 할 수 없다는 점을 설득시키지 못하는 모순을 스스로 내포하고 있다.

### (2) 보증설(guarantee theory)

신용장은 은행이 매수인의 상품대금지급을 매도인에게 보증하는 것이라는 주장이다. 그러나 이 설 역시 신용장거래의 사실과 맞지 않다. 왜냐하면 취소불능신용장은 개설은행이 수익자 및 어음과 운송서류의 선의의 소지인(bona fide holder)에 대하여 신용장조건에 일치하고 있는 한 신용장면에 기재되어 있는 내용대로 지급·인수 또는 매입을 반드시 이행하겠다는 법적 구속력이 있는 개설은행의 확약이기 때문에 그러하다.

이 확약은 절대적인 것으로서 매도인의 개설은행에 대한 어음대금청구권이 독립적이고 추상적이며, 또한 매도인과 매수인 그리고 개설은행간의 신용장개설계약의 관계에서도 분리된다. 그러므로 개설은행의 채무는 독립채무이며 기본채무이지 결코 보증채무라고는 볼 수 없다. 다시 말해서 개설은행은 매수인의 지급능력 여하를 묻지 않고 독립해서 주채무자로서의 지위를 갖는다.

### (3) 계약설(contract theory)

신용장이란 개설은행과 개설의뢰인간의 계약이라는 것으로서 ① 이와 같은 계약은 제3자인 수익자를 위해서 체결된 것으로 이를 수익자에게 통지하는 것이라는 주장과 ② 개설의뢰인의 권리가 계약 성립과 동시에 수익자에게 이전된다는 소위 계약 이전설(assignment theory)로 나누어진다.

이러한 설에 의하여 수익자의 권리는 개설의뢰인에 대한 개설은행의 권리에 의하여 대행할 수 있는 것이 되는데 신용장거래에 있어 수익자가 갖는 개설은행에 대한 권리는 독립된 것임을 고려할 때 맞지 않는다.

### (4) 금반언설(禁反言設)(estoppel of trustee theory)

금반언설이란 영미법상 인정된 원칙으로서 기록에 의한 금반언, 날인에 의한 금반언 등 여러 가지 종류가 있으나 가장 중요한 것은 표시에 의한 금반언이다. 예컨대, 갑이 을의 표시를 믿고 갑이 그의 지위를 변경하였는데, 그 후 을이 그의 표시가 진실에 반하는 것을 이유로 뒤집으려고 하는 것을 금지시키는 원칙으로서 신용장개설은행은 개설의뢰인으로부터 신용장 금액에 해당하는 대가를 받고서 신용장을 개설한 후 나중에 수익자에게 지급할 자금이 없다고 하여 지급을 거절할 수 없다는 설이다. 그러나 신용장이란 특정 조건을 구비한 서류와 상환으로 대금을 지급하겠다는 확약이지 개설은행이 개설의뢰인의 자금을 신탁 받고 있다는 상태를 표시하고 있는 것은 결코 아니다.

### (5) 상업적 특수행위설(mercantile speciality theory)

이상에서 설명한 여러 주장은 실제 상관습과는 모순되는 점이 많다. 따라서 신용장,

특히 취소불능신용장은 적어도 이제 상업적 특수행위의 하나로 취급되어 어음이나 수표 등과 같은 유통증권(negotiable instrument)과 같이 약인(consideration)이 불필요한 요식계약으로 인정되어야 한다는 설이다. 구체적으로 말해서 취소불능신용장에서 은행의 확약은 그 형식상 취소불능성을 명백히 하고 있으며, 또한 상인은 이를 믿고 있으므로 법률은 이와 같은 거래관습상의 원칙을 인정해야 한다는 것이다.

그러나 이 설에 대해서도 ① 신용장은 아직 어음이나 수표 등과 같은 형식상의 통일을 갖추지 못하고 있을뿐더러, ② 신용장의 상업적 특수성은 인정되지만 그것으로 약인(約因)이 없어도 유효하다는 상관습을 인정하는 것은 곤란하다는 반대의견이 제기되고 있다. 그럼에도 불구하고 이 설을 주장하는 자는 ① 신용장형식의 국제적 통일화의 경향이 증대되어 가고 있으므로 장래에는 신용장의 형식이 현재보다 더 통일성을 갖출 것이며, 또한 신용장은 일견하여, 여타의 유통증권과 구별이 용이하다는 점과 ② 약인의 필요성을 완전히 무시하자는 것이 아니고 신용장에 있어서도 유통증권과 같은 정도로 확장 변경하자는 것이다라고 주장하고 있다.

## 2 신용장의 경제적 기능

신용장의 기능은 무역거래에 있어서 일반적인 대금결제에 따른 위험을 덜어 주고 나아가 금융의 편의를 준다는 데에 있다고 할 수 있으나 신용거래에 있어서 직접적인 이익을 받는 자는 수출업자라고 할 수 있다. 국제무역거래에 있어서 수출업자는 수입업자에 비하여 보다 많은 매매 상의 위험과 금융상의 부담을 받고 있다. 왜냐하면 수출업자는 수입업자의 신용 상태를 충분히 파악하지 못하고 있기 때문이다. 물론, 수출업자의 과거 거래관계자간의 평판, 거래 은행을 통한 신용조사 등에 의하여 수입업자의 신용 상태를 대개는 알 수 있지만 법역(法域)을 달리하는 원격지에 있는 수입업자의 신용 상태를 충분히 파악한다는 것은 거의 불가능한 일이다.

그러므로 경우에 따라서는 수입업자가 지급능력이 있음에도 불구하고 가격의 변동 등 시장정세의 변동에 따라 가격의 인하를 부당히 요구하거나 매매계약의 파기를 원하거나 또는 계약대로 지급을 하지 않을 경우조차 있을 수 있다. 여기에 수출업자와 수입업자간에 공신력이 있는 은행을 개입시켜 일정한 조건에 따라 발행되는 어음의 지급·인수·매입을 보증·확약함으로써 수출업자의 위험 또는 불안을 제거하고 매매계약의 원활한 이행을 보장하고, 나아가서는 수출대금을 선적 직후 회수할 수 있도록 하는 것이 신용장이 가지고 있는 첫 번째의 기능이라고 할 수 있다.

한편, 수입업자 측에서 보더라도 신용장은 매매계약 이행의 뒷받침이 된다는 뜻에서 거래의 안정성과 확실성을 보장하는 간접적인 수단이 되기도 한다.

신용장의 두 번째 기능은 수출업자 및 수입업자에 대하여 금융상의 편의를 제공하여 준다는 것이라고 말할 수 있다. 무역결제에는 여러 가지 방법이 있으나, 수입업자가 전불하는 경우에 수입업자는 계약대로의 상품을 입수할 수 있을지의 여부에 대한 매매상의 위험과 금융상의 부담을 모두 지게 된다.

반대로 수출업자가 먼저 상품을 송부하고 상품이 도착한 후에 수입업자로부터 대금을 받는다고 하면 대금지급의 위험과 금융의 부담을 모두 수출업자가 지게 된다. 이처럼 수출입업자 모두의 불편을 덜어주기 위하여 생겨난 것이 무역거래에 있어서의 신용장제도인 것이다. 즉, 수출업자에 대해서는 상품선적과 동시에 대금을 받도록 하고, 수입업자에 대해서는 상품도착 후에 대금을 지급하도록 하자는 것이 신용장이 갖고 있는 주된 기능이다.

# 3 신용장 당사자간의 관계

## 1 신용장 당사자의 범위

신용장거래에 관여하는 자를 총칭해서 신용장의 당사자(concerned parties)라 한다. 신용장 당사자의 위치와 기능에 따라 살펴보면 다음과 같다.

### 1) 개설의뢰인(applicant)

매매계약상의 지급조건에 따라 수입업자는 자기거래은행에 대하여 수출업자 앞으로 신용장의 개설을 의뢰하게 되는데, 이와 같이 수입업자는 수출업자의 요구에 따르는 피동적인 당사자로서 이를 신용장개설의뢰인(applicant for the credit)이라고 부른다. 개설의뢰인은 수입상품의 수하인(consignee)이며, 환어음의 결제인(accountee)이고 개설의뢰인인 동시에 개설자(opener)이기도 하다.

### 2) 개설은행(opening bank)

신용장개설의뢰인의 요청에 따라 수출업자 앞으로 일정한 조건하에서 수출업자가 발행한 어음을 지급·인수·매입할 것을 확약하는 수입업자의 거래은행을 신용장개설은행 또는 발행은행(issuing bank)이라고 한다. 수입업자는 통상 국제적으로 신용이 두텁고, 또한 신용장거래에 풍부한 지식과 경험이 있는 은행을 개설은행으로 선정한다. 개설은행은 수입업자와 거래가 있는 거래은행(dealing bank)이며, 여신을 부여하는 은행(credit writing bank)인 동시에 외국환업무를 취급하는 외국환은행(foreign exchange bank)이다.

### 3) 수익자(beneficiary)

신용장에 따른 이익을 향유(享有)하는 자를 수익자 또는 수혜자라고 하며 수출업자가 곧 신용장거래에서 수익자가 된다. 무역거래에서 수익자는 상품을 판매하는 매도인(seller)이며 상품을 적출하는 송하인(shipper)이다. 신용장이 수익자 앞으로 발행된다는 점에서 'Addressee'라고 부르기도 하며 신용을 받고 있는 자라는 점에서 'Accreditee'로도 불리운다.

한편, 신용장의 사용자라는 점에서 'User'라고도 하고 신용장에서 요구하는 환어음의 발행인이라는 점에서 'Drawer'라고도 한다. 양도가능신용장(transferable credit)에서는 양도받은 양수인(transferee)을 제2수익자(second beneficiary)라고 하며, 이 경우 원신용장(original credit)의 수익자를 제1수익자(first beneficiary) 또는 원수익자(original beneficiary)라고 한다.

이상에서 설명한 세 당사자만 있으면 무역신용장의 경우에 최소한의 거래가 이루어질 수 있기 때문에 이들을 가리켜 기본 당사자라고 하며, 따라서 이들 세 당사자는 신용장거래에서 반드시 등장하여야 할 존재이다.

### 4) 통지은행(notifying bank)

신용장의 개설은행이 신용장을 수익자에게 전달함에 있어서는 직접 전할 수도 있지만, 오늘날 대부분의 개설은행은 수익자의 소재지 또는 그 인접지에 있는 자기의 본·지점이나 환거래은행(correspondent bank)을 통하여 전달함을 관례로 하고 있다. 이 통지를 행하는 은행을 통지은행(notifying bank, advising bank 또는 우편신용장을 전달하여 준다는 뜻에서 transmitting bank)이라고 부른다. 이러한 은행은 개설은행의 요청에 의하여 신용장이 개설되었음을 단순히 통지하는데 그치며 거래에 대하여 어떠한 책임을 지거나, 또는 약정을 하는 것은 결코 아니다. 통지은행의 선정은 본·지점소재 여부, 환거래 은행 소재 여부 등을 고려하여 개설은행이 임의로 선정하나 신용장개설 의뢰인의 특별한 요청이 있으면 그 요청에 따라야 된다.

### 5) 확인은행(confirming bank)

신용장은 일반적으로 개설은행의 신용에 의하여 그 기능을 다하게 되는 것이지만 수출업자의 입장에서 보면 개설은행은 원격지에 있는 외국의 은행이므로 만일 개설은행이 그 약속을 이행하지 않을 경우에는 여러 가지 위험과 분쟁이 따를 것이며, 경우에 따라서는 개설은행의 신용에 관하여 신뢰를 갖지 못하는 경우도 있게 된다.

따라서 수출업자는 자기의 소재지에 있는 은행이나 또는 국제금융의 중심지인 뉴욕이나 런던에 있는 일류 은행이 자기가 발행하는 어음의 지급·인수 또는 매입을 보증하여 줄 것을 요청하게 되는 경우도 있는데, 이와 같이 개설은행 이외의 제3은행이 개설은행의 지시에 의하여 어음의 지급·인수·매입을 보증할 때 이를 확인은행이라고 한다.

### 6) 지급은행(paying bank)

신용장에 의한 환어음의 매각 여부는 언급하지 않고 신용장개설은행 또는 그가 지정하는 은행에 환어음을 제시하면 지급하겠다고 확약하고 있는 지급신용장(straight credit)의 경우, 이 지급행위를 위임받은 은행을 지급은행이라고 한다. 따라서 지급은행은 신용장개설은행을 비롯하여 수익자가 있는 나라의 개설은행의 환거래 은행 또는 제3국에 있는 은행이 될 수 있다. 지급은행의 지급행위는 마치 통지은행과 같아 그 지급행위에 대해 하등의 책임은 부담하지 않고 단순히 대금을 지불해 주는 역할만 수행할 다름이다. 일반적으로 지급은행에는 신용장개설은행의 환계정이 있어 대금수수가 신속하게 이루어진다.

### 7) 매입은행(negotiating bank)

수익자는 신용장을 받은 후 상품을 제조하거나 구입하여 선적을 완료하면 신용장조건에 따라 수입업자 또는 신용장개설은행 혹은 개설은행이 지정하는 거래은행 앞으로 어음을 발행하고 이 어음에 신용장에서 요구하는 운송서류를 첨부하여 통지은행 또는 자기의 거래은행에 그 어음의 매입을 의뢰하게 된다. 이때에 그 어음을 매입하는 은행을 매입은행이라고 한다. 매입은행은 신용장에 지정되어 있는 경우도 있고 아무런 제한이 없는 경우도 있다. 신용장에 매입은행이 지정되어 있느냐 없느냐에 따라 일반신용장(general credit)과 특정신용장(special bank)으로 나누어진다.

한편, 한 은행에서 매입된 환어음이 다른 은행에서 다시 매입되는 경우를 볼 수 있는데, 이것을 재매입(renegotiation)이라고 하며, 재매입을 하는 은행을 재매입은행(renegotiating bank)이라고 한다.

### 8) 인수은행(accepting bank)

기한부신용장(usance credit)의 경우에 있어서 요구되는 환어음은 기한부어음(usance draft, time bill)이기 때문에 어음의 인수(acceptance)가 반드시 선행되어져야 한다. 기한부어음을 인수한 은행을 인수은행이라고 하며 인수은행은 당해 어음의 만기일에 가서 비로소 지급은행이 된다. 인수된 환어음은 국제금융시장에서 자유로이 유통될 수 있다.

## 2 수출업자와 수입업자와의 관계

매도인과 매수인과의 상호관계는 원래 물품매매계약에 따라 결정되는 것이며 신용장과는 직접적인 관련성이 없다. 그러나 매매계약상 대금결제조건이 신용장 방식에 의할 것을 규정하고 있는 경우에는 매수인은 대금결제수단인 신용장이 개설되도록 최선의 조치를 강구하지 않으면 안 된다.

따라서 매도인의 입장에서는 매매계약이행의 전제요건인 약정된 신용장이 개설되지 않거나 또는 지연되는 경우 혹은 취소불능신용장을 개설해야 함에도 불구하고 취소가능신용장을 개설하는 등의 경우에는 매매계약을 해제할 수 있다.

특히 신용장거래에 있어서 매도인 측으로서는 신용장개설은행의 선정문제라든가 신용장의 발행시한 문제는 매우 중요한 사항에 속하기 때문에 이들 사항에 대하여는 계약체결시 명백히 밝혀 둘 필요가 있다.

## 3 개설의뢰인과 개설은행과의 관계

신용장개설의뢰인인 매수인이 은행에 신용장개설을 의뢰함에 있어서는 은행소정의 신용장개설계약(commercial letter of credit agreement)을 체결하여야 하는데 개설의뢰인과 개설은행과의 권리·의무관계는 이 계약에 의하여 전적으로 결정된다. 그러므로 신용장개설의뢰인은 신용장의 개설을 의뢰함에 있어서 본 개설계약과 개설의뢰서(application for letter of credit)의 내용을 충분히 이해하고 그 지시의 표현에 차질이 없도록 주의를 기울여야 한다.

### 1) 개설의뢰인의 의무

#### (1) 지시의 완전정확성

신용장통일규칙 총칙 및 정의 제5조에 의하면, "신용장은 어디까지나 개설의뢰인의 요청과 지시에 의하는 것이므로 개설의뢰인의 지시는 완전하고도 정확해야 하며, 또 너무 상세한 내용을 포함하여 다른 관계당사자들이 혼동이나 오해시키지 않도록 해야 한다"고 규정하고 있다. 본 규정은 개설의뢰인으로 하여금 개설은행에 대한 지시에 있어서 지시의 완전성과 정확성을 기할 의무를 명시하고 있는 조항으로서 지시의 완전성이란 신용장으로서 유효하게 사용될 수 있도록 필요한 사항을 모두 지시해야 한다는 뜻이며, 지시의 정확성이란 지시의 내용에 의문이 생기는 불명확한 지시를 피해야 한다는 것이다.

#### (2) 서류인수 및 보상의무

신용장개설의뢰인은 개설은행이 지급인수 또는 매입한 은행에 대해서 지급인수 또는 매입한 서류를 인수하고 개설은행에 대하여 신용장개설약정서에 의거 그 대금을 상환하여야 할 의무가 있다. 즉, 제시된 서류가 신용장조건과 문면(文面)상 일치하면 개설의뢰인은 그 서류를 거절할 수 없다는 개설의뢰인의 의무에 관한 내용이다.

#### (3) 타 은행의 이용 및 외국의 법률, 관습에 의한 채무부담의무

신용장통일규칙 제20조 a·b·c항에서는 다음과 같이 규정하고 있다.

a. 신용장개설의뢰인의 지시를 이행하기 위한 목적으로 타 은행의 서비스를 이용하는 은행은 개설의뢰인의 계산과 위험부담 하에 이를 수행한다.

b. 은행은 이러한 타 은행의 선정이 비록 자의에 의하여 이루어졌다 하더라도 전달한 지시사항이 이행되지 않은 경우, 이에 대하여 하등의 의무와 책임을 지지 아니한다.

c. 신용장개설의뢰인은 외국법률 및 관습에 의거 부과되는 모든 의무와 책임을 이행하여야 하며, 또한 그러한 의무와 책임으로부터 은행을 면책할 책임을 진다.

따라서 개설의뢰인은 은행의 서비스이용, 타 법률, 관습에 따른 개설은행의 지급에 대하여 이를 보상하여야 할 의무를 진다.

### 2) 개설은행의 의무

#### (1) 지시준수의무

개설은행은 개설의뢰인의 지시대로 신용장을 개설하여야 할 의무가 있다. 이행할 수 없는 지시를 받았을 때에는 그 지시내용을 변경하도록 조치하여야 한다.

#### (2) 통지의무

개설은행은 개설된 신용장을 수익자인 수출업자에게 통지할 의무가 있다. 이 통지의무는 수익자에 대한의무가 아니고 신용장개설계약의 당사자인 개설의뢰인에 대한 의무이다.

#### (3)서류의 심사의무

개설은행은 제시된 운송서류가 신용장조건과 일치하는지에 관하여 확인할 의무가 있다. 이러한 개설은행의 운송서류 점검의무는 신용장거래의 독립추상성에 따라 신용장조건과 서류기재사항의 문면상 형식적 일치 여부확인에 한정된 것이며 거래상품의 실질내용을 점검하는 의무가 아니다.

(4) 서류인도의무

개설은행은 수리한 운송서류를 지체 없이 개설의뢰인에게 인도할 의무가 있다.

## 4 개설은행의 면책사항

개설은행은 다음과 같은 사항에 대해서는 책임이 없다.

### 1) 서류의 형식 또는 법적 효력 등에 대한 면책

개설은행은 모든 서류의 형식, 충분성, 정확성, 진정성, 허위성 또는 법적효력에 대하여 아무런 의무와 책임을 지지 아니한다.

### 2) 서류에 기재된 상품의 실질·실태에 대한 면책

개설은행은 제시된 서류의 기재사항에 관하여 서류에 표시되어 있는 상품의 명세·수량·중량·품질·상태·포장뿐만 아니라 인도가격 또는 그 실존여부에 대하여 어떠한 책임이나 의무를 부담하지 아니한다.

### 3) 서류의 작성, 발행자에 대한 면책

개설은행은 서류작성자들의 행위에 관하여 상품의 송하인, 운송인 또는 보험자 기타 모든 관련자의 성실성 또는 작위나 부작위, 지급능력, 이행성, 또는 신용상태에 대하여 어떠한 책임이나 의무를 부담하지 아니한다.

### 4) 서신, 서류 등의 송달, 발송 중의 사고에 대한 면책

개설은행은 모든 통보문, 서신 또는 서류송달 중의 지연이나 분실에서 야기되는 결과와 전신이나 텔렉스의 송신 중에 발생하는 지연, 훼손 또는 기타의 오류 및 전문용어의 번역이나 해석상의 오류로부터 발생하는 손실에 대하여 아무런 의무나 책임을 부담하지 아니한다.

### 5) 불가항력에 의한 은행업무중단에 대한 은행의 면책

개설은행은 천재·지변·폭동·사변·반란·전쟁 기타 불가항력사고나 동맹파업 또는 직장폐쇄로 인한 업무의 중단으로 야기되는 결과에 대하여 하등의 책임이나 의무를 지지 아니한다. 은행은 특별히 권한이 부여되어 있지 않는 한 이러한 업무의 중단 중에 유효기일이 경과한 신용장에 대하여 그 유효기일 경과 후에는 지급·인수 또는 매입을 하지 아니한다.

### 6) 타 은행의 서비스를 이용할 경우의 면책

개설은행은 개설의뢰인의 지시를 실행할 목적으로 타 은행에 대하여 신용장의 통지를 요청하는 등 타 은행의 서비스를 이용할 경우가 있는데, 이 때 개설은행은 개설의뢰인의 계산과 위험 하에서 이를 행하는 것이며, 전달한 지시가 실행되지 않았다 하더라도 그 결과에 대하여 아무런 책임이나 의무를 부담하지 아니한다.

## 5 수익자와 개설은행과의 관계

이들 상호간의 권리·의무관계는 개설된 신용장이 취소가능신용장이냐 혹은 취소불능신용장이냐에 따라서 다음과 같은 차이점이 있다.

### 1) 취소가능신용장의 경우

신용장통일규칙 제8조에서 규정하고 있는 바와 같이 취소가능신용장은 수익자에게 사전 통고 없이 언제라도 취소 또는 조건변경이 가능하다. 즉 취소가능신용장은 개설은행이 지급확약을 하고 있는 것이 아니기 때문에 개설은행이 수익자에 대하여 지급이나 인수의 의무를 부담하고 있는 것이 아니다. 바꾸어 말하면 수익자는 개설은행에 대하여 지급이나 인수를 청구할 권리가 없다. 그러므로 수익자는 선적을 마친 후, 신용장조건에 맞는 서류를 제시한다고 반드시 지급이나 인수를 받는다고 보장할 수 없다. 그러나 비록 취소가능신용장이라고 하더라도 개설은행이 변경 또는 취소하기 전에 지급·인수·매입행위가 이루어졌을 때에는 개설은행은 이들 은행에 대해서 보상할 의무가 있음을 주의할 필요가 있다.

한편, 취소가능신용장의 경우에는 개설은행은 수익자에 대해서 신용장개설통지를 할 의무가 없다. 그러나 실무상 통지를 해 주고 있는 것은 개설은행의 호의 내지는 개설의뢰인간의 위임계약의 의무이행에 따른 것에 불과하다.

### 2) 취소불능신용장의 경우

취소불능신용장은 그 성격상 개설은행이 수익자 및 매입은행에게 지급을 확약하고 있는 것이기 때문에 개설은행은 수익자나 매입은행이 신용장의 조건대로 의무를 이행하고 지급·인수를 청구하면 이에 응하여야 할 의무가 있다.

개설은행이 취소불능신용장을 개설하여 일단 수익자에게 통지한 이상 수익자의 동의 없이 취소하거나 조건변경을 할 수 없는 의무가 있다.

개설은행은 수익자에게 신용장의 개설을 통지할 의무가 있다. 이 의무는 수익자에 대한 고유의무는 아니고 개설의뢰인과의 신용장개설 계약에 의한 의무이다. 신용장통일규칙에는 신용장효력의 발생시점에 대해서 아무런 언급이 없지만 일반적으로 보아 수익자의 권리는 개설은행으로부터 취소불능신용장의 통지가 수익자에게 도달된 때부터 발생한다고 본다(도달주의). 그러나 수익자가 도달된 취소불능신용장에 대하여 승낙의 의사표시를 별도로 할 필요는 없다.

취소불능신용장의 경우 수익자가 신용장조건을 충실히 이행한 이상, 그의 권리는 절대적이다. 따라서 개설은행은 수출업자와 수입업자간에 체결된 매매계약상의 분쟁을 이유로 지급을 거절할 수 없으며, 나아가 개설의뢰인의 사기에 의한 결과로 신용장을 발행하였거나 개설은행의 자력이 없게 되었다는 등의 이유를 들어 수익자에게 대항할 수 없다.

## 6 통지은행의 지위

통지은행과 개설은행과의 관계는 대리 또는 위임의 관계로서 통지은행은 개설은행으로부터 신용장의 통지요구를 받으면 대리·위임관계에 따라 그 지시대로 신속·정확하게 통지할 의무가 있다.

또한 통지은행은 신용장의 통지 외에 개설은행의 요청에 따라 신용장을 확인할 때도 있다. 이 경우에는 개설은행의 신용장에 대하여 확인을 부가한 후에 통지하게 되는데 신용장확인으로 인하여 생기는 확인은행으로서의 관계와 통지은행으로서의 관계는 원칙상 별개의 것이다. 한편, 통지은행이 지급은행으로 지정된 지급신용장(straight credit)의 경우도 역시 지급은행으로서의 관계는 통지은행으로서의 관계와 전혀 별개의 것이다.

통지은행이 수익자에게 신용장을 통지하는 것은 수익자에 대한 의무 때문이 아니고 개설은행에 대한 의무의 이행에서 기인한다. 그러나 통지은행이 통지를 게을리 하거나 부정확하게 하거나 혹은 통지은행의 책임 있는 사유로 인하여 수익자에게 손실을 가져다주었을 때에는 손해배상청구의 대상이 됨을 주의할 필요가 있다. 끝으로 통지은행과 신용장개설의뢰인과의 관계는 원칙적으로 직접적인 권리·의무관계는 없다.

## 7 매입은행의 지위

### 1) 수익자와 매입은행과의 관계

수익자와 매입은행과의 관계는 신용장거래 관계뿐만 아니라 어음법에도 의존하며 근본적으로 환어음거래계약 관계에 의한다.

매입은행은 당해 신용장에 의해서 매입의 지정이 되어 있지 않는 한 수익자가 제시한 화환어음을 반드시 매입할 의무는 없다. 그러나 매입은행이 일단 수익자가 발행한 환어음을 매입한 이상 매입은행은 어음법상 어음발행인인 수익자에 대해서 어음소지인(purchaser of draft, bona-fide holder)으로서의 권리를 갖는다. 그러므로 만일 어음의 인수나 지급이 거절되면 어음발행인에게 상환청구를 할 수 있다. 신용장 자체가 상환청구불능신용장(without recourse L/C)이거나, 또는 어음 면에 무담보문구(sans recourse)의 기재가 없는 한 환어음의 발행인은 상환의무를 지게 된다. 그런데 우리나라 어음법 제9조에 의하면 "어음발행인은 어음을 발행하므로 인하여 그 어음의 인수와 지급을 담보하는 것으로 인수나 지급이 없을 때에는 스스로 지급할 의무를 부담한다"고 되어 있다. 그러나 이 의무 중에서 인수담보책임만은 어음 면에 면책문구를 삽입하여 이를 면할 수 있다. 이에 반하여 지급의 무담보는 여하한 경우에도 허용되지 않으며, 가령 이러한 기재를 하였다 하더라도 그 기재를 하지 아니한 것으로 본다고 규정하고 있다.

### 2) 매입은행과 개설은행과의 관계

취소가능신용장의 거래에 있어서는 일반적으로 매입은행은 개설은행에 대하여 아무런 청구권이 없다. 그러나 매입은행이 통지은행이며 또한 지정매입은행인 때에는 신용장통일규칙 제2조에 의하여 보호받고 있기 때문에 신용장의 취소 또는 조건변경의 통지를 접수하기 이전에 행한 매입에 대하여는 청구권을 행사할 수 있다.

이에 반하여 취소불능신용장의 거래에 있어서는 일반적으로 신용장조건에 합치하는 환어음을 매입한 매입은행은 개설은행에 대하여 청구권을 갖는다. 매입은행이 갖는 이 권리는 수익자와 동등한 권리이며 이와는 별개의 독립된 것이다. 이러한 매입은행의 권리는 신용장의 종류에 따라 각각 다르다. 즉 매입이 제한된 매입제한신용장의 경우에는 지정된 매입은행만이 청구권을 행사할 수 있을 뿐이며 매입이 제한되어 있지 않은 일반신용장의 경우는 어떠한 매입은행이든 개설은행에 대하여 청구권을 행사할 수가 있다. 그러나 지급신용장인 경우, 개설은행은 매입은행에 대하여 지급확약을 하고 있지 않기 때문에 이와 같은 지급신용장에 의거하여 매입한 매입은행은 개설은행에 의하여 청구권이 없다고 보는 견해가 지배적이다.

매입은행과 신용장개설의뢰인과의 관계는 마치 통지은행과 개설의뢰인간에 아무런 관계가 없듯이 여기서도 마찬가지로 하등의 권리·의무관계가 존재하지 않는다.

# 4 신용장의 종류

## 1 총설

신용장의 종류를 분류하는 절대적인 어떤 기준은 없지만, 오늘날 무역실무계에서 가장 보편적으로 이용되고 구분될 수 있는 신용장을 넓은 의미로 나누어 보면 수출신용장과 수입신용장, 상업신용장과 여행자신용장, 은행신용장과 개인신용장, 상업신용장과 Clean 신용장. Simple Credit와 Reimbursement Credit로 구분할 수 있다.

여기서 수출신용장과 수입신용장의 구별은 사실상 의미가 전혀 없다. 왜냐하면 같은 신용장이 수입업자에게는 수입신용장이 되고, 수출업자에게는 그 이용 목적에 따라 수출신용장이라고 부르고 있기 때문이다. 단지 구별의 실익은 실무상 수입신용장을 개설하는 수입업자 측면에서 보면 신용장개설약정서, 개설담보금, 개설수수료의 지급 등이 문제가 되며, 수출신용장을 받은 수출업자 측면에서 보면 신용장조건의 해석, 신용장에 요구된 서류의 작성 및 환어음의 만기일 등이 관심의 대상이 될 따름이다.

한편, 상업신용장(commercial L/C)은 앞에서 설명한 바와 같이 개설은행이 무역대금의 결제를 위하여 수입업자의 의뢰에 의해서 수출업자 앞으로 신용장을 개설하여 동 조건에 일치하는 서류 및 환어음을 제시할 때 그 대금을 지급하겠다는 증서임에 비추어, 여행자신용장(traveler's L/C)은 외국에 여행하는 사람이 현금을 휴대하는 데 따른 불편과 위험을 제거할 목적으로 미리 자국의 외국환은행에 해당금액을 납입하고 신용장을 발급받아 여행지에서 필요 있을 때마다 환어음을 발행하여 발행은행의 본·지점 또는 환거래은행에서 매입 받아 소요되는 여비에 충당할 수 있는 신용장을 말한다.

은행신용장(banker's credit, bank credit)은 은행에서 발행한 신용장을 말하고 개인신용장은 초기의 신용장거래에서와 같이 은행이 아닌 수입업자가 자기 명의로 수출업자에게 발행한 신용장을 말한다.

상업신용장과 Clean신용장의 구별은 국제거래를 무역거래와 무역외거래로 분류할 때 무역거래에 쓰여지는 신용장은 상업신용장이고, 무역외거래에 쓰여지는 신용장은 Clean신용장이라는 데서 비롯된 것이다. 따라서 Clean L/C는 전술한 여행자신용장 이외에도 입찰보증금(bid bond), 계약보증금(performance bond)의 적립에 대신하여 제출되는 신용장 및 차입금의 변제를 보증하는 Stand by Credit등이 이에 포함된다.

끝으로 Simple Credit은 환어음의 매입은행에 신용장개설은행의 계정이 있어 그 계정에서 계정대체만 하면 매입자금의 상환을 받는 것을 말하고, 상환신용장(Reimbursement Credit)은 매입은행에 개설은행의 계정이 없기 때문에 별도로 개설은행이나 개설은행이 지정한 제3의 은행 앞으로 어음을 보내어 대금을 추심받는 방법에 의해서 상환을 받는 것을 말한다. Reimbursement Credit의 경우에는 서류의 송달 없이 어음만 가지고서도 결제되는 Clean Reimbursement와 운송서류가 요청되는 Documentary Reimbursement로 나누어진다.

이상과 같은 다양한 신용장의 유형에도 불구하고 성질상, 여기에서는 신용장의 효용에 따른 기능을 기초로 오늘날 국제무역거래에서 자주 쓰여지고 있는 신용장에 국한하여 다음과 같이 나누어 살펴보기로 한다.

## 2 취소가능신용장(Revocable Credit)과 취소불능신용장(Irrevocable Credit)

신용장은 개설은행이 그가 개설한 신용장을 임으로 언제든지 취소 또는 변경 할 수 있느냐 없느냐에 따라 취소가능신용장과 취소불능신용장으로 나누어진다. 모든 신용장에는 취소가능인지 또는 취소불능인지에 대하여 명확한 표시가 있으며, 만일 이와 같은 명확한 표시가 없을 경우에는 이러한 신용장은 취소불능한 것으로 간주된다. 취소가능신용장이란 개설은행이 수익자에게 아무런 통고도 없이 언제든지 취소 또는 변경할 수 있는 신용장을 말한다. 취소가능신용장은 개설은행 또는 관계은행과 수익자 측에 법적 구속력을 갖는 약정을 성립하게 하는 것은 아니다. 취소가능신용장의 변경 또는 취소통지의 효력은 이러한 변경 또는 취소에 관한 통지를 통지은행이 접수한 때에 발생하게 된다. 따라서 이러한 변경 또는 취소통지를 접수하기 전에 통지은행이나 매입은행이 지급·인수·매입을 하였을 때, 이에 대하여 개설은행의 구상권은 아무런 영향을 받지 않는다.

취소가능신용장은 임으로 취소 또는 변경될 수 있는 것이므로 수출업자나 어음의 매입은행은 언제나 불안한 위치에 놓이게 된다. 따라서 이러한 취소가능신용장은 신용장 본래의 성질을 구비한 것이라고는 할 수 없으며 그 결과 오늘날 국제무역거래에서 잘 이용되지 않고 있다. 한편, 취소가능신용장일지라도 지급·인수 또는 매입을 위하여 서류를 제시하여야 할 유효기일(expiry date presentation)은 반드시 명시하여야 한다.

이에 반해서 취소불능신용장은 개설은행이 일단 개설하여 수익자에게 통지한 이상 그 유효기간 내에는 신용장관계당사자 전원의 동의 없이는 일방적인 취소 또는 변경이 불가능한 신용장을 말한다. 취소불능신용장에 있어서 수출업자의 개설은행에 대한 권리는 수출업자와 수입업자간의 매매계약관계로부터 독립한 것이며(취소불능신용장의 독립성), 수입업자와 개설은행간의 자금관계로부터 분리된 절대적인 것이므로 일반적으로 개설된 신용장은 취소할 수 없도록 함으로써 신용장 본래의 기능을 다하도록 하고 있다.

## 3 확인신용장(Confirmed Credit)과 미확인신용장(Unconfirmed Credit)

확인신용장은 신용장개설은행 이외의 제3은행, 특히 국제적으로 공신력이 있는 개설은행의 거래은행이 개설은행의 요청에 의해서 지급확약을 추가(addition)한 신용장을 말하며, 이와 같은 확인이 추가되지 아니한 신용장을 미확인신용장 혹은 무확인신용장이라고 한다. 취소불능신용장은 확인을 추가함으로써 수익자는 이중의 지급확약을 받게 되는 것이며 그 만큼 신용도가 높아지고, 만일 개설은행이 지급불능상태에 이른다 하더라도 확인은행이 자기 책임 하에 지급하여야 하기 때문에 가장 신용도가 높은 신용장이라고 할 수 있다.

한편 이론적으로 볼 때에 취소가능신용장에 대한 확인이란 있을 수 없기 때문에 Irrevocable and Confirmed Credit와 Irrevocable and Unconfirmed Credit 및 Revocable and Unconfirmed Credit만이 존재할 수 있을 따름이다. 보통 확인은행의 지급확약문언의 예를 보면 다음과 같다.

> We confirm the credit thereby undertake that all drafts drawn and presented as above specified will be duly honoed by us.
>
> 당 은행은 동 신용장을 확인하며 위에 명시한 바와 같이 그에 의거하여 발행되는 모든 어음을 인수·지급할 것을 확약한다.

신용장통일규칙에서도 확인신용장에 대하여 다음과 같이 밝히고 있다.

"…개설은행이 타 은행에 그 취소불능신용장을 확인할 권한을 부여하여 타 은행이 이를 확인하였을 경우 지급·인수에 관한 조항을 정히 이행하겠다는 확약이 되며, 또는 어음매입의 형식으로 이용되는 신용장일 경우에는 확인은행이 어음발행인에 대하여 상환의무를 부과함이 없어 어음을 매입하겠다는 확약이 된다."

## 4 상환청구가능신용장(With Recourse Credit)과 상환청구불능신용장(Without Recourse Credit)

신용장거래에 있어서 화환어음이 신용장조건과 불일치하게 발행되었을 때에는 어음지급인은 지급거절을 할 수 있으며, 이때에 선의의 어음소지인이 발행인에게 상환청구를 해 오면 이에 응할 수 있느냐의 여부에 따라서 상환청구가능 또는 상환청구불능신용장으로 구분된다.

일반적으로 취소불능신용장에 의거해서 발행된 어음이 신용장조건과 일치해서 발행된 이상, 개설은행이 그 어음의 지급 또는 인수를 확약하고 있으므로 어음이 개설은행 앞으로 발행되든 개설의뢰인 앞으로 발행되든 간에 개설은행은 그 어음을 지급해야 하기 때문에 환어음의 발행인인 수익자는 상환청구를 받지 않는다.

그러나 만일 개설은행이 파산하여 지급불능상태에 처한 경우에는 어음발행인은 그 어음의 선의의 소지인에 대하여 상환의무를 져야 하기 때문에 여기에서 어음 면에 'Without Recourse'의 기재여부가 문제가 된다. 그러나 엄격한 의미에서 볼 때에 이것은 신용장상의 문제라기보다는 어음법상의 문제이다.

즉 신용장상에 Without Recourse라고 기재되어 있어도 발행되는 어음에는 Without Recourse라고 기재되지 않으면 그 효력을 발휘하지 못한다. 각국마다 어음법이 다르며, 우리나라 어음법은 Without Recourse를 인정하지 않고 있기 때문에 Without Recourse 신용장을 받아도 아무런 실익이 없다. 그런데, 영미법상으로는 Without Recourse 신용장하에서 어음상에 이 문언을 기재하면 법적으로 효력이 있는 것으로 되어 있다.

## 5 보통신용장(General of Open Credit)과 특정신용장(Special of Restricted Credit)

신용장개설은행이 그 신용장에 의해 발행되는 어음의 매입을 특정은행에 한정하는 경우 이와 같은 신용장을 Special or Restricted Credit라고 하며, 매입은행을 한정하지 않는 신용장을 General or Open Credit 또는 Circular Negotiation Form Credit라고 부른다. 신용장의 매입을 특정은행에 한정한다고 명시되어 있지 않는 경우에는 수익자가 자기의 소재지에서 가장 유리한 율로 어음을 매입시킬 수 있다. 그러므로 수익자의 입장에서 보면 어음이 수출지통화가 아닌 외화로 발행되게 될 때 그 의의가 크다고 말할 수 있다. 신용장에 의해 발행되는 어음의 매입을 특정한 은행에 제한시키는 때에는 개설은행이 개설의뢰인의 요청에 의해 혹은 개설의뢰인의 동의를 얻어 행하는 것으로서 개설은행의 지시가 없는데도 불구하고 통지은행이 임의로 어음의 매입을 특정은행에 한정시킬 수 없다.

매입은행에 대하여 아무런 문언이 기재되어 있지 않는 경우에는 General Credit로 취급된다. Restricted Credit에 보통 사용되는 문언은 다음과 같다.

> "Negotiations under this credit are restricted to ×× Bank."

## 6 매입신용장(Negotiation Credit)과 지급신용장(Straight Credit)

### 1) 일반적 구분

신용장에 의해 발행된 어음이 매입될 것을 예상하고 또한 이를 허용하고 있는 신용장을 Negotiation Credit라고 하며, 어음의 매입을 예상하지 않고 단순히 신용장개설은행 또는 개설은행의 특정환거래은행 앞으로 어음을 발행, 제시하면 지급한다고 약정하는 신용장을 Straight Credit라고 한다.

Negotiation Credit의 경우 개설은행이 어음의 발행인(drawer), 배서인(endoser) 및 선의의 소지인(bona fide holder)에게까지 약정을 하고 있는데 반해 Straight Credit의 경우에는 개설은행이 수익자에 대해서만 약정을 하고 어음의 배서인 및 선의의 소지인에 대해서는 약정을 하지 않는다.

대표적인 Straight Credit는 신용장개설은행이 자기의 해외지점 또는 특정환거래은행에 대해 일정한 운송서류와 상환으로 지급을 위탁하는 형태로 발행되는데, 이 경우 어음은 지급은행 앞으로 발행되며 지급통화도 수익자의 자국통화, 즉 수출지통화로 되어 있다. 지급은행은 수익자에게 지급한 수출대금을 자기가 보유하고 있는 신용장개설은행의 계정에서 차기(借記) 결제하는 것이 관례로 되어 있다. 이와 같이 Straight Credit은 지급위탁이라고 할 수 있으므로 지급수수료는 특약이 없는 한 수익자에게 부담지울 수 없으며 부담을 시킨다 하더라도 매입하는 경우에 비해 훨씬 적다. 이에 비추어 Negotiation Credit하에서의 매입은행은 자기자금으로 수익자에게 대금을 선불해 주고 일정기일 경과 후 개설은행 또는 제3의 결제은행으로부터 대금상환을 받으므로 그 기간 동안 이자의 서비스에 대한 수수료는 당연히 수익자의 부담으로 돌린다.

한편, Straight Credit의 경우에 있어서도 지급은행 이외의 제3은행이 신용장에 의해 발행된 어음을 매입하는 것이 신용장조건으로 금지되어 있는 것은 아니기 때문에, 가령 매입을 했을 때 신용장에 의한 보호의 정도가 Negotiation Credit하에서의 매입은행과는 전적으로 다르다. 왜냐하면 매입신용장에서의 매입은행은 단순한 수익자의 대리인의 역할을 떠나서 엄연한 신용장의 법적 당사자로서의 지위에서 매입해 준 대금의 상환을 청구할 권리를 갖지만, 지급신용장하에서의 매입은행은 개설은행으로부터 지급확약을 받고 있는 것이 아니므로 수익자의 신용도에 따른 매입은행의 위험부담으로 환어음의 매입이 이루어진다. 따라서 Straight Credit에 의해 발행되는 어음을 매입하는 경우란 거의 볼 수 없다.

일반적으로 신용장은 본문 머리에 다음과 같이 표시함으로써 Straight Credit인지 Negotiation Credit인지를 구별하고 있다.

**Straight Credit의 경우**

"We hereby issue this documentary credit which is available by payment of your draft……".

**Negotiation Credit의 경우**

"We hereby issue this document credit which is available by negotiation of your draft ……."

## 2) 신용장통일규칙상의 지급유형에 따른 구분

### (1) 신용장개설은행이 직접 지급하는 형식에 따른 구분

#### ① 지급형식의 신용장

신용장통일규칙 제9조 a항 (1)호에서 규정하는 다음 조항이 바로 개설은행이 수익자에게 직접 지급하는 형식을 취한 것이다. 즉 신용장에서 일람지급을 약속한 경우 지급한다(if the credit provides for sight payment-to pay)라는 용어를 사용하는 수익자에게 직접 지급할 것을 약속하고 있다. 이 조항에서 환어음의 발행에 대하여 아무런 언급이 없기 때문에 원칙적으로 환어음이 발행되지 않는다.

환어음이 발행되지 않는 형식의 지급신용장에는 Payment on receipt credit와 Payment against document credit의 두 가지 종류가 있는데, 이러한 신용장에는 "Payment is to be made against the following documents" 또는 "Available against presentation of the following document" 등의 문언이 명시되어 있다.

환어음이 요구되지 않는 신용장이 이용되는 이유는 다음과 같다.

ⅰ. Sight Credit(일람불신용장)인 경우에는 수익자의 어음제시와 은행의 어음점검의 절차가 필요하지만 어음의 지불이 서류와 상환으로 행하여지기 때문에 반드시 어음에 의할 필요는 없고 수익자의 대금영수증으로써 충분한 Payment on receipt credit이면 족하다.
일람불어음인 경우에는 부가적인 어음 책임발생의 근거가 되지 않으며 사실상으로는 영수증의 기능을 가질 뿐이다.

ⅱ. 서독의 경우에는 환어음에는 수입증지가 첨부되어야 하기 때문에 어음형식을 기피하는 관습이 있다.

ⅲ. 소련의 경우에는 어음법이 없기 때문에 Payment against documents credit의 형식을 취하고 있다.

### ② 연지급형식의 신용장

이 형식은 신용장통일규칙 제9조 a항 (ii)호에서 명시하는 바와 같이 신용장에서 연지급을 약속한 경우, 신용장의 약정에 따라서 결정된 일자에 지급한다(if the credit provides for deferred payment-to pay on the date(s) determinable in accordance with the stipulation of the credit)고 규정되어 있다. 이 형식의 신용장도 지급신용장과 마찬가지로 환어음의 발행이 요구되지 않는다.

연지급신용장에 관하여 신용장통일규칙 제4차 개정의 2차 시안인 document No.470/391 article 5에서 다음과 같이 정의하고 있다.

> "A credit available by deferred payment(deferred payment credit) must specifically nominated bank(paying bank) which is to effect payment under the credit after presentation to it of the stipulated document without any draft.
>
> Such credit must, however, indicate a fixed or determinable date on which payment is to effected."

Deferred payment credit에 대하여 요하네스 자안은 개설은행이 통상적인 신용장의 경우와 달리 운송서류의 제출과 상환으로 지급이 즉시 행하여지는 것이 아니라 서류제출 후 일정시점에서의 지급을 확약하는 것이라고 정의하고 있다. 이때 은행은 서류와의 상환으로 연지급확약서(deferred payment undertaking)를 교부하게 된다.

E. P. Ellinger는 연지급신용장이란, 서류와 상환으로 대금이 지급되는 것이 아니라 서류제출일자 또는 실제 선적이 이루어진 일정시점 이후에 지급이 이루어지며 이러한 형식의 신용장은 대부분 "대금의 30%는 선적 후 30일, 30%는 90일, 나머지 40%는 상품의 인도가 이루어진 후 일정시점, 그러나 최소한 선하증권의 일자로부터 6개월 이내" 등으로 규정된 분할방식에 의하여 지급이 이루어진다고 정의함으로써 단기무역신용에 많이 이용되고 있음을 주장하였다.

연지급신용장은 1950년대 후반 일본에서 시작되었으며, 신용장통일규칙 제3차 개정시에 이미 논의된 바 있었으나 여러 가지 문제점으로 인하여 추후로 미루어 오다가 제4차 개정시에 추가되었다.

#### ③ 인수형식의 신용장

이 형식은 신용장에서 인수(引受)를 약속한 경우, 신용장에서 개설은행을 지급인으로 환어음이 발행되도록 약정된 경우는 수익자가 발행한 환어음을 인수한다는(if the credit provides for acceptance-to accept drafts drawn by beneficiary if the credit stipulates that they are to be drawn on the issuing bank)형식으로 되어 있다.

이는 기한부거래에서 사용되며 어음지급일이 특정일에 특정되는 정기출급어음(usance or time draft)을 발행할 수 있도록 허용된 신용장으로 기한부신용장이라고도 한다. 신용장조건에 의하여 어음이 지급인에게 제시되면 인수과정을 밟게 되는데 지급인은 제시되는 어음에 'accepted by drawee, date  signature'를 기재하여 제시인에게 반환한다. 이때 어음제시인은 어음을 인수은행에서 할인을 하여 대금을 지급받거나 자기 스스로 국제금융 중심지의 은행에서 할인을 받거나 또는 결제일까지 보관하였다가 지급인에게 지급받는다. 이 어음의 인수은행이 일류 은행이면 할인 시장에서 유리하게 할인받을 수 있다.

개설은행이 직접 인수하는 경우에는 환어음이 개설은행 앞으로 발행되도록 약정된 경우(to accept drafts ~ that they are to be drawn on the issuing bank)에 한한다. 개설은행이 직접 인수하는 경우에는 지급약정이 자동적으로 이루어지므로 'to accept'라고만 표시하고 'to pay'라는 뜻을 생략하였는데 이는 인수어음이 만기가 되면 인수은행은 지급은행으로 바뀌게 되므로 인수 형식이 자동적으로 일람지급형식으로 되기 때문이다.

#### ④ 매입형식의 신용장

신용장에서 매입이 약정된 경우, 수익자가 일람출급 또는 기한부로 개설의뢰인 또는 개설은행 이외의 기타 지급인 앞으로 발행된 환어음을 발행인 또는 선의의 소지인에게 소구(遡求)하여 지급한다(if the credit provides for negotiation-to pay without recourse to drawers and/or bona fide holders, draft(s) drawn by the beneficiary, at sight or at a tenor, on the applicant for the credit or on any other drawee stipulated in the credit other than the issuing bank itself)는 내용의 신용장을 말한다.

매입신용장의 경우에는 일람지급이거나 기한부이거나 간에 개설은행을 지급인으로 하는 환어음은 발행되지 않는다.

또한 일람지급환어음이 직접 개설은행에 제시되면 개설은행은 환어음을 매입하는 것이 아니라 발행인이나 선의의 소지인에게 소구함이 없이 지급(to pay without recourse)하며, 기한부환어음이 제시될 경우, 이를 인수하여 인수은행이 된다. 따라서 환어음이 개설은행에 제시되는 경우에는 환어음의 매입(negotiate)은 일어나지 않으며 지급 또는 인수가 이루어진다.

이러한 형식의 신용장은 환어음의 발행인, 배서인, 선의의 소지인 모두에게 지급을 확약(we agree with the drawers, endorsers, and bona fide holder of draft ~) 하는 지급확약문언이 기재되어 있다.

### (2) 한편 타 은행에 수권하여 지급하는 형식을 살펴보면 다음과 같다.

#### ① 지급형식의 신용장

이 형식은 신용장통일 규칙에 명시된 바와 같이 지급이 이루어지도록 한다(that payment will be made)는 내용의 지급형식을 취한다. 이때 지급은행이 반드시 지정되어야 하는데 지급은행은 통상 개설은행의 본·지점이거나 개설은행과 특별한 관계가 있는 환거래 은행인 경우가 대부분이다.

만약 지급은행이 개설은행과 특별한 관계가 있지 않을 경우, 신용장에 의거 대금을 지불한 은행이 개설은행으로부터 어떤 이유로 대금을 회수할 수 없을 때 지급형식의 신용장은 어음이 발행되지 않으므로 수익자에게 어음상의 소구권을 행사할 수 없기 때문에 그러한 권리를 확보하기 위하여 특약을 하지 않으면 안 된다.

**② 연지급형식의 신용장**

이 형식은 개설은행이 직접 지급하는 형식의 연지급신용장과 동일하며 단지 타 은행이 연지급을 이행한다는 것이 다를 뿐이다.

이 신용장을 이용할 경우 문제가 되는 것은 수입상인 개설의뢰인이 상품을 인수한 후 상품의 결함을 발견하면 자신의 클레임이 해결될 때까지 수익자에게 지급을 중지하도록 법적 조처를 취하고자 시도하는 경우이다.

E. P. Ellinger는 연지급신용장이란 환어음이 발행되어 인수되는 인수신용장과 마찬가지로 약정한 기일에 지급되어야 한다고 주장하면서 약정상품의 결함을 이유로 하여 대금지급을 거부한 스위스 수입상에게 패소판결을 내린 Swiss Bundesgericht의 판결을 적극 지지한 바 있다.

**③ 인수형식의 신용장**

이 형식은 신용장에서 기한부환어음의 발행이 약정된 경우, 환어음이 개설의뢰인이나 또는 기타의 피발행인 앞으로 발행되면 개설은행은 타 은행으로 하여금 인수가 이루어지도록 하고 만기에 지급이 이루어지도록 하겠다(to be responsible for their acceptance and payment at maturity ~ )는 형식을 취하는 신용장을 말한다.

신용장통일규칙 제11조에 의거하여 지급방식이 표시되면 이 형식의 신용장을 쉽게 구별할 수 있으나 이를 표시하지 않는 경우 신용장의 내용에 환어음의 발행과 만기에 관한 지시가 있는지의 여부에 따라 구분할 수밖에 없다.

#### ④ 매입형식의 신용장

매입신용장은 개설은행이 타 은행으로 하여금 발행된 환어음을 매입하도록 하겠다는 약정이며 만약 타 은행이 매입하지 않으면 자신이 직접 지급하겠다(to provides for negotiation by another and to pay, as above, if such negotiation is not effected)는 내용의 신용장을 말한다.

이 형식은 개설은행이 직접 매입하는 경우와는 달리 'Without recourse to drawers and/or bona fide holders'라는 문언이 명시되어 있지 않다. 따라서 환어음을 매입한 은행이 어떤 이유로 인하여 개설은행으로부터 지급을 받지 못할 경우에는 매입은행은 환어음의 발행인 또는 선의의 소지인에게 소구할 수 있다는 것으로 해석하여야 할 것이다.

그렇지 않으면 타 은행들이 매입에 응하지 않을 것이며 이로 인하여 신용장 유통의 원활화가 저해될 것이기 때문이다.

어음은 각국마다 법률상 행위지법에 따르도록 되어 있으며 우리나라 어음법에는 어음상에 지급무담보의 의미인 Without recourse를 기재하여도 이를 인정하지 않고 상환청구가 가능한 것으로 되어 있다.

## 7 화환신용장(Documentary Credit)과 무담보신용장(Clean credit)

화환신용장은 신용장조건으로 환어음에 운송서류 전통(全通)을 첨부할 것을 요구하고 있는 신용장으로서 우리가 보통 신용장이라고 할 때에는 이를 가리킨다. 이에 반해서 무담보신용장은 운송서류의 첨부를 요구하지 않고 단지 어음의 제시만으로 지급·인수를 약속하고 있는 신용장을 말한다. 따라서 후자의 경우에는 대체로 운송서류는 매도인으로부터 매수인에게 직접 송부하게 된다.

그러므로 개설은행의 위험부담이 상대적으로 크기 때문에 확실한 신용이 있는 거래처가 아니면 이러한 신용장은 개설할 수 없고 또 매수인으로서도 매도인이 확실히 약정상품을 선적할 것이라는 믿음이 없으면 이러한 신용장의 개설을 의뢰할 수 없다.

그 이유는 계약조건위반의 물품을 보내고도 매도인이 신용장조건대로 어음을 발행하는 한 개설은행은 지급하지 않으면 안 되며 개설은행은 매수인에게 무조건 구상을 행하여 오기 때문이다.

## 8 일람불신용장(Sight Credit)과 기한부신용장(Usance Credit)

신용장에 의해서 발행되는 어음이 일람불인지 또는 기한부지불인지에 따라서 신용장은 Sight Credit와 Usance Credit(acceptance credit)로 구분된다. Sight credit에 있어서의 어음은 거의 지급에 대한 영수증과 같은 의미를 갖는다. 일람불어음이 지급거절되는 경우는 어음법상의 문제가 아니라 순전히 매매당사자 간의 계약위반의 문제로 된다.

그러나 신용장거래에 있어서 일람불어음이 발행되었을 때에는 신용장개설은행이 그 어음의 지급을 부담하는 것이기 때문에 신용장이 그 발행조건에 부합되게 발행되는 한 어음의 지급거절에 부합되지 않고 하자(瑕疵)가 있는 경우에는 부도가 나게 되며 매입은행과 개설은행간의 분쟁으로 된다. 신용장개설의뢰인이 신용장에 의하여 발행된 어음을 가지고 할인시장에서 금융을 받으려고 하면 기한부어음으로 하고, 그 어음의 인수은행은 신용이 있는 은행으로 하면 된다. 일반적으로 New York Acceptance 또는 London Acceptance Credit라고 한다. New York이나 London의 일류은행이 인수한 어음은 금융시장에서 가장 유리한 조건으로 할인되는 이점을 갖고 있다.

Usance 어음의 기일을 산정하는 기준에는 다음과 같은 방법들이 있다.

① 일람 후 정기출급(××days after sight)

② 일부 후 정기출급(××days after date)

③ 확정일후 정기출급(××days after date of B/L)

'Sight'의 기준은 어음이 개설은행을 통해서 수입업자에게 제시되는 시점이 되므로 'after sight'어음은 'after date'어음보다는 우편일수만큼 늦게 만기가 도래된다.

## 9 양도가능신용장(Transferable credit)과 양도불능신용장(Nontransferable Credit)

수익자가 제3자에게 신용장금액의 전부 또는 일부를 양도할 수 있도록 권한이 부여된 신용장을 양도가능신용장이라고 한다. 신용장에 명백히 'Transferable'이라는 용어가 표시되어 있을 경우에 한하여 신용장을 양도할 수 있는 것이며 신용장에 아무런 표시가 없는 경우에는 양도불능신용장이다.

양도가능신용장에 있어서 양도는 1회에 한하여 할 수 있으며 분할선적이 금지되어 있지 않는 한 각 분할양도는 원신용장(original L/C)에 한하여 1회 양도할 수 있으나 예외적으로 신용장금액·단위·선적기일·유효기일에 대하여는 변경할 수 있다.

신용장금액이나 단가를 감액하여 양도하였을 경우, 원수익자는 신용장에 명시된 원금액을 초과하지 않는 금액 및 신용장에 명시된 단가로서 작성한 자기의 송장을 제2의 수익자가 작성한 송장과 대체할 수 있으며, 송장대체에 따른 차액에 대하여 원수익자는 어음의 발행을 청구할 수 있다.

한편, 신용장통일규칙 제54조를 살펴보면 양도할 수 있는 요건에 대하여 다음과 같이 규정하고 있다.

① 신용장 상에 반드시 'Transferable'이라는 문구가 표시되어 있어야 한다. 양도의 뜻을 가지고 있는 'Divisible', 'Transmissible', 'Assignable' 및 'Fractional'등과 같은 문구를 사용해서는 안 되며, 이러한 문구가 들어있는 신용장은 양도

가능신용장이 아니다.

② 신용장의 양도는 1회에 한한다.

③ 분할선적을 허용하고 있는 경우는 분할양도(partial transfer)가 가능하au 이때에도 신용장의 양도는 1회에 한한다. 분할양도 할 수 있으므로 양도받은 제2수익자는 복수로 존재할 수 있으나 제2수익자가 다시 제3자에게 양도할 수는 없다. 즉 제2수익자까지만 존재하며, 제3수익자란 존재할 수는 없다.

④ 신용장의 양도는 동일국내 또는 타국을 막론하고 양도할 수 있다.

⑤ 양도된 신용장의 조건은 원신용장조건과 동일하여야 한다. 다만, 신용장금액, 단가, 선적기한, 신용장 유효기한을 원신용장조건보다 적게 하거나 줄이는 것은 허용된다고 되어 있다.

## 10 내국신용장(Local Credit)

### 1) 의의

내국신용장(local L/C, secondary L/C, domestic L/C, subsidiary L/C)이라 함은 원신용장의 수혜자가 수출품 또는 원자재 공급업자에 대한 대금지급을 보증하기 위하여 원신용장(original L/C, prime L/C)에 의한 청구권을 담보로 하여 원신용장의 통지은행 또는 거래은행에 의뢰하여 별도로 수출품 또는 원자재 공급업자를 수익자로 하는 신용장을 국내에서 발행하는 것을 말한다. 이러한 내국신용장은 수출업자로 하여금 수출물자 또는 수출용 원자재를 국내에서 간편하게 조달할 수 있게 하는 역할을 해 주는 동시에 공급업자에 대하여는 대금지급보증 및 수출지원 금융을 융자지원해줄 뿐만 아니라 무역관리 및 세제 면에서는 내국신용장에 의한 공급실적을 수출실적으로 인정하여 수출의 경우에 동일한 혜택을 줌으로써 국산원자재 사용촉진 및 외화가득률 제고시책으로서 중요한 기능을 갖고 있다.

### 2) 내국신용장의 특징

① Local Credit는 Original Credit와는 독립·별개의 것으로 이를 담보로 하여 국내의 외국환은행에서 발행된 신용장이다.

② Local Credit의 발행은 개설은행 혹은 매수인이 전혀 관여한 것이 아니며, Original Credit 개설은행의 직접적인 지급을 얻는 것도 아니다. 따라서 Original Credit의 매수인·개설은행에는 하등의 채권도 없으며 단순히 Local Credit 개설은행의 지급확약을 얻는데 불과하다.

③ Local Credit는 Original Credit의 내용, 즉 단가 등을 변경할 수 있으므로 원거래의 기밀을 유지하여 중간이윤을 취득하는데 편리한 신용장이다.

【표 5-1】 Local L/C와 구매승인서의 비교

| | 내국신용장 | 구매승인서 |
|---|---|---|
| 관련법규 | 「무역금융규정」 | 「대외무역법시행령」 및 「대외무역관리규정」 |
| 개설(발급)기관 | 외국환은행 | 외국환은행 |
| 거래대상물품 | 외화획득용 원자재 및 완제품 | 외화획득용 원자재 및 완제품 |
| 개설(발급)조건 | 당해 업체의 무역금융융자 한도 내에서만 개설 | 업체가 거래증빙서류(Master L/C, 소요량증명서, 세금계산서 등)를 구비하여 신청하면 제한 없이 발급. |
| 개설(발급)비용 | 일정개설수수료<br>(매 3개월마다 개설액의 65/1000% 부담) | 없음 |
| 공급실적의 수출실적 승인 여부 | 「무역금융규정」 및 「무역관리규정」 상의 수출실적으로 인정 | 「무역관리규정」 상의 수출실적으로만 인정 |
| 공급실적에 대한 무역금융 융자 여부 | 무역금융융자대상 | 무역금융을 융자받을 수 없음 |
| 부가가치세 부담여부 | 부가가치세 영세율 적용 | 부가가치세 영세율 적용 |

## 11 회전신용장(Revolving Credit)

동일한 매매당사자간에 동일한 종류의 상품을 계속적으로 거래하는 경우 거래를 할 때마다 신용장을 개설한다는 것은 많은 시간과 비용이 소요되므로 불편하다. 그렇다고 하여 한꺼번에 총 거래 예상금액에 대한 신용장을 개설하는 것은 수입업자 측으로 볼 때 자금부담 문제가 뒤따른다. 이러한 경우에 일정 기간 동안 일정한 금액 내에서 신용장금액이 자동적으로 갱생되도록 마련된 것이 Revolving Credit이다. 이 신용장을 자동적으로 갱생하는 방법에는 다음과 같은 세 가지고 있다.

① 신용장에 의하여 발행된 환어음에 대하여 지급이 이행되었다는 통지가 있을 때 그 금액만큼 보충되는 방법

② 환어음이 결제되는 일정한 일수를 신용장에 정하여 놓고 그 동안에 지급부도 통지가 없으면 자동적으로 갱생되는 방법

③ 일정한 기간마다 그 금액이 갱생되는 방법

신용장금액의 집계방법에는 누적적방법(cumulative method)과 비누적적방법(non-cumulative method)이 있는데, 전자는 갱신될 때 미사용 잔액 (un-used balance)이 있으면 그 잔액이 그대로 누적되는 방식이고, 후자는 누적되지 않는 방식이다.

예컨대, Monthly Revolving Cumulative인 경우 신용장금액이 1만 달러로서 1개월간 미사용 잔액이 2천 달러이면 2개월째의 신용장금액은 1만 2천 달러가 되며. Non-Cumulation인 경우에는 미사용 잔액 2천 달러가 누적되지 않고 그대로 당초 금액인 1만 달러만 된다.

## 12 전대(前貸)신용장(Red Clause or Packing Credit)

신용장개설은행이 통지은행에 대하여 수익자에게 일정한 조건하에서 수출대금의 전불(advance payment)을 허용하는 특수신용장을 Packing Credit라고 하는데, 그 약관이 통상 신용장에 적색으로 표시되는 경우가 많기 때문에 Red Clause Credit라고도 부른다. 이 신용장은 수출상품을 제조하는데 장기간을 요하는 경우 또는 수입업자가 해외에서 파견된 자기의 구매대리인 혹은 자기와 밀접한 관계에 있는 수출업자에게 집하자금 또는 생산자금의 지원을 위해 흔히 이용된다.

전불을 받을 때는 보통 영수증과 전불을 받은 후 일정기간 내에 그 물품의 수출을 이행하여 운송서류를 매입은행 앞으로 제시하겠다는 각서를 받아두는 경우가 있으며, 또한 전불을 받았으나 수출을 이행하지 않을 경우를 대비하여 전불금의 반환에 관한 은행의 지급보증을 요구하는 경우도 있다.

전불금을 받은 후 소정기일 내에 물품의 선적을 완료하고 운송서류를 구비한 때에는 전불금에 해당하는 금액을 송장금액에서 공제하고 그 나머지 금액에 대해서만 환어음을 발행하여 운송서류와 함께 매입은행에 제시하면 된다.

## 13 Back to Back Credit

이 신용장은 상계신용장(reciprocal credit) 또는 동시개설신용장이라고도 하며 구상무역(compensation trade or barter trade)에서 흔히 이용되고 있는 신용장이다. 본래의 의미는 원신용장을 견질로 하여(backed) 제2의 신용장을 개설한다는 것으로서 세계 제2차대전시 물품이 부족할 때에 미국에서 제조업자가 수출업자에게 요구하게 된 Local L/C를 의미했으나, 오늘날에는 무역협정이나 지불협정이 체결되어 있지 않는 국가 간에 무역

수지균형을 도모하기 위한 구상무역거래를 위하여 활용되는 결제수단이다.

그러므로 Back to Back L/C의 특징은 수입국에서 일정액의 수입신용장을 개설할 경우, 당해 신용장은 수출국에서 동액의 수입신용장을 개설해 오는 경우에만 유효하다는 조건이 제시되고 있다는 데에 있다. 즉 매매당사자간에 상호 확실히 대금을 지불할 것을 보증하는 의미에서, 동시에 동일금액의 신용장을 상대방 앞으로 개설해야 하며 어느 한쪽만의 신용장개설만으로는 효력이 없는 성격을 가진 특수한 신용장이다.

## 14 Escrow Credit

전술한 Back to Back Credit와 유사한 신용장으로서 신용장을 개설할 때에 그 조건으로서 신용장에 의하여 발행되는 어음의 매입대금은 이를 수익자에게 지불하지 않고 수익자명의의 예금계정(escrow account)에 기탁하여 두었다가 수익자가 상대국으로부터 수입하는 상품의 대금결제에만 사용하도록 규정한 신용장으로서 보통 기탁신용장이라고 부른다. 수익자명의의 Escrow Account는 약정에 의하여 매입은행·신용장개설은행 또는 제3국에 있는 외국환은행 중 어디에나 설치·운영할 수 있다.

원래 'Escrow'라는 뜻은 은행에 특정물을 기탁하여 두고 일정한 조건이 충족되는 경우에 한하여 특정인에게 교부할 것을 의뢰하는 것을 말하는데, 이러한 'Escrow'의 뜻을 신용장거래에 도입한 것이 Escrow Credit이다.

이 신용장은 어음의 매입을 특정은행에 제한시키는 Restricted Credit형식으로 발행되며, Escrow Account에 기탁된 금액은 신용장의 수익자가 대응수입을 함에 있어서 필요한 수입대금결제에만 사용할 수 있으나 사용하고 남은 금액이 적을 때에는 현금으로 지급받을 수도 있다.

## 15 Tomas Credit

이는 'Back to Back' 신용장에서의 결제조건 중 그 일부를 완화시킨 신용장으로서 구상무역에 있어서 수출국의 수출상품은 확정되어 있으나 그 대상으로 수입할 상품이 확정되지 못하였을 경우에 이용되는 신용장이다.

예컨대, 구상무역의 경우 A국의 수입업자가 수입상품을 확정하고 신용장을 개설할 경우, 이 신용장을 받은 B국의 수출업자는 A국으로부터 수입할 상품이 확정되지 않았다고 가정할 때, 수출업자는 일정한 기한 내에는 B국으로부터 수출에 대응하는 수입을 반드시 이행하겠다는 요지의 보증서를 발행하고, 그것을 B국 측 수출업자의 매입은행에 제출함으로써 비로소 앞에서 말한 수입신용장이 유효하게 되는 것이며, 이 수입신용장에 의하여 발행되는 수출환어음의 매입의뢰가 가능하게 되는 것을 조건으로 하는 신용장을 말한다. 여기서 Tomas란 용어는 처음으로 이러한 방식을 사용하여 중국과의 거래를 행하였던 일본상사의 전신약호이다.

## 16 현금신용장(Cash Credit)

이 신용장은 수입업자의 의뢰로 수입지의 거래은행이 수익자 소재지에 있는 자기은행의 선적지의 본·지점 또는 그 거래은행에 미리 일정자금을 송금하여 그 자금으로 선적지의 거래은행이 일정한 운송서류의 첨부를 조건으로 하여 발행되는 어음을 인수·지급하겠다는 보증이 있는 신용장을 말한다. 현금신용장에 의하여 발행되는 어음이 대개는 일람불이므로 일람불신용장(sight credit)과 비슷하게 취급된다.

## 17 Payment on Receipt Credit

이 신용장은 현금신용장과 유사하나, 다만 어음이 사용되지 않고 영수증이 어음을 대신하여 영수증과 상환으로 수출대금을 지급할 것을 확약하는 신용장이다. 즉 수출업자는 환어음을 발행하여 환어음을 취결하는 대신에 운송서류에 대금영수증을 첨부하여 은행에 제출하면 이 영수증에 대하여 대금이 지급되는 것으로서 실질적으로 수출국의 현금(net cash in exporter's country)이 지급된다. 따라서 어음상의 상환의무도 발생하지 않는다.

## 18 연장신용장(Extended Credit)

연장신용장이라 함은 수출업자의 자금조달상의 편익을 제공하기 위하여 신용장개설의뢰인의 요청으로 수출상품의 선적 전에 수익자가 신용장개설은행 앞으로 무담보어음을 발행하면, 이것을 통지은행이 매입하고 동 어음이 발행된 후, 일정한 기간 내에 해당 상품에 대한 모든 운송서류를 어음을 매입한 은행에 제공할 것을 요건으로 한 신용장을 말한다. 연장신용장은 운송서류의 인도와 함께 신용장금액이 갱생되기 때문에 회전신용장과 비슷하며, 또한 선적하기 전에 대금이 지불된다는 점에서 볼 때에는 전대신용장과도 유사하다.

## 19 Stand-by Credit

신용장이란 물품수입에 따른 대금결제를 하기 위한 것이지만, 이러한 목적이 아니고 금융 또는 보증의 목적을 위하여 발행되는 특수한 신용장을 Stand-by Credit라고 한다. A가 B로부터 융자를 받을 경우, A의 채무이행을 보증하기 위하여 자기의 거래은행에 대하여 B을 수익자로 하는 신용장을 발행하도록 하고, 만일 A가 B에 대한 채무를 이행하지 않을 경우에는 은행이 일람불어음의 지급을 약정하게 할 때에 이용된다.

채권자가 은행인 경우에는 그 은행을 수익자로 하는 신용장이 발행된다. 예컨대, 미국에 있는 한국회사의 지점이 우리나라의 은행으로부터 융자를 받고자 하거나 또는 신용장의 발행이나 그밖에 금융적인 편의를 받고자 하지만, 담보의 부족으로 곤란을 받게 될 때가 있다. 이 경우 그 회사의 한국본사가 거래은행에 의뢰하여 미국의 은행을 수익자로 하는 Stand-by Credit를 개설하도록 함으로써 미국주재 한국지점이 금융상의 혜택을 받을 수 있게 된다. 흔히 채무보증신용자이라고도 부르며 무역대금결제를 목적으로 하는 화환신용장과는 그 취지가 전혀 다르다.

## 20 Repayment Credit

이 신용장은 수정된 Buy American정책에 의하여 무역거래상 생기는 AID상환으로 발생된 특수결제방식의 하나인데, AID수원국가가 기타 AID수원국 앞으로 수출을 하는 경우, 그 수출대금은 AID가 현금으로 상환하지 않고 앞으로 있을 대미수입대금을 결제하는 조건으로 AID가 신용장인수은행을 통하여 발행하는 무환신용장을 말한다.

예컨대, 우리나라가 타일랜드 앞으로 철강재를 수출하고, 그 대금을 AID에 청구하면 AID는 'AID Commodity Code'에 해당하는 지정된 미국 물자(고철 등)를 한국에서 수입하여야 한다는 조건으로 대 타일랜드 수출대금 해당액의 신용장을 신용장인수은행을 통하여 한국에 있는 관계은행 앞으로 개설한다. 그러므로 한국 측은 그 신용장을 견질로 하여 대미지역으로부터 제한된 물자를 수입하도록 하는 것이다.

## 21 Authority to Purchase

Authority to Purchase(어음매입수권서)는 수입업자의 의뢰에 의하여 수입업자의 거래은행이 해외에 있는 자기의 본·지점이나 또는 환거래은행에 대하여 수출업자가 운송서류를 첨부한 수입업자 앞으로 환어음을 발행하여 제시할 경우, 그 어음을 매입할 것을 지시한 통지서를 말한다. 수입업자의 거래은행이 그 어음의 지급·인수·매입을 보증하고 있지 않기 때문에 취소가능이며, 어음의 지급인이 수입업자이므로 그 어음이 지급 거절된 경우 어음의 발행인인 수출업자는 상환청구에 응하지 않으면 안 된다. 그러나 수입업자의 거래은행이 취소불능 Authority to Purchase를 발행하면 수출업자가 수입업자 앞으로 발행되는 어음의 지급·인수 또는 매입을 그 은행이 확약하고 있으므로 이런 경우에는 신용장과 같은 기능을 발휘한다. 엄격한 의미에서 볼 때에 이 어음매입수권서는 은행신용장이라고는 볼 수 없다.

## 22 Authority to Pay

Authority to Pay(어음지급수권서)는 수입업자의 의뢰에 의하여 수입업자의 거래은행이 해외에 있는 자기의 본·지점이나 환거래은행에 대하여 수출업자가 운송서류를 첨부한 통지은행 앞으로 어음을 발행할 경우, 그의 지급을 지시한 통지서를 말한다.

Authority to Purchase의 경우에는 어음의 지급인이 통지은행인 점이 서로 다르며 수출업자 측에서 볼 때 어음의 지급인이 통지은행이란 점에서 다소 유리한 듯 보이지만, 은행의 지급약정이 없고 취소가능형태로 발행된다는 점에서는 앞에서 말한 어음매입수권서와 다를 바 없다.

# 5 신용장 개설 및 조건변경

## 1 신용장 개설신청시의 주의사항

신용장의 개설신청을 할 때 우선 무엇보다도 중요한 것은 신용장의 종류, 개설시기, 기재사항 등이 매매계약과 다르지 않도록 유의하여야 한다. 만약, 이들이 일치하지 않는다면 신용장거래는 서류거래이기 때문에 신용장의 조건대로 관계서류를 인도하여야 하므로 매매계약과는 다른 상품이 인도될 수가 있다. 또 수출업자가 매매계약대로 선적하지 하고 서류를 작성한다면 신용장조건 위반이 되므로 수출업자는 신용장조건변경을 요청하게 된다. 어느 경우이든 불필요한 시간과 비용의 낭비를 초래하기 때문에 신용장개설의뢰서를 작성할 때 매매계약의 내용을 우선 충분히 검토하여 상호 일치되도록 하여야 한다. 아울러 앞에서도 설명한 바와 같이 신용장의 지시에 대해서는 완전명확하게 하여야 한다. 그러나 지나치게 상세히 기입하는 것은 피하는 것이 좋다. 따라서 신용장에 기재될 사항은 모든 필수조건을 간결하고도 명확하게 표시되도록 주의하여야 한다.[206)]

또, 신용장통일규칙에는 "××와 같은 용어는 사용해서는 아니 된다. 그러나 이와 같은 용어가 사용되었을 때에는 ××로 해석한다"고 규정되어 있기 때문에 다음과 같은 용어는 사용하지 않는 것이 좋다.

① 신용장상 요구되는 서류의 발행인을 표시함에 있어 '일류'(first class), '저명한'(well-known), '자격 있는'(qualified), '독립적인'(independents), '공적인'(official) 기타 이와 유사한 용어는 사용하여서는 아니 된다. 비록 이러한 용어가 신용장에

206) 신용장통일규칙 총칙 및 정의 제5조.

기재되어 있다하더라도 은행은 서류를 제시된 대로 수리한다.[207)]

② 'freight prepayable' 혹은 'freight to be prepaid'나 이와 유사한 문언이 표시되어 있는 경우에는 이러한 문언은 운임의 지급필을 입증하는 것으로 인정하지 아니한다.[208)]

③ 신용장개설의뢰인은 보험의 종류를 구체적으로 지정하여야 한다. 즉 보험의 담보조건으로서 보험의 종류는 물론 부보를 요하는 추가적인 위험이 있을 경우에는 이들까지도 명확히 기재하여야 한다. 그럼에도 불구하고 '통상의 위험'(usual risks) 또는 '통념상의 위험'(customary risks) 등의 불명확한 용어를 사용하였을 경우에는 은행은 보험서류를 제시된 대로 수리한다[209)]고 되어 있다 때문에 이런 불명확한 용어는 사용하지 말아야 한다.

④ 화물의 선적기일을 표시함에 있어서 사용되는 'departure', 'dispatch', 'loading' 또는 'sailing' 등의 용어는 'shipment'라는 용어를 쓰는 것이 가장 좋다. 한편 신용장에 선적기일을 표시하는 경우 'prompt', 'immediately', 'as soon as possible' 및 이와 유사한 표현은 사용되어서는 아니 된다. 만일 그러한 표현이 사용된 경우에는 신용장의 발행일로부터 30일 이내에 선적할 것을 요구하는 것으로 해석된다.[210)]

⑤ 신용장은 개설은행이 'transferable'이라고 특별히 명시한 경우에 한하여 양도할 수 있다. 'divisible', 'assignable' 및 'fractionnable' 등과 같은 용어는 'transferable'이란 용어가 갖는 의미 이외에 아무 뜻도 부가하는 것이 아니며 따라서 이러한 용어를 사용하여서는 아니 된다.[211)]

---

207) 신용장통일규칙 제20조.

208) 신용장통일규칙 제33조 c항.

209) 신용장통일규칙 제35조 a항.

210) 신용장통일규칙 제46조.

211) 신용장통일규칙 제48조 b항.

## 2 신용장의 개설신청

수입업자인 신용장개설의뢰인이 신용장의 개설을 은행에 요청할 때에는 수입승인서(import licence : I/L), 상업신용장 거래약정서(commeraial letter of credit agreement) 및 신용장개설의뢰서(application for commercial letter of credit) 등의 서류를 갖추어 개설은행에 제출하여야 된다.

### 1) 수입승인서

수입제한품목을 수입할 때 제출하며 매매계약의 내용과 일치해야 한다. 즉 수입행위가 무역관계법규 등에 의거 적법하다는 것을 증명하는 서류가 있어야 신용장을 개설할 수 있다.

### 2) 상업신용장 거래약정서

이 서류는 신용장개설의뢰인과 개설은행 간에 신용장개설에 따르는 여러 가지사항을 규율하는 약정서이다. 즉 신용장거래에 수반되는 제비용과 위험을 커버하기 위해서 비용과 채무의 부담에 관한 규정과, 신용장에 의거 발행된 어음이 결제될 때까지 관계수입화물은 신용장개설은행의 담보로서 개설은행의 소유로 한다는 것이 그 주된 내용이다.

이 거래약정서의 제출방법은 매신용장거래시마다 개별적으로 제출하는 방법과 거래시 한 번만 포괄적으로 제출하는 방법이 있는데, 우리나라에서는 대체로 전자의 방식을 취하고 있어 일반적으로 신용장개설의뢰서 이면에 인쇄되어 있다.

### 3) 상업신용장 개설의뢰서

수입업자는 수출업자를 수익자로 하는 신용장을 개설해 줄 것을 의뢰하는 신용장개설의뢰서를 개설은행에 작성·제출하여야 한다. 이 의뢰서에는 신용장에 기재될 모든 내용을 기입해야 하고, 매매계약의 조건과 다른 점이 있으면 안 되며 또 모든 사항이 명확하게 표현되어야만 한다.

취소불능화환신용장발행신청서
(APPLICATION FOR IRREVOCABLE DOCUMENTARY CREDIT)
ABC BANK OF KOREA

| AT SIGHT L/C 및 내국수입 USANCE |
|---|
| 지 급 보 증 용 |

Cable Address :
Mailing Address :
Telex Number :

To :
Dear Sirs :

We request you to establish by ☐ cable ☐ air mail an Irrevocable Credit on the following terms and conditions

Advising Bank

Cable Address

Credit Number

Applicant

Beneficiary

Amount

Expiry Date

Tenor of Draft At Sight For % of invoice value

Documents(please indicate by placing x Mark in applicable box)

☐ **full set of clean on board ocean bills of lading,** made out to the order of the ABC Bank of Korea Ltd., marked "**Freight** ____________" and "Notify accountee"

☐ **Marine Insurance policy or certificate in duplicate**, endorsed in blank for % of the invoice value.
Insurance polices or certificates must expressly stipulate that claims are payable in the currency of the drafts and policies or certificates must also indicate a claim settling agent in Korea. Insurance must include:
Institute Cargo Clauses : ____________________

☐ **Signed commercial invoice in**

☐ **Packing list in**

☐ **Other document(s) (if any)**

Commodity Description

| Name of Commodity | Quantity | Unit Price | Amount |
|---|---|---|---|
| | | | |
| | | | |
| | | | |
| | | | |
| | | | |
| Country of Origin | | | |

Shipment from to Latest

Partial shipments are Transhipment is

Documents must be presented within ___days after the date of issuance of B/L or other transportation documents.
Special condition(s) : All banking charges including postage, advising and payment commission outside Korea are for account of ____________________ Shipment by ____________

위와 같이 신용장발행은 신청함에 있어서 위 기재사항이 수입허가(승인)사항과 틀림없음을 확인하고 따로 제출한 수입거래약정서의 각 조항에 따를 것을 확약하며 아울러 위 수입화물에 관한 모든 권리를 귀행에 양도하겠습니다.

| Except so far as otherwise expressly stated, this credit is subject to the : Uniform Customs and Practice for Documentary Credits : (1993 Revision) International Chamber of Commerce, Publication NO. 500 |
|---|

신청인

주 소

| 인감대조 |
|---|
| |

| 지급보증확인 | Checked By | Approved By |
|---|---|---|
| | | |

| 계 | 대 리 | 차 장 | 부 점 장 |
|---|---|---|---|
| | | | |

87912B6-58 13 B-19A 210mm×297mm

### (1) 수익자(name of the beneficiary)

수익자의 완전한 성명과 주소를 기입하여야 되는데, 수익자는 대체로 수출업자가 된다.

### (2) 신용장개설의뢰인(name of the applicant for the credit)

개설의뢰인 즉 수입업자 자신의 이름을 기입하여야 한다.

### (3) 신용장금액(amount of the credit)

신용장의 사용한도 금액으로서 여기에 표시된 금액 이상으로는 환어음을 발행할 수 없다. 금액의 기재는 아라비아숫자와 영문으로 완전히 풀어써야 하며(spell out) 신용장금액 앞에 'About'나 'Circa'라는 용어를 붙이면 상하 10%를 넘지 않는 범위 내에서 증감액의 사용이 허용된다.[212] 신용장금액은 어떤 경우에도 수입허가 또는 승인 금액을 초과할 수 없고 표시통화는 지정통화이어야 한다.

### (4) 어음기한(tenor of draft)

어음이 일람출급어음(at sight)인가 기한부어음(time draft)인가를 기입하여야 한다.

### (5) 어음발행한도

어음발행한도금액은 보통 'full' 또는 '100%'라고 기재하게 된다. 일부 선불이 있었고, 그 금액만큼을 Invoice 금액에서 공제한 금액을 어음금액으로 하려고 할 때에는 'less advance payment'라는 문언을 넣고, 양륙지 최종결제조건의 경우에는 'for 90% of previsional cost'라고 표시함과 동시에 별도로 나머지 금액에 대한 결제에 대하여 자세하게 지시를 하여야 한다.

### (6) 상품명세 및 가격조건

신용장개설의뢰서의 중단부문에 상품명(name of commodity), 원산지(country of origin), 수량(quantity)·단가(unit price), 금액(total amount) 등을 표시하는 난이 있는데, 여기에 기입하는 일체의 사항은 수입승인사항과 완전히 일치하도록 작성하여야 한다. 다만, 수입

---

212) 신용장통일규칙 제39조.

승인서상의 내용보다 자세한 상품명세(description of the commodity)는 좋지만 지나친 명세로 취급자에게나 당사자 간에 혼란을 야기 시킬 염려가 있을 때에는 'details as per offer' 등으로 간단하게 표시함으로써 혼란이 생기지 않도록 유의하여야 한다.

### (7) 분할선적(partial shipment)과 환적(transhipment)

분할선적에 대한 가부를 표시하는 것으로서, 허용할 경우에는 'partial shipment are' 다음에 'allowed' 또는 'permitted' 등으로 표시하고 금지할 경우에는 'not allowed' 또는 'prohibited' 등으로 기재하여야 한다. 분할선적가부에 관하여 이무런 언급이 없으면 이를 허용한 것으로 간주되기 때문에[213] 특히 거래의 성질상 분할선적을 허용하는 것이 곤란하다고 생각될 때에는 반드시 허용하지 않는다는 뜻을 기재하여야 한다. 한편, 환적(transhipment)에 관해서도 그 표시하는 방법은 앞에서 말한 분할선적의 경우와 동일하다.

### (8) 선적기일과 유효기일

선적기일은 신용장에 의하여 거래되는 물품의 최종 유효선적일을 말하는 것이며 신용장의 유효기일이란 수익자가 선적기일 내에 선적을 완료하고 신용장에 의거하여 환어음을 발행하여 매입은행 또는 지급은행에 어음의 지급·매입 또는 인수를 위한 어음제시의 최종유효기일을 말한다. 기한과 유효기간을 같은 날로 하여도 상관없을 때도 있지만 보통 유효기간은 선적기일보다 5~10일 뒤로 정함이 보통이다.

### (9) 운송서류(shipping documents)

신용장에서 요구되는 운송서류의 종류와 통수 및 요구되는 운송서류의 조건이 명시되고 있다.

① Commercial Invoice는 수입업자가 필요로 하는 통수만큼 요구한다.

② Marine Insurance Policy or Certificate는 C.I.F.거래나 C.I.P.거래인 경우에는 매도인이 부보하게 되는데 매매계약서에 약정된 대로 신청서에 기입하여야 한다. 그리

213) 신용장통일규칙 제40조.

고 보험금액은 일반 무역관습상 C.I.F. 또는 C.I.P.가격에 예상이익(expected profit)의 10%를 가산한 송장금액의 110%를 부보한다. 그러나 C.I.F.가격을 산정할 수 없을 때에는 신용장에 의해서 발행되는 어음금액과 송장금액 중 큰 쪽을 최저금액으로 인정하며 표시통화는 신용장에 표시된 통화와 같은 통화로 한다.214)

한편 가격조건이 C.I.F. C.F.R. 등과 같이 보험증권의 제시가 필수적인 경우에는 매매계약에서 약정된 보험조건을 기재하여야 한다.

③ 신용장개설의뢰서 본문을 보면 B/L에 대하여 다음과 같은 문언이 기재되어 있다.

"Full set of CLEAN ON BOARD OCEAN BILLS OF LADING made out to the order of ..... marked 'freight' ..... and 'notify accountee."

여기서 'full set of'는 B/L의 통수를 지정하는 것으로서 'full set'은 3통을 1조로 발행한다. 3통 전부를 요구하게 되는 것은 은행이나 수입업자는 전통을 인수하지 못하는 한 화물에 대한 담보권이나 소유권이 확보된 것으로 간주하지 않기 때문이다. 또, 'Clean'은 화물의 선적 당시 물품, 수량 또는 기타의 점에서 적어도 외관상으로 보아 완전한 상태임을 증명하는 무사고선하증권을 뜻하고, 'on board'는 선적선하증권임을 나타내고 있다.

그리고 'to the order of' 다음에는 운송서류상의 수하인을 기재하는데, 보통 신용장거래약정서의 규정에 따라 신용장개설은행을 수하인으로 기재한다. 한편, 개설은행은 B/L의 뒷면에 배서(endorsement)하여 수입업자에게 양도함으로써 당해 화물을 찾도록 한다.

'freight' 다음에는 C.F.R.이나 C.I.F.일 때에는 'prepaid'를 F.O.B.나 기타 조건일 경우에는 'Collect'를 기재하여 운임이 선급인지 착급인지를 분명히 밝혀야 한다.215)

---

214) 신용장통일규칙 제37조.

215) 신용장통일규칙 제31조.

끝으로 'notify accountee' 난에는 화물도착 통지처를 기입하는 데 선박회사로부터 화물도착통지서를 받아 조속히 필요한 화물인수절차를 밟을 사람으로, 개설의뢰인 또는 그가 지정하는 상사명 및 주소를 기입해 주는 것이 바람직하다.

④ 그 밖의 운송서류로서 Packing List, Certificate of Origin, Certificate of Inspection, Weight and Measurement List 등 필요한 서류명을 기재하고 필요에 따라 발행자, 증명사항, 통수 등에 대해서도 구체적인 지시를 할 수 있다. 이러한 서류들은 개설의뢰인 자신의 필요에 따라 요구하는 것이 보통이지만 수입승인조건에 따라 꼭 필요한 경우도 있다.

### (10) 그 밖의 특별지시

앞에서 설명한 여러 가지 기재사항 이외에도 반드시 기재할 필요가 있는 사항이 있으면 본문 가운데 'SPECIAL INSTRUCTIONS' 란에 기입하여야 한다. 여기에는 거래관습상 보통 기재하는 것도 있으며, 매매당사자간에 이루어진 합의나 거래의 특성 때문에 기입하는 것도 있다.

## 4) 수입보증금의 적립

신용장개설의뢰인의 요청에 의하여 신용장을 개설하게 되면, 개설은행은 신용장조건과 일치하는 어음을 제시받았을 때 개설의뢰인이 파산이나 기타 사정으로 지급불능이 되더라도 그 어음에 대한 지급이나 인수를 행하지 않으면 안 된다. 이와 같은 의무가 따르기 때문에 신용장개설은행은 수입업자로부터 신용장개설의뢰를 받으면 의뢰인에 대한 엄격한 신용조사를 함은 물론이고, 수입상품에 대한 국내시장성을 조사하고 신용장금액에 대한 충분한 담보를 요구함이 보통이다.

종전에는 신용장 개설시 수입대금 결제의 담보를 위하여 수입업자로부터 내국자료수단(현금 또는 금융기관의 자기앞수표)으로 수입보증금을 징수하였으나 현재는 업체의 신용상태에 따라 담보를 요구하거나 면제하고 있다.

## 3 신용장개설의뢰서의 심사

신용장개설의뢰서를 작성하여 은행에 제출하면 은행은 이에 대하여 심사를 하게 된다. 수익자의 주소와 성명은 옳게 기입되었는가, 신용장금액란에 통화종류의 표시와 금액은 바르게 기재되어 있는가, 어음의 만기일 표시는 수입승인서의 것과 일치하고 있는가, 어음발행한도액이 송장금액의 100%인가 90%인가를 명백히 표시하고 있는가, 상품명·수량·단가의 표시가 확실한가 또한 그 표현이 정확한가, 보험에 부보된 조건이 타당한가, 선하증권의 종류나 운임지급방법을 표시하고 있는가, 취소불능 또는 취소가능문언은 빠져 있지 않았는가, 유효기일은 명시되어 있는가, 선적기일과 운송서류제시기일이 표시되어 있는가, 기타 서류에 수익자에게 혼란과 오해를 야기시킬 표현은 없는가 등의 사항을 구체적으로 심사한다.

## 4 신용장의 개설 및 발송

심사결과 개설은행이 개설의뢰인에게 신용장을 개설하여도 좋다고 판단하게 되면 개설은행은 개설신청서에 따라서 신용장을 개설하게 된다. 이 때 개설은행은 신용장개설의뢰서에서 표기된 기재사항, 신용장번호, 발행일 등을 기입한 후 서명을 하여 통지은행 앞으로 발송한다.

신용장을 전신으로 개설한 경우에는 'We open our irrevocable credit No.……'라는 서두로 신용장의 내용을 기입한 'Preliminary Advice'를 작성하여 타전한 다음, 동일자로 'Cable Confirmation'을 작성하여 통지은행 앞으로 발송한다. 개설은행은 신용장을 개설하면 그 사본을 통지은행 외에 지급은행 상환은행에 보내고 지급수권을 통지한다. 또 개설은행은 신용장의 사본을 개설의뢰인에게도 보내는데, 개설의뢰인은 이를 받으면 그 내용을 검토한 다음 잘못된 점이 있으면 즉시 개설은행에 신고하여야 한다.

## 5 신용장의 도착통지

신용장의 통지를 접수한 은행은 그 서명을 확인하여야 하지만, 환거래가 없는 은행의 신용장을 확인하려고 하는 때에는 대조할 수 있는 데까지 확인하고 도저히 확인할 수 없는 경우에는 그 뜻을 밝히고 돌려보낸 다음, 새로운 지시를 받아야 한다. 신용장에 따라서는 선적기한 또는 유효기한이 임박해서 알려지는 경우도 적지 않다. 이때에는 즉시 수익자에게 그 신용장을 일단 통지하고 그래도 지정기일 내에 신용장의 조건을 지킬 수 없을 정도의 신용장이라면 그 뜻을 적어서 개설은행에 알리고, 다음 조치를 기다려야 한다. 신용장을 전신으로 통지하는 경우에는 흔히 약어 등으로 문맥이 맞지 않는 경우가 생기지만 신용장통일규칙에서는 이러한 경우, 은행의 면책을 정하고 있다. 통지은행은 간혹 신용장 통지를 받고도 사무 상의 착오로 통지를 잊어버리는 경우가 생길 우려가 있다. 이러한 착오를 막기 위하여 접수한 후에 신용장마다 일련번호를 기록하도록 하고 있으며, 수익자로부터는 영수증을 받아 착오가 생기지 않도록 상호 대조하기도 한다.

통지은행은 수익자에게 신용장을 통지함과 아울러 Advising Letter의 사본을 개설은행에 보낸다. 최근에는 신용장의 Address가 수익자로 되어 있는데, 다만 수익자에게 전달하기 위하여 은행을 경유시키는 신용장으로서 수익자에게 알리는 것을 Passing Forward라하고 Address가 은행으로 되어 있는 경우의 통지만을 Advise라고 구별해서 부르기도 한다.

## 6 불완전(또는 불명확)한 신용장

신용장의 지시사항과 신용장 자체는 완전하고 정확하여야 한다. 혼란과 오해가 없도록 하기 위하여 개설은행은 신용장개설의뢰인이 지나치게 상세한 내용을 신용장에 삽입시키려는 시도를 억제하여야 한다. 따라서 개설은행은 신용장을 개설함에 있어서 추후에 혼란과 오해가 없도록 완전·정확하게 개설하여 통지은행에 완전하고 명확하게 개설통지의 지시를 하여야 한다. 그럼에도 불구하고 개설은행에 따라서는 불완전하거나 불명확한 개설통지의 지시를 하기도 한다.

### 1) 불완전한 신용장

신용장상에 반드시 표기하여야 할 사항들이 표기되지 아니한 신용장을 우리는 불완전한 신용장이라고 말할 수 있다. 일람출급환어음발행조건의 취소불능매입조건 신용장을 중심으로 신용장에 반드시 표기되어야 할 다음의 사항들이 명기되지 아니한 신용장은 불완전한 신용장이다.

① 신용장의 번호(credit No.)
② 신용장의 개설일자(issuing or opening date)
③ 수익자(beneficiary)명 및 주소
④ 통지은행(notifying bank) 및 주소
⑤ 취소불능(irrevocable)의 문언
⑥ accountee(신용장개설의뢰인 또는 수입업자로서 수출대금의 최종결제의무자)
⑦ 신용장의 금액(L/C amount, credit amount)
⑧ 수출환어음의 발행조건(일람출급 환어음 발행조건, 어음지급인 지정, 수출환어음의 발행비율)
⑨ 수출품의 명세(commodity description ; 품명·규격·품질·수량·원산지·단가·가격조건 등)
⑩ 선적지(shipping port)
⑪ 도착지(destination port)
⑫ 환어음에 첨부하여 제시하여야 할 서류의 종류 및 통수(상업송장, 해상보험 증권 또는 항공운송장, 보험증권 또는 보험증서, 포장명세서, 원산지증명서 또는 G.S.P., 검사증명서, 중량증명서, 영사송장, 세관송장, 보건증서 등)
⑬ 분할선적의 허용여부
⑭ Shipping Date(S/D)
⑮ 신용장의 유효기일(expiry date : ED)
⑯ 수출환어음에 명기해야 할 개설은행명, 신용장번호 및 개설일자

⑰ 수출환어음을 매입할 은행에 대한 개설은행의 특수지시사항(nego금액 및 nego일자의 양면기재, 선적서류의 송부방법, nego금액의 상환방법 등에 관한 지시)

⑱ 개설은행의 확약내용에 관한 확약문언(소위 engagement clause)

⑲ 신용장통일규칙 준수국에서 개설된 신용장의 경우에는 신용장통일규칙을 준수한다는 문언(subject to “uniform customs and practice for documentary credit.” 1973, revision)

⑳ 개설은행 서명권자의 서명

특히 이상의 것 중에서 유의해야 할 점은 개설은행의 확약문언이 명기되어 있는지의 여부를 꼭 확인해 둘 필요가 있다. 엄격하게 말해서 개설은행의 이러한 확약문언이 명기되어 있지 아니한 신용장은 신용장이라고 말할 수 없다.

이러한 개설은행의 확약문언은 지급조건신용장(payment credit)과 인수조건신용장(acceptance credit)에도 모두 명기되어 있어야 하며 가급적이면 국제상업회의소 표준형식(I.C.C. standard form)과 유사한 문언이어야 한다.

결론적으로 말해서 불완전한 신용장이란 일반적으로 보아 다음과 같다.

① 개설은행의 확약문언(engagement clause)누락

② 환어음발행조건의 어음지급인(drawee)의 미지정

③ 수출품명세란의 단가 및 가격조건의 불표기

④ 선적기한 또는 유효기일의 누락

### 2) 불명확한 신용장

한 마디로 말하여 신용장의 여러 조건 중 명확하지 않은 조건이 하나라도 있으면 불명확한 신용장이라고 할 수 있다.

특히 요(要)제시서류 중 상업송장, 선하증권 또는 항공운송장(air waybill), 보험서류, 포장명세서, 원산지증명서나 특혜관세증명서를 제외한 기타의 서류를 요구한 신용장일수록 불명확한 신용장일 가능성이 많다. 왜냐하면 위의 서류들은 통상적으로 요구되는 서류이므로 무역회사의 직원들에게 숙지되어 있으나 기타의 서류들은 생소한 데다 언어의 장벽이 있어 잘못 이해할 수 있는 외국어로 작성 요령이 표기되어 있기 때문이다. 예컨대,

"Receipt for registered articles that following documents have been sent to a company required" 라고 되어 있는 경우, 과연 Receipts for registered articles를 어떻게 이해할 것인가. 수익자 나름대로 해석하여 동 서류를 작성 Nego 하였다가 개설은행의 해석과 다른 경우에는 지급거절의 사유가 될 수 있다. 또 "Inspection Report, in duplicate"라고 표기되어 있을 경우 개설은행의 의사와는 상이하게 검사보고서가 작성되었다면 개설은행은 지급거절을 할 수도 있는 것이다. 따라서 이상의 예와 같은 불명확한 사항이 발견된 경우에는 개설은행에 사전에 조회하여 명확한 내용으로 수익자에게 통지하여야 한다.

불명확한 신용장이란 신용장제조건 중 명확하지 않은 조건이 있는 신용장으로서 보편적인 서류 이외에 특수서류를 요구한다거나 특수서류의 작성에 관한 지시 등이 불명확한 신용장을 말한다. 그러나 개설은행의 지시가 비록 불명확하거나 불완전하다하더라도 신용장통일규칙에 그 해석의 기준이 명문화되어 있는 다음과 같은 경우에는 그렇지 않다.

① 신용장에 취소가능(revocable) 또는 취소불능(irrevocable)이 불명확한 경우의 취소불능취급
② 서류발행인에 관한 'first class', 'well known', 'qualified' 및 유사표현에 대한 은행의 면책
③ 보험의 부보조건에 관한 지시결여의 경우 지시된 대로의 부보조건수리
④ 'prompt', 'immediately', 'as soon as possible' 및 유사한 표현에 대한 선적기일에 대하여 발행일로부터 30일 이내로 인정
⑤ 'for one month', 'for six months' 등에 대한 유효기산일의 설정

## 7 신용장의 조건변경 및 취소

### 1) 조건변경

신용장의 조건변경이란 이미 개설된 신용장의 거래진행 중 원조건과 다른 조건으로 거래를 하기 위하여 신용장의 내용을 수정하거나 변경하는 것을 말한다. 본래 취소불능신용장이란 운송서류 또는 발행된 어음이 신용장조건과 일치하고 있는 한 개

설은행으로서는 신용장에 기재된 바에 따라 환어음을 인수·지급 또는 매입하여야 하며, 이러한 약정은 관계당사자 전원의 동의 없이는 변경 또는 취소하지 못한다. 따라서 신용장조건을 변경하기 위해서는 사전에 그 변경에 관하여 당사자 간의 협의가 있거나 당사자 일방의 변경신청에 대하여 상대방의 승낙이 있을 것을 전제로 한다.

신용장의 조건을 변경하고자 할 때에는 신용장조건변경의뢰서(application for alteration of term of commercial credit)를 제출하여 그 변경을 신청하여야 하는데, 이에 앞서 원래 신용장개설에 필요하였던 수입승인서 변경이 필요하다. 그러므로 수입신용장조건 변경의뢰서가 제출되면 외국환은행은 이를 심사하여 적당하다고 인정하면 통지은행에 그 뜻을 알리고 통지은행은 수익자인 수출업자에게 이를 연락하게 된다.

### 2) 취소

신용장의 취소란 이미 개설된 신용장의 조건을 삭제하는 것을 말한다. 취소불능신용장인 경우 취소는 조건변경에서와 같이 신용장 관계당사자 전원의 동의를 요하며, 취소 전에 당사자 간에 합의가 되었거나 또는 일방의 취소에 대하여 상대방의 승낙이 있을 것을 전제로 한다.

취소의 방법에는 개설된 신용장을 하나도 사용하지 아니하고 취소하는 전부 취소와 일부는 사용되었고 잔여분의 사용만을 취소하는 미사용잔액취소의 두 가지 방법이 있다. 신용장개설의뢰인으로부터 취소신청을 받은 개설은행은 취소불능신용장의 경우 반드시 통지은행을 경유하여 수익자의 취소동의를 받아야 하며, 아울러 전액취소인 경우에는 사용사실 유무의 확인과 미사용잔액취소인 경우에는 미사용 금액을 확인하여야 한다. 이와 같이 요청을 받은 통지은행은 수익자의 취소동의를 받으면서 신용장 원본을 회수하며 통지은행이 보유하고 있는 신용장 사본에 동 사실을 기재하고 개설은행으로부터 원본의 반송요청이 있으면 이에 따르는 것이 보통이다.

# Chapter 18 전자무역 결제시스템

## I 전자결제의 의의

최근 기업의 마케팅 활동과 물품주문도 인터넷상에서 이루어짐에 따라 대금결제도 전자적으로 이루어 질 수 있는 새로운 시스템과 기술이 진전되고 있으나 국제적으로 일반화된 결제시스템이 정착되지 못하고 있다.

국제상거래상의 대금결제는 전통적으로 신용장(Letter of Credit)방식, 송금(Remittance)방식, 추심(Collection)방식 및 청산결제(Open Account)방식이 중심을 이루어 왔다. 그러나 최근의 정보통신기술의 발달에 따라 전자상거래상의 대금결제는 전자결제시스템으로 이행하기 위한 노력들이 진전되고 있다.

전자결제(electronic settlement)라 함은 물품이나 서비스의 대가를 전자적 수단을 통하여 지급 또는 결제하는 것을 말한다. 흔히 지급(payment)이라고 하면 경제주체 간에 채권·채무 관계를 변제하는 행위를 말하고, 결제(settlement)라고 하면 이러한 지급행위의 과정을 말한다. 예컨대 결제는 비현금 지급수단의 이용에 따른 지급인과 수취인간의 자금이체 등의 행위를 말한다. 그러나 최근 지급수단과 결제과정이 전자화되면서 지급과 결제를 구분하는 것이 의미 없게 되었으므로, 여기서는 '결제시스템'이라는 용어를 사용한다.

또한 전자결제시스템(electronic payment system)이라 함은 전자결제수단, 운영 네트워크 및 이와 관련된 모든 제도적 장치를 총칭하는 개념이라고 할 수 있다. 따라서 일반적인 결제과정에는 지급수단, 참가기관 그리고 은행 간의 결제 시스템이 관련되게 마련이다.

첫째, 지급수단(payment instruments)은 일반적으로 현금과 비현금 지급수단으로 구분되며, 현금 지급수단으로는 어음·수표·지로(giro), 은행공동망을 통한 계좌이체, 신용카드 등이 있다. 지급수단은 또한 결제과정에서 장표 실물의 이동 여부에 따라 장표방식과 비장표방식 또는 전자방식으로 구분하기도 하는데, 장표방식 지급수단으로는 어음·수표와 지로, 일반 계좌이체, 오프라인상에서의 신용카드 등이 있으며, 전자방식 지급수단으로는 일반계좌이체를 제외한 각종 전자자금이체, 전자화폐 및 각종 카드시스템을 들 수 있다.

둘째, 참가기관(participants)에는 은행, 우체국, 신용카드회사 등 결제서비스 제공기관과 결제서비스 제공에 따라 발생하는 채권·채무를 집계하여 은행 간 결제차액을 산출하는 결제 중개센터, 그리고 은행 간 결제차액을 각 은행의 계정을 통하여 최종 결제하는 중앙은행이 있다.

셋째, 은행 간 결제 시스템(interbank settlement systems)은 비현금 징수수단의 이용에 따른 은행 간 대차를 결제하기 위한 시스템으로서, 시스템의 성격 및 처리방식에 따라 여러 가지 형태로 구분된다.

먼저 소액결제 시스템과 거액결제 시스템으로 구분할 수 있는데, 소액결제 시스템은 대량의 소액거래를 처리하는 시스템을, 거액결제 시스템은 소량의 거액거래를 처리하는 시스템을 각각 지칭한다.

또 자금결제를 건별 총액기준으로 처리하는 총액결제 시스템과 지정시점에서 일괄하여 차액기준으로 처리하는 차액결제 시스템으로 구분할 수 있다. 일반적으로 총액결제시스템은 실시각 처리방식을 채택하고 있어 이를 실시각 총액결제(real time gross settlement : RTGS) 시스템으로 호칭되고 있으며, 차액결제 시스템은 지정시점 일괄처리방식을 채택하고 있어 지정시점 차액결제(designated time net settlement : DTNS) 시스템이라고 호칭된다.

이와 같은 전자결제수단으로는 신용카드(Credit Card), 직불카드(Debit Card), 전자화폐(Electronic Cash), 전자자금이체(Electronic Fund Transfer), 무역카드시스템(TradeCard System) 그리고 스위프트방식에 의한 신용장(SWIFT L/C) 등이 있다.

결제시스템은 그 기술적 장애 등으로 인하여 지급불이행이나 오류가 발생할 경우 금융거래를 위축시키고 금융시장 전체의 유동성과 안정성에 대한 신뢰를 손상시킬 수 있다. 따라서 결제시스템을 각종 위험으로부터 보호하여 안전하게 운영하는 것은 금융시장의 안정성을 유지하는데 필수적인 요소가 된다. 또 비대면거래를 바탕으로 하는 전자결제에서는 특히 정보보안 문제가 중요시되므로 암호 등 전자인증과 관련된 기관들이 추가적으로 존재하게 된다. 전자무역에 있어서 전자결제는 필연적 요소이므로, 안전하고 효율적인 결제 시스템의 개발과 정착은 중요한 과제이다.

전자결제는 기본적으로 전자환경에 부합되는 정보보안 등 신뢰성과 기술적 요건이 선결되어야 하며 특히 무역거래에서 국제전자결제시스템은 전자문서의 활용 및 전자 선하증권의 유통성 문제와 상관관계를 가지므로 이러한 문제가 선결되지 않고는 국제전자상거래는 활성화될 수 없다. 국제전자상거래가 원활히 수행되기 위해서는 매매계약, 물품인도 및 대금지급에 이르기까지의 전통적인 상거래 관습에 비하여 비교 우위적인 시스템이 개발되고 안정성이 있고 예측 가능한 법적 제도적 환경이 조성되어야 한다.

## 2 전자결제시스템의 특성

전자결제시스템은 가치이전을 신속하게 그리고 효율적으로 행하여 거래당사자들의 추가비용과 위험을 최소화시킴으로써 상거래를 증진시킨다. 결제시스템은 우선적으로 신뢰성을 가져야 한다. 새로운 전자결제시스템 기술은 단지 혁신적인 모습만 드러내어서는 안 되며, 이러한 요건을 충족시키기 위해서는 계속적인 노력을 기울여야 한다. 전

자결제시스템의 특성은 유동성, 최종성, 거래위험, 시스템 위험 등을 들 수 있다.[216)]

## 1 유동성(Liquidity)

유동성은 일반적으로 어떠한 자산이 쉽게 현금으로 매매될 수 있는 가를 의미한다. 미 연방준비은행이사회 전자자금이체 시스템(FedWire)[217)]을 제외하고, 전자결제시스템은 그 자체가 현금은 아니지만, 현금을 대체하는 사적인 대체를 의미하기 때문에 거래당사자들이 수락할 수 있다. 법정통화(legal tender)를 대체하는 사적 결제 시스템은 다른 형태의 자산이 현금화할 수 있는 경우에 유동성이 있다.

## 2 최종성(finality)

결제 시스템은 그 사용과 관련된 최종성의 정도에 따라 다르다. 최종적인 결제는 대금지급이 더 이상 철회될 수 없을 때를 말한다. 최종성을 규율하는 규칙은 결제수단 선택에 드

216) 한국은행, "지급결제제도 개관", 2000, http://www.bok.or.kr

217) FedWire(The Federal Reserve Communication System : 연방전신이체시스템)은 미국의 연방 중앙은행격인 FRB(Federal Reserve Board)에 의해 구성된 은행 간 온라인 자금 결제 시스템으로 1918년에 모스 부호 방식으로 업무를 개시하였으며, 1973년에 완전히 온라인 처리시스템으로 전환하였다. 주로 은행 간 국내 결제에 이용되며, 미국의 지역연방준비은행에 구좌를 보유하고 있는 예금기관간에 이루어지는 전자방식에 의한 자금결제제도를 말한다. 가맹은행은 미국 내 예금기관과 외국은행 지점들로서 90년말 현재 12,000여개에 달하고 있다. 가맹은행에게는 9자리의 고유번호가 부여되는데 이를 'Fed Routing Number'라 하며 ABA(American Bankers Association)번호와 일치한다. 이들 가맹은행간 FedWire를 통하여 결제되는 금액은 일평균 약 5,500억 달러에 이르고 있다. 가맹은행은 지역연방준비은행에 연결된 단말기를 통하여 다른 가맹은행과 직접 자금을 수수할 수 있다. FedWire의 특징은 첫째, 개별거래시마다 결제가 이루어짐으로써 결제위험이 없다는 것이며 둘째, 알래스카와 하와이를 포함한 미국 전 지역에 위치한 12,000여개의 은행과 자금결제가 가능하다는 점이다. 또한 결제위험관리 측면에 있어서도 상호신용한도와 전체신용한도만을 적용하여 결제위험을 관리하고 있다.

는 거래비용이 최소화하도록 명백하여야 하고 보편적으로 적용 가능하여야 한다. 규모의 크고 작음과 관계없이 최종성의 정도에 관한 확실성은 결제 시스템의 필수적인 요소이다.

지급인은 최종성의 완화를 선호한다. 왜냐하면 결제가 진행되는 동안 유통시킬 수 있고 수취인과의 분쟁이 있을 경우 대금지급을 철회할 수 있기 때문이다. 반면에 상인은 최종성이 강화된 시스템을 선호한다. 이유는 유통이익을 남길 수 있고 한번 이루어진 결제가 취소될 수 있는 위험을 감소시켜 주기 때문이다. 이에 더하여 결제 서비스 제공자들은 자신의 고객과 곤란한 경우에 대비하여 최종성의 규칙에 예외조항이 있기를 원할 것이다. 당사자들에게 선택의 여지를 두지 않은 명백한 법적 규칙이 없는 한, 대금지급의 최종성은 지속적이고 공정하게 행하기가 어려울 수 있다.

## 3 거래위험(transaction risk)

대금지급이 적절한 법정통화 형식이 아닐 경우에, 결제를 승인한 당사자에게 신용위험의 요소가 있다. 심지어 법정통화일 때에도, 위조와 같은 사기나 거래과정에 오류 위험이 있다. 거래당사자들은 이러한 거래위험에 근거하여 대금지급의 유형을 선택하게 된다. 신용카드는 오늘날 결제유형 중 최종성이 가장 낮다고 볼 수 있다. 즉, 당사자들은 상인이 수수료에 대하여 사전승인을 얻었을 경우 가장 낮은 신용위험을 갖게 된다.

이는 신용카드 시스템 규칙 하에서 상인이 아닌 카드 발행인이 카드 소지인이 지급하지 못한 위험을 감수하여야 하기 때문이다. 서류에 기반을 둔 결제 시스템은 사기 손실을 감소하기 위한 과정을 구체화하고 있다. 즉, 자기잉크 인쇄, 견본서명에 의한 서명 대조, 재생하기 힘든 증서 등이 이에 포함된다.

## 4 시스템 위험(systemic risk)

오늘날 화폐로 인식되어 지는 것은 거의 법정통화가 아니다. 거액결제는 개별당사자의 신용상태에 의존한다. 결제 시스템에 참가자들의 안정성과 건전성은 규정 입안자들의 중요한 관심사이다. 결제 시스템의 주요 구성요소의 실패는 예상치 못한 손실을 가져오면서 경제 전체를 왜곡시킬 수도 있다. 또한 그 실패가 유동성에 영향을 미칠 만큼 크다면 일반적인 경제활동에 위축을 가져올 것이다. 따라서 입안자들은 결제 시스템의 참가자들에 대하여 자신의 의무를 충족시키지 못할 가능성도 평가하여야 한다. 또한 입안자들은 그 시스템이 주요 참가자들의 실패에 저항할 수 있는지도 평가하여야 한다. 미국의 주요 결제 시스템은 상당한 수준의 관리·감독을 받고 있다.

근본적으로 새로운 결제 시스템들은 기존의 결제 시스템의 규제범위 외에 해당되기 때문에, 만약 이들 간의 접속이 주의 깊게 관리되지 아니한다면 기존의 결제수단의 안정성과 건전성에 잠재적이 위험을 가져올 것이다. 더욱이 기존의 결제시스템이 새로운 결제 시스템과 관련하여 비유동성 또는 지급불능의 위험을 보호해 줄 수 있다 하더라도, 규제된 금융서비스를 정기적으로 이용하는 소비자들이 새로운 결제 시스템의 위험을 이해하고 평가할 수 있는지 없는지는 불분명하다. 시장에서 광범위하게 인정되는 결제수단의 부재는 승인할 수 없는 수준의 비용을 부과할 지도 모른다.

# 3 전자결제시스템의 요건

## 1 제도적 장치

정보기술은 인터넷상의 물품이나 서비스에 대한 지급을 가능하게 하였다. 어떤 방법들은 인터넷상의 소매점과 연결하여 신용카드나 직불카드 네트워크를 포함한 기존의 전자은행이나 결제시스템과 연계할 수 있다. 저장된 가치에 근거한 전자화폐, 스마트카드 또한 여타 기술들이 계속 개발되고 있으며 새로운 전자결제시스템에 의한 상거래 및 기술환경은 급속히 변화하고 있다.

전자결제시스템의 개발초기단계에 있는 요즈음, 상거래 및 기술환경은 급속히 변화하고 있으며, 실제 여기에 부응할 수 있는 적합한 정책과 법제를 시의적절하게 개발하는 일은 쉽지 않다. 이런 이유로 융통성이 없고 고도로 규제하는 각종 법규는 적절하지 못하며 잠재적으로 장해가 될 수 있다. 따라서 오히려 전자결제시스템 시도에 대한 사안별 검토가 더 나을 수 있을 것이다. 그러나 보다 장기적인 관점에서 볼 때 시장과 업계 자율만으로는 모든 문제를 해결할 수도 없을 것이다. 예컨대 소비자를 보호하거나 중요한 법규의 강화에 대응하기 위해서는 전자결제시스템의 안전성과 완전성을 확신시키기 위한 정부의 대응이 필요할 수도 있다.[218)]

특히 국제전자결제는 가상공간에서 이루어지기 때문에 다음과 같은 기본적 정보보안 기술을 바탕으로 전자문서의 활용과 전자식 선하증권의 권리이전 문제가 먼저 해결되어야 할 것이며, 이와 관련된 제도와 관행이 정착되어야 한다.

---

218) Williams J. Clinton and A. Gore, "A Framework for Global Electronic Commerce, Securities Law & The Internet", Practising Law Institute, 1999, p. 516.

## 2 정보보안기술

전자결제시스템은 전자적 환경에서 이루어지므로 다음과 같은 기본적인 정보보안에 대한 기술적 요건이 선결되어야 한다.

첫째, 진정성(authenticity)이 있어야 한다. 진정성이란 의사표시가 누구에 의하여 이루어진 것인가를 확증할 수 있는 것을 말한다. 따라서 전자결제는 거래상대방의 신분을 확인할 수 있도록 하는 기능으로 송신자와 수신자가 합법적인 사용자임을 증명할 수 있어야 한다.

현실에서도 이와 같은 진정성의 인정 문제는 늘 일어나고 있는데, 일반의 거래 과정에서 각종 법률행위의 당사자를 확인하기 위하여 신분증을 확인한다던가 법률행위를 서류에 의하여 행하는 경우 인감증명 등을 그에 첨부하는 것 등이 그 좋은 예라고 할 것이다.

한편, 전자거래에 있어서는 당해 거래 이전에는 거래 당사자 간에 인적 교류가 전혀 없는 것이 대부분이고, 제3자가 타인의 성명을 도용하여 전자적 기록상의 표의자인 양 행동하여도 이를 확인하기 어려운 까닭에 그 의사표시의 외관상 표의자로서 나타난 사람에 의해서 실지로 그 의사표시가 행하여졌는지 여부를 확인하여야 할 필요성은 더욱 절실하다고 할 수 있다. 또한 이러한 진정성의 문제는 전자거래에 있어서 의사능력 혹은 행위능력이 있는 자에 의하여 의사표시가 이루어진 것인가를 확인하기 위한 측면에서도 중요한 의미가 있다고 할 것이다.

둘째, 무결성(integrity)을 확보하여야 한다. 무결성이란 의사표시의 내용적 완전성에 관한 것으로, 표의자의 의사표시가 애초에 발하여진 것과 동일한 내용으로 상대방에게 도달하였는지를 확증하는 것을 말한다. 즉 무결성은 송수신 메시지가 전송도중 변조되지 않았다는 것을 증명해 주는 기능으로 거래내용의 변조나 승인되지 않은 거래의 생성을 방지하기 위한 것이다.

위의 진정성이 의사표시를 담고 있는 전자적 기록의 위조와 도용의 문제라고 한다면, 무결성은 전자적 기록의 변조의 문제에 해당된다고 할 것이다. 전자거래에 있어서는 누구라도 손쉽게 타인이 작성한 전자적 기록에 접근하여 이를 수정할 가능성이 상존하고 있을 뿐만 아니라 일반 종이문서와는 달리 이의 수정 여부를 객관적으로 확인할 방법이 사실상 존재하고 있지 아니하여 전자적 의사표시에 있어서 그 무결성의 보장이 매우 중요한 과제 중의 하나로 떠오르게 된 것이다.

셋째, 부인방지(non-repudiation) 기능이 요구된다. 부인방지란 전자거래에 있어서 표의자가 전자적 의사표시를 일단 행하였으면, 그로 하여금 그 전자적 의사표시로 인하여 발생하는 각종 법률적 효과를 견지하도록 강제하는 것으로, 결국 표의자는 그가 의사표시를 발하였다는 점과 그 의사표시의 내용이 상대방에 도달한 내용과 다르다는 점을 사후에 임의로 부정할 수 없어야 한다는 것을 말한다. 이러한 부인방지의 효과는 논리적으로 진정성과 무결성이 확보되는 결과 나타날 수 있게 되는데, 진정성과 무결성의 문제가 의사표시의 표의자의 입장에서 고찰하는 바라면, 부인방지는 의사표시의 상대방의 입장에서 바라본 것으로 이들은 상호 표리관계에 있다고 할 것이다.

넷째, 기밀성(confidentiality) 확보가 요구된다. 기밀성이란 전자적 의사표시에 있어 그 내용의 비밀이 보장되는 것을 의미한다. 이는 거래의 내용이 제3자에게 노출되지 않도록 하는 기능으로 전자적 기록 내용의 노출방지 및 그 제어에 관한 문제이다. 다만, 환자의 의료기록, 변호인과 사건 의뢰인간에 교환된 의견 따위 등은 그 기밀성이 법적인 의무로까지 규정되어 있는 경우나, 신용카드의 번호와 같이 전자거래에 있어서 대금지급수단으로 작용하는 매우 민감한 정보의 취급 등에 있어서는 기밀성의 보장이 매우 중요한 문제로 떠오르게 될 것이다.

따라서 이와 같은 전자환경에서의 선결요건들은 정보보안과 전자인증 및 국제표준들에 의하여 해결되어야 한다.

# 4 전자결제시스템의 유형

전자결제시스템은 결제방식이나 시스템의 구성, 기능 등이 관점에 따라 다양하게 분류될 수 있다.

첫째, 신용카드(Credit Card)에 의한 결제시스템이다. 이는 인터넷을 통하여 신용카드 정보를 판매자에게 전달하여 거래상의 결제가 이루어지는 시스템으로서, SET의 전송표준과 신용카드를 결제의 기반으로 하는 우수한 암호보완기술이 개발됨에 따라 현재 전자결제수단으로 가장 선호되고 있다. 전통적인 신용카드를 사용하는 것과 유사하지만 인터넷상에서 많이 이루어지고 있다. 대표적으로는 CyberCash와 First Virtual 등이 있지만, First Virtual은 현재 서비스를 중단하고 있다.

둘째, 전자화폐(Electronic Money)에 의한 결제시스템이다. 이는 가치저장(store value) 형으로서 화폐가치를 전자화하여 집적회로(IC) 카드에 저장하였다가 지급수단으로 사용하는 IC카드형과 화폐가치를 전자화하여 컴퓨터에 저장하였다가 인터넷 등의 네트워크를 통하여 지급수단으로 사용하는 네트워크형으로 eCash, E-Coin, CyberCoin 등이 있다.

셋째, 전자수표(Electronic Check)에 의한 결제시스템이다. 이는 수표에 관한 정보를 네트워크를 통하여 결제하는 시스템으로서 기존의 종이수표 거래를 인터넷상에서 구현하는 것과 유사하다. 그 대표적인 예는 미국 금융서비스 기술 컨소시엄(Financial Services Technology Consortium : FSTC)이 개발한 eCheck, 기타 NetBill, NetChecque 등이 있다.

넷째, 전자자금이체(Electronic Fund Transfer)에 의한 결제 시스템이다. 이는 자금이체가 전자적으로 이루어지는 것으로서 고객과 판매자의 계좌간 자금이체를 통하여 거래대금을 결제하는 시스템이다. ATM, 홈뱅킹, 인터넷 뱅킹 등 이용 가능한 채널이 다양하다. 특히 인터넷 뱅킹은 폭넓은 서비스를 시간적·공간적 제약 없이 저렴한 비용으로 제공하는 장점이 있다. 그 대표적인 예는 세계 최초의 인터넷 은행인 SFNB(Security First Network Bank)가 있다.

다섯째, 무역카드(Trade Card)에 의한 결제시스템이다. 이는 글로벌 전자상거래에서 기업 간 무역대금결제를 인터넷상에서 서류의 일치성을 자동으로 점검하고 대금지급을 이행할 수 있게 하는 기반으로서, 세계무역센터협회(World Trade Center Association : WTCA)가 개발한 무역결제카드시스템이다.

여섯째, 스위프트(SWIF)에 의한 전자식 신용장이다. 이는 세계은행간 금융통신협회(Society for Worldwide Interbank Financial Telecommunication : SWIFT)의 데이터 통신망을 통하여 전송된 SWIFT 신용장에 의하여 신용장 거래를 행하는 시스템이다. 현재 신용장 개설과 통지 등의 신용장 거래는 은행 간에 이러한 SWIFT 시스템에 의하여 전송되고 있다.

전자결제시스템의 기본유형은 위의 네 번째까지 분류하고 있으나, 이는 특정국내에서 기업과 소비자간 또는 기업 간 전자상거래의 관점이며 글로벌 전자상거래에서의 결제시스템은 정보재를 제외한 물품운송이 수반되는 경우에는 물품인도의 증거인 전자문서(electronic documents)가 수반되기 때문에 이 네 가지 결제 시스템에 다섯 번째와 여섯 번째의 결제방식이 추가될 수 있다.

# 5 글로벌 전자무역 결제시스템

## 1 글로벌 전자무역 결제시스템 구축동향

최근 전자무역의 시장 선점을 위하여 세계적으로 업종별 인터넷 B2B e-Marketplace구축, 전자무역 결제시스템 개발 등 경쟁이 격화되고 있다. 인터넷을 기반으로 한 개방형 네트워크 형태로 국제 은행 및 기업이 연계된 글로벌 e-Trade모델로서 세계적인 전자무역 결제·인증 인프라시스템의 구축이 각 국의 은행이 중심이 되어 그 속도가 점점 빨라지고 있는 것이다. 현재 국제 전자무역 대금결제 시스템의 큰 축으로 국제간에 심층적 연구 및 상용화가 시작되고 있는 것으로는 국제결제망인 스위프트(SWIFT)의 개방형 모델인 SWIFTNet의 결제시스템인 'epaymentplus'와 국제 전자인증 연합체인 Identrus의 결제기반 메세징 시스템으로 'Eleanor Payment'가 각국의 은행간에 구축되고 있으며 선하증권의 온라인화를 시작으로 구축된 스위프트의 자회사인 볼레로(Bolero)의 '볼레로시스템', 기업신용카드 모델을 활용해서 신용장의 전자화 등 국제무역을 지원하는 'TradeCard', ABN/AMRO 은행을 중심으로 구축된 결제시스템인 'BeXcom',[219] 국내에서는 외환은행과

219) 1996년 설립된 벡스컴(BeXcom)은 ABN/Amro, 도시바, 미쓰이은행, 쿠스그룹 등 16여개사가 주주로 참여하고 있으며 경합관계에 있는 영국 볼레로, 미국 아리바와도 전략적 제휴를 체결하고 있는데, 무역대금 결제는 물론 수출입거래 알선, 무역 정보제공, 무역서류 전송까지 원스톱 서비스를 제공하는 형태의 전자결제시스템이다. BeXcom의 솔루션은 구좌 이전이나 계좌이체, 전신환이체, 신용카드및 전자구매카드 등 모든 지불 수단이 가능하도록 설계되어 있을 뿐만 아니라, 온라인으로 구매자와 판매자가 선적과 지불 등 주문상황을 감시하거나 추적할 수도 있는 편리함이 있다. 일반기업은 물론 ABN/Amro 등 금융기관에서부터 AsiaBuilders.ne 등 B2B 포탈사이트도 이 시스템을 채택하고 있다. 낮은 시스템 구축비용과 안전한 거래환경, 짧은 거래시간, 은행에서 취급하는 모든 지불수단이 가능하다는 편리성 등이 장점으로 꼽힌다. 국내에서는 현대종합상사가 싱가포르에 본사를 둔 전자상거래 솔루션 공급업체인 벡스컴과 공동으로 국내에 벡스컴코리아를 설립했으며, 벡스컴코리아는 결제, 물류, 인증, 보안 등의 원스톱 서비스를 제공해 B2B 전자상거래 서비스의 수

KTNET이 제휴하여 무역, 통관, 물류업체의 거래단계별로 발생되는 제반 수수료와 관세 및 물품대금의 지불결제를 위하여 만든 전자무역결제시스템인 'cTradebank' 등이 있다.

## 1) SWIFTnet

### (1) SWIFTNet의 개요

스위프트[220)]는 은행간의 금융데이터 전산망이어서 대고객과 직접 연결되지는 아니한다. 따라서 은행이외 증권 보험 카드 일반기업 등은 은행에 외환 메시지를 보낼 때 오프라인 종이로 된 문서를 보내야 한다. 까다로운 문서 작성 규칙과 형식을

---

평적 관문(포털) 역할을 수행하며 산업별 B2B 마켓플레이스 구축사업도 지원하고 있다. 특히 벡스컴코리아는 ABN암로은행, DBS은행, 사쿠라은행 등 금융권과 연계해 B2B 관련 금융 결제 서비스를 제공하는 데도 주력할 방침이다.

220) SWIFT는 '세계은행간 금융데이터통신협회'(Society for Worldwide Inter-bank Financial Telecommunication)가 국제간의 대금결제 등에 관한 데이터통신의 연결망(Network)을 기획하고 운영하는 것을 목적으로 1973년 벨기에 법(Belgium Law)에 의하여 설립된 비영리조직이다. 전 세계적인 은행들의 지분으로 조직되었으며 189개국 6,700역 금융기관과 결제메세지 서비스(Core Messaging Platform 제공과 운영, Title Registry의 운영)를 제공하는 은행간의 글로벌 네트워크 연합체이다. SWIFT는 은행간 통신수단(결제메세징)으로서 그 메시지는 회원은행만이 이용될 수 있도록 고안되었다. 회원은행들은 SWIFT의 신속성과 통신의 보안에 의존하고 있다. 회원은행에 대하여 SWIFT 메시지의 전송은 유효한 신용장 증서로 간주된다. 현재 대부분의 신용장은 스위프트 방식에 의한 전송신용장을 출력하여 사용하고 있다. SWIFT의 네트워크를 이용하게 되면 외국환은행간 외화자금매매 해외거래은행의 계정잔액 및 대차내역을 쉽게 확인할 수 있으며 우편송금/전신송금/송금수표 등의 송금 및 추심업무와 신용장 발행, 환어음통지 등 은행간 국제무역결제를 수행할 수 있다. SWIFT시스템에 의해 전송되는 신용장은 명실상부한 전자신용장으로 발전시켜 서류는 전자문서를 제시하고 대금은 전자자금이체 형식을 원용하여 온라인 결제방법으로 발전해 나가야할 과제를 안고 있다. 또한, 스위프트는 전략적 차원에서 Identrus와 볼레로 등과의 제휴나 투자를 통해 제휴사나 대주주의 위치에서 그 영향력을 적극 확대해 나가고 있다. 따라서 스위프트는 Identrus와 2000년 9월 12일 스위프트의 메시지 교환 시스템과 Identrus의 거래 진정성 인증 서비스 제공의 장점을 결합하는 전략적 상호제휴를 맺었다. 볼레로에는 직/간접적 투자를 통하는 방법을 사용했다. 1996년 무역거래 전산자동화를 위해 볼레로가 만든 TTC(The Through Transport Club)와 합작투자계약을 맺고 1998년 1월과 1999년 3월에 각각 미화 500만달러씩 1000만달러를 투자해 TTC와 5대5의 비율로 대주주의 위치에 서게 됐다. 이로써 스위프트는 국제 전자무역 및 국제B2B 분야에 있어 은행간 네트워크 시스템뿐만 아니라, 은행과 기업간 네트워크시스템에서도 결제와 인증을 결합한 무역결제 서비스를 지원해 나가고 있다.

엄격히 지켜야 하는 것도 문제다. SWIFTNet은 개방성과 저비용 통신수단으로 떠오르는 인터넷 등의 신기술을 도입, 기존 SWIFT의 FIN서비스에서 사용하고 있는 은행간 폐쇄형 전용선방식(X.25 프로토콜)의 자금결제 네트워크(Clearing System)를 확대하여 은행뿐만 아니라 기업고객이 직접 인터넷을 통해 접속할 수 있도록 웹(Internet Protocol :IP) 기반의 보안성과 신뢰성이 뛰어난 차세대 네트워크인 SIPN(Secure Internet Protocol Network)으로 교체함으로써 store & forward 및 실시간 상호교환방식의 통신 서비스를 제공할 수 있도록 하는 메시지 처리 솔루션이다. SWIFT가 SWIFTNet으로 전환하면 은행 이외 금융기관(증권 보험 카드사 등)과 기업들도 은행과 온라인으로 외환 메시지를 처리할 수 있게 된다. 온라인 외환 메시지 사용자의 범위가 은행 이외 금융기관과 일반기업들로까지 확대되는 것이다.

스위프트의 이러한 변화는 유저그룹을 은행뿐만 아니라 여타 금융기관과 일반기업까지 확대함으로써 명실상부한 국제결제네트워크로서의 주도권을 확보함으로써 전자무역 거래와 관련된 다양한 사업을 벌이기 위한 전략으로 풀이된다. 국내 은행권은 스위프트의 이러한 변화와 전략이 국내 시장에 미치는 영향을 분석하고 긴밀히 대응해나갈 필요성이 시급하다.

한편 SWIFT는 SWIFTNet으로 전환을 추진하되 급격한 변화를 지양하고 기존의 FIN과 향후의 FIN을 병용, 두 개의 네트워크 및 메시지내 암호데이터로 환거래은행간에 상호키를 교환하는 보안서비스인 BKE(Bilateral Key Exchange)와 SWIFTNet PKI보안서비스가 함께 사용하도록 하고 있다. 그러나 2003년 6월부터 시작해 2004년 12월말까지 가입회원들에게 SWIFTNet FIN으로 의무적으로 전환하도록 유도하고 있다. 2004년 12월말까지 미 전환할 경우 X.25통신망 지원중단 뿐만 아니라, 벌금부과 등의 규제수단도 마련하고 있다.

SWIFTNet은 XML을 기반으로 하며 PKI(Public Key Infrastructure)를 보안툴로 적용해 어떤 문서 양식이든 자유롭게 주고받을 수 있도록 하고 있다. 시스템내에는 Identrus 인증이 탑재된 '트러스트 액트(Trust Act)'가 있어 은행과 은행 이외 기업들의 온라인 메시지를 인증하게 되며, 또한 TrustAct 기반의 대금결제 솔루션인 epaymentPlus를 중심으로 전자무역 결제 솔루션 지원을 추진하고 있다. 한편, 스위프트넷은 자체 PKI만으로는 멤버은행의 수많은 기업고객들에게까지 인증업무를 수행하기에는 역부족이기 때문에 이에 대한 리스크를 Identrus와 공유한다는 방침이다.

### (2) epaymentPlus

epaymentPlus는 SWIFTNet이 제공하는 글로벌 B2B 대금결제 솔루션으로서 전자무역의 대금결제와 관련된 업무처리를 은행과 연동하여 자동처리하는 점을 특징으로 하고 있다. 아이덴트러스의 "Eleanor Payment"와 유사하게 Payment Order를 결제수단으로 사용하고 있으며, 지급의 보호는 Condition Option 및 은행의 보증으로 이루어지며 선적서류확인은 epaymentPlus가 조건이행을 확인하도록 하고 있다. 주요 제공서비스로는 Secure messaging, 인증서비스(TrustAct), 표준화된 B2F통신망 제공, Message 및 상거래 정보의 안전한 저장 등을 제공한다. 은행들이 SWIFTNet을 채택하는 2002년 하반기부터 본격적으로 사용될 것으로 전망된다.

epaymentPlus는 기존 오프라인 상의 스위프트망이 있기 때문에 payment 프로세싱과의 연계 자체가 용이하며 실제적으로 후술하는 Identrus의 "4-코너 모델"에 비해 SWIFT에 한 번 더 접속과정을 거치는 "5-코너 프로세스" 흐름을 따르고 있다. 그러나 이러한 프로세싱을 따르면 모든 거래가 SWIFTNet이라는 허브를 거쳐 처리되기 때문에 각 은행이 인증기관은 될 수 없는 단점이 있다.

### (3) TrustAct

TrustAct는 Identrus를 기반으로 하여 epaymentPlus를 가능하게 해주는 서류 전달체계로서, 은행과 고객 사이의 각종 결제 및 Trust에 관련된 디지털 메시지의 안전한 전달을 목적으로 하고 있다. SWIFT는 전자 자료 교환에 대한 국제적인 공신력을 기반으로, epaymentPlus에 인증서비스인 TrustAct를 부가하여 고도의 보안과 공증이 필요한 무역관련 서류의 전자적 교환업무에 확고한 입지를 확보할 전망이다.

## 2) Eleanor Payment

Identrus 전자인증 기반 지불 프레임웍인 Eleanor Payment는 Identrus를 설립한 세계 주요 은행들이 글로벌 B2B Payment를 위해 고안한 것으로 Identrus가 제공하는 전자인증 기반에서 레벨1 은행(CA 회원)에 공급할 수 있는 지불 프레임웍(Payment Frame Work)이다. 각각의 은행 결제시스템을 연결하는 뱅크투뱅크(Bank to Bank) 모델로써 전자수표(e-check) 전자결제(e-payment)같은 결제 수단을 포함하고 있다. XML기반과 Bank to Bank 모델인 Eleanor Payment시스템이 구현되면 스위프트(SWIFT)와 같이 기업간 국제 결제시 사용되던 표준 전문을 사용할 필요없이 기업간(Buyer와 Seller)에 온라인 구매 또는 무역거래에 따른 온라인 결제가 가능해진다. 이 경우 결제 여부를 은행이 아닌 기업이 따지게 되고 은행은 결제 인프라를 제공하는 역할에 충실하게 된다. Eleanor Payment는 기존 은행의 결제시스템을 글로벌 payment시스템으로 연계, 확장시킬 수 있는 기반을 제공하며 기본적으로 Identrus 4-코너(Corner)모델의 프로세스 흐름에 따른다. 4-코너(Corner)모델은 Identrus의 주 사업모델로서 두 기업이 거래를 하기 위해서 은행에서 신용을 제공해주고 또 두 은행에 대한 신용은 Identrus에서 보장해주는 형태의 모델이다. 결제방법은 Payment Order를 사용하며 Condition 이행조건부 결제방법에 해당한다. 지급의 보호는 Payment condition option 및 은행의 보증을 통해서 하며, 선적서류의 확인은 당사자가 Eleanor시스템에서 확인하도록 되어 있다.

Eleanor Payment는 현재 개발이 완료된 상태이며 일본 산와은행에서 파일럿테스트를 거치고 있다. Identrus는 Citi, Sanwa, 도쿄미쓰비시, 코메르츠방크 등 8개 은행이 참여하여 비즈니스모델을 개발 중에 있는데 2002년 하반기부터 본격적으로 사용될 것으로 전망된다.

국내은행과 외국은행들간 제휴 사업이 활성화되고 국제 B2B거래가 증가하면 어떤 결제수단을 사용하는가가 은행들의 비즈니스 모델 및 상품 개발에 중요한 기준으로 작용하게 된다. 각 나라마다 공통된 형식의 지불 결제시스템을 갖고 있는 은행들은 보다 원활하게 공동 프로젝트를 진행할 수 있기 때문이다. 현재 은행간 국제 전자무역 결제시스템으로는 Identrus의 Eleanor Payment와 SWIFTNet의 epaymentPlus가 상호

경쟁을 하고 있는 상황이다. XML과 웹의 개방적 특성으로 무장한 Identrus가 전세계 금융 관련 외환 메시지를 독점적으로 처리해 온 스위프트에 맞서 가장 큰 위협을 주는 경쟁자 관계로 부상하고 있다. SWIFT는 Identrus에 맞서 SWIFTNet으로의 전환을 재촉하고 있으며 결제기반으로 epaymentPlus를 개발하고 있다. 그러나 Eleanor Payment가 보다 먼저 개발되었으며, Identrus 인증을 사용하는 세계적인 금융기관들이 Eleanor Payment를 선호하고 있는 상황이다.

은행간 국제 B2B(전자무역) 결제시스템으로 Eleanor Payment를 채택할 것인가 SWIFTNet의 epaymentPlus로 할 것인가의 문제는 현재 국내 은행권에서도 초미의 관심사로 부각되고 있다. 한일 전자무역망 구축사업(e-Trade Hub)을 위한 워킹그룹에 참여하고 있는 은행(외환, 조흥, 산와, 도쿄-미쓰비시 은행 등) 들은 Identrus 기반의 인증시스템을 구축하기로 결정하고 현재 결제시스템에 대한 논의를 하고 있는데 산와, 미스비씨 은행 등이 결제 부문에서는 Eleanor Payment 사용을 강력히 추천하고 있기 때문이다. 국내 외환은행측도 2002년까지 구축되는 한일간 전자무역 네트워크 연동 작업에서 구축되는 결제시스템을 장기적으로는 Identrus와 국제 PG회사인 MP&T(Meta Payment & Trust)의 결제 시스템과 연동시킬 계획이다. 한편 한국 중국 일본 싱가폴 대만 등 아시아 6개국이 공동 무역망을 구축하는 '판 아시아 메가포탈(Pan Asia Mega Portal : PAA)'프로젝트에서도 결제 형태로 '엘레노 페이먼트'가 유력하게 제시될 전망이다.

### 3) 볼레로(Bolero)와 SURF

#### (1) 볼레로 프로젝트 개요

볼레로사(Bolero : Bill of lading Electronic Registry Organization)는 세계 189개 국가에 6700개 금융기관이 회원으로 가입해 국제 자금결제의 90% 이상을 장악하고 있는 국제 은행간 금융통신망인 스위프트(SWIF)와 세계 해운업계의 상호보험조합으로서 무역 운송 관련 보험시장을 장악하고 있는 TT Club(Through Transport Club : 1만 2500개 물류회사)이 컨소시엄을 구성, 1998년에 50%씩 지분을 출자해 설립한 국제 무역망회사이다. 영국 런던에 본사를 두고 있으며 미국(뉴욕), 일본(도쿄), 독일(프랑크푸르트), 프랑스(파리), 홍콩, 싱가포르, 한국 등에 현지법인을 지사로 운영하고 있다.

볼레로넷 서비스는 은행의 신용장(L/C)과 해운업체의 선하증권(B/L)을 포함해 송장 등 각종 무역관련 서류와 자료를 전자결제로 대체하는 것을 지향하며 무역서류의 전자화를 통해 무역거래 당사자뿐만 아니라, 은행, 운송사 등 국제무역에 관련된 모든 기업간 전자상거래(B2B)를 지원하는 인터넷 기반의 무역거래전용 네트워크 구현을 목표로 하고 있다. 볼레로넷의 무서류 무역거래 서비스는 인터넷을 통해 수출입업체와 해운 회사로부터 관련 무역서류를 모두 넘겨받아 표준화한 후 다시 은행에 전송함으로써 거래하는 방식을 사용하고 있다. 또한 대금 결제는 거래은행간 국제결제망(SWIFT)를 통해 이뤄진다. 기존의 모든 절차를 유지하면서 단지 종이서류를 전자서류로 대체하는 것이지만 국제적으로 표준화된 신용장(LC)과 송장(Invoice) 등을 인터넷으로 작성해 전송한다는 점이 다르다. Bolero.net은 중립적인 third party로서 전자선하증권 배서의 연속성을 보장하며 거래의 보안성과 인증된 정보 교환, 서류 교환 제공이 핵심을 이루고 있으며, 또한 법적 테두리(Leagal framework : Rule Book)안에서 사용자들의 충돌을 예방하고 조정하는 역할을 담당한다. 볼레로넷은 수출입 회사의 신용여부를 알려주는 메세징시스템을 이미 가동하기 시작했고 전자 결제시스템인 SURF를 현재 시범 테스트 중이다.

볼레로사는 대규모 기업들을 고객으로 확보함으로써 전 세계 무역거래의 80%를 Bolero서비스로 수용할 수 있다고 판단하고 있으며, 선하증권과 같은 Nego서류들은 현재 EDI로 처리되지 못하기 때문에 Bolero서비스를 통해서 전자적인 교환이 가능하게 되면 시장 형성이 용이할 것으로 예상하고 있다. 1999년 9월 온라인 무역결제시스템 서비스를 개시한 이래, 지난해 12월 소유지분을 국제적으로 확대하고자 아팩스(Apax), 베링스프라이빗이퀴티(Barrings Private Equity)와 팔리오(Palio) 등으로부터 투자를 유치, 5000만달러의 펀드까지 조성하기도 했다. 볼레로넷은 SWIFT와 TT Club에 의해 주도되고 있다는 점에서 향후 국제 전자무역 시장에서 상당한 영향력을 발휘할 것으로 예상된다.

볼레로넷의 서비스의 개요를 그림으로 나타내 보면 다음과 같다.

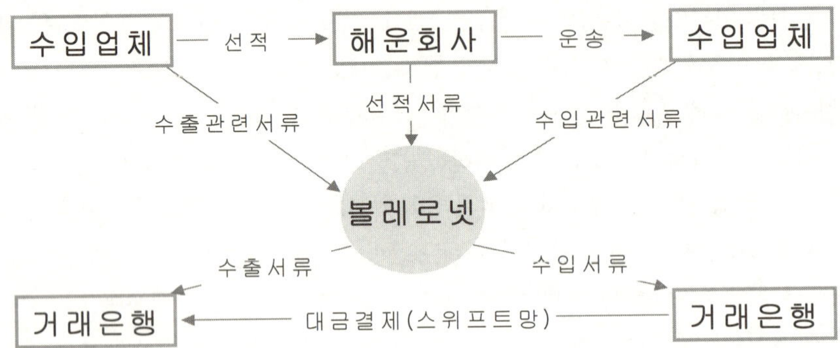


Bolero Project는 1994년 6월 홍콩, 네덜란드, 스웨덴, 영국, 미국의 해상운송회사, 은행, 통신회사 등이 참여하여 컨소시엄 형태로 시작한 프로젝트로서 선하증권 및 기타 선적서류의 전자화 볼레로 프로젝트의 기본개념은 종전 종이형태로 유통되고 있는 선하증권을 전자 메시지 형태로 유통시키겠다는 것이며 이는 곧 전자식 선하증권의 상업적 출현을 의미한다. 이미 이와 유사한 개념이 1960년대부터 대두되었고, 1986년 미국의 Chase Manhattan Bank와 Sea Docs라는 선박회사가 상업화에 나섰다가 실패한 기록도 있었다.

이를 실현시키기 위한 '선하증권소지인 등록기구'(Bill of Lading Registry Organization: Bolero), 즉 볼레로에 대한 예비실험(pilot test)을 실시한 바 있다.

선적서류의 정확성을 높이고 연간 4200억 달러에 달하는 서류 취급비용을 절감하기 위해 태동한 볼레로 프로젝트는 선하증권 및 기타 선적서류의 전자화를 실현하기 위하여 위조방지의 관점에서 서비스제공자인, 신뢰할 수 있는 제3자(Trusted Third Party: TTP)시스템을 이용한 예비실험과 TTP 시스템에서 각각의 역할분담과 기술적인 인프라가 유효하게 기능을 수행하는지 여부를 확인하는 것을 내용으로 하고 있다.

또한 볼레로 프로젝트는 선하증권 등 무역관련 선적서류를 중앙등록 기관에 소지인 등록 및 인증을 통하여 법적 및 상업적으로 수용가능한 전자적 서비스의 예비시스템을 디자인하고 개발하는 것이 중심과제였다. 볼레로 프로젝트는 예비실험이 종료된 후 1995년 10월 볼레로 최종보고서(Bolero Final Report)를 유럽위원회(European Commission)에 제출한 바 있는데 이 보고서를 근거로 전자선하증권에 관한 예비실험의 성과를 확인하였다.

볼레로 프로젝트의 기능을 살펴보면 ①볼레로 선하증권과 해상화물운송장의 거래에 포함된 정보를 등록하고 유지 관리 ②각 볼레로 이용자의 주소, 보증정보 등의 공통항목을 저장. ③볼레로 서류의 작성, 전자서명, 확인, 송신 또는 수신을 위한 도구로서의 역할. ④볼레로 이용자의 신분증명서를 발행. ⑤IC카드 발행 등을 주요 기능으로 하고 있다. 또한 볼레로 프로젝트에서는 실험목적을 달성하기 위하여 중앙등록기관(Central Registry : C/R), 인증기관(Certification Authority : CA), 등록기관(Registration Authority : RA)의 구축 및 기술적으로는 RSA방식에 의한 암호화와 디지털 서명을 사용한 메시지 교환과 사용자를 인증하기 위한 구조가 고안되었다.

### (2) 볼레로넷의 기술/보안적 기반

볼레로넷은 고유한 Leagal Structure와 보안이 강화된 환경에서 온라인 무역거래를 지원하는 서비스이다. 메세징 구조와 안전한 전자문서의 송수신을 위한 보안체계로 구성되어 있으며, 볼레로의 메세징시스템은 인터넷을 기반으로 하여 전자문서교환을 위해 SMTP/MIME과 같은 인터넷메일 프로토콜을 사용하고 있다. 볼레로 참가자들은 Gateway 방식으로 볼레로 시스템에 접속하거나 인터넷과 접속된 PC와 IC카드리더기, IC카드등의 단순한 시스템으로 서비스를 받을 수 있다.

보안측면에서 볼레로넷은 무역서류의 특성을 고려하여, 최신 암호화 기술(인증, 암호화, 전자서명)을 통한 전자 무역서류의 안전한 송수신 체계 확보 및 선하증권 등 중요한 서류의 위조·복제가 불가능하도록 포괄적인 보안 체계 전자문서의 보안을 위해서는 공개키 암호화 기반의 디지털 서명을 사용하고 볼레로 운영자는 전자문서의 내용을 볼 수 없고 전달역할만 수행한다.

종이문서 거래와 달리 볼레로시스템에서는 Private Key로 메일박스와 웹에 접속하게되며 암호화된 메시지를 전송하면 이 메시지는 전자서명이 되어 유효화 되므로 원본이 위조, 변조될 수 없도록 하고 있으며, 거래당사자의 서류가 전달되었는지 끝가지 확인이 되므로 서류가 보내졌는지 아닌지 논쟁을 예방할 수도 있다. 시스템 서비스를 누가 관리하는가 하는 의심을 막기 위해 Core Messaging Platform의 운영은 자본금 2억 달러 이상의 거대 금융그룹인 SWIFT에 아웃소싱을 하고 있기도 하다.

### (3) 볼레로넷의 법률적 환경(Rule Book)

이제까지 전자적 거래가 널리 실용화되지 못한 이유는 기술적 문제라기 보다는 이를 규율할 법규의 불안정성 때문이었다. 특히 전자적 거래에서는 국적을 달리하는 다수 상대와의 계약관계가 일반적이기 때문에 다양한 법체제에서 수용될 수 있는 법적 기반이 절실히 요구된다. 또한 전자적으로 교환되는 자료는 그 자체로서는 문제를 야기하지 않지만 이것이 계약이나, 유통성 증권, 대금지급에 해당하는 경우에는 명확한 법적 기반이 요구된다.

이러한 법적 기반을 마련하기 위하여 볼레로는 1995년에 법적, 기술적 타당성 검토를 위한 테스트를 거친 뒤, 1999년 전 세계 18개 국가의 무역 관할권에 대하여 법률 분석과 타당성 조사를 통해 RuleBook을 개발, 시범서비스 기간을 거쳐 현재 상용서비스를 추진하고 있다. 볼레로의 법률적 기반은 상품계약, 운송계약, 보험계약 등 자산에 대한 소유권에 관련된 문서의 전자적 교환에 필요한 규정을 위한 이 RuleBook이라는 계약규정집이라 할 수 있다. RuleBook은 볼레로 서비스 참여자들간의 계약관계를 규정한 다자간 계약체계이며 볼레로 서비스에 참가하기 위해서는 의무적으로 Rule Book에 서명해야 한다. EDI 서비스 거래 약정(I/A)이 거래 당사자간에 일일이 체결하여야 하는 불편함이 있는 것에 비해, Rulebook에 한번 서명하는 것으로 모든 Bolero 가입자와 자동적으로 다자간 거래 약정을 체결하는 효과가 부여된다. Bolero는 Rulebook을 통해 어떤 분쟁도 해결이 가능한 분쟁해결체계를 갖추었는데 각 국의 다양한 관련 법률의 조정/개선 없이도 당사자간 계약에 의하여 무역거래에 대한 법적 효력 부여가 가능해진 것이다.

Bolero Project에서 전자식 선하증권이 유통될 수 있는 이유는 바로 이 당사자간의 계약에 의해 권리의무를 주고받기 때문이다. 즉, 지시식 선하증권의 경우 선하증권에서 이전되는 것은 물품인도청구권이며 이는 전자식 선하증권에서도 마찬가지이다. 다만 종이 선하증권인 경우에는 이러한 권리의 이전이 무역관습과 법률로 확립되어 있지만 전자식 선하증권의 경우에는 그렇지 못하다는 차이가 있을 뿐이다. 따라서 이러한 차이를 당사자간의 계약관계로 해소한다면 전자식 선하증권의 유통도 가능해지는 것이다.

Bolero.net은 1990년 6월 CMI(Committee Maritime International: 국제해사위원회) 제34차 회의에서 채택된 '전자식 선하증권에 대한 규칙'(CMI규칙)에 준거하여 운송계약이후 선하증권상의 권리이전에 관한 통지를 수령한 경우 권리이전을 등록하고, 이와 관련된 이해관계인(통지수령 이후의 권리양수인)을 위하여 선하증권을 보관하는 Depository(선하증권의 수탁자) 기능을 수행하고 있다. 더불어 B/L등의 무역서류의 생성, 유통을 관리하는 시스템으로 결제부분은 SURF라는 영역으로 분리하여 회원은행에게 위임하고 있다.

### (4) SURF

볼레로는 최근'SURF'(Settlement Utility for Managing Risk and Finance)라는 새로운 결제솔루션을 개발함으로써 상용화에 박차를 가하고 있는데 이것은 볼레로넷을 기반으로 하여 수출자와 수입자간 지급의 확약이 포함된 선적서류(상업송장, 포장명세서, 선하증권외 12종)의 교환을 관리함으로써 자동화된 무역결제과정을 수행하는 서비스이다. 현재 ABN암로은행, 시티뱅크, 산화은행, HSBC 등 세계 유명 8개 은행에서 개발해 이미 테스트 중에 있으며 국내는 외환, 한빛은행이 가입하여 서비스를 준비중에 있다.

SURF는 무역서류의 자동일치를 보장하고 서류결재와 관련된 일련의 흐름을 관리하는 시스템이다. 판매자가 선하증권을 포함한 무역서류를 전송하면 SURF시스템은 서류일치를 체크하고 이상이 없으면 보증은행 또는 구매자에게 결제를 요구한다. 결제가 이뤄지면 선하증권을 포함한 무역서류가 SURF를 통해 구매자에게 전송된다. 은행과 기업간 또는 은행과 은행간의 자금이체는 기존의 방식대로 이뤄진다. 전자무역시대에는 전자서류의 확인과 전송이 무엇보다 중요한 만큼 이를 각 은행에 맡기기보다 볼레로가 대신해 주는 것이다. 결제방법으로는 Open Account, Documentary Collection(D/P, D/A), Documentary Credit, Stand-by Letter of Credit 등에 의하고 있으며 지급의 보호는 선택적으로 은행과 제3자가 제공 가능하도록 하고 있다. 가입비용은 연간 USD350이며 건별 처리수수료는 서류일치 확인시 USD1~60이다.

### (5) 볼레로의 장단점과 해결과제

기존의 무역은 종이서류를 통해 이루어지나 볼레로 프로젝트는 무역거래를 전자서류(특히 선하증권)로 바꿀 수 있다는 장점 때문에 무역거래 당사자의 많은 관심을 가지게 하고 있다. 게다가 Bolero는 다년간 국제은행간 메시지 전송을 담당하고 있는 SWIFT의 지원을 받으며 SWIFT의 금융 표준화 관련 기술이나 노하우의 영향을 전달받고 있어 더욱 신뢰감을 더하고 있다. 볼레로넷 서비스는 참가자간의 직접적인 의사소통도 고려하고 있고, 중앙등록기관에 등록할 필요가 없는 서류교환도 행할 수 있도록 하고 있다. 또 EDIFACT를 사용하고 있기 때문에 서비스 개선을 위한 비용도 줄일 수 있다. 볼레로서비스는 현재 비즈니스 사이클 안에서 통합화하는 것이 가능하며, 은행에 있어서는 대금지급과 무역금융거래를 위한 SWIFT 메시지와의 연계도 가능하다. 또한 볼레로넷은 기존 무역 절차를 전자문서화하여 결제부분은 은행에 맡김으로써 기존 조직의 호응도를 제고하고 기존 무역관련 조직의 저항이 적고 빠르게 상용화될 수 있다는 장점이 있다. 오류가 발생할 가능성도 낮다.

볼레로넷은 일단 선하증권의 전자화라는 대명제를 해결하는데는 성공했다. 그러나 볼레로넷의 영업이 아직 힘을 못 받고 있는 것은 볼레로넷의 연회비가 연간 5000달러에서 25만 달러로 중소기업에게 다소 부담스럽기 때문이다. 따라서 상용화되더라도 높은 볼레로측은 트레이드카드가 건당 150달러의 고정 수수료를 받는 것과 비교해 볼 때 볼레로 사용료가 과중한 것처럼 보이지만 대기업들의 월평균

거래 실적을 감안하면 결코 비싼 금액이 아니며, 볼레로 서비스를 이용하는 비용이 팩스보다 저렴할 것이라는 입장이다.

거래비용으로 인해 주고객은 대기업으로 한정될 것으로 보인다. 게다가 볼레로넷의 경우 기업 은행 선박회사 보험사 등이 모두 회원으로 가입돼 있어야 서비스가 효율적으로 이루어질 수 있으며, 거래 당사자들이 볼레로 시스템을 전면 채택하지 않는 한 당분간 서류작업과 병행해야 하는 등 완전한 자동화가 이루어지지 않는 것이 약점이다.

현재 볼레로넷은 지난 1994년 설립과 1999년 상용서비스 이후에도 사람들이 기대했던 '종이 없는 무역'의 멋진 세상을 보여주지 못했을 뿐만 아니라 이렇다할 수익모델을 내놓지 못하고 계속 큰 폭의 적자를 내는 것으로 알려져 세계 언론에서 '돈 먹는 하마'라 는 비난을 계속 받아오고 있다. 게다가 기업, 은행, 선박회사, 보험회사 등이 모두 회원으로 가입돼 있어야 시행할 수 있는 한계로 인해 본격 서비스는 2002년 중에 시행될 것으로 예정되어 있으나 서비스 확대는 상당한 기간이 지나야 할 것으로 보인다. 볼레로는 전 세계 은행 시스템간 통합 작업은 법률과 비용적인 문제 때문에 어려움이 많기 때문에 각 나라에 현지법인을 설립한 뒤 이 법인과 해당 국의 은행간 제휴를 통해 서로 다른 결제 관행을 해결해 나가고자 추진중이다. 즉, 전 세계 은행시스템을 볼레로넷의 메인서버에 바로 연결시키는 대신 각 국 은행의 결제망을 지역별로 구축하고 이를 다시 통합하겠다는 전략이다.

현재 상당수 금융기관들은 볼레로에 대하여 관심은 있으나 아직 방관자세를 견지하고 있다. 금융기관들은 Bolero서비스에 대한 검증기간이 필요하며 활성화되기 위해서도 당분간 시간이 더 필요하다는 입장을 보이고 있다. 볼레로넷 서비스가 성공하려면 볼레로가 제공하는 시스템은 글로벌시스템이라야 하고 따라서 무역매매당사자, 운송인, 보험자, 은행 및 신뢰성 있는 제3자의 참여가 전세계적으로 확대되어야 한다. 서비스 제공자로서 중립적인 입장도 유지하여야 한다. 또한 정보를 안전하게 전달할 수 있도록 보안성이 강조되어야 한다. 그리고 준거법 등 장애가 되는 법적 환경을 정비하고 이용자간 정보교환을 하기 위한 공통의 기술기반을 제공하여야 한다. 그리고 이용자에 대한 부가가치와 유용성을 인지시키는 것도 중요할 것이다.

### (6) 회원 가입 현황

볼레로넷에는 현재 CMB, HSBC, CITI, 쿠메르츠, 싱가포르, 도쿄미쯔비시, 산와, 사쿠라 등 40여개의 대형은행과 Evergreen 등 대형 선박회사, 미츠이, 히다치, 미츠비시 등 대형상사 및 브라질 물류업체인 카길 등의 기업들이 참여하고 있으며 기술파트너도 선마이크로시스템스 등 50개사를 보유하고 있다. 파일럿테스트로는 '커피 order'가 유명하다. 볼레로는 향후 중소무역업체에 대한 마케팅을 수행하기 위해 별도의 ASP모델도 제공할 예정이다. 국제적으로는 일본, 싱가폴, 홍콩, 대만과 같은 아시아 주요 무역강국의 관련 업체들은 이미 볼레로 연합회에 가입하고 있으며, 일본은 시범사업을 적극적으로 주도하고 있는 실정이다.

우리나라는 2000년 5월 한빛은행이 우리나라 최초로 볼레로의 정식멤버로 가입(연회비 25만달러)하였으며, 그 뒤 외환은행, 조흥은행, 삼성전자, 포항제철, 현대상선 한진해운 등 5개 선박회사가 회원으로 가입해 시험서비스를 마친 상태이며 신한은행도 가입을 검토 중에 있다. 국내를 대표해 주도적으로 참여하고 있는 한빛은행은 삼성전자, 한진해운 등과 시범테스트를 가진 뒤, 현재 해외은행 등과 협력해 볼레로 서비스 상용화를 적극 타진중이다. 한빛은행은 2002년부터는 볼레로 국내 상용서비스를 실시할 계획에 있다. 포항제철은 일본의 신일철, 호주의 철강 원료공급사인 BHP빌리톤과 리오틴토가 영국의 볼레로(Bolero-Bills Of Lading Electronic Registry Organization) 시스템에 연결해 서로 무역 전자결제에 나선다. 포철은 볼레로 가입으로 공급사 상시 발굴(e-Sourcing), 전자입찰(e-Bidding)뿐만 아니라 전자상거래의 미해결 과제로 남아 있던 무역대금 결제서류의 전자교환(e-Transaction)까지 실행하게 돼 해외구매부문에서 완벽한 전자조달 시스템을 갖추어 나가고 있다.

한편 국내에서는 산업자원부내 '볼레로' 소작업반이 구성되어 KTNET의 주도하에 여러 무역 관련기관이 사용하는 문서의 표준화를 연구하고 있다. 작업반에서는 볼레로를 연구하며 결제관련 메시지의 표준화, 디지털화 되어 있지 않은 선적서류에 대한 데이터 구축 및 액세스 방안 등을 도출하려고 한다. 현재 작업반에는 외환, 조흥, 한빛, 신한, 국민, 주택, 제일, 하나, 산업은행 등 주요 은행들과 삼성물산, 현대종합상사, LG전자 등 업체, 무역협회, 한국무역정보통신, 한국물류정보통신, 현대상선, 한진해운 등 무역 및 물류 유관기관, 업체 그리고 산업자원부와 전자거래진흥원, 기타 민간 전문가들이 참여하고 있다.

### 4) 트레이드카드(TradeCard)

#### (1) 트레이드카드의 개요

대금결제측면에서 전 세계적으로 활용되고 있는 것은 신용카드이지만 이는 기업과 고객(B2C)간에 주로 사용되고 있으나 기업간(B2B)의 거액의 거래에서는 사용되고 있지 못한 실정이다. 따라서 기업간 글로벌 전자상거래를 위한 새로운 결제시스템의 필요가 생겨남에 따라 등장하게 된 것이 바로 무역카드(TradeCard)이다. 게다가 국제무역거래에서 기업간의 대금결제의 중요한 수단으로 사용하고 있는 화환신용장거래가 서류의 점검에 따르는 불일치(discrepancy)가 70%를 상회하고 있을 뿐만 아니라 이러한 하자를 수정하고 보증하는데 비용과 시간이 크게 증가하고 있다. 이러한 현실의 문제 해결이 시급한 가운데 TradeCard는 전통적인 신용장(LC)중심의 무역거래 방식에서 탈피, 수출입서류의 전송과 대금결제방법을 전자화하고 무역서류의 전자화 및 서류점검절차의 자동화를 통해 이러한 문제들을 해결하게된 것이다. 무역카드는 기존의 높은 대금결제수수료와 이자를 부담하는 신용장이나 기탁(에스크로우)방식과는 달리 저렴한 비용으로 소액이나 거액의 대금결제 모두 가능하며 당해 대금결제에 필요한 서류의 단계별 추적이 가능하다. 신용장이나 선하증권, 송장 등 무역관련 문서처리가 필요 없는 만큼 온라인 서비스의 장점을 극대화시킬 수 있다는 점에서 볼레로, Identrus와 치열한 시장진입 경쟁도 이어질 전망이다.

신용카드 개념의 온라인 무역결제서비스인 TradeCard는 신용장 개설 및 선적서류작성이 어려운 기업간의 소액 및 건수가 다량인 무역거래를 지원하는 전자무역거래방식으로서 거래금액이 $10,000-$100,000 정도일 때 적합한 전자무역 결제시스템이라 할 수 있다. 또한 상호간에 거래를 많이 하여 신뢰관계가 구축되어 있는 업체에게 적합한 시스템이다.

### (2) TradeCard시스템 처리과정

#### ① 결제와 지급확약

TradeCard의 국제간 금융결제는 은행간 전자결제시스템인 ACH(Automatic Clearing House)와 여행자수표로 유명한 미국의 토머스쿡이라는 국제결제회사를 결합하는 방식으로 결제문제를 해결하고 있다. 토머스쿡은 구매자의 계좌에서 출금하여 판매자의 계좌에 입금함으로써 TradeCard시스템의 핵심 결제기능을 제공한다. TradeCard시스템은 계약이 준수되거나 불일치사항이 해결되는 대로 토머스쿡에게 지불지시를 보낸다. 토머스쿡은 이 지시를 받는 즉시 구매자에게는 출금처리를, 판매자에게는 입금처리를 지시한다. 토머스쿡의 국제지급네트워크는 전 세계 어느 은행과도 업무가 연계돼 있으며 외환업무도 취급한다. 결제방식의 유형은 자동승인결제(auto approved payment), 구매자승인결제(buyer approved payment), 인보이스 결제(invoice presentation) 등 세 가지이며, 시스템 사용비용은 자동승인결제 방식의 경우 최소 80달러에서 최고 150달러, 구매자승인결제방식은 최소 40달러에서 최고 100달러, 인보이스 방식은 최소 5달러에서 17달러에 달한다.

지급의 확약(지급의 보호)는 프랑스의 신용보험회사인 Coface가 담당하고 있다. Coface는 "@rating서비스"를 통하여 구매자를 평가하며, 계약준수가 이루어지는 대로 구매자의 "@rating" 사용한도까지의 송장 금액에 대한 지급보장을 판매자에게 한다. 구매자가 지급을 이행하지 않는 경우 Coface는 선적물의 부보된 금액한도까지 판매자에게 변제해 준다.

#### ② TradCard 무역거래 절차

무역카드제도의 시스템은 은행의 신용보증기능을 활용하면서도 전 거래과정이 보험으로 처리돼 수출입대금을 떼일 염려가 전혀 없다. 무역카드제도는 기업 신용도 측정을 선진국 은행의 신용보증기능을 활용, 거래과정을 전산망으로 일괄 처리한다. 거래방법도 현재 방식이 수출입 오퍼 및 인콰이어리만을 웹상에서 교환하고 나머지 과정은 기존 무역방식을 사용하는데 반해 신용장을 개설 등의 과정을 없앴다. 수입업체는 수입신용장을 개설하지 않고 거래은행으로부터 신용한도만 받으면 된다. 그 다음 물품구매서를 트레이드카드 운용회사로 보내면 운용회사는 은행으로부터 신용을 확인한 다음 수출업체에 전달한다. 수출업체의 경우 은행을 거치지 않고 트레이드카드 운용회사로 관련 서류를 전송하면 운용회사는 전송된 서류를 심사, 수입업체 거래은행에 대금지급을 요청하면 결제가 이뤄진다.

TradeCard는 자동화되고 협력적인 환경에서 구매자와 판매자가 어떤 종류의 국내 또는 해외 금융거래라도 추적, 결제하는 것이 가능한 완전한 금융결제상품을 단일 플랫폼상에서 제공한다. e-마켓플레이스에서 기업과 금융기관들은 TradeCard의 플랫폼과 지불상품을 사용할 수 있다. 자동승인지불, 구매자승인지불, 송장제출과 같은 거래옵션은 TradeCard 통합마켓플레이스나 TradeCard와 연계된 회사의 ERP시스템을 통하여 TradeCard 전세계 상업사이트에 접속함으로써 개시할 수 있다

### (3) TradeCard의 주요 특징

TradeCard카드의 주요 특징을 알아보면 다음과 같이 설명할 수 있다.

【표 5-2】 TradeCard 시스템의 주요 특징

| 구분 | 세 부 특 징 |
|---|---|
| 비용(재무)측면 | ▸미화 10만 달러 이하는 매건당 150달러의 비용을 매도인이 부담하며 그 이상일 경우에는 거래금액에 따라 차등<br>▸정회원일 경우에는 당해기업에 250달러의 수수료<br>▸150달러의 수수료에는 전자자금이체비용, 실시간 정보제공비용, 매도인에 대한 대금지급보장 등의 비용이 포함<br>▸국내거래이든 국제거래이든 , 보증계정이건 당좌계정이건, 거래의 |

| | |
|---|---|
| | 규모가 크건 작건 간에 상관없이 거래의 지불을 자동화<br>▸지불보증을 온라인 지불의 편리함과 결합시킴<br>▸추가 비용 없이 구매자와 판매자가 온라인상에서 거래조건을 승인 또는 협상할 수 있는 플랫폼을 제공 |
| 대금결제측면 | ▸입력된 모든 자료들이 일치한다고 판단될 경우에 전 세계에 걸쳐있는 대금지급 보증인에게 지급지시를 하여 매도인과 매수인간의 채무관계를 청산 |
| 정보제공 측면 | ▸마우스의 클릭으로 이전의 거래서류형식에서 현재의 거래서류형식으로 전환하여 자료를 이전시킬 수 있으며, 모든 서류를 복사할 수도 있으며 당해 자료를 업데이트시킬 수도 있음 |
| 불일치의 통지 측면 | ▸무역카드는 특허 받은 자체 일치성검사프로그램을 통하여 서류에 대한 일치성을 전자적으로 처리하기 때문에 전통적인 서류의 불일치검사에 비해서 신속하게 처리되며, 당해 불일치한 내용에 대해서 관계당사자에게 즉시 통지하는 기능도 겸하고 있음 |
| 협상과 승인 측면 | ▸무역카드를 이용하는 매도인과 매수인들은 안심하고 실시간으로 계약을 협상할 수도 있으며, 만일 양 당사자가 계약을 성립한 이후에는 전자서명방법을 통하여 서류에 서명할 수 있기 때문에 기존의 계약성립 이후에 서류의 상호교환 등에 수반되는 경비를 지출할 필요가 없음 |
| 자료의 접근 측면 | ▸다양한 방법으로 시간과 장소에 구애를 받지 않고 세계 어느 곳에서든지 관련자료를 찾아 검색할 수 있으며, 한번 사용한 이용자는 자기의 환경에 맞게 환경을 조정하여 반복적인 주문을 보다 빨리 쉽게, 정확하게 작성 가능 |
| 기능적 측면 | ▸특허받은 데이터컴플라이언스 엔진 보유<br>▸물류제공자, 검품대행, 적하보험, 신용자금 조달 및 외환서비스 연계<br>▸온라인 상에 구매자와 판매자가 승인한 서류를 게시하고 전체 |

| | |
|---|---|
| | 거래 진행상황 추적가능 및 데이터의 정확성 개선 |
| 무역의 절차과정 측면. | ▸무역카드시스템내에 무역거래에 필요한 자료들을 내장하고 있어 무역거래 당사자들에게 필요한 자료를 실시간으로 제공 |
| 보안적 측면 | ▸무역카드를 사용하기 위해서는 먼저 사용자는 ID와 패스워드를 입력하여 인증을 받은 다음 전자인식보안시스템(스마트카드와 판독기로 구성)으로부터 승인받은 이전의 접근번호를 입력하여야 함(스마트카드기를 판독기에 삽입할 때마다 다른 접근번호가 매번 생성)<br>▸기술적인 안정성 측면에서 무역카드는 서버의 인증을 128비트 디지털서버 아이디를 사용하여 무역카드시스템 웹사이트를 보호하고 있으며, 서류는 디지털서명기술의 방법을 통하여 전자적으로 작성된 서류의 진정성을 확인 |

### (4) TradeCard의 장/단점

트레이드카드는 인터넷을 통해 무역 관련 서류의 전자전송은 물론 보험,결제,물류 등 수출입 전과정을 자동화하는 기업간 전자상거래(B2B) 서비스로 무역업무 처리시간을 최대 80% 단축할 수 있다. 또 수출입 부대비용 절감뿐 아니라 기업의 생산성· 및 현금유동성 등도 제고되는 효과를 볼 수 있다. 무역카드는 기존의 높은 대금결제수수료와 이자를 부담하는 신용장이나 기탁(escrow) 방식과는 달리 저렴한 비용으로 소액이나 거액의 대금결제 모두 가능하며, 당해 대금결제에 필요한 서류의 단계별 추적이 가능하다. 이는 기존의 무역과정을 단순화, 자동화 및 표준화하여 무역거래에서 발생하는 비용을 절감할 수 있기 때문이다.

그러나 TradeCard에서는 종전 무역업무에서 은행의 역할을 배제하게 됨으로써 전통적인 주도세력의 견제를 받고 있는 것은 시장진입의 적지 않은 장벽으로 작용하고 있다. 또한 전통적으로 발전되어온 신용장에 의한 결제는 은행의 지급확약에 따라 결제에 대한 확신을 보장받고 있으나 무역카드시스템은 특정 보증보험회사의 보증에 기반을 두고 있는 것은 신뢰성에 다소의 취약점을 가지고 있다 할 것이다. 이와 같은 장애의 제거 및 신용공여기관의 확대 등은 무역카드의 성패에 중요한 과제가 될 것이다.. 게다가 전자선하증권에서도 등록, 인증, 보안, 통지 등의 기능과 은행, 운송인, 서비스제공자 및 화주간에 효율적인 정보시스템의 구축으로 선하증권이 가지는 법률적인 성격인 물권적 효력과 채권적 효력을 가질 수 있는 법제적인 장치와 제도가 구축되어야 무역카드시스템도 비로소 발전할 수 있는 기반이 조성된다 할 것이다.

### (5) 회원가입현황

현재 TradeCard 시스템으로 결제가 이뤄지는 국가는 미국,캐나다,홍콩,대만,싱가포르,한국,일본 등이고 조만간 중국,서유럽,중남미로 확산될 전망이다. TradeCard 시스템은 WTCA가 주도하는 프로젝트로 트레이드카드 시스템에 연결 네트워크를 제공하는 GEIS(General Eletronic Information Services), 온라인 보험서비스를 제공하는 새드윅(Sedgwick Ltd.)보험사, Tradecard 시스템 개발을 담당하는 AMS (American Management System), 국제적 은행업무와 관련한 서비스를 제공하는 Bank of America, 국제무역금융서비스를 제공하는 ABN-AMRO, 물류서비스를 제공할 ACS 등이 전략적 파트너로 참가하고 있다. 또한 마스타카드는 TradeCard와 국제 기업 간 전자상거래(B2B) 전자무역이 활성화될 것에 대비, 기존 B2B 구매방식을 획기적으로 전환시킬 수 있는 새로운 결제시스템을 공동 개발하고 있다. 두 업체가 개발키로 한 새로운 결제서비스는 다양한 규모와 유형의 거래를 취급하는 포괄적인 온라인 결제 솔루션이다.

한편 국내에서는 TradeCard에 관한 시범기업으로 LG 상사, 금융기관으로는 산업은행이 참여한 바 있으며 2000년부터 상용서비스를 시작하였다. 현재는 외환, 조흥은행이 가입한 상태이며 본격 서비스는 2002년 중으로 예정되어 있다. TradeCard에 회원으로 가입한 국내업체는 ＬＧ상사, ＳＫ글로벌, 삼성물산 등 3개사이며 전세계적으로 100여개 업체가 곧 참여할 것으로 보인다. TradeCard 국내합작법인도 설립이 되었는데 이 법인에는 LG상사,SK글로벌, 조흥은행, 세계무역센터인포텍(WTCI) 등이 주주로 참여하고 있다. e뱅킹을 전략사업으로 육성중인 조흥은행은 향후 인터넷 무역결제서비스 시장의 주도권을 겨냥, 합작투자에 참여했다. 이 합작법인은 무역업무 절차에 필요한 거래협상,주문처리,신용장개설,전자결제 등 모든 작업에 대해 온라인 처리가능한 솔루션을 제공하고 있으며, 안전한 전자무역거래를 위해 제3의 신용보험업체 등 각종 무역서비스업체를 파트너로 채용함으로써 실질적인 무역 e마켓플레이스를 구현한다는 구상을 가지고 있다.

### (6) 볼레로와 TradeCard 비교

볼레로(Bolero)와 TradeCard 시스템 모두 최선의 기술과 표준 및 보안을 채택하고 있으며, 무역 관련 서류(특히 신용장)의 전자화와 전자메세지를 통한 무역대금의 결제라는 부분에서는 서로 동일한 역할과 기능을 수행한다고 할 수 있다.

그러나 Bolero.net이 전세계 주요 금융업체와 운송업체를 회원사로 거느릴 뿐만 아니라 SWIFT와 아이덴트러스와 제휴함으로써 강력한 신뢰도를 제고하고 있는 반면, TradeCard는 세계 무역의 중심지 미국과 세계무역센터협회 회원사들이 든든하게 뒤를 받치고 있다. Bolero.net에서는 은행이 신용공여자로서 주요 역할을 수행하는 반면 TradeCard에서는 은행은 그 지급지시에 따른 자금공여자로서의 역할만 수행한다. 이 방식에서 은행은 대금지급의 중계역할에 한정될 뿐이다.

Bolero.net이 현재 국제간 통용중인 무역절차를 존중한다는 원칙 하에 결제는 물론 물류 통관 등 전체 수출입 프로세스의 온라인화를 추구하느라 아직도 제대로 모습을 못 보여주고 있지만 TradeCard는 기존의 신용장을 대체하는 수출입대금 결제서비스에 초점을 맞춰 구매주문과 수출신용장(L/C)부분을 먼저 온라인화해 현재 먼저 서비스를 제공하고 있다. TradeCard는 전자무역의 핵심인 구매주문서와 송장의 인터넷 작성 서비스만 주력하고 신용정보 결제 운송 부분은 사실상 아웃소싱하고 있다. 또한 과도한 회원가입비 대신 거래성사 건당 요금을 받는 수익구조를 채택한 것도 TradeCard가 Bolero.net 보다 앞서나갈 수 있었던 주요 원인 중의 하나다. Bolero.net은 신용보증을 직접 맡는 데 반해 TradeCard는 수입업자가 먼저 코페이스(Coface)라는 신용평가기관으로부터 신용을 공여 받도록 하고 있다. 수입자마다 신용등급에 따라 신용대출의 한도를 다르게 설정, 국제무역에서 발생하는 위험을 분산시키고 있는 것이다. 또한 TradeCard는 초기비용이 거의 들지 않고 선하증권(BL) 없이 순수 신용을 바탕으로 하는 무역결제 방식이라는 것도 볼레로와 차별화된 점이다.

【표 5-3】 볼레로와 트레이드카드의 비교

| 항목 | 볼레로 | 트레이드카드 |
|---|---|---|
| 서비스방향, 목표 | 전자식선하증권의 구현 및 무역서류의 전자화 | 무역대금의 결제과정에서 신용장을 배제하고 시스템내에서 계약의 체결 및 이행을 증명하는 서류의 제공, 서류의 일치여부점검 및 대금지급의 수권지시등을 전자화 |
| 서비스특징 | 선하증권의 전자화 | 신용장 없는 무역거래 수행<br>신용카드개념의 온라인 무역결제 |
| 주요서비스대상 | 선하증권 거래 관련자<br>대기업체 선호<br>(자신의 독립적인 업무수행 능력을 보유한 업체에서 선호) | 중소 무역업자<br>(소규모 무역업체의 경우 트레이드카드시스템의 종합서비스를 선호)<br>무역거래에서 신용장 개설에 다른 절차 및 수수료를 회피하려는 무역업자들이 선호 |
| 주요추진주체 | SWIFT, TT Club | WTCA, Coface그룹, 토마스쿡, ACH |
| 무역에서 역할 | 전자서명의 인증<br>무역서류의 관리<br>통신방법의 제공<br>(전자적 메시지에 의한 무역서류의 전자화 및 유통성 확보)<br>*당사자간 계약체결이나 계약의 이행과정에는 전혀 참여하지 않음 | 전자적 계약의 확인<br>계약이행여부의 확인<br>대금지급의 결정 |
| 은행 역할 | 신용공여자<br>은행의 역할 강조 | 대금지급의 중계(자금공여자)<br>은행의 역할 축소 |

| | | |
|---|---|---|
| 대금 결제 | 대금지급과 무역금융거래를 위한 SWIFT 메시지와의 연계 가능<br>결제부분은 은행에 맡김 | 토머스쿡이 결제를 수행<br>(지급확약은 Coface그룹이 담당) |
| 메시지표준 | 표준화작업 진행 중 | UN/EDIFACT |
| 메시지보안 | RSA방식의 디지털서명 | RSA방식의 디지털서명 |
| 우리나라 참여기관 | 한빛, 외환, 조흥은행<br>삼성전자, 포항제철, 현대상선<br>한진해운 등 | 외환, 조흥, LG, SK글로벌, 삼성물산 등 |
| 신용장과 서류일치 확인방법 | 종이로 출력하여 점검,<br>전산개발은 선택임 | TradeCard사 SA의 컴퓨터에 의해 자동수행 |
| 비용절감 측면 | 선하증권 지연과 관련된 비용의 절감<br>입회비, 연결비용, 년회비, 수수료<br>(가입비용은 연간 USD350이며 건별 처리수수료는 서류일치 확인시 USD1~60) | 신용장 관련 비용의 절감<br>년회비, 거래비용<br>(연회비 250달러, 거래건당 150달러 수수료) |

### 5) cTradebank

cTradebank(이하 CTB)는 KTNET의 인터넷 무역 포털사이트인 'Ctradeworld'에서 입점 마켓플레이스와 연계한 거래업체들 및 기존 무역업체들과 은행간 지불 프로세스를 중계하는 역할을 담당한다. CTB서비스는 무역업체, 장치장, 관세사, 포워더 등 무역 관련업체들의 거래 단계별 지불결제 요구를 인터넷상에서 일괄 처리할 수 있도록 지원하는 서비스이다. 예를 들어 화물도착,자금이체완료,화물처리,입출금내역 등을 온라인 통지할 수 있는 것은 물론, 창고료, 관세, 운송료 등 각종 수수료를 조회/처리할 수 있도록 한다. 전화나 팩스로 화물처리를 대행하고, 은행을 직접 방문해야만 송금결제가 가능하던 환경이 이제 인터넷으로 해결이 가능하게 된다. 외환은행은 CTB를 자행 인터넷뱅킹 시스템과 연동시킬 계획이다. 외환은행은 이를 통해 자사 기업고객을 대상으로 관세수납, 창고료, 운임 등 제반 통관결제서비스를 제공하게 된다. 이를 통해 각종 수수료를 자동으로 납부할 수 있고, 화물처리와 결제시스템의 유기적 연동이 가능해진다. 또한 향후 아시아-메가 포탈(Asia-Mega Portal)서비스의 기본 결제시스템으로 활용돼 아시아 국가간 무역결제시스템으로 정착될 것으로 기대하고 있다. 또한 외환은행은 KTNET과 협력해 시스템을 구축하여 향후 한-일 전자무역망, 볼레로넷 등과도 연계할 계획이다. KTNET도 국가간 e마켓 연계사업이나, e트레이드 허브(동아시아 연합체) 등 각종 국제 프로젝트에 cTradbank를 적용하는 한편, 전자외상매출채권, 결제대행업무 등 지불서비스도 추가적으로 확대할 계획이다.

## 2 전자신용장

### 1) eUCP

#### (1) 의의

eUCP는 국제 상업회의소(ICC)가 지난 33년 처음 제정, 개정해 사용해 오고 있는 화환신용장통일규칙(UCP 500)을 근거로, 최근 정보통신기술 발달 및 전자무역거래시대가 확산됨에 따라 종이신용장에 상응하는 전자적 자료처리에 있어 UCP를 보완하기 위한 추록(UCP Supplement for Electronic Presentation)으로 제정된 것이다.

ICC는 이를 위해 2000년 5월 24일 파리에서 개최된 은행기술실무위원회(은행위원회)를 통해 관련분야 전문가로 이뤄진 전담반을 구성해 18개월간 작업을 거쳐 2002년 4월 1일부터 전세계에 동시에 시행 중이다.

eUCP는 UCP의 개정이 아닌 UCP와 함께 사용되면서 신용장거래에서 종이문서에 상응하는 전자적 제시를 위하여 필요한 규칙들을 제공하게 되며, 완전히 전자적으로 제시하거나 또는 종이문서와 전자적 제시를 혼용할 수 있도록 하고 있다. 이는 비록 관행이 발전되고 있다 하나 전적으로 전자적 제시만을 제공하는 것은 현재로서는 비현실적이며 또한 완전한 전자적 제시로의 변화를 촉진시키는데 한계가 있기 때문이다.

eUCP는 볼레로나 트레이드카드 등 전자무역 관련 솔루션 및 특정기술이나 시스템을 제시 또는 정의하지 않고 있다. 대신 거래 당사자들이 자유로운 합의에 맡김으로써 보편성 및 독립성을 가지고 있다. 따라서 만약 거래당사자들이 eUCP를 적용하기를 원한다면 eUCP를 명시적으로 삽입해야 한다. 단, eUCp의 모든 조항은 특별히 전자적 제시와 관련된 경우를 제외하면 UCP 조항과 일치하기 때문에 eUCP 모두를 삽입할 필요는 없으며, 이를 적용시키는 경우 UCP보다 우선 적용된다.

### (2) 적용범위

eUCP는 전자기록 자체 또는 종이문서와 결합된 제시에 적용할 목적으로 UCP 500을 보충하도록 하고 있다. 또한 eUCP는 신용장이 eUCP에 따른다는 명시가 있는 경우 UCP의 추록으로 적용하기 때문에 eUCP 버전을 반드시 명시해야 한다. eUCP에 준거하는 신용장은 UCP의 적용을 명시하지 아니하더라도 UCP를 적용할 수 있다. 다만 eUCP가 적용되는 경우, 그 조항은 UCP 적용 조항에 우선 적용된다.

### (3) 주요 내용

#### ① 전자신용장거래를 위한 용어 정의

현재 UCP에 사용되는 용어 중 eUCP 신용장에 적용하기 위하여 문서, 전자기록, 전자기록의 제시장소, 전자주소, 전자서명, 포맷 및 수신에 대한 의미를 정의하고 있다.

#### ② 확인 및 제시

eUCP 신용장은 전자기록이 제시되는 형식을 반드시 명시해야 한다. 또한 eUCP 신용장이 제시를 허용함에 있어 전자기록은 전자기록의 제시장소를 또한 종이문서는 종이문서의 제시장소를 명시하도록 하고 있다.

이밖에 eUCP 신용장하에서 전자기록 및 종이문서의 제시는 제시되어지는 eUCP 신용장과의 동일성을 반드시 확인해야 한다.

은행이 영업을 하고 있으나 약정된 유효기일 또는 제시돼야 할 최종일에 전송된 전자기록을 은행의 시스템에서 수신할 수 없을 경우 은행은 영업이 종료된 것으로 간주하며 전자기록을 수신할 수 있는 다음 첫 은행영업일까지 연장된다. 또한 인증될 수 없는 전자기록은 제시가 완료되지 아니한 것으로 간주된다.

### ③ 심사

전자기록이 외부의 시스템에 하이퍼링크(hyperlink)를 포함하거나 또는 전자기록이 외부시스템을 참조해 심사될 경우 하이퍼링크에 있는 전자기록 또는 관련 시스템은 심사가 이루어진 전자기록으로 간주된다.

서류심사기간은 수익자의 완전한 통지가 수신된 은행영업일의 다음날 은행영업일에 개시된다.

만약 발행은행, 확인은행 등 지.정은행이 전자적 제시에 대한 거절통지를 행한 경우 발신된 거절통지일자로부터 30일 이내, 거절통지의 당사자로부터 회신 받지 못한 경우 문서제공자에게 반송하지 않고 모든 종이문서를 반송할 수 있으며, 아무런 책임 없이 적절하다고 간주되는 방법으로 전자기록을 처분할 수 있다.

### ④ 원본 및 사본

전자기록의 하나 또는 그 이상의 원본과 사본의 제시를 요구하더라도 eUCP 신용장의 모든 요구는 하나의 전자기록 제시로 충족될 수 있도록 했다.

### ⑤ 발행일자

전자기록이 특정한 발행일자가 없으면 송신일자는 발행일자로 간주되며 수신일자는 다른 어떠한 일자가 분명하지 않으면 송신일자로 간주된다.

⑥ 운송

운송을 명시하고 있는 전자기록이 선적 또는 발송 일자를 명시하고 있지 아니할 경우, 전자기록의 발행일자는 선적 또는 발송 일자로 간주된다.

⑦ 변형

발행은행, 확인은행 등이 수신한 전자기록이 변형될 경우 은행은 제시자에게 그 전자 기록의 재제시를 요구할 수 있다.

⑧ 면책

은행은 전자기록의 외관상 진정성을 점검함으로써 전자기록에 대한 송신자의 신원, 정보의 출처, 또는 문자에 대하여 아무런 의무를 부담하지 아니하도록 면책규정을 설정하고 있다.

### (4) eUCP 조항해석

**Article e1** Scope of the UCP Supplement for Electronic Presentation (eUCP)
전자적 제시를 위한 UCP 보충판의 범위

a. The UCP Supplement for Electronic Presentation ("eUCP") supplements the Uniform Customs and Practice for Documentary Credits (1993 Revision ICC Publication No. 500, "UCP") in order to accommodate presentation of electronic records alone or in combination with paper documents.

a. 전자적 제시를 위한 UCP 보충판(eUCP)는 전자기록 단독 또는 종이서류와의 결합에 의한 제시를 수용하기 위하여 "화환신용장에 관한 통일규칙 및 관례-신용장 통일규칙, 1993년판 국제상업회의소 발간번호 500, UCP)를 보충한다.

b. The eUCP shall apply as a supplement to the UCP where the Credit indicates that it is subject to eUCP.

b. 신용장이 eUCP의 준수를 표시하고 있는 경우, eUCP는 UCP의 보충판으로 적용된다.

c. This version is Version 1.0. A Credit must indicate the applicable version of the eUCP. If it does not do so, it is subject to the version in effect on the date the Credit is issued, or, if made subject to eUCP by an amendment, on the date of that amendment.

c. 이번 버전은 1.0버전이다. 신용장은 eUCP의 적용 가능한 버전을 표시해야 한다. 만일 버전을 표시하지 않은 경우, 신용장이 발행된 날짜에 유효한 버전의 적용을 받거나, 조건변경에 의해 eUCP의 적용을 받게 되는 경우 조건변경일자에 유효한 버전이 적용된다.

c. This version is Version 1.0. A Credit must indicate the applicable version of the eUCP. If it does not do so, it is subject to the version in effect on the date the Credit is issued, or, if made subject to eUCP by an amendment, on the date of that amendment.

c. 이번 버전은 1.0버전이다. 신용장은 eUCP의 적용 가능한 버전을 표시해야 한다. 만일 버전을 표시하지 않은 경우, 신용장이 발행된 날짜에 유효한 버전의 적용을 받거나, 조건변경에 의해 eUCP의 적용을 받게 되는 경우 조건변경일자에 유효한 버전이 적용된다.

## Article e2 Relationship of the eUCP to the UCP
e-UCP와 UCP의 관계

a. A Credit subject to the eUCP ("eUCP Credit") is also subject to the UCP without express incorporation of the UCP.

a. eUCP를 준수하는 신용장(eUCP신용장)은 UCP적용의 표시가 없어도 UCP를 준수한다.

b. Where the eUCP applies, its provisions shall prevail to the extent that it would produce a result different from the application of the UCP.

b. eUCP를 적용하는 경우, UCP적용 결과와 다른 결과가 나와도 eUCP조항이 적용된다.

c. If a eUCP Credit allows the Beneficiary to choose between presentation of paper documents or electronic records and it chooses to present only paper documents, the UCP alone shall apply to that presentation. If only paper documents are permitted under a eUCP Credit the UCP alone shall apply.

c. 만일 eUCP신용장이 수익자에게 전자기록과 종이서류의 제시를 선택할 수 있도록 허용하고 수익자가 종이서류의 제시만을 선택한 경우 그 제시에 대해서는 UCP만 적용된다. eUCP신용장이 종이서류만을 허용한 경우 UCP만 적용된다.

## Article e3 Definitions
정의

a. Where the following terms are used in the UCP, for the purposes of applying the UCP to an electronic record presented under an eUCP Credit, the term:

a. eUCP신용장 하에서 제시된 전자기록에 UCP를 적용시킬 목적으로 다음의 조건들이 UCP에서 사용되고 있는 경우, 그 용어는:

i. "appears on its face" and the like shall apply to examination of the data content of an electronic record.

i. "문면에 나타난" 및 그와 유사한 용어는 전자기록의 데이터 내용 심사에 적용한다.

ii. "document" shall include an electronic record.

ii. "서류"는 전자기록을 포함한다.

iii. "place for presentation" of electronic records means an electronic address.

iii. 전자기록의 "제시장소"는 전자주소를 의미한다.

iv. "sign" and the like shall include an electronic signature.

iv. "서명" 및 유사조건은 전자서명을 포함한다.

v. "superimposed", "notation" or "stamped" means data content whose supplementary character is apparent in an electronic record.

v. "첨부", "표기", "스탬프"는 전자기록내에 보충적 성격이 명백한 데이터 내용을 의미한다.

b. The following terms used in the eUCP shall have the following meanings :
b. eUCP에 사용되는 다음의 조건은 다음의 의미를 갖는다 :

i. "electronic record" means:
i. "전자기록"은:

a. data created, generated, sent, communicated, received, or stored by electronic means;
a. 전자수단에 의해 데이터가 생성, 발생, 송신, 전달, 수신 또는 저장되고

b. that is capable of being authenticated as to the apparent identity of a sender and the apparent source of the data contained in it, and as to whether it has remained complete and unaltered; and
b. 송신자의 신분, 전자기록에 포함된 데이터의 분명한 출처, 또한 완전하고 변조되지 않았음을 분명히 확인하는 인증이 가능해야 하고

c. is able to be examined for compliance with the terms and conditions of the credit.
c. 신용장의 조건과 일치함을 심사 받을 수 있어야 한다.

ii. "electronic signature" means a data process attached to or logically associated with an electronic record and executed or adopted by a person in order to identify that person and to indicate that person's authentication of the electronic record.
ii. "전자서명"은 전자기록을 인증한 사람의 신원을 확인하기 위하여 인증한 사람이 실행하거나 채택하여 전자기록에 첨부하거나 전자기록과 논리적으로 연관된 데이터 프로세스를 의미한다.

iii. "format" means the data organization in which the electronic record is expressed or to which it refers.
iii. "형식"은 전자기록을 표현하거나 참고하는 데이터 구조를 의미한다.

iv. "paper document" means a document in a traditional paper form.
iv. "종이서류"는 전통적인 종이형태의 서류를 의미한다.

v. "received" means the time when an electronic record enters the information system of the recipient designated in the eUCP Credit in a form capable of being accepted by that system. Any acknowledgement of receipt does not imply acceptance or refusal of the electronic record under the eUCP Credit.

v. "수신된"은 전자적 기록이 eUCP신용장에 지정된 수신인 정보시스템에 의해 접수가 가능한 형태로 입력되는 시간을 의미한다. 어떠한 수신확인도 eUCP 신용장 하의 전자기록의 인수 혹은 거절을 의미하지 않는다.

## Article e4 Format
형식

The eUCP Credit must specify the formats in which electronic records are to be presented. If the format of the electronic record is not so specified, it may be presented in any format.

eUCP신용장은 제시되어야 할 전자적 기록의 형식을 명시하여야 한다. 전자기록의 형식을 명시하지 않은 경우 전자기록은 어떤 형식으로든 제시되어질 수 있다.

## Article e5 Presentation
제시

a.

i. A eUCP Credit allowing presentation of electronic records must state a place for presentation of the electronic records.

i. 전자기록의 제시를 허용하는 eUCP신용장은 전자기록의 제시장소를 명기하여야 한다.

ii. A eUCP Credit allowing presentation of both electronic records and paper documents must state places for presentation of the electronic records and of the paper documents.

ii. 전자기록과 종이서류 양자의 제시를 허용하는 eUCP신용장은 종이서류와 전자기록의 제시장소를 각각 명기해야 한다.

b. Electronic records may be presented separately and need not be presented at the same time.

b. 전자기록은 분리되어 제시될 수 있으며 동시에 제시될 필요는 없다.

c. If a eUCP Credit allows for presentation of one or more electronic records, the Beneficiary must provide a notice to the bank to which presentation is made signifying when the presentation is complete. Presentation is deemed not to have been made if the Beneficiary's notice is not received.

c. eUCP신용장이 하나 혹은 그 이상의 전자기록의 제시를 허용하는 경우, 수익자는 제시가 완료된 때 은행에 통지하여야 한다. 수익자의 통지가 접수되지 않은 경우에는 제시가 이루어 지지 않은 것으로 간주된다.

d.

i. Each presentation of electronic records must identify the eUCP Credit under which the electronic records are presented. In a presentation consisting of both electronic records and paper documents the presentation of paper documents must also identify the eUCP Credit under which they are presented.

i. 모든 전자기록의 제시는 전자기록이 eUCP신용장 하에 제시되었음을 밝혀야 한다. 전자기록과 종이서류 양자로 구성된 제시에 있어 그 종이서류의 제시 근거가 되는 eUCP신용장을 역시 밝혀야 한다.

ii. A presentation not so identified may be treated as not received.

ii. 그렇게 밝히지 않은 제시는 수신되지 않은 것으로 취급한다.

e. If the bank to which presentation is to be made is open but is unable to receive an electronic record on the stipulated expiry date and/or the last day of the period of time after the date of shipment for presentation, as the case may be, the bank will be deemed to be closed and the date for presentation and/or the expiry date shall be extended to the first following banking day on which such bank is able to receive an electronic record.

e. 제시가 이루어질 은행이 개점을 하였으나 지정된 유효기일 및 /또는 선적일 이후 제시기간 최종일에 전자기록을 수신할 수 없는 경우, 그러한 경우에 은행은 폐점한 것으로 간주되고, 제시일자 및/또는 유효기일은 그 은행이 전자기록을 접수 할 수 있는 익영업일까지 연장된다.

f. An electronic record that cannot be authenticated is deemed not to have been presented.

f. 인증받을 수 없는 전자기록은 제시되지 않았던 것으로 간주한다.

## Article e6 Examination
심사

a. If presentation of an electronic record contains a hyperlink to an external system or a presentation indicates that the electronic record may be examined by reference to an external system, the bank examining the electronic record should examine it in the manner indicated. The failure of the indicated system to provide access to the required electronic record shall constitute a discrepancy.

a. 전자기록의 제시가 외부 시스템과의 하이퍼링크를 포함하고 있거나 전자적 기록이 외부시스템에 대한 참조에 의하여 심사가 이루어져야 함을 지정하고 있는 경우 은행의 전자기록 심사는 지정된 방법으로 전자기록을 심사하여야 한다. 지정된 시스템에서 요청된 전자기록의 접근을 제공하지 못하는 것은 하자를 구성한다.

b. The forwarding of electronic records by a nominated bank pursuant to its nomination signifies that it has checked the apparent authenticity of the electronic records.

b. 지정에 근거하여 지정은행이 전자기록을 송부하는 것은 지정은행이 전자기록의 인증이 확인되었음을 의미한다.

c. The inability of the issuing bank, or confirming bank, if any, to examine an electronic record in a format required by the eUCP Credit or, if no format is required, to examine it in the format presented is not a basis for refusal.

c. 개설은행, 확인은행(확인은행이 있을 경우)의, eUCP신용장에 의해 요구된 형식의 전자기록 심사, 형식이 요구되지 않은 상태에서 제시된 형식대로의 전자기록 심사불능은 거절의 근거가 되지 않는다.

## Article e7 Notice of Refusal
거절통지

a.

i. The time period for the examination of documents commences on the banking day following the banking day on which the Beneficiary's notice that the presentation is complete is received.

i. 서류의 심사기간은 서류의 제시가 완료되었다는 수익자의 통지를 접수한 날의 익영업일로부터 기산한다.

ii. If the bank to which presentation is to be made is open but is unable to receive the Beneficiary's notice that presentation is complete, the time period for the examination of documents commences on the first following banking day on which such bank is able to receive the Beneficiary's notice.

ii. 만일 제시가 이루어질 은행이 개점하였으나 제시가 완료되었다는 수익자의 통지를 접수할 수 없는 경우 서류심사기간은 그 은행이 그 수익자의 통지를 접수할 수 있는 날의 익영업일로부터 기산한다.

b. Where presentation is made by electronic records only to the Issuing Bank or the Confirming Bank, if any, the reasonable time for examination of electronic records, and if applicable, giving notice of refusal of electronic records, shall be a reasonable time not to exceed five banking days following the banking day when the Beneficiary's notice that the presentation is complete is received.

b. 개설은행, 확인은행(확인은행이 있을 경우)에 전자기록만으로 제시가 이루어진 경우 전자기록의 심사, 적용 가능하다면, 거절통지를 위한 합리적인 시간은 수익자의 제시완료 통지를 접수한 날 다음의 5영업일을 초과하지 않는다.

c. If an Issuing Bank, the Confirming Bank, if any, or a Nominated Bank acting on their behalf, provides a notice of refusal of a presentation which includes electronic records and does not receive instructions from the party to which notice of refusal is given within 30 calendar days from the date the notice of refusal is given for the disposition of the electronic records, the Bank may dispose of the electronic records without any responsibility.

c. 개설은행, 확인은행(확인은행이 있는 경우) 또는 그들의 임무를 대행하는 지정은행이 전자기록을 포함한 제시에 대한 거절통지를 하고 통지일로부터 30일 내에 거절통지를 받은 당사자로부터 전자기록의 처리에 대한 지시를 받지 못하면 은행은 책임없이 그 전자기록을 처리할 수 있다.

### Article e8 Originals and Copies
원본 및 사본

Any requirement of the UCP or eUCP Credit for presentation of one or more originals or copies of an electronic record is satisfied by the presentation of one electronic record.

한통 또는 수통의 원본 또는 사본의 전자기록 제시를 위한 UCP 나 eUCP 신용장의 어떠한 요구도 한통의 전자기록 제시로 만족된다.

### Article e9 Date of Issuance
발행일

Unless an electronic record contains a specific date of issuance, the date on which it appears to have been sent by the issuer is deemed to be the date of issuance.

전자기록이 특정 발행일을 포함하지 않는 한 발행자로부터 송부되어진 날짜가 발행일로 간주된다.

### Article e10 Transport
운송

If an electronic record evidencing transport does not indicate a date of shipment, the date of issuance of the electronic record will be deemed to be the date of shipment. However, if the electronic record bears an addendum or notation that does not evidence the date of shipment or dispatch, the date of the addendum or notation will be deemed to be the date of shipment or dispatch. An addendum or notation showing additional data content need not be separately signed or otherwise authenticated.

운송을 증거하는 전자기록에 선적일이 표기되어 있지 않다면 전자기록의 발행일이 선적일로 간주된다. 그러나 그 전자기록이 선적일 또는 발행일을 증명하지 않는 부기나 표시가 있는 경우 그 부기일이나 표시일이 선적일 혹은 발송일로 간주된다. 부가적인 자료를 보여주는 부기나 표시는 별도의 서명이나 혹은 달리 인증되어질 필요가 없다.

## Article e11 Corruption of an Electronic Record
전자기록의 오염

a. If there is data corruption of an electronic record that has been received by the Issuing Bank or a Nominated Bank, the bank may inform the presenter and request that the electronic record be re-presented.

a. 개설은행 또는 지정은행이 접수한 전자기록의 데이터 오염이 있는 경우 은행은 제시자에게 통지하고 전자기록의 재제시를 요구할 수 있다.

b. If the bank requests that an electronic record be re-presented:

b. 은행이 전자기록의 재제시를 요구한 경우

i. the time for examination is suspended and resumes when the presenter re-presents the same electronic record in readable form; and

i. 심사기간은 일시 정지되며 제시인이 판독가능한 형태로 동일한 전자기록을 재제시된 때에 다시 시작한다. 그리고

ii. if the Nominated Bank is not the Issuing Bank, it must provide the Issuing Bank and any Confirming Bank with notice of the request for re-presentation and inform it of the suspension; but

ii. 지정은행이 개설은행이 아닌경우 은행은 개설은행과 확인은행에 재 제시 및 심사연기를 통지하여야 한다. 그러나

iii. if the same electronic record is not re-presented within thirty (30) calendar days, the bank may treat the electronic record as not presented.

iii. 만일 동일한 전자기록이 30일내에 재제시되지 않을 경우 은행은 전자기록이 제시되지 않은 것으로 취급한다.

**Article e12** Additional Disclaimer of Liability for eUCP Presentations
eUCP제시의 책임에 대한 추가적인 면책

By checking the apparent authenticity of an electronic record, banks assume no liability for the identity of the sender, source of the information, or its complete and unaltered character other than that which is apparent in the electronic record received by the use of a commercially acceptable data process for the receipt and identification of electronic records.

전자기록의 명백한 인증을 점검함으로써, 은행은 전자기록의 수취와 확인을 위하여 상업적으로 수용된 데이터 프로세스의 사용에 의해 나타나는 것을 제외하고는 송신자의 신원, 정보의 출처, 혹은 완전하고 변조되지 않았음에 대한 책임을 지지 않는다.

## 2) 전자신용장(e L/C)

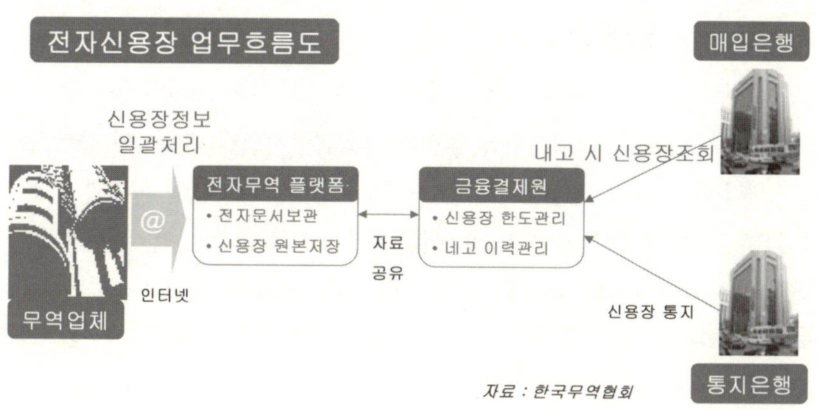


*자료 : 한국무역협회*

종전에는 무역업체가 직접 은행을 방문해 종이 신용장을 수령한 뒤 네고를 하면 은행이 매입 내용을 뒷면에 수작업으로 기입하는 형태로 신용장 업무가 진행됐다. 이런 오프라인 방식은 신용장 분실과 위·변조, 이중 매입, 훼손 등의 우려가 있었다. 그러나 전자신용장 서비스가 개통되면서 무역업체와 은행은 신용장의 수령과 통지, 보관 등

관련 업무를 모두 전자적으로 처리할 수 있게 됐다.221) 현재 국내에서 유통되는 수출 신용장은 연간 약 60만 건으로 전체 수출대금 결제 방식의 약 30%를 차지하고 있다.

한편, 세계 최초로 인터넷상에서 어음을 발행해 유통하는 전자어음 제도가 2005년 9월 27일 도입되었다. 전자어음은 전자문서로 작성돼 발행, 유통되는 전자어음관리기관에 등록된 약속어음이다. 이 업무는 2004년 '전자어음의 발행 및 유통에 관한 법률'이 제정됨으로써 시행되었으며 그동안 은행과 금융결제원이 함께 제도 도입을 위한 관련 규정 제정 및 전산 개발 등을 실시해왔다. 이로써 약속어음 발행 및 유통 과정을 전자화해 기업의 조세 투명성을 높이고 실물어음 발행 및 관리에 드는 시간과 비용 등을 절감하게 될 것으로 기대된다.

전자어음을 발행하려는 고객은 우선 거래은행과 전자어음 이용에 필요한 약정을 체결해야 한다. 거래은행의 인터넷뱅킹 홈페이지에서 수취인·금액·만기일 등을 기입하고 공인인증서로 전자서명하면 전자어음을 발행할 수 있다. 전자어음을 발행하고자 하는 고객은 거래은행과 전자어음 이용에 필요한 약정을 체결한 뒤 거래은행의 인터넷 뱅킹 홈페이지에서 수취인, 금액, 만기일 등을 기입하고 공인인증서로 전자서명을 하면 된다.

전자어음은 전자어음관리기관인 금융결제원의 전산시스템 내에서만 등록, 보관 및 유통된다. 만기일은 발행일로부터 1년을 초과할 수 없으며 배서는 20회까지 할 수 있다.

전자어음은 인터넷에서 발행돼 전자어음관리기관의 공증 아래 유통되기 때문에 어음의 위변조를 원천적으로 방지할 수 있으며, 모든 거래가 실명으로 실시간에 이뤄져 세금 탈루를 막고 회계 투명성을 높일 수 있다. 유통비용이 줄어들고 배서를 20회까지 할 수 있어 어음 유통이 쉬워진다는 것도 장점이다.

전자어음제도의 시행으로 어음거래의 투명성이 확보되고 금융기관과 기업 등의 실

---

221) 우리나라는 2005년 9월 22일부터 무역업체를 대상으로 '신용장의 전자적 통지 및 유통서비스'를 시작하였다. 주요 무역대금 결제 방식 중의 하나인 신용장 전자화에 성공해 상용화 서비스를 개시한 것은 지금까지 외국에서 개별 은행과 특정 업체가 운영한 적은 있었지만 이를 기업, 대구, 외환, 하나, SC제일은행 등 5개 은행이 공동으로 운영을 시작한 것은 세계 최초이다.

물어음 발행, 유통 및 관리비용을 절감할 수 있을 뿐만 아니라 분실·도난 등의 어음 사고를 예방하는 등 어음 이용 고객의 금융 편의를 제고할 수 있을 것이다.

【그림 5-1】 전자어음 발행-결제 메커니즘

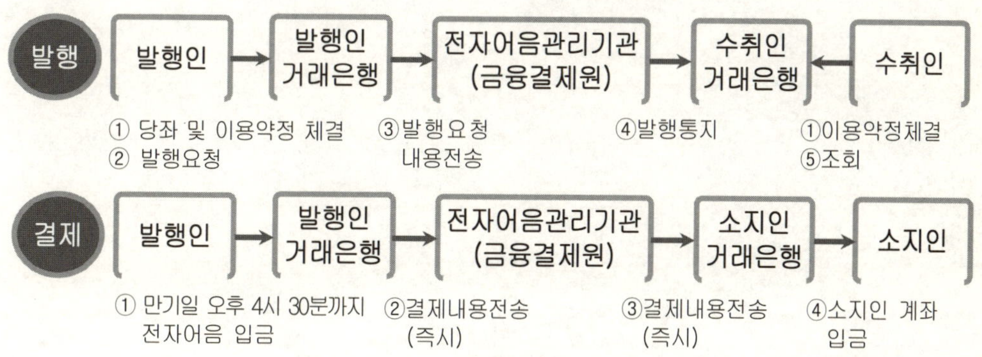

# Part Ⅵ
# 글로벌 전자무역 통관시스템

# Chapter 19 무역통관 일반

통관이라 함은 수출수입 및 반송물품에 대하여 무역관계법령에서 규정한 수출입에 관한 허가승인 등을 확인하여 수출입 또는 반송물품의 실체를 검사하고 확인함으로써 수출입 또는 반송 등을 행하는 일련의 절차를 말한다. 따라서 통관은 관세행정의 중심 분야로서 수출입 또는 반송을 하기 위한 연속된 일련의 행위의 절차를 말한다.

이상과 같은 통관의 개념에 대해서는 종래 광의와 협의로 해석을 달리하고 있는데, 즉 넓은 의미로는 수출입에 수반되는 물품의 이동 가운데 우리나라 영역 내에서 세관에 의한 여러 법정의 절차가 개시된 때로부터 그 절차가 완료되어 세관의 규제상태에서 완전히 벗어날 때까지의 일련의 절차를 말하고, 좁은 의미로는 수출입·반송의 신고로부터 그 면허를 받을 때까지의 절차를 의미한다. 관세행정상으로는 넓은 의미의 통관절차로 이해하는 것이 일반적이다. 현행의 통관에는 대상물품에 따라 수출통관, 수입통관, 반송통관, 휴대품통관, 우편물품의 통관 등으로 구별되며, 휴대품과 우편물품에 대해서는 간이한 통관절차를 취하고 있다.

# Chapter 20 수출통관

## I 수출통관 프로세스

### 1 보세구역에의 물품반입

#### 1) 보세구역의 의의

관세법에 보세구역에 대한 정의를 내린 규정은 없지만 일반적으로 보세구역이라 함은 통관절차를 밟고자 하는 물품을 일시 장치하거나 외국물품을 장치·가공·제조·전시 또는 건설할 수 있는 장소로서 세관장이 지정하거나 또는 특허한 구역을 말한다. 그러므로 보세구역은 관세의 부과가 유보된 상태에서 일정한 기간 장치할 수 있거나 수입면허가 미필된 외국물품을 장치·가공·제조·전시 또는 건설할 수 있는 구획된 토지 또는 이에 정착하고 있는 건조물을 말한다. 이를 종합하여 정리하면 다음과 같다.

① 보세란 일정한 범위를 갖는 장소적 개념이다.

② 보세란 외국물품을 수입면허미필상태로 장치·제조·가공·보관 및 이동할 수 있

는 것을 말한다.

③ 보세구역은 지정 또는 특허된 장소이다.

④ 보세구역은 세관의 특별한 감시·감독을 받는다.

⑤ 보세구역은 일정한 장치기간이 정하여져 있는 구역이다.

### 2) 보세구역의 종류

보세제도를 일정구역 유무를 기준으로 분류하면 보세구역제도와 보세운송제도로 대별된다. 전자는 보세화물을 반입·장치·가공·건설·전시·판매하는 구역이고, 후자는 보세화물을 국내에서 운송하는 것이다. 따라서 흔히 전자를 정적 보세제도, 후자를 동적 보세제도라고도 한다.

한편, 위 보세구역제도를 설치목적에 따라서 구별하면 소극적 보세구역과 적극적 보세구역으로 분류할 수 있다. 전자는 물품에 대한 수출입절차의 이행유예를 목적으로 하는 것이 아니라 오로지 물품의 수출입절차, 기타 물품의 수출입에 수반되는 세관절차수행의 편의상 물품을 일시적으로 세관의 감독 하에 둘 필요성에 따라서 설치된 보세구역을 말한다.

세관은 수입절차가 끝나지 않은 외국물품에 대하여는 관세의 부과여부, 수입·반송 또는 운송의 허가 여부를 결정할 때까지 이를 일정한 장소에 구속해 둘 필요가 있으며, 수출하려는 물품에 대하여는 수출면허 여부를 결정하고 또는 수출을 조건으로 한 감면세 및 환급물품에 대하여 그 조건이행을 확인하기 위해 세관의 감독 하에 둘 필요가 있다. 따라서 소극적 보세구역에서는 원칙적으로 물품의 장치가 강제적이고 장치기간은 단기이며, 물품의 가공·제조 등 복잡한 내용의 행위는 인정되지 않는다. 지정보세구역과 보세장치장이 이에 속한다.

한편, 후자는 물품에 대한 수입절차에 유예의 편익을 주어 상공경영사의 장애를 배제하고 무역을 진흥시킨다는 경제상의 적극적 요청에 따라 특허된 보세구역이다. 따라서 전자는 주로 관세행정상의 목적을 위하여, 그리고 후자는 주로 경제적인 목적을 위하여 설치된다. 보세창고·보세공장·보세전시장·보세건설장·보세판매장이 이에 속한다.

① 보세창고는 수입물품에 대한 관세납부를 유예하여, 금융 기타 거래상의 편익을 도모하려는 장기보관시설이다.

② 보세공장은 주로 중계·가공무역을 조장하기 위해 개장·분할 기타작업과 같은 외국물품에 대한 수선·보수이외에 가공·제조까지도 인정하는 시설이다.

③ 보세전시장은 무역 및 문화교류의 촉진에 기여하려는 것으로 국제적 규모로 개최되는 국제박람회 등에 출품되는 외국물품의 전시·사용 등을 인정하는 시설이다.

④ 보세건설장은 경제개발 프로젝트의 신속한 건립을 위하여 발전소·제조공장 등의 건설에 필요한 외국물품인 기계류·설비품·공사용 장비 및 기타 자재를 장치하거나 사용하여 당해 건설공사를 하는 장소이다.

⑤ 보세판매장은 공항 내 매점과 같은 외국물품을 외국으로 반출하거나 외교관용 물품만을 판매하는 구역을 말한다.

⑥ 지정장치장은 통관을 하고자 하는 물품을 일시장치하기 위한 장소로서 세관장이 지정한 구역을 말한다.

⑦ 보세검사장은 수출입물품의 신속한 검사를 위하여 마련한 구역이다. 즉, 통관을 하고자 하는 물품을 검사하기 위하여 세관장이 지정한 구역을 말한다.

⑧ 보세장치장은 통관을 하고자 하는 물품을 장치하기 위한 구역으로서 신청에 의하여 세관장이 특허하며 영업용과 자가용의 두 종이 있다.

끝으로, 보세구역을 설치형식에 따라 분류하면 세관장의 지정에 의하여 설치되는 것과 세관장의 특허에 의하여 설치되는 것의 두 가지가 있다. 전자가 지정보세구역이고 후자가 특허보세구역이다.

### 3) 보세구역반입원칙과 예외

통관절차의 제1단계는 수출하고자 하는 물품을 일정한 구역에 장치하고 장치확인을 받는 것이다. 수출하고자 하는 물품은 과세대상이 되지 않으므로 반드시 보세구역에 반입해야 할 실익을 없으나 적어도 안정된 상태로 장치는 해야 한다. 그러나 ① 거대중량 기타의 사유로 보세구역장치가 곤란한 물품 ② 재해 기타 부득이한 사유로서 임시 장치한 물품(예 : 난파선으로부터 인양한 물품) ③ 검역물품, ④ 압수물품, ⑤ 우편물품은 보세구역 이외의 장소에 장치할 수 있다.

위 ①의 경우에는, 예컨대 원본·광산물·농산물·중장비등, 그리고 부패·변질하기 쉬운 물품(선어(鮮魚)·음식물·채소), 또는 특수보관을 하여야 할 필요성이 있는 물품(인화물질·폭발성물품)등이 그것인데 이러한 물품의 수출통관시에는 세관장으로부터 타소장치 허가를 받아 보세구역 아닌 장소에 장치할 수 있다. 그러나 ②~⑤에 해당하는 물품의 경우에는 세관장의 허가 없이 자동적으로 타소장치가 된다.

한편, 양곡·원유·광산물과 같은 대량의 산물을 일일이 보세구역에 반입하게 한다는 것은 화주에게 커다란 부담을 줄뿐만 아니라, 이런 물품들을 선박에 적재한 그대로 검사도 할 수 있고 수량 확인도 검사기관의 Surveyor's Report 등에 의거 가능하기 때문에 굳이 보세구역에 장치할 필요 없이 선박에 적재한 그대로 수출신고를 할 수 있도록 하고 있는데, 이것을 선상통관이라고 한다.

또 여행자나 승무원의 휴대품을 일일이 보세구역에 반입하는 번거로운 절차를 생략하고 간단한 절차에 의하여 통관절차를 하게 하여 여행자 등에게 편의를 주자는 취지에서 보세구역반입장치원칙에 대한 예외를 이루고 있다. 즉, ① 선적한 후에 공익검사기관의 검사서(surveyor's report)에 의하여 수출물품의 수량을 확인하는 물품(예, 산물 및 광산물 등) ② 기타 선상신고가 불가피한 수출물품으로서 검사생략대상물품 및 선상에서의 개장검사와 수량 확인이 가능한 물품 등은 보세구역에 반입하지 않고 통관절차를 받을 수 있다.

## 2 수출신고

### 1) 의의

원칙적으로 수출물품이 보세구역에 반입·장치된 후에는 수출통관의 제2단계로서 수출신고를 하여야 한다. 수출신고(export declaration)라 함은 당해 상품을 수출하려고 하는 의사표시를 소정의 신고서에 의하여 공시적으로 표현하는 것으로서, 원칙적으로 이 시기에 수출업자의 의사표시가 확정되는 것이기 때문에 그 의사표시에 흠이 없도록 주의하여야 한다.

### 2) 수출신고적격자

수출신고를 할 수 있는 자는 원칙적으로 화주·관세사·통관법인 또는 관세사법인이다. 통관은 전문적이고 기술적인 사무절차이기 때문에 전문지식이 없는 자가 직접 수행하게 되는 경우, 통관의 지연과 불편이 초래될 뿐만 아니라 경우에 따라서는 통관절차의 착오에서 오는 피해를 막을 길이 없다. 여기서 화주는 수출허가서상의 수출업자를 말하고, 관세사란 통관절차를 이행하거나 화주 또는 관세의 납세의무자를 대리하여 관세법상의 행정상 쟁송을 수행하는 등의 업무를 하는 자를 말한다. 세관업무에 있어서 관세사제도를 채택한 이유는 세관의 통관절차를 비롯한 모든 관련업무가 전문지식을 요하고 관세의 신고납부 등에는 납세의무자에게 큰 이해관계가 개재되어 전문지식을 가진 자가 정확한 세액을 계산하여 신고할 필요가 있고, 한편 세관업무의 신속·정확한 처리를 위해서도 전문지식을 가진 자가 세관과 화주사이에 존재할 필요가 있기 때문이다.

따라서 수출입의 신고는 화주·관세사·관세사법인 및 통관법인만이 할 수 있으며 관세사 이외에 통관법인이나 화주도 직접 신고를 할 수 있게 하고 필요하다고 인정될 때에는 화주로 하여금 관세사를 채용하게 할 수 있는데, 이는 통관업무 중 반드시 관세사가 개재하여야 할 필요가 없는 간단한 부문에 대하여는 화주가 직접 통관절차를 이행할 수 있도록 하기 위해서이다.

관세사의 자격은 자격시험에 합격하거나 일정 기간의 관세행정경력을 갖춘 자가 취득할 수 있도록 되어 있으며, 관세사의 업무를 개시하고자 하는 자는 대통령령이 정하는 바에 의하여 관세청장에게 등록을 하고 관세사가 그 업무를 개시하고자 항 때에는 대통령령이 정하는 바에 따라 관세청장 또는 세관장에게 신고를 하도록 되어 있다.[222)]

### 3) 수출신고업무의 범위

이상에서 살펴본 바와 같이 수출입 또는 반송의 신고는 원칙적으로 화주, 관세사, 통관법인 또는 관세사법인만이 할 수 있다.

그런데 화주가 직접 신고할 수 있는 업무범위는 무환수출입물품, 정부·지방자치단체 및 국영기업체 등이 수출입하는 물품, 방위산업용 물품과 수출용 원자재수입 및 모든 수출품이다. 다시 말해서 이러한 물품은 화주가 관세사를 채용하지 않고도 독자적으로 신고할 수 있다.

### 4) 수출신고의 시기

통관을 하고자 하는 물품을 지정장치장 또는 보세장치장에 반입하거나 타소장치의 허가를 받아 보세구역 아닌 장소에 장치한 자는 그 반입일 또는 허가일로부터 30일 이내에 수출신고를 하여야 한다.[223)]

이와 같이 보세장치장 등에 통관을 하기 위하여 반입한 물품을 30일내에 통관신고를 하게 한 이유는, 보세구역의 유통을 원활히 하여 체화(滯貨)를 방지하고 특히 수입물품의 경우에는 국내유통을 신속화하고 관세의 적기징수를 도모하기 위해서이다.

222) 관세사법 제3조(통관업의 제한). 관세사법에 의한 관세사법인 또는 통관취급법인이 아니면 타인으로부터 의뢰를 받아 관세사법 제2조의 규정(관세사의 직무)에 의한 업무(이하 '통관업'이라 한다)를 행할 수 있다. 관세사법 제7조, 제8조, 제9조, 제10조 참조

223) 관세법 제241조

### 5) 수출신고의 취하 및 각하

수출신고는 정당한 이유가 있는 경우에 한하여 세관장의 승인을 얻어 취하할 수 있다. 여기서 정당한 이유라 함은 L/C가 취소되었거나, 수입국에서 수입금지조치가 되었기나, 수입국에서 천제지변 또는 부두파업 등으로 도저히 수출을 할 수 없게 된 경우를 말한다. 따라서 이러한 사유가 발생하였을 때에는 신고취하의 승인을 얻고자 하는 당해 물품사항, 신고의 종류, 신고연월일, 신고번호와 신청사유를 기재한 신청서를 세관장에게 제출하여야 한다.

수출신고의 취하를 할 수 있는 시기는 수출신고이후 수출면허시까지는 물론이고, 면허이후 비록 선적이 되었더라도 당해 선박이 출항하지 않은 한 신고를 취하하여 그 물품을 하선(下船)할 수 있다. 신고취하승인의 효력은 수출면허이전에는 당해 물품에 아무런 효과가 발생하지 않지만, 수출면허 이후에 신고취하가 받아졌을 때에는 당해 면허의 효력이 상실하게 되어 면허로 인하여 외국물품화된 수출품이 다시 내국물품으로 된다.

한편, 수출신고의 각하라 함은 세관장이 직권으로 당해 신고를 거절하거나 취소해 돌려보내는 것을 말한다. 신고각하의 사유로는 다음과 같은 것들이 있다.

① 수출요건을 갖추지 못한 경우로 허가(승인)또는 추천 등을 받지 못하였거나 서류의 내용에 중요한 흠이 있는 겨우

② 사위(詐僞)기타 부정한 방법으로 신고된 경우로서 위장수출 등 중대한 허위사실의 신고가 이에 해당한다. 서류의 불비(不備)가 가벼운 때에는 보완 지시하여 구비하도록 한다. 보완에 의해서도 도저히 완비할 수 없는 경우에는 각하를 하고 허위(詐僞) 기타 부정한 방법에 의한 신고에 대해서도 심리의뢰하여 관세범 여부를 조사하게 된다.

## 3 신고서류의 접수·심사

수출신고서가 접수되면 다음 단계로서 당해 서류에 대한 형식적인 심사와 실질적인 심사를 하게 된다. 여기서 말하는 형식적인 심사란 앞에서 설명한 바와 같이 구비하여야 할 서류가 모두 갖추어졌는가를 심사하는 것이고 실질적인 심사는 제출된 서류의 내용을 검토하는 것이다. 다시 말해서 다음과 같은 제반사항을 심사하는 것을 말한다.

① 정당한 절차에 의한 수출허가를 받았는가

② 수출허가서상의 유효기간이 경과되지는 않았는가

③ 선적기간이 경과하지는 않았는가

④ 물품의 장치확인은 되었는가

⑤ 수출허가서상의 품명·규격·수량 등이 수출신고서 및 송품장상의 그것과 동일한가

⑥ 타법령에 의한 수출규제에 위반되지는 않는가

⑦ 검사합격증상의 내용에 허위는 없는가

## 4 물품검사의 검사·감정

### 1) 의의

수출상품에 대한 검사는 원래 수출검사법에 의한 검사와 세관검사로 이원화되어 있는데, 전자는 우리나라 수출상품의 대외성가를 유지하기 위하여 품질검사를 주목적으로 품목별로 정하여진 수출검사기관에서 행하는 것이고, 통관과정에서의 세관검사는 위장수출의 방지, 불법수출의 방지 및 관세 등 환급의 정확성을 포착하려는 데 그 목적을 두고 있기 때문에 당해 상품의 규격·수량 등의 확인에 주안을 두는 검사를

말한다. 따라서 세관검사의 주요 내용은 다음과 같다.

① 수출품이 해외에서 성가를 유지하기에 필요한 품질을 갖추었는가의 확인

② 절대적 수출입금지품이 혼입되지 않았는가의 확인(예, 국헌을 문란하게 하거나 공안 또는 풍속을 해할 서적·간행물·도서·영화·조각물 기타 이에 준하는 물품, 정부기밀을 누설하거나 첩보에 공유하는 물품, 화폐·지폐·은행권·채권 기타 유가증권의 위조품·변조품 또는 모조품, 대외무역법상의 수출입의 금지, 특별법에 의한 수출입의 금지 등)

③ 신고된 물품의 수량·규격·품질의 그것과 동일한가의 확인

④ 부당한 저가수출 또는 고가수출은 아닌가의 확인

그러나 신속한 수출통관을 위하여 수출검사법 등에 의한 검사를 받고 검사합격증이 있는 수출품에 대하여는 원칙적으로 세관검사를 생략하고 있다.

### 2) 검사의 방법

수출물품은 여러 가지 준비관계상 선적기일이 촉박한 때에 비로소 신고가 되는 경우가 허다한데, 세관검사에 많은 시간을 소비하게 된다면 선적기일을 놓치기 쉬우며 이렇게 되면 수출에 커다란 지장을 초래하게 된다. 한편 세관 측에서 보더라도 부족한 인력과 장비의 한계 때문에 전량을 빠짐없이 정밀검사를 한다는 것은 실제상 어렵다. 이러한 이유 때문에 세관에 의한 수출검사는 표본검사를 원칙으로 한다.

### 3) 검사생략물품

다음과 같은 물품은 현품검사를 생략하고 서면에 의해서만 검사한다.

① 수출검사법, 농수산물검사법, 수산물검사법, 인삼 및 인삼제품규제에 관한 법률 및 기타 법령에 의한 검사를 받고 검사기관의 합격증이 있는 물품

② 수출검사법에 의하여 수출검사의 면제를 받은 업자가 수출하는 물품으로서 자체검사실적서를 제출한 물품

③ 동일 수출업자가 동일 수입업자에게 장기간 계속적으로 수출하는 동종동질의 물품으로서 부정수출의 우려가 없다고 인정되는 물품

### 4) 사후분석 또는 정밀검사

사후분석 또는 정밀검사라 함은 수출신고서에 표시된 수출물품의 규격 가운데 관세 등의 환급결정에 있어서 사후에 확인할 필요가 있다고 인정되는 경우에 미리 견품을 채취하고 수출면허를 한 후 정밀검사나 필요한 분석을 하는 것을 말한다.

정밀분석 검사결과 이미 발급한 수출면장의 표시규격과 차이가 있을 때에는 그 내용을 관세 등의 환급금담당 결정담당과나 한국외국환은행 본·지점에 즉시 통보하도록 되어 있다.

### 5) 파출검사

수출물품에 대한 세관검사는 원칙적으로 지정장치장이나 세관검사장에서 행한다. 그러나 세관에 이러한 설비를 갖추지 못하였거나 물품의 사정으로 보아 지정보세구역반입이 부적당한 경우에는 지정보세구역외 검사의 허가를 받아서 세관공무원이 장치장소에 파견되어 검사를 하게 되는데 이를 파출검사라고 한다.

따라서 부득이 파출검사를 받고자 하는 자는 당해 물품사항, 당해 물품의 반입연월일, 검사를 받고자 하는 기간 및 장소와 신청사유를 기재한 신청서를 세관장에게 제출하고 그 허가를 받아야 한다.

## 5 수출면허

수출물품에 대한 일련의 검사가 끝나고 그 결과 흠이 없으면 수출면허를 한 후 수출신고인에게 수출면장을 교부한다. 수출면허의 효력은 내국물품을 외국물품화하는 것으로서, 수출면허된 물품은 외국물품이 되며, 따라서 이를 다시 국내에 인취하려면 원칙적으로 수입절차를 다시 밟지 않으면 안 된다. 수출면허는 권리설정행위는 아니지만 일반적으로 금지된 물품의 반출을 해제하는 행정처분이다. 따라서 면허된 물품은 언제든지 선적할 수 있는 상태에 있게 된다. 물품을 선적할 경우에는 우선 선박회사로부터 선적지시서(Shipping Order : S/O)를 받아 수출면장과 함께 본선에 근무하는 세관공무원에게 제출하고 선적확인을 받아야 한다.

# 2 반송통관 프로세스

## 1 의의

반송(reshipment)이라 함은 외국으로부터 우리나라에 도착된 물품을 어떠한 사정에 의하여 수입면허를 받지 않고 이를 다시 외국에 이송하는 것을 말한다. 따라서 반송과 재수출은 다르다. 즉 반송은 수입면허를 받기 전에 이를 외국에 되돌려 보내는 것인데 반하여, 재수출은 일단 수입면허된 물품을 외국에 적출하는 것으로서, 반송은 외국물품을 외국물품상태 그대로 외국으로 보내는 것인데 재수출은 원래는 외국물품이던 것을 내국물품화한 후 이를 다시 외국물품으로 환원하여 외국으로 적출하는 것을 말한다. 이와 같이 엄격한 의미에서는 반송과 재수출은 같지 않지만 경제적인 관점에서 볼 때에는 구별의 실익이 거의 없다.

반송할 경우에는 반드시 원래의 수출국으로 반송하여야 할 것인가에 관해서 이론이 있을 수 있으나 반송의 적송국이 어떻든 우리나라의 경제에 어떤 영향을 주지 않으며 단순한 통과에 지나지 않으므로 필요할 때에는 제3국으로 반송할 수도 있을 것이다

## 2 반송사유와 반송프로세스

반송사유에 대한 구체적인 예시규정은 없지만 대체로 반송을 하게 될 사유로는 우리나라에 도착한 외국물품이 제3국으로 적송되어야 할 것이 착오로 잘못하여 우리나라에 도착한 경우라든가, 또는 우리나라에 도착한 물품의 품직과 규격 등이 당초의 계약조건과 상이한 경우 및 수출국에서 선적된 후에 무역계약이 취소되거나 계약의

내용이 변경되었을 경우가 이에 해당될 것이다. 반송은 절차상 수출시의 경우와 다를 바 없으므로 반송물품의 검사·반송신고·반송면허 등은 수출시의 경우와 동일하게 취급한다. 반송은 우리나라에서 물품을 외국으로 적송하는 것이라는 점에서 수출과 같지만, 적송되는 물품이 전자는 처음부터 외국물품임에 비추어 후자는 내국물품이라는 점에서 차이가 있다.

한편, 형식상으로는 반송이면서 수출통관과 같이 취급되는 경우가 있다. 예컨대, 보세공장에서 외국물품을 재료로 하여 제조·가공한다든가, 외국물품과 내국물품을 혼합하여 제조·가공하여 수출하는데, 이때에 외국물품이 보세구역에서 다시 외국으로 적송되는 것으로 보면 형식상으로는 반송과 같지만 보세공장에서 제조·가공된 물품에 대하여는 수출신용장을 개설하여 수출대금을 회수하고 있기 때문에 반송과는 다르다.

반송절차는 수출절차와 비슷하거나 수출면허를 받기 전이므로 수출허가(승인)서가 필요 없으며 물품의 검사·감정도 할 필요가 없다. 보통 반송해야 할 사유는 수입신고 후 검사과정에서 발견되므로 이를 반송하려면 수입신고서를 취하하고 곧 반송절차를 밟아야 하며, 본래의 수입허가된 물품이 다시 우리나라에 도착하여야 한다.

반송절차는 반송신고서의 운송경위서 등을 첨부하여 세관장에게 제출하여 반송면허를 받아야 한다.

## 3 특수물품의 통관 프로세스

여행자의 휴대품이나 우편물과 같이 극히 소량이면서 자주 출입되는 물품의 경우 복잡한 통관절차를 요구한다는 것은 별다른 실익이 없기 때문에 이러한 물품에 대해서는 간이한 방법으로 통관절차가 이루어진다. 간이통관대상물품에 대하여는 수출신고서를 간소화한 양식에 의거 신고를 할 수 있을 뿐만 아니라 신고서의 제출을 생략하거나 보세구역장치 후 신고원칙을 적용하지 아니한다.

# 4 지정세관제도

## 1 의의

모든 수출입물품은 통관절차를 거쳐 면허를 받아야 하는데 무역규모의 증대에 따른 업무량의 증가는 불가피하게 통관 면에서의 능률적인 운영이 요청되어왔다. 모든 물품을 확인하고 규제하는 현행의 통관제도는 일부 악덕기업인의 법규위반행위를 강력히 규제하기 위해서는 효과적이었지만 수출입규모가 상당한 오늘에 있어서는 통관의 신속을 저해하고 민원을 야기하는 요인이 되어 왔으며 시간과 부대비용의 증가로 수출경쟁력을 강화해야 하는 시대적 요청에도 부응하지 못한 점이 없지 않았다.

이러한 세관행정의 비능률 및 성실업체에 대한 지원의 필요성은 현행 수출입통관절차의 대폭적인 개선 내지는 간소화를 불가피하게 하였으며, 이에 따라 성실하고 신용있는 업체로서 세관에 등록한 업체가 수출입하는 물품에 대하여는 사전에 일일이 물품을 검사하고 담보를 제공하게 하고, 과세가격을 평가하는 등의 절차를 생략하고 사후지정세관에 의하여 서면으로 종합 관리하도록 전환하여 기업의 자율관리에 맡김으로써 세관업무의 능률화를 기하고 통관의 신속을 꾀하여 성실기업을 지원하도록 하는 지정세관제도의 근거가 마련되었다. 이에 따라 일정한 요건을 갖춘 업체가 신청하거나 관세청장이 세관행정의 능률 및 신속한 통관을 위하여 필요하다고 인정될 때에는 특정업체에 대하여 세관을 지정하여 등록하게 함으로써 수출입통관절차를 대폭 간소화하고 사후에 업체별로 수출입물품에 대한 관세의 징수·환급·사후관리에 관한 사항 등을 종합 관리하도록 하는 소위 지정세관제도가 우리나라에서도 1980년 10월 15일부터 시행하게 되었다.

## 2 지정세관제 운영과 통관의 간소화

지정세관에 등록한 업체가 직접 사용하기 위하여 수입하는 원자재는 물론 시설재 등과 수출하는 물품에 대하여는 다음과 같은 대폭적인 절차의 생략이나 특례규정을 두어 통관의 신속과 통관비용의 절감을 기하도록 하였다.

### 1) 수출입물품의 검사생략

등록업체가 수출입하는 물품은 원칙적으로 세관검사가 생략된다. 그러나 관세가 감면되거나 분할 납부되는 물품 및 용도세율이 적용되는 물품이나 수출입공고상 수출입이 제한되는 물품으로서 당해 수출입승인서상의 부관(附款)에 의하여 검사가 필요한 물품, 세관장이 특별히 검사가 필요하다고 인정하는 물품 등은 그러하지 아니하다.

### 2) 세관공무원의 장치확인생략

수출입 또는 반송의 신고는 당해 물품이 지정장치장 또는 세관검사장에 있는 경우에 한하여 할 수 있도록 되어 있고, 이에 따라 수출입신고 전에 이미 장치 확인을 받도록 하고 있는데 동록업체에 대하여는 장치확인을 받을 필요가 없다. 이것은 당해 물품이 보세구역에 장치되지 않아도 신고할 수 있다는 것이 아니고 다만 세관공무원의 확인절차만을 생략하도록 함으로써 업체의 자율적 확인에 맡긴다는 것을 말한다.

### 3) 기타 절차 생략

이밖에도 지정세관에 등록한 업체는 보세운송물품의 검사생략, 과세가격의 평가생략, 담보제공의 생략 또는 포괄제공의 허용, 분할수입신고의 허용, 컨테이너 화물의 적입, 적출, 시봉 및 개봉에 대한 세관공무원의 확인 생략, 타소장치허가신청시 현장확인 생략, 보세구역에 물품반출입시 세관공무원의 입회생략, 수출용 원재료에 대한 수입통관의 특례허용, 기타 구비서류의 사후제출허용 등의 특혜를 받을 수 있다.

# Chapter 21 수입통관

## 1 수입통관 프로세스

수입물품에 대한 통관(customs clearance)은 물품의 장치장소에의 반입으로부터 시작되어 수입면허를 받아 자치장소로부터 물품을 반출하는 단계에서 끝난다. 특히 수입통관과정은 관세의 징수, 감면, 분할납부승인, 징수유예의 승인 등 제반절차가 수반되어 있기 때문에 수출통관의 경우보다 그 절차가 매우 까다롭고 복잡하다.

수입신고절차를 개략적으로 살펴보면, 우선 신고전 절차로서 수입의 허가(또는 승인)를 받고, 만일 수입하고자 하는 당해 물품이 수출입공고상 주무관서(主務官署)로부터 추천을 요하도록 제한조치된 때에는 당해 기관의 장으로부터 수입추천을 받아야 하며 선하증권, 송장, 해상보험증권 등의 운송서류를 외환은행으로부터 취득하여 이중 B/L을 선박회사에 제출하여 이와 상환으로 화물인도지시서(Delivery Order : D/O)를 입수하고 화물을 양륙하여 보세구역에 반입, 또는 허가를 받아 타소장치를 한 후 다음과 같은 일련의 통관절차를 밟아야 한다.

① 본선이 입항되고 하역이 완료되면 모든 수입화물은 우선 보세구역이나 타소장치에 반입되어야 한다.

② 자진신고 관세납부대상물품의 수입신고서는 납세신고서를 겸하고 있기 때문에 이 경우에는 과세표준·세율·세액 등을 납세의무자의 책임 하에 기입하여 신고납부서를 첨부하여 제출한다.

③ 관세감면 또는 분할납부의 승인 및 징수유예를 받을 물품은 수입신고시부터 수입면허 전까지 신청을 하여 감면, 분납승인 또는 징수유예를 받고 이에 따른 담보조치 등을 한 다음 수입면허를 받는다.

④ 수입신고를 받은 세관은 서류의 구비여부를 심사하고, 현품을 검사·분석한 후, 과세가격의 결정(평가)과 세율을 확정하여 세액을 결정한다.

⑤ 그 동안 납세신고한 납세의무자는 수정신고를 할 수 있고 세관장은 신고사항의 갱정을 한다.

⑥ 세액이 확정되면 세관장은 신고납부서를 교부하거나 또는 납세고지를 한다.

⑦ 수입신고인은 해당 세액을 은행에 납부한 후 영수증을 교부받는다.

⑧ 납부영수증을 세관에 제출하면 수입면허가 되고, 면장교부를 받아서 D/O와 함께 물품이 있는 보세구역 등에 제시해서 수입화물을 찾는다.

# 2 일반물품의 수입통관

## 1 보세구역에의 물품반입

수입통관절차의 첫 번째 단계는 수입하고자 하는 물품을 원칙적으로 보세구역에 반입하고 장치확인을 받는 일이다. 물품이 유동상태에 있게 되면 과세를 하기 불편할 뿐만 아니라 과세물품에 대한 감시·감독도 불편하므로 수입통관을 하려고 하면 우선적으로 당해 수입물품을 보세구역에 장치하여야 한다. 다만, 특수한 사유에 의하여 세관장의 허가를 받은 경우에는 보세구역이 아닌 장소에 물품을 장치할 수 있는데 이를 타소장치라고 한다.

일반적으로 수출통관을 위하여 가장 많이 이용하는 보세구역은 지정장치장과 세관검사장이며, 일반 수입물품은 보세장치장이나 보세창고에 장치함이 보통이다.

## 2 수입신고

### 1) 수입신고와 과세물건의 확정

과세물건의 확정시기는 원칙적으로 수입신고시가 되며 그 때의 물품의 성질과 수량에 의하여 관세를 부과하게 되어 있다. 따라서 외국으로부터 물품이 선적되어 운송되어 오다가 도중에서 화물이 손상되었거나 보세구역에 반입된 후에 손상을 입었거나를 막론하고 수입신고 전에 과세물품의 성질 또는 수량에 변화가 발생하였을 때에는 그 변화된 상태에서 과세하게 된다.

### 2) 수입신고와 적용법령의 확정

수입행위는 일반적으로 수입계약에서부터 수입의 허가(승인), 수출국에서의 선적 및 입항, 그리고 수입신고·검사 및 관세의 납부·수입면허·출고라는 일련의 절차로 이루어지는데 이 기간 동안에 세율·환율 기타 적용법령이 변경된 때에는 어느 시점의 법령에 의하여 과세할 것인가라는 문제가 생긴다. 이러한 경우에 우리나라는 수입신고 당시의 법령에 의하여 부과함을 원칙으로 삼고 있다. 따라서 비록 수입신고 이후 관세율이 변경되거나 과세방법이 변경되더라도 수입신고 시점을 기준으로 하여 적용될 법령이 확정된다. 그러나 이에 대해서는 다음과 같은 몇 가지의 예외가 있다.

#### (1) 보세건설장반입물품

보세건설장에 반입된 외국물품은 그 면허의 날에 시행되는 법령에 의하여 관세를 부과한다. 보세건설장은 시설재나 기계류 등을 외국으로부터 반입하여 장기간에 걸쳐 조립 등 작업을 하기 때문에 이러한 시설재 등이 반입될 때에는 수입신고만 하고, 일정한 과세단위로 제조된 후 수입면허를 함이 일반적이다. 이 때, 완성하기 전의 물품의 상태와 완성 후의 물품의 상태가 각각 상이하며, 과세와 수입면허는 완성된 물품에 대해서 하게 되므로 적용될 세율 등이 그 동안 변경되었다면 수입면허시점의 세율 등을 적용함이 합리적이다. 따라서 보세건설장반입물품의 과세물건은 수입신고일원칙에 의하여 확정되고, 적용법령은 수입면허일의 시행법령에 의하며, 과세세율은 수입신고일 시행환율을 각각 적용하도록 하고 있다.

#### (2) 과세물건확정의 예외시기에 해당되는 것

관세의 과세물건은 원칙적으로 수입신고를 할 때의 물품의 성질과 수량에 의하여 확정되지만, 예외적으로 적재허가를 받은 때, 멸실된 때, 사용된 때, 도착한 때의 물품의 성질과 수량에 의하여 확정되는 경우도 있다.

이상과 같은 경우에는 그러한 사실이 발생한 날에 시행되는 법령에 의하여 과세하게 된다.

### 3) 수입신고의 기한

수입통관을 하고자 하는 물품을 지정장치장 또는 보세장치장에 반입하거나 보세구역 아닌 장소에 장치하였을 때에는 그 반입일 또는 장치일로부터 30일 이내에 수입신고를 하여야 한다.[224] 이와 같이 30일내에 수입통관의 신고를 강제한 것은 보세구역의 유통을 원활히 함으로써 체화를 방지하고, 수입물품의 국내유통을 신속히 하며 관세의 적기징수를 꾀하자는 데 그 뜻이 있다. 따라서 이러한 30일내 수입 또는 반송의 신고의무의 위반에 대해서는 당해 물품과세가격의 100분의 2에 상당하는 금액의

224) 관세법 제241조

범위 안에서 가산세가 징수됨을 주의하여야 한다.[225] 가산세액은 다음과 같은 율에 의하여 산출한다.[226]

① 수입신고기한 30일이 경과한 날로부터 20일 이내에 수입신고한 때에는 당해 물품의 과세가격의 1,000분의 5

② 신고기한 경과일로 부터 50일 이내에 수입신고한 때에는 1,000분의 10

③ 신고기한 경과일로 부터 80일 이내에 수입신고한 때에는 1,000분의 15

④ ①~③외의 경우에는 당해 물품 과세가격의 1,000분의 10

이상과 같이 산출한 가산세액은 500만원을 초과하여 징수할 수 없다.[227]

## 3 심사·검사 및 감정

### 1) 심 사

대체로 세관은 이 단계에서 현품과 수입허가사항의 일치여부, 과세가격의 정확여부, 세번·세율의 정확여부, 세액의 정확여부, 분석의뢰 필요성의 유무, 수량의 과부족 인정한계 확인, 감면·분납·징수유예물품 해당여부, 범칙물품 해당여부 등을 심사하고 그 불비가 경미한 경우에는 보완토록 지시, 수입신고인에게 반려하나, 신고서의 하자 정도가 중대한 때에는 당해 수입신고를 각하(却下)하기도 한다.

### 2) 검사 및 감정

수입물품에 대한 검사·감정절차는 통관절차 가운데 요체가 되는 단계이다. 왜냐하면

225) 관세법 시행령 제247조④

226) 관세법 시행령 제247조①

227) 관세법 시행령 제247조②

현품감정을 함으로써 세율과 과세가격이 결정되고 통관여부가 결정되기 때문이다.

검사감정이란 '수입신고된 물품이 무엇인가'를 확인하는 절차이므로 신고된 모든 물품은 원칙적으로 검사감정을 받아야 하지만 검사를 하지 아니하더라도 신고된 물품이 무엇인가를 확인할 수 있을 때에는 검사를 생략하고 서류에 의해서만 감정한다.

### (1) 검사·감정사항

신고된 물품과 현품이 일치하는가의 여부 확인, 수입금지품이 아닌가의 확인, 물품의 생산지·적출지의 확인, 물품의 수량·중량·용적 등의 확인, 물품의 손상여부에 대한 확인, 신고가격의 합당성여부 등을 주로 검사·감정한다.

### (2) 검사범위

검사는 원칙적으로 일부 발췌검사에 의하며 이때의 검사수량과 기준은 다음과 같다.

① 다음과 같은 물품은 원칙적으로 전량을 검사한다.

i. 포장에 내용 및 수량에 대한 표시가 없고 포장명세서 등이 제출되지 않은 물품

ii. 변질 또는 손상된 물품

iii. 종량세물품

iv. 기타 일부검사로서의 물품의 수량·규격·성질 등을 확인하기 곤란하다고 인정한 물품. 다만, 외견상 내용물을 식별할 수 있는 것은 전량검사를 생략한다.

② 균질등량하게 포장되어 있고 그 일부를 검사해 그 전체의 성질 및 수량을 파악할 수 있는 경우와 각 포장에 내용 및 수량에 대해 정확히 표시가 되어 있고 각 포장번호에 따른 포장명세서가 제출되어 있는 경우에는 일부를 검사한다.

### (3) 검사장소

모든 수입물품은 보세구역에 장치한 후에만 신고할 수 있으므로 물품의 검사도 마땅히 보세구역에서 행하여져야 할 것이지만 본선통관 또는 부선통관도 인정하

고 있으므로 이 경우에는 본선 또는 부선에 파출하여 검사한다. 따라서 타소장치된 물품이나 본선 또는 부선에서 통관하고자 할 때에는 세관장으로부터 파출검사 허가를 받고 소정의 파출검사수수료를 납부하여야 한다.

## 4 관세의 확정과 납부

수입물품에 대한 심사·검사 및 감정절차를 마치면 과세의 4대 요건, 즉 과세물건, 납세의무자, 과세가격, 세율이 결정된다. 이 네 가지 요건 중에서 특히 과세가격과 세율은 세액산출의 기초가 된다. 수입물품에는 원칙적으로 관세를 부과하고 있기 때문에 수입면허를 받기 위해서는 그 전단계로서 반드시 관세를 납부하지 않으면 안 된다. 여기서는 세액산출의 요소분석을 중심으로 하여 관세는 어떻게 확정되고 자진신고납부 및 부과고지에 의한 납부방식은 어떠하며 징수절차는 어떠한가에 대하여 살펴보기로 한다.

### 1) 관세의 4대 요건

#### (1) 과세물건

과세물건이란 과세의 목적물(과세의 객체 또는 대상)을 말한다. 즉, 관세의 과세물건은 수입물품이다. 그런데, 여기서 과세객체로서의 수입물품의 범위가 문제가 된다.

다시 말해서, 수입되는 모든 물품이 관세의 과세객체가 되는가의 문제이다. 물품에는 유체물도 있고 무체물도 있다. 또한, 무형의 재산도 과세대상으로 되는가의 의견이 있다. 그러나 여기서 말하는 물품이란 유형적 재화로서 이동할 수 있는 것을 말하며 대체로 민법상의 동산과 일치한다고 본다. 유체물 중에서도 경제적 의의가 없는 것은 과세대상이 되지 않으며 무체물 역시 과세대상이 되지 않는다. 특허권·상표권 등과 같이 당해 권리가 가격으로 현재화되어 수입물품의 가격에 화체되어 수입되었을 때에는 그 수입물품의 과세가격을 산출함에 있어 그러한 권리의 가격도 합산하여 정하고 있기 때문에 과세의 대상이 되는 경우도 있다.

### (2) 납세의무자

관세의 납세의무자는 다른 조세에 비하여 상당히 다양하다. 일반적으로는 당해 물품을 수입한 화주가 되지만 그 밖에 다수인이 존재한다.[228]

#### ① 원칙적인 납세의무자

수입신고를 한 물품에 대하여는 그 물품을 수입한 화주가 원칙적으로 납세의무자가 된다. 여기서 화주라 함은 일반적인 경우에는 송장에 기재된 수하인이며, 대행수입인 때에는 수입위탁자, 그리고 수입면허전 보세구역 등에 장치된 물품을 양도한 경우에는 그 양수인, 또한 정부 조달품은 실수요부처의 장 또는 실수요자 등이 각각 화주로서 납세의무를 진다.

#### ② 연대납세의무자

수입신고한 물품에 대해서는 당해 물품을 수입한 화주가 일차적으로 관세의 납세의무를 지지만, 수입면허를 받고 인취한 물품, 또는 면허전 반출승인을 받고 반출된 물품에 대해 납부하였거나 납부할 관세액에 부족이 있는 경우에 당해 물품을 수입한 화주의 주소 및 거소가 불명하거나 수입신고인(통상, 관세사)이 화주의 소재를 명백히 하지 못할 때에는 그 신고인은 당해물품을 수입한 화주와 연대하여 당해 관세를 납부하여야 하는 데 이를 보통 관세의 연대납세의무자라고 부른다.

#### ③ 특별납세의무자

이상에서 설명한 바와 같이 관세의 납세의무자는 원칙적으로 화주 또는 수입신고인이 되지만 다음과 같이 예외적으로 납세의무를 부담하는 자도 있다.

---

228) 관세법 제19조

ⅰ. 외국물품인 선(기)용품을 허가받은 대로 적재하지 아니한 경우는 그 적재허가를 받은 자

ⅱ. 보세공장외 작업허가를 받은 물품이 지정된 기간이 경과하도록 그 장외작업장에 있을 때에는 그 보세공장 설영인(?)

ⅲ. 보세운송의 면허를 받은 물품이 지정된 기간 내에 목적지에 도착되지 아니한 때에는 그 보세운송신고인

ⅳ. 우편으로 수입되는 물품에 대하여는 그 수취인

ⅴ. 도난물품이나 분실물품에 대하여도 관세를 물어야 하는데, 그 때의 납세의무자는 특허보세구역장치물품이 도난분실된 경우는 그 신고인, 기타 물품이 도난분실된 경우는 그 보관인 또는 취급인

ⅵ. 위 ⅰ~ⅴ 이외의 물품은 그 소유자 또는 점유자가 각각 납세의무를 부담한다.

#### ④ 원칙적 납세의무자와 특별납세의무자와의 경합

원칙적 납세의무자인 수입화주 또는 연대납세의무자인 수입신고인과 특별납세의무자에 해당하는 자가 상호 경합할 때에는 특별납세의무자가 납세의무자가 된다. 이를테면 수입화물이 특허보세구역내에 장치 중에 분실되었다면 수입화주가 아닌 그 특허보세구역 설영인이 납세의무를 부담하게 된다.

#### ⑤ 법인재산이 추징액에 미달하는 경우

주식회사형태의 법인의 책임은 유한하지만, 현실적인 면에서 개인기업 형태와 다를 바 없는 주식회사도 있으며 이러한 경우 관세보존을 위하여 관세납세의무자가 법인(주식을 한국증권거래소에 상장한 법인은 제외함)이고, 그 법인의 재산으로 그 법인에 부과되거나 그 법인이 납부할 관세·가산금·체납처분비에 충당하여도 부족한 경우에는 그 관세의 납세의무확정일 현재 무한책임사원, 주주 또는 유

한책임사원 1인과 그 외에 일정범위의 친족 기타 특수 관계에 있는 자로서 그들의 소유주식금액 또는 출자액의 합계액이 당해 법인의 발행주식총액 또는 출자총액의 51% 이상인 자로부터 부족한 관세액을 징수할 수 있도록 되어 있다.

### (3) 과세가격

과세가격은 세액결정의 기준이 될 과세물건의 가격 또는 수량을 말한다. 현재 우리나라의 관세는 거의 종가세를 부과하고 예외적으로 몇 가지 물품에 대하여 종량세방식에 따라 관세를 부과하고 있기 때문에 관세의 과세표준이라고 하면 수입되는 물품의 가격을 가리킨다. 과세가격은 제2의 세율이라고 할 만큼 다음에서 보는 바와 같이 세액결정의 중요한 요소가 된다.

**과세가격이 정상일 때,**

관세 = $1,000×870원×100% = 870,000원

**과세가격을 반으로 하였을 때,**

관세 = $500×870원×100% = 435,000원

**세율을 반으로 인하하였을 때,**

관세 = $1,000×870원×50% = 435,000원

여기서 세율은 고정되어 있는 데 반하여 과세가격은 동일한 물품이라 하여도 거래가 이루어진 시간·장소·수량방법 등에 따라 상당히 가변적이다.

#### ① 과세가격의 종류

과세가격에는 법정가격(법령으로 정한 단일가격), F.O.B. 가격(발행지가격주의), C.I.F.가격(도착지가격주의) 국내가격(수입물품의 국내거래가격) 등이 있는데, 우리나라는 원칙적으로 C.I.F. 기준 '거래가격'을 과세가격으로 하고 예외적으로 거래가격을 결정할 수 없는 물품 등에 대해서는 국내도매가격에 의거 시

가역산가격을 결정할 수 없는 물품 등에 대해서는 국내도매가격에 의거 시가역산가격[229]을 과세가격으로 하고 또 휴대품, 우편물 및 탁송품 등 소위 간이세율 적용물품에 대하여는 국내도매가격자체를 과세가격으로 정하고 있다.

### ② 과세가격의 요건

관세의 과세가격은 물품을 수입신고하는 날에, 당해 물품의 수출항으로부터 수입항에 도착할 때까지 소요되는 운임·보험료 기타의 비용이 포함되는 조건으로 '거래가격'을 과세가격으로 하고 있다.

### ③ 과세가격의 결정방법

과세가격을 결정함에 있어서는 다음과 같은 순위에 따라 결정한다.

i. 당해 물품의 거래가격을 기초로 한 과세가격 결정방법

ii. 동종·동질물품의 거래가격을 기초로 한 과세가격 결정방법

iii. 유사물품의 거래가격을 기초로 한 과세가격 결정방법

iv. 국내 판매가격을 기초로 한 과세가격 결정방법

v. 산정가격을 기초로 한 과세가격 결정방법

vi. 합리적 기준에 의한 과세가격 결정방법

### ④ 정상비용·운임·보험료의 산출

i. 정상비용은 수출국에서 물품을 선적할 때까지에 요하는 정상비용(선적비

229) 시사역산가격이라 함은, 수입물품과 동종 · 동질물품의 국내물품의 국내시장가격에서 각종 조세상당액 · 각종과징금 · 수입 후 판매할 때까지의 정상비용과 정상이윤을 공제한 가격을 말하는데, 이러한 가격을 과세가격으로 할 때는 F.O.B.가격 또는 C.I.F.가격을 과세가격으로 할 때와는 달리 시장가격의 등락에 따라 관세부담의 변동이 생겨 거래의 안정을 기할 수 없다는 단점이 있으며, 국내산업보호의 견지에서 볼 때에는 항상 내외가격차만큼 과세할 수 있게 되므로 합리적이라고 할 수 있으나 이윤에 대하여도 관세를 부과한다는 모순이 있게 된다.

용)으로서 당해 비용 영수증 또는 이에 대신할 서류에 의하여 산출한 금액으로 한다.

ii. 정상운임은 가격신고시에 제출된 선박(항공)회사가 발급한 운임명세서 또는 이에 대신할 서류를 기초로 산출한 운임으로 하되 자기소유 운송수단에 의하여 운송된 경우와 부득이한 사유로 앞에서와 같은 방법으로 운임을 산출할 수 없는 물품은 다음 표에서와 같은 환산율에 의하여 산출한 운임으로 한다.

iii. 정상보험료는 보험회사가 발급한 보험명세서 또는 이에 대신할 서류를 기초로 산출한 보험료로 하되 이러한 방법에 의하여 처리할 수 없는 경우에는 일정 환산율에 의하여 산출한 보험료로 한다.

iv. 과세환율

과세환율은 과세가격을 결정함에 있어 외화표시가격을 내국 통화로 환산할 때 적용하는 통화환산율을 말한다. 과세환율은 관세청장이 매주 1회 결정하여 각 세관장에게 시달하며, 그 결정방법은 전 1주의 외국환 매도율을 평균하여 결정한다.

v. 가격의 신고와 생략

유환수입물품이나 수출자유지역에서 국내로 반입하는 무환수입물품 및 보세공장에서 국내로 반입하는 물품은 수입신고시에 수입지 세관장에게 신고하여야 한다. 그러나 관세율표상의 무세품, 무조건면세물품, 정부조달물품, 정부기관 또는 지방자치단체가 직접 수입하는 물품, 정부관리기업체에서 수입하는 물품, 유네스코쿠폰에 의하여 수입되는 물품 등은 가격신고를 생략할 수 있다.

### (4) 관세율

관세율은 관세액을 결정함에 있어서 과세가격에 대하여 적용되는 비율을 말한다. 종가세의 경우에는 백분율로 표시하고 종량세의 경우에는 단위당 금액으로 표시한다.

### 2) 수입품에 부과되는 제세산출방식

수입물품에는 관세 이외에도 각종의 내국세를 포함하여 과세하고 있는데 여기서 이들 세금의 산출방식을 알아보면 다음과 같다.

#### (1) 관세

##### ① 종가세 적용물품

실제거래가격(CIF가격)×과세환율 = 감정가격(AV)
감정가격(AV)×관세율 = 관세액(CD)

※ 감정가격 = 실제거래가격(구매자가 실제로 지급하였거나 지급해야 할 가격 + 가산요소금액 - 공제요소금액) × 과세환율

##### ② 종량세 적용물품

수입물품의 수량 × 관세율표 상의 단위수량당 금액 = 관세액(CD)

※ 과세환율은 수입신고의 날이 속하는 주의 전주의 외국환 매도율을 평균하여 관세청장이 정함(주요 외국환은행이 전주 월요일부터 토요일까지 적용한 대고객 전신환매도율을 평균하여 결정).

##### ③ 선택세 적용물품

예를 들어 은행, 대추, 밤 등의 경우 선택세를 적용한다.

종가세와 종량세 중 고액(율)을 선택

### (2) 내국세

#### ① 특별소비세

**ⅰ. 적용물품**

보석, 고급시계, 승용차, 유류, 스롯머신 등

**ⅱ. 특별소비세 산출방식**

{감정가격(AV) + 관세액(CD)} × 특별소비세율 = 특소세액(D1)

#### ② 주세

**ⅰ. 적용물품**

주정 및 위스키, 맥주 등 주류

**ⅱ. 주세 산출방식**

a. 주정(종량세)

수량(KL)당 × (5만 7천원 +가산금액) = 주세액(D2)

※ 다만, 알콜농도 95도를 초과하는 경우, 초과 1도마다 6백원 가산.

b. 주류

{감정가격(AV) + 관세액(CD)}× 주세율 = 주세액(D2)

#### ③ 교육세

**ⅰ. 적용물품**

특별소비세 및 주세가 부과되는 물품

**ⅱ. 교육세 산출방식**

특별소비세액(D1) 또는 주세액(D2) × 세율(30%) = 교육세액(ED)

※ 단, 주세율이 80% 미만인 경우에는 교육세율은 10%

④ 농어촌특별세

ⅰ. 적용물품

특별소비세 과세품목 중 일부품목(농어촌특별세법 제5조 제1항 제4호), 관세법 및 조세감면 규제법에 의하여 감면되는 세액

ⅱ. 농어촌 특별세 산출방식

a. 특별소비세액 ×농특세율 = 농특세

b. 감면세액 × 20% = 농특세

⑤ 교통세

ⅰ. 적용물품

휘발유와 이와 유사한 대체유류, 경유

ⅱ. 교통세 산출방식

{감정가격(AV) × 관세(CD)} × 교통세

(3) 부가가치세

{감정가격(AV) + 관세액(CD) + 특별세액(D1) 또는 주세액(D2) + 교통세액 + 교육세액 + 농특세액)} × 세율(10%) = 부가가치세액(VAT)

(4) 간이세율

관세 및 내국세 등 세율산출이 복잡함에 따라 이를 종합적으로 고려, 단일화하여 적용하는 세율

간이세율 = 관세율 + 임시 수입부가세율 + 내국소비세율

#### (5) 수입제세 산출 실무 사례

수입물품 : 위스키 5,000병, 수입가격 : US$ 45,000(CIF기준), 주세율 : 100분의 100, 과세환율 : 900원, 관세율 : 30% 인 경우

① 관세

※ 감정가격 = US$45,000 × 900원 = 40,500,000원

관세액 = 40,500,000 × 30% = 12,150,000원

② 주세

주세액 = (40,500,000 + 12,150,000) × 100% = 52,650,000

③ 교육세

교육세액 = 52,650,000 × 30% = 15,795,000

④ 부가가치세

부가가치세액 = (40,500,000 + 12,150,000 + 52,650,000 + 15,795,000) × 10% = 12,109,500원

※ 세율총계 : CIF의 298.9% <수입제세 합계액 : ①+②+③+④ = 121,054,500원>

세후단가 : (40,500,000 + 121,054,500) / 5,000 = 32310.9원/병

### 3) 관세의 부과와 징수방식

#### (1) 신고납부방식

관세의 납세의무자가 스스로 세액을 결정한 후 세관장에게 신고하여 납부하는 방식이다. 납세신고자는 대체로 수입화주이고, 신고시점은 수입신고와 함께 이루어지며, 신고내용은 당해수입물품의 관세율 표상의 품목분류, 세율과 품목분류마다 납부하여야 할 세액 및 그 합계, 감면대상의 경우에는 그 감면액과 근거, 신고가격을 인정할 수 없는 경우에는 그 사항의 유무와 내용, 기타 과세가격 결정에 참고가 될 사항 등이다.

납세신고를 받은 세관장은 신고사항을 심사한 후 납세의무자에게 신고납부서를 교부하는데, 신고납부서를 교부받은 납세의무자는 당해 신고납부서를 교부받은 날로부터 15일 내에 당해 세금을 납부하여야 한다. 이는 확정된 관세채권을 조기징수하려는 것과 수입된 물품의 반출을 촉구하려는 데 그 뜻이 있다. 여기서 교부받은 날로부터 15일이라고 하는 것은 기간의 초일은 산입하지 아니하기 때문에 교부받은 그 다음날로부터 기산하여 15일이 되는 날까지를 의미하고(기간만료일이 휴일인 때에는 그 다음날), 만일 15일의 납기를 위반하면 가산금이 부과됨을 유의하여야 한다.

### (2) 부과고지방식

우리나라는 화주자진신고납부방식을 주로 하고 있지만 예외적으로 세무관청의 처분에 의해 납부할 세액이 확정되는 부과고지방식도 아울러 채택하고 있다. 부과고지의 대상물품은 ① 수입의 특례에 해당하는 소위 무환수입물품, ② 덤핑방지관세, 보복관세, 긴급관세, 상계관세, 편익관세, 관세할당제도, 즉 물가평형관세를 제외한 탄력관세적용물품, ③ 세액추징의 경우, ④ 위 ①~③ 이외에 납세신고가 부적당하다고 인정해 관세청장이 지정하는 물품 등이다.

### (3) 가산금

관세의 납세의무자가 납세고지서를 교부받은 날로부터 15일 이내에 해당 관세를 납부하지 않았을 때에는 다음과 같이 가산금을 물게 된다.[230)]

① 15일 이내 납부하지 않게 되면 그 납부기한이 경과한 날로부터 체납된 관세에 대하여 1,000분의 3에 상당하는 가산금을 부과한다.

② 납부기간 경과 후 체납된 관세를 납부하지 아니한 때에는 매 1월이 경과할 때마다 체납된 관세의 1,000분의 12에 상당하는 가산금을 전 ①에 의한 가산금에 가산하여 부과한다(세관장이 징수하는 내국세가 있는 떼에는 그 금액을 포함한다). 이 경우 증가산금을 가산하여 징수하는 기간은 60월을 초과하지 못한다.

---

230) 관세법 제41조

③ 전 ②의 경우에 있어서 체납된 관세(세관장이 징수하는 내국세가 있는 경우 그 금액을 포함한다)가 50만원 미만인 때에는 이를 적용하지 아니한다.

④ ①~③은 국가 또는 지방자치단체가 직접 수입하는 물품 등 대통령령이 정하는 물품들에 대하여는 이를 적용하지 아니한다.

### 4) 관세의 강제징수방법

관세의 징수방법에는 임의 징수와 강제징수가 있는데, 전자는 신고납부서 또는 납세고지서에 따라 납세의무자가 자주적으로 수납기관(출납공무원, 한국은행 수납대리점 은행, 체신관서)에 납부하는 것을 말하고, 후자는 납세의무자가 그 의무를 이행하지 아니할 때에 국가재정권에 의거, 실력으로써 당해 의무를 이행시키거나 혹은 이행된 것과 같은 상태를 실현하는 것을 말한다.

관세는 일반 내국세와 같이 강제 징수하는 경우가 드물다. 왜냐하면 관세의 과세물건인 수입물품이 관세의 담보물로서 보세구역에 장치되어 있고 이 물품에 대한 관세 징수는 다른 공과(公課) 및 채권에 우선하기 때문이다. 외국물품을 보세구역으로부터 반출하는 때에는 당해 물품에 대한 관세를 납부하거나 담보를 제공하여야 한다. 따라서 실제로 관세를 강제 징수하는 경우로는 담보제공이 없거나 징수한 금액에 부족이 있는 경우에 해당할 것이다. 이와 같은 사유에 따라 강제 징수하는 경우에는 국세기본법의 규정에 의거하여 다음과 같은 절차로 행하여진다.

① 신고납부서 또는 납세고지서를 받은 후 15일 내에 관세를 납부하지 않으면 가산금이 붙는다.

② 납기경과 7일 이내에 10일의 납기를 정하여 독촉장을 발부한다. 독촉은 계고행위(戒告行爲)로서 체납처분에 있어 꼭 필요한 선행절차이며 이것 없이 행한 체납처분은 무효가 된다.

③ 그럼에도 불구하고(10일이 지나도)납부하지 않을 때에는 납세자의 재산을 압류한다. 압류방법은 동산 또는 유가증권의 압류는 점유로써 행하고, 채권의

압류는 그 뜻을 채무자와 체납자에게 통지하고 그 통지서가 채무자에게 송달된 때에 효력이 발생하며, 부동산, 공장재단, 광업재단, 선박을 압류한 때에는 압류등기를 소관등기에 촉탁한다.

④ 그런데 체납자가 타국세, 지방세 또는 공과금의 체납사유로 체납처분을 받거나, 강제집행 혹은 파산선고를 받는다든지 그 재산의 경매가 시작되거나 법인이 해산되는 경우 등에는 당해 관서, 공공단체, 집행법원, 집행공무원, 강제관리인, 파산관리인 또는 청산인에 대하여 관세, 가산금 및 체납처분비의 교부를 청구할 수 있다. 그러면 체납처분, 강제집행, 청산 등에 있어서 관세 및 우선 순위에 따라 체납세의 교부를 받게 된다.

⑤ 압류하고자 하는 재산이 이미 다른 기관에 압류되어 있는 때에는 앞에서 말한 교부청구에 갈음하여 참가압류통지서를 그 재산을 이미 압류한 기관에 송달함으로써 그 압류에 참가할 수 있다.

⑥ 이상과 같은 일련의 과정을 거쳐 압류한 재산은 다음 단계인 공매에 붙여지게 된다. 공매는 입찰과 경매의 2가지 방법에 의하나 대체로 일반 경쟁입찰에 의함이 보통이고, 공매를 하려면 미리 10일간의 공고를 하여야 하고, 예정가격을 정하여야 하며, 대개 10%의 입찰보증금 및 계약보증금을 받는다.

⑦ 공매를 하여도 매수희망자가 없거나 예정가격에 미흡하든지, 공매에 의한 매수인이 매수대금을 기 한내에 납부하지 않을 때에는 재공매에 붙이고, 2회에 걸쳐 공매를 하여도 낙찰이 되지 않을 때에는 공매시마다 10%씩 예정가격을 체감하나 50%이상을 낮출 수 없다.

⑧ 끝으로, 청산에 따른 배분 순위를 살펴보면 압류재산이 관세를 납부하여야 할 물품이면 관세, 동 가산금 및 체납처분비가 최우선하여 배분되고, 체납자의 다른 일반재산을 압류한 것이면 다른 국세, 동 가산금 및 체납처분비와 동순위로서 다른 채권에 우선한다. 이렇게 하여 배분한 금액에 나머지가 있을 때에는 이를 납세자에게 돌려준다.

## 5 관세의 감면 및 분할납부

수입되는 물품이 관세의 감면사유에 해당하거나 또 기업의 자금사정상 관세를 분할하여 납부하고자 할 때에는 수입신고시부터 수입면허 전까지 신청하여 각각 감면 및 분할납부 승인을 받고 이에 따를 담보조치 등을 취한 후 수입면허를 받아야 한다.

### 1) 관세의 감면

#### (1) 의의

관세의 감면이란 관세납부의무를 일정한 경우에 무조건 또는 일정조건하에 일부 또는 전부를 면제하는 것을 말한다. 감세란 납세의무를 일부 면제하여 납세하여야 할 세액을 경감하는 것을 말하고, 면세란 납부하여야 할 세액 전부를 면제하는 것을 말한다. 따라서 면세와 무세는 다르다. 후자는 관세율표상의 세율이 영인 것을 말하고, 전자는 관세율표상에는 무세품이 아닌 것으로 일반적으로 과세대상이 되지만 특정의 경우에 신청에 의하여 면제해 주는 것을 말한다.

#### (2) 목적

관세의 감면은 국가조세의 재정권적 관세기능보다는 시설투자 및 확대 등에 따른 산업의 자금부담을 경감해 줌으로써 시설. 기계류의 도입을 원활하게 하여 산업의 보호 및 고도화와 국제경쟁력 강화를 위한 산업정책의 비교우위에 근거한다. 감면세의 기능을 거시적으로 보면, 경제정책적 목적. 문화정책적 목적. 사회정책적 목적을 들 수 있고 구체적으로는 외교관례, 기간산업의 육성, 자원개발의 촉진, 특정산업의 보호, 학술연구의 촉진, 사회정책의 수행, 가공무역의 증진, 대외교역의 증대, 소비자 보호, 물가안정 등 여러 복합적 목적을 갖는다.

#### (3) 무조건감면세와 조건부감면세

무조건감면세란 관세의 감면행위가 수입한 때에 특정한 사실에 의하여 확정될 뿐이지, 수입 후의 사실에 따라 어떠한 제한을 받지 아니하는 감면세를 말한다. 그러므로 무조건면세로서 수입된 물품에 대해서는 원칙적으로 관세추징의 문제와 세관의 사후관리 및 관세벌칙의 대상이 되지 아니한다. 여기에는 외교관 면세, 정부용품 등 면세, 특수물품면세, 손상감세, 재수입면세 등이 있다.

한편, 조건부감면세란 감면조치 할 때에 해제조건을 붙여서 특정한 행위의 금지를 명하고, 만일 그 해제조건이 성취될 경우, 즉 용도 외에 사용할 때에는 수입한 때로 소급하여 감면한 관세를 징수하거나 제재를 가하는 것을 말한다. 세관장의 승인을 받아서 감면물품을 용도 외에 사용한 경우에는 감면된 관세가 징수될 뿐이며 벌칙은 과하여지지 아니한다. 이에 대하여 감면된 물품을 세관장의 사전 승인을 받지 아니하고 용도 외에 사용한 경우에는 감면된 관세가 징수될 뿐만 아니라 벌칙이 과하여진다. 그러나 새로운 용도가 역시 감면세의 용도인 것이 확인된 경우에는 관세의 징수나 벌칙이 적용되지 아니한다.

이러한 조건부감면세는 원료품감면세, 학술연구용품감면세, 특정물품감면세, 재수출면세, 재수출감면세 등이 있다.

### 2) 관세의 분할납부

관세의 분할납부는 특정산업의 보호육성 및 정부사업 또는 공익사업을 지원하기 위할 목적으로 중요산업용 시설기계류, 정부 또는 지방자치단체 및 학교, 직업훈련원, 비영리법인 등이 수입하는 특정물품에 대하여 부과된 관세를 수입면허시에 전액을 납부하지 않고 일정기간 분할하여 납부하는 제도를 말한다. 이 제도는 산업시설에 소요되는 물품수요의 시급성에 비추어 자금이 부족하므로 자금 부담을 분산. 해소하기 위하여 마련된 것이다.

즉 관세분할납부제도는 특정물품이 수입될 때 부과된 관세를 일시에 납부하지 아니하고 일정기간을 정하여 일부씩 분할하여 납부함으로써 관세납부의 부담을 줄여주는 지원제도이다. 이 제도는 중요산업시설에 소요되는 자금부담을 분산하여 완화시켜 줌으로써 설비투자를 촉진하고 산업시설의 건설을 보호·육성하며, 정부·지방자치단체·학교·사회복지기관 및 비영리법인인 연구기관의 공익사업과 사회복지사업 등에 예산사정을 고려하여 일시에 자금부담이 되는 것을 방지하기 위하여 관세를 5년을 초과하지 아니하는 기간을 정하여 분할납부하도록 하고 있다. 또한 관세의 분할납부는 수입할 때 관세의 전액을 납부함으로써 생기는 자금부담의 집중을 일정한 기간 내에서 분산시키고 이의 결과로 오는 자금의 이자부담을 경감시키는 효과가 있을 뿐만 아니라 수입물품을 분할납부기간에 사용함으로써 생기는 이익금으로 관세를 납부할 수 있는 편익도 있다.

## 6 수입면허

수입면허(import licence)는 일반적으로 금지되어 있는 수입행위를 수입신고인에 대하여 그 금지를 해제하여 이를 적법하게 할 수 있도록 하는 행정행위이다.[231] 따라서 수입면허는 수입신고가 적법하여 수입검사결과 수입물품과 그 수입신고서에 기재되어 있는 물품과의 동일성이 확인될 뿐만 아니라, 일정한 요건을 갖춘 경우에 한하여 부여한다.

또한, 이와 같은 경우에는 세관장은 수입을 면허해야 하므로 수입면허는 수출면허와 마찬가지로 세관장의 자유재량해위가 아닌 기속(羈屬)행위에 속한다.[232] 수입이 면허되면 수입신고인에 대하여 수입면장(import permit)이 교부된다.

수입면허의 요건으로는 관세 등을 납부하여야 할 물품은 그 납부 후, 관세를 분할납부할 물품은 그 분할납부의 승인을 얻은 후, 관세 등을 징수유예 할 물품은 그 징수유예의 결정 후, 관세 등을 감면할 것에 대하여는 그 감면을 결정한 후에 각각 이루어진다. 이외에도 수입금지 품목이 아니어야 하며 다른 법령에 의하여 허가, 승인을 받아야 하는 물품에 대하여

231) 김도창, 「전정일반행정법론」(상), 1973, p. 257.

232) 일본관세협회, 「관세법규정해」, 1968, p. 260.

는 허가, 승인을 받은 후에 수입면허를 받을 수 있다. 수입면허를 받은 물품은 그 면허의 효과로서 내국물품이 되고 모든 법률상의 기속으로부터 벗어나게 된다. 그러므로 수입면허의 단계에서 비로소 수입물품을 장치장소로부터 반출하여 국내에 인취 할 수 있다.

## 7 수입면허전반출

### 1) 의의

일반적으로 수입물품은 수입면허를 받지 않으면 원칙적으로 이를 국내에 인취 할 수 없다. 그러나 이러한 원칙을 지켜 물품을 보세구역에 오랫동안 장치하게 한다면 수입업자로서는 상기(商機)를 잃게 되는 등 손해를 보기 쉽다. 따라서 과세가격이나 세율결정 등에 있어 상당한 시일이 소요되는 경우라든가, 물품의 조기인취사정이 있음에도 불구하고 수입면허를 받는 데에 상당한 시일이 걸리는 경우에는 관세액에 상당하는 담보를 제공하고 세관장의 승인을 얻어 수입면허 이전이라도 수입물품을 반출할 수가 있는데 이를 수입면허전반출(before permit)이라고 한다.

### 2) 면허전반출이 인정되는 경우

수입면허전 반출사유가 되는 경우는 다음과 같다.

① 세율결정에 의문이 있어 그 유권해석에 상당한 시일이 필요한 경우

② 과세가격결정에 상당한 시일이 필요한 경우

③ 감면세 또는 분할납부 신청된 물품에 대하여 감면 또는 분할납부여부의 결정에 상당한 시일이 필요한 경우

④ 기계류를 미조립 상태로 분할 선적하였으나 최종적으로 일괄하여 기계로 세번분류(稅番分類)를 받고자 하는 경우

⑤ 기타 세관장이 면허전반출이 필요하다고 인정하는 경우 등이다.

### 3) 면허전반출의 효과

면허전반출된 물품은 내국물품이다. 즉 면허전반출 승인을 받고 반출한 외국물품은 수입면허를 받지 않아도 내국물품과 같은 효력을 부여하고 있다. 이것은 면허전반출 승인된 물품은 통관여부는 이미 확정되고 단지 세액결정이 문제만 남아있는 것이며, 또 담보도 확보하여 면허전반출 시점에 사실상 면허요건이 확정되는 것이고 나아가 면허전반출한 물품의 자유로운 유통 및 사용을 보장하여야 한다는 제도 본래의 취지로 보아서 당연하다고 하겠다. 따라서 면허전반출물품의 수입면허가 사후에 있었다하더라도 그 면허의 효력은 면허전반출 승인일로 소급하게 된다. 그러므로 면허전 반출승인된 물품은 그 승인일로부터 내국물품화하며 그 물품이 조건부감면세를 받은 경우에는 사후관리의 기간은 그 승인일로부터 당연히 기산하게 된다.

## 3 특수 물품의 수입통관

물품을 수입하려면 원칙적으로 보세구역에 물품을 장치한 후 세관장에게 서면으로 수입신고를 하고 심사검사 및 감정을 마친 후, 관세를 납부하고 수입면허를 받은 후 물품을 반출하여야 한다. 그러나 물품의 종류와 성질상 이상과 같은 원칙적인 절차가 곤란한 경우가 있다. 즉 여행자 및 우리나라와 외국간을 왕래하는 운수기관의 승무원이 휴대하여 수출입하는 물품이라든지, 또한 우편물 등에 대하여는 그 물품의 성질상 간이하고도 신속한 통관절차가 요구된다. 따라서 이러한 특수물품 등에 대하여는 정상적인 수입물품의 경우에 비하여 간이한 방법으로 통관절차를 이행하고 있는데 이를 간이통관이라고 한다. 간이통관에는 우편물통관과 휴대품통관이 있다.

# 1 우편물[233]의 통관

## 1) 서설

우편물은 특수한 절차에 의하여 통관이 이루어진다. 우편물은 우편법에 따라 일정한 우편통로를 거치게끔 되어 있으므로 비록 관세부과대상이라 하더라도 이를 다른 보세구역으로 옮겨놓는다든지 할 수 없고 오히려 우편관서에 의하여 통관이 되도록 하고 있다. 따라서 수출입하는 우편물에 대하여는 1차적으로 우체국이 접수를 하면 우체국이 화주를 대신하여 세관검사를 받고 세관장이 수출입의 허가 및 납부하여야 할 관세액을 결정하여 통보하면, 우체국이 우편물의 발송 및 교부·고지서 등의 발부 처분을 하게 되는 것이다. 이와 같이 우편물의 경우에 있어서는 우체국이 세관과 화주간의 매개역할을 담당한다.

## 2) 우편물의 통관프로세스

① 우편물(서신은 제외)이 외국으로부터 통관우체국[234]에 도착하면 통관우체국장은 우편물목록을 작성하여 세관장에게 제출하는 동시에 통관우체국은 그 물품에 대한 검사를 받아야 한다. 여기서 우편물목록의 작성제출은 일괄수입신고와 같은 성질의 것이므로 우편물에 대한 수입신고인은 통관우체국장이 되

---

233) 우편물이라 함은 만국우편조약(1966. 5. 20. 가입), 우편법(1960. 2. 1. 법률 제542호), 외국우편규칙(1966. 7. 2.) 등의 조약 및 법령에 의거 체신관서를 통하여 우리나라와 외국간에 체송되는 물품으로서 체신관서의 관리에 속하는 물품을 말한다. 여기에는 통상우편물과 소액우편물의 두 종이 있다(외국우편규clr 제12조, 제24조).

234) 우편물을 수출입 또는 반송하고자 할 때에는 반드시 관세청장이 지정한 통관 우체국을 경유하여야 한다. 이는 세관검사의 편의 및 외국물품인 우편물관리의 정확성을 꾀하려는데 그 뜻이 있다. 현재 관세청장이 지정한 통관우체국으로는 서울국제우체국, 서울영동우체국, 인천우체국, 부산국제우체국, 대전둔산우체국, 대구우편집중국, 익산공단우체국이 있다. 우편물의 통관은 통관우체국에서만 할 수 있으나 그 접수와 교부는 통관우체국이 아닌 일반우체국에서도 할 수 있다.

고 따라서 통관우체국은 자기책임 하에 그 물품에 대한 검사를 받아야 한다.

② 세관장은 우편소포에 대한 검사를 하고 관세를 징수하고자 할 때에는 통관우체국에 그 금액을 통지하여야 하며, 만일 수입을 허용할 수 없다고 결정하였을 때에는 그 결정사항을 통관우체국에 통지한다.

③ 이와 같은 통지를 받은 통관우체국은 우편소포의 수취인에게 이를 통지한다.

④ 통지를 받은 수취인은 수입인지 또는 금전을 그 통지서와  함께 통관우체국에 제출한다.

⑤ 이를 수납한 통관우체국은 우편소포를 수취할 자에게 교부한다.

우편물 중에서도 서신과 통상의 우편물은 수입통관절차를 거칠 필요가 없으며 수취인에게 교부함으로써 수입면허된 것으로 간주한다.

### 3) 간이세율의 적용

우편물에 대하여는 일반적으로 간이세율이 적용된다. 간이세율이란 유사물품에 대한 평균세율로서 세액산출의 신속을 위하여 마련되었으며, 이 경우 과세가격은 C.I.F. 거래가격이다. 우편물은 대체로 무환으로 기증되는 소액의 물품이며, 수증자가 사용하는 것이기 때문에 이러한 간이세율을 적용한다.

### 4) 정상무역우편물의 통관

비록 우편물이라 하더라도 정상적인 절차에 의하여 수입의 허가 또는 승인을 받은 것일 때에는 당해 우편물의 수취인은 수입면허를 받아야 한다. 즉, 우편물이라도 그것이 일반무역품 등과 같이 고가이고, 수량이 많은 경우에는 일반물품의 통관절차와 같이 수입신고를 하고 면허를 받아야 한다. 그러나 이러한 경우에도 보세구역반입의무나 타소장치허가를 받을 의무는 없다.

### 5) 우편물의 반송

우편물에 대한 관세의 납세의무는 당해 우편물이 반송됨으로써 소멸한다. 우편물을 반송하는 경우로는 수입우편물에 대하여 수입면허를 할 수 있는 요건을 갖추지 못하는 경우, 우편물이 오송(誤送)되거나 내용물의 차이 등으로 수취인이 수취를 거부하는 경우, 수취인의 주소가 불명한 경우, 수입관세의 부과가 과다하다는 이유로 수취인이 관세 등을 납부하지 않고 수취를 거부하는 경우 등이다. 우편물을 반송함으로써 이미 납세통지가 나갔다하더라도 이는 무효가 되고 따라서 납세의무는 소멸된다.

## 2 휴대품의 통관

여행자의 휴대품에 대하여서는 통관의 간이·신속한 절차가 요청된다. 따라서 이들에 대한 통관절차는 일반의 경우와는 달리 간이한 방법으로 통관절차를 행하고 있다. 즉 구두신고·구두고지·현장수납 등의 방법에 의한다. 여행자의 휴대품은 여행자가 출입국시 수출입하는 것으로서 복잡한 통관절차로 인하여 장시간 세관에 체류한다는 것은 여행자의 여행을 저해하는 것이 되어 출입국과 동시에 통관할 필요가 있어 인정된 것이다.

그러나 여행자가 휴대하는 모든 물품이 이에 해당한다고는 할 수 없고 여행자의 입국사유나 여행목적·체류기간 등 제반사정을 고려하여 결정된다. 휴대품의 수입에 있어서도 여행자가 직접 휴대하고 수입하는 경우가 있는가하면 별송품도 있다. 별송품의 경우에는 휴대품의 전송절차에 대하여는 허용하지 않고 원칙적으로 후송하는 것만 인정한다. 이는 여행자가 도착하기 이전에 물품이 먼저 도착하는 관계상 여행자의 여행목적이나 체류기간 등 제반사정을 파악하기가 곤란하기 때문이다. 이상과 같은 여행자 휴대품의 과세가격은 거래가격을 기준으로 하고 세율은 간이세율에 의한다.

# 4 ATA Carnet 통관제도

정상적인 수입통관절차를 밟으려면 수입허가(승인)서, 송장 등의 서류를 갖추어 수입신고하여 수입물품에 대한 검사를 받은 후, 소정의 관세를 납부하여야 수입면허를 받을 수 있다. 또 수입신고를 하기 전에 장치장소에 수입할 물품을 장치하여야 하고, 지정장치장이나 보세장치장 등에 반입한 물품은 30일 내에 수입신고도 하여야 한다.

그런데, 여기서 말하는 통관절차의 특례는 비록 간이통관절차에 해당하지 않는 물품이라 하더라도 우리나라에 대하여 통관상의 편익을 제공하는 국가로부터의 수입품에 대하여는 간이한 절차에 의하여 통관을 한다는 국제관세협력적인 차원에서의 통관절차의 특례운용을 말한다.

통관절차특례대상국가는 우리나라의 통관절차의 편의에 관한 협정(예 : 물품의 일시수입을 위한 ATA Carnet협약)체약국, 우리나라와 무역협정 등을 체결한 국가이다.

ATA Carnet 협약이란「물품의 일시수입을 위한 ATA Carnet에 관한 관세협약」(customs convention on the ATA carnet for the temporary admission of goods)으로서, 이는 일시수입물품에 대한 각국의 상이한 관세상의 규정과 독특한 통관절차를 국제적으로 통일화시켜 국제상거래의 촉진 및 문화교류의 증대를 꾀하고자 제정된 협약이다.

ATA Carnet은 관세협력이사회의 "물품의 일시수입 통관수첩에 관한 관세협약"(1961)에 따라 촬영기, 사진기 등의 작업용구, 상품견본, 광고용 물품 등의 일시 수입이나 보세운송 에 있어 수입세 면제와 통관절차간소화를 목적으로 발급되는 국제적 통관수첩을 의미한다.

ATA Carnet을 소지한 자가 협약에 가입한 국가에 일시반입이나 일시수입을 위한 물품 통관시에는 면세가 되나 일정기관 이내에 재반출하여야 한다. 재반출하지 않으면 협약 위반이 되어 관세를 지급하게 되며, ATA Carnet를 발급한 국가의 보증단체가 지급하여야 한다. 우리나라의 보증단체는 대한상공회의소이다.

ATA Carnet의 유효기간은 발급일로부터 1년일시 수출통관증서를 사용, 수출신고시에는 동 증서를 수출신고서로 갈음하고, 그 밖의 구비서류의 제출을 요하지 아니한다. ATA Carnet를 발급받아 수출한 물품의 재수입시에는 관세법의 재수입 면세규정에 따라 수입할 수 있다. 전시물품이 현지에서 매각되었을 경우, 동 대금이 국내외국환 은행에 입금되면 수출실적으로 인정받으며, 관세환급도 가능하다. ATA Carnet를 발급받은 물품으로 2개국 이상 순회하고자 할 시에는 수출입신고서류를 필요한 만큼 더 발급받으면 가능하다.

ATA Carnet 제출시 심사내용은 통관증서 양식 및 기재된 발급 단체, 유효기간, 보증단체, 유효 한 국가 등의 여부와 현재 우리나라에서도 유효한지 여부, 보증단체의 확인을 받도록 되어 있는 통관증세에 대한 확인의 여부, ATA Carnet의 번호 등 수입증서 또는 수입번호와 통관증서 표지와 동일한 내용이 기재되어 있는지 여부, 통관증서에 의한 수입에 있어서는 당해 통관증서에 기재되어 있는 명의인 또는 사용자(당해 명의인으로 부터 당해 통관증서 에 의한 수입을 할 수 있도록 정당하게 그 권한을 부여받고 있는 자)만이 수입신고자로 될 수 있으므로 수입증서의 수입신고자를 기재하는 란에 정확하게 기재되어 있는지 여부 등 이다.

통관증서에 의하여 수입한 물품은 당초 수입한 용도(전시용 등)이외에는 사용할 수 없다. ATA Carnet를 이용 수입한 후 재수출시에는 당해 통관증서에 기재된 유효기간 내에 재수출하여야하고, 당해 통관증서에 의한 재수출 신고시에는 동 증서를 수출신고서로 갈음하고 관세법의 규정에 의한 구비서류 제출을 생략한다. 전시물품으로 국내 반입 후 전시 중 판매하거나 전시완료 후 판매할 때에는 재수출조건을 변경하여야 가능하다(ATA Carnet를 이용하지 않은 경우).

ATA Carnet을 적용하는 통관절차는 간소화된다. 즉, ATA Carnet에 의한 통관절차는 일반적인 재수출면세 등 통관절차에서 요구되는 수출입신고서류 대신 ATA Carnet에 갈음하고 담보제공 및 해제절차가 모두 생략된다.

ATA라는 약어는 일시수입이라는 프랑스어로서, 원어로는 Admissidn Temporaire의 두문자(頭文字)와 같은 뜻의 영어 Temporary Admission의 머리글자를 합하여 만든 것이다. 동 협약은 1961년 12월에 제정되었으며, 수출지원 및 기술도입촉진책의 일환으로 우리나라에서는 1978년 4월 4일 가입하였고,1979년 4월 1일부터 41번째로 동 협약의 적용을 받는 나라가 되었다.

# Chapter 22 관세환급

## 관세환급제도의 개요

### 1 관세환급제도의 의의

관세환급제도라 함은 수출용 원재료를 수입할 때에 관세 등을 납부하고 통관하여 그 원재료를 사용 제품을 생산·수출 등에 공한 후에 납부하였던 관세 등을 되돌려 주는 제도를 말한다. 여기서 '관세 등'이라고 표현한 것은 원재료를 수입할 때에 관세 이외에 내국세(특별소비세 및 주세)도 함께 납부하였다가 수출 등에 공한 후에 함께 환급을 받도록 되어 있기 때문에 '관세 등'의 개념에는 항상 관세·특별소비세 및 주세를 모두 포함한다는 뜻이고 따라서 '관세환급세'라는 말도 정확히 표현하려면 '관세 등 환급제'라고 할 수 있다. 또 수출용 원재료를 수입할 때에는 방위세도 납부하여야 하는데 방위세도 방위세법의 규정에 따라 항상 관세 등과 함께 징수·환급된다.

관세 등을 '납부하고'라고 표현하였으나 실제에 있어서는 원재료를 수입할 때에 일정기간의 징수유예를 받거나 상계제도에 의거 납세고지의 유예를 받고 통관을 하여 제조·가공에 사용할 수 있도록 하고 있으므로 경우에 따라서는 수출 등에 공한 후에 당해 세액을 납부하였다가 환급받거나 납부절차 없이 바로 상계하는 경우도 있다.

'수출 등'에 공한다 함은 정상수출의 경우에는 물론, 5만 달러 이하의 주문수출을 비롯한 각종 수출의 특례의 경우와 국내에서의 외화판매 및 외화공사라든가 수출자유지역이나 특정보세구역의 공급 등 수출과 같은 효과를 가져오는 외화획득 행위를 포함한다는 뜻이 된다.

또 납부하였던 관세 등을 '환급'받는다고 하였으나 환급받는 금액이 납부한 세액을 그대로 환급받도록 하는 것을 원칙으로 하되 정액환급의 경우 등과 같이 정확하게 납부액과 환급액이 일치하지 않는 경우도 있다.

관세환급제도는 「수출용 원재료에 대한 관세 등 환급에 관한 특례법」(환급특례법 또는 환특법이라 줄여 부름)에 근거를 두는 제도로서 타 세법상의 각종 세금환급제도와는 구별된다. 환특법 제2조 제5항에서는 다음과 같이 규정하고 있다.

"환급"이라 함은 제3조[235]의 규정에 의한 수출용원재료를 수입하는 때에 납부하였거나 납부할 관세등을 관세법등의 규정에 불구하고 이 법에 의하여 수출자 또는 수출물품의 생산자에게 되돌려 주는 것을 말한다.

한편 관세법에서는 과오납금(過誤納金)의 환급에 관한 규정을 두고 있고,[236] 동법 제35조에는 계약내용과 상이한 물품들에 대한 관세환급에 관한 규정을 두고 있으나, 이러한 규정 등은 환급하는 세금이 수입할 때 부과하였던 관세이고 환급기관이 세관이

---

235) 제3조 (환급대상 원재료)

① 관세등의 환급을 받을 수 있는 원재료(이하 "수출용원재료"라 한다)는 다음 각호의 1에 해당하는 것으로 한다.

1. 수출물품을 생산한 경우에는 생산시의 물리적·화학적 변화과정에서 당해 수출물품에 물리적으로 결합되거나 화학적 반응등으로 수출물품을 형성하는데 소요되는 원재료
2. 수입한 상태 그대로 수출한 경우에는 수출물품

② 국내에서 생산된 원재료와 수입된 원재료가 동일한 질과 특성을 가지고 상호 대체사용이 가능하여 수출물품의 생산과정에서 이를 구분하지 아니하고 사용되는 경우에는 수출용원재료가 사용된 것으로 본다.

236) 관세법 제46조, 제47조, 제48조.

란 점에서 관세환급제와 유사한 제도이나 그 환급사유가 전자는 과오납(過誤納)의 발생 또는 위약물품의 재수출이란 점에서 후자의 수출 등의 이행과 서로 다르다.

또 내국세의 환급에 관하여는 특별소비세법 제20조, 제20조의 2 및 주세법 제34조, 제35조에 각각 당해 세금의 환급에 관한 규정을 두고 있으나, 환급요인이나 환급기관이 관세환급제도의 경우와는 다르다. 다만, 수입되는 수출용 원재료에 부과된 특별소비세, 주세 및 방위세에 대하여는 당해 원재료를 제조·가공하여 수출 등에 공한 때에는 관세환급제도상의 절차에 의거 환급을 받는다.

## 2 관세환급제의 연혁 및 목적

관세환급제가 전면적으로 실시된 것은 1975년 7월 1일부터이다. 그 이전에도 관세법 제32조 제2항의 규정에 의거 수출시에 관세를 납부한 물품을 수출 등의 용도에 공한 때에는 관세를 환급하도록 되어 있으나, 이것은 어디까지나 면세제도(관세법 제32조 제1항)에 대한 예외조항으로서 그 실시범위가 대단히 좁았다.

1975년 6월 이전의 수출용 원재료에 대한 면세·사후관리제도는 오랫동안 우리나라의 수출진흥에 이바지하여 온 제도였으나 그 동안 국내외 경제여건의 변화가 많았고, 특히 우리나라와 여건이 비슷한 대만에서 환급제도의 도입으로 많은 효과를 거두었다는 사실에 자극되어 종래 부분적으로 실시해 오던 환급제도를 전면적으로 실시하기에 이른 것이다.

이와 같이 종래의 면세제를 환급제로 전환한데는 당초 두 가지의 커다란 목적이 있었다.

그 첫째 목적은 사후관리의 간소화에 있었다. 종래의 면세제하에서는 면세받은 수출용 원재료에 대한 수출이행여부의 확인, 용도의 사용에 대한 단속 등에 많은 인력과 비용을 들여가며 사후관리를 하지 않으면 안 되었다. 그 사후관리절차를 보면, 원재료를 수입한 자는 수입시에 담보를 제공하고 면세통관후 수출품을 제조, 수출이행기간 1년 이내에 수출을 이행하면 수입면장, 소요량증명 및 수출면장을 붙여 수출이행보고와 담보해제신청을 하고 세관에서는 원재료수입 통관시 작성된 사후관리카드 상의 면허사항과 대조확인하고 담보를 해제하는 절차로 되어 있었다. 특히 내국신용장에 의한 원재료의 국내거래가 있는 경우에는 그 양수도절차는 더욱 복잡하여 이러한 사후관리절차가 수출에 커다른 장해요인으로 작용하였다.

이러한 단점을 제거하려는 목적으로 등장한 것이 관세환급제인 바 환급제는 사후관리제도보다 훨씬 절차가 간편하다고 생각하였기 때문이다. 그런데 이 제도상의 두 가지 환급방법 중에서 정액환급방식은 수출면장 하나만으로 환급신청이 가능하여 절차가 대단히 간편하였으나 정액환급을 적용하지 못하는 경우에 적용되던 개별환급방식은 여전히 절차가 복잡하고, 더욱이 개별환급의 적용비중이 컸기 때문에 절차간소화라는 근본문제는 해결을 보지 못하고 계속 문제점으로 남아 있었다.

환급제 실시의 또다른 목적은 원재료의 국산화 촉진에 있었다. 이전의 면세제도는 양산(量産)체제 하의 선진국의 값싸고 품질 좋은 원재료의 수입을 촉진하고 국산원재료의 개발사용을 억제해 왔었다. 더욱이 수출총액만을 가지고 정부가 여러 가지 특혜부여의 기준으로 삼는 것과 같은 체제하에서는 기초원재료보다는 중간재를, 중간재보다는 완제품에 가까운 재료를 수입하는 것이 유리하기 때문에 고가공원재료의 수입이 촉진되기 마련이었다. 이와 같이 수입촉진을 유발하는 면세제도는 국내산업 발전에 역효과를 가져오고 외화 가득액을 낮은 수준에 머무르게 하여 국제수지개선에 도움을 주지 못하였다.

그러면 환급제는 이 문제를 해결할 수 있는가? 정액환급의 경우는 수출품에 소요된 원재료 수입시에 납부한 세액이 얼마인가를 불문하고 수출품목단위의 고정환급금액을 지급하도록 되어 있으므로 같은 수출품을 제조·수출한 때, 수입시 관세 등을 많이 납부하고 고가공원재료 수입한 자나 관세 등을 적게 납부하고 저가공원재료를 수입한 자나 환급되는 금액은 같기 때문에 가공도가 적은 원재료를 수입한 자일수록 유리한 것이고, 나아가서 국산원재료를 사용한 경우가 가장 유리하게 되므로 국산원재료 사용촉진의 효과를 가져와 국제수지개선에 중요한 역할을 하게 된다. 그러나 개별환급의 경우에는 원재료 수입시에 납부한 세액을 수출이행 후, 그대로 환급해 주는 것이므로 면세제의 경우와 별 차이가 없다.

그런데 환급제 실시 이후 당초에 목표한 대로 정액환급의 비중을 늘려서 절차의 간소화와 동시에 국산화 촉진의 역할을 수행하지를 못하고 오히려 여러 가지 이유로 개별환급의 비중이 높은 채로 계속되어 왔고, 따라서 환급제도는 커다란 문제점을 안은 채 1984년까지 지속되었다.

한편, 수출업계에서는 환급제가 대단히 절차가 복잡하고 까다로운 제도라고 지적하는 한편 이 제도는 업계에 자금압박을 크게 주고 있다는 문제점을 제기하였다. 즉, 원재료 수입시에 납부하였다가 수출 후에 환급받지만, 환급받을 때까지의 상당기간에는 자금압박을 면할 수 없다는 것이었다.

1975년 환급제가 처음 실시될 때에는 이 제도의 실시초기에 예상되는 자금압박의 문제를 해결하기 위하여 징수유예제도를 당분간 임시적인 제도로 실시하기로 하고 환급제가 정착되면 징수유예제도를 없애기로 계획하였으나 끝내 없애지 못하고 해마다 연장 실시하는 방식으로 끌고 왔었다.

이와 같은 여러 문제점을 내포하고 있는 환급제는 그 동안 여러 차례의 개정을 통한 보완이 있었으나 근본적인 해결은 보지 못했었다. 그러던 중 1984년에 환급제의 근본적인 개편작업에 착수하여 주로 수출업계의 의견을 대폭 수렴하여 기존제도에 대수술을 가하고 환급제운영의 기본방향을 바꾸면서 새로운 제도를 개발하여 1985년부터 개정제도를 시행하게 되었다.

1985년부터 시행된 환급제는 그 기본방향이 업계의 자금 부담을 완화하여 수출경쟁력을 높여 주는 데 주안점을 두면서 동시에 환급서류와 절차의 간소화로 환급부대비용을 절감하려는데 목적을 두고 있다.

1985년부터 시행된 환급제 개정의 주요 내용을 약술하면 다음과 같다.

### 1) 개산금 선환급 후정산제

환급받을 자가 신청하는 경우에는 개산금(概算金)을 우선 지급하고 3월내에 정산하도록 하여 수출업체의 자금 부담을 경감하게 되었다.

### 2) 납세고지유예 및 상계제

원재료 수입자 중 일정요건을 갖추어 지정받은 자에 대하여는 1년 6월까지 관세 등의 납세고지를 유예하고 그 기간 동안에 당해 원재료를 수출 등에 공하면 유예된 세액을 상계할 수 있도록 하여 역시 자금 부담을 덜게 하였다.

### 3) 수출이행기간의 local거래 단계별 부여

수출용 원재료가 내국신용장 등에 의하여 국내에서 거래되고 그 거래가 거래단계마다 1년의 범위 안에서 이루어진 경우 내국신용장 등에 의하여 거래된 기간과 1년 6월을 합산한 기간 이내에 수출 등에 공한 때에도 환급을 가능케 하였다.

### 4) 원재료별 평균세액증명제도

원재료 수입자는 매월 수입한 원재료의 품명별 물량과 단위당 평균세액을 증명하는 서류를 세관으로부터 발급받아 환급신청에 사용할 수 있게 함으로써 원재료 규격 확인에 따르는 까다로운 절차를 간소화하였다.

### 5) 정액환급률표 작성방법 개정

종래 원재료의 소요량·과세가격·세율··국산화비용 등을 기초로 작성하던 정액환급률표를 전년도의 당해 물품에 대한 관세 등의 환급실적을 기초로 작성하도록 하였다.

### 6) 환급제한근거규정 마련

국산원재료의 사용촉진을 도모하기 위하여 필요시에는 국산가능원래표와 같은 것에 대하여 환급과 납세고지의 유예를 제한할 수 있도록 하였다.

### 7) 환급대상수출 등의 범위확대

해외투자·건설·용역 등의 사업에 무상 송부하는 기계·시설자재·외항선(기)용 연료유·윤활유 외의 모든 선(기)용품 및 보세판매장에의 물품공급 등의 경우까지 수출 등의 경우까지 수출 등의 범위에 넣어 환급대상으로 하였다.

#### 8) 기타

그 밖에 징수유예기간을 관세청장이 품목별로 4월의 범위 안에서 정하도록 하고 약속어음담보제공자를 관할세관장이 지정하도록 한 것 등이다.

## 2 관세환급제의 운용 메커니즘

### 1 관세 등의 징수

수출용 원재료에 대하여는 관세법 등(관세법 등이라 함은 관세법·특별소비세법 및 주세법을 뜻함)에 면세할 수 있도록 규정하고 있음에도 환급특례법(還給特例法)의 규정이 우선 적용되어 수출될 때에 일단 일반수출입물품과 같이 관세 등을 징수한다. 일단 징수하였다가 당해 원재료를 제조·가공하여 수출에 공한 사실을 확인한 후에 관세 등을 되돌려 주기 위해서이다.

관세 등을 수입할 때에 징수한다고 하였으나, 실제로는 징수유예제도에 의하여 일정기간 징수가 보류되고, 상계제도가 적용되는 물품에 대하여는 납세고지를 유예하여 1년 6월 이내에 수출을 이행하면 상계에 의하여 징수절차를 생략한다. 또 환급에 갈음하여 인하되는 세율(환특세율)이 적용되는 물품은 그 인하된 세율을 적용, 관세 등을 징수하고 이후에 환급절차는 생략된다.

### 2 징수유예

수출용 원재료 수입시에 납부하여야 할 관세 등에 대하여는 수출업계의 자금압박 부담을 덜어주기 위하여 일정기간 동안 징수를 유예하였다가 그 기간이 지난 후에 징수하도록 하고 있다. 징수유예기간은 4월의 범위 안에서 관세청장이 수출품목별로 제조·가공기간 등을 고려하여 정하도록 되어 있으며, 또 천재·지변 기타 특별한 사유가 있을 때에는 3월의 범위 안에서 징수유예기간을 연장할 수도 있다.

원래 수입물품에 대하여는 그 물품에 대한 세금을 받고난 후에 통관을 시켜 주는 것이기 때문에 국가는 당해 물품에 대한 징수권을 확보하기 위하여 징수유예를 할 때에는 세액상당의 담보를 받도록 하고 있다. 담보물의 종류는 현금·은행지급보증·납세보증보험증권·국공채·지정증권 이외에 지정받은 신용 있는 업체인 경우에는 자기회사가 발행한 약속어음도 포함된다.

## 3 관세 등의 환급

수입한 원재료가 수출 등에 제공된 때에는 수입할 때 납부하였거나 징수유예를 받은 관세 등을 환급한다.

환급을 받으려면 수출이행 기간 내에 수출 등에 공하여야 하는데, 수출이행기간은 수출 등에 제공된 날로부터 소급하여 1년 6월 이내라야 되는 것이나, 당해 원재료가 내국신용장 등에 의하여 국내에서 중간제품을 만들어 local거래된 경우에는 local공급단계마다 1년씩 추가하여 수출이행 기간을 인정해 주고 있다. 수출 등에 제공된 때에 환급한다고 하였는데, '수출 등'이라 함은 허가(승인)된 정상수출은 물론, 수출의 특례 중 재경부령이 정한 수출(5만달러 이하의 주문수출 ·해외박람회 등에의 출품수출·해외건설공사 등에 무상송부하는 기계·건설재 등 외항선(기)에서 사용될 선(기)용품·원양어선용 선용품·위약물품 재수출), 국내에서의 외화판매 및 외화공사(주한미군에의 군납수출·주한미군 등에의 외화공사·면세수입권자에의 국산승용차판매·외국인투자기업에의 자본재의 외화판매·차관자금에 의한 낙찰물품의 외화판매) 또는 수출 등에 제공하기 위한 공급(수출자유지역입주업체에의 물품공급·보세공장이나 보호판매장에의 물품공급)등이 포함된다.

환급금액은 특정수출물품 제조에 소요되는 양만큼의 소정 원재료 수입시에 납부한 관세 등을 그대로 돌려주는 것을 원칙으로 하고 있으나, 정액환급이 적용되는 경우에는 평균개념에 의거 환급액이 결정되므로 실제 납부한 세액과 다소 차이가 있을 수 있고, 특히 국산원재료 사용촉진을 위하여 지정된 원재료에 대하여는 제한된 비율에 따라 환급액이 정하여지며, 부산물이 발생하여 원재료의 가치 일부가 수출 등에 공하여지지 않는 경우에는 해당부분만큼 환급액을 줄이기도 한다.

## 4 환급방법

관세 등의 환급방법으로는 정액환급과 개별환급의 두 가지 방법이 있다. 정액환급이란 수출품목마다 그 수출품 제조에 소요되는 원재료 전체의 수입세액을 전년도 평균환급액을 기초로 계산하여 정액환급률표에 기재해 놓고, 이러한 수출품에 대한 환급신청이 있을 때에 이 표에 기재된 세액을 환급해 주는 제도이다. 정액환급률표에서는 대체로 수출품의 부자재에 대해서만 정액환급을 하고 주자재에 대하여는 개별환급방법을 적용하도록 하고 있다. 또 환급신청자가 원하는 경우에는 정액환급률표에 올려 있는 수출품에 대하여도 정액환급률표를 적용하지 않는다.

정액환급 이외의 환급방법을 개별환급이라 한다. 즉 개별환급이란 개개의 수출품마다 이를 만드는 데 소요된 원재료의 소요량을 파악하여 그 원재료를 수입할 때 납부하였거나 징수유예하였던 세액을 확인·계산하여 환급하는 제도이다. 원재료 수입 세액을 파악확인하는 방법으로서 평균세액증명제와 기초원재료납세증명제의 두 가지 특수한 제도가 있다.

환급신청을 할 때 수출면장과 소요원재료에 수입면장을 첨부해야 하는데 수출품의 원재료가 복잡하고 가공단계가 복잡한 경우 수출면장상의 원재료의 품목·규격과 수입면장상이 품목·규격이 합치하도록 서류를 갖추는 데는 많은 애로가 있어 이를 간소화하기 위해 원재료 수입자의 신청에 의거, 매월 수입한 원재료의 품명별 물량과 단위당 평균세액을 증명하는 서류를 세관장이 발급해 이를 수입면장 등의 대신에 사용할 수 있도록 한 것이 평균세액증명제도이다.

또한 원재료를 수입한 사람이 직접 수출품을 제조하여 수출한다면 간단하지만 대개의 경우 원재료 수입자가 1차 가공한 중간재를 제2차 가공자에게 매각(납품)하는 등 몇 단계의 국내거래를 거쳐 마침내 완제품이 수출업자에 의하여 수출 등에 공하여진다. 이 때 중간재의 국내거래를 local거래라 하고 local거래는 내국신용장(local L/C)등에 의하여 거래되는 바, 최종 수출자가 수출한 뒤, 환급을 받으려면 처음 외국으로부터 수입한 원재료(이를 기초원재료라 함)에 대한 납세를 증명하는 수입면장이 있어야 하는데 여러 단계의 local거래를 거친 경우는 당초의 수입면장을 분할하여 여러 번 양도·양수해야 하는 번거로움이 따른다. 이러한 번잡을 간소화하기 위하여 local거래마다 세관에서 당해 원재료에 관련하여 납세된 세액을 증명해 주어 그 증명으로 수입면장에 대신하여 환급을 받을 수 있게 한 것이 기초원재료납세증명제도이다.

## 5 환급신청

관세 등의 환급을 받고자 하는 자는 수출 등에 제공한 날로부터 2년 이내에 환급기관에 신청해야 한다. 환급신청권자는 수출 등에 공한 자(수출대행인 경우는 수출위탁자), 내국신용장 등에 의한 완제품공급자가 되며, 신청서류는 정액환급에는 환급신청서에 수출면장 등 수출 등에 공한 사실을 증명하는 서류(당해 서류에는 선적확인·특례수출에 대한 주무기관의 확인·외화입금증명의 첨부 등 소정절차를 요한)와 정액환급률표에서 품목별로 요구하는 관계서류 등을 첨부해야 하고, 개별환급에는 신청서에 수출면장 등 이외의 원재료소요량증명서와 수입면장 또는 이에 갈음하는 서류(평균세액증명, 기초원재료납세증명 등)를 첨부해야 한다.

한 건의 수출에 대하여 당해 수출에 소요된 원재료를 일괄하여 한 번에 환급신청하여야 하며 원재료별로 분할하거나 수량을 나누어 신청할 수는 없다. 환급신청은 세관(출장소 포함) 또는 지정된 은행의 점포에 할 수 있다.

## 6 개산환급 및 정산

수출 등을 이행한 자가 환급신청서류를 갖추어 신청을 하려면 상당한 시일이 소요되며 그 기간 동안 자금의 압박을 받아 수출경쟁력이 약화될 우려가 있음을 고려하여 수출자에게 정식으로 환급신청서류를 갖추어 신청하기 전에 평균적인 세액을 우선 지급하고 후에 서류를 구비하여 정산하게 하는 제도가 개산환급제도이다.

개산환급을 받을 자는 매년 1월말까지 전년도 환급금액·수출금액 등을 제시하고 개산환급율표를 고시해 줄 것을 관세청에 신청하면 관세청장은 수출품목별 평균환급액의 90%에 상당하는 금액을 개산환급금으로 정한 개산환급률표를 3월말까지 고시하여 놓고(4월부터 익년 3월말까지 이를 적용) 신청자가 수출면장(선적확인된 것)만 제시하면 개산환급금을 지급한다. 개산환급을 받은 자는 지급 신청일로부터 3월 이내에 환급금정산을 신청하여 과소분은 추가환급하고 과다분은 징수하도록 하여 만약 3월내 정산신청을 불이행하면 10%의 가산세를 붙여서 개산환급금을 추징한다. 이때 추징당한 자는 추후 일반적 환급절차에 의거 다시 환급신청을 하게 된다.

## 7 환급금의 지급

환급금은 정부의 환급금지급예산에 의거 지급되는 것이 아니고 한국은행이 세관장의 소관 세입금계정에서 이를 지급한다. 세관장의 소관 세입금계정에 부족이 있는 경우에는 타세관 세입금계정의 일부를 이관하여 지급할 수도 있게 하였다. 즉, 환급금은 각 세관에서 징수하여 한국은행에 맡겨 놓은 세금 중에서 이를 지급할 수 있고, 가령 서울세관장이 지급할 환급금이 모자라면 부산세관장이 징수한 세금 중에서도 지급할 수도 있다는 뜻이다.

환급금 지급절차를 보면, 세관장이 환급신청을 받아 환급금을 결정하면 지급 지시서를 한국은행 또는 환급은행에 송부하고 환급통지서를 신청인에게 교부하면 한국은행 또는 환급은행은 신청인이 제시한 환급통지서와 세관에서 송부된 지급지시서를 대조·확인하여 환급금을 지급하거나 신청인의 계좌에 입금하며, 환급은행이 환급신청을 받아 환급결정을 한 때에는 즉시 신청인에게 지급하거나 신청인의 계정에 입금한다.

개산환급금을 환급은행이 지급한 때에는 환급정산을 할 세관에 통보하여야 한다.

## 8 납세고지의 유예 및 상계

관세 등을 징수하였다가 다시 환급해 주는 데는 많은 까다로운 절차가 따른다. 이와 같이 현금이 국고에 들어갔다가 다시 나오는 절차를 없앨 수 있다면 대단히 편리할 것이다. 그리하여 비교적 가공단계가 단순한 물품을 제조·수출하는 성실한 기업에 대하여는 원재료 수입시에 납부할 세액에 대하여 당해 물품을 1년 6월 이내에 수출 등에 공할 것을 조건으로 처음부터 납세고지를 하지 않고 유예했다가 그 기간 내에 수출 등을 이행하면 고지유예한 세금을 상계해버리는 제도를 마련하였는바 이것이 상계제도이다.

상계제도를 적용받을 업체는 제조·가공시설을 보유하고 최근 3년간 계속 수출입 업을 하고 있는 성실한 업체로서 관세청장이 지정한 자이며, 상계업체가 납세고지를 유예 받으려면 담보물(지정받은 자는 자기발행약속어음도 포함)을 제공하여야 하며, 수출이행기간은 원재료 수입일로부터 1년 6월 이내이고 local거래가 이루어진 경우도 1년 6월 이내에 최종제품이 수출되어야 한다.

수출불이행 등 상계가 안 된 경우에는 고지유예된 관세 등과 가산세 25%를 상계업체로부터 징수하고, local거래가 이루어진 경우에는 내국신용장 등에 의한 매입자로부터 이를 징수하고 매입자로부터 징수할 수 없을 때에는 공급자로부터 소급 징수한다.

가산세는 화재·전화 등 재해, 수출예정국의 수입규제 등 특수한 이유가 있을 때에는 이를 면제한다.

# Part VII
# 글로벌 전자무역 클레임

# Chapter 23 무역클레임

## I 무역클레임

### 1 무역클레임의 개념

국제무역은 국내거래와는 달리 근본적으로 복잡한 요소가 있는 까닭에 거래 당사자 간에 이해가 얽히게 되어 있다. 이해의 양상은 여러 가지 형태로 나타나게 되며 그로 인한 상호간의 불만은 자칫 분쟁으로 화하기 쉽다. 이와 같이 무역클레임은 매매계약당사자의 일방이 계약이행을 위반함으로써 다른 일방이 이로 인하여 입은 손해의 배상을 청구하는 것을 말한다. 무역클레임을 제기함에 있어서는 구체적인 어떤 요구를 하는 경우와 단순한 불평(complain)이나 경고(warning)에 그치는 경우도 있는데 일반적으로 클레임이라고 하면 물품이나 금전 등의 구체적인 요구를 하는 적극적인 경우를 말한다.

그런데 우리가 흔히 클레임이라고 하는 데는 두 가지 뜻이 있다. 그 하나는 운송화물에 관한 클레임이고, 다른 하나는 무역거래상의 클레임이다. 전자는 운송 중인 화물이 사고에 의하여 입은 손해에 대하여 피해자가 선박회사 또는 보험회사에 대하여 손해배상을 청구하는 것을 말한다. 이러한 사고에 대하여는 수출업자에게는 전혀 책임이 없는 것이며 선박회사·창고업자·하역업자에게 책임이 있는 것인데, 이러한 경우에는 흔히 보험에 부보가 되어 있으므로 보험회사가 최종적인 책임을 지게 된다. 이에 대하여 후자는 수출업자와 수입업자 중 어느 한쪽이 매매계약의 내용에 따라 이행을 하지 않았을 때에 그로 인하여 입은 손해를 당사자가 상대방에게 손해배상을 청구하는 것을 말한다. 이것을 상사분쟁의 구상(claim for trade dispute)이라고 한다.

그러나 일반적으로 클레임이라고 할 때에는 무역거래상의 클레임(business claim)을 가리키며, 양자를 구별하기 위하여 이것을 무역클레임이라고 부른다. 이와 같이 무역거래당사자간에 어떠한 해결을 보지 못하는 경우에는 분쟁(dispute)의 단계에 이르게 되는데 여기에는 조정(mediation)·중재(arbitration)·소송(litigation)등의 절차가 있으나, 이러한 방법에 의할 경우 막대한 비용과 시간이 필요하며 그 절차 또한 복잡하므로 가능한 한 당사자 간의 화해(amicable settlement)나 타협(compromise)에 의하여 해결되도록 노력하여야 한다.

## 2 무역클레임의 원인

무역거래에 있어서는 여러 가지 특수한 사정이 복합요인으로 작용하여 클레임이 발생하는데 여기서는 계약상의 클레임과 상황에 기인한 클레임으로 나누어 살펴보기로 한다.

### 1) 계약상의 클레임

#### (1) 선적지연(delayed shipment)

선적지연은 선적불이행(non-shipment, non-delivery)도 포함하며, 이는 수입업자에게 착하(着荷)의 지연으로 최종 소비자 또는 도매업자에 대한 공급지연 내지 불이행을 초래하게 하여 손해를 유발시키게 된다. 이러한 선적지연의 책임을 벗어나기 위하여 간혹 선적기일을 소급(back date)하는 경우도 있으나 이는 관계 당국에 조회를 하면 쉽게 판명되는 사실이므로 위험한 책임부담이라고 하겠다. 이보다 한 걸음 앞서 전혀 선적도 하지 않은 채로 선적선하증권(on board B/L)을 받아서 신용장의 할인결제(negotiation)를 하는 경우도 있는데, 이 경우 예정대로 선적이 이행되면 매수인으로부터도 별다른 이의가 없는 것이 보통이나 간혹 부실한 선박회사의 경우는 항해일정을 너무 위반하는 관계상 클레임이 소급적으로 미쳐 법리상 면책되어야 할 화주에게까지 그 책임이 돌아가는 수가 있다. 따라서 선적기일 문제는 계약의 가장 기본적인 사항이므로 주의를 다 하여야 할 사항이다.

### (2) 품질불량(poor quality)

계약에서 정한 물품의 품질보다 실제로 송부된 물품의 품질이 좋지 아니할 때에 일어나는 클레임으로서 클레임 중에 품질불량에 기인한 것이 으뜸이다. 품질불량은 여러 가지 원인에 의하여 일어나고 있는데, 예를 들면 견품(sample)에 대한 착오에 의해서도 일어나며 주문서 및 계약서의 해석 차이에 의해서도 일어나며, 보증기간 내에 변질이 되는 경우에도 일어나며, 포장의 불량으로 화물이 손상을 입은 때에도 일어난다. 품질불량이란 물품의 불량·변색·퇴색·오손·변형·파손·함량부족 등 물리적·화학적 변화를 모두 가리킨다.

이와 같은 사유로 인하여 클레임이 종종 일어나는 까닭은 제조업자나 수출업자가 고의로 불량품을 제조하여 수출하는 경우도 있겠으나 대체로 기술의 부족으로 예기치 않던 사고에 의하여 일어남이 보통이다. 품질불량클레임이 제기되는 원인 중 계약의 불비에 따라 일어나는 경우도 있는데, 견품에 의하여 계약을 맺는 경우에 'Quality to be Same as Sample'이라고 정하였으면 견품과 똑같은 품질의 물품을 보내야 한다. 그러나 견품을 수출업자가 직접 제조하지 아니하는 경우에는 견품과 동일한 물품을 제조하여 수출하기란 어렵다. 따라서 수입업자가 견품을 송부하여 온 경우에는 Counter Sample을 송부하여 이것에 의거하여 계약을 맺는 것이 좋으며 가능하다면 계약을 체결할 때 'Quality to be Similar to the Sample'이라고 정하는 것이 안전하다.

요컨대, 조악한 품질(bed quality), 품질상위(different quality), 품질부정(wrong quality), 형이 다른 품질(mistype quality), 불량품의 혼입(useless quality, unusable quality) 품질의 결함(defective quality), 인수불능품(unacceptable goods), 불완전품(imperfect goods) 등이 발생하지 않도록 품질에 대하여 최선의 주의가 필요하다.

### (3) 수량부족(shortage)

송장상의 수량보다 실제의 선적수량이 적은 경우 클레임이 제기되는 경우가 있다. 이와 같이 일반적으로는 수량이 부족할 때 문제가 되지만, 반대로 과다할 때에도 문제가 되는 경우가 있다. 실제 통관과정에서 수량이 허가된 수량보다 많게 되면 범칙의 혐의를 받게 되며 때에 따라서는 통관이 되지 아니한다. 수량의 부족으로 인해 클레임이 제기되는 경우로는, 광산물·농산물·임산물 등에서 일어나기 쉬운 선적 또는 운송 중의 감량, 기계류 특히 대단위 플랜트의 거래에서 일어나기 쉬운 일부불착 또는 분할하여 선적하도록 계약이 된 경우 분할수량의 착오로 일어나기 쉬운 선적수량위반, 수량단위에 대한 견해차이 및 수량용어에 대한 견해차이로 일어나기 쉬운 부족 등 여러 가지가 있다.

### (4) 포장불량(defected packing)

불완전한 포장(incomplete packing), 불만스러운 포장(unsatisfactory packing), 부정한 포장(false packing), 결함이 있는 포장(defective package)을 다 포함하여, 하인(荷印)의 누락(no mark or shipping mark), 하인의 혼합(mark mixed), 하인의 삭감(mark obliterated) 등도 포장 고유의 흠이라고 볼 수 있다. 따라서 무역 거래에 있어서는 포장을 견고히 하여야 한다. 포장에 흠이 생기면 화물이 파손·탈루·발효·발화·부패될 염려가 있으며 그밖에 화물이 혼합·오염·용해·탈색됨으로써 상품가치를 잃게 될 우려가 있어, 그로 인하여 클레임이 제기될 가능성이 야기된다.

포장의 불량에 대한 클레임은 주로 외장(外裝)에 대한 것으로 포장이 잘못되어 화물이 손상을 입는 경우는 흔히 있는 일로서 포장에 대한 기술은 상품의 제조만큼이나 중요한 것이다. 포장의 종류를 계약에 명시한 때에는 이에 따라 포장을 하여야 하며, 만일 계약에서 정하지 않은 포장을 함으로써 화물에 사고가 발생하였을 때에는 클레임을 면할 수 없다. 포장의 불량으로 일어나는 사고는 두 가지로 볼 수 있는데 하나는 포장하는 방법이 잘못된 경우이고, 다른 하나는 포장 재료를 잘못 선택한 경우이다. 요컨대, 적은 비용으로 가장 견고한 포장을 할 수 있도록 연구하여야 하며 아울러 하인의 누락이나 혼합 또는 삭감이 되지 않도록 주의하여야 한다.

### (5) 규격상위

규격의 차이에서 생기는 클레임에는 품질불량클레임에 포함하는 경우도 있으나, 여기서는 오로지 물품의 크기·모양·색·브랜드·용도 등 순수한 규격의 차이에 따른 클레임에 국한하여 살펴보기로 한다. 예컨대, 색의 상위(different color), 색의 부정(wrong color), 색조의 상위(different shade) 등을 비롯하여 치수의 부족(shortage of size), 치수의 상위(different size), 치수의 불량(wrong size), 치수의 초과(over size), 치수의 과대(over measurement) 등이 그것이다. 규격문제에 대하여는 국제적으로 통일된 것도 있지만, 표준화가 되어 있지 않은 것도 많이 있다. 따라서 국제적으로 통일되어 있지 않은 규격품에 대한 거래의 경우에 있어서는 착오가 없도록 자세하게 주문을 해야 할 것이며 견품 또는 명세서에 있어서도 주의를 할 필요가 있다.

한편 규격이 다른 물품에 대하여는 가끔 통관이 되지 않는 경우도 있으며, 고율의 관세가 적용되는 경우도 있기 때문에 한건의 서류를 작성함에 있어서도 현품에 표시된 규격과 일치하게 작성하도록 하여야 한다. 통관이 되지 아니하는 때에는 그 물품은 대부분 반송이 되고 따라서 대체품을 수입하여야 한다. 규격에 차이가 있더라도 그대로 인수하여 사용하는 경우도 있는데 이때에는 가격 할인, 원가 비용의 부담, 대체품의 추송 등의 클레임이 제기됨이 보통이다.

### (6) 보험가입불비

C.I.F.계약에서 매도인과 매수인이 계약을 체결할 때에 명백히 부보할 보험의 범위에 관하여 합의를 한 경우에 매도인이 그대로 부보하면 클레임이 발생할 여지가 없다. 그런데 클레임이 제기되는 경우는 매매계약상 부보단위에 관한 합의

가 불충분하거나 또한 매도인이 계약상 정해진 부보조건대로 부보하지 않았을 때 생기게 된다. 또 전시보험료는 평상시에는 저율이지만 국지적인 전쟁 또는 전쟁과 유사한 분쟁(war like hostilities)이 갑자기 발생하면 이 보험료율은 오르게 된다.

이 경우에 오른 보험료는 매수인이 부담한다고 계약서에 명시되어 있지 않더라도 보통 국제관습상 매수인의 부담으로 해석되고 있다. 그러나 계약서에 명시되어 있지 않기 때문에 당사자 간에 이것을 누가 부담할 것인가에 대하여 분쟁이 발생되는 경우도 있다.

### (7) 대금결제

대금결제에 관한 클레임에는 ① 대금불지급(nonpayment), ② 어음할인거부(reluctance to negotiate draft), ③ 초과지급금의 불정산(nonsettlement of over payment), ④ 송장상의 과오(error in invoice), ⑤ 부정송장(incorrect invoice)등이 포함된다.

① 은 신용장개설은행 또는 D/A, D/P 등의 경우 매수인의 파산 등에 의하여 어음이 부도됨으로써 매도인이 매수인에 대하여 클레임을 제기하는 경우이고, ②, ③ 은 매수인이 신용장 또는 기타 송금방식에 의하여 수입물품대금을 초과지급 할 때 매도인의 잔액을 반환하지 않음으로써 청구하는 클레임이며, ④와 ⑤는 송장상의 과오·부족 등으로 매수인이 입은 손해에 대하여 매도인을 상대로 구상하는 클레임이다.

한편, 계약에 의하여 당연히 매수인에게 지급하여야 할 수수료를 전혀 지급하지 않거나 또는 일부만 지급한 경우에 생기는 클레임도 있는데 이것을 수수료불지급(non-payment of commission)이라고 한다.

### (8) 가격

C.I.F.와 F.O.B.와 같은 가격약어표시에 관한 이해부족 또는 이들에 관한 국제관습의 무지 등으로부터 일어나는 클레임이 주이고 기타 부당한 비용의 계상, 계약이행전 또는 이행 중에 생긴 관세·운임·보험료·환시세 등의 요율변경에 관한 손실을 전가하려고 하는 경우에도 종종 클레임이 발생하는 수도 있다.

#### (9) 운송

운송에 관한 클레임에는 ① 적재불량(bad stowage), ② 하역불량(bad handling), ③ 초과운임(extra freight, sur charge) 등의 사유에 기인하여 클레임이 생기는 경우가 많다. ①과 ②는 주로 선박회사의 책임에 속하는 것이 보통이지만, ③은 C.I.F.의 매도인간에 계약을 체결할 때에 미리 Sur Charge에 관하여 명백한 합의를 해 두지 않으면 후일에 분쟁이 생기는 수가 있다. 그 밖에도 운송에 관한 클레임으로는 환적(transhipment), 환적 중 파손(damage during transhipment), 반송비용(reshipment, returning charges), 체선료(demurrage) 등이 있다.

#### (10) 기타

이상에서 설명한 각 경우 이외에도 검량 및 검품상위(disputed inspection) 수입대금미지급(nonpayment for imported goods), 신용장개설지연 또는 불개설, 수입국법규위반, 대리점계약위반, 해외광고비미지불, 용선계약위반 등 제사유에 기인하여 클레임이 발생하는 수도 있다.

### 2) 상황에 기인한 클레임

#### (1) 마켓 클레임(market claim)

상거래에 있어서 거의 실질적인 손해가 없거나 또는 있다하여도 그 정도가 경미함에도 불구하고 매도인의 사소한 과실을 구실로 하여 가격인하를 요구해 오는 클레임을 말한다. 원격지간의 무역거래에서는 상도덕의 수준이 낮은 업자에 의하여 가끔 발생한다. 상품의 시세가 수송 중에 급격히 하락하여 수입업자의 수입이 불리하게 되었을 때와 같은 경우에 일어나며 결국은 가격인하의 교섭으로 된다. 이것을 예방하기 위해서는 상대방의 전략에 말려들지 않도록 해외시장에 대한 예민한 감각이 필요하다.

#### (2) 의도적 클레임

이것은 매수인이 계약시 이미 계획적인 함정을 만들어 놓고 매도인이 이에 걸릴 경우에 부당하게 클레임을 제기하거나 기타 손해를 입히는 경우이다. 가령, 신용장 상에 Special Instruction Clause로서 'Inspection Certificate by Mr. ×××'이라고 하여 놓고 실제로 불리하게 된 때에는 Inspection을 기피하는 것이 그 일례이다.

#### (3) 악성적 클레임

매도인 또는 매수인이 이행능력이 전혀 없음에도 불구하고 계약을 이용하여 대금 또는 물품을 떼어 자취를 감추는 것을 말한다.

## 3 무역클레임의 청구대상

### 1) 클레임 상대방의 확정

수출입과정에서 개재되는 이해관계인은 다종다양하다. 따라서 클레임이 발생한 경우에는 어느 상대방이 가장 책임이 큰가를 법률적 관련을 지어서 신속히 판단하여 확정짓는 것이 중요하다. 즉 이 사람에게 한 번 걸다, 저 사람에게 한번 걸었다 하는 식은 위험하다. 그러는 사이 시효에 걸리면 클레임은 무산되어 버리게 된다.

수출입에 관련되는 상대방을 수출과 수입의 경우로 나누어 보면 다음과 같다.

#### (1) 수출의 경우

Buyer, 상대국의 L/C개설자, 외국의 선박회사· 보험회사, 외국의 Consumer 또는 Wholesaler, 국내의 Maker, 국내의 선박회사, 국내의 Stevedore회사, 국내의 포장회사, 국내의 창고회사 등

#### (2) 수입의 경우

Seller, 외국의 선박회사보험회사, 외국의 Maker, 국내의 Consumer, Wholesaler, 국내의 선박회사, 보험회사, 국내의 창고회사, 하역회사 등

### 2) 청구내용의 확정

클레임의 상대방이 확정되면 그에 대한 청구내용을 확정하여야 한다. 그 내용은 거래의 형태, 물품의 성질, 클레임의 원인 등에 따라 각각 다르나 대체로 그 내용은 다음과 같다.

#### (1) 대금지급거절(refusal of payment)

오늘날 무역거래는 신용장에 의한 대금결제가 거의 대부분이므로 운송서류상의 하자가 없는 한 대금지급거절은 불가능하다. 따라서 Usance Bill의 경우 지급기간이 길어서 수입물품을 확인 할 수 있는 경우에나 가능한 방법이다.

#### (2) 손해배상청구(damages)

일반적으로 무역거래는 화물의 인수에 앞서 대금을 지급하게 되므로 가장 보편적인 구상방법은 손해배상금의 청구이다. 또한, 계약의 이행을 둘러싸고 부당한 위반(즉, 부당한 해약 등)이 있는 경우에도 손해배상을 청구한다. 이 경우 양당사자 간에 원만히 배상금액이 확정되면 직접 외화송금을 하면 된다. 그러나 외화송금의 번거로움을 피하기 위하여 다음 주문시에 가격을 할인해 주는 방식이 흔히 이용되어지고 있다.

#### (3) 대금감액의 청구(reduction of price)

도착된 물품을 검사한 결과 불량한 때 매수인은 그것을 그대로 인수하는 조건으로 대금의 감액을 요구한다.

#### (4) 화물의 인수거절

화물의 인수거절은 화물의 소유권이전과 관계가 있으므로 일정한 요건이 구비되어야 한다. 그러나 일단 인수거절의 사태가 발생하면 화물의 소유권은 매도인에게 속하

는 것이므로 그 물품의 처리에 관한 책임을 지게 된다. 이 경우 매수인은 L/C에 의하여 매도인이 결제한 물품대금을 반환하도록 하는 클레임을 제기하게 된다.

### (5) 물품의 대체 또는 추송요구

품질이 전부 또는 일부 불량하거나 규격이 틀릴 때에는 단순히 그 물품을 대체·교환하는 클레임이 제기되며 물품의 일부가 탈루(脫漏)되었을 때에는 이의 추송을 요구하는 클레임이 제기된다. 흔히 일어나는 클레임으로 그 요구내용이 원만하고 그 해결방법이 용이하기 때문에 큰 마찰이 없이 해결될 수 있는 클레임이다.

### (6) 계약이행의 청구

신용장의 개설지연, F.O.B. 계약시 매수인의 선박지명지체, 선적지연 등의 계약위반이 있는 경우에 이의 이행을 청구하는 내용이다.

### (7) 예상이익의 변제

수입업자가 물품을 수입함에 있어서는 당연히 예상이익이 있을 것이다. 그러나 사고에 의하여 그 이익을 얻지 못하게 되면 그만큼 이익을 얻을 기회를 잃게 됨으로써 손해를 보게 된다고 할 수 있다. 물론 그 이익은 정상적인 이익에 한정되지만, 그 이익이 실제로 얼마나 될 것인가를 구체적으로 계산하는 일은 쉬운 일이 아니다. 그러나 객관적이며 상관습상 인정되는 선에서 그 한계가 그어져야 할 것이다.

### (8) 잔액계약분의 해제

통상적으로 분할선적의 경우에 일어나는 것으로서 일차 선적분의 재용이 만족치 않을 때에 다음 선적분의 계약을 해제하는 방식이다.

### (9) 각종 비용의 변제

무역거래에 있어서는 여러 가지 비용, 즉 창고료·하역료·통관수수료·운송료·통신료 등 각종 비용이 필요하게 된다. 만일, 어떤 거래에 있어서 실패를 하게 되면 이러한 비용마저 손해를 보게 되므로 이러한 비용도 클레임의 범위에 포함시켜 청구를 하게 된다.

### (10) 행정당국에 대한 규제

클레임을 제기한다하여도 여러 가지 여건으로 보아 실익이 없다고 판단될 때에는 당사자에 대한 경고로서 행정당국에 행정적 규제를 달라고 진정하는 경우도 있다.

## 4 무역클레임의 제기

무역클레임의 제기라 함은 Claimant가 Claimee에 대하여 클레임을 제출하는 것을 말한다. 여기서는 무역클레임의 제기시기, 제기경로, 제기절차 등에 대하여 검토하기로 한다.

### 1) 클레임의 제기시기

매수인은 물품을 수령하면 우선적으로 약정상품에 대한 검사부터 시작하여야 한다. 특수품이 아닌 종류매매(sale by description)의 경우에는 수령 즉시 검사하여 물품의 하자유무를 판별한 후 매도인에게 통지하여야 한다. 매수인이 이 검사 및 통지의무를 해태(解怠)하는 경우에는 청구권을 행사하지 못하게 되므로 특히 유의하여야 한다. 이 검사기간에 대하여 우리 상법 제69조는 '지체없이'(without delay) 검사하고 '즉시'(immediately, promptly) 통지하도록 규정하고 있다.[237] 여기서 '지체없이'나 '즉시'의 뜻은 합리적인 기간(reasonable time)을 의미하는 것으로서 이는 물품의 성질과 거래의 조건에 따라 구체적으로 판단할 문제이다. 즉, 아무리 신속한 검사를 요한다하더라도 합리적인 검사의 기회(reasonable opportunity for examination)를 생략할 수는 없다.

한편, 클레임은 청구인의 확정적 의사에 따라 비로소 시작한다. 확정의사는 객관적

237) 상법 제69조 (매수인의 목적물의 검사와 하자통지의무)
① 상인간의 매매에 있어서 매수인이 목적물을 수령한 때에는 지체없이 이를 검사하여야 하며 하자 또는 수량의 부족을 발견한 경우에는 즉시 매도인에게 그 통지를 발송하지 아니하면 이로 인한 계약해제, 대금감액 또는 손해배상을 청구하지 못한다. 매매의 목적물에 즉시 발견할 수 없는 하자가 있는 경우에 매수인이 6월내에 이를 발견한 때에도 같다.
② 전항의 규정은 매도인이 악의인 경우에는 적용하지 아니한다.

판단에 의한 구체적 사실에 기반을 두어야 하며, 만일 그렇지 못한 경우에는 주관적 불만이나 항의 등으로 그치는 수가 있음을 주의하여야 한다.

### 2) 클레임의 제기경로

원칙적으로 클레임은 당사자에게 직접 제기하여 당사자 상호간에 해결을 도모하는 것이 가장 바람직하다. 제3자나 기관에 제기하는 경우에도 당사자에게 먼저 제기한 후에 행하는 것이 합리적이다. 한편, 클레임이 발생하면 법에 의하는 것보다 행정적 조정에 의하는 것이 신속한 경우가 많기 때문에 상대국 정부기관 등에 진정할 경우, 의외로 빨리 해결되는 수도 있다. 또 클레임은 상거래에 경험이 많은 중재인에 의하여 해결하는 것이 신속하기 때문에 중재기관에 제기하는 것도 편리하다. 그러나 이 경우에는 분쟁의 양당사자가 분쟁을 중재로 해결하겠다는 합의가 필요하다. 이상과 같이 당사자에게 최종적으로 법원에 소송을 제기하는 수밖에 없다. 이 경우에는 중재와는 달라서 상대방의 관할지법원에 제기하여야 사후집행이 가능하다.

### 3) 클레임의 제기절차

클레임을 제기할 때에는 클레임청구서에 청구취지, 청구이유, 손해산출명세, 주장의 근거(입증책임)등 모든 사항을 자세히 기술하여야 한다.

#### (1) 청구취지

간략히 청구내용의 주요골자, 즉 손해배상금 ○○○를 지급하라든지, 몇 상자의 대체품을 송부하라든지 등의 식으로 결론적인 청구를 하여야 한다.

#### (2) 청구이유

위의 청구취지에 대한 이유를 명시하여 상대방에게 납득이 가도록 정성을 들여야 한다. 이유가 석연치 않은 청구란 승산이 없기 때문이다.

### (3) 손해산출명세

청구취지나 그 이유가 분명하더라도 그를 구체적으로 풀이하여 주는 것은 숫자에 의한 명세이므로 청구가능한 손해만을 산출하여 제시하여야 한다.

### (4) 증거서류의 준비

증거는 절대로 남이 대신해 주지 않는다. 입증책임은 자신이 할 바이므로 유리한 증거, 이용가능한 모든 증거를 갖추는데 전력을 기울여야 한다.

## 5 무역클레임의 종결

클레임의 제기에 대하여 금전으로 배상하도록 중재판정이 이루어진 때에는 ① 중재판정문의 사본 1부(공증된 것), ② 송금확약서 등의 서류를 구비하여 갑류외국환은행의 장에게 외환송금지급인증신청을 하여 인증을 받은 후 송금처리 하여야 한다. 이상과 같은 중재판정이 없더라도 당사자간에 화해가 이루어진 경우에는 대한상사중재원(The Korean Commercial Arbitration Board)의 송금추천서를 받은 다음 갑류외국환은행의 장에게 외환송금지급인증신청을 받으면 된다. 여기서 대한상사중재원의 송금추천을 받으려면 클레임발생경위서(해외한국영사의 확인을 받은 것), 송금확약서, 상대방의 클레임제기서한, 수출면장, 기타 참고서류를 갖추어 소정의 심사를 받아야 한다.

한편, 대체품을 추송하도록 결정이 이루어졌을 때에는 정상적인 수출절차와는 달리 수출특례에 의한 절차를 밟아야 하는데 이 경우에는 대체품을 반출하는 것이라는 것을 입증하여 세관장에게 신고하여 수출면허를 받아야 한다.

그 밖에 각종 비용에 대한 클레임에 있어서는 그 금액을 전액 영수하여야 할 의무가 있다. 다만, 대금결제가 종결되지 아니하였거나 계속하여 거래하고자 할 때에는 그 금액만큼 상계하여 결제할 수도 있다. 클레임결정에 대한 불만을 가지고 그 결정대로 이행하지 아니할 경우는 강제집행을 하여야 할 것이나 각각 법률이 다른 외국에 대한 것으로 사실상 그 집행이 불가능할 뿐만 아니라, 그 집행을 하려고 하면 또 다시 그 나라의 법원에 소송을 제기하여 집행판결을 받아야 하는 어려움이 있다. 따라서 클레임에 대하여는 원만한 해결을 얻지 못하는 한 강제력을 행사할 수 없으며, 다만 장래에 대하여 경계를 하여야 할 뿐이다.

# Chapter 24 상사중재

## I 상사중재의 의의

중재(arbitration)라 함은, 당사자 간의 합의에 의하여 사법상의 권리 기타 법률관계에 관한 분쟁을 법원의 소송절차에 의하지 않고, 사인(私人)인 제3자를 중재인(arbitrator)으로 선정하여 그 분쟁의 해결을 중재인의 결정에 맡기는 동시에 최종적으로 그 결정에 복종함으로써 분쟁을 해결하는 제도를 말한다. 중재합의(arbitration agreement)는 분쟁에 대한 법원의 재판권을 배제하는 약속이므로 중재제도는 국가의 법원이 아닌 민간인에 의한 자주적 분쟁해결방법이다. 따라서 중재제도는 상사분쟁의 해결방법으로서는 가장 실용적이고 현실적인 것이라고 할 수 있는데 그 특징을 살펴보면 다음과 같다.

① 중재는 신속하며 비용이 적게 들고 아울러 상사의 비밀이 보장된다.
② 중재는 사실에 입각하여 판정을 하게 되며 법규에 기속되지 않는다.
③ 중재는 무역관습 및 사실에 대하여 전문적 지식과 경험이 풍부한 중재인이 판정하게 된다.
④ 중재판정은 당사자를 기속(羈束)하며 그 판정은 실용적인 효과가 있다.
⑤ 중재는 사전에 당사자 간의 합의에 의하여 이루어지므로 쌍방이 만족할 수 있는 해결을 볼 수 있다.

그러나 중재에 의하여 양당사자가 분쟁을 해결하기 위해서는 다음과 같은 요건이 갖추어져야 한다.

① 당사자 간에 중재계약이 성립되어야 한다.

② 재판을 받을 수 있는 권리를 포기하여야 한다.

③ 제3자의 판정은 최종적인 것이고 당사자는 그 판정에 복종해야 한다.

그러므로 중재판정은 당사자 간에 확정적인 것이며, 그 효력은 법원의 판결과 동일한 효력이 인정될 뿐만 아니라, 그 판정에 대하여는 법률상의 강제집행력(power of compulsory execution)이 부여되어 있다.

우리나라 상사중재의 절차를 살펴보면 다음과 같다.

## 2 중재신청

대외무역법령에 의하면, 수출거래에 있어 클레임이 발생한 경우에는 지체없이 대한상사중재원의 중재에 응하여 판정을 받아야 하며, 정당한 사유 없이 중재에 응하지 아니하거나 상사중재원의 판정이 있음에도 불구하고 이를 이행하지 아니한 자에 대하여는 소정의 제재를 받도록 되어 있다. 따라서 우리나라 기업의 상사중재에 관한 모든 문제는 대한상사중재원의 중재절차에 따라야 한다.

### 1 중재신청요건

대한상사중재원에 중재를 신청하려면 상사중재규칙에서 정한 중재의 합의를 인증하는 서면의 원본 또는 사본, 중재신청서, 중재신청에서 주장하는 청구의 근거를 입증하는 서증(書證)이 있는 경우에는 그 서증의 원본 또는 사본, 대리인이 신청하는 경우에는 그 위임장 등의 서류를 갖추어 소정의 요금을 첨부하여 제출하여야 한다.

중재의 기본은 양당사자의 합치된 중재의사로서 이 중재의사는 반드시 서면으로 작성되어야 하는데 이것을 중재합의라고 한다. 중재합의는 사전합의와 사후합의로 구분되는데 전자는 계약서를 작성할 때에 조항 가운데 하나로 삽입하여 장차 그 계약과 관련하여 분쟁이 발생하였을 경우에 이를 중재에 의하여 해결하기로 하는 것이므로 이를 Arbitration Clause라고 부르며, 후자는 계약에 중재조항을 설정하지 못한 경우, 계약의 이행과정에서 분쟁이 발생하였을 때 양당사자가 중재의 실익을 인정하여 현재의 분쟁을 중재에 의하여 해결하기로 합의하는 것이므로 중재부탁(submission to arbitration)이라고 한다.

대한상사중재원에 중재를 의뢰하고자 하는 표준중재조항은 다음과 같다.

"이 계약으로부터, 이 계약과 관련하여 또는 이 계약의 불이행으로 말미암아 당사자 간에 발생하는 모든 분쟁 또는 논쟁, 의견 차이는 대한민국 서울특별시에서 대한상사중재원의 상사중재규칙 및 대한민국법에 따라 중재에 의하여 최종적으로 해결한다. 중재인(들)에 의하여 내려지는 판정은 최종적인 것으로 당사자 쌍방에 대하여 구속력을 가진다."

"All dispute, controversies, or difference which may arise between the parties, out of or in relation to or in connection with this contract of for the breach therof, shall be finally settled by arbitration in Seoul, Korea in accordance with the Commercial Arbitration Rules of The Korean Commercial Arbitration Board and under the laws of Korea. The award rendered by the arbitrator(s) shall be final and binding upon both parties concerned."

한편, 중재부탁서의 형식은 일정치 않으나 반드시 명기가 필요한 것으로는 중재기간 또는 중재인, 중재장소, 중재절차 준거법의 지정 등이다.

중재인의 수에 관하여는 양당사자가 1인으로 할 것인지 3인으로 할 것인지 분명히 밝혀 두는 것이 좋다. 대한상사중재원의 규칙에는 당사자의 합의가 없는 때에는 3인의 중재인을 선정하도록 되어 있다.

미국중재협회(The American Arbitration Association)는 당사자간에 다른 합의가 없는 경우에는 원칙적으로 1인의 중재인에 의하며, 국제상업회의소(International Chamber of Commerce)의 중재재판소(The Court of Arbitration)도 당사자간의 약정이 없는 경우에는 1인의 중재인에 의할 것을 원칙으로 하고 있다. 현실적으로 중재절차가 법원의 소송절차처럼 구체적이고 현실적이 아닌 점에서 본다면 분쟁금액이 크지 않은 경우에는 단독중재인에게 부탁하는 것이 절차를 더욱 신속히 진행할 수 있다는 면에서 실익이 있다고 하겠다.

## 2 중재신청서의 양식

중재신청서(request for arbitration)는 별도의 형식을 요하지 않으나 당사자들의 편의를 위하여 소정의 양식을 작성하여 제공하고 있는데 그 내용을 살펴보면 다음과 같다.

### 1) 당사자의 성명 및 주소

당사자가 개인인 경우에는 그 성명과 주소로써 충분하지만 법인인 경우에는 법인의 명칭과 주소, 그리고 대표자의 성명 및 주소를 함께 명기하여야 한다.

### 2) 중재신청의 취지

취지는 청구내용의 결론을 요약 기술하는 것이다. 예컨대, 선적의 이행을 청구하는 경우에는 다음과 같다.

① 피신청인은 신청인에게 1991년 10월 10일자 매매계약에 의한 한국산 100%아크릴사 26번수 2합사(Korean acrylic yarn 2/26 DDM 100%) 1,200Lbs(US$15,000)를 즉시 선적인도하라.

② 선적지연에 따라 신청인이 입은 제반손해에 대하여 지체상금으로 미화500달러

(US$500)를 신청인에게 지급하라.

③ 중재신청의 이유 및 입증방법

신청취지를 인정받기 위해서는 그 이유와 입증을 어떻게 하는가에 달려 있다. 신청의 이유는 전술한 신청의 취지와 꼭 일치해야 한다. 가령, 일정액의 배상을 청구취지로 하고는 이유에서 이를 정정한다든가 다른 청구를 한다면 이는 자기의 주장을 흐리게 함은 물론 청구내용을 인정받기 힘들게 되기도 한다. 따라서 신청이유는 오로지 신청취지를 명확히 할 수 있는 근거를 제시하는데 그치는 것이 좋다.

참고로 이해의 편의를 위해 사례를 들어 보면 다음과 같다.

## 사례

신청인 호주의 P상사와 피신청인 한국의 Y상사는 2005년 10월 10일자로 미화 15,000달러 상당의 한국산 100% 아크릴사 26번수 2합사를 매매하기로 하는 계약을 체결하고 P상사는 즉시 Y상사를 수익자로 하는 취소불능신용장을 개설하였고 Y상사는 약정기일 내에 계약물품을 선적완료하였다. P상사는 물품이 멜버른에 도착된 후 즉시 현품을 검사하였던 바 동 물품의 품질이 불량함을 발견하고 이러한 사실을 지체없이 Y상사에게 통지하였다. 그러나 Y상사는 품질불량사실을 부인하고 클레임을 거부하였다. 이에 P상사는 이 사건의 중재관할권을 가진 대한상사중재원에 중재신청을 하게 되었다.

### (1) 클레임의 발생과 이유

신청인은 피신청인과 2005년 10월 10일자로 한국산 100%의 아크릴사 26번수 2합사 1,200Lbs를 미화 15,000달러에 구매하기로 하는 계약을 체결하고 이에 따라 피신청인을 수익자로 하여 액면 미화 15,000달러의 취소불능신용장을 개설하였습니다. 피신청인은 계약과 신용장에 의한 선적일인 2006년 2월 28일에 신청인 앞으로 계약물품을 선적하였고 이 물품은 2006년 3월 15일에 멜버른항에 도착되어 신청인에게 인도되었습니다.

신청인은 도착 즉시 물품을 색상별로 무작위추출하여 검사하였던 바 흰실(white yarn)은 잘 감겨 있었으나 네이비(navy)실과 핑크실은 너무 세게 감겨 있었고 강도와 신도에 상당한 차이가 있어서 이는 문제가 되겠음을 발견하고 이 사실을 피신청인에게 통지하였습니다. 그러는 한편 원래 이 실을 필요로 하여 신청인에게 수입의뢰를 한 고객(편물제조업자)들에게 견본 한 상자씩을 보냈더니 모두 다 쓸 수 없는 것이라고 반품되어 왔습니다. 실제로 신청인은 편물작업과정을 검사해 본 즉, 고객들의 불평이 옳음을 알았습니다. 그 원인은 매듭(Knots)이 많아서 잘 감겨있지 못하고 꼬인 부분이 있어서 기계의 작동이 중단되거나 심한 경우에는 바늘이 부러지기도 할 만큼의 상태에 있었습니다.

이 결함을 교정하기 위하여 실을 다시 감거나 꼬임 교정기(slub catchers)를 사용한바 거의 개선되었으나 이렇게 오래 유지하는 데는 기름을 필요로 하기 때문에 실이 약해져서 잘 끊어지게 될 우려가 있었습니다. 실을 다시 감은 결과 이를 사겠다는 제의가 있었으나 이는 2등급품으로 팔 수 밖에 없어서 매우 싼 값에 처분하였습니다. 구매제의자들은 이곳의 노동임금이 비싸고 유능한 기술자들은 구하기 힘들기 때문에 이러한 좋지 않은 실은 제조원가를 높이며 저질제품을 만든다고 푸념을 하였습니다. 이러한 이유로 신청인은 다음과 같이 산출하여 제시합니다.

| | |
|---|---:|
| 신용장 금액 | US$15,000 |
| 관세 | 4,932 |
| 통관비, 기타 | 137 |
| 다시 감은 비용 | 1,500 |
| 견본운반비 | 48 |
| | ------------ |
| 계 | US$21,617 |
| 은행이자(연7.5%) 4개월분 | US$459 |
| 추가 은행이자 6개월분 | 706 |
| | ------------ |
| 계 | US$1,165 |
| 위의 총합계 | US$22,782 |

| | ============ |
|---|---|
| 재판매 가능액 | US$12,782 |
| 신청인의 순손실액 | US$10,000 |
| (총합계-재판매가능액) | ============ |

⑵ 클레임의 입증

위의 물품에 대하여 신청인은 멜버른의 신용있는 검사회사인 G사에 검사를 의뢰하였는데 그 결과 실의 연도(degree of twist)는 수입자의 특별요구에 맞도록 하여야 하는 것이므로 검사인으로서는 논평할 성질의 것이 아니라고 검사보고서를 작성하였습니다(증거 1호 '검사보고서' 참조). 검사인의 의견과 같이 이는 수요자의 사용목적에 적합한 경우에만 피신청인으로서는 계약의무를 완전히 이행한 것이 되는데 이 곳 실수요자인 편물제조업자들은 신청인이 보낸 견본실을 가지고 편물제조시험을 한 후 "실의 연도가 단단하여 잘 풀리지 않으며, 매듭이 많고, 실이 꼬인 부분이 있어서 기계의 작동이 중단되거나 부러지기도 하는 사용 불가능한 실이므로 반송한다"는 서신과 함께 물품의 인수를 거부하였습니다(증거 2호 '고객들이 서신' 참조).

신청인은 실제로 편물제조업자의 공장에 가서 작업을 지켜본 결과 사실과 같았기에 그들에게 더 이상 물품의 인수를 요청할 수 없었고 물론 물품대금도 받을 수 없었습니다.

이와 같은 문제를 해결하기 위하여 기술자 3명을 고용하여 이들에게 시간당임금 미화 5달러를 지급하면서 약 100시간을 작업하는데 미화 1,500달러를 지불하였습니다(증거 제3호 '기술자인건비 영수증' 참조).

신청인은 또한 이러한 물품을 통관하는데 관세를 US$4,932 납부하였고(증거 4호 '관세납부영수증' 참조), 통관에 소요된 제비용으로 US$137를 지불하였습니다(증거 5호 '통관사영수증' 참조).

또한 편물제조업자들에게 견본을 송부하고 회수하는데 US$48가 지출되었습니다(증거 6호 '운송회사영수증' 참조).

이러한 하자물품을 위하여 신청인은 US$15,000를 신용장에 의하여 이미 지급하였습니다(증거 7호 '신용장사본' 참조).

위의 모든 지출비용은 앞에 명시한 바처럼 US$21,617가 됩니다.

그러나 신청인은 이 물건을 팔지 못하고 있어서 은행에서 신용대출 받은 돈을 갚지 못하여 1차로 연리 7.5%의 4개월간의 이자 US$459와 2차로 6개월간의 이자 US$706를 납부하였습니다(증거 8호 '은행영수증' 참조).

이로 인한 총지출은 US$22,782가 되었습니다.

이러한 상황을 타개하기 위하여 신청인은 창고에 쌓인 물건을 싸게 처분할 수밖에 없었는데 그 가격은 US$12,782밖에 되지 않았습니다(증거 9호 '공인회계사의 구매계산서' 참조).

따라서 신청인이 입은 순손실액은 앞의 신청이유에서 명시한 바처럼 US$10,000가 되겠습니다.

위와 같은 이유와 증거로써 청구하오니 현명하신 판정을 바랍니다.

**첨부 : 증거서류의 목록**

증거 1호 검사보고서

증거 2호 고객들의 서신

증거 3호 기술자인건비영수증

증거 4호 관세납부영수증

증거 5호 통관사영수증

증거 6호 운송회사영수증

증거 7호 신용장사본

증거 8호 은행영수증

증거 9호 공인회계사의 구매계산서

### 4) 중재절차의 대리

대리인에게 중재절차를 위탁하려면 대한상사중재원에 위임장(power of attorney)의 원본을 제출하여야 한다. 중재절차도 소송의 경우처럼 대리인에 의하여 수행될 수 있음은 물론이다.

# 3 중재신청에 대한 답변

## 1 중재비용의 예납

중재규칙에 의하면 중재의 신청과 동시에 중재요금, 중재인보수, 기타의 비용을 신청인이 납부하도록 규정하고 있다. 따라서 신청인이 이를 납부하지 않는 경우에는 중재절차를 개시할 수 없다. 중재요금은 신청요금(request fee)과 중재요금(arbitration fee)이 있는데, 중재요금은 다시 통상심문요금(ordinary hearing fee), 심문연기요금(hearing postponement)과 공휴일심문요금(hearing fee on legal holidays)으로 나누어져 있다.

## 2 중재신청의 수리

중재신청을 접수하면 그 신청이 적합한지의 여부를 확인하고 적합한 경우에는 이를 수리하고 그렇지 못한 경우에는 요건보완을 요구한다. 중재원의 확인은 주로 중재합의(arbitration agreement) 유무의 확인을 비롯하여 제출 서류의 부수, 당사자표기의 정확성, 서류가 외국어로 되어 있는 경우의 번역문의 첨부유무 등을 확인하는 것이 보통이다.

## 3 중재신청의 등록과 고지

이상과 같이 검토한 결과 그 요건이 적합하다고 확인되면 중재신청은 정식으로 수리되며 그 때부터 비로소 중재절차가 개시된다. 따라서 중재원은 사건을 등록부에 기재한 다음 쌍방당사자에게 등록사실의 통지와 중재인선정 및 피신청인에게 30일 이내에 답변서를 제출할 것을 요청하게 된다.

## 4 답변서의 제출

중재신청의 등록통지를 받은 피신청인은 즉각 신청서에 진술된 사실들에 대한 답변을 준비하여야 한다. 왜냐하면 답변서의 제출시한은 등록통지의 발송일로부터 30일 이내이기 때문이다. 답변서는 상대방이 청구하여온 데 대한 자신의 기본적 방어이므로 깊이 배려하여 작성하여야 한다. 답변서를 작성함에 있어서는 먼저 신청인의 진술내용과 증거서류를 완전히 파악하고 자신이 역습할 상대방의 허점을 찾도록 착안함이 중요하다.

앞의 신청사례에 대한 답변서의 작성요령을 예시하면 다음과 같다.

### 답변서

신 청 인　성　명 : P. Corporation
주　소 : 218, Melbourn, Australia
대표자 : W. X. Smith
주　소 : 상동

피신청인　성　명 : Y주식회사

주　소 : 서울특별시 중구 소공동 ○○○
대표자 : Y. Z. Kim
주　소 : 상동

피신청인은 신청인의 2006년 6월 10일자 중재신청에 대하여 다음과 같이 답변합니다.

**(1) 답변의 취지**

① 신청인의 청구를 기각한다.

② 중재에 소요되는 모든 비용은 신청인이 부담한다.

**(2) 답변의 이유 및 입증방법**

피신청인은 신청인과 2005년 10월 10일자로 한국산 100% 아크릴사 26번수 2합사 1,200Lbs를 US$15,000에 수출하기로 하는 계약을 체결한 것은 사실입니다. 이에 따라 피신청인은 신청인으로부터 취소불능신용장을 개설 받아 아크릴사를 생산하고 2006년 2월 28일에 신청인 앞으로 선적하였습니다.

그 후 신청인은 이 물품을 수령하고 몇 가지 결함을 발견하였다면서 클레임을 제기하여 왔습니다. 신청인은 이러한 결함 때문에 실이 사용 불가능하여 전면적인 재가공을 하여야 한다는 것입니다. 그러나 피신청인으로서는 그러한 결함이 신청인이 주장하듯이 사용 불가능한 정도라는데 의문이 있었기에 당시 공장의 작업일지와 생산기술자들의 작업 상황 등을 검토하여 본 결과 아무런 이상도 나타나지 않았기에 그러한 클레임을 전면 거부하였습니다. 이와 같은 사실에 근거하여 신청인의 신청이유에 대해 다음과 같이 답변합니다.

**① 품질불량에 관한 답변**

본건 거래는 신청인과의 2005년 10월 10일자의 매매계약(sales note)에 의거하여 이루어진 것인데 그 계약서에는 품질조건에 대하여 특별한 명시가 없었습니다. 이러한 경우 계약된 제품의 품질은 국제거래상 일반적으로 적용되는 정도이면 족한 것이며 바이어에게 특별히 요구되는 특별한 제품을 만들 필요는 없을 것입니다.

만약 신청인이 그러한 특별한 제품이 필요한 경우에는 계약서상에 명시하여야 하며 이 요구는 제품가격에도 반영되어 계약이 체결되어야 합니다. 그러나 신청인은 계약체결시에 그러한 요구를 한 적이 없으면서 물품을 인수한 후에 매듭이 많다는 것과 실이 타래에 잘 감겨 있지 않다는 사실, 실의 강도와 신도(伸度)가 나쁘다는 사실, 꼬인 부분이 있어서 기계작업에 지장을 준다는 사실 등을 들어 클레임을 제기하는 것은 부당하다고 판단됩니다.

일반적으로 인정된 국제관례에는 원사의 품질조건은 count와 twist만 규정되고 있으며 강도나 신도는 원사의 품질조건에 포함되지 않고 있습니다. 따라서 신청인이 주장하는 여러 가지 사항은 기계작업에 의하여 대량생산되는 제품생산방식 하에서는 문제를 삼을 수 없는 것이며, 다만 문제가 된다면 count와 twist를 틀리게 하여 생산함으로써 그러한 작업상의 결함을 일으켰다면 제조업자의 책임이 될 것입니다.

본건의 경우, 피신청인의 증거 1호로 제시한 검사보고서를 보면, count나 twist는 별로 문제를 삼지 않았고 다만 「twist는 수입업자(신청인)의 특별요구에 맞도록 하여야 한다」고 기술하고 있습니다. 여기서 수입업자의 특별요구는 계약서상의 26번수 2합사이므로 원사의 twist로 검사하면 자연히 결과는 판명될 것입니다.

따라서 피신청인은 twist에 관하여 재검사에 회부할 것을 신청합니다.

**② 기술자 인건비에 대한 답변**

원사는 편물기계에 물려 사용되는 것이므로 양질의 것이어야 함은 재언을 필요치 않으나 그것은 편물기계를 작동하는 기능공의 숙련도를 요하는 작업입니다. 통상적으로 twist와 count가 적정히 된 것이면 설사 도중에 간혹 매듭이 있다거나 꼬인 부분(slub)이 있다 하더라도 숙련기능공이 손질하면서 작업한다면 아무런 문제가 없이 편물을 할 수 있는 것입니다. 신청인은 이러한 문제를 해결하지 못하고 숙련기능공을 사서 실을 다시 감는 방식을 채택함으로써 불필요한 인건비를 지출한 것이므로 이에 관하여 피신청인으로서는 하등 이를 부담하여야 할 이유가 없습니다. 만약 그 원사가 twist와 count에 잘못이 있어서 특별한 작업이 필요하였다면 그에 대한 인건비는 피신청인이 부담해야 마땅하지만 그와는 다른 매듭과 꼬임 때문에 불필요한 작업을 한 데 대하여는 책임을 질 수 없습니다.

참고로 말씀드린다면, 통상적으로 원사에는 매듭이나 꼬임이 어느 정도 불가피하다는 것은 인정되고 있는 사실이므로 그 정도의 차이에 따라 사용가능한 것이냐의 문제가 있을 수 있습니다. 그러나 이 사건의 원사의 경우에는 사용불가능한 정도로 매듭이나 꼬임이 있었다는 사실은 신청인이 제출한 검사보고서에도 아무런 언급이 없었습니다. 만약 그러한 결함이 있었다면 검사보고서에 사용불가능한 원사라고 지적이 있어야 할 것입니다(증거 1호 '신청인 재출검사보고서').

따라서 피신청인은 신청인의 기술자 인건비청구를 거부합니다.

**③ 관세 및 통관비용에 대한 답변**

원칙적으로 관세는 매매가능한 제품에 대하여 수입업자가 부담한다는 사실은 인정합니다. 그러나 이 사건의 경우 신청인은 마치 전량이 사용불가능한 물품인양 피신청인에게 관세 전액(US$4,932)의 지급을 요구하고 있습니다. 신청인이 만약 관세나 통관비를 청구한다 하더라도 사용가능한 물품에 대하여는 관세를 청구할 수 없습니다. 설사 피신청인의 물품에 하자가 있었다고 가정하더라도 그에 대한 관세 및 통관비 청구액은 다음과 같은 방식에 의하여 산출되어야 할 것입니다.

$$(\text{관세}+\text{통관비})\times\frac{\text{사용불가능수량}}{1,200Lbs(\text{수입량})}=\text{신청인 부담액}$$

그러나 신청인의 관세 및 통관비 청구액은 근거가 불분명함으로 그대로 인정하기에는 미흡한 까닭에 이를 부인합니다.

④ 재판매가격에 대한 답변

신청인은 일반적으로 원사를 가공하여 변질시킴으로써 그 가격을 임의로 저하시켰습니다. 피신청인의 판단으로는 국제원사시세가 신청인의 계약시점보다 수량시점에 훨씬 낮아졌기 때문에 편물제조업자들이 이유를 붙여 인수를 거부하였다고 판단되는 것이므로 편물업자들의 의도는 인수시점의 국제시세에 맞는 원사를 구입하고자 한 것입니다. 따라서 원사를 아무리 가공하더라도 국제시세를 능가하여 판매할 수는 없을 것입니다. 더구나 가공까지 하여 결함을 없앴다고 하면서 1등급품으로 판매 못한다는 것도 이해할 수 없는 것입니다. 이로 미루어 볼 때 신청인은 고객들의 가격인하작전에 말려들어 결국 싼 가격으로 판매하게 된 것이므로 이에 대한 책임은 오로지 신청인이 져야 할 것입니다.

특히 위의 여러 가지 답변 가운데 피신청인이 수출한 원사가 과연 사용 불가능한 물건이냐가 가장 중요한 관건이라고 하겠습니다. 이 원사는 국내에서 엄격한 시험과 검사를 거쳐서 제조되었고 선적 전에 재검사된 것이므로 신청인이 주장하는 국제관례를 무시한 이례적 주장은 납득이 가지 않으므로 다른 검사기관으로 하여금 국제거래관례에 맞추어 재검사를 하게 하여 그 결과에서 이 물건이 사용불가능하다는 판정이 나오면 피신청인은 이의 없이 그에 승복하겠습니다.

2006년 7월 30일

피신청인 Y주식회사

사장 Y. Z. Kim

## 5 반대신청(counter claim)

피신청인은 답변에서 반대신청을 할 수 있다. 피신청인이 손해를 본 것이 있는 데도 오히려 클레임을 당하면 당연히 반대신청을 할 수 있다. 위의 답변서에 피신청인이 다음과 같이 추가하면 반대신청이 된다.

신청인은 피신청인과 100% 아크릴사 1,200Lbs를 더 구매하기로 계약을 체결하였음에도 불구하고 그 후 국제시세가 떨어지자 인수를 기피하고 계속 지연시키고 있어 피신청인은 다음과 같은 손해를 보았기에 이를 배상하여 주도록 신청합니다.

| | |
|---|---|
| ① 계약물품대금 | US$15,000 |
| ② 창 고 료 | US$600 |
| | -------------- |
| 계 | US$15,600 |
| 전매가능액 | US$11,000 |
| 손 해 액 | US$ 4,600 |
| | -------------- |

따라서 신청인은 계약이행상에 따른 피신청인의 손해 US$4,600에 대하여 배상하여야 합니다.

그런데, 피신청인이 정식으로 반대신청을 하려면 중재의 등록통지가 발송된 날로부터 30일 이내에 중재신청과 같은 방법으로 하여야 하며 그 주장은 명백하면서도 설득력이 있어야 함을 주의해야 한다.

## 6 답변서의 수리

답변서가 피신청인으로부터 제출되면 이를 심사하고 적합한 경우에는 수리한 후 양당사자에게 통지한다. 만일 30일 이내에 피신청인이 답변서를 제출하지 않은 경우에는 신청인의 주장을 무조건 거부한 것으로 추정하고 다음 절차를 진행하게 된다.

# 4 중재장소와 중재인의 선정

## 1 중재장소의 결정

중재장소는 원칙적으로 중재계약당사자의 합의에 따라 자유로이 선정된다. 각국의 중재법규들도 중재의 국제성을 인정하여 중재장소에 관한 당사자의 자유의사를 전적으로 존중하고 있다. 따라서 우리나라 상사중재규칙도 중재장소는 1차적으로 당사자의 의사에 따라 결정하지만 다만 당사자들이 중재신청일로부터 14일내에 중재장소를 결정하지 못하는 경우에는 상사중재원이 그 장소를 결정한다고 되어 있다.

당사자가 중재장소를 선정하는 데는 분쟁의 발생 전에 중재합의에서 정하는 방법과, 사후에 당사자의 합의로써 정하는 방법이 있다. 사전중재합의를 중재조항(arbitration clause)이라고 부르는데 여기에는 통상 중재장소가 포함되어 있다.

예컨대, 대한상사중재원이 제시하는 표준중재조항을 살펴보면 "All disputes ..... shall be finally settled by arbitration in Seoul, Korea ....."라고 되어 있는 부분이 서울을 중재장소로 지정하고 있음을 나타낸 것이다. 따라서 서울의 어느 곳에서든지 중재를 행하면 되지만 통상 대한상사중재원의 중재판정실(tribunal room)이 중재장소로 활용되고 있다.

## 2 신청의 답변

신청인이 중재신청을 하고 난 후에 신청의 내용을 변경하고자 하는 때에는 신청의 경우와 같은 방식으로 작성하여 제출하면 된다. 피신청인이 답변서를 제출한 뒤에 신청을 변경하고자 할 때에도 같다. 그러나 중재인이 선정되고 난 후에 신청을 변경하고자 할 때에는 중재인의 동의를 받아 신청의 변경을 하여야 한다.

## 3 조정의 신청

대한상사중재원에 중재관할권이 있는 경우에는 조정(mediation)의 관할권도 함께 있는 것으로 된다. 당사자들이 중재합의에서 조정을 우선 시도하기로 명시되지 않은 경우에는 규칙에 따라 곧 중재절차로 들어가지만, 중재신청이 제출된 후 당사자 중 일방 또는 쌍방이 조정에 의한 해결을 신청하는 경우에는 중재인의 선정이나 기타 중재절차를 개시하지 않고 당사자 쌍방의 우의적 합의에 의한 조정을 시도하게 된다. 조정이 신청되면 중재인단 명부에서 1인 또는 수 인의 조정인(conciliator)을 선정한다.

조정의 진행절차는 특별한 계약이나 규정이 없으면 조정인이 판단하여 가장 적당한 방법으로 진행하면 된다. 조정인이 판단을 내리기 위하여 필요한 절차로는 양당사자의 주장을 듣고 서면진술과 증거에 대한 조사를 행하는 것으로서 충분하다. 조정인은 필요한 절차에 따라 조사를 완료한 후 본인이 조정인으로서 선정된 날로부터 30일 이내에 조정안을 작성하여 이를 양당사자에게 제시하여야 한다. 조정인이 제시한 조정안에 대하여는 양당사자가 반드시 수락해야 할 의무는 없으며 따라서 이를 거부할 수도 있다. 이런 경우에는 일단 실패한 것이 되기 때문에 중재절차가 즉시 재개된다. 그러나 만일 양당사자가 조정안을 수락하면 조정은 성립되며, 그 효력은 중재판정의 효력과 같이 당사자 간에 있어서는 법원의 확정판결과 동일한 효력을 갖게 된다.

## 4 중재인의 선정

중재인의 선정방법은 다음과 같은 두 가지가 있다.

### 1) 당사자에 의한 직접선정방법

당사자가 중재인을 직접 선정하기 위해서는 중재신청이 있기 전에 양당사자 간에 중재인은 당사자가 직접 선정하기로 한다는 합의가 있어야 한다. 중재조항의 경우에는 그 내용 속에 "..... 중재인은 양당사자가 각각 1인씩 선정하고 그 선정된 2인이 제3의중재인을 선정한다"또는 "..... 중재인은 A씨(또는 A. B. C.씨)로 정한다" 등과 같이 규정하고 있어야 한다. 중재조항이 아닌 중재부탁합의(submission to arbitration)에 의한 경우에도 그 내용 속에 중재조항의 경우와 같은 약정이 있으면 된다.

### 2) 상사중재원에 의한 선정방법

당사자가 중재인의 선정에 대하여 아무런 약정을 하고 있지 않은 경우 또는 약정이 있더라도 소정의 기일 내에(30일) 중재인을 선정하지 않은 경우에는 상사중재원이 중재인을 선정하도록 되어 있다. 중재에 의한 중재인의 선정은 중립중재인(의장중재인) 1인과 기타 중재인 2인으로 모두 3인의 중재인이 선정된다. 이렇게 하여 중재인이 선정되면 선정된 중재인으로부터 취임수락과 함께 서약서를 받게 되며 중재원은 중재인이 선정되었음을 쌍방 당사자와 중재인들에게 즉각 통지한다.

## 5 중재인의 기피

중재인이 선정된 후에도 심문 전이면 당사자는 중재인에게 사유가 있을 때에는 그를 기피할 수 있다. 중재인의 기피는 법원에 신청해야 하는데 중재계약이나 법에 특별한 규정이 없을 때에 한하여 신청할 수 있다. 중재인의 기피사유에 해당하는 것으로는 민사소송법 제41조[238]와 제42조[239]에 해당되는 경우이다.

---

238) 제41조 (제척의 이유) 법관은 다음 각호 가운데 어느 하나에 해당하면 직무집행에서 제척(제척)된다. <개정 2005.3.31>

1. 법관 또는 그 배우자나 배우자이었던 사람이 사건의 당사자가 되거나, 사건의 당사자와 공동권리자·공동의무자 또는 상환의무자의 관계에 있는 때
2. 법관이 당사자와 친족의 관계에 있거나 그러한 관계에 있었을 때
3. 법관이 사건에 관하여 증언이나 감정(감정)을 하였을 때
4. 법관이 사건당사자의 대리인이었거나 대리인이 된 때
5. 법관이 불복사건의 이전심급의 재판에 관여하였을 때. 다만, 다른 법원의 촉탁에 따라 그

### 6 중재인의 보궐

중재인의 선정이 확정되고 난 후에 그 중재인이 사임, 사망 또는 장기해외여행, 이민, 병환 등의 사유와 당사자가 법원에 중재인 기피신청을 한 것이 인정되어 중재인이 결원이 되었을 때에는 중재인은 보궐된다. 중재인을 보궐하는 방법은 그 중재인이 선정된 방법과 똑같은 방법으로 진행된다. 중재인이 새로이 선정되면 이제까지 심문을 하였다하더라도 새로 선정된 중재인에 의하여 심문이 재개되나, 만일 당사자 간에 합의에 의하여 심문의 속행을 요구한 때에는 그 요청에 따른다.

## 5 중재심문의 절차

### 1 심문(hearing)

#### 1) 심문의 통지

중재인의 선정이 완료됨과 동시에 신청된 사건을 중재인 전원과 당사자 전원이 참석한 가운데 심문하기 위한 일시를 조정한다. 심문의 일시가 결정되면 중재인과 양당

직무를 수행한 경우에는 그러하지 아니하다.
[시행일:2008.1.1] 제41조제2호

239) 제43조 (당사자의 기피권)
① 당사자는 법관에게 공정한 재판을 기대하기 어려운 사정이 있는 때에는 기피신청을 할 수 있다.
② 당사자가 법관을 기피할 이유가 있다는 것을 알면서도 본안에 관하여 변론하거나 변론준비기일에서 진술을 한 경우에는 기피신청을 하지 못한다.

사자에게 심문통지를 한다. 그러나 당사자들이 구두심문(oral hearing)에 의하지 않고 서면심문에 의하기로 약정한 때에는 당사자에게는 심문통지를 하지 않고 중재인에게만 통지한다. 대신 중재서기는 심문결과를 당사자에게 통지한다.

심문의 통지는 늦어도 당사자에게 5일 이전에 도착되도록 하여야 한다. 이러한 통지는 발송일을 기준으로 하지 않고 도착일을 기준으로 하는 것이므로 외국의 당사자에게 심문통지를 할 때에는 항공우편일수와 5일간의 여유를 계산하여 심문통지를 하여야 한다.

이와 같이 당사자에게 심문에 참석할 수 있는 상당한 기회를 주었을 경우에는 그가 당시에 국내에 있거나 국외에 있거나를 불문하고 통지된 것으로 간주한다. 그러나 당사자 간 합의로 심문통지를 받을 권리를 포기하거나 그 통지기간을 단축 또는 연장하는 경우에는 그에 따른다.

심문통지가 정당하게 통지 또는 고지되었는데도 불구하고 당사자의 일방이 출석하지 않거나 또는 심문의 연기허가를 받지 않고 출석하지 않은 경우 중재는 그대로 진행될 수 있다. 이 경우 결석한 당사자가 제출한 서면, 기타 증거가 있을 때에는 이를 진술 또는 제출한 것으로 보고 출석한 당사자에게 판정에 필요한 심문을 진행한다.

### 2) 심문의 연기

심문은 상당한 이유가 있으면 연기될 수 있다. 중재인은 직권으로 또는 당사자의 일방이 상당한 이유를 들어 심문연기신청을 한 경우, 심문을 연기하는 권한을 가진다. 그러나 당사자 쌍방이 심문을 연기할 것을 합의하여 심문연기신청을 한 경우에는 이에 따라 심문은 당연히 연기된다.

## 2 중재판정부의 구성

신청된 중재사건을 판정하는 기구가 중재판정부(arbitration tribunal) 이며 중재원 자체가 중재판정을 하는 것은 아니다. 따라서 중재판정부야말로 중재에서 가장 핵심이 되는 것이다. 중재판정부는 1인 또는 수인의 중재인으로 구성되며 중재서기의 보조를 받는다.

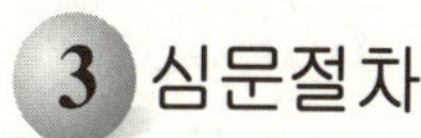

## 3 심문절차

### 1) 심문의 성립

심문은 중재인 전원과 중재서기 및 당사자 전원이 참석함으로써 개시된다. 그러나 어느 당사자가 태만하여 출석하지 않거나 출석하지 않거나 출석할 권리를 포기한 경우에는 그 당사자의 출석없이도 심문은 진행된다. 심문의 개시는 중재서기가 기록의 작성에 착수한 때부터 이루어진다. 중재서기의 기록은 조서를 말한다.

### 2) 중재인의 요건확인

중재인은 부탁된 사건을 심문에 의하여 확인·조사하고 판단을 내리게 되므로, 자신에게 부여된 권한의 범위를 확인하고 심문을 개시하기 위하여 다음과 같은 몇 가지 요건을 확인할 필요가 있다.

① 중재계약의 내용을 반드시 검토하여야 한다. 중재계약의 내용은 그 문언이 제대로 갖추어졌는지의 여부가 제일 중요하다. 이를 위한 검토사항은 중재기관, 중재장소, 중재절차, 준거법의 네 가지가 된다.

② 중재신청서를 검토하여야 한다. 즉, 신청인의 자격, 신청취지, 청구내용 등을 종합적으로 확인하여야 한다.

③ 피신청인의 답변내용에 대하여도 검토하여야 한다. 즉, 당사자가 적법한 자격을 갖춘 자인가 또는 정당하게 위임을 받았는가 혹은 답변내용 가운데 반대신청(counter claim)은 하고 있지 않은가 등의 여부를 확인하여야 한다.

④ 중재절차는 당사자의 합의로써 정할 수 있기 때문에 중재조항에 절차에 관한 별도의 약정이 있는가를 검토하여야 한다. 만일, 그러한 규정이 있는 경우에는 그에 따라 중재절차가 진행된다.

⑤ 공용어의 확정, 즉 국제적 분쟁이 대부분이므로 중재인은 국제상사분쟁의 경우 당사자 간에 이미 사용된 언어에 비추어 심문진행 중 필요한 공용어를 제시할 필요가 있다. 상사중재규칙에 의하면, 공용어는 원칙적으로 한국어이다. 따라서 중재인은 당사자가 제출하는 문서가 외국어로 되어 있을 경우에는 필요에 따라 한국어 번역문을 첨부하도록 요구할 수 있다. 특히 판정문의 경우에는 국·영문을 둘 다 인정하되, 그 내용의 해석에 관하여 국·영문간에 차이가 있으면 집행시에 문제가 되므로 반드시 한국어에 의하여 해석하도록 되어 있다.

### 3) 심문의 진행

중재인이 심문을 행하기에 앞서 당사자들에게 중재인 취임선서(oath of office)를 할 필요는 없다. 중재인은 서면으로 취임수락시에 그러한 선서를 한 것으로 충분하다. 그러나 미국의 경우에는 상당수의 주가 심문에 앞서 당사자들 면전에서 취임선서를 하도록 의무화하고 있다.

중재절차 중 중재서기는 조서의 기록과 중재인의 지시사항, 통지와 같은 순수한 사무적이고 기술적인 세부사항에 관하여 중재인을 보조한다. 중재인은 대개가 중재법과 중재규칙에 관한 세부내용을 완전히 알고 있지 못할 경우가 있으므로 이러한 점에 대하여 서기로부터 보조를 받기 때문에 상당한 짐을 벗을 수 있다.

그러나 중재원이나 서기는 중재인의 결정에는 조금도 개입하지 않으며 개입하여서도 안 된다.

중재인이 심문을 진행하는 중에 당사자들은 청구의 내용, 즉 신청취지나 답변의 내용을 변경하려는 수가 흔히 있다. 신청인은 청구금액을 추가하려 하거나 아예 새로운 신청을 하는 경우가 있으며, 피신청인의 경우에는 신청인의 청구를 거부하는 외에 오히려 반대신청을 하는 경우가 있다. 중재규칙에 의하면, 중재인이 선정된 후에는 중재인의 동의 없이는 새로운 신청이나 신청의 변경을 할 수 없으므로 중재인은 그 내용을 절차의 초기에 검토하고 승낙여부를 결정하여야 한다. 새로운 신청이나 반대신청의 경우에는 그 신청내용이 중재계약의 범위 내에 포함된 것이어야 한다.

만일 그 내용이 중재계약의 범위를 벗어났다고 판단되는 경우 중재인은 그 부분에 대하여는 관할권이 없게 되므로 권한을 벗어난 사항에 대하여 중재할 수 없음은 물론이다.

### 4) 중재인의 심문

심문시에는 당사자의 진술, 사건관계서류의 설명, 증인의 심문 및 반대심문, 증거의 제출과 최종적인 사건내용의 요약 등 중재판정을 위한 제반 필요사항이 등장된다.

중재인은 필요에 따라 심문의 순서를 바꿀 수 있다. 당사자의 진술, 증거의 조사, 사실의 검증, 진술에 대한 서명 등 여러 가지 필요한 사항들을 자유로이 순서를 정할 수 있다. 그러나 진술이 가장 앞서는 것이 보통이다.

진술절차는 일반적으로 신청인이 먼저 진술하게 되며 이 때 신청인은 이미 제출한 신청취지, 신청이유 및 증거에 대하여 간략히 설명하고 서면으로 제출한 것 중 부족한 것을 간략히 보충하는 정도로 구두진술하는 것이 좋다.

답변의 경우에도 피신청인은 자신이 제출한 답변의 취지와 이유 및 증거에 대하여 간략히 설명하고, 만약 신청인이 새로운 구두진술을 한 경우에는 이에 대한 답변을 하면 된다. 신청인이나 피신청인이 주의할 점은 상호간에 구두진술한 것이 있다하더라도 다음 심문시까지 이를 다시 서면으로 옮겨서 문서로 제출하는 것이 좋다. 중재인이 구두진술을 들었다하더라도 일일이 이를 다 기억하거나 메모를 할 수 없기 때문에 당사자는 이를 확실히 하기 위하여 구두진술을 서면으로 작성 보완하는 것이 필요하다.

한편, 중재인은 당사자가 제출한 진술서(신청서, 답변서, 추가진술서 등)를 토대로 당사자가 제기한 문제에 대해 심문을 하고 석명(釋明 : explanation)을 요구할 수 있다. 앞에 예시된 사건에 대한 중재인의 심문사항을 살펴보면 대개 이러한 내용들이 될 것이다.

중재인 : 피신청인은 신청인이 제출한 검사보고서의 내용이 애매하고 정확하지 못하여 계쟁물품이 불량한지 또는 사용가능한지 알 수 없다고 항변하고 있는 바, 이에 대하여 제3의 검사기관에 재검사를 의뢰하고 싶다고 하였는데 중재인은 그 신청이 이유 있다고 판단합니다. 그렇다면 이 검사는 어떤 방법으로 하면 좋겠습니까?

피신청인: 멜버른 상공회의소에 검사를 의뢰하는 것이 좋겠습니다.

중재인 : 항변자료는 피신청인이 마련하여야 합니다. 신청인이 동의하면 몰라도 그렇지 않으면 피신청인이 입증하는 것은 자신의 판단에 따라 자료를 마련하고 제출하여야 하는 것인 만큼 피신청인이 자신의 비용으로 검사를 받아 제출하여 주기 바랍니다. 물론, 제출된 입증자료에 대하여 판단하는 것은 중재인이 하겠습니다.

피신청인: 네. 다음 심문일까지 재검사를 받아 제출하겠습니다만 중재원에서는 신청인에게 재검사를 협조하여 주도록 요청하여 주시고 인수품 중 열등품이라고 생각되는 견본 1개를 보내도록 서신으로 통보하여 주십시오.

이상과 같은 몇 차례의 심문과 답변을 통하여 최종적인 판정을 내리게 된다.

## b 중재판정과 효력

### 1 중재판정의 요건

심문이 종결되면 판정은 신속히 하여야 한다. 중재판정부는 당사자의 합의 또는 법률의 규정 중 달리 정한 바가 없는 한 심문종결일로부터 30일 이내에 판정하여야 한다. 즉 당사자는 합의로써 30일의 기간을 단축하거나 연장할 수 있다. 그러나 중재판정부는 상당한 이유가 있다 하더라도 직권으로 이 기간은 연장할 수 없다. 이 판정기간을 제외한 다른 기간은 중재판정부가 직권으로 연장할 수 있다.

중재법은 중재가 개시된 날로부터 판정일까지의 기간을 3개월로 규정하고 있다. 여기서 중재의 개시를 중재신청서가 수리된 날로 볼 것인가 또는 중재판정부가 구성된 시점인가, 아니면 첫 심문이 개최된 날인가에 관하여 각각 이견이 있으나 중재의 특성과 신속성에 비추어 볼 때 중재판정부가 구성된 시점을 중재의 개시로 보는 것이 타당할 것이다. 중재의 첫 심문일을 중재의 개시로 본다면 중재판정부의 구성시점과 시간적 격차가 많아질 가능성이 있으므로 신속성에 역행하게 된다는 점에서 다소 불합리하다고 하겠다.

그렇다면 중재가 개신된 후 3월이란 기간의 해석이 문제가 된다. 이것이 불변기간인가 아니면 통상기간으로서 준수를 위한 훈시적인 것인가에 관하여 의문이 가나, 이는 훈시규정으로 보아야 할 것이다. 왜냐하면 중재법은 중재계약에서 기간을 정한 경우에는 이 기간을 우선하도록 하고 있는 취지에서 불변기간으로 볼 수 없기 때문이다.

중재판정의 형식은 서면으로 작성하여야 하며 이에는 당사자의 성명 또는 명칭과 주소, 대리인이 있는 경우에는 그 대리인의 성명과 주소, 판정주문, 판정이유의 요지, 작성연월일을 명기하고 중재인이 기명날인하여야 한다.

중재판정은 소송절차와는 상당한 차이가 있으므로 양당사자의 면전에서 행할 필요는 없다. 중재판정은 작성연월일을 명시한 때에 내려진 것으로 보아야 할 것이다. 그러나 실제로 중재인 가운데 마지막으로 기명날인하는 시점과 판정문의 작성년월일 사이에는 시간적 차이가 있을 수 있다. 왜냐하면 판정문을 작성하는 중재인은 중립중재인이므로 그가 판정문을 작성하고 기명날인한 날을 작성연월일로 하기 때문에 기타 중재인은 자연히 그 후의 일자에 기명날인하기 때문이다. 중립중재인은 단독으로 판정을 하는 것이 아니라 판정문 작성전에 기타 중재인과 합의하여 판정한 것을 법리적으로 정리·기술하는데 지나지 않으므로 기타 중재인의 기명날인은 판정사항에 대한 확인에 불과한 까닭에 판정의 효력은 작성연월일에 주어진다고 보아야 할 것이다.

중재판정은 내려진 후 법에 정한 규정에 위반되지 않는 한 취소되거나 정정될 수 없다. 그러나 중재판정부는 판결문이 작성된 후 30일 이내에 숫자계산의 착오나 서기 또는 타자원의 과실 기타 이와 유사한 사유로 인하여 발생한 오자 또는 오류를 발견하였을 때는 판정으로 이를 정정할 수 있다.

중재인이 내릴 수 있는 판정의 범위는 중재계약의 범위내에서 계약의 현실이행이나 공정하고 정당한 배상이나 기타의 구제를 명할 수 있다. 중재판정부는 책임있는 일방 또는 쌍방의 당사자에게 중재비용, 중재인보수(또는 수당) 및 기타 비용에 대한 부담비율을 중재판정에서 명시하여야 한다.

중재절차의 진행 중에 당사자 간에 화해가 이루어진 경우에는 화해의 구속력을 가지기 위하여 요구하면 합의된 화해의 조항을 판정으로 기재할 수 있다.

## 2 중재판정의 실제

앞에 예시된 중재신청에 대한 판정내용을 기술하면 다음과 같다.

### 대한상사중재원 중재판정부

2006년 중재 제 ○○○호

| | |
|---|---|
| 신 청 인 : | 상 호 : P. Corporation |
| | 주 소 : 218, Melbourn, Australia |
| | 대표자 : W. X. Smith |
| | 주 소 : 상 동 |
| 피신청인 : | 상 호 : Y주식회사 |
| | 주 소 : 서울특별시 중구 소공동 ○○○ |
| | 대표자 : Y. Z. Kim |

주　소 : 상　　동
감 정 인 :　　성　명 : 김○○
소　속 : 국립표준시험소
직　위 : 공업연구관(5급)
주　소 : 서울특별시 종로구 동숭동 ○○○

위 당사자 간의 손해배상 중재청구사건에 대하여 중재법과 상사중재규칙에 의하여 선임된 아래 중재인들은 심사결과 다음과 같이 판정한다.

주문

1. 신청인의 청구는 기각한다.

2. 중재에 관한 소정요금, 비용 및 보수 255,000원은 신청인이 부담한다.

**판정이유의 요지**

본 판정부는 신청인과 피신청인이 각각 제출한 진술서와 증거서류를 3회에 걸친 심문에서 김도하고 피신청인이 답변한 내용에 따라 피신청인에 의한 본건 선적품의 선적전 검사보고서와 신청인에 의한 물품도착후 검사보고서 및 이에 대한 도착지에서 피신청인에 의한 검사보고서의 내용을 검토하기 위하여 신뢰할 만한 감정인으로부터 의견을 청취함이 타당할 것으로 인정하고 이를 위한 자료로서 신청인에게 동 인도화물이 열등품일 경우에는 그 중의 견본 1개를 추가 증거로서 제출하도록 요청한 바 있었다. 그러나 신청인은 이를 제출하지 아니하였으므로 그 후 또다시 2차, 3차로 그러한 통지를 발송한 바 있었으나 신청인은 이를 이행하지 아니하였다.

그러나 신청인이 서면증거로서 제출한 검사보고서에 언급된 내용은 결론에 있어서 "연도의 적부에 관하여는 이것이 수입업자의 특별조건에 관계되는 것이므로 논평할 수 없다"(We are unable to comment on the degree of twist as this is purely relevant to the particular requirement of the importer)라고 지적되어 있다.

한편, 이에 대한 피신청인의 요청에 따른 멜버른 상공회의소에서의 재검사보고서에서는 "대체로 동 검사결과는 만족할 만한 것이며 합리적인 한도 내의 것이었다. 그리고 통상적인 것보다 경미할 정도의 높은 연도는 경우에 따라서는 보다 단단한 '핸들'을 의미하는 것으로서 유리하다는 증거가 될 수 있다"(In the main, the result was satisfactory and within resonable limits. A slightly higher than usual twist would account for the firmer 'handle' which, in some cases, might prove advantageous)라고 명기되어 있으며 동 조사는 멜버른 상공회의소 검사규칙(the survey inspection rules)에 의하여 정식으로 임명된 멜버른직물대학(Melbourn college of textile)의 검사인에 의하여 수행되었다는 취지가 부기되어 있다.

이상과 같이 신청인이 제출한 검사보고서와 피신청인이 제출한 재검사보고서의 기준과 내용이 상호 부동하므로 본 판정부는 신뢰할 만한 감정인으로 하여금 이를 검토하게 하고 그 의견을 청취함이 적당하다고 인정하고, 이를 국립표준시험소에 위촉하였던 바 동 시험소에 의하여 정식으로 지명된 감정인은 본 판정부의 제3차 심문에 출석하여 다음 취지의 증언을 진술하였다. 즉 "본건과 같은 성질의 품질이나 규격에 관한 검사에 있어서는, 검사기준과 검사장소의 기후조건, 검사방법 내지 검사 범위 등 여러 가지 주위사정에 따라 물리적 또는 화학적으로 그 검사결과의 계치에 다소의 오차가 없을 수 없는 것이나 본 감정인이 전기 2통의 관계보고서를 검토한 결과에 의하면 번수와 연도 등이 대체로 26번수 2합사(2/26DMM)의 소정 규격의 한도 내의 것이었다는 사실이 인정되는 것이라는 결론에 도달하였다"고 진술하였다.

따라서 신청인이 선적품의 소정규격에 관하여 피신청인에 대하여 단순히 26번수 2합사라고만 지정하였을 뿐 본 청구에서 신청인이 주장하고 있는 연도, 기타 특수한 검사기준에 관하여서는 따로 조건을 명시한 바 없었다는 사실을 감안하여 본 판정부는 신청인의 청구내용이 이유가 없다고 인정하는 동시에 본 중재를 위한 소정의 요금, 비용 및 중재인 보수의 합계금 255,000원에 대하여 신청인이 부담할 것을 판정한다.

2006년 ○월 ○일

사단법인 대한상사중재원 중재판정부

중립중재인 ○○○

중 재 인 ○○○

중 재 인 ○○○

## 3 중재판정의 효과

중재판정은 당사자 간에 있어서는 법원의 확정판정과 동일한 효력이 있다. 중재판정은 당사자가 미리 이를 존중하고 복종할 것을 합의한 것이므로 판정은 당사자에게 사적인 실체법상의 의무부담의 원인을 주게 된다. 법률은 여기에 다시 공법적인 효과를 주어서 중재판정은 당사자 간에 있어서는 확정된 법원의 판결과 동일한 효과를 갖도록 한 것이다. 따라서 중재판정이 성립·발효한 경우에는 형식적으로 확정되며 중재인이라 하더라도 자기가 내린 중재판정을 철회할 수 없다.

특히 우리나라 중재법은 중재판정문의 원본은 법원에 이송·보관하도록 함으로써 후에 중재인 또는 중재기관에 의한 변조나 수정을 제도적으로 방지하고 있다.

중재판정이 형식적으로 확정되면 중재판정의 내용대로 실체적 확정력, 즉 기판력(旣判力)이 생긴다. 그러나 중재판정이 법원의 확정판결과 동일한 효력이 있다하여도 법은 채무명의를 얻기 위하여서는 법원의 집행판결을 받도록 규정하고 있다.

즉 기판력은 이른바 본안의 종국판정에 대해서만 발생한다. 중간의 다툼, 독립한 공격방어의 방법에 관한 판정 등에 관하여는 발생하지 않는다. 따라서 중재판정의 본안에 관하여는 당사자 간에 다툴 수 없으며 법원도 이에 반하는 판결을 할 수 없으나(직소금지), 판정과정의 절차에 관하여는 법원에서 다룰 수 있다.

## 4 중재판정의 취소

중재판정은 법원의 확정판결과 동일한 효력을 갖지만 한 가지 다른 점은 법원의 확정판결은 여하한 경우에도 취소될 수 없는 데 반하여 중재판정은 일정한 원인이 있는 경우에는 일반법원의 판결에 의하여 취소되는 경우가 있다. 왜냐하면 법원의 확정판결은 계속적인 판단훈련을 쌓은 법관에 의하여 엄격한 소송절차에 의거 내려진 것이므로 취소의 문제가 없으나 중재판정은 엄격한 소송절차가 아닌 편의한 간이절차에 따라 중재인이 내리기 때문에 당사자 간에 공격방어의 절차를 고의는 아니나 불공정하게 적용할 가능성이 있기 때문에 이러한 불평등한 절차의 적용에 관하여 법원으로 하여금 심사하게 하는 것은 국가법질서를 위하여 당연한 것이다.

당사자가 중재판정취소의 소(訴)를 제기하기 위하여서는 보통의 소(訴)의 일반적 소송조건 외에 다음의 이유가 존재하는 경우에만 가능하다.

### 1) 중재인의 선정 또는 중재절차가 중재법이나 중재계약에 의하지 아니한 때

중재인의 선정권은 당사자가 갖는 절대적 권한이며 이 점이 재판과 다른 점이다. 따라서 중재인의 선임이 중재법이나 중재합의(여기에 중재인 선정방법이 명시된 경우)에 의하지 않은 때에는 중재의 특성이 상실되는 중대한 하자가 된다. 또한 중재절차는 주로 당사자의 공격·방어방법에 관하여 적용되는데 이 절차의 적용이 중재법에 반하여 행하여진 경우에는 하자가 된다. 예컨대, 중재심문이나 증거조사 등과 같은 당사자의 중요한 공격·방어의 기회를 불평등하게 부여하고 절차를 진행하는 것 등은 중재판정취소의 이유가 된다.

### 2) 중재인의 선정 또는 중재절차에 있어서 당사자가 소송무능력자이거나 대리인이 적법하게 선임되지 아니하였을 때

소송무능력자가 당사자인 경우에는 법정대리인에 의하여서만 중재절차를 진행할 수 있다. 법정대리인, 임의대리권 또는 중재절차를 추행(追行)하는데 필요한 수권(授權)의 결격이 있는 경우에는, 이렇게 진행된 중재절차는 전체로서 위법이고 이를 기초로 하여 내려진 중재판정은 취소할 수 있다. 그러나 당사자(또는 법정대리인)의 추인(追認)에 의하여 소급해서 유효하게 된다.

### 3) 중재판정이 법률상 금지된 행위를 할 것을 내용을 한 때

중재제도의 존재는 국가법질서를 존중함을 전제로 한다. 즉 중재판정에서 공공의 질서와 선량한 풍속에 반하는 내용의 권리관계를 확정하거나 행위를 명하는 등의 불법사항을 금지하는 것이다. 만약 이러한 불법한 판정내용이 있다면 판결에 의한 취소에 의하여 중재판정은 그 존재를 잃는다. 취소가 없는 경우에도 내용의 적법한 효력이 발생할 수 없다는 의미에서 무효이다.

### 4) 중재절차에 있어서 당사자를 심문하지 아니하였거나 중재판정에 이유를 붙이지 아니하였을 때

심문은 당사자를 위한 유일한 진술의 기회이다. 당사자에게 심문일에 출석해서 충분히 의견을 진술하고 증거조사에 입회해서 자기 의견을 진술하는 기회를 주지 않으면 그 중재판정은 공정성을 결여하고 분쟁의 사실관계를 확정하는 데도 오류를 범하기 쉽다. 중재판정에 이유를 붙이도록 요구하는 것은 중재판정의 공정성을 담보하기 위함이다. 만약, 중재판정에 이유의 요지를 붙여다하더라도 판정주문과 이유와의 사이에 인과관계를 인정할 수 없는 경우에는 이유를 붙였다고 할 수 없다. 그러나 중재판정의 이유를 붙이지 않기로 당사자 간에 합의가 있는 경우에는 중재판정취소의 소를 제기할 수 없다.

### 5) 민사소송법 제422조 제4호 내지 제9호에 해당하는 사유(재심사유)가 있을 때

민사소송법 제451조①의 내용은 다음과 같다.

① 다음 각호 가운데 어느 하나에 해당하면 확정된 종국판결에 대하여 재심의 소를 제기할 수 있다. 다만, 당사자가 상소에 의하여 그 사유를 주장하였거나, 이를 알고도 주장하지 아니한 때에는 그러하지 아니하다.

1. 법률에 따라 판결법원을 구성하지 아니한 때
2. 법률상 그 재판에 관여할 수 없는 법관이 관여한 때

3. 법정대리권·소송대리권 또는 대리인이 소송행위를 하는 데에 필요한 권한의 수여에 흠이 있는 때. 다만, 제60조 또는 제97조의 규정에 따라 추인한 때에는 그러하지 아니하다.
4. 재판에 관여한 법관이 그 사건에 관하여 직무에 관한 죄를 범한 때
5. 형사상 처벌을 받을 다른 사람의 행위로 말미암아 자백을 하였거나 판결에 영향을 미칠 공격 또는 방어방법의 제출에 방해를 받은 때
6. 판결의 증거가 된 문서, 그 밖의 물건이 위조되거나 변조된 것인 때
7. 증인·감정인·통역인의 거짓 진술 또는 당사자신문에 따른 당사자나 법정대리인의 거짓 진술이 판결의 증거가 된 때
8. 판결의 기초가 된 민사나 형사의 판결, 그 밖의 재판 또는 행정처분이 다른 재판이나 행정처분에 따라 바뀐 때
9. 판결에 영향을 미칠 중요한 사항에 관하여 판단을 누락한 때
10. 재심을 제기할 판결이 전에 선고한 확정판결에 어긋나는 때
12. 당사자가 상대방의 주소 또는 거소를 알고 있었음에도 있는 곳을 잘 모른다고 하거나 주소나 거소를 거짓으로 하여 소를 제기한 때

# Chapter 25 글로벌 전자무역 분쟁과 해결방안

## I 글로벌 전자무역 분쟁의 의의

### 1 전자무역 분쟁의 개요

가상공간에서의 상거래가 확산되면서 이와 관련한 분쟁이 크게 증가하고 있는데, 이는 전자무역의 활성화에 커다란 장애요인으로 작용하고 있다. 특히 전자무역관련 분쟁은 전자무역이 급속하게 발전함에 따라 이와 관련한 분쟁이 급증할 것으로 예상된다. 그러나 인터넷 등 컴퓨터 네트워크를 이용하는 전자무역관련 분쟁은 거래의 신속성, 광역성, 복잡성 등으로 인하여 기존의 사법제도나 기타 분쟁해결방법으로는 어려움이 있다.

전자무역의 경우 기존의 무역거래와는 달리 시간적·공간적 제약을 받지 않고 전세계를 상대로 거래가 이루어짐으로써 전자무역과 관련한 분쟁 역시 국경을 넘어서 발생하게 된다. 그러나 이러한 국경을 넘어서 분쟁이 발생하게 되는 경우에 각국간의 서로 다른 법률체계와 상방된 이해관계 등으로 인하여 국제적인 합의 없이는 해결방안을 모색하기 어렵다.

그리고 특히 인터넷 거래와 관련한 국제적인 분쟁해결기준이 명확히 마련되지 못하고 있을 뿐만 아니라 각국 내에서 조차도 구체적인 해결방안이 확립되어 있지 못한 실정이다.

따라서 전자무역과 관련하여 분쟁이 발생할 경우 그 분쟁해결을 위해 보편적으로 법원의 소송에 의존하게 된다. 그러나 소송을 통하여 분쟁을 해결하고자 하는 경우 분쟁 당사자는 엄청난 시간과 비용을 감수하지 않으면 안된다. 뿐만 아니라 재판관할권문제와 준거법문제, 의사소통상의 문제, 상관습과 문화상의 차이 등으로 인하여 분쟁해결에 상당한 어려움이 뒤따른다.

따라서 전자무역거래의 특징으로 보아 분쟁해결에는 법원에서의 소송보다는 대체적 분쟁해결방법(alternative dispute resolution : ADR)에 의하는 것이 보다 적절하다고 하겠다. 이러한 ADR에 의한 전자무역거래관련 분쟁의 해결은 이미 대다수의 국가에서 그 효율성과 합리성을 인정받아 시행 중에 있다. 더욱이 신속함을 장점으로 하는 전자무역거래에 보다 접합하도록 하기 위하여 그 분쟁해결역시 인터넷 등 컴퓨터 네트워크를 이용한 On-line 분쟁해결시스템을 적용하고 있는데 이러한 정보통신기술 및 전달수단을 활용한 분쟁해결방식을 On-line ADR 또는 ODR이라고 한다.

이미 사이버중재, 사이버 조정 등을 행하는 인터넷 사이트들이 개설되어 분쟁해결에 일익을 담당하고 있다. 그러나 아직은 On-line을 통한 분쟁해결시스템은 그 초기 단계에 있어 개선되어야 할 많은 과제를 안고 있다. 즉, 분쟁당사자들이 보다 쉽고 편하게 접근할 수 있어야 함은 물론, 그 분쟁해결절차를 신뢰할 수 있는 시스템의 구축이 필요하다. 또한 인터넷 웹 기술을 비롯한 기술적 요소와 법제도의 확충이 필요하다.

##  전자무역 분쟁의 유형

전자무역과 관련된 분쟁에는 거래 당사자간의 약정한 계약내용과 이행결과와의 차이에서 발생하는 분쟁과 계약내용과 관계없이 상대방의 권리를 침해함으로써 발생하는 분쟁을 들 수 있다. 특히 최근 들어 웹 관련기술의 발달로 인하여 사이버 광고 및 마케팅 등과 관련한 분쟁이 점차 증가하고 있다.

전자무역관련 분쟁의 발생 유형을 살펴보면 다음과 같다.

첫째, 기업의 설립 및 제품생산단계에 있어서 비즈니스 모델(Business Model)과 도메인 네임(domain name)과 관련한 분쟁 및 상품 및 서비스의 지적재산권과 관련한 분쟁이 발생할 수 있다.

둘째, 무역계약체결 및 전자인증단계에 있어서 컴퓨터 조작실수로 인한 계약의 유효성과 관련한 분쟁, 전자계약체결시 거래당사자의 확인과 관련한 분쟁 및 전자문서의 인증과 관련한 분쟁 등을 들 수 있다.

셋째, 전자결제와 관련하여 해킹이나 바이러스의 침투 등에 의한 대금결제와 관련한 분쟁, 거래무효와 계약취소로 인한 대금환불관련 분쟁, 결제카드사기로 인한 분쟁 등을 들 수 있다.

마지막으로 계약이행과 관련하여 계약과 다른 상품 및 서비스의 제공과 관련한 분쟁, 상품 및 서비스의 하자관련 분쟁, 상품 및 서비스의 불균형 및 배달지연으로 인한 분쟁 등을 들 수 있다.

# 2 전자무역 분쟁해결방안

## 1 전자무역 분쟁해결제도의 다양성

전자무역과 관련하여 분쟁이 발생하는 경우에는 법원을 통하여 분쟁을 해결하는 방안보다 대체적 분쟁해결방법(ADR)에 의한 분쟁해결방안을 모색하는 것이 바람직하다.

전자상거래에서 발생하는 분쟁은 전자상거래의 특수성으로 인하여 특별한 연구검토가 요청되고 있으며, 더욱이 전자상거래에 있어서 피해는 전자상거래가 가지는 소액, 다수거래의 특성상 단기간에 광범위하게 발생하고 경우에 따라서는 국경을 넘는 특수성 때문에 재판제도에 대신하는 신속간이하고 저렴한 분쟁해결방법을 강구할 필요가 있다.

또한, 소비자와 사업자가 비대면(非對面) 상황에서 인터넷을 매체로 이용하기 때문에 양 당사자간에 분쟁발생의 가능성이 높고, 전자거래분쟁의 확대는 전자거래가 가지는 가장 큰 장점이 비용절감과 신속성을 저해하여 결국 전자거래시장 참여자의 신뢰구축에 장애물이 된다. 뿐만 아니라 전자상거래의 성격상 법률적인 면 외에 기술적인 부분을 많이 포함하고 있기 때문에 통상의 재판절차보다 ADR쪽이 적합하다고 할 것이다.

## 2 협상(negotiation)

협상을 통한 분쟁해결시스템은 제3자의 개입없이 당사자들이 '협상'에 의하여 절차에 참여하고 각자의 의견과 자료를 교환하며 해결의 방법이나 그 합의안을 도출하게 된다는 측면에서, 협상의 중요성은 다른 분쟁해결절차에서의 기본적 역할에 있다고 할 수 있다.

협상을 통해 처리하는 분쟁은 주로 금융에 간련된 것으로, 보험 및 증권관련 분쟁이 대부분이며, 우선 분쟁이 발생하면 양당사자는 아이디와 비밀번호를 부여받고, 일방당사자는 on-line을 통해 자기가 원하는 협상안을 제시한다. 그러면 타방 당사자가 그 협상안을 받아들일 것인가에 대해서 결정하고, 받아들이지 않을 경우 또 다른 협상안을 제시하게 되어 결국에는 두 당사자의 일치된 협상안이 나올 때까지 계속되는 것이다.

협상은 분쟁당사자들 사이의 교섭과정이라는 의미에서 독립적인 ADR 절차의 하나로 이해할 수 있다.

【그림 7-1】 협상을 통한 분쟁해결기관(CyberSettle)

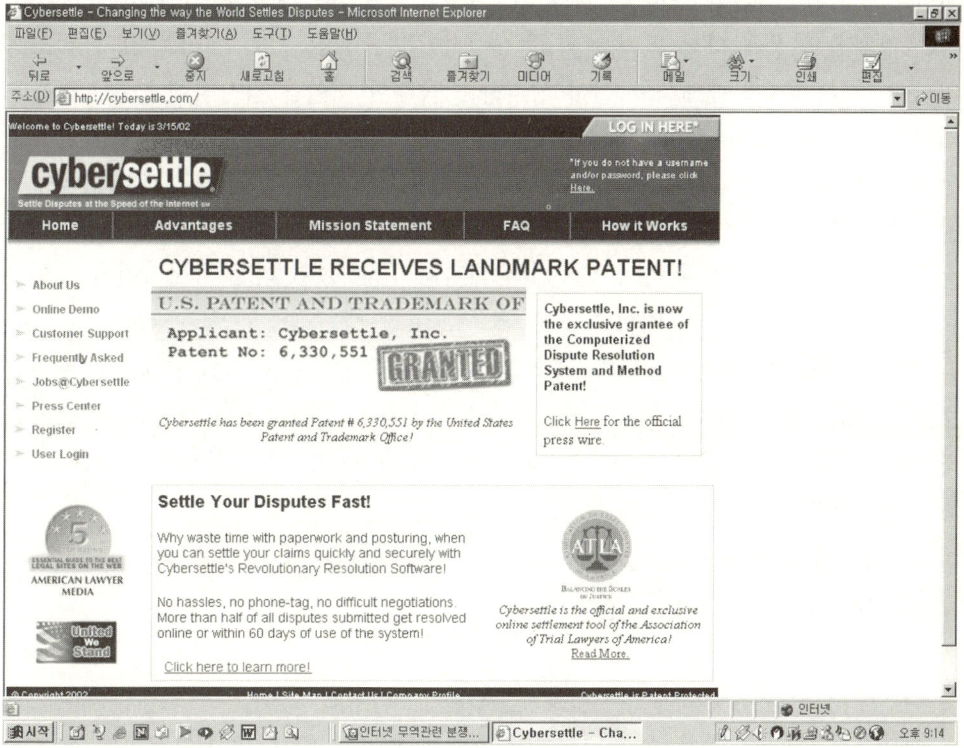

http://cybersettle.com/

## 3 조정(Mediation)

조정은 분쟁당사자의 자발적 의뢰에 따라 선정된 제3자가 당사자간의 합의에 도달하도록 중간자역할을 하여 조정안을 제시하나 그 조정안의 수락여부는 여전히 당사자에 달려있는 형태의 분쟁해결방식을 말한다.

조정은 일반적으로 재판과는 다른 비형식적인 분위기에서 비공개로 진행된다. 조정절차는 분쟁당사자와 조정인 3자에 의해서 다른 형식을 가질 수 있는 것이다. 조정자는 정체된 협상에 다시 활력을 넣고 진전시키는 역할을 하는 것이 중요하지 조정의 과정이나 결과에 대해서 자신이 생각하는 특정한 대안을 당사자에게 강요하려고 해서는 안된다. 당사자간의 격화된 감정을 누그러트리고 여유를 되찾도록 하기 위해서 각 당사자를 개별적으로 접촉하기도 하고 합동회의를 갖기도 한다. 개별 접촉에서 당사자의 본심을 들을 수 있도록 조정인은 신뢰획득에 우선 힘써야 하며 개별접촉에서 표출된 일방 당사자의 속생각을 그 당사자의 동의 없이 타방 당사자에게 누설하는 경우 조정은 성공하기 어렵다.

조정을 통한 분쟁해결시스템은 기존의 조정절차를 on-line을 통해 진행하는 시스템으로 e-mail과 병행해 채팅룸을 만들어 그 속에서 분쟁 당사자들이 중립적인 제3자의 조정을 받는 것이다. 이런 시스템은 지금 가장 보편적으로 이용되고 있는 ADR 분쟁해결 절차이다.

우리나라의 경우 전자거래진흥원 내에 있는 전자거래분쟁조정위원회에서 on-line에 의한 조정서비스를 제공하고 있다.

【그림 7-2】 조정을 통한 분쟁해결관련기관(전자거래분쟁조정위원회)

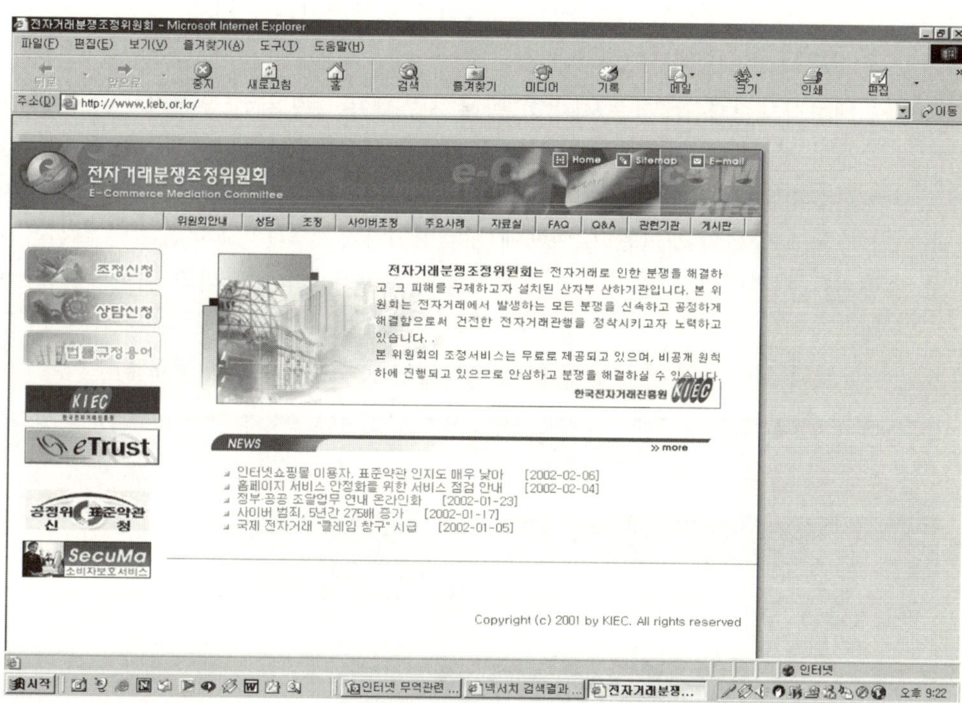

http://www.keb.or.kr/

## 4 알선(Intermediation)

알선은 거래당사자 사이에서 해결될 수 없을 때 당사자 중의 어느 일방이 제3자에게 의뢰하여, 다른 당사자에게 원만한 해결을 위해서 권고해 줄 것을 요청하는 방법이다.

인터넷을 통한 사이버 알선이란 웹상에서 알선을 실시하는 것을 말하는데, 기존의 알선은 양자가 알선기관에 내방하여 당사자 회의를 거쳐 해결하거나, 관련당사자들이 알선기관으로 자신들의 주장사실이나 입증자료들을 서면으로 제출하여 알선기관이 이를 전달하는 방식으로 진행되어 왔다.

그러나 분쟁의 보다 신속한 해결을 위하여 알선의 신청 및 답변, 당사자회의, 합의서 작성 등 일련의 알선절차를 전부 혹은 일부를 알선기관의 웹사이트를 통하여 수행할 수 있도록 하는 제도이다.

현재 대한상사중재원에서는 사이버 알선 시스템을 도입하여 운영하고 있는데, 사이버 알선의 절차는 대한상사중재원 웹사이트에 등재되어 있는 사이버 알선신청서를 작성하여 신청을 하게 되면 이를 피제기자에게 통지하여 피제기자가 사이버 알선에 동의하게 되면 알선이 개시된다. 이때에 피제기기자가 동의를 하지 않으면 알선은 기존의 방식으로 진행된다. 제기자는 알선신청후 일정기간을 기다리면 대한상사중재원으로부터 사이버 알선 개시통지를 받게 되고 이때부터 정식 사이버 알선이 개시된다.

【그림 7-3】 알선을 통한 분쟁해결관련 기관(대한상사중재원)

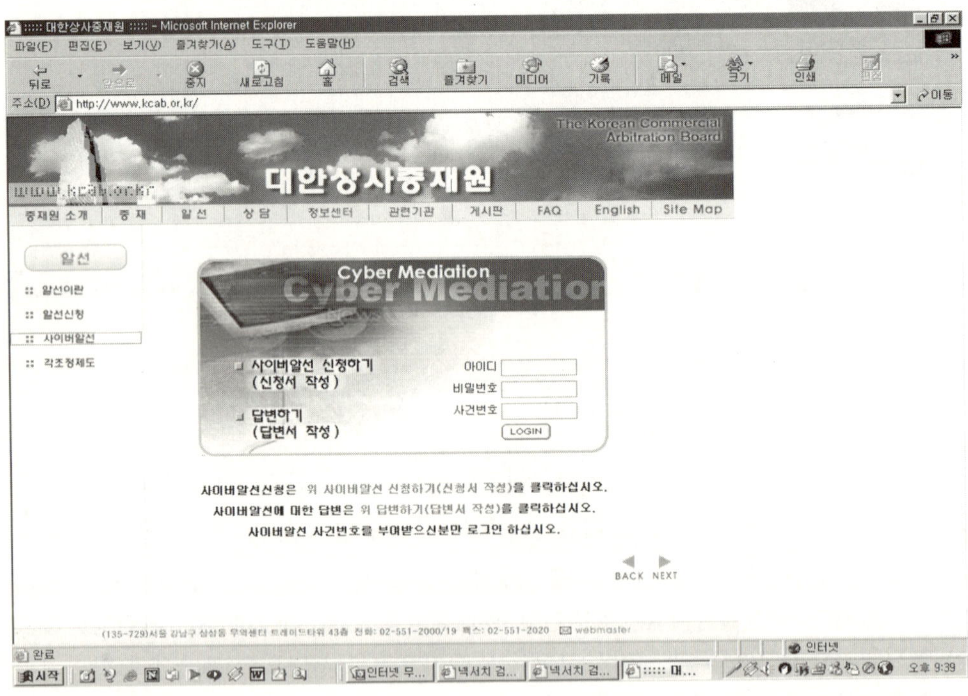


http://www.kcab.or.kr/

## 5 중재(Arbitration)

직접협상과 조정으로 해결되지 못하는 분쟁의 해결을 위해서는 구속력을 가진 결정을 내릴 수밖에 없다. 가장 전충적인 결정 방법은 재판이지만 재판이 갖는 절차상 경직성, 소송의 장기성, 높은 비용은 대안으로서 중재제도를 부각시키고 있다.

중재는 중재부탁여부의 결정, 중재인의 선정 등 절차적인 측면에 대한 통제권은 아직도 분쟁 당사자가 가지고 있다. 중재절차의 비공개성은 재판과 또 다른 차이점이지만 주장과 답변, 증인채택, 증거제출, 변론 등은 대체로 재판절차와 유사하다. 당사자는 수용가능한 중재판정의 범위를 제안할 수도 있으나 종국적으로는 판정은 중재인의 몫이다. 중재판정은 항소가 불가능한 분쟁의 종국적 해결이며 당사자가 이행하지 않는 경우 법원을 통해 집행할 수 있다.

조정과 중재의 가장 큰 차이점은 조정안은 당사자가 수행하지 않는 한 구속력이 없음에 비하여 중재판정은 구속력을 갖는다는 것이다. 다른 성격들은 본질적이라기보다는 정도의 차이에 불과하나 이를 유형화해보면 다음과 같다.

【표 7-1】 조정과 중재의 차이

| | 조정 | 중재 |
|---|---|---|
| 결과의 구속력 | 비구속적 | 구속적 |
| 절차에의 참여 | 자발적 | 자발적(계약에 의한 강제 가능) |
| 제3자 | 당사자 선택 | 당사자 선택 혹은 지명 |
| 절차의 엄격성 | 비형식적 | 약간 형식적 |
| 제출사항 | 제한 없이 관련 사항 개진 | 증거와 주장만 개진 |
| 결과 | 조정안에의 합의 혹은 합의 실패 | 정형적 중재판정 |
| 이행 | 사적이행 | 사적 이행(사법적 강제기능) |

자료 : 정찬모 외, 인터넷 분쟁의 소송외적 해결을 위한 법제도 연구, 정보통신정책연구원 2001. 12

인터넷을 통한 사이버 중재 역시 기존 중재절차를 on-line에 의해서 진행시키는 시스템을 말한다. 분쟁당사자가 on-line을 통해 구속력 있는 결정을 내릴 수 있는 중재인의 중재를 받는 것으로, 중재심리절차 등이 on-line으로 진행됨에 있어 증인 및 증거 문제, 참고인 진술문제, 당사자 확인 등 여러 가지 기술적 문제의 해결이 선행되어야 보다 효율적인 분쟁해결 시스템이 될 것이다.

【그림 7-4】 인터넷 중재관련 기관(WIPO)

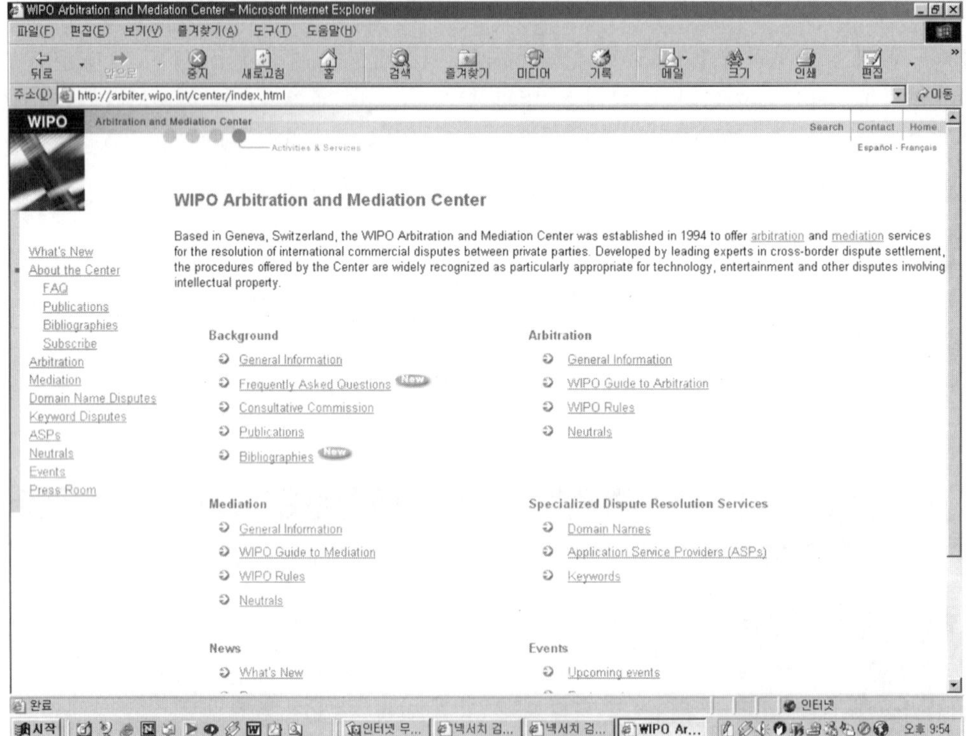


http://arbiter.wipo.int/center/index.html

# 3 On-line ADR

## 1 On-line ADR의 개요

대체적 분쟁해결을 위하여 그 해결절차에 있어 인터넷 웹기반 기술을 이용한다면 분쟁을 보다 효율적이고 신속하게 처리할 수 있다.

미국 등에서 활성화된 정보통신기술을 활용한 분쟁해결방식, 즉 On-line ADR의 경우 국제적으로는 이미 도메인 이름의 분쟁해결을 위하여 1999년 말부터 활용되어 왔고, 국내에서도 이미 전자거래분쟁조정위원회의 일부 조정사건에서 이미 시연되고 있다.

이러한 On-line ADR이 출현하고 그에 대한 관심이 고조되고 있는 배경을 살펴보면 다음과 같다.

첫째, 전자상거래가 양적으로 비약적인 확대 경향을 보이고 있다는 점,

둘째, 기존의 분쟁해결방식이 그 대상으로 삼고 있지 않던 비전통적인 상거래가 가상공간에서 계속적으로 출현하고 있다는 점,

셋째, 국제적으로 정부기구나 국제기구들이 위와 같은 현상이나 전자거래에서 발생하는 문제에 대한 하나의 해결책으로서 On-line ADR에 대한 지속적인 관심을 갖고 있다는 점,[240)]

넷째, 전통적인 ADR 제공기관들이 On-line ADR에 관하여 깊은 관심을 표명하여 온 점,[241)]

240) 2000년에는 미국의 연방거래위원회, 미국상무성, 유럽연합, 헤이그 국제사법회의, OECD, Global Business Dialogue, WIPO 등에 의한 다수의 국제회의 또는 워크샵이 개최되었다.

241) 예컨대, 미국변호사협회(American Bar Association) 분쟁해결분과위원회의 연례회의에서는

다섯째, SquareTrade, eResolution, Cybersettle이나 ClickSettle 등과 같은 온라인분쟁해결 전문회사가 상당한 투자와 사적인 재원조달을 하여온 점,

여섯째, WIPO, National Arbitration Forum(NAF), CPR Institute, eResolution 등에 의하여 1999년 말부터 시작되어 온 도메인 이름관련 분쟁해결의 사례,

마지막으로 분쟁을 해결하고 사업자와 소비자간의 신뢰를 구축하는 수단으로서 On-line ADR이 on-line 및 off-line 시장에서 상당히 수용되고 있는 점 등이다.

전자무역 분쟁해결과 관련한 ADR에는 화해, 조정, 알선, 중재 등을 들 수 있으며, 전형적으로 on-line ADR의 절차는 전통적인 ADR 절차와 같이 분쟁해결신청인이 on-line ADR 제공기관에 분쟁해결신청서를 등록함으로써 시작된다. 이 때 대부분의 경우 신청서를 e-mail로 제출하거나, 웹사이트상의 양식을 기입함으로써 이루어진다. 그 후 ADR 제공기관은 분쟁해결신청서에 제공된 정보를 이용하여 피신청인측과 접촉하고, 그들이 on-line ADR 절차에 참여할 것을 요청한다. 피신청인이 참여를 수락하면, 피신청인은 신청인의 분쟁해결신청서에 대한 답변서를 e-mail 등을 통하여 제출한다.

ADR 제공기관에 의하여 임명된 조정인 등의 조정조서와 분쟁해결서면에 대하여 다양한 집행력이 부여될 수 있으나, 대부분의 on-line ADR의 분쟁해결조서는 법적으로 비구속적이고 집행력이 없다. 다만, 일부 ADR 제공기관은 당사자들이 구속력이 있는 분쟁해결 계약을 맺도록 요구하기도 하지만, 그러한 계약의 효력은 각국의 법률에 따라 달라질 것이다.

---

On-line ADR에 대한 논의를 하여왔고, Better Business Bureau는 BBBOnline 프로젝틀르 통하여 On-line ADR의 연구 및 발전에 상당한 기여를 하여오고 있으며, 미국중재협회(American Arbitration Association)도 On-line ADR의 도입에 적극적인 노력을 하고 있다.

【그림 7-5】 On-line ADR의 절차

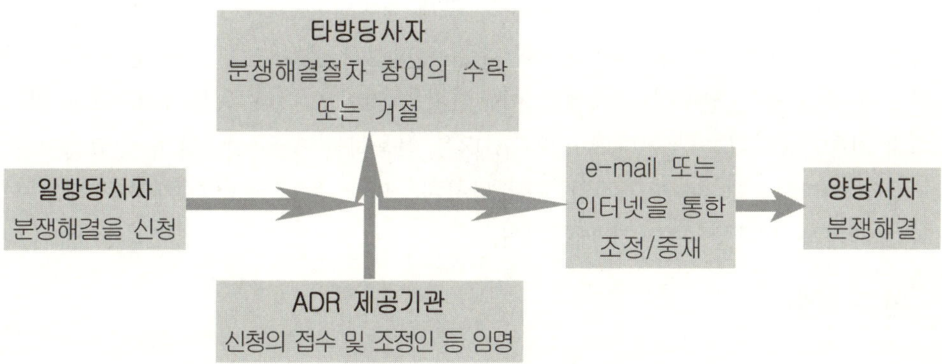


## 2 On-line ADR의 장점

On-line ADR은 인터넷 등 온라인 이용자들에게 수많은 이점을 제공하고 있다. 이러한 On-line ADR의 가치는 대부분 전통적인 ADR과 통상 관련되어 있지만 그것은 온라인 의사소통(on-line communication)이라는 수단에 의하여 더 한층 강화될 수 있다. 온라인 절차는 유연성(flexibility), 청조적 해결책(creative solutions) 및 신속한 결정을 가능하게 할 것이다.242)

### 1) 편리성

On-line ADR의 주요 장점은 당사자들이 그들의 분쟁을 해결하기 위하여 법원, 중재지, 조정지 등의 장소에 출석하지 않고 격지에서도 분쟁해결절차에 참여할 수 있게 한다는 것이다. 다수의 전자상거래는 서로 다른 장소에 소재한 당사자들 간에 발생하

242) E Casey Lide, ADR and Cyberspace : The Role of Alternative Dispute Resolution in Online Commerce, Intellectual Property and Defamation, 12 Ohio St. J. on Disp. Resol. 193, 195(1996), p. 218.

고, 일부의 경우에는 당사자들이 각기 다른 나라에 소재할 수도 있다. 만약 동일한 시간에 동일한 장소에 출석하여 분쟁해결절차에 참여하게 된다는 것은 시간상, 비용상 많은 자원을 소비하게 할 것이다. 또 다른 편리성의 예로는 그러한 분쟁해결절차가 단지 업무일 또는 업무시간 내에만 이루어지는 것이 아니라 하루 종일 또는 일주일 내내 이용가능하다는 것이다. 이렇듯 ADR을 이용하는 것은 절차규칙에 있어서의 유연성을 의미하는데, 이는 조정인 등이 당사자들의 시간적, 장소적 제약을 해소할 수 있는 절차를 채택할 수 있기 때문이다.

### 2) 저렴성

소송은 일반적으로 법률비용이 높다고 이야기된다. 그러한 비용의 대부분은 변호사 선임료이다. WIPO 등의 도메인네임 분쟁조정절차에서도 많은 경우 변호사 등이 법률대리인으로 선임되는 경우가 다수 있지만, 분쟁 당사자들도 On-line ADR 제공기관이 준비한 서면양식을 기입하는 방법으로 변호사를 선임하지 않고 분쟁해결신청서를 작성하거나 답변서를 작성할 수 있다. 아울러 온라인 시스템을 이용하게 되면 국제전화 또는 장거리 전화, 팩스 드을 이용하면서 지불하여야 할 비용을 절감할 수 있다.

### 3) 온라인 사용자에게 적합

온라인 사용자에게 있어서 온라인을 통한 분쟁해결은 메커니즘에의 접근은 현실세계의 분쟁메커니즘에 접근하는 것보다 더욱 친숙하게 느낄 수 있고, 가상공간에서 발생하는 분쟁을 해결함에 있어 '자신이 살고 있는 현실세계 보다는 자신의 가상공간의 법률에 의한 결정을 더욱 지지할 것이다'[243]라는 주장이 있다. 이는 인터넷에 능숙한 사용자에게 있어서 현실사회에서 분쟁해결 메커니즘 보다는 자신이 계속 접하고 있는 가상공간에서의 메커니즘에 친밀감을 가지고, 법률문제에 대한 거부감도 더 적게 느낄 것이다.

243) Robert C. Bordone, Electronic Online Dispute Resolution : A Systems Approach - Potential Problems and a Proposal, 3 Harv. negotiation L. Rev. 175, 176 (1998), p. 6.

### 4) 관할권의 문제

On-line ADR이 전통적인 분쟁해결시스템보다 우월한 이점은 어떤 법원이 발생한 사건에 관한 관할권을 가지는가라는 전통적인 관할권의 문제를 회피하는 것이 될 것이다. 가상공간에 있어서 입법관할권의 문제에 대한 권위적인 해석이 존재하지 않고 국가마다 관할권에 대한 태도가 다른 현재에 있어서 당사자들이 자치적으로 분쟁해결기관을 선택하고 그 결정에 구속되는 것은 일종의 범세계적인 분쟁해결을 가능하게 할 것이다.[244]

특히, 관할권의 문제는 인터넷의 범세계적인 성격에 비추어 보아 특히 그 타당성이 강조되는데, 인터넷상에서 영업활동을 하는 것은 일부 거래관계들을 부지불식간에 외국의 관할권과 외국법에 직면하도록 한다.

## 3 On-line ADR의 단점

### 1) 인간적 요소의 결여

On-line ADR의 비판자들은 온라인 조정 및 중재가 대면접촉에 의한 분쟁해결 가능성을 제공하지 않기 때문에 ADR의 하나이 큰 이점이 분쟁해결과정중의 당사자들간의 타협의 여지를 봉쇄한다고 주장한다.[245] 뿐만 아니라 On-line ADR의 의사전달 수단으로 활용되는 e-mail 등에 의한 중재, 조정은 당사자들이 같은 장소에서 만나 직접 대면하는 전통적인 ADR 절차의 역동성을 잃게 할 것이다.

채팅룸에서 웹 카메라 등의 화상기술에 의하여 이러한 단점을 해소할 수는 있지만,

---

244) UDRP에 의한 도메인네임 분쟁해결의 경우, 준거법의 문제를 해결하기 위하여 자체 Policy 내에 실체적 규정을 두고 있다.

245) Joel B. Erisen, Are We Ready for Mediation in Cyberspace? 1998 BYU L. Rev. 1305, pp. 1312~13.

정해진 장소 또는 시간에 구애받지 않고 분쟁해결이 가능하다는 On-line ADR의 장점 및 그러한 온라인 환경을 제공하는데 소요되는 비용 때문에 단시일 내에 비대면성의 문제를 해소하는 수단으로서 화상채팅 등의 방식은 보편화되기 힘들 것으로 예상된다.

### 2) 접근가능성 부족

On-line ADR을 활용하기 위하여 당사자들은 필요한 소프트웨어 및 하드웨어를 장착한 컴퓨터와 인터넷 등 온라인에 접근할 수 있어야 한다. 또한, 인터넷을 활용할 수 있는 사용자라고 할지라도 온라인 환경에 아주 능숙하지 않는 한 전통적인 ADR보다 더 효과적으로 On-line ADR이 제공하는 이점들을 활용할 수 있다고 볼 수는 없다.. 그러므로 On-line ADR의 경우 활용분야는 원래 온라인을 매개로 하여 발생한 분쟁 등, 분쟁당사자들이 온라인을 활용하는데 지장이 없다는 전제조건이 충족되는 분야에서 그 효용성을 가질 수 있다.

### 3) 기밀성의 결여 및 보안

전통적인 ADR에서의 통상적인 관행은 어떠한 물리적인 기록도 남기지 않는 것이라고 한다.[246] 다만 당사자들이 원하는 경우에만 분쟁해결과정에서의 기록들이 기록 또는 공개될 수 있을 것이다. 그러나 On-line ADR의 경우에는 그러한 기밀성의 유지가 힘들다. 즉, 분쟁해결에 참여하는 일방은 손쉽게 e-mail 등을 인쇄 등을 통하여 기록할 수 있으며, 그러한 정보를 타방당사자 등의 허락없이 손쉽게 배포할 수도 있다. 또한, 온라인시스템은 제3자의 해킹에 의한 분쟁해결과정이나 결과 등이 손쉽게 노출될 수 있을 것이다. 이러한 문제들이 발생한다면 일반인들의 On-line ADR에 대한 신뢰를 얻기는 힘들 것이다.

---

246) M. Ethan Katsch, Dispute Resolution in Cyberspace, 28 Conn. L. Rev. 953, p. 971.

# 전자무역 촉진에 관한법률

[전부개정 2005. 12. 23 법률 제7751호], 시행일 2006. 6. 24,

# 전자무역 촉진에 관한법률

[전부개정 2005. 12. 23 법률 제7751호], 시행일 2006. 6. 24,

## 제1장 총칙

제1조 (목적) 이 법은 전자무역의 기반을 조성하고 그 활용을 촉진하여 무역절차의 간소화와 무역정보의 신속한 유통을 실현하고 무역업무의 처리시간 및 비용을 절감함으로써 산업의 국제경쟁력을 높이고 국민경제의 발전에 이바지함을 목적으로 한다.

제2조 (정의) 이 법에서 사용하는 용어의 정의는 다음과 같다.

1. "전자무역"이라 함은「대외무역법」제2조제1호의 규정에 의한 무역의 일부 또는 전부가 전자무역문서에 의하여 처리되는 거래를 말한다.
2. "무역업자"라 함은「대외무역법」 제2조제3호의 규정에 의한 무역거래자로서 무역유관기관에게 대외무역 법령, 외국환거래 법령 그 밖에 대통령령이 정하는 법령과 운송·보험 등 당사자 간의 계약(이하 "무역관련법령 등"이라 한다)에 따라 신청·신고·보고 등(이하 "신청 등"이라 한다)을 하는 자를 말한다.
3. "무역유관기관"이라 함은 무역업자에게 무역관련법령 등이 정하는 무역 관련 역무를 제공하거나 승인·면허·인증·신고의 수리 등(이하 "승인 등"이라 한다)을 하는 기관을 말한다.
4. "전자무역문서"라 함은 전자무역에 사용되는「전자거래기본법」제2조제1호의 규정에 의한 전자문서를 말한다.
5. "전자무역기반시설"이라 함은 정보통신망을 통하여 무역업자와 무역유관기

관을 체계적으로 연계하여 전자무역문서의 중계·보관 및 증명 등의 업무를 수행하는 정보시스템을 말한다.

제3조 (적용범위) 이 법은 다른 법률에 특별한 규정이 있는 경우를 제외하고 모든 전자무역에 적용한다.

## 제2장 전자무역촉진 추진체계

제4조 (전자무역의 촉진을 위한 시책의 수립·시행) ①산업자원부장관은 전자무역을 촉진하기 위하여 다음 각 호의 사항이 포함된 전자무역촉진시책(이하 "촉진시책"이라 한다)을 수립·시행하여야 한다.

1. 촉진시책의 기본 방향에 관한 사항
2. 전자무역기반시설의 구축과 운영에 관한 사항
3. 전자무역의 환경조성에 관한 사항
4. 전자무역과 관련된 국제협력에 관한 사항
5. 전자무역과 관련된 통계자료의 수집·분석 및 활용방안에 관한 사항
6. 전자무역에 관한 거래자간의 분쟁해결을 위한 중재 등에 관한 사항
7. 전자무역 촉진을 위한 재원 확보 및 배분에 관한 사항
8. 그 밖에 전자무역의 촉진을 위하여 필요한 사항

② 산업자원부장관이 촉진시책을 수립함에 있어「정보화촉진기본법」제2조의2의 규정에 의한 정보화촉진 등에 관한 사항은 동법 제8조제1항의 규정에 의한 정보화추진위원회의 심의를 거친 후 확정하여야 한다. 변경하고자 하는 경우에도 또한 같다.

③ 산업자원부장관은 촉진시책을 시행하기 위하여 대통령령이 정하는 바에 의하여 전자무역에 관한 업무를 수행하는 기관 또는 단체에 대하여 필요한 지원

을 할 수 있다.

제5조 (국가전자무역위원회의 설치 ) ①전자무역의 촉진에 관한 다음 각 호의 사항을 협의·조정하기 위하여 국무총리 소속하에 국가전자무역위원회(이하 "위원회"라 한다)를 둔다.

1. 촉진시책에 관한 사항
2. 전자무역 추진과 관련된 각 부처간 업무의 협조에 관한 사항
3. 전자무역 관련 법령·제도의 정비·개선에 관한 사항
4. 그 밖에 전자무역 추진에 관한 주요사항

② 위원회는 위원장을 포함하여 20인 이내로 구성하되, 위원은 당연직 위원과 위촉위원으로 구성한다.

③ 위원장은 국무총리가 되고, 당연직 위원은 대통령령이 정하는 관계 중앙행정기관의 차관급 이상의 공무원과 유관기관의 장이 되며, 위촉 위원은 전자무역에 관한 학식과 경험이 풍부한 자 중에서 위원장이 위촉한 자가 된다.

④ 위원회의 효율적인 운영을 위하여 실무위원회를 둔다.

⑤ 위원회 및 실무위원회의 구성·운영 등에 관하여 필요한 사항은 대통령령으로 정한다.

## 제3장 전자무역기반사업자

제6조 (전자무역기반사업자의 지정 등) ①산업자원부장관은 대통령령이 정하는 바에 의하여 「전기통신사업법」 제2조제1항제1호의 규정에 의한 전기통신사업자로서 자본금·인력·기술력 등 대통령령이 정하는 기준에 적합한 자를 전자무역기반업무를 수행할 자로 지정할 수 있다.

② 제1항의 규정에 의한 지정을 받은 자(이하 "전자무역기반사업자"라 한다)는

다음 각 호의 사업을 수행할 수 있다.

1. 전자무역기반시설의 운영업무
2. 전자무역기반시설과 외국의 전자무역망간의 연계업무
3. 제12조제1항 각 호의 규정에 의한 무역 관련 업무의 전자무역기반시설을 통한 중계·보관 및 증명 등의 업무
4. 전자무역문서의 중계사업
5. 제2호의 규정에 의한 연계를 활용한 사업
6. 전자무역기반시설을 활용한 전자무역서비스 관련 사업
7. 전자무역문서의 표준화에 관한 연구사업
8. 전자무역문서 및 무역화물유통정보 등 무역관련정보(이하 "무역정보"라 한다)를 체계적으로 처리·보관하여 검색 등에 활용할 수 있는 집합체(이하 "데이터베이스"라 한다)의 제작·보급과 이를 활용한 사업
9. 무역업자 및 무역유관기관에 대한 전자무역문서 중계 등에 관련된 기술의 보급 및 보급한 기술에 대한 사후관리사업
10. 그 밖에 전자무역의 촉진을 위한 교육·홍보 등 대통령령이 정하는 사업

③ 전자무역기반사업자 외의 자는 제2항제1호 내지 제3호의 업무를 수행할 수 없다.

제7조 (전자무역기반사업자의 결격사유) ①다음 각 호의 어느 하나에 해당하는 자는 전자무역기반사업자로 지정을 받을 수 없다. 전자무역기반사업자가 법인인 경우 그 임원 중 다음 각 호의 어느 하나에 해당하는 자가 있는 때에도 또한 같다.

1. 금치산자 또는 한정치산자
2. 파산선고를 받고 복권되지 아니한 자

3. 이 법을 위반하여 징역 이상의 실형의 선고를 받고 그 집행이 종료(집행이 종료된 것으로 보는 경우를 포함한다)되거나 집행이 면제된 날부터 1년이 경과되지 아니한 자
4. 이 법을 위반하여 징역 이상의 형의 집행유예의 선고를 받고 그 유예기간 중에 있는 자
5. 제11조제1항의 규정에 의하여 지정이 취소된 날부터 2년이 경과되지 아니한 자

② 전자무역기반사업자가 제1항 각 호의 어느 하나에 해당하게 된 때에는 그 지정은 그 때부터 효력을 잃는다. 다만, 법인의 임원 중 그 사유에 해당하는 자가 있는 경우 3월 이내에 그 임원을 개임한 때에는 그러하지 아니하다.

제8조 (업무준칙의 신고 등) ①전자무역기반사업자는 업무를 개시하기 전에 전자무역문서의 중계·보관 및 증명 등의 업무와 관련하여 다음 각 호의 사항이 포함된 업무준칙을 작성하여 산업자원부장관에게 신고하여야 한다.

1. 업무의 종류
2. 업무의 수행방법 및 절차
3. 전자무역문서의 중계·보관 및 증명 등의 역무의 이용조건 및 이용요금
4. 제12조제4항의 규정에 의하여 무역업자의 위탁을 받아 전자무역문서의 송·수신을 하고자 하는 자에게 전자무역기반시설의 접속을 제공하는 경우 표준이 되는 협정의 내용
5. 그 밖에 산업자원부장관이 정하여 고시하는 사항

② 전자무역기반사업자는 제1항의 규정에 의하여 신고한 사항을 변경하는 경우 산업자원부령이 정하는 기간 이내에 이를 산업자원부장관에게 신고하여야 한다.

③ 전자무역기반사업자는 업무준칙을 성실히 준수하여야 한다.

제9조 (역무의 제공 등) ① 전자무역기반사업자는 정당한 사유 없이 전자무역문서의 중계·보관 및 증명 등 역무의 제공을 거부하여서는 아니된다.

② 전자무역기반사업자는 역무 이용자를 부당하게 차별하여서는 아니된다.

제10조 (시정명령) 산업자원부장관은 전자무역기반사업자가 다음 각 호의 어느 하나에 해당하는 경우에는 6월 이내의 기간을 정하여 시정을 명할 수 있다.

1. 제6조제1항의 규정에 의한 전자무역기반사업자의 지정기준에 적합하지 아니하게 된 경우
2. 제8조제1항의 규정에 의한 업무준칙의 내용이 전자무역문서의 중계·보관 및 증명 등 업무의 안전성과 정확성의 확보에 지장을 초래하거나 이용자의 이익을 저해하는 것으로 판단되는 경우
3. 제8조제1항의 규정에 의한 신고를 하지 아니하거나 동조제2항의 규정에 의한 변경신고를 하지 아니하는 경우
4. 제8조제3항의 규정을 위반하여 업무준칙을 준수하지 아니하는 경우
5. 제9조제1항의 규정을 위반하여 역무의 제공을 거부하거나 동조제2항의 규정을 위반하여 역무 이용자를 부당하게 차별하는 경우

제11조 (지정의 취소 등) ① 산업자원부장관은 전자무역기반사업자가 다음 각 호의 어느 하나에 해당하는 경우에는 산업자원부령이 정하는 바에 따라 그 지정을 취소하거나 1년 이내의 기간을 정하여 제6조제2항의 규정에 의한 사업의 전부 또는 일부의 정지를 명할 수 있다. 다만, 제1호 또는 제2호에 해당하는 경우에는 그 지정을 취소하여야 한다.

1. 거짓 그 밖에 부정한 방법으로 제6조제1항의 규정에 의한 지정을 받은 경우
2. 제1항 본문의 규정에 따른 사업정지 기간 중 사업을 계속하여 수행한 경우
3. 제10조의 규정에 의한 시정명령을 정하여진 기간 이내에 이행하지 아니한 경우

4. 제21조제1항 본문의 규정을 위반하여 전자무역문서 및 무역정보를 공개한 경우
5. 제26조제1항의 규정을 위반하여 자료를 제출하지 아니하거나 거짓으로 자료를 제출한 경우
6. 제26조제1항의 규정을 위반하여 관계 공무원의 출입·검사를 거부·방해 또는 기피한 경우

② 산업자원부장관은 제1항제3호 내지 제6호의 규정에 해당하여 사업정지처분을 하여야 하는 경우로서 그 사업정지가 전자무역기반사업자가 제공하는 역무를 이용하는 자에게 심한 불편을 주거나 공익을 해할 우려가 있다고 인정하는 경우에는 사업정지에 갈음하여 5억원 이하의 과징금을 부과할 수 있다.

③ 제2항의 규정에 의하여 과징금이 부과되는 위반행위의 종별·내용 및 정도에 따른 과징금의 금액 그 밖의 필요한 사항은 대통령령으로 정한다.

④ 산업자원부장관은 제2항의 규정에 의한 과징금을 납부하여야 할 자가 납부기한까지 이를 납부하지 아니한 때에는 국세체납처분의 예에 따라 징수한다.

## 제4장 전자무역기반시설의 이용 등

제12조 (신청 등 또는 승인 등의 효력) 무역업자 또는 무역유관기관이 무역자동화망을 이용하여 신청 등 또는 승인 등을 전자문서교환방식으로 처리한 경우에는 무역관련법령 등에서 정한 각종 절차에 의하여 처리된 것으로 본다.

제12조 (전자무역기반시설의 이용 등) ①무역업자와 무역유관기관은 전자무역문서를 사용하여 무역업무를 하고자 하는 경우에는 전자무역기반시설을 이용할 수 있다. 다만, 전자문서의 방식으로 다음 각 호의 어느 하나에 해당하는 업무를 하는 경우에는 전자무역기반시설을 통하여야 한다.

1. 외국환업무취급기관의 신용장 통지업무

2. 외국환업무취급기관의 수입화물선취보증서 발급업무
3. 외국환업무취급기관의 내국신용장 개설업무
4. 「대외무역법」 제15조제2항의 규정에 의한 통합공고상의 수출입요건확인기관의 요건확인서 발급업무. 다만, 「관세법」 제226조의 규정에 의하여 세관장이 확인하는 경우를 제외한다.
5. 「대외무역법」 제20조의2의 규정에 의한 구매확인서 발급업무
6. 「대외무역법」 제25조의2의 규정에 의한 원산지증명서 발급업무. 다만, 「대외무역법」 제25조의2 및 동법 제53조제1항의 규정에 의하여 세관장이 발급한 원산지증명서를 제외한다.
7. 「상법」 제695조제2호의 규정에 의한 해상적하보험증권 발급업무
8. 「해운법」 제26조제2항의 규정에 의한 외항화물운송사업자와 동법 제26조의3의 규정에 의한 국내지사 설치신고를 한 자의 수하인에 대한 화물인도지시서 발급업무

② 무역업자와 무역유관기관은 전자무역기반시설을 이용하여 무역업무를 행하고자 하는 경우에는 제13조의 규정에 의한 표준화된 전자무역문서를 사용하여야 한다.

③ 관세청은 「관세법」 제248조제1항의 규정에 의한 신고필증, 「대외무역법」 제25조의2 및 동법 제53조제1항의 규정에 의하여 세관장이 발급하는 원산지증명서와 제1항제4호 단서의 규정에 의하여 확인하는 문서를 전자문서의 방식으로 전자무역기반시설에 전송하여 전자무역기반사업자의 업무와 연계될 수 있도록 하여야 한다.

④ 전자무역기반사업자는 무역업자의 위탁을 받아 전자무역문서의 송·수신을 하고자 하는 자에 대하여 전자무역기반시설의 접속을 제공할 수 있다.

제13조 (전자무역문서의 표준화) ① 산업자원부장관은 전자무역의 촉진을 위하여

관계 중앙행정기관의 장과 협의하여 대통령령이 정하는 바에 따라 전자무역문서의 표준을 정하여 고시하여야 한다. 이 경우 고시한 사항을 변경하는 때에도 또한 같다.

② 제1항의 규정에 의한 전자무역문서 표준화의 내용·대상 및 절차 등에 관한 사항은 대통령령으로 정한다.

제14조 (신청 등 또는 승인 등의 효력) 무역업자 또는 무역유관기관이 신청 등 또는 승인 등을 전자무역기반시설을 통하여 전자무역문서로 처리한 경우에는 무역관련법 령 등이 정한 절차에 따라 처리된 것으로 본다.

제15조 (전자무역문서의 효력) 무역업자 또는 무역유관기관이 전자무역기반시설을 통하여 신청 등 또는 승인 등을 한 전자무역문서는 무역관련법령 등이 정한 절차에 의하여 처리된 문서로 본다.

## 제5장 전자무역문서의 보관 및 증명

제16조 (전자무역기반사업자가 보관하는 전자무역문서의 효력) ① 전자무역기반사업자가 전자무역문서를 보관하는 경우에는「전자거래기본법」제5조제1항의 규정에 의한 전자문서의 보관이 행하여진 것으로 본다.

② 전자무역기반사업자는 전자무역문서의 보관을 위하여 전자서명을 사용하는 경우「전자서명법」제2조제3호의 규정에 의한 공인전자서명을 이용하여야 한다.

제17조 (전자무역문서의 증명) ① 전자무역기반사업자가 전자무역문서의 송·수신 일시 및 그 당사자 등에 관한 증명서를 발급하는 경우 그 증명서에 기재된 사항은 진정한 것으로 추정한다.

② 전자무역기반사업자가 제1항의 증명서를 발급함에 있어서 준수하여야 할 표

준서식·방법 및 절차 등에 대하여는 대통령령으로 정한다.

③ 전자무역기반사업자가 전자무역문서의 증명을 위하여 전자서명을 사용하는 경우에는「전자서명법」제2조제3호의 규정에 의한 공인전자서명을 이용하여야 하고, 전자무역문서의 송·수신 시점을 확인하는 경우에는 동법 제20조의 규정에 따라 전자서명을 하여야 한다.

## 제6장 전자무역문서의 이용 촉진

제18조 (전자무역문서의 이용 촉진) 정부는 전자무역문서의 이용을 촉진하기 위하여 각종 법령의 정비 등 필요한 시책을 수립·시행하여야 한다.

제19조 (신청 등에 필요한 첨부서류에 관한 특례) ①산업자원부장관은 무역관련법령 등에서 정한 신청 등에 필요한 첨부서류가 전자무역기반시설에 보관되어 있는 경우 첨부서류의 제출을 면제할 수 있으며, 전자무역기반시설에 보관되어 있지 아니한 경우에는 다음 각 호의 방법으로 첨부서류를 제출하게 할 수 있다.

1. 첨부서류가 제13조의 규정에 의하여 표준화된 전자무역문서로 작성된 경우에는 「전자서명법」 제2조제3호의 규정에 의한 신청인의 공인전자서명을 하여 제출하는 방법
2. 첨부서류가 종이문서로 작성된 경우에는 당해 서류의 전자사본(대통령령이 정하는 바에 따라 전자무역문서로 제작한 사본을 말한다)에 「전자서명법」 제2조제3호의 규정에 의한 신청인의 공인전자서명을 하여 제출하는 방법

② 산업자원부장관이 제1항의 규정에 의하여 첨부서류의 제출을 면제하는 때에는 먼저 관계 중앙행정기관의 장과 협의한 후 그 범위를 고시(인터넷 게재를 포함한다)하여야 한다.

## 제7장 전자무역문서의 보안 및 관리

제20조 (전자무역문서 및 무역정보에 관한 보안) ① 누구든지 전자무역기반사업자, 제22조의 규정에 의한 전자무역전문서비스업자, 무역업자와 무역유관기관의 컴퓨터파일에 기록된 전자무역문서 또는 데이터베이스에 입력된 무역정보를 위조 또는 변조하거나 위조 또는 변조된 전자무역문서 또는 무역정보를 행사하여서는 아니된다.

② 누구든지 전자무역기반사업자의 컴퓨터 등 정보처리장치에 거짓정보 또는 부정한 명령을 입력하여 정보처리가 되게 하는 등의 방법으로 제17조제1항의 증명서를 발급되게 하여서는 아니된다.

③ 누구든지 전자무역기반사업자, 제22조의 규정에 의한 전자무역전문서비스업자, 무역업자와 무역유관기관의 컴퓨터파일에 기록된 전자무역문서 또는 데이터베이스에 입력된 무역정보를 훼손하거나 그 비밀을 침해하여서는 아니된다.

④ 전자무역기반사업자의 임원 또는 직원이거나 임원 또는 직원이었던 자는 업무상 알게 된 전자무역문서 또는 무역정보에 관한 비밀을 누설하거나 도용하여서는 아니된다.

⑤ 전자무역기반사업자는 전자무역문서 및 데이터베이스를 3년 동안 보관하여야 한다.

제21조 (전자무역문서 및 무역정보의 공개) ①전자무역기반사업자는 컴퓨터파일에 기록된 전자무역문서 및 데이터베이스에 입력된 무역정보를 공개하여서는 아니된다. 다만, 국가의 안전보장에 위해가 없고 기업의 영업비밀을 침해하지 아니하는 경우로서 대통령령이 정하는 경우에는 공개할 수 있다.

② 전자무역기반사업자가 제1항 단서의 규정에 의하여 전자무역문서 및 무역정보를 공개하고자 하는 때에는 이해관계인의 의견을 들어야 한다.

## 제8장 전자무역전문서비스업자

제22조 (전자무역전문서비스업자에 대한 지원 등) ① 산업자원부장관은 무역업자의 전자무역을 효율적으로 지원하고 이를 확산시키기 위하여 다음 각 호의 사업을 하는 자로서 자본금·인력 등 대통령령이 정하는 등록요건을 갖추어 산업자원부장관에게 전자무역전문서비스업자로 등록한 자(이하 "전자무역전문서비스업자"라고 한다)에게 필요한 지원을 할 수 있다.

1. 정보통신망을 통한 무역거래의 알선 및 대행사업
2. 정보통신망을 통한 무역업자의 해외마케팅 지원사업
3. 전자무역문서의 중계사업
4. 제6조제2항제2호의 규정에 의한 연계를 활용한 사업
5. 전자무역기반시설을 활용한 전자무역서비스 관련 사업
6. 전자무역문서 및 무역정보의 데이터베이스 제작·보급 및 이를 활용한 사업
7. 그 밖에 전자무역의 촉진을 위한 사업으로서 대통령령이 정하는 사업

②제1항의 규정에 의한 전자무역전문서비스업자의 등록절차 그 밖에 필요한 사항은 대통령령으로 정한다.

제23조 (전자무역전문서비스업자 등록의 취소) 산업자원부장관은 전자무역전문서비스업자가 제1호에 해당하는 경우에는 그 등록을 취소하여야 하고, 제2호에 해당하는 경우에는 그 등록을 취소할 수 있다.

1. 거짓 그 밖에 부정한 방법으로 제22조의 규정에 의하여 등록한 경우
2. 제22조제1항의 규정에 의한 등록의 요건에 적합하지 아니하게 된 경우

## 제9장 전자무역 기술개발의 추진 등

第24조 (전자무역 기술개발의 추진) 정부는 전자무역의 촉진에 필요한 기술의 개발과 기술수준의 향상을 위하여 다음 각 호의 사항을 추진하여야 한다.

1. 전자무역에 관한 기술의 조사·연구개발 및 개발된 기술의 활용에 관한 사항
2. 전자무역에 관한 기술협력·기술지도 및 기술이전에 관한 사항
3. 전자무역에 관한 기술정보의 원활한 유통과 산업계·학계·연구기관 등과의 협력에 관한 사항
4. 그 밖에 전자무역에 관한 기술개발과 관련하여 필요한 사항

第25조 (전자무역 전문인력의 양성) ① 정부는 전자무역의 촉진을 위하여 필요한 전자무역 분야의 전문인력을 양성하는데 노력하여야 한다.

② 정부는 제1항의 규정에 의한 전문인력의 양성을 위하여「정부출연연구기관 등의 설립·운영 및 육성에 관한 법률」에 의한 정부출연연구기관,「과학기술분야 정부출연연구기관 등의 설립·운영 및 육성에 관한 법률」에 의한 과학기술분야 정부출연연구기관,「고등교육법」에 의한 대학,「평생교육법」에 의한 원격대학 형태의 평생교육시설, 민간 교육기관 그 밖의 관련 기관에 대하여 그 사업 수행에 필요한 경비의 전부 또는 일부를 지원할 수 있다.

③ 제2항의 규정에 의한 경비의 지원에 관하여 필요한 사항은 대통령령으로 정한다.

## 제10장 보칙

제26조 (자료제출 및 출입·검사 등) ① 산업자원부장관은 전자무역문서의 중계·보관 및 증명 등의 업무의 안전성, 증명의 정확성 확보와 이용자 보호 등을 위하여 필요한 경우에는 전자무역기반사업자에 대하여 자료를 제출하게 할 수 있고, 관계 공무원으로 하여금 전자무역기반사업자의 사무실·사업장 그 밖에 필요한 장소에 출입하여 전자무역문서 중계·보관 및 증명 등의 업무에 관한 시설·장비·장부·서류 그 밖의 물건을 검사하거나 관계인에게 질문하게 할 수 있다.

② 제1항의 규정에 의한 출입·검사를 하는 경우에는 검사일부터 7일 전까지 검사일시·검사이유 및 검사내용 등을 포함한 검사계획을 전자무역기반사업자에게 통지하여야 한다. 다만, 증거인멸 등으로 검사의 목적을 달성할 수 없거나 긴급을 요하는 사정이 있는 경우에는 그러하지 아니하다.

③ 제1항의 규정에 의하여 출입·검사를 하는 공무원은 그 권한을 표시하는 증표를 지니고 이를 관계인에게 내보여야 하며, 출입·검사시 당해 공무원의 성명, 출입·검사의 시간 및 목적 등이 기재된 문서를 관계인에게 교부하여야 한다.

제27조 (청문) 산업자원부장관은 제11조제1항의 규정에 의하여 전자무역기반사업자의 지정을 취소하고자 하는 경우에는 청문을 실시하여야 한다.

제28조 (권한의 위임) 산업자원부장관은 이 법에 의한 권한의 일부를 대통령령이 정하는 바에 따라 소속기관의 장, 특별시장·광역시장 또는 도지사에게 위임할 수 있다.

제29조 (벌칙 적용에서의 공무원 의제) 제6조제2항제1호 내지 제3호의 업무에 종사하는 전자무역기반사업자의 임원 또는 직원은 「형법」 제129조 내지 제132조의 적용에 있어서는 이를 공무원으로 본다.

## 제11장 벌칙

제30조 (벌칙) ① 다음 각 호의 어느 하나에 해당하는 자는 1년 이상 10년 이하의 징역 또는 1억원 이하의 벌금에 처한다.

1. 제20조제1항의 규정을 위반하여 전자무역기반사업자·전자무역전문서비스업자·무역업자·무역유관기관의 컴퓨터파일에 기록된 전자무역문서 또는 데이터베이스에 입력된 무역정보를 위조 또는 변조하거나 위조 또는 변조된 전자무역문서 또는 무역정보를 행사한 자
2. 제20조제2항의 규정을 위반하여 전자무역기반사업자의 컴퓨터 등 정보처리장치에 거짓 정보 또는 부정한 명령을 입력하여 정보처리가 되게 하는 등의 방법으로 제17조제1항의 증명서가 발급되게 한 자

② 제1항의 미수범은 처벌한다.

제31조 (벌칙) 다음 각 호의 어느 하나에 해당하는 자는 5년 이하의 징역 또는 5천만원 이하의 벌금에 처한다.

1. 제6조제3항의 규정을 위반하여 전자무역기반사업자로 지정을 받지 아니하고 제6조제2항제1호 내지 제3호의 규정에 의한 업무를 행한 자
2. 제20조제3항의 규정을 위반하여 전자무역기반사업자·전자무역전문서비스업자·무역업자·무역유관기관의 컴퓨터파일에 기록된 전자무역문서 또는 데이터베이스에 입력된 무역정보를 훼손하거나 그 비밀을 침해한 자
3. 제20조제4항의 규정을 위반하여 업무상 알게 된 전자무역문서 또는 무역정보에 관한 비밀을 누설하거나 도용한 자
4. 제20조제5항의 규정을 위반하여 전자무역문서 또는 데이터베이스를 3년 동안 보관하지 아니한 전자무역기반사업자

제32조 (벌칙) 제12조제1항 단서의 규정을 위반하여 전자무역기반시설을 통하지

아니하고 전자문서의 방식으로 제12조제1항 각 호의 어느 하나에 해당하는 업무를 행한 자는 2천만원 이하의 벌금에 처한다.

제33조 (양벌규정) 법인의 대표자 또는 법인이나 개인의 대리인·사용인 그 밖의 종업원이 그 법인 또는 개인의 업무에 관하여 제30조 내지 제32조의 위반행위를 한 때에는 그 행위자를 벌하는 외에 그 법인 또는 개인에 대하여도 각 해당 조의 벌금형을 과한다.

## 부칙 <제07751호, 2005.12.23>

제1조 (시행일) 이 법은 공포 후 6월이 경과한 날부터 시행한다. 다만, 제12조제1항 제2호·제7호 및 제8호의 개정규정은 공포 후 1년이 경과한 날부터 시행한다.

제2조 (지정사업자에 관한 경과조치) 이 법 시행 당시 종전의「무역업무자동화 촉진에 관한 법률」제5조의 규정에 의하여 지정을 받아 무역자동화사업을 행하고 있는 지정사업자에 대하여는 이 법 제6조제1항의 규정에 의하여 전자무역기반사업자가 최초로 지정되기 전까지는 종전의 규정을 적용한다.

제3조 (벌칙에 관한 경과조치) 이 법 시행 전의 행위에 대한 벌칙의 적용에 있어서는 종전의 규정에 의한다.

제4조 (다른 법률의 개정) 대외무역법 일부를 다음과 같이 개정한다.

제2조제6호·제2장의2(제9조의3 내지 제9조의5) 및 제49조제2호를 각각 삭제한다.

제5조 (다른 법률과의 관계) 이 법 시행 당시 다른 법률에서 종전의 「무역업무자동화 촉진에 관한 법률」 또는 그 규정을 인용한 경우 이 법 중 그에 해당하는 규정이 있는 때에는 종전의 규정에 갈음하여 이 법 또는 이 법의 해당 규정을 인용한 것으로 본다.

# 색인 Index

## 특수기호 및 숫자



## 영문색인

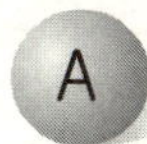

## 한글색인

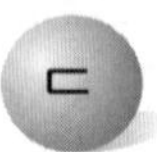

ㅅ

ㅇ

ㅈ

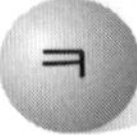

## 著者 이춘삼(李春三)教授 略歷 및 著作目錄

- 성균관대학교 법과대학 법학과 졸업(법학사)
- 성균관대학교 대학원 무역학과 수료(경제학석사·경제학박사)
- 경남대학교 경상대학 무역학과 교수 및 동대학원 교수 역임
- 성균관대학교 무역대학원·한국외국어대학교 무역대학원 강사 역임
- 사단법인 한국중재학회 감사 역임
- 충청북도 세계화 추진위원회 위원 역임
- 한국무역학회 부회장 역임

### ▸ 현재

- 청주대학교 경상대학 경제통상학부 교수
- 한국문화무역학회 부회장
- 전국경제인연합회 자문위원
- 한국관세·무역연구원 자문위원
- 관세사 자격시험 전형위원
- 대한상사중재원 중재인
- 행정자치부 각급 공무원 공채 및 승진시험위원
- 지방고등고시 시험위원

### ▸ 저서 및 논문

#### 【저서】

『무역관계법』 법문사, 1980. 『신무역실무론』 박영사, 1981. 『무역학개론』 박영사1983. 『무역학세미나(공저)』 박영사, 1985. 『한국관세사(공저)』 한국관세연구소, 1985. 『미국의반덤핑법』 한국경제신문사, 1987. 『대외무역법』 대왕사, 1988. 『국제관세제도론』 동성사, 1991. 『국제상무론』 동성사, 1992. 『무역관계법(전정판)』 법문사, 1995. 『국제통상연습(공저)』 도서출판 두남, 1996. 『무역실무연습(공저)』 도서출판 두남, 1996. 『현대무역학개론』 동성사, 1997. 『세계화와 국제무역(공저)』 동성사, 1997. 『국제통상법,법문사』 1999. 『한국통상법』 법문사, 1999. 『신국제반덤핑법』 청주대학교출판부, 2000. 『신용장과무역결제』 영미디어, 2000. 『시사무역경제』 영미디어, 2000. 『주 · 객관식대외무역법』 영미디어, 2001. 『국제계약론』 대왕사, 2003. 『중국통상법』 대왕사, 2004. 『글로벌 전자무역 상무론』 우용출판사, 2006. 『글로벌 무역의 이해』 우용출판사, 2006.

#### 【논문】

"무역거래상의 대리점제도에 관한 연구", 성균관대학교 대학원, 1975. 2. 10.
"무역거래상의 대리점제도의 사법적 측면", 한국관세연구소, 「관세」, 1975. 11. 30.

"해운동맹의 경제적 의의", 한국관세연구소, 「관세」, 1976. 4. 20.
"외국환관리법 위반행위의 사법상 효력", 한국관세연구소, 「관세」, 1976. 10. 10.
"무역계약의 불이행 및 이행불능에 관한 비교법적 고찰", 「명지대학 논문집(II)」, 1976. 12. 25.
"우리나라 수출기업의 해외판매망 확립에 관한 소고", 한국무역협회, 「무역」, 1977. 5. 10.
"무역의 확대와 관세정책의 방향", 한국무역학회, 「무역학회지 제 3 권」 1978. 9. 20.
"외환관리상 지정통화의 확대의의", 한국관세연구소, 「관세」, 1979. 11. 28.
"외화가득율에 관한 연구", 한국관세연구소, 「관세」 , 1980. 2. 28.
"무역관리의 원칙과 내용", 한국관세연구소, 「관세」, 1980. 5. 31.
"탄력관세의 제도적 장치와 운영", 한국관세연구소, 「관세」, 1980. 7. 30.
"수출입절차 간소화 개선안", 한국관세연구소, 「관세」, 1980. 9. 30.
"산업정책과 관세지원", 한국관세연구소, 「관세」, 1980. 9. 30.
"수출주도형 경제개발정책하의 관세개선방향", 한국관세연구소, 「관세」, 1980. 2. 30.
"관세환급에 관한 이론적 검토", 한국관세연구소, 「관세」, 1981. 6. 30.
"국제거래상 대외적 부정경쟁을 방지하기 위한 법률규정", 한국관세연구소, 「관세」, 1981. 8. 30.
"우리나라 관세율 구조의 개선방안에 관한 연구", 청주대학교, 「경상논총 제 22 집」, 1981. 12. 30.
"수출과 관세환급제도", 매일경제신문사, 「매일경제신문」, 1982. 2. 15.
"GATT에 의한 세계자유무역의 운용과 수정", 한국관세연구소, 「관세」, 1982. 2. 30.
"무역계약의 불이행 및 이행불능에 관한 비교 고찰", 대한상사중재원, 「중재」, 1982. 11. 30.
"현행관세의 평가와 방향", 한국관세연구소, 「관세」, 1982. 12. 30.
"관세정책의 체계적 분석", 매일경제신문사,「매일경제신문」, 1983. 2. 7.
"수출지원을 위한 관세환급제의 역할과 과제", 한국관세연구소, 「관세」, 1983. 6. 10.
"관세감면제도 개편과제", 전국경제인연합회, 「전경련」, 1983. 10.10.
"관세제도개편과 그 운용과제", 매일경제신문사, 「매일경제신문」, 1983. 12. 26.
"광고비관세부과의 문제점", 매일경제신문사, 「매일경제신문」, 1984. 1. 23.
"개정관세법의 문제와 운용과제", 대한상사중재원, 「중재」, 1984. 1. 28.
"관세의 관세가격 평가문제", 전국경제인연합회, 「전경련」, 1984. 2. 9.
"관세평가에 관한 비교연구", 한국무역학회, 「학술발표대회논문집」, 1984. 6. 22.
"미국의 수입규제에 관한 법적환경", 전경련, 국제경영원(국제상거래연구세미나), 1984. 12. 20.
"무역거래상의 대리점계약의 본질", 청주대학교 「경상논총 제 25 집」, 1984. 12. 30.
"효율적 수입관리", 전국경제인연합회, 「전경련」, 1985. 2. 18.
"관세의 과세가격결정에 관한 연구", 사단법인 한국조세학회, 「조세논총 제1권」 1985. 12. 20.
"무역관계법의 새로운 정립방향", (1985년도 산학협동재단 학술연구과제), 청주대학교 기업경영연구소, 「경영학논집 제8집」 1986. 1. 30.
"미국통상법의 변천과 불공정무역관행법조의 운영메카니즘", 청주대학교, 「경상논총 제 27 집」, 1986. 11. 25.
"미국의 통상규제에 관한 연구 - 반덤핑법제를 중심으로 -", 성균관대학교 대학원 무역학과 박사학위청구논문, 1987. 4. 1.
"선진국형 간이통관절차방향에 관한 연구", (1986년도 산학합동재단 학술연구과제), 청주대학교 「경영논총 제 28 집」 1987. 12. 30.

"미국반덤핑법의 전개", 청주대학교 산업경영연구소, 「산업경영연구」, (제11권 1호 제11집), 1987. 8. 25.
"미국반덤핑법상 산업피해기준의 해석론", (설곡 한동호박사 정년기념논문집), 1988. 8. 20.
"덤핑의 결정기준에 관한 가격구조의 검토", 청주대학교 산업경영연구소, 「산업경영연구」(제 12권 1호 제13집), 1988. 8. 25.
"산업피해의 범위 및 기준에 관한 연구", 청주대학교 산업경영연구소, 「산업경영연구」(제13권1호 제14집), 1990. 8. 25.
"미국 · EC의 상계관세제도에 관한 연구", (1989년도 교육부 학술연구과제), 한국무역학회, 「무역학회지(제15권), 1990. 3. 10.
"개방경제시대에 대응한 관세환급제도의 효율적 운용방안", (1990년도 재무부 관세국 관세연구용역과제), 1990. 6. 30.
"관세환급제도를 중심으로한 일본관세정책의 평가와 시사점", 한국관세연구소, 「관세」 1991. 2. 3. 4. 5. 월호(제23권 제245호 내지 제248호).
"관세환급제도의 개편방향", 한국관세연구소, 「관세」, 1991, 6. 7. 8. 9월호 (제23권 제 249~252 호).
"미국반덤핑법의 문제점과 대응전략", 한국관세연구소, 「관세」, 1991.12, 1992. 1. 3. 4. 5. 6. 7. 8. 9. 10. 11월호, (통권 제23권 제255호 및 통권 제24권 제 256 호, 제258호~266호).
"관세환급제도의 개선방안". 한국국제상학회, 「국제상학」 제7권 2호 1992. 11.
"일본의 관세정책에 관한 실증적분석", 한국무역학회. 「무역학회지」, 제19권1. 1994. 4.
"새 신용장통일규칙의 적용에 따른 약간의 문제", 청주대학교 산업경영연구소, 「산업경영연구」, 제16권 2호. 1994. 2.
"덤핑의 판정기준에 관한 가격구조의 검토", 한국무역상무학회, 「무역상무」, 제 17 권 1호, 1994. 8.
"신용장거래에 있어서 지정은행의 의무에 관한 연구", 청주대학교 산업경영연구소 「산업경영연구」, 제 17권 1호, 1994. 8.
"반덤핑관세분야에 대한 UR 협상결과의 분석", 한국무역학회, 「무역학회지」, 제20권 1호, 1995. 6.
"UR신관세평가협정의 법적고찰, ('94~95 청주대 특별연구지원과제), 청주대산업경영연구소, 「산업경영연구」, 제18권 2호, 1995. 10.
"중국흑룡강성 학술연구보고", 충청북도 국제통상협력실, 1996. 1.
"WTO통일원산지규정의 체계화과정", 사단법인 한국중재학회, 「중재학회지」, 제6권, 1996. 12.
"WTO 신 상계관세협정의 법적고찰", ('96~'97 청주대 특별연구지원과제), 청주대학교 산업경영연구소, 「산업경영연구」, 제20권 1호, 1997. 4.
"WTO체제하에서의 대외무역법과 관세법의 개편방향", (1996년도 산학협동재단 학술연구과제), 한국무역학회, 「무역학회지」, 제22 권1호, 1997. 6.
"무역통관행정의 효율화방안", (1998년도 관세청 연구용역과제), 청주대학교 산업경영연구소, 「산업경영연구」, 제21권 1호, 1998. 2.
"관세환급행정의 발전방향", (1998년도 관세청 연구용역과제), 한국무역학회, 「무역학회지」, 제23권 1호, 1998. 6.
"미국반덤핑법상 국내산업피해의 범위와 기준에 관한 해석론", 법무부, 「통상법률」, 통권 제23 · 24호, 1998. 10 · 12.
"WTO협정의 국내법적 효력에 관한 제 문제", ('98~'99 청주대 특별연구지원과제), 청주대학교 산업경영연구소, 「산업경영연구」, 제22권 1호, 1999. 2.

"21세기 새로운 관세제도 마련을 위한 관세법 전면 개편방향", 한국무역학회, 「학술발표논문집」, 1999. 12.
"관세법체계의 정비와 개선에 관한 연구", 한국무역학회, 「무역학회지」, 제24권 제3호, 1999. 12.
"관세법전면개편에 대한 연구", (1999년도 재정경제부 조세개혁연구과제), 한국관세연구소, 2000. 1.
"관세납세자제도의 개선에 관한 연구", 청주대학교 산업경영연구소, 「산업경영연구」, 제23권 제1호, 2000. 2.
"WTO와 미국의 사법적 반덤핑제도", 청주대학교 산업경영연구소, 「산업경영연구」, 제23권 2호, 2000. 8.
"WTO의 당면과제", (2000~2001 청주대 특별연구지원과제), 청주대학교 산업경영연구소, 「산업경영연구」, 제24권 1호, 2001. 2.
"미국의 사법적 반덤핑법이 WTO에 위배되는지의 여부", 한국문화무역학회, 문화무역연구, Vol. 1, 2001. 2.
"전자상거래와 관세 시스템", 청주대학교 산업경영연구소, 산업경영연구, 제25권, 제1호, 2002. 2.
"통상문제로서의 세이프가드", 2002~2003 청주대 특별연구지원과제, 청주대학교 산업경영연구소, 산업경영연구, 제25권 제2호, 2002. 8.
"WTO 세이프가드 협정의 해석과 적용에 관한 분석", 강원대학교 경제무역학부, 문철한 박사 정년기념논문집, 2003. 1.
"국제거래계약과 법적 문제", 청주대학교 산업경영연구소, 산업경영연구, 제26권 제1호, 2003. 2.
"WTO 농업협상의 쟁점과 한국농업", 한국동서경제학회, 한국동서경제연구, 제15집, 제1권, 2003. 1.
"국제계약상의 Frustration", 청주대학교 산업경영연구소, 산업경영연구, 제25권 2호, pp.. 211~229, 2003. 8.
"중국통상의 법적 구조", 청주대학교 산업경영연구소, 산업경영연구, 제26권 3호 , pp. 93~113, 2003. 12.
"중국반덤핑제도의 규범체계", 청주대학교 산업경영연구소, 산업경영연구, 제27권 1호, pp. 111~125, 2004. 2.
"중국 세이프가드 사건분석", 청주대학교 산업경영연구소, 산업경영연구, 제27권 2호, pp. 15~36, 2004. 8.
"중국의 무역구제제도와 WTO DDA규범과의 비교연구 -반덤핑 및 상계관세제도를 중심으로- ", 청주대학교 산업경영연구소, 산업경영연구, 제27권 3호, pp. 267~294, 2004. 12.
"중국 무역중재제도의 법리", 청주대학교 산업경영연구소, 산업경영연구, 제28권 1호, pp. 33~47, 2005. 1.
"중국 반덤핑 실행의 법적문제", 청주대학교 산업경영연구소, 산업경영연구, 제28권 2호, pp. 27~44, 2005. 2.
"중국의 반덤핑제도와 WTO 반덤핑협정과의 적합성 비교연구", 산업경영연구, 제28권 3호, pp. 69~92, 2005. 1.
"WTO 체제하에서 농산물 무역에 대한 위생 및 검역 규제", 산업경영연구, 제28권 4호, pp. 53~68, 2005. 12.
"서비스무역과 FTA", 산업경영연구, 제29권 1호, pp. 229~248, 2006. 2.
"WTO협정상 환경보호를 위한 무역규제의 성립요건에 관한 분석", (사)한국무역학회 무역학회지 제31권 제2호, pp31~46, 2006. 4
"국제통상과 환경문제", 청주대학교 산업경영연구소, 산업경영연구, 제29권 2호, 2006. 6

## 공동저자약력 및 저작목록

### 이광범(李光範)

- 청주대학교 대학원 무역학과 졸업, 경영학 박사
- (미국) Michigan State University VIPP, Visiting Fellow
- 청주대학교, 목원대학교, 배재대학교, 청운대학교 강사
- 한국무역학회, 한국국제상학회 회원, 한국통상정보학회, 국제 e-비즈니스학회, 한국관세학회 회원

▸ **현재**

- 청주대학교 경상대학 경제통상학부 겸임교수
- 세계통상연구소 소장

▸ **저서 및 논문**

『글로벌 전자무역 상무론』 우용출판사, 2006.
"전자상거래에 있어서 무역관련 조세체계의 설정에 관한 연구"
"WTO체제하에서의 산업피해구제제도에 관한 연구"
"Culture Technology를 활용한 문화산업의 국제경쟁력 강화방안"
"전통지식 권리보호와 문화산업의 국제경쟁력"
"중국에서의 디지털콘텐츠의 저작권 관리와 보호방안 연구"
"기업간 전자상거래 활성화를 위한 물류 발전 전략"
"전자상거래의 활성화에 따른 국제무역관습의 변화" 외 수편

# 글로벌 전자무역 상무론

2006년 7월 19일 초판 인쇄
2006년 7월 23일 초판 발행

저자 / 이춘삼, 이광범
발행인 / 고종식
발행처 / 우용출판사
등록일 / 1997년 11월 25일
출판등록 / 제 2001-1호
주소 / 서울특별시 마포구 망원1동 338-53
전화번호 / 02)324-6577
팩시밀리 / 02)324-6177

정가 / 23,000원

ISBN / 89-87951-81-2 03320